教育部哲学社会科学研究重大课题攻关项目

国家哲学社会科学成果文库

NATIONAL ACHIEVEMENTS LIBRARY OF PHILOSOPHY AND SOCIAL SCIENCES

中国制造业海外并购整合与产业技术创新研究

陈菲琼 等著

科学出版社

内 容 简 介

本书旨在帮助中国制造业企业选择恰当的整合策略、管理创新网络，通过海外并购整合把握新一轮全球产业调整和科技进步的机遇，抢占未来全球产业发展的战略制高点，缩小与发达国家之间的差距，改变在全球产业国际分工格局中的不利地位的处境。全书从"资源识别—资源整合—资源创新利用"的资源配置视角出发，通过构建"企业—创新网络—产业"多层次的制造业海外并购整合与产业技术创新的理论体系，拓展了理论界对中国制造业海外并购整合与产业技术创新的理论机制的理解，对于推动经济社会发展和学科建设具有重要意义。

本书可作为高等院校经济管理类、公共管理类相关专业师生的参考书，也可供相关科研单位、管理部门的科技、管理人员参考。

图书在版编目(CIP)数据

中国制造业海外并购整合与产业技术创新研究/陈菲琼等著. —北京：科学出版社，2021.6

（国家哲学社会科学成果文库）

ISBN 978-7-03-068235-2

Ⅰ. ①中… Ⅱ. ①陈… Ⅲ. ①制造工业-跨国兼并-研究-中国 Ⅳ. ①F426.4

中国版本图书馆 CIP 数据核字(2021)第 040056 号

责任编辑：魏如萍 / 责任校对：贾娜娜
责任印制：霍 兵 / 封面设计：黄华斌

科学出版社 出版
北京东黄城根北街 16 号
邮政编码：100717
http://www.sciencep.com

北京盛通印刷股份有限公司 印刷
科学出版社发行 各地新华书店经销

*

2021 年 6 月第 一 版　开本：720×1000　1/16
2021 年 6 月第一次印刷　印张：41 3/4　插页：4
字数：680 000

定价：238.00 元
（如有印装质量问题，我社负责调换）

作者简介

陈菲琼 女，浙江大学管理科学与工程博士，德国柏林工业大学和德国汉诺威大学访问学者。现为浙江大学经济学院教授、博士生导师、浙江大学求是特聘教授。学术论文发表于SSCI、SCI收录期刊及《管理世界》《中国社会科学文摘》《光明日报》等期（报）刊达60余篇。作为首席专家承担了教育部哲学社会科学研究重大课题攻关项目2项："中国海外投资的风险防范与管控体系研究""中国制造业海外并购整合与产业技术创新研究"。作为首席专家承担国家社会科学基金重大项目1项和重点项目1项，主持多项国家自然科学基金项目。出版专著：《中国海外投资的风险防范与管控体系研究》《企业知识联盟——理论与实证研究》《民营企业与跨国公司联盟共生模式研究》等。获浙江省哲学社会科学优秀成果奖一等奖和二等奖各一项，排名第一；第七届高等学校科学研究优秀成果奖（人文社会科学）三等奖，排名第一；浙江省科学技术进步奖二等奖，排名第一；浙江大学唐立新优秀学者奖。研究领域为国际投资、海外并购整合、技术创新。

摘　　要

国务院颁布的《中国制造 2025》指出，我国制造业面临发达国家和其他发展中国家"双向挤压"的严峻挑战，必须放眼全球，加紧战略部署，着眼建设制造强国，固本培元，化挑战为机遇，抢占制造业新一轮竞争制高点。在世界新一轮科技革命与产业变革加速演进的趋势下，中国制造业亟须超越原有内源式创新模式和渐进式技术积累框架。通过技术获取型海外并购整合获取外部资源，打破创新边界，已成为中国制造业突破产业创新能力锁定、实现由大到强的蜕变、扭转核心技术受制于人的被动局面、加速向"中国创造"跨越转型的必由之路。如何应对挑战制定海外并购整合策略，如何把握机遇有效利用全球资源、提升产业创新能力，是亟待解决的重大问题。

本书从"资源识别—资源整合—资源创新利用"的资源配置视角出发，以创新网络作为微观到中宏观的跨层次传导媒介，创新性地分析了企业海外并购整合策略通过创新网络位置提升跨层次影响产业技术创新的机制与动态，构建了中国制造业海外并购整合与产业技术创新的完整理论体系，由此推动了多学科综合、跨学科交叉的理论新发展。本书具有如下创新点：第一，在企业层次，基于资源配置视角研究中国制造业海外并购整合策略选择机制，构建"资源相似性与互补性及其交互作用—整合策略—企业技术创新"的综合分析框架，为企业通过海外并购整合提升创新能力提供理论依据；第二，在创新网络层次，刻画中国制造业企业利用海外并购整合提升创新网络位置促进产业技术创新的动态演化机制，通过多主体仿真与系统动力学仿真模拟演化过程，把握海外并购整合作用于创新网络生成、演化并跨层次影响产业技术创新的动态规律；第三，在产业层次，关注创新网络跨层次传导的媒介作用，深入分析基于创新网络的中国制造业海外并购整合策略影响产业技术创新的跨层次传导机制，综合运用结构方程、网络分析、方差分析、案例研究等方法对理论假设进行实证检验；第四，展开国际比较，针对企业层次的海外并购整合决策以及产业层次基于创新网络的海外并购整合与产业技术创新的关系，选取典型国家进行深入剖析与中外对比；第五，汇集大量中国制造业企业海外并购整合典型案例，通过扎根理论、多案例比较归纳提炼相关经验以供实践参考，并借鉴欧美发达国家与后发新兴国家经验得出对中国的启示；第六，展开跨学科交叉研究，从国际投资理论、产业组织理论、创新理论和国际竞争优势理论出发，将企业资源基础观、网络动力学理论与我国制造业海外并购形势相结合，形成多学科综合、跨学科交叉的中国制造业海外并购整合与产业技术创新研究的新发展，构建包含"企业—产业—政府"三方主体的中国制造业海外并购整合对产业技术创新的多层次支撑保障体系，对推动"中国制造"向"中国创造"转型，实现技术后发赶超具有重要的指导意义。

本书第一篇"中国制造业海外并购整合与产业技术创新的现状分析及基本理论研究"，首先全面梳理了中国制造业海外并购整合与产业技术创新的现实与理论背景，然后从资源配置视角出发，围绕企业层次、创新网络与产业层次展开层层深入的机制分析，建立逻辑自洽、内容全面的中国制造业海外并购整合与产业技术创新的理论框架。本篇侧重于理论分析，创新性地将海外并购整合研究与创新网络理论相结合，提出了海外并购整合通过作用于创新网络位置影响产业技术创新，拓宽了现有海外并购整合研究的理论边界，为后续深入的研究奠定基础。

本书第二篇"中国制造业海外并购整合与产业技术创新的数理模型及动态演化研究"，通过数理建模刻画资源相似性、资源互补性作用于海外并购整合影响企业技术创新、网络连接决策、产业技术创新的机制，并进一步利用多主体动态仿真与系统动力学仿真，从微观动态机制—创新网络演化—制造业产业技术创新三个方面模拟基于创新网络的海外并购整合跨层次传导产业技术创新的动态过程。本篇通过数理建模与动态仿真进行理论机制的定量分析，将海外并购整合研究与网络嵌入理论及网络动力学紧密结合，旨在把握海外并购整合作用于创新网络影响产业技术创新的动态规律。

本书第三篇"中国制造业海外并购整合与产业技术创新的传导机制及国际比较的实证研究",利用多群组结构方程、普通最小二乘法、方差分析、网络分析等方法,通过对传导机制的实证研究,分析中国制造业海外并购整合策略与产业技术创新的跨层次传导路径,选取美国、德国作为代表性欧美发达国家,选取日本、韩国作为代表性后发新兴国家,检验中外海外并购整合效果差异。本篇以中外技术获取型海外并购事件为样本,依托企业间专利合作与引用信息构建创新网络,关注中心性与结构洞这两个描述网络位置的重要指标。本篇的实证检验提供了丰富的事实证据,与数理证明形成呼应,相互支持,为基本理论提供夯实的验证基础,以此深化对海外并购整合通过创新网络跨层次影响产业技术创新机理的理解。

本书第四篇"中国制造业海外并购整合与产业技术创新的案例分析",选取中国制造业技术获取型海外并购整合的典型案例,对海外并购整合带动产业技术创新的过程展开系统性分析,结合典型案例比较研究与基于扎根理论的多案例研究,由案例现象的归纳总结对理论机制进行验证与补充,深入分析海外并购整合通过提升收购方全球创新网络位置带动产业技术创新的具体过程。本篇力图通过典型案例分析对海外并购整合促进产业技术创新的过程进行更为形象而具体的描述,不同资源相似性、互补性的海外并购案例现象揭示了匹配的整合策略对网络连接关系以及产业技术创新的影响,有助于把握海外并购整合跨层次影响产业技术创新的具体内涵与发展规律。

本书第五篇"中国制造业海外并购整合与产业技术创新的路径与对策",结合理论体系构建与国际经验借鉴,从企业、产业与政府三个层次提出路径与对策建议,构建全方位、多维度的中国制造业海外并购整合与产业技术创新的支撑保障体系,旨在为企业海外并购整合决策与技术创新能力提升提供实践指导,为产业发展与竞争力提升提供有力支撑,为政府发挥服务与引导职能、完善政策体系以促进制造业企业海外并购整合与产业技术创新提供借鉴与参考。在全书理论体系构建的基础上,本篇运用理论成果实现价值转化,是利用中国制造业海外并购整合促进产业技术创新的实践参考和行动指南。

Abstract

It is pointed out in *Made in China 2025* written by China's State Council that China's manufacturing industry is faced with the severe challenges of the "two-way squeeze" of both developed countries and other developing countries and that China must have a global vision, accelerate the strategic implementation, focus on building a strong manufacturing country, consolidate the basis and transform challenges into opportunities to seize a new round of high ground in the manufacturing industry competition. Under the trend of a new generation of world's scientific and technological revolution and accelerated industrial revolution, China's manufacturing industry is badly in need of the transcendence of the original endogenous innovation mode and the possession of progressive technology accumulation framework. Obtaining external resources and breaking down the boundaries of innovation through technology-sourcing overseas merger and acquisition (M&A) integration has become an efficient way for China's manufacturing industry to breakthrough industrial innovation ability lock, realize the transformation from "big" to "strong", reverse the passive situation where core technologies are controlled by others as well as accelerate the leapfrog transformation to "Created in China". How to make overseas M&A integration strategy to deal with the challenges mentioned above, how to grasp the opportunity to use global resources effectively and how to enhance the ability of industrial innovation, are the major issues that need to be solved urgently.

This book starts from the perspective of resource orchestration which consists of "resource recognizing-resource bundling integration-resource leveraging", takes innovation network as a cross-level transmission medium from micro to medium and macro level, innovatively analyzes the mechanism and dynamics of enterprise's overseas M&A integration strategy influencing industrial technology innovation through the promotion of the innovation network position. This book constructs a complete theoretical system of overseas M&A integration and industrial technology innovation of China's manufacturing industry, thus promoting the new development of multi-disciplinary synthesis and interdisciplinary theory. The specific innovation points of this book are as follows. Firstly, at the enterprise level, based on the perspective of resource orchestration, this book studies the selection mechanism of overseas M&A integration strategy of China's manufacturing industry, builds a comprehensive analysis framework of "resource similarity, complementarity and their interaction-integration strategy-enterprise technology innovation" and forms the theoretical basis for enterprise innovation through overseas M&A integration. Secondly, at the innovation network level, the book explores the dynamic evolution mechanism of technology-sourcing overseas M&A integration and industrial technology innovation of China's manufacturing industry and applies multi-agent simulation and system dynamics simulation to describe the evolution process and dynamic laws and how overseas M&A integration decision influences industrial technology innovation through the generation and evolution of innovation network. Thirdly, at the industry level, the book focuses on the role of innovation network as a cross-level transmission medium, and deeply analyzes the cross-level transmission mechanism that the overseas M&A integration strategy of China's manufacturing industry promotes industrial technology innovation based on the innovation network, and tests the theoretical hypothesis using structural equation, network analysis, variance analysis, case study and other methods. Fourthly, this book carries out international comparison, selects typical foreign countries for in-depth analysis and comparison between China and foreign countries on overseas M&A integration strategy at the enterprise level, and on the relationship between overseas M&A integration and industrial technology innovation based on the innovation network at the industry level. Fifthly, by pooling a large number of typical cases of enterprises' overseas M&A integration of China's manufacturing industry, summarizing and refining relevant experience for reference with the method of grounded theory and multi-case comparison, and learning from the experience of European and American developed countries and emerging countries, this book draws Chinese enlightenment for development. Sixthly, this book carries out interdisciplinary research from international investment theory, industrial organization theory, innovation theory and international competitive advantage theory. We combine the resource-based view theory of enterprises and the theory of network dynamics with the situation of overseas M&A of China's manufacturing industry to form a new development for multi-disciplinary integration, and inter-disciplinary China's manufacturing overseas M&A integration and industrial technology innovation research. This book builds a multi-level support security system of industrial technology innovation from overseas M&A integration of China's manufacturing industry containing "enterprise-industry-government" tripartite main body to promote the transformation from "Made in China" to "Created in China", which has important guiding significance to the realization of technology catch-up.

The first section of this book, "The Current State and Basic Theory of Overseas M&A Integration and Industrial Technology Innovation of China's Manufacturing Industry", analyzes the current situation and systematically sorts out the relevant theoretical research basis. Then, from the perspective of resource allocation, in-depth mechanism analysis is carried out on enterprise, innovation network and industrial level to establish a self-consistent and comprehensive theoretical framework for overseas M&A integration and industrial technology innovation of China's manufacturing industry. This section focuses on theoretical analysis, innovatively combines the overseas M&A integration research with the innovation network theory, and puts forward the viewpoint that the overseas M&A integration acts on the innovation network position and influences the industrial technology innovation, which expands the theoretical boundary of the existing overseas M&A integration research and lays a foundation for further research.

The second section of this book, "The Mathematical Model and Dynamic Evolution of Overseas M&A Integration and Industrial Technology Innovation of China's Manufacturing Industry", describes the mechanism of resource similarity and complementarity on overseas M&A integration, which affects enterprise technology innovation, network connection decision-making and industrial technology innovation through mathematical modeling. Furthermore, multi-agent dynamic simulation and system dynamics simulation are used to simulate the dynamic process of cross-level industrial technology innovation through overseas M&A integration based on innovation network from three aspects of microdynamic mechanism-innovation network evolution-manufacturing industry technology innovation. By means of mathematical modeling and dynamic simulation, this section makes a quantitative analysis of the theoretical mechanism, closely combines the study of overseas M&A integration with the network embedding theory and network dynamics, in order to grasp the dynamic laws of the effect of overseas M&A integration on innovation network and industrial technology innovation.

The third section of this book, "Empirical Research on the Transmission Mechanism and International Comparison of Overseas M&A Integration and Industrial Technology Innovation of China's Manufacturing Industry", conducts empirical research on the transmission mechanism by means of multi-group structural equation, ordinary least squares, variance analysis, and network analysis to analyze the cross-level transmission path of overseas M&A integration strategy and industrial technology innovation of China's manufacturing industry. We select the United States and Germany as the representative developed countries in Europe and America, and Japan and Republic of Korea as the representative emerging countries, to verify the differences in the effect of overseas M&A integration between China and foreign countries. This section takes Chinese and foreign technology-sourciny overseas M&A events as samples, and focuses on the centrality and structural holes to describe the important index of the network location. The innovation networks rely on inter-enterprise patent cooperation and information, cited information. The empirical test of this book provides a wealth of factual evidence, echoes with the mathematical proof, supports each other, and provides a solid proof basis for the basic theory, so as to deepen the understanding of overseas M&A integration through the innovation network to influence the industrial technology innovation mechanism.

The fourth section of this book, "Case Studies on Overseas M&A Integration and Industrial Technology Innovation of China's Manufacturing Industry", selects typical cases of technology-sourcing overseas M&A integration of China's manufacturing industry, and carries out systematic analysis on the process of overseas M&A integration driving industrial technology innovation. Combined with the comparative study of the typical case and the multi-case study based on grounded theory, the theoretical mechanism is verified and supplemented by the summary of case phenomenon, and the specific process of overseas M&A integration driving industrial technology innovation by improving the position of the acquirer's global innovation network is analyzed in depth. This book tries to give a more vivid and specific description of the process that overseas M&A integration promotes industrial technology innovation through the analysis of typical cases, the phenomenon of overseas M&A cases with different resource similarity and complementarity reveals the influence of matching integration strategy on network connection and industrial technology innovation, which is helpful to grasp the concrete connotation and development law of cross-level influence of overseas M&A integration on industrial technology innovation.

The fifth section of this book, "Paths and Countermeasures of Overseas M&A Integration and Industrial Technology Innovation of China's Manufacturing Industry", combines the theory system with international experience and puts forward the countermeasures from the enterprise, industry and government to build a comprehensive and multi-dimensional support security system for overseas M&A integration and industrial technology innovation of China's manufacturing industry. This book aims to provide practical guidance for enterprises' overseas M&A integration decision-making and technology innovation ability improvement, provide strong support for industrial development and competitiveness improvement, and provide reference for the government to play the function of service and guidance, improve the policy system to promote the overseas M&A integration and industrial technology innovation of manufacturing enterprises. On the basis of theoretical system construction in the book, this book uses theoretical results to realize value transformation, which is the practical reference and action guide to promote industrial technology innovation through overseas M&A integration of China's manufacturing industry.

前　言

中国制造业面临大而不强的现状，海外并购整合提供了推动中国制造业企业实现全球创新网络位置提升并带动产业技术创新的新的发展途径。但是，这个新的跨层次的发展途径在实现过程中也面临着多样的问题和挑战。虽然现有研究广泛地关注了海外并购整合与技术创新的关系，但结合资源配置理论研究中国制造业海外并购整合对产业技术创新跨层次影响的理论体系并未建立。企业如何通过海外并购整合从而嵌入全球创新网络，进而带动产业技术创新的动态演化与传导机制仍很模糊，有待深入。随着新一轮技术革命的兴起，中国制造业发展处于关键转折点，在国际高端制造业回流与低端制造业转移的双向挤压下，中国制造业企业如何通过海外并购整合在较短时间内实现技术突破，带动产业技术创新亟须理论的指导。因此，中国制造业海外并购整合与产业技术创新的研究具有理论与现实意义。

本书以资源配置的"资源识别—资源整合—资源创新利用"过程为视角，从"企业—创新网络—产业"三个层次，展开中国制造业海外并购整合与产业技术创新的系统性研究。本书在对中国制造业海外并购整合与产业技术创新的现状进行充分分析的基础上，系统地梳理并吸收了现有理论与实证研究的最新成果，结合数理模型、动态仿真、实证分析、比较研究、案例分析等分析工具，发展并检验中国制造业海外并购整合与产业技术创新理论，借鉴国际经验最终在企业、产业、政府三个层面提出对策建议，形成中国制造业海外并购整合促进产业技术创新的保障体系。

一、写作的背景和意义

（一）研究背景

全球新一轮科技革命与产业变革加速演进，中国正面临创新驱动高质量发展的历史新机遇。世界知识产权组织等机构联合发布的《2019年全球创新指数报告》显示，中国向世界科技创新型国家前列攀升的势头强劲，2019年创新能力排名为第14位。但是，中共中央、国务院印发的《国家创新驱动发展战略纲要》指出，当前中国也面临差距拉大的严峻挑战，企业创新动力不足，创新体系整体效能不高。伴随生产要素成本的提升以及全球产业竞争格局的调整，发达国家倡导高端制造回流的同时，发展中国家也在积极进行低成本竞争，在这种"双向挤压"的紧迫形势下，中国需要积极地布局全球资源和市场以形成新的比较优势。国务院颁布的《中国制造2025》指出，与世界先进水平相比，我国制造业仍然大而不强，建设制造强国任务艰巨而紧迫；必须紧紧抓住当前难得的战略机遇，实现中国制造向中国创造的转变。产业技术创新是由关键企业牵头、众多相关企业共同参与，为整合重组产业中的新旧技术、实现核心技术研发突破，进行共性关键技术产业内扩散的系统性、协同性创新活动。如何提升产业技术创新能力是中国制造业发展面临的现实难题。

国务院颁布的《中国制造2025》指出，形成一批具有较强国际竞争力的跨国公司，通过全球资源利用，建立全球产业链体系，提高制造业国际化发展水平。《中华人民共和国国民经济和社会发展第十三个五年规划纲要》指出中国亟须"深度融入全球产业链、价值链、物流链"。因此，通过跨国并购获取外源式的战略资源和核心能力，将有利于中国制造业产业技术创新能力提升。

近年来，中国制造业海外并购持续活跃。近期研究发现，并购方获取"1+1>2"的协同效应提升技术创新的前提是恰当的整合。先进技术获取导向的海外并购是制造企业获取外源创新资源的重要手段，而推动产业技术创新的重要力量是恰当的海外并购整合的实施。通过海外并购整合提升中国制造业产业技术创新具有重要的理论与现实意义。

中国制造业海外并购整合是突破我国制造业产业创新能力锁定的重要源泉。中国制造业海外并购整合是我国制造业企业获取国际创新资源和研发核心能力的有效途径。然而，我国制造业企业由于可获取的资源和自身能力条件受限，通过自我积累的内生性技术增长实现技术创新的途径目前已经收效甚微。因此，充分利用资本优势和本土市场优势，通过对海外先进技术企业的并购整合配置全球创新资源以提升生产函数是突破产业技术锁定的有效途径，是我国制造业产业技术创新能力提升的重要技术来源。

中国制造业海外并购整合是嵌入全球创新网络实现产业技术升级的重要途径。中国制造业海外并购整合通过嵌入全球创新网络，有效带动制造业产业内相关联企业实现技术升级，将提高中国制造业在国际产业价值链中的地位，实现中国制造业产业技术创新能力的提升。创新网络作为创新资源转移的基本制度安排，使得异质性企业能够跨越彼此间的组织边界，获取技术知识，实现创新。从全球创新网络获取战略资源与核心技术是发展中国家制造业升级的关键手段，恰当的并购整合策略能够提升并购方在全球创新网络的核心位置，提升对全球创新资源与异质性信息的集聚与扩散能力，强化向本土产业的研发反馈和技术溢出，是实现制造业产业技术升级的重要途径。

中国制造业海外并购整合是实现"中国制造"向"中国创造"转型的核心引擎。生产要素成本增加和世界制造业竞争日益激烈的背景下，中国制造业受制于高端技术的长期锁定，也遭受着成本冲击的困境。我国制造业在自主创新能力、资源配置效率、产业结构框架、信息化水平、质量效益等方面想要达到世界先进水平，仍需要经过不短的发展过程。国务院颁布的《中国制造2025》强调"支持发展一批跨国公司，通过全球资源利用、业务流程再造、产业链整合、资本市场运作等方式，加快提升核心竞争力"。以促进制造业创新发展为主题，坚持把创新摆在制造业发展全局的核心位置，提高制造业国际化发展水平，恰当的海外并购整合策略有利于收购方实现资源高效配置与市场深度融合，是中国制造业在未来培育有全球影响力的先进制造基地和经济区的重要影响因素，是实现"中国制造"向"中国创造"的转型升级的核心引擎。

中国制造业海外并购整合是实现我国制造业产业技术后发赶超的有利机

遇。《中国制造 2025》指出，"新一轮科技革命和产业变革与我国加快转变经济发展方式形成历史性交汇，国际产业分工格局正在重塑"。中国制造业必须把握这一关键历史机遇，通过对全球同类产业中的技术先进企业进行海外并购整合，有效提升中国制造业在国际产业价值链中的地位，实现产业技术后发赶超。本书研究成果有助于中国制造业企业选择恰当的整合策略、管理创新网络，通过海外并购整合把握新一轮全球产业格局调整和技术革命的机会，抢占未来全球产业发展的制胜战略高地，缩小与发达国家之间的差距，以期改善我国制造业在国际分工格局中的不利位势，把握实现技术后发赶超的有利机遇。

（二）研究价值和意义

1. 研究的理论意义

本书针对中国制造业海外并购整合与产业技术创新这一主题进行了深入的研究，理论价值主要体现在以下几个方面。

（1）从企业层面构建中国制造业企业海外并购整合策略选择框架。本书基于资源配置视角，建立了中国制造业海外并购整合策略选择框架，揭示海外并购整合促进产业技术创新的理论机理；以资源识别、资源整合、资源创新应用三个阶段组成的资源配置过程为视角，构建高低不同的相似性与互补性资源特征组合、海外并购整合模式、技术创新的企业层面综合分析框架。

（2）从创新网络层面探索中国制造业海外并购整合与产业技术创新的动态演化机制。本书探索了中国制造业海外并购整合与产业技术创新的动态演化机制，基于网络嵌入理论和网络动力学，利用系统动力学仿真和多主体仿真方法，探究不同资源基础的海外并购中，收购方对目标方的海外并购整合对创新网络嵌入及全球创新网络结构的影响，以及通过创新网络传导产业技术创新的动态演化机制。

（3）从产业层面分析中国制造业海外并购整合与产业技术创新的跨层次传导机制。本书从创新资源投入、创新知识产出、创新产品产值维度构建中国制造业产业技术创新的指标体系，探讨海外并购整合对产业技术创新的跨层次传导路径：从企业主体、点对关系、创新网络、制造业特征等不同层次全面分析制造业海外并购整合与产业技术创新的传导机制。

（4）利用国际比较探索经济制度环境因素效应。本书分析了不同经济制度环境下的制造业海外并购中，基于并购双方资源基础的海外并购整合通过创新网络传导产业技术创新效应的差异，比较中国与发达国家、新兴国家中，海外并购企业整合行为通过创新网络促进产业技术创新的传导机制及传导效应的国别差异。

（5）通过交叉综合的跨学科研究推动学科发展。本书围绕跨国投资理论、网络动力学、产业组织理论、创新经济学，并结合企业资源基础论、网络演化理论与海外并购整合研究，形成多元学科综合、交叉融合创新的中国制造业海外并购整合与产业技术创新研究的深化发展。

2. 研究的现实意义

中国制造业面临大而不强的现状，当前全球制造业进入新一轮产业革命，中国面临中高端制造业回流与低端制造业向其他新兴经济体转移的双重挤压。如何在巩固现有优势的基础上，把握海外并购整合机遇，通过恰当的海外并购整合提升收购方全球创新网络位置，从而带动本土产业技术创新、提升中国制造业国际竞争力是亟待研究的问题。在中国制造业急需通过海外并购整合"由大变强"的背景下，本书的现实意义主要有以下几个方面。

（1）构建"企业—创新网络—产业"多层次的制造业海外并购整合影响产业技术创新的理论体系。聚焦于中国制造业，围绕企业层次、创新网络与产业层次构建中国制造业海外并购整合与产业技术创新的理论体系，以利用海外并购整合提升我国制造业产业技术创新能力为落脚点，揭示中国制造业企业如何通过海外并购整合提升在全球创新网络中的地位，进而推动产业技术创新的传导机制。

（2）提供中国特色制造业海外并购整合决策体系。本书强调中国特色，根据海外并购整合双方企业的资源相关性特征、创新网络环境等因素的影响，构建一个符合中国现实国情的制造业海外并购整合决策体系，为中国制造业企业利用海外并购整合有效嵌入国际创新网络，进而提升产业技术创新能力提供借鉴和指导。

（3）构建中国制造业海外并购整合促进产业技术创新的支撑保障体系。

本书有助于推动我国制造业打破技术锁定、实现全球创新网络嵌入，在推动"中国制造"向"中国创造"转型，实现技术后发赶超方面具有重要的指导性意义。从企业、产业与政府三个层面提出中国制造业海外并购整合促进产业技术创新的途径与政策建议，支撑保障体系的提出顺应《中华人民共和国国民经济和社会发展第十三个五年规划纲要》提出的完善对外开放战略布局——全面推进双向开放，促进国内国际要素有序流动、资源高效配置、市场深度融合，加快培育国际竞争新优势。为企业和政策制定者在新形势新阶段下的制造业海外并购整合策略和产业技术创新能力的提升提供理论支撑和现实指导，具有重大的理论意义与现实意义。

二、研究内容、方法和结构

（一）研究内容

本书强调"中国制造业"，以中国制造业产业技术创新为研究基点，在经济发展新常态与中国制造业大而不强的背景下，本着问题导向，采用多样的方法进行跨学科交叉研究，构建具有中国特色、中国优势的海外并购整合推动中国制造业产业技术创新的科学有效的战略路径。本书的总体框架可表述为"一个视角，两个机制，三个层次，最后得出一个支撑保障体系"。

一个视角：本书围绕资源配置视角，从"资源识别—资源整合—资源创新利用"的资源配置视角出发，将我国制造业企业海外并购整合的资源识别、并购后整合策略、创新网络嵌入和产业技术创新纳入统一的分析框架，整体性地分析了制造业海外并购整合推进产业技术创新的过程。

两个机制：重点研究探讨中国制造业海外并购整合对产业技术创新的动态演化机制与传导机制，通过仿真研究、实证研究、案例分析等多种途径建立完整的研究框架，旨在厘清中国制造业海外并购整合与产业技术创新的关系，并在理论分析基础上为中国制造业海外并购整合实践与产业战略布局提供指导与借鉴。

三个层次：开展企业层次—跨层次—产业层次三个层次的分析，基于并购双方企业不同资源特征、不同跨层次影响因素、不同类型的中国制造业，构建整体性、多层次的中国制造业技术获取型海外并购整合推进产业技术创新的分析架构。

一个支撑保障体系：结合基本理论范式与国际经验模式，从企业、产业和政府层次提出途径与政策建议作为理论与实践接轨的支撑点，构建中国制造业海外并购整合促进产业技术创新的支撑保障体系。

在世界新一轮科技革命与产业变革加速演进的趋势下，中国制造亟须超越原有内源式创新模式和渐进式技术积累框架。如何应对挑战制定海外并购整合策略，如何把握机遇有效利用全球资源、提升产业创新能力，是亟待解决的重大问题。本书基于"资源识别—资源整合—资源创新利用"的资源配置视角，探讨并购方基于资源相关性特征的恰当整合通过全球创新网络位置提升，最终跨层次影响产业技术创新的传导机制，以微观层次的企业海外并购整合为分析起点，关注在并购后整合阶段创新网络生成演化的动态过程，并将其作为拓展整合跨层次影响产业的分析媒介。本书立足于中国制造业大而不强的现实以及海外并购整合为中国制造业带来的发展机遇，依次围绕理论机理、动态演化、传导机制、国际比较、案例分析有侧重地展开研究，构建中国制造业海外并购整合与产业技术创新的理论基础和综合框架，接着结合欧美发达国家及后发新兴国家发展经验，从企业、产业与政府三个层次提出对策建议，形成中国制造业海外并购整合与产业技术创新的保障体系。对中国制造业海外并购整合与产业技术创新的研究分设五篇，每一篇的具体研究内容和目标如下。

第一篇为中国制造业海外并购整合与产业技术创新的现状分析及基本理论研究。该篇从资源配置视角出发，针对中国制造业海外并购整合与产业技术创新的现实情况与理论基础进行全面梳理，围绕企业层次、创新网络与产业层次展开层层深入的理论研究，建立逻辑自洽、内容全面的中国制造业海外并购整合与产业技术创新的理论框架。第一，从基本特征与主要问题两个角度分析中国制造业海外并购整合与产业技术创新的基本现状。第二，通过文献整理进行制造业海外并购整合与企业技术创新、产业技术创新的研究评述，为后续深入的理论分析奠定基础。第三，分析基于资源相关性的海外并购整合与企业技术创新的微观机理。第四，探讨并购方企业基于资源相关性的整合方式与并购协同效应的微观机理。第五，以创新网络为跨层次分析的桥梁，对并购方整合程度与产业技术创新的理论机理展开深入分析。主要内容包括四个方面：①中国制造业海外并购整合与产业技术创新的发展现状与研究评述；②基于资源相似性、互补性的中国制造业海外并购整合与企业技术创新的微观机理；③基于资源相关性的中国制造业海外并购整合策略与并购协同效应的微观机理；④基于创新网络的中国制造业海外并购整合与产业技术创新的理论机理。

第二篇为中国制造业海外并购整合与产业技术创新的数理模型及动态演化研究。通过数理建模刻画资源相似性、资源互补性作用于海外并购整合影响企业技术创新、网络连接决策、产业技术创新的机制，并进一步利用多主体动态仿真与系统动力学仿真，从微观动态机制—创新网络演化—制造业产业技术创新三个方面模拟海外并购中、并购后，并购方企业的整合通过创新网络生成演化的动态过程跨层次影响产业技术创新的动态过程。首先，构建基于资源相关性的中国制造业海外并购整合与企业技术创新的静态模型、动态模型与多阶段数理模型。其次，建立基于创新网络的中国制造业海外并购整合与产业技术创新的数理模型，分析企业海外并购整合对创新网络嵌入的影响，以及通过提升创新网络位置促进产业技术创新的影响。再次，利用多主体仿真与系统动力学仿真刻画基于资源相关性的海外并购整合决策对企业技术创新的影响。最后，分别基于创新网络控制力与创新网络嵌入进行海外并购整合传导产业技术创新的动态演化研究。主要内容包括四个方面：①基于资源相似性、互补性的中国制造业海外并购整合与企业技术创新的数理模型；②基于创新网络的中国制造业海外并购整合与产业技术创新的数理模型；③利用多主体仿真与系统动力学仿真刻画基于资源相关性的海外并购整合决策对企业技术创新的影响；④基于创新网络控制力与创新网络嵌入进行企业并购后整合跨层次传导产业技术创新的动态演化研究。

第三篇为中国制造业海外并购整合与产业技术创新的传导机制及国际比较的实证研究。利用多群组结构方程、最小二乘分析、方差分析、网络分析等方法，通过对传导机制的实证研究，分析中国制造业海外并购整合策略与产业技术创新的跨层次传导路径，接着选取美国、德国作为代表性欧美发达国家，选取日本、韩国作为代表性后发新兴国家，通过中外比较验证海外并购整合效果差异。首先，对中国制造业海外并购整合对企业技术创新的影响进行实证研究。其次，以资源基础观视角，进行基于创新网络的中国制造业海外并购整合对产业技术创新跨层次传导机制的实证研究。最后，依次选取美国、德国、日本、韩国进行国际比较研究，验证海外并购整合通过创新网络促进产业技术创新效果的中外差异。主要内容包括三个方面：①基于资源相关性的中国制造业海外并购整合对企业技术创新的传导机制的实证研究；②基于创新网络的中国制造业海外并购整合对产业技术创新的传导机制的实证研究；③制造业海外并购整合与产业技术创新的国际比较研究。

第四篇为中国制造业海外并购整合与产业技术创新的案例分析。本篇选取中国制造业技术获取型海外并购整合的典型案例，对海外并购整合带动产业技术创新的过程展开系统性分析，结合典型案例比较研究与基于扎根理论的多案例研究，由案例现象的归纳总结对理论机制进行验证与补充，深入分析海外并购整合通过提升收购方全球创新网络位置带动产业技术创新的具体过程。首先，选取典型案例分析不同资源相似性、互补性下，海外并购整合对企业技术创新的影响。其次，进一步通过案例研究分析海外并购整合对并购协同效应的影响。最后，通过典型案例比较研究与基于扎根理论的多案例研究，对海外并购整合通过提升收购方在全球创新网络中的中心性与结构洞带动产业技术创新的过程进行深入分析。主要内容包括三个方面：①中国制造业海外并购整合对企业技术创新传导机制的案例研究；②基于资源相关性的中国制造业海外并购整合对并购协同效应传导机制的案例研究；③基于创新网络的中国制造业海外并购整合与产业技术创新的案例研究。

第五篇为中国制造业海外并购整合与产业技术创新的路径与对策。结合理论体系构建与国际经验借鉴，构建全方位多维度的中国制造业海外并购整合与产业技术创新的支撑保障体系，旨在为企业海外并购整合决策与技术创新能力提升提供实践指导，为产业发展与竞争力提升提供有力支撑，为政府发挥服务与引导职能、完善政策体系促进制造业企业海外并购整合与产业技术创新提供借鉴与参考。首先，分别对中国与欧美发达国家、后发新兴国家进行制造业海外并购整合与产业技术创新的国际经验比较。其次，从企业、产业与政府三个层面，提出中国制造业海外并购整合与产业技术创新的路径与对策建议。在全书理论体系构建的基础上，该篇运用理论成果实现价值转化，是利用中国制造业海外并购整合促进产业技术创新的实践参考和行动指南。主要内容包括两个方面：①中国与欧美发达国家、后发新兴国家的制造业海外并购整合与产业技术创新的国际经验比较；②中国制造业海外并购整合与产业技术创新的多层次保障体系。

（二）研究方法

本书秉承科学的研究思想，将回答"应该是什么"问题的规范分析与回答"是什么"问题的实证分析相结合，将揭示内在本质特征的定性分析与探索数量变化规律的定量分析相结合，将探讨均衡状态与条件的静态分析与引入时间刻画并比较前后变化的动态分析相结合，按照"研究回顾—机理与假设—模型构建—演化仿真—实证检验"的框架厘清研究脉络，利用多层次的数据（宏观统计数据、微观调查数据以及典型案例资料），借助统计软件完成研究任务。

1. 规范化理论研究

结合海外并购、技术创新、创新网络、经济学、组织行为学、过程学、博弈论等理论，在大量阅读与研究主题相关的经典与前沿文献的同时，充分调查国内外制造业海外并购整合与产业技术创新经验。本书在掌握理论与现实背景的基础上，以资源配置视角为切入点，从资源识别、资源整合、资源创新利用三个阶段，展开中国制造业海外并购整合与产业技术创新的理论研究。

2. 文献计量法

针对海外并购整合、创新网络与产业技术创新等关键词，检索国内外经济学、管理学领域的核心的综合性主流期刊中的相关文献，结合统计学对期刊文献的研究观点及研究方法进行统计，归纳最新的研究方法、分析近年来的理论发展脉络与创新趋势，在此基础上形成中国制造业海外并购整合与产业技术创新的理论模型。

3. 数理建模

通过构建数理模型定量分析制造业海外并购整合影响产业技术创新的机制，结合静态与动态建模，综合运用比较静态分析、最优控制、全局博弈、马尔可夫博弈等建模方法，揭示基于创新网络的中国制造业海外并购整合对产业技术创新的动态演化机制与传导机制。

4. 动态仿真

采用多主体仿真和系统动力学仿真的研究方法，基于 NetLogo 软件和 Vensim 软件作为仿真平台构建动态演化模型，模拟不同资源相关性条件的海外并购中，收购方并购整合目标方嵌入全球创新网络并带动产业创新水平提升的动态过程，把握中国制造业海外并购中，收购方采取的整合模式如何影响企业层次创新以及产业层次创新的动态的、演化的内在特征规律。

5. 实证分析

1）实地调研与问卷调查

参考国内外相关研究，根据研究问题和假设设计调查量表，进行定量或半定量分析。针对本书所涉及的中国制造业的代表性企业国际化发展经验进行实地调研，获取不同国别和产业的统计数据、面上调查数据以及针对国内典型企业的访谈信息，通过数据资料的归纳整理确定中国制造业海外并购整合典型案例。

2）统计分析与国际比较

本书采用的常规统计分析方法包括多群组结构方程、偏最小二乘（partial least square，PLS）结构方程、网络分析、因子分析、主成分分析、最小二乘分析、方差分析等，运用的统计工具包括 SPSS 软件、Amos 软件、EViews 软件、Ucinet 软件、Matlab 软件、Microsoft Office 系列软件等。本书在以中国制造业为核心研究对象的同时，选择欧美发达国家、后发新兴国家的代表性国家展开国际比较，丰富而多样的研究方法使论证更为充分、准确。

3）多案例分析与扎根理论法

本书采取单案例分析与多案例研究相结合的方法，通过文件法（documents）、档案记录法（archives）、访谈法（interviews）和观察法（observations）收集案例数据，选择中国制造业海外并购整合典型案例，结合多案例研究与扎根理论法进行案例分析，总结成功经验与失败教训，结合中国制造业面临的发展新形势进行多案例比较，得出一些有益启示。

6. 跨学科的交叉研究

将海外并购、技术创新、经济学、创新网络、资源基础观、产业组织等领域的理论研究与国际国内形势研究相结合，将面向当前的、具有普遍存在性和整体影响性的重要现实问题研究与面向未来的、具有前瞻辨析性的和战略指导性的未来趋势研究相结合，从而形成多学科综合、跨学科交叉的制造业海外并购整合与产业技术创新的理论新发展。

（三）研究结构

本书分为五篇，共十九章。第一篇为中国制造业海外并购整合与产业技术创新的现状分析及基本理论研究，共分为六章（第一章至第六章）；第二篇为中国制造业海外并购整合与产业技术创新的数理模型及动态演化研究，共分为四章（第七章至第十章）；第三篇为中国制造业海外并购整合与产业技术创新的传导机制及国际比较的实证研究，共分为三章（第十一章至第十三章）；第四篇为中国制造业海外并购整合与产业技术创新的案例分析，共分为三章（第十四章至第十六章）；第五篇为中国制造业海外并购整合与产业技术创新的路径与对策，共分为三章（第十七章至第十九章）。五篇内容对中国制造业海外并购整合与产业技术创新的理论机理、动态演化、传导机制、典型案例与对策建议进行了系统、全局而又有所侧重的研究，共同构建起中国制造业海外并购整合与产业技术创新的理论基础与保障体系。五篇内容互相联系，前后承接，具体结构安排如下。

第一章为中国制造业海外并购整合与产业技术创新的现状分析。首先分析了中国制造业海外并购整合与产业技术创新的两个基本特征：第一，中国制造业大而不强，自主创新能力薄弱；第二，海外并购引领产业升级，整合不当制约技术创新。其次分析了存在的主要问题：并购整合布局前沿技术能力薄弱、并购整合实施缺少有效策略指导、并购整合嵌入创新网络水平受限、基金主导技术并购整合落地遇阻、并购整合技术逆向溢出途径不畅。基本特征与存在问题的分析从现实角度说明了中国制造业海外并购整合与产业技术创新的研究意义与价值所在。

第二章为制造业海外并购整合与企业技术创新的研究评述，从企业层面分析海外并购整合与技术创新的影响因素，梳理技术获取型海外并购整合相关研究及重要概念，总结资源相似性、互补性与海外并购整合的关系以及基于资源相关性的海外并购整合与技术创新的关系，此外还梳理了考虑经济制度距离因素的海外并购整合研究。在总结企业层面的海外并购整合策略与技术创新相关研究的基础上提出了该方向的研究空间所在。

第三章为制造业海外并购整合与产业技术创新的研究评述，基于资源基础观视角理论，围绕创新网络整理了海外并购整合与产业技术创新的相关研究，梳理了创新网络演化以及创新网络位置理论，为海外并购整合影响产业技术创新的传导机制分析提供启示，归纳了经济制度环境的影响，分析了制造业海外并购整合与产业技术创新的跨层次研究中有待深入的研究方向所在，为制造业海外并购整合与产业技术创新机制的分析奠定了理论基础。

第四章为基于资源相似性、互补性的中国制造业海外并购整合与企业技术创新的微观机理。并购收益的实现受到并购整合过程的深远影响，高效地整合才能获得并购的成功。首先，就资源相关性对收购方整合方式的影响机理进行分析。其次，分别从技术学习、资源配置与摩擦效应的不同路径出发，对收购方整合方式如何影响企业技术创新进行了分析。最后，分析资源条件在不同机制中的作用，提出不同资源相似性、互补性条件下海外并购整合促进企业技术创新的相关假设。

第五章为基于资源相关性的中国制造业海外并购整合策略与并购协同效应的微观机理。构建了技术获取型海外并购双方资源相关性、整合方式、收购协同效应三者之间关系的综合分析框架。关注不同资源条件的技术获取型海外并购中，收购方应如何选择与并购双方资源特征相匹配的整合策略以实现并购后协同效应的最大化。

第六章为基于创新网络的中国制造业海外并购整合与产业技术创新的理论机理。首先，围绕中心性和结构洞分析基于创新网络的海外并购整合对产业技术创新的跨层次传导机制。其次，从资源配置视角出发，深入探究资源相似性、互补性不同强弱组合的海外并购中，如何进行与资源条件匹配的并购整合，从而有利于通过嵌入全球创新网络获取全球创新资源、促进产业技术创新，并在此基础上进一步探讨了经济制度环境对并购整合促进产业技术创新效应的影响。

第七章为中国制造业海外并购整合与企业技术创新的数理模型。首先，建立静态模型，探讨基于资源相关性的中国制造业海外并购整合与企业技术创新的关系，以及经济制度因素的影响。其次，建立动态模型，对基于资源相关性的中国制造业海外并购整合与企业技术创新求出时间动态下的均衡条件，分析海外并购整合与资源相似性、互补性的最优匹配。最后，建立多阶段数理模型，基于全局博弈分析框架对海外并购整合策略进行探讨，并进一步分析海外并购整合对技术创新产出及其增速的影响。

第八章为基于创新网络的中国制造业海外并购整合与产业技术创新的数理模型。首先，建立基于创新网络嵌入的制造业海外并购整合与企业技术创新的马尔可夫博弈模型，分析海外并购整合动态决策的微观动机以及不同资源基础的海外并购整合行为对合作创新数量及技术创新的影响。其次，建立基于创新网络位置的制造业海外并购整合与产业技术创新的数理模型，结合垄断竞争模型和不完全信息网络博弈模型，分析海外并购整合通过中心度与结构洞地位提升对产业技术创新的影响。

第九章为中国制造业海外并购整合与企业技术创新的动态演化研究。首先，采用多主体仿真的研究方法，展开基于资源相关性的制造业海外并购整合动态演化研究，探究在不同情形的经济制度距离之下，针对不同资源条件的海外并购整合方式对并购协同效应的作用机制和影响效果。其次，通过系统动力学仿真模拟海外并购整合后企业技术创新的动态演变规律，把握在不同资源相似性、互补性条件下，海外并购整合影响并购后企业技术创新变化趋势及创新效果的规律。

第十章为中国制造业海外并购整合与产业技术创新的动态演化研究。首先，构建以并购整合为状态变量的马尔可夫博弈，展开基于创新网络控制力的制造业海外并购整合与产业技术创新的动态演化研究，模拟并购整合通过作用于创新网络连接点位及连接数量影响母国产业技术创新溢出量的过程。其次，进行基于创新网络嵌入的中国制造业海外并购整合与产业技术创新跨层次动态演化研究，以创新网络的动态生成演化作为企业层次收购方整合到产业层次技术创新的跨层次传导媒介，把握收购方不同的整合决策促进并购方全球创新网络位置提升，推动产业技术创新的内在演化机理。

第十一章为中国制造业海外并购整合对技术创新的企业层次传导机制的实证研究。首先，选取中国企业技术获取型海外并购事件，通过结构方程模型实证检验资源相似性、资源互补性与海外并购整合策略的匹配对并购后企业技术创新的影响。其次，进一步考虑不同情形的经济制度距离的影响，采用中韩企业海外并购样本，探讨并购双方资源基础特征与海外并购整合之间的配对情况对并购协同效应的影响，比较海外并购整合方式促进企业层次技术创新的国别差异。

第十二章为基于创新网络的中国制造业海外并购整合对产业技术创新跨层次传导机制的实证研究：资源基础观视角。选取中国制造业海外并购事件作为研究样本，基于企业间专利合作与引用信息构建创新网络，通过多群组结构方程与方差分析方法进行实证检验，区分资源相似性、互补性的不同组合，分析制造业海外并购整合通过中心性提升与结构洞提升促进产业技术创新的效应，验证基于创新网络的海外并购整合促进产业技术创新的跨层次传导机制。

第十三章为基于创新网络的制造业海外并购整合与产业技术创新的国际比较研究。分别选取美国、德国作为欧美发达国家的代表，日本与韩国作为后发新兴国家的典型代表，通过构建多群组结构方程展开中国与典型国家的国际比较研究，区分不同资源相似性、互补性条件下的不同海外并购整合策略，分析不同国家海外并购整合促进产业技术创新效果的差异，检验经济制度环境对海外并购整合通过创新网络位势提升促进产业技术创新的传导机制，旨在更深刻地理解通过海外并购整合促进产业技术创新影响所需的企业战略决策和外部环境支持。

第十四章为中国制造业海外并购整合对企业技术创新传导机制的案例研究。本书选取的技术获取型海外并购分别为浙江吉利控股集团有限公司（以下简称吉利）对瑞典 Volvo 公司（以下简称沃尔沃）、烟台万华聚氨酯股份有限公司[①]（以下简称烟台万华）对匈牙利 BorsodChem 公司（以下简称博苏化学）、新疆金风科技股份有限公司（以下简称金风科技）对德国 Vensys 能源股份公司（以下简称 Vensys）和 TCL 科技集团股份有限公司（以下简称 TCL）对法国 Alcatel S.A.（以下简称阿尔卡特）的并购事件，并进行跨案例比较分析，由案例现象分析具有不同资源条件的案例的并购后整合对企业技术创新的影响，通过对典型案例的成功经验与失败教训进行总结与概括，验证海外并购整合与企业技术创新的关系。

第十五章为基于资源相关性的中国制造业海外并购整合对并购协同效应

---

① 2013 年更名为万华化学集团股份有限公司。

传导机制的案例研究。本书遵循差别复制的原则，兼顾正面与反面的典型案例，选取的中国企业技术获取型海外并购典型案例分别是：上海电气集团股份有限公司（以下简称上海电气）并购美国 Goss International 公司（以下简称高斯国际）、中联重科股份有限公司（以下简称中联重科）并购意大利 Compagnia Italiana Forme Acciaio S.p.A.（以下简称 CIFA）、TCL 并购法国 Thomson 公司（以下简称汤姆逊）、沈阳机床股份有限公司（以下简称沈阳机床）并购德国 SCHIESS GmbH 公司（以下简称希斯公司），分析考虑不同情况的经济制度距离时，如何针对二者的资源条件采用相应的整合方式，以最大化海外并购后的协同效应。

第十六章为基于创新网络的中国制造业海外并购整合与产业技术创新的案例研究。首先，选取吉利并购瑞典沃尔沃、宁波均胜电子股份有限公司（以下简称均胜电子）并购德国 Preh GmbH（以下简称普瑞）、万向集团公司（以下简称万向）并购美国 A123 Systems 公司（以下简称 A123）三起典型案例作为研究对象，运用多案例比较的方法验证海外并购整合对产业技术创新的传导机制。其次，通过对制造业海外并购典型案例进行数据编码与范畴归纳进行扎根理论的多案例研究，分析基于资源联系性的海外并购整合通过创新网络嵌入传导产业技术创新的影响机制。

第十七章为中国与欧美发达国家制造业海外并购整合与产业技术创新的经验比较研究，将中国与以美国、德国为代表的欧美发达国家发展经验进行对比，分析中国与其在制造业发展水平上的差距以及海外并购特征的差异，总结值得中国企业或政府借鉴的国际经验，为中国制造业海外并购整合与产业技术创新研究提供启发，形成中国企业与政府进一步实践与发展的有益参考。

第十八章为中国与后发新兴国家制造业海外并购整合与产业技术创新的经验比较研究，将中国与以日本、韩国为代表的后发新兴国家发展经验进行对比，分析中国与其在制造业发展水平上的差距以及海外并购特征的差异，总结和归纳日本与韩国值得借鉴的国际经验，为中国制造业海外并购整合与产业技术创新研究提供启示，形成中国企业与政府进一步实践与发展的有益参考。

第十九章为中国制造业海外并购整合与产业技术创新的多层次保障体

系。分别从企业、产业与政府的三个层面提出途径与政策建议，促进企业通过海外并购整合带动产业技术创新。重点关注企业与产业层面的实践途径建议，旨在指导企业通过海外并购整合嵌入全球创新网络，利用优势创新网络位置的资源汇集与信息控制优势带动产业技术创新。在此基础上，本书进一步提出政府层面的政策建议，为政府建立促进海外并购整合与产业技术创新的引导与服务体系提供参考。

本书为本人所主持的教育部哲学社会科学研究重大课题攻关项目"中国制造业海外并购整合与产业技术创新研究"（16JZD020）的主要研究成果。研究设计及具体实施由本人负责，研究采取了团队合作分步推进的方式。其他人员包括：李飞、钟芳芳、陈珧、孟巧爽、李雪莹、刘慧倩、葛宇昊、朱洁如、王文静、王丙莉等。

对本书存在的不足之处，敬请读者和学术界的同仁不吝指正。

作　者

2020 年 11 月

目 录

第一篇 中国制造业海外并购整合与产业技术创新的现状分析及基本理论研究

第一章 中国制造业海外并购整合与产业技术创新的现状分析 …………… 3
第一节 中国制造业海外并购整合与产业技术创新的基本特征 ……… 3
第二节 中国制造业海外并购整合与产业技术创新的主要问题 …… 11
第三节 本章小结 …………………………………………………… 16

第二章 制造业海外并购整合与企业技术创新的研究评述 ……………… 18
第一节 技术获取型海外并购整合研究 …………………………… 18
第二节 资源相似性、互补性与海外并购整合研究 ……………… 28
第三节 资源相关性、海外并购整合与技术创新的企业层次研究 … 33
第四节 研究空间 …………………………………………………… 39
第五节 本章小结 …………………………………………………… 41

第三章 制造业海外并购整合与产业技术创新的研究评述 ……………… 42
第一节 海外并购整合、创新网络与产业技术创新概述 ………… 42
第二节 资源基础观视角的海外并购整合与技术创新的企业层次
研究 ………………………………………………………… 46
第三节 基于创新网络传导的海外并购整合与产业技术创新 …… 48

第四节　围绕产业技术创新界定的海外并购整合与产业技术创新的
　　　　　　跨层次研究……………………………………………………… 51
　　第五节　研究空间…………………………………………………………… 56
　　第六节　本章小结…………………………………………………………… 58

第四章　基于资源相似性、互补性的中国制造业海外并购整合与企业
　　　　技术创新的微观机理……………………………………………… 59
　　第一节　中国制造业海外并购资源相似性、互补性与并购整合……… 60
　　第二节　中国制造业海外并购资源相似性、互补性的交互作用……… 61
　　第三节　中国制造业海外并购整合对企业技术创新的作用机制分析… 63
　　第四节　基于资源相似性、互补性的中国制造业海外并购整合与
　　　　　　企业技术创新的传导机制……………………………………… 66
　　第五节　基于资源相似性、互补性的中国制造业海外并购整合与
　　　　　　企业技术创新的总体理论框架………………………………… 71
　　第六节　本章小结…………………………………………………………… 73

第五章　基于资源相关性的中国制造业海外并购整合策略与并购协同
　　　　效应的微观机理…………………………………………………… 74
　　第一节　中国制造业海外并购整合策略对并购协同效应的作用
　　　　　　机制………………………………………………………………… 74
　　第二节　中国制造业海外并购整合策略与资源相似性、互补性的
　　　　　　匹配………………………………………………………………… 78
　　第三节　资源相关性与海外并购整合策略匹配模式有效性的影响…… 83
　　第四节　基于资源相关性的中国制造业海外并购整合策略与并购
　　　　　　协同效应的总体理论框架……………………………………… 87
　　第五节　本章小结…………………………………………………………… 88

第六章 基于创新网络的中国制造业海外并购整合与产业技术创新的
理论机理……………………………………………………………… 89
 第一节 中国制造业海外并购整合、全球创新网络与产业技术
    创新…………………………………………………………… 90
 第二节 基于网络中心性的海外并购整合对产业技术创新的跨层次
    传导分析……………………………………………………… 92
 第三节 基于网络结构洞的海外并购整合对产业技术创新的跨层次
    传导分析……………………………………………………… 94
 第四节 资源基础观视角下基于创新网络的海外并购整合决策与
    产业技术创新………………………………………………… 95
 第五节 基于创新网络的中国制造业海外并购整合与产业技术创新
    的总体理论框架……………………………………………… 104
 第六节 本章小结……………………………………………………… 106

第二篇 中国制造业海外并购整合与产业技术创新的数理模型及动态演化研究

第七章 中国制造业海外并购整合与企业技术创新的数理模型………… 111
 第一节 基于资源相关性的中国制造业海外并购整合与企业技术
    创新的静态模型……………………………………………… 111
 第二节 基于资源相关性的中国制造业技术获取型海外并购整合
    与企业技术创新的动态模型………………………………… 129
 第三节 基于并购双方特征的中国制造业海外并购整合与企业技术
    创新的多阶段数理模型……………………………………… 144
 第四节 本章小结……………………………………………………… 161

第八章 基于创新网络的中国制造业海外并购整合与产业技术创新的
数理模型…………………………………………………………… 162
 第一节 基于创新网络嵌入的中国制造业海外并购整合与技术
    创新的马尔可夫博弈模型…………………………………… 162

第二节　基于创新网络位置的中国制造业海外并购整合与产业技术创新的数理模型 ………………………………………… 181

第三节　本章小结 …………………………………… 203

第九章　中国制造业海外并购整合与企业技术创新的动态演化研究 …… 205

第一节　基于资源相关性的中国制造业海外并购整合动态演化研究 …………………………………………………… 205

第二节　中国制造业技术获取型海外并购整合与企业技术创新的系统动力学动态演化研究 ………………………… 216

第三节　本章小结 …………………………………… 225

第十章　中国制造业海外并购整合与产业技术创新的动态演化研究 …… 227

第一节　基于创新网络控制力的中国制造业海外并购整合与产业技术创新的动态演化研究 ………………………… 227

第二节　基于创新网络嵌入的中国制造业海外并购整合与产业技术创新跨层次动态演化研究 ……………………… 241

第三节　本章小结 …………………………………… 264

第三篇　中国制造业海外并购整合与产业技术创新的传导机制及国际比较的实证研究

第十一章　中国制造业海外并购整合对技术创新的企业层次传导机制的实证研究 ……………………………………………… 269

第一节　基于资源相关性的中国制造业海外并购整合对企业技术创新传导机制的实证研究 ………………………… 269

第二节　基于资源相关性匹配的中国制造业海外并购整合对并购协同效应传导机制的实证研究 …………………… 286

第三节　本章小结 …………………………………… 311

第十二章 基于创新网络的中国制造海外并购整合对产业技术创新跨层次传导机制的实证研究：资源基础观视角 ……………… 312

第一节 样本筛选和变量测度 ……………………………………… 312
第二节 结构方程模型实证分析 …………………………………… 323
第三节 基于资源配置视角的方差分析检验 ……………………… 330
第四节 本章小结 …………………………………………………… 334

第十三章 基于创新网络的制造业海外并购整合与产业技术创新的国际比较研究 …………………………………………………………… 335

第一节 制造业海外并购整合与产业技术创新：中国与美国的国际比较 ……………………………………………………………… 335
第二节 制造业海外并购整合与产业技术创新：中国与德国的国际比较 ……………………………………………………………… 351
第三节 制造业海外并购整合与产业技术创新：中国与日本的国际比较 ……………………………………………………………… 372
第四节 制造业海外并购整合与产业技术创新：中国与韩国的国际比较 ……………………………………………………………… 385
第五节 本章小结 …………………………………………………… 400

第四篇 中国制造业海外并购整合与产业技术创新的案例分析

第十四章 中国制造业海外并购整合对企业技术创新传导机制的案例研究 …………………………………………………………………… 405

第一节 吉利并购整合瑞典沃尔沃 ………………………………… 406
第二节 烟台万华并购整合匈牙利博苏化学 ……………………… 414
第三节 金风科技并购整合德国 Vensys …………………………… 420
第四节 TCL 并购整合法国阿尔卡特 ……………………………… 428
第五节 横向案例对比分析 ………………………………………… 434
第六节 本章小结 …………………………………………………… 438

第十五章　基于资源相关性的中国制造业海外并购整合对并购协同效应传导机制的案例研究 ·············· 440

- 第一节　上海电气并购整合美国高斯国际 ·············· 440
- 第二节　中联重科并购整合意大利 CIFA ·············· 447
- 第三节　TCL 并购整合法国汤姆逊 ·············· 454
- 第四节　沈阳机床并购整合德国希斯公司 ·············· 460
- 第五节　横向案例对比分析 ·············· 467
- 第六节　本章小结 ·············· 469

第十六章　基于创新网络的中国制造业海外并购整合与产业技术创新的案例研究 ·············· 471

- 第一节　吉利并购整合瑞典沃尔沃 ·············· 471
- 第二节　均胜电子并购整合德国普瑞 ·············· 481
- 第三节　万向并购整合美国 A123 ·············· 486
- 第四节　横向案例对比分析 ·············· 495
- 第五节　中国制造业海外并购整合与产业技术创新：扎根理论的多案例分析 ·············· 496
- 第六节　本章小结 ·············· 510

第五篇　中国制造业海外并购整合与产业技术创新的路径与对策

第十七章　中国与欧美发达国家制造业海外并购整合与产业技术创新的经验比较研究 ·············· 513

- 第一节　中国与欧美发达国家制造业海外并购整合与产业技术创新的比较 ·············· 513
- 第二节　欧美发达国家制造业海外并购整合与产业技术创新的经验研究 ·············· 523
- 第三节　本章小结 ·············· 528

第十八章　中国与后发新兴国家制造业海外并购整合与产业技术创新的经验比较研究 ······ 529

第一节　中国与后发新兴国家制造业海外并购整合与产业技术创新的比较 ······ 529
第二节　后发新兴国家制造业海外并购整合与产业技术创新的经验研究 ······ 538
第三节　本章小结 ······ 542

第十九章　中国制造业海外并购整合与产业技术创新的多层次保障体系 ······ 544

第一节　企业层面的海外并购整合与产业技术创新途径建议 ······ 544
第二节　产业层面的海外并购整合与产业技术创新途径建议 ······ 548
第三节　政府层面的海外并购整合与产业技术创新政策建议 ······ 550
第四节　本章小结 ······ 554

参考文献 ······ 556
附录 ······ 578
索引 ······ 614

Contents

Part I The Current State and Basic Theory of Overseas M&A Integration and Industrial Technology Innovation of China's Manufacturing Industry

Chapter 1 Analysis on the Current Situation of Overseas M&A Integration and Industrial Technology Innovation of China's Manufacturing Industry ································· 3

  1.1 The Basic Characteristics of Overseas M&A Integration and Industrial Technology Innovation of China's Manufacturing Industry ············· 3

  1.2 The Main Problems of Overseas M&A Integration and Industrial Technology Innovation of China's Manufacturing Industry ············ 11

  1.3 Summary ·· 16

Chapter 2 A Literature Review on Overseas M&A Integration and Enterprise Technology Innovation of Manufacturing Industry ··· 18

  2.1 Research on Technology-sourcing Overseas M&A Integration ······· 18

  2.2 Research on Resource Similarity, Complementarity and Overseas M&A Integration ·· 28

  2.3 Research on Resource Relatedness, Overseas M&A Integration and Enterprise-level Technology Innovation ································· 33

  2.4 Research Space ··· 39

2.5　Summary ········· 41

Chapter 3　A Literature Review on Overseas M&A Integration and Industrial Technology Innovation of Manufacturing Industry ··· 42

3.1　An Overview of Overseas M&A Integration, Innovation Network and Industrial Technology Innovation ········· 42

3.2　Research on the Mechanism of Overseas M&A Integration and Enterprise-level Technology Innovation from the Perspective of Resource-based View ········· 46

3.3　Research on the Mechanism of Overseas M&A Integration and Industrial Technology Innovation Based on the Transmission of Innovation Network ········· 48

3.4　Cross-level Research on Overseas M&A Integration and Industrial Technology Innovation Around the Definition of Industrial Technology Innovation ········· 51

3.5　Research Space ········· 56

3.6　Summary ········· 58

Chapter 4　The Micro Mechanism of Overseas M&A Integration and Enterprise Technology Innovation of China's Manufacturing Industry Based on Resource Similarity and Complementarity ··· 59

4.1　Resource Similarity, Complementarity and Overseas M&A Integration of China's Manufacturing Industry ········· 60

4.2　The Interaction of Resource Similarity and Complementarity in Overseas M&A of China's Manufacturing Industry ········· 61

4.3　Analysis on the Mechanism of Overseas M&A Integration of China's Manufacturing Industry on Enterprise Technology Innovation ········· 63

4.4　The Transmission Mechanism of Overseas M&A Integration and Enterprise Technology Innovation of China's Manufacturing Industry Based on Resource Similarity and Complementarity ········· 66

4.5 The Overall Theoretical Framework of Overseas M&A Integration and Enterprise Technology Innovation of China's Manufacturing Industry Based on Resource Similarity and Complementarity ········ 71
4.6 Summary ·· 73

Chapter 5 The Micro Mechanism of Overseas M&A Integration Strategy and M&A Synergy Effect of China's Manufacturing Industry Based on Resource Relatedness ···························· 74

5.1 The Mechanism of Overseas M&A Integration Strategy of China's Manufacturing Industry on the M&A Synergy Effect ··················· 74
5.2 Matching Between Overseas M&A Integration Strategy of China's Manufacturing Industry and Resource Similarity and Complementarity ···· 78
5.3 The Influence of the Effectiveness of Matching Mode Between Resource Relatedness and Overseas M&A Integration Strategy ······ 83
5.4 The Overall Theoretical Framework of the Overseas M&A Integration Strategy and M&A Synergy Effect of China's Manufacturing Industry Based on Resource Relatedness ·············· 87
5.5 Summary ·· 88

Chapter 6 The Theoretical Mechanism of Overseas M&A Integration and Industrial Technology Innovation of China's Manufacturing Industry Based on Innovation Network ···························· 89

6.1 Overseas M&A Integration, Global Innovation Network and Industrial Technology Innovation of China's Manufacturing Industry ············ 90
6.2 The Cross-level Transmission Mechanism of Overseas M&A Integration on Industrial Technology Innovation Based on Network Centrality ·· 92

6.3 The Cross-level Transmission Mechanism of Overseas M&A Integration on Industrial Technology Innovation Based on Network Structural Holes ·· 94

6.4 Overseas M&A Integration Decision and Industrial Technology Innovation Based on Innovation Network from the Perspective of Resource-based View ··· 95

6.5 The Overall Theoretical Framework of Overseas M&A Integration and Industrial Technology Innovation of China's Manufacturing Industry Based on Innovation Network ································· 104

6.6 Summary ··· 106

Part Ⅱ The Mathematical Model and Dynamic Evolution of Overseas M&A Integration and Industrial Technology Innovation of China's Manufacturing Industry

Chapter 7 Mathematical Model of Overseas M&A Integration and Enterprise Technology Innovation of China's Manufacturing Industry ··· 111

7.1 The Static Model of Overseas M&A Integration and Enterprise Technology Innovation of China's Manufacturing Industry Based on Resource Relatedness ·· 111

7.2 The Dynamic Model of Technology-sourcing Overseas M&A Integration and Enterprise Technology Innovation of China's Manufacturing Industry Based on Resource Relatedness ············ 129

7.3 The Multi-stage Mathematical Model of Overseas M&A Integration and Enterprise Technology Innovation of China's Manufacturing Industry Based on Characteristics of Both Parties ···················· 144

7.4 Summary ··· 161

Chapter 8　The Mathematical Model of Overseas M&A Integration and Industrial Technology Innovation of China's Manufacturing Industry Based on Innovation Netword ·························· 162

8.1　The Markov Game Model of Overseas M&A Integration and Technology Innovation of China's Manufacturing Industry Based on Innovation Network Embedding ·································· 162

8.2　The Mathematical Model of Overseas M&A Integration and Industrial Technology Innovation of China's Manufacturing Industry Based on the Innovation Network Position ···································· 181

8.3　Summary ·· 203

Chapter 9　Dynamic Evolution of Overseas M&A Integration and Enterprise Technology Innovation of China's Manufacturing Industry ····· 205

9.1　Dynamic Evolution of Overseas M&A Integration of China's Manufacturing Industry Based on Resource Relatedness ············· 205

9.2　Dynamics Evolution of System Dynamics Technology-sourcing Overseas M&A Integration and Enterprise Technology Innovation of China's Manufacturing Industry ··· 216

9.3　Summary ·· 225

Chapter 10　Dynamic Evolution of Overseas M&A Integration and Industrial Technology Innovation of China's Manufacturing Industry ··· 227

10.1　Dynamic Evolution of Overseas M&A Integration and Industrial Technology Innovation of China's Manufacturing Industry Based on Innovation Network Control ·································· 227

10.2　Cross-level Dynamic Evolution of Overseas M&A Integration and Industrial Technology Innovation of China's Manufacturing Industry Based on Innovation Network Embedding ···························· 241

10.3　Summary ··· 264

Part Ⅲ Empirical Research on the Transmission Mechanism and International Comparison of Overseas M&A Integration and Industrial Technology Innovation of China's Manufacturing Industry

Chapter 11 Empirical Research on the Enterprise-level Transmission Mechanism of Overseas M&A Integration of China's Manufacturing Industry on Technology Innovation ················· 269

    11.1 An Empirical Research on the Transmission Mechanism of Overseas M&A Integration of China's Manufacturing Industry on Enterprise Technology Innovation Based on Resource Relatedness ············ 269

    11.2 An Empirical Research on the Transmission Mechanism of Overseas M&A Integration of China's Manufacturing Industry on the M&A Synergy Effect Based on Resource Relatedness Matching ·········· 286

    11.3 Summary ·· 311

Chapter 12 An Empirical Research on the Cross-level Transmission Mechanism of Technology-sourcing Overseas M&A Integration of China's Manufacturing Industry on Industrial Technology Innovation Based on Innovation Network: The Perspective of Resource-based View ·· 312

    12.1 Sample Screening and Variable Measurement ························· 312

    12.2 An Empirical Analysis of Structural Equation Model ················ 323

    12.3 ANOVA Test Based on the Resource Orchestration Perspective ···· 330

    12.4 Summary ·· 334

Chapter 13 An International Comparative Study on the Overseas M&A Integration and Industrial Technology Innovation of Manufacturing Industry Based on Innovation Network ············ 335

    13.1 Overseas M&A Integration and Industrial Technology Innovation Manufacturing Industry: An International Comparison Between China and the United States ·· 335

13.2 Overseas M&A Integration and Industrial Technology Innovation of Manufacturing Industry: An International Comparison between China and Germany ··· 351

13.3 Overseas M&A Integration and Industrial Technology Innovation of Manufacturing Industry: An International Comparison between China and Japan ·· 372

13.4 Overseas M&A Integration and Industrial Technology Innovation of Manufacturing Industry: An International Comparison between China and Republic of Korea ································· 385

13.5 Summary ·· 400

Part IV Case Studies on Overseas M&A Integration and Industrial Technology Innovation of China's Manufacturing Industry

Chapter 14 Case Studies on the Transmission Mechanism of Overseas M&A Integration of China's Manufacturing Industry on Enterprise Technology Innovation ··············· 405

14.1 Geely's M&A Integration of Sweden's Volvo ················ 406
14.2 Yantai Wanhua's M&A Integration of Hungary's BorsodChem ···· 414
14.3 Goldwind's M&A Integration of Germany's Vensys ············ 420
14.4 TCL's M&A Integration of France's Alcatel ···················· 428
14.5 Horizontal Case Comparison Analysis ························· 434
14.6 Summary ·· 438

Chapter 15 Case Studies on the Transmission Mechanism of Overseas M&A Integration of China's Manufacturing Industry on M&A Synergy Effect Based on Resource Relatedness ········ 440

15.1 Shanghai Electric's M&A Integration of America's Goss International ··· 440

15.2　Zoomlion's M&A Integration of Italy's CIFA ·········· 447

15.3　TCL's M&A Integration of France's Thomson SA ·········· 454

15.4　SMTCL's M&A Integration of Germany's SCHIESS GmbH ······· 460

15.5　Horizontal Case Comparison Analysis ·········· 467

15.6　Summary ·········· 469

Chapter 16　Case Studies on Overseas M&A Integration and Industrial Technology Innovation of China's Manufacturing Industry Based on Innovation Network ·········· 471

16.1　Geely's M&A Integration of Sweden's Volvo ·········· 471

16.2　Joyson Electronics's M&A Integration of Germany's Preh GmbH ···· 481

16.3　Wanxiang's M&A Integration of America's A123 Systems ········ 486

16.4　Horizontal Case Comparison Analysis ·········· 495

16.5　Overseas M&A Integration and Industrial Technology Innovation of China's Manufacturing Industry: A Multi-case Analysis Based on Grounded Theory ·········· 496

16.6　Summary ·········· 510

Part Ⅴ　Paths and Countermeasures of Overseas M&A Integration and Industrial Technology Innovation of China's Manufacturing Industry

Chapter 17　Experience Comparison of Overseas M&A Integration and Technology Innovation of Manufacturing Industry Between China and Developed Countries in Europe and America ····· 513

17.1　Comparison of Overseas M&A Integration and Industrial Technology Innovation of Manufacturing Industry Between China and Developed Countries in Europe and America ·········· 513

17.2　An Empirical Study on Overseas M&A Integration and Industrial Technology Innovation of European and American Developed Countries' Manufacturing Industry ·········· 523

17.3 Summary ·········· 528

Chapter 18 Experience Comparison of Overseas M&A Integration and Industrial Technology Innovation of Manufacturing Industry Between China and Emerging Countries ·········· 529

18.1 Comparison of Overseas M&A Integration and Industrial Technology Innovation of Manufacturing Industry Between China and Emerging Countries ·········· 529

18.2 An Empirical Study on Overseas M&A Integration and Industrial Technology Innovation of Emerging Countries' Manufacturing Industry ·········· 538

18.3 Summary ·········· 542

Chapter 19 Multi-level Supportive System of Overseas M&A Integration and Industrial Technology Innovation of China's Manufacturing Industry ·········· 544

19.1 Suggestions on Overseas M&A Integration and Industrial Technology Innovation at the Enterprise Level ·········· 544

19.2 Suggestions on Overseas M&A Integration and Industrial Technology Innovation at the Industry Level ·········· 548

19.3 Suggestions on Overseas M&A Integration and Industrial Technology Innovation at the Government Level ·········· 550

19.4 Summary ·········· 554

References ·········· 556
Appendix ·········· 578
Index ·········· 614

第一篇　中国制造业海外并购整合与产业技术创新的现状分析及基本理论研究

本篇共包括六章内容，可划分为两个部分，第一部分为第一章到第三章，围绕研究主题对理论与现实背景进行了全面梳理，第二部分为第四章到第六章，层层深入地分析了本书的核心机制并提出了研究假设，构建了中国制造业海外并购整合与产业技术创新的理论框架，为后续研究的深入做好铺垫。第一章为中国制造业海外并购整合与产业技术创新的现状分析，立足于中国制造自主创新能力薄弱和海外并购整合不当制约技术创新两个基本特征分析中国制造业海外并购整合促进产业技术创新过程中存在的主要问题。第二章与第三章为文献综述，分别归纳了制造业海外并购整合与企业技术创新、制造业海外并购整合与产业技术创新的相关文献，并分析了未来研究空间与方向所在，在为中国制造业海外并购整合与产业技术创新的机制分析奠定基础的同时提供理论启示。第四章为基于资源相似性、互补性的中国制造业海外并购整合与企业技术创新的微观机理，关注于不同的资源基础条件，分析了海外并购整合影响企业层次创新的技术学习、资源配置与摩擦效应三条路径。第五章进一步考虑了经济制度距离因素的影响，区分经济制度距离高或低的不同情况并探讨中国制造业海外并购整合决策机制及其对并购协同效应的影响。第六章突破以往并购整合研究的理论边界，将海外并购整合的影响拓展到创新网络与产业技术创新，从资源配置视角分析基于创新网络的中国制造业海外并购整合与产业技术创新的理论机理，围绕中心性和结构洞分析海外并购整合对产业技术创新的跨层次传导机制。在此基础上，同时考虑整合阶段内外部双重网络的作用，并进一步分析了经济制度环境对整合效果的影响。

第 一 章

中国制造业海外并购整合与产业技术创新的现状分析

第一节 中国制造业海外并购整合与产业技术创新的基本特征

一、中国制造大而不强，自主创新能力薄弱

国务院颁布的《中国制造 2025》指出，"与世界先进水平相比，我国制造业仍然大而不强，在自主创新能力、资源利用效率、产业结构水平、信息化程度、质量效益等方面差距明显，转型升级和跨越发展的任务紧迫而艰巨"。中国制造业大而不强，面临紧迫性和挑战性兼具的跨越升级任务，面临发达国家和其他发展中国家"双向挤压"的严峻挑战。"当前，新一轮科技革命和产业变革与我国加快转变经济发展方式形成历史性交汇，国际产业分工格局正在重塑。"新一代信息技术浪潮下，制造业变革加速，我国制造业转型升级、创新发展迎来重大机遇。

当前中国制造业发展良好，具有较强的规模优势，战略新兴产业成为经济增长新动能。根据国家统计局数据，2017 年中国国内生产总值（gross domestic product，GDP）共计 827 122 亿元，其中制造业产值为 24.2 万亿元，

在中国经济中的占比为 29.3%,彰显出其作为中国面向全球竞争主战场的重要地位。2017 年,制造业全年规模以上工业增加值增长 7.2%,利润达到 66 511 亿元,增长 18.2%,高技术制造业利润增长 20.3%。2017 年,新兴工业呈现高速增长的态势,工业机器人增加 68.1%、民用无人机增加 67.0%、新能源汽车增加 51.1%、城市轨道车辆增加 40.1%、锂离子电池增加 31.3%、太阳能电池增加 30.6%。

从专利角度分析,当前中国制造业发展势头正猛,技术创新活动增效显著。国家知识产权局公布的数据显示,2017 年世界知识产权组织(World Intellectual Property Organization,WIPO)35 个技术领域的专利拥有量超过 2/3 都与制造业息息相关(图 1-1),体现出技术创新对制造业发展的重要性。但值得注意的是,在光学、医学技术以及发动机、泵、涡轮机等领域,国外在华专利拥有量超过国内拥有量。这说明我国制造业产业创新能力虽然得到了提升,但仍落后于发展领先的国外先进技术企业,与发达国家的产业创新能力仍存在差距。

国家知识产权局发布的《战略性新兴产业专利统计分析报告(2017 年)》指出,2012~2016 年中国战略新兴产业专利申请量从 2012 年的 16.7 万件增加至 2016 年的 34.4 万件,在全球的占比由 2012 年的 27.0%上升为 2016 年的 44.3%(图 1-2)。按专利申请的产业分布分析,生物、新一代信息技术、节能环保是专利申请公开量最高的三个产业(图 1-3)。但从专利构成的角度分析,截至 2016 年,中国战略性新兴产业专利拥有量前 100 名的专利权人中,国外企业占 50 个,中国大专院校和科研单位占 31 个,中国企业仅占 19 个。这表明中国制造业企业自主技术创新实力不足,增强企业研发能力是提升中国制造业创新能力的关键。

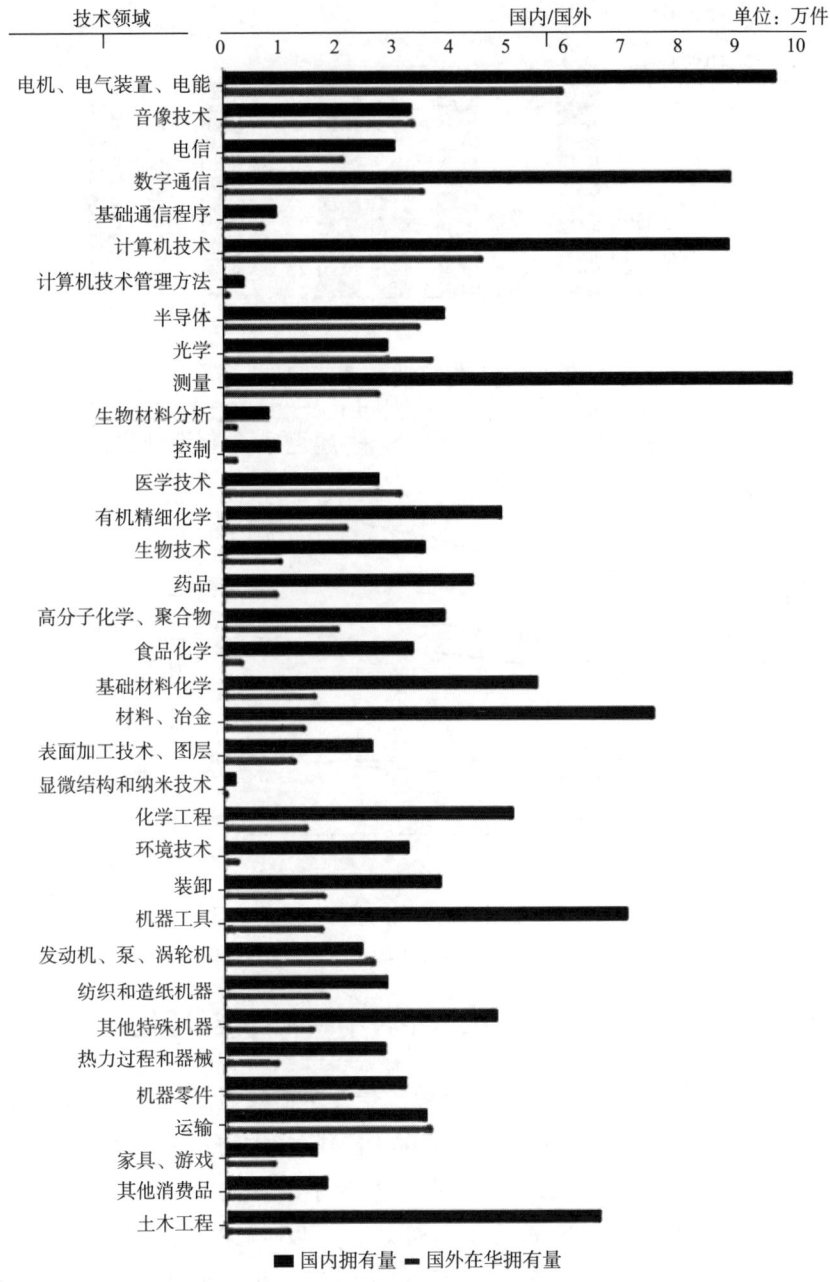

图 1-1 2017年中国各技术领域专利拥有量

资料来源：国家知识产权局《2017年中国专利统计简要数据》

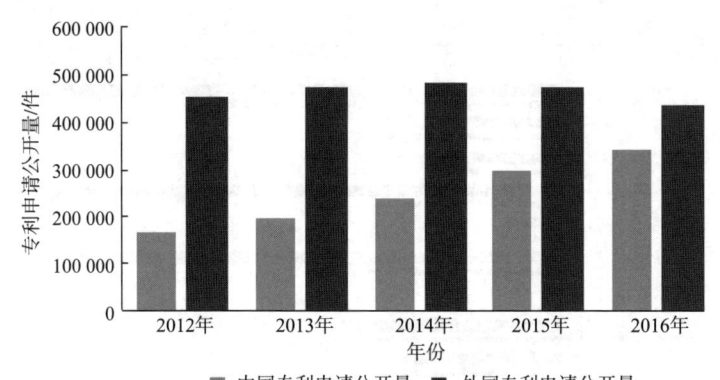

图 1-2 全球战略新兴产业专利申请公开量中外比较

资料来源：《战略性新兴产业专利统计分析报告（2017年）》

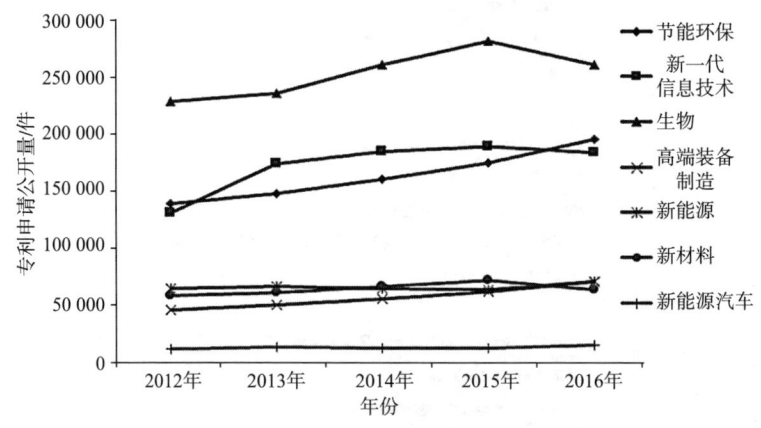

图 1-3 2012~2016年中国战略新兴产业专利申请公开量产业分布

资料来源：《战略性新兴产业专利统计分析报告（2017年）》

二、海外并购引领产业升级，整合不利制约技术创新

海外并购有利于吸纳全球创新资源，是技术后发赶超的重要手段，近年来中国企业海外并购持续活跃。根据胡润研究院与上海易界信息咨询有限公司（以下简称易界 DealGlobe）公布的《2018 中国企业跨境并购特别报告》，2017 年中国企业共发生 400 宗跨境并购交易，其中 312 宗披露金额，总额达 1480 亿美元（图 1-4）。虽然在外汇管制以及监管环境变化的情况下，2017 年交易规模有所回落，但仍处于历史高位。

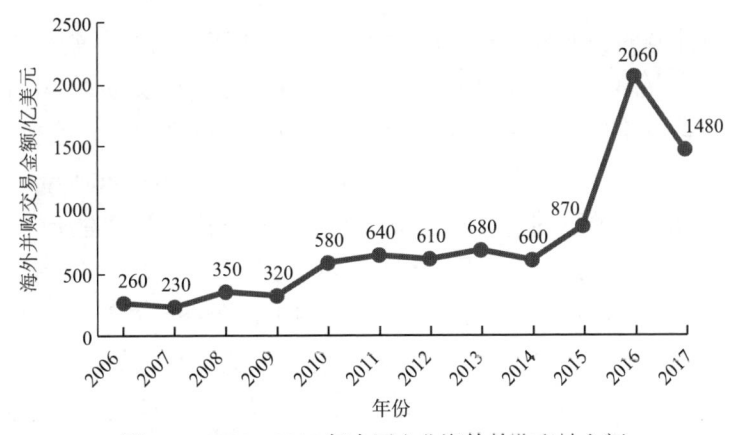

图 1-4　2006～2017 年中国企业海外并购交易金额

资料来源：胡润研究院与易界 DealGlobe《2018 中国企业跨境并购特别报告》

根据中国境外并购交易投资趋势分析（图 1-5），可知中国自然资源类的海外并购比例持续下降，进入全球市场动机的海外并购比例呈增长趋势，而以获取新能力为动机的交易一直以来处于境外并购投资的主导地位，占据较高比例。通过境外并购寻求外源性先进技术已经成为中国企业的高频率战略选择之一。

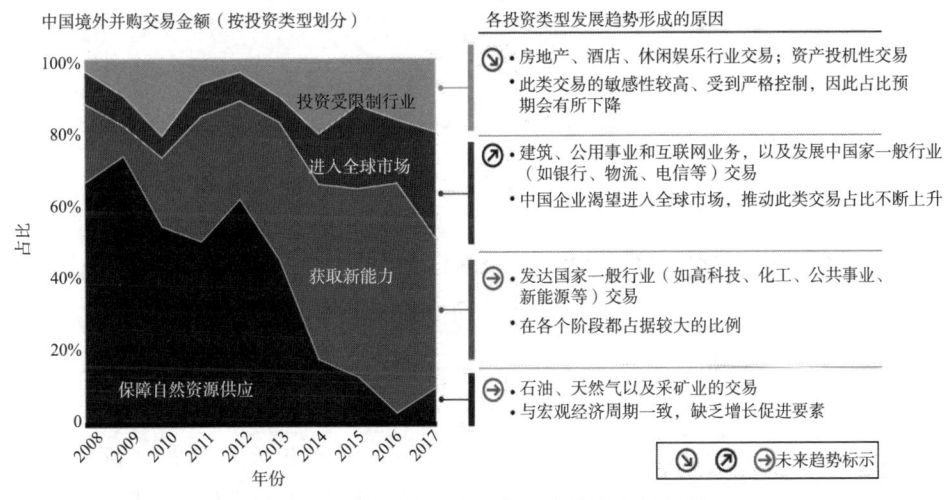

图 1-5　2008～2017 年中国企业境外并购趋势

资料来源：贝恩咨询《中国企业境外并购报告（2018 年）》

从海外并购的行业分布来看，《2018中国企业跨境并购特别报告》显示，2017年中国制造业共发生海外并购114起，是跨境并购交易最集中的行业，交易额达604.21亿美元，占2017年跨境并购总金额的41%。除制造业外，海外并购集中的行业排名依次为数字新媒体产业（Technology, Media, Telecom, TMT）、消费零售业、能源矿产及公共事业、医疗健康、金融服务与房地产业。2017年，中国制造业海外并购交易主要集中于工业产品服务、汽车制造业和交通运输业（图1-6），交通运输业海外并购数量同比增加7成，其他装备制造业同比增加3成，工业自动化和工业产品服务行业同比均增加2成。2017年的亮点行业是工业自动化行业，以海外并购为有效手段，中国制造企业吸收前沿技术推动自身发展。

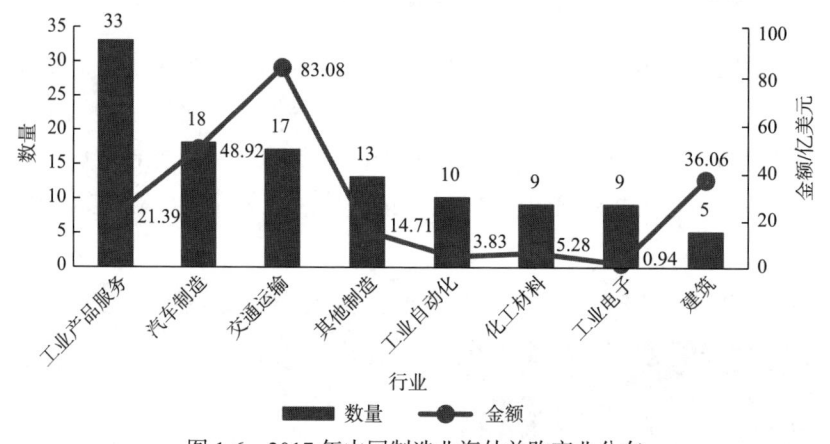

图1-6 2017年中国制造业海外并购产业分布

资料来源：胡润研究院与易界DealGlobe《2018中国企业跨境并购特别报告》

当前中国制造业海外并购体现出布局先进技术的趋势。2015年国务院发布的《中国制造2025》中提出了制造业发展的十大重点领域：新一代信息技术产业、高档数控机床和机器人、航空航天装备、海洋工程装备及高技术船舶、先进轨道交通装备、节能与新能源汽车、电力装备、农机装备、新材料、生物医药及高性能医疗器械。海外并购有利于中国制造企业拓宽创新边界，突破技术锁定，扭转技术垄断困境，引领传统制造向先进制造转型改造，是中国制造业促进技术赶超、实现产业升级的重要机遇。对应十大重点领域，近年来中国制造业已有一批龙头企业通过恰当的海外并购整合布局前瞻性技术，在核心技术上突破国外垄断，引领带动了产业技术创新能力提升（表1-1）。

表 1-1 《中国制造 2025》十大重点领域海外并购代表案例

重点领域	典型海外并购	核心技术
新一代信息技术产业	江苏长电科技股份有限公司并购新加坡星科金朋有限公司	芯片封测
	华为技术有限公司并购英国集成光电器件公司	硅光芯片
	海能达通信股份有限公司并购德国 PMR 公司	专网通信
	株洲中车时代电气股份有限公司并购英国 Dynex 公司	绝缘栅双极型晶体管技术（insulated gate bipolar transistor，IGBT）
高档数控机床和机器人	美的集团并购德国库卡机器人有限公司	工业机器人
	南京埃斯顿自动化股份有限公司并购英国 TRIO 公司	控制器、机器人运动控制
	南京埃斯顿自动化股份有限公司并购美国 Barrett Technology 公司	伺服机、机器人
	南京埃斯顿自动化股份有限公司并购意大利 Euclid Labs 公司	机器人离线编程
	浙江万丰科技开发股份有限公司并购美国 Paslin 公司	焊接机器人
航空航天装备	浙江日发精密机械股份有限公司并购意大利 MCM 公司	航空材料、航空零件、航空数字化装备系统
	中国航空工业集团有限公司并购美国西锐公司	整机制造
	中国航空工业集团有限公司并购德国 Thielert 公司	航空活塞发动机
海洋工程装备及高技术船舶	株洲中车时代电气股份有限公司并购英国 SMD 公司	深海机器人 海底工程机械
先进轨道交通装备	株洲中车时代电气股份有限公司并购英国 Dynex 公司	IGBT 技术
	株洲时代新材料科技股份有限公司并购澳大利亚 Delkor Rail Pty 有限公司	轨道减震技术
	马鞍山钢铁股份有限公司并购法国瓦顿公司	轮轴技术

续表

重点领域	典型海外并购	核心技术
节能与新能源汽车	万向集团公司并购美国 A123 公司	电动汽车锂电池
	宁波均胜电子股份有限公司并购德国 TS 道恩公司	车载信息系统模块
	宁波均胜电子股份有限公司并购美国 KSS 公司	汽车安全技术
电力装备	卧龙电气驱动集团股份有限公司并购奥地利 ATB 公司	电机
农机装备	潍柴雷沃重工股份有限公司并购意大利 ARBOS 公司	收割机
	潍柴雷沃重工股份有限公司并购意大利 MaterMac 公司	播种机
	潍柴雷沃重工股份有限公司并购意大利 GOLDONI 公司	果园型拖拉机
新材料	万丰奥特控股集团股份有限公司并购加拿大 Meridian 公司	镁合金
	中国航空工业集团有限公司并购奥地利 FACC 公司	航空复合材料
生物医药及高性能医疗器械	北京万东医疗科技股份有限公司收购意大利百胜医疗公司	超声影像设备
	杭州泰格医药科技股份有限公司并购美国 Frontage Laboratories 公司	临床试验业务

资料来源：根据《中国制造 2025》与 BvD-Zephyr 数据库整理得到

在海外并购快速扩张的发展趋势下，如何通过恰当的海外并购整合获取协同效应是值得关注与研究的主题。海外并购整合是决定并购成功与否的关键环节。《2016 年企业海外财务风险管理报告》指出，中国企业海外并购有效率仅为 33.3%，如果加权跨境跨文化整合因素，只有不到 20%的海外并购能够真正成功。德勤《并购活跃，整合滞后——中国企业海外并购及并购后整合现状调查》指出，并购后整合计划不周、执行不力是未实现预期目标的主要原因，约 50%企业认为整合不成功。可见，中国企业海外并购的最大困难不在于"走出去"，而在于"走出去"以后如何成功运作，如何通过恰当的整合策略把握海外并购机遇，实现全球资源利用、业务流程再造、产业链创新能力提升。

第二节　中国制造业海外并购整合与产业技术创新的主要问题

海外并购为技术创新提供了机遇，但海外并购的低成功率也为中国制造企业带来了风险。整合计划不周、执行不力是并购失败的主要原因，整合阶段是决定制造企业能否把握机遇实现并购成功并带动产业技术创新的关键环节。对此，本书针对当前中国制造业海外并购整合促进产业技术创新过程中存在的主要问题进行了深度剖析。

一、问题一：并购整合布局前沿技术能力薄弱

中国制造业海外并购持续活跃，但技术积累不足、研发资金与人才供应紧张导致识别、布局前沿技术能力薄弱。对上游核心技术海外并购的整合能力不足，将制约通过海外并购整合获取核心技术的进程，无法打破核心技术受制于人的局面。例如，在机器人领域，机器人产业链上游核心技术企业占据关键模块和特定零部件技术优势，亦是引领产业链中下游企业的领导者。中国机器人海外并购集中于产业链中下游机器人系统集成和应用领域，对产业链上游核心技术，如控制器、伺服机、减速器等领域优势企业的并购能力及整合能力有限。仅少数案例如南京埃斯顿自动化股份有限公司并购英国 TRIO 公司涉及控制器核心技术。

海外并购获取下游低端技术虽然能够使收购方在应用领域实现技术进步，但难以打破海外企业的技术封锁和专利垄断。长期来看，核心技术的缺乏使收购方无法在国际竞争合作中掌握主动权，无法在国际产业价值链中占据高附加值环节，不利于产业竞争力提升。中国制造企业处于技术弱势地位，并购前沿技术需要收购方在充分了解技术标的情况下谨慎整合，对企业并购整合能力形成较大的考验。

二、问题二：并购整合实施缺少有效策略指导

海外并购企业应将并购整合视为影响企业发展的重大决策，盲目开展与企业发展战略不符的海外并购，实施不当的海外并购整合策略等会为收购方企业带来巨大的风险。部分中国企业海外并购盲目，资源识别不准、整合不善、文化差异重视不够。根据国资委研究中心、商务部研究院等联合发布的《中国企业海外可持续发展报告 2015》，中国海外并购盈利项目仅占 13%。例如，宁波华翔电子股份有限公司在智能化制造全球布局中，连续并购美国 Sellner 公司、德国 HIB Trim Part 公司等企业，但由于发展战略不清，盲目投资且缺乏恰当整合，宁波华翔电子股份有限公司遭遇业绩滑铁卢。又如创维集团有限公司（简称创维）于 2015 年并购德国电视机制造商 Metz 公司，但由于发展战略不明确，整合策略不清晰，创维并没有充分获取目标方的海外技术与市场，在家电市场饱和、需求放缓的趋势下，销量与业绩双双下滑。

海外并购中，整合策略不当主要体现在以下三个方面。

一是资源识别不当影响整合成效。一方面，一些企业的海外并购具有投机性，盲目选取与自身战略发展方向不匹配的目标方进行海外并购。收购方对投资环境的基本信息和目标方技术资源的专业信息认识不足，且一般技术获取海外并购涉及金额较高，并购方面临较高融资约束，盲目的并购与不清晰的整合下收购方企业面临极高的失败风险。另一方面，一些企业对并购获取的核心技术发展方向研判失误，例如四川长虹电子控股集团有限公司（以下简称四川长虹）并购韩国等离子显示板"鼻祖"Orion 公司，在市场向有机发光显示器（organic light emitting display，OLED）技术方向发展的趋势下选择并购获取等离子技术，并购技术与市场的不契合导致收购方无法通过海外并购整合占据技术领先地位，占用了收购方发展技术的时间与资源。

二是整合模式不当导致组织摩擦。一些企业在海外并购中由于整合经验不足，缺乏成熟整合模式，可能引发组织间的摩擦与矛盾，导致整合的失败。典型的例子包括 TCL 并购汤姆逊、上海汽车集团股份有限公司（简称上汽）并购韩国双龙汽车公司等，不当的整合措施会引起目标方核心管理层与关键技术人员流失，使收购方无法依靠并购整合获取先进技术，甚至会导致收购方与目标方两败俱伤，严重挫伤收购方自身竞争力。

三是资源整合低效不利于技术创新。技术获取型海外并购不仅是掌握海外先进技术所有权的途径，更重要的是利用目标方获取海外创新资源，通过引进技术人才、学习先进管理模式、消化吸收先进技术等途径，最终达到自主创新能力提升的目的。一些企业在海外并购中不恰当的整合可能导致技术吸收障碍，例如东风汽车股份有限公司（以下简称东风汽车）并购法国 PSA 集团后，双方管理层发展战略不一致，东风汽车过度受制于目标方，国际创新合作推进缓慢，无法实现技术吸收改造，导致企业竞争力丧失。

海外并购中收购方企业盲目投资，缺乏有效整合策略会影响收购方吸收消化先进技术，进而无法充分利用海外创新渠道实现全球创新资源优化配置，而且收购方作为龙头企业也无法引领带动产业技术创新。另外，缺乏有效整合策略可能对收购方企业产生致命的负面影响，导致收购方面临较高的海外并购整合风险，错失发展良机，延后产业技术升级的进程。

三、问题三：并购整合嵌入创新网络水平受限

通过海外并购整合嵌入全球创新网络，有利于收购方配置全球创新资源、汇集前沿技术动态，并借此提高技术创新实力，引领产业技术创新。但当前制造业海外并购中，中国收购方与目标方往往有较大技术差距，此外文化、观念、习惯等因素的差异也增加了收购方嵌入海外创新网络的难度，收购方通过海外并购整合提升全球创新网络地位的水平受限。

海外并购中，整合嵌入全球创新网络水平受限的主要表现为：一是嵌入目标方研发合作网络困难。发达国家在专利保护、反垄断调查等方面的审查，导致海外并购实际获取的有效专利有限。双方企业研发模式、研发阶段的差异，限制中国企业进一步嵌入国际合作研发网络。二是嵌入国际供应链、物流链效果有限。由于在企业组织文化、市场渠道方面的差异，并购方企业往往在整合过程中没有能力整合目标方企业现有的供销体系和国际客户市场。三是缺乏依靠海外并购整合进行海外布局的战略考量。对当前中国制造业并购方而言，尚缺乏把握产业技术发展趋势，通过多次、多方位系列并购进行海外产业布局的战略考量。以美的集团（以下简称美的）收购德国库卡机器人有限公司（以下简称库卡）为例，截至 2016 年 6 月 8 日，库卡在中、美、欧、日、韩五个专利局拥有五局专利数 141 件，美的五局专利数仅为 8 件。

在为期 7 年半的《投资协议》中，美的强调尊重库卡品牌和知识产权，例如"准备订立隔离防范协议，对库卡的商业机密和客户数据保密，以维持库卡与其客户、供应商的稳定关系"。核心技术整合能力有限影响中国机器人产业嵌入海外研发合作网络及国际供应链、物流链的效率，降低了整合对全球创新资源的集聚与扩散能力。

四、问题四：基金主导技术并购整合落地遇阻

并购海外先进技术往往需要大规模资金支持，为满足融资需求，借助并购基金收购目标公司，再将资产注入收购方实现证券化的曲线并购方式正在兴起，但基金主导的海外并购存在技术整合落地遇阻的问题。基金并购的优势是降低了收购方的财务风险，以半导体产业为例，近年来基金主导的海外并购成为主力军，如北京建广资产管理有限公司收购荷兰 Ampleon 公司；江苏长电科技股份有限公司（以下简称长电科技）收购新加坡封测厂商星科金朋有限公司（以下简称星科金朋）；北京山海昆仑资本管理有限公司收购美国硅谷数模半导体公司；上海武岳峰高科技创业投资管理有限公司收购美国 Integrated Silicon Solution 公司（以下简称 ISSI）；通富微电子股份有限公司收购 AMD 旗下子公司封测业务；紫光集团有限公司收购美国惠普公司旗下新华三公司等。但资本并购后，本土企业介入并接管目标方的过程并不顺利，目前尚有诸多项目落地遇阻，如奥瑞德光电股份有限公司收购荷兰 Ampleon 公司、浙江万盛股份有限公司收购美国硅谷数模半导体公司、北京兆易创新科技股份有限公司（以下简称兆易创新）收购 ISSI[1]、北京君正集成电路股份有限公司（以下简称北京君正）收购美国豪威科技公司[2]等均以失败告终。

---

[1] 兆易创新 2016 年拟以 65 亿元收购北京矽成半导体有限公司（以下简称北京矽成）全部股权，但于 2017 年 8 月宣布终止收购交易。ISSI 原为美国纳斯达克上市公司，由武岳峰资本、北京亦庄国际投资发展有限公司与北京华创投资管理有限公司于 2015 年 3 月联手购并，最终于 2015 年 12 月由北京矽成完成私有化收购，且北京矽成的实际经营前身是美国 ISSI，故并购的实际标的是美国的 ISSI。

[2] 北京君正 2016 年拟收购北京豪威科技有限公司（以下简称北京豪威）全部股权，但 2017 年 3 月发布公告确认并购计划流产。此案并购实际标的为美国豪威科技公司。北京豪威为注册在北京的中外合资公司，业务由下属的美国豪威科技公司开展。

整合能力不足是技术落地遇阻的重要原因，以兆易创新并购 ISSI 为例，未能达成最终交易的原因是 ISSI 的某主要供应商认为兆易创新与 ISSI 重组后将成为其潜在有力竞争对手，要求 ISSI 与其签署补充协议终止合作。ISSI 该供应商难以被替代，其意见导致了交易的失败，折射出中国企业海外并购整合能力的不足，半导体配套产业链的落后与全球创新链、产业链协作的不充分。资本并购仅获得了海外企业的控制权，但后续的落地遇阻使得先进技术难以被本土企业吸收利用，对产业技术创新的带动作用甚微。

在诸多资本介入的并购中，长电科技并购星科金朋获得了成功，长电科技通过并购整合星科金朋，其在技术上快速进步，由全球第六成为全球第三的封测厂，中国芯片封测实力也随之快速增强。资本介入为收购方以高杠杆并购海外企业实现"蛇吞象"提供了机会。但是，多个项目的技术落地遇阻体现了中国企业在并购海外顶尖技术企业时尚未做足充分准备，资本市场的管制、与目标方企业的沟通、技术整合落地途径不清晰等不利于本土企业通过并购利用海外创新资源。如何良好地利用产业基金、国家基金等资本，实现资本的杠杆作用获取海外先进技术并促进产业技术创新的问题尚待解决。

五、问题五：并购整合技术逆向溢出途径不畅

技术获取海外并购有利于收购方短期内获取先进技术，但本土产业环境不完善、基础设施落后、配套企业吸收能力不足等导致并购整合技术逆向溢出途径不畅，具体表现在以下两方面。

一是产业配套率低制约先进技术发挥辐射作用。龙头企业通过海外并购消化吸收先进技术并进行二次创新的过程，需本土产业提供配套的支持。目前我国存在配套产业低端化、产业链碎片化、产业园区同质化现象，基础工艺、材料、元器件研发和系统集成水平缺失，社会化协作配套网的"断链阻滞"影响产业链内部互动交流，制约了先进技术的辐射作用。以汽车产业为例，《中国汽车零部件产业发展研究报告（2017~2018）》显示，国内汽车零部件行业散、乱、差、小问题突出，关键基础零部件领域对外依赖度很高，使得下游整车环节失去对供应商的控制与管理权。上下游未形成唇齿相依的深度合作，海外并购整合的先进技术逆向溢出有限，对整体产业的拉动作用

较弱。又如浙江盾安人工环境股份有限公司并购美国 Microstaq 公司后欲发展微机电系统（micro-electro-mechanical system，MEMS）传感器业务，但由于本土产业不配套，且收购方自身研发积累不足，并购后 3 年内研发没有突破，也长期无法实现量产，阻碍了产业技术的发展。

二是行业标准不完善制约技术溢出效率。2016 年江苏省质量和标准化研究院的《标准化对制造业转型升级的作用研究》指出，标准化对制造业转型升级的年均贡献率为 7.13%。我国技术标准的制定滞后于前沿技术发展水平，海外并购获取的先进技术难以在本土顺利对接应用，制约了先进技术的溢出效率。例如，吉利通过并购整合澳大利亚自动变速器 DSI 公司（以下简称 DSI），获取了其变速器技术，但由于国内变速器行业发展模式不清，标准不一致，配套产业链不成熟，除吉利自主品牌外，其产品未能与国内车型良好匹配，5 年后吉利便抛售了 DSI 股份。为提高技术的通用性，技术标准的统一完善是关键。此外，为提高技术溢出效率，实现制造业与先进技术的结合，促进制造业智能化发展，还应完善并发展工业物联网、工业互联网、工业机器人技术标准，加快中国制造业向工业 4.0 的过渡。

第三节 本章小结

我国制造业产业在《中国制造 2025》纲领的指导下，当前发展具有规模优势，总量水平在世界范围内已处于第一，战略新兴产业已成为发展新动能。与我国制造业整体的规模优势相比，未来制造业在世界范围内抢夺制高点的关键因素方面，如核心技术先进水平、自主创新效率、信息化程度等，我国与世界先进国家仍存在显著差距。从代表技术创新活动水平的专利活动来看，我国制造业总体向好，但尚未打破发达国家的垄断优势，仍处于被动局面。由现状分析可知，随着要素成本不断攀升、制造业国际竞争态势加剧，中国制造业目前处于转型升级的关键时期，急需摆脱大而不强的现状，向技术主导的先进制造业转变。龙头企业恰当的海外并购整合是获取先进技术、嵌入全球创新网络并带动本土产业技术创新的有效途径，国家也为制造企业通过海外并购获取外源先进技术以加快技术赶超提供了政策支持。通过海外并购整合打破创新边界，吸收利用全球范围内创新资源，是加强我国制造业核心技术发展水平的有效方法，寻求先进技术成为中国制造业企业海外并购的主要动机。通过并购整合获得、吸收的创新资源是产业技术创新的重要源泉，成功的整合已不再单是企业微观层面考虑的个体战略问题，同时也需要产业布局与政府部门的着重关注。通过前文的分析可知，我国制造业海外并购整合着实存在诸多问题亟待解决。为有效解决这些问题，本研究团队认为需要系统地从理论、实践等方面翔实、细致地展开分析，进而寻得高效的问题解决思路，提出有效策略，引导我国制造业更科学有效地通过海外并购整合促进产业技术创新，实现制造大国向制造强国的跨越。

第 二 章

制造业海外并购整合与企业技术创新的研究评述

第一节 技术获取型海外并购整合研究

根据前人研究，并购双方重新配置资源的阶段称为并购后整合，而并购能否成功的关键就在于此（Zollo and Singh，2004）。更广泛地，获取、发展、积累并利用资源是并购后资源整合的主要组成部分。很多学者都提出，并购整合是包含多种决策过程的复杂活动（Graebner et al.，2017；Puranam and Srikanth，2007）。

在学术界，关于并购整合的研究至今仍不充分，仍未构建出系统的理论框架（Chatterjee et al.，1992；King et al.，2004）。现有关于并购整合的研究主要有三大研究焦点（表2-1），并且现有研究基本都是单独考虑这三大焦点的。整合程度是并购整合的基本决断，是重新配置并购双方资源和组织结构的程度（Datta and Grant，1990；Haspeslagh and Jemison，1991；Puranam et al.，2006）。目标方自主性体现被并购方在并购后对于自身管理、经营的自主程度（Haspeslagh and Jemison，1991）。整合速度衡量并购整合过程的快慢程度（Angwin，2004；Bragado，1992）。其他一些文献提出将各种研究焦点结合，称为整合模式。我们发现整合模式的相关内容也与三个内容有所联系。因此，上述四个观点是本部分的研究内容。

表 2-1　技术获取型海外并购整合的相关研究

并购整合	代表性文献
整合程度	Datta 和 Grant（1990）；Haspeslagh 和 Jemison（1991）；Schweiger 和 Denisi（1991）；Chatterjee 等（1992）；Cartwright 和 Cooper（1993）；Pablo（1994）；Larsson 和 Finkelstein（1999）；Capron（1999）；Ernst 和 Vitt（2000）；Birkinshaw 等（2000）；Capron 等（2001）；Ahuja 和 Katila（2001）；Ranft 和 Lord（2000，2002）；Zollo 和 Singh（2004）；Graebner（2004）；Zaheer 等（2005，2013）；Puranam 等（2006）；Karim（2006）；Cloodt 等（2006）；Kapoor 和 Lim（2007）；Cording 等（2008）
目标方自主性	Datta 和 Grant（1990）；Haspeslagh 和 Jemison（1991）；Cannella 和 Hambrick（1993）；Weber 等（1996）；Ranft 和 Lord（2002）；Zollo 和 Singh（2004）；Graebner（2004）；Puranam 等（2006，2009）
整合速度	Bragado（1992）；Olie（1994）；Gerpott（1995）；Inkpen 等（2000）；Ranft 和 Lord（2002）；Angwin（2004）；Homburg 和 Bucerius（2005，2006）；Cording 等（2008）
整合模式	Nahavandi 和 Malekzadeh（1988）；Haspeslagh 和 Jemison（1991）；Marks 和 Mirvis（2001）；Angwin 和 Meadows（2015）

一、海外并购整合程度

（一）并购整合程度的概念界定

大部分相关研究都将并购整合程度视为海外并购整合研究的重点。整合程度是重新配置并购双方资源和组织结构的程度（Datta and Grant，1990；Cording et al.，2008）。并购整合程度是收购方与目标方企业在组织、技术、管理和文化形态等方面的变化程度（Pablo，1994），是并购双方在结构关系上变化了多少的体现（Datta and Grant，1990；Karim，2006）。为提高并购双方的资源重组的效果（Datta，1991），不同企业会选择不一样的并购整合程度。从完全不整合到完全整合，这个范围都是整合程度的可变区间（Pablo，1994）。完全整合又可称为"结构性整合"，并购方和目标方进行组织的融合统一，完全整合会打破双方在组织结构、组织文化等方面的边界（Paruchuri et al.，2006）。与之对立的，完全不整合是一种"结构性分离"，并购方和目标方的组织、结构、文化与技术各个方面都彼此独立，与原来一样。因此，整合程度低代表着目标方的高度目标方自主性，运营、结构与并购前相比都相对一致，与并购方较为分离；相反，整合程度高可以实现双方的统一框架搭建，并购方和目标方的大部分资源和运营实现高度统一。

（二）并购整合程度与企业技术创新

学者在该方面主要有两个统一的观点：第一，高的并购整合程度不一定代表好的整合效果。由于协同效益基于资源相互依赖，高整合可以促进其发生并积极影响技术创新（Larsson and Finkelstein，1999；Haspeslagh and Jemison，1991）。但同时，并购整合过程中，并购方与被并购方会产生组织、路径、人员等资源的冲突和摩擦，这会对并购绩效产生消极影响。第二，双方主体特征对于并购整合程度有重要影响，如并购双方的资源相关性。由此，我们可以做出如下概括。

首先，高度并购整合对规模经济和范围经济有正向影响作用。Henderson和Cockburn（1996）认为，规模经济和范围经济效应可以由具有独立知识基础的并购双方的结合产生。一些学者研究发现，并购整合可以实现两个组织系统的交流、交互和资源重组（Homburg and Bucerius，2006；Cording et al.，2008）。较高程度的并购整合有利于增强并购双方的沟通交流，有利于并购方利用目标方实现人力资源、技术、知识的获取并形成良好的协作，实现双方之间的高效知识流动（Ranft and Lord，2002）。并购的潜在创新离不开必要的整合程度，收购方与目标方资源的结合和相互作用有利于实现并购后的创新（King et al.，2004）。因此，并购整合有助于双方资源的流动和知识共享。同时，收购方对目标方进行较高程度的整合有利于实现双方重复冗余资源与业务的剥离，能够在减少经营成本的同时提高收购方的生产效率（Kale and Puranam，2004）。

另外，较高整合程度会带来更多的组织冲突，损耗相关资源。一些研究者提出，并购整合可能会造成创新绩效的损失（Cloodt et al.，2006），结构性整合不适用于所有海外并购，因为消极作用在某些并购情况中更为突出（Puranam et al.，2009）。该领域的学者一般在研究负面影响时将员工离职作为主要内容。研究发现，员工负面情绪、研发人员离职和目标方知识资源摩擦损失都是更高程度的并购整合可能带来的消极结果（Chatterjee et al，1992；Very et al.，1997；Cannella and Hambrick，1993）。具体来说，高度并购整合可能引发强烈冲突，使得目标公司核心研发人员辞职离开，因此不利于目标方将来持续的技术创新，相较于重组获得的收益，高度并购整合带来的成本冲突可能更多（Pablo，1994；Teerikangas and Very，2006）。因此，相关研究普遍认为，摩擦和冲突是并购整合双方资源时最大也是消极影响最为严重的因素，同时相关研究也证实以获得技术资源为目标的海外并购整合中被并购企业的核心员工辞职较为普遍（Very et al.，1997；Kapoor and Lim，2007）。同时也有实证表明，高度并购整合不利于被并购企业的专利研发活动。目标方失去独立子公司的地位，被并购方整合成为组织的一部分这一举措，会严重削减目标方的创新生产效率（Paruchuri et al.，2006；Kapoor and Lim，2007）。为了解决这一困境，将如何运用目标方技术资源的策略进行甄别分类，可以了解并对并购整合程度和企业创新生产之间看似不可调和的矛盾给出解释，即并购整合是一把双刃剑，一方面它可以促进并购方对被并购企业的技术进行吸收消化，但在这个过程中也会对被并购方原先的创新能力造成不小的破坏（Puranam and Srikanth，2007）。

此外，部分研究指出并购方与目标方的特征对于合理选择并购后整合程度至关重要。这些研究关注并购整合的前因条件。其中，不同动机的最佳并购整合策略探寻成为一个成熟的分支：并购方企业面对自身不同协同目标（成本缩减、收入增加等）应该针对性地采用不同的整合策略（Castañcr and Karim，2011）。被并购方的员工参与制定整合决策可以提高利用资源共享缩减成本的并购成功率；被并购方的员工介入并购实施决策可以实现并购收入提升的并购目标。基于并购双方主体特征的另一个分支的研究尝试明晰并购双方资源如何对并购整合程度产生影响作用：Haspeslagh 和 Jemison（1991）的研究指出并购双方企业的相互依赖关系是并购整合策略必须考虑的要素，依赖程度与整合程度应该成同向匹配关系，依赖程度低应选择低度的并购整合，反之亦然。Puranam 等（2009）对影响并购整合的相关因素进行了研究，发现并购方与目标方依赖程度较高或并购组合技术时，并购方更多会采用结构性整合。Datta 和 Grant（1990）发现不相关并购中选择低整合程度更有利于并购后的绩效实现。

但是并购整合程度对绩效实现的影响内容在实证中没有得到一致的检验，研究结果显示，目前并购整合程度对并购绩效实现具有不同的影响效果。Capron（1999）认为并购方与目标方重新配置资源的程度正向影响并购业绩。

实施高程度整合在以实现被并购方企业现有技术商业化为目标的并购案中，有利于在并购后实现技术创新（Puranam et al.，2006；Puranam and Srikanth，2007）。但是，相关实证研究表明，低整合程度并购的实施有利于并购方获得目标方企业的持续技术能力。Puranam 和 Srikanth（2007）通过研究发现，拥有丰富并购经验的并购方采用高并购整合程度希望持续利用被并购方技术创新能力时，丰富的并购经验可以帮助并购方企业利用干中学解决整合中并购双方的组织问题，适当减轻高度整合可能带来的负面效应。并购处于探索性创新阶段的目标方时，高整合程度的潜在不利影响较大（Puranam et al.，2006）。实证研究发现，并购实施后，整合程度与创新效果的关系不是简单线性的，而是倒"U"形，呈现先增加后减弱的形式，存在峰值（Li and Tang，2010）。

二、海外并购中的目标方自主性

（一）目标方自主性相关概念

目标方自主性是"目标公司在并购后拥有的由并购方管理层授予的自主管理日常运营的自由程度"（Datta and Grant，1990），即并购后被并购企业的原有经营管理权力的自主决定程度（Zaheer et al.，2013）。以往研究普遍视目标方自主性与并购整合程度为相反的概念，将两者作为并购整合的两个不同维度进行考虑的研究少之又少（Colombo et al.，2010）。

为保证并购后价值创造的实现（尤其是并购方对于目标企业较多战略资源不熟悉时），保持目标企业决策自主性非常重要（Haspeslagh and Jemison，1991）。他们认为，高度整合与高度目标方自主性在特定情况下是可以同时实现的，两者是互相独立分离的过程，而不只是此消彼长的对立关系。Zaheer 和 Bell（2005）提出，并购后整合程度较低时，会自然地拥有较高的目标方管理层自主性，但高目标方自主性也可以在高整合程度情况下实现，此后的研究中 Zaheer 等（2013）也继续保持了这样的观点。Zaheer 等（2013）指出，某种条件满足时，例如互补性资源是并购后协同效应的主要来源时，高度整合与高目标企业自主性是可以同时实现的。Zaheer 等将并购整合与目标方自主性的概念进行了较为清晰的区别，前者是被并购方融入并购方组织结构的程度，后者是目标方管理层自由制定决策的程度。目标方企业管理层自主进行管理经营的效果受到整合的影响较少。Colombo 等（2010）表达了类似的观点，并购整合程度和目标方公司自主性可以同时发生。比如，并购后高度整合的条件下，被并购方的管理层可以继续任职并获得一定的自主权，同样地，低整合中，目标方企业也会受到自主权的限制，并不是完全自由管理。

综上，并购整合与目标方自主性并非完全相反的概念。并购整合是收购方与目标方组织与结构的交融（Pablo，1994；Haspeslagh and Jemison，1991），并购双方结构关系的变化大小代表了收购方的整合程度（Karim，2006）。被并购方管理层相关人员自由决定原有的经济管理权利的程度代表了目标方自主性（Zaheer et al.，2013）。

（二）目标方自主性与企业技术创新

根据现有研究，低目标方自主性可能破坏运营规则与过程并对价值创造产生消极影响。Haspeslagh 和 Jemison（1991）以及后续其他研究（Ranft and Lord，2002；Puranam et al.，2009）都认为，需要给予目标方一定的自主性来减少整合过程中目标方员工消极情绪可能产生的负面影响（Paruchuri et al，2006；Kapoor and Lim，2007）。被并购方员工在并购整合实施后会产生负面情绪，由此增加并购整合对公司的冲击程度，甚至导致公司核心人物辞职离开（Cannella and Hambrick，1993；Nahavandi and Malekzadeh，1988）。并购后，并购方与目标方之间国家和组织文化差异会在内部经营活动过程中产生摩擦（Weber et al.，1996）；Paruchuri 等（2006）认为整合过程可能会导致被并购方主要业务领域活动不被重视，并且双方结构组织与制度的碰撞会降低公司经营效率。部分学者认为目标方自主性可以解决上述问题（Ranft and Lord，2000；Very et al.，1997）。目标方自主性可以对并购双方之间的联系产生限制，从而减少由于并购方对于被并购方不甚了解而产生的冲突，使得目标方社会网络资源和隐性资源受到的破坏减少（Ranft and Lord，2002）。Zaheer 等（2013）认为，为实现并购协同效应，需要给予目标企业管理人员自主权利从而保持其互补性资源的持续可利用，促进与互补性产品有关的活动，但也有部分学者认为给予目标方较高的自主性可能不利于获取协同价值（Larsson and Finkelstein，1999）。

一些研究认为被并购方核心管理层的留任可以体现目标方自主性。不少研究发现，并购整合中被并购方的核心管理人员是否继续任职具有很大的影响效果（Zollo and Singh，2004）。相关的实证研究发现，被并购方的管理人员的辞职会对并购绩效产生消极影响（Cannella and Hambrick，1993；Krishnan et al.，1997）。管理人员的稳定会产生战略惯性，在整合中保留目标方管理团队、留任或在目标方内部选拔 CEO（chief executive officer，首席执行官）的并购往往能够获得较好的并购绩效（Virany et al.，1992）。

目标方核心管理层可以减少人员流动的组织变化（Ullrich et al.，2005），保持自身员工的稳定有利于降低整合冲突（Graebner，2004）。Cannella 和 Hambrick（1993）认为被并购方企业的高管团队是资源的构成之一且对并购整合绩效产生重要影响。目标企业高管团队的替代会损害并购整合绩效（Zollo and Singh，2004）。Graebner（2004）通过系统梳理 8 个以获取技术为主要目的的并购整合事件，发现无论被并购方是整合进并购方组织还是仍拥有独立身份，其管理者能在并购发生后缓解并协调并购双方的事务冲突、促进双方协调方面发挥重要影响。

三、技术获取型海外并购整合速度研究

并购整合速度衡量了整合达到预期目标花费的时间长短（Homburg and Bucerius，2006）。目前对并购后整合速度的研究相对有限（Angwin，2004；Ranft and Lord，2002），主要关注以下两个机制。

部分研究指出并购双方企业的冲突通过较慢的整合速度可以得到缓解，并在此过程中增加双方职员的信任度。Bragado（1992）最早研究了并购后整合速度，认为基于学习与理解过程的时间需求，较慢的整合速度在一些情况下更有利于双方企业员工的沟通，实现学习交流；在具体情况中，整合速度的选取与双方企业的协调程度密切相关。Inkpen 等（2000）对六家高科技公司并购的案例研究也表明并购整合速度是并购成功的重要因素，并认为海外并购适合较慢的整合。Ranft 和 Lord（2002）也指出缓慢的并购整合有助于建立两家公司员工之间的互信。

也有研究表明快速并购整合有积极的影响。快速整合有利于降低并购

整合的不确定性，特别是对于技术更新较快的行业，快速整合通过加速价值创造来提高并购绩效。Gerpott（1995）的并购整合实证研究表明，并购整合速度与研发集中度能够协同影响并购成果。Angwin（2004）提出快速的并购整合能够促进更快地实现协同效应。并购整合速度与并购绩效正相关，快速整合可以减少客户的不确定性从而提高并购绩效（Homburg and Bucerius，2005）。Cording 等（2008）也指出，快速整合通过降低不确定性与目标公司员工抵抗来实现并购协同效应。此外，一些研究开始关注前提条件，即并购整合的速度对合并后绩效的影响结果取决于哪些因素。并购双方资源的内部和外部联系影响并购整合速度对并购的结果，其中双方的内部联系可以调节并购整合速度的影响，当外部联系度低且内部联系度高时，快速的并购整合有利于并购绩效的实现，相反时则适用于慢速整合（Homburg and Bucerius，2006）。Bauer 等（2013）认为，并购双方战略互补性、文化契合度对合并后的整合速度都有一定的影响，具体来说，战略互补性越高并购整合越快，文化契合度越高并购整合越快。该研究还指出，更高的整合度将导致并购双方的组织结构发生巨大的变化，因此需要收购公司在相应的协调和互动上花费更多的时间。Bragado（1992）同样认为，目标企业的员工需要一定的时间来学习和适应并购企业的体系，并购整合的程度越高，整合的速度就越慢。

四、技术获取型海外并购整合模式研究

在前文中，我们围绕并购整合的三个不同维度的相关研究进行了分析与总结。部分学者选取特定维度来分析并购整合的不同模式，形成企业并购整合实践的具体指导，海外并购模型的相关研究较多采用案例分析的方法。

企业的并购整合模式具有复杂性。Haspeslagh 和 Jemison（1991）的研究分类最为著名。他们将并购后的战略需求与组织合并后的组织要求相匹配，着眼于双方与自治组织之间并购战略的相互依存，提出三种分类，即吸收模式、保留模式、共生模式。吸收模式，即并购方吸收目标企业业务的模式，该模式表明目标方自主性较低，并购双方的相互依存度很高，两家企业合并统一，高度整合收购方与目标方企业的组织、文化、运营体系等。因此，规

模经济是协同作用的核心,主要通过合理配置资源、消除冗余资源实现。保留模式反映了低依赖性和高度自治,通过这种方式,可以保持目标企业进一步研究和生产的能力。共生模式反映了高度的相互依存关系与目标方自主性,该模式通过部分整合对那些相似的业务流程进行集成以减少冗余,保持收购方与目标方流程的完整性。控制模式是后续他们提出的第四种模式,这种模式具有较低的依赖性,并赋予目标企业较低自主权。这种分类(图2-1)没有考虑到并购双方的并购前状况,存在缺陷。

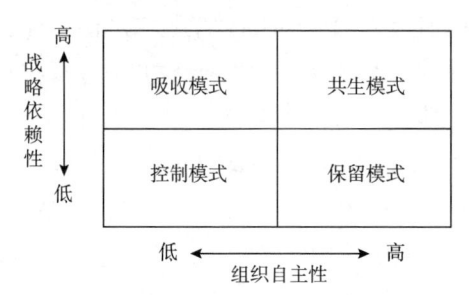

	低 组织自主性 高	
高 战略依赖性 低	吸收模式	共生模式
	控制模式	保留模式

图 2-1　Haspeslagh 和 Jemison 并购整合模式框架

Nahavandi 和 Malekzadeh(1988)提供了另一种比较著名的分类方法——概念模型,注重并购后整合时组织文化的影响,并提出了四种策略:①分割(separation),保持目标企业文化独立和路径独立;②同化(assimilation),意味着目标方的组织、文化和业务与并购方完全融合,不再以独立个体的形式存在;③整合(integration),即保留被并购方的基本文化、信念和组织,使目标方愿意被整合到收购方的结构中;④剥夺文化(deculturation),即收购方与目标方在文化和心理上丧失联系。然而,这种分类假定文化压力不利于并购绩效实现,忽略了获取或创造价值的可能,也没有考虑不同策略下功能与结构的变化。

此外,Marks 和 Mirvis(2001)综合考虑并购整合引起的文化与流程变化,提出了五种并购后整合策略:①保留(preservation),即在并购后进行较少的流程变化,对被并购方的文化采取较低度整合;②吸收(absorption),将被并购方的文化和组织结构同化进并购方;③转化(transformation),即通过整合改变文化和组织架构形成崭新的企业;④反向接管(reverse takeover),这种情况较为少见,被并购方是并购后的主管方;⑤两方最优

(best of both)，也就是文化完全融合，组织结构部分或全部融合，该方法的优势在于同时关注并购整合导致的企业文化变化，以及保留或变更管理层的重要性。

Angwin 和 Meadows（2015）基于 Haspeslagh 和 Jemison（1991）的理论框架，利用更详细的数据进行完善（图 2-2），以知识转移程度和自主程度为两个维度，构成五种策略。首先围绕原理论框架的三个主要策略——吸收、保留和共生进行了验证，同时也证实了"集中保护"（intensive care）的控制模式的存在。研究还提出了"重新定位"（re-orientation）这个模式——企业会有意识地快速整合职能组织，快速整合市场和销售，但对与运营和发展相关的整合是有限的。

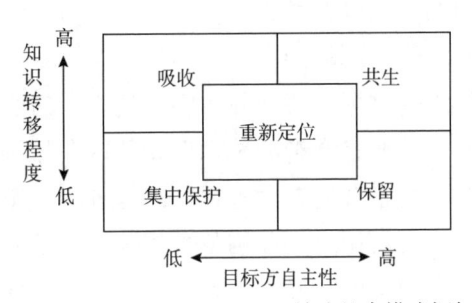

图 2-2 Angwin 和 Meadows 并购整合模式框架

对不同模型进行对比可知，Nahavandi 和 Malekzadeh（1988）、Marks 和 Mirvis（2001）仅仅考虑了并购整合程度的单一维度，Haspeslagh 和 Jemison（1991）从战略依赖性和组织自主性的维度，Angwin 和 Meadows（2015）从知识转移程度和目标方自主性的维度来进行模式的探讨，弥补了单一角度的局限性。特别地，整合包括战略依赖和知识转移的程度，因此并购整合程度和目标企业自主性两个维度是当前的并购整合模型关注的重点。

可以看到，并购整合行为模式的分类，未有系统的理论，目前仍处于概念探索阶段。虽然保留、吸收、共生（Haspeslagh and Jemison，1991）几乎囊括了全部并购整合阶段的活动，但在特定情况下各种并购整合方法或合并方法的选择条件尚未得到揭示，因此如何进行适当的并购整合仍存在研究空间。

五、海外并购整合的简要评述

我们梳理海外并购整合相关研究可知，首先，并购成功的关键阶段在于并购整合。并购整合是涉及多个层面的决策过程。其次，并购整合程度对技术创新有正反作用。一方面，高度的并购整合有利于实现协同价值，可以实现优化配置企业资源，改善双方研发人员之间的沟通，促进日后的技术创新。另一方面，高度的并购整合会带来冲突和摩擦成本，可能会破坏目标方资源的价值，不利于并购整合后的创新绩效。再次，并购整合程度与目标方自主性不是相反的概念，它们都是反映并购整合的不同维度。最后，并购整合模式没有"通用"的标准判断，而是决策管理人根据并购各方的主要特点采取相应策略。对于相同的并购整合模式，由于并购各方的特征不同，对创新绩效产生的效果也理所当然不尽相同。

目前关于获取技术为目标的海外并购整合的学术研究还处于起步阶段，研究空间广阔。第一，并购整合影响技术创新的内在机制尚不清晰。第二，现有研究尚未对影响并购整合的因素进行归纳与分析。第三，对并购整合的研究主要停滞于概念，问卷调查是并购整合相关的实证研究中主要的数据来源，基于客观定量指标的实证研究较少。第四，在回顾前人研究成果的基础上，大多数研究都将并购的程度与并购对象的自主性区分开来，而只有少数研究同时考虑了这两个方面。

第二节　资源相似性、互补性与海外并购整合研究

整合程度和目标方企业自治程度对并购后价值创造的影响不同，这使得学术界认识到充分考虑并购双方资源特征对并购整合决策的影响。战略管理方面的学者早已认识到资源相关性这一重要特征的影响，他们认为并购价值创造与资源相关性下的整合策略相关（Haspeslagh and Jemison，1991；Capron and Hulland，1999）。

一、基于资源基础观的海外并购

现有研究已经关注了基于资源基础观的海外并购（Meyer and Altenborg, 2008; Das and Teng, 2000）。这些研究普遍将海外并购双方的资源定位为双方拥有的独特技术、市场以及管理能力（Hitt and Ireland, 1985）。海外并购企业的竞争优势很大程度取决于能否获得有价值的资源。

可以从研发、市场、制造、管理和财务等方面对海外并购中的资源进行分类（Capron, 1999），前三者得到了现有研究的充分重视（Larsson and Finkelstein, 1999; Eschen and Bresser, 2005）。越来越多的学者对资源进行了分类，并将重点放在研发、市场（Swaminathan et al., 2008）、知识（Makri et al., 2010）等对并购绩效贡献最为关键的资源上。此外，学者进一步完善了资源的分类，例如将"知识"进一步划分成科学知识和技术知识，并分析了它们影响并购绩效的不同机制（Makri et al., 2010）。

虽然学者们给出了众多的资源分类方法，很明显地，相似性（Rumelt, 1984）以及互补性（Barney, 1986）是并购双方资源的最基本的两个属性。这两种资源属性以及它们在并购整合对并购后绩效的影响作用在现有的文献中获得的关注较多。

二、海外并购的资源相似性

何种并购活动可以创造并购方价值是战略研究中最常见和最基本的问题。现有研究关注资源相关性的价值，即与业务相关的公司在管理模式、文化、流程等方面具有相似性，以便掌握被收购方的业务（Robins and Wiersema, 1995）。因此，现有研究大多认为相似性是战略匹配的来源，能够提升并购绩效。并购双方资源相似性刻画了两公司在产品、市场、技术以及能力等方面的相似度（Chatterjee, 1986; Lubatkin, 1987）。相似资源有利于海外并购的整合成功，资源相似性可以使并购各方间资源的整合效率更高，能够促进协同效应的实现（Zollo and Singh, 2004; Puranam et al., 2006）。高科技行业并购的现有研究表明，资源相似性是影响并购后技术创新绩效的因素（Hagedoorn and Duysters, 2002; Cassiman et al., 2005），相似性能管理促进现有知识的相互理解和分享（Cohen and Levinthal, 1990），实现良好的学习需要共同技能、共同语言背景和相似的认知（Lane and Lubatkin，1998）。

在技术并购中，组织文化、管理风格、业务目标等方面的相似性有利于企业高效配置资源并实现技术获取（Palich et al.，2000）。因此，一些学者提出资源相似性能够帮助技术获取型海外并购中的价值创造得到提升。但是，总的来说，现有研究关于资源相似性对并购价值创造的影响的结论不一致（Capron et al.，2001；Prabhu et al.，2005；Tanriverdi and Venkatraman，2005）。太多的相似性会削减收购方学习的机会（Ghoshal，1987；Hitt et al.，1996）。例如，目标方与收购方的技术领域高度相似或高度不相关的高科技行业并购的创新绩效较差，有一定技术重叠的并购能获得较好的创新绩效。Cassiman等（2005）发现，并购具有相似技术的公司，相比于并购具有互补技术的公司，会更有可能减少研发方面的努力，并且更多地强调发展而不是研究。

三、海外并购的资源互补性

海外并购中并购双方资源的相似性仅反映了资源相关性的一个方面，资源互补性是影响海外并购整合的另一个更为重要的资源特征（Wang and Zajac，2007；Hitt et al.，2001）。从资源基础观出发，资源互补的概念是不同类型资源和能力组合能实现其单独存在时无法实现的价值的特性（Helfat and Peteraf，2003）。Kim 和 Finkelstein（2009）对并购环境的相关性研究进行了补充，并给出以下定义：如果双方并购资源或能力有所不同，则可以将这些资源或能力组合在一起以创建并购发生前个体无法实现的潜力，创新的关键在于并购双方企业资源的互补性。互补性可以使得异质但相互支持的资源结合，创造新的价值，创造"单个企业无法独立发展而得到的能力"，实证研究也表明资源互补性对并购成功非常关键（Harrison et al.，1991；Kim and Finkelstein，2009；King et al.，2008），互补资源可以促进协同作用并增加并购成功率（Larsson and Finkelstein，1999）。

现有研究关注了管理团队、技术、战略互补与市场以及产品上的互补（Krishnan et al.，1997；Makri et al.，2010；Wang and Zajac，2007）。资源互补可以是增长性协同效应的来源，有利于提高海外并购收益（Tanriverdi and Venkatraman，2005；Kim and Finkelstein，2009），技术互补性与创新绩效正相关（Wang and Zajac，2007）。当并购双方知识基础过于相似或差异太大时并购收益较低。相反，并购的研发部门知识库互补性强能够获得较高的并购收益（Cassiman et al.，2005；Makri et al.，2010）。

上述文献围绕资源相似性或互补性的任一单一维度进行了研究，但是将二者纳入统一框架的研究较少。较典型的是 Makri 等（2010）确定了高科技并购中知识和技术的相似性和互补性，并实证检验了以上两因素对创新绩效的影响。Zaheer 等（2013）在定义和区分资源相似性和互补性外，深入分析了资源相似性和互补性及其相互作用对合并后整合策略选择的影响。Chen 和 Wang（2014）分析了海外并购的资源相似性和资源互补性与资源整合风险的关系，发现内部资源相似性较高且外部资源互补较高时，海外并购的整合风险较低。资源的相似、互补性以及它们的交互作用有待更深入的研究。

四、资源相似性与技术获取型海外并购整合

并购的相似性和互补性需要通过匹配的并购整合决策实现价值（Zaheer et al.，2013）。并购是关系到双方资源的合并及协同的复杂活动（Datta，1991）。公司为实现并购后的协同作用需要形成战略上的相互依存关系，同时目标方要保持自主权来维持其价值，因此必须处理好并购双方的关系。并购双方的高度整合是具有高度战略相互依赖关系的双方实现协调的条件（Postrel，2002），对自主的高要求需要增强目标方管理的自治。上述相互依赖和自治要求（即整合和自治程度）取决于并购双方企业资源的相似性与互补性的类型和相关程度（Zaheer et al.，2013）。

现有研究认为，资源间具有相似性时，通过匹配实现高度整合可以更好地实现效率提升的协同效应（Zollo and Singh，2004；Puranam et al.，2006）。整合类似业务，消除多余活动、共享和转移整合资源有利于实现规模经济或范围经济（Panzar and Willig，1977；Capron，1999）。一方面，并购双方拥有相同知识、技能、语言背景和认知结构时，并购双方可以进行知识共享和相互学习，应该进行高度整合（Kogut and Zander，1992；Makri et al.，2010）；另一方面，为了充分实现相似资源的收益，有必要调整和调配两家公司的管理结构，使双方的相似资源可以在同一结构中发挥作用，只有在两者高度融

合的前提下才能实现上述效率提升的目标。只有这样，才能在价值链的任何部分实现规模经济，从而从并购中受益。为了消除冗余研发资源，减少研发单位投入，有必要重新整合研发部门以提高研发人员的生产率（Colombo and Rabbiosi，2014）。另外，学者认为低目标方自主性适用于并购双方资源相似性高的情形（Datta and Grant，1990），该论点与效率有关。如果目标方与并购方相似，则授予目标方自治权不利于合理分配相似资源，目标方的经理可能因为担心失去现有的权力、声誉和对其所控制资源的控制权，从而抵制两家公司合并带来的变化（Datta and Grant，1990）。因此，被并购方可以被吸收的资源随着目标方自主性增加而减少。相似性较高时需要剥离、优化和重新匹配目标方的大量冗余资源，因此并购方不应过多地给目标方自主权，应该重组目标以删除自身产生的多余和重复的资源。Zaheer等（2013）指出如果收购方和目标方业务领域有相似性，且收购方已经掌握了目标方业务运营和管理所需的大多数知识，则目标方高度自主性的潜在收益不明确。

五、资源互补性与技术获取型海外并购整合

与没有互补特征的企业相比，互补企业可以为整合带来更多可合并的资源（Pablo，1994）。一些学者提出，两个组织需要协调其活动以获得互补资源的价值，有必要通过并购整合实现互补资源的潜在协同价值（Paruchuri et al.，2006）。其他学者则有不同看法：互补资源的价值来自技术和资源之间的差异，目标方互补资源的存在特别重要，不需要实现完全的结构统一，甚至完全的结构统一是有害的；过度的整合程度可能导致整合差异化资源的摩擦成本上升。由此，如果双方的资源高度互补，并购企业应采取低度整合，以促进实现协同效应（Zaheer et al.，2013）。

在资源互补型技术并购中，并购方缺乏与专业技术能力目标相对应的能力，对实现目标公司潜在价值的方式并不熟悉，因此并购方需要给予以互补性资源为主的目标公司适当的自主性（Krishnan et al，1997；Walsh，1989）。来自并购双方的资源互补价值源于技术和资源价值上的差异可以得到增强价值，实现并购方的潜在价值，需要依靠目标方管理者的互补和理解，并掌握知识来促进并购目标和共同意图的实现，因此并购方愿意赋予目标公司经理

人决策权（Penrose，1959）。按照这种思路，随后的实证研究也表明，当并购给并购方带来陌生的新要素时，需要给目标公司更高的自主权（Penrose，1959；Puranam et al.，2006）。

国内的少数研究分析了资源关联性与并购整合的关系。王寅（2013）研究了资源相似性与互补性在技术并购中的摩擦与协同效应，提出并购整合策略应与资源联系性匹配以实现整合效益最大化。钟芳芳（2015）分析了不同资源的相似性、互补性条件下，收购方对目标方的整合程度以及给予目标方的自主性等因素对企业技术创新能力的影响，形成了以获取技术为目标的海外并购整合与企业技术创新的理论，分析了不同资源相似性和互补性条件应匹配的最优并购后整合策略。

第三节 资源相关性、海外并购整合与技术创新的企业层次研究

并购整合描述了收购方转移、剥离或保留相应资源的方式（Ellis et al.，2009）。战略管理领域相关研究深入探索了并购双方资源相关性和并购后价值创造的关系（Seth，1990）。资源相关性对于更好地理解并购后整合与技术创新的关联至关重要。资源基础观来源于战略管理理论，企业竞争优势来源于资源和能力（Grant，1991）。并购取得的有价值的资源支撑并购后的长期竞争优势（Graebner，2004）。同样地，Pablo（1994）认为获取协同效应是并购的唯一目标。基于资源的观点可解释并购整合策略是如何发展的，因此可以选择资源视角来探讨并购整合策略。并购资源相关性影响并购整合和技术创新，因此本节会梳理资源相关性、并购整合与技术创新相关研究的脉络。

一、并购方与目标方资源相关性

基于资源的理论认为，并购后的整合过程需要与双方的资源相关性和主体特征紧密联系。在以前的研究中，通常认为两方资源之间的联系是相似的，

并且关于联系的讨论已体现在产品、销售渠道、客户和技术资源等许多领域的广泛研究中（Chatterjee，1986；Seth，1990）。但是，一些学者指出，资源的相关性不止于相似性，还有互补性。Harrison 等（1991）指出并购双方之间的差异也可以成为价值源，协同的差异描述了并购双方的资源互补性，近年的研究越来越多地关注于资源互补性。

二、资源相似性、技术获取型海外并购整合与企业技术创新

众多相关文献指出，并购会使并购方研发生产率及技术创新能力发生改变（Hoskisson and Hitt，1990；Capron，1999）。通过研究高技术企业并购事件，并购双方的资源相似性会对并购后的企业技术创新产生深刻影响（Cassiman et al.，2005）。但也有研究认为，过度的资源相似性会挤压并购方的潜在学习空间（Ghoshal，1987；Hitt et al.，1996)。Cloodt 等（2006）发现，在高技术企业并购中，并购双方资源相似性和技术创新的关系为倒"U"形，并非简单线性相关。

基于以前的研究，资源相似性对并购后并购方技术创新的影响机制是，通过获取被并购方的技术与研发资源，并购方能够拓展其知识基础，从而带来技术与研发资源的规模经济效应，并通过合并部分研发业务去除冗余资源以及缩减研发投入（Hagedoorn and Duysters，2002）。据此，很多学者提出，并购中资源相似性作为主导的情况中，并购方进行高度并购整合可以实现被并购方资源的共享和转移并去除多余活动，从而实现效率提升型协同（Ansoff，1965；Panzar and Willig，1977；Capron，1999；Larsson and Finkelstein，1999；Puranam et al.，2006；Zollo and Singh，2004）。Colombo 等（2010）提出，并购后整合受资源相似性影响，对核心发明家的离职率与研发生产率产生影响，最终影响企业技术创新。他们的实证最终也表明，双方资源存在相似性时，更可能发生整合。以往研究发现，并购事件中如果资源相似性高，目标企业自主性普遍较低（Datta and Grant，1990）。如果目标方自主性较高，目标方的管理人员很可能抵抗并购方对于组织和结构的改变，这个情况对双方具有相似性的资源的合理化会产生阻碍（Datta and Grant，1990）。另外，还有研究者认为，双方公司拥有相似业务领域时，意味着并购方拥有了对目

标方进行管理的必备知识，赋予自主性可以获得的潜在收益变得不太确定，因而并购方更倾向于给目标公司比较低的自主权。

研究资源相似性对并购整合的影响时，很多学者会关注企业的吸收能力在其中可能产生的作用。Zahra和George（2002）提出了企业转化和识别外部知识的"潜在吸收能力"的影响。他们认为潜在吸收能力的缺失对并购方吸收被并购方的知识会产生巨大阻碍（Mowery et al.，1998），并最终对并购之后的技术创新产生消极影响。资源存在相似性时，吸收能力相关理论认为，并购方管理人员对目标方的了解使得并购双方拥有足够丰富的共同知识，这种情况下高整合程度较为恰当（Penrose，1959；Cohen and Levinthal，1990）。基于双方知识、技术技能、沟通语言和认知结构的相似会增强并购相关企业学习新颖技术的能力，促进相互学习和共享知识（Cohen and Levinthal，1990；Makri et al.，2010），这对于并购后双方资源的整合非常有好处（Henderson and Cockburn，1996），从而能促进并购后识别、学习吸收并消化新的知识和技术以进行后续的商业化利用。相反，较低的资源相似性情况下，对于并购方来说，目标企业的技术和资源是非常陌生的，无法在短时间内进行很好的学习吸收并消化掌握，由此并购方预期通过整合可以获得的潜在价值期望会降低（Cohen and Levinthal，1990）。

三、资源互补性、技术获取型海外并购整合与企业技术创新

众多研究认为，并购中双方资源互补性较高时，会有更好的并购绩效（Capron and Pistre，2002；Puranam et al.，2006），企业配置资源的基础是双方资源拥有互补性（Kim and Finkelstein，2009；Sarkar et al.，2001）。优化配置能够增强并购协同效应，积极推动并购后的价值创造（Jemison and Sitkin，1986；Sarkar et al.，2001；Tanriverdi and Venkatraman，2005；Wang and Zajac，2007；Kim and Finkelstein，2009）。Kim和Finkelstein（2009）提出，单个企业无法拥有的更广泛的商业机会可以通过互补性获得（Capron et al.，1998；Harrison et al.，1991）。除此之外，Larsson和Finkelstein（1999）认为，互补性对于实现协同效应有促进作用，可以提高并购成功的可能性。并购双方的学习以技术知识为基础，新颖且多样化知识的互补有利于技术获取型海外并

购实现价值创造的目标（Ahuja and Katila，2001；Cloodt et al.，2006）。Ahuja 和 Katifa（2001）、Hayward（2002）的研究都认为，并购双方拥有互补资源可以实现知识联合创新的效果，对并购绩效形成促进作用。

企业对潜在互补资源的结合的紧密程度对实现潜在价值有决定性的影响（Milgrom and Roberts，1995），并购双方只有通过合作并成功整合资源才能实现互补性资源的潜在价值。潜在的协同收益会因为并购方对于被并购方以及自己的产品的整合不能有效进行、并购方没有掌握相关产品的经营能力而大幅度降低。在并购后，互补资源的潜在价值的实现对于目标方管理人员具有很高的依赖性，因此，并购方会倾向于让目标方自主地进行公司管理，从而使得员工的合作得到进一步的促进（Datta and Grant，1990），调动核心研发者的生产研发积极性（Puranam et al.，2006；Kapoor and Lim，2007），使目标方的职员愿意同并购方相关人员分享自身的技术知识和技能，这样能够促进并购双方的相关技术和知识进行联合（Ranft and Lord，2002）。同时，并购后研发人员的辞职和生产率降低主要发生在并购双方企业存在文化和组织差异以及双方技术资源相似性较低的并购中（Ernst and Vitt，2000），这些因素通常被认为是并购效果不理想的诱发原因。并购发生后，如果整合阶段被并购方员工认为其在公司中的地位受到动摇和威胁，核心研发人员的专业技术和知识不能匹配并购方现有的核心技术竞争力的话，那么并购之后创新性劳动会受到严重的破坏（Paruchuri et al.，2006）。

国内很少有文献将资源相关性、并购整合结合起来研究其对于并购绩效的作用机制。在少数的研究中，王寅（2013）的研究具有一定的代表性。他主要从资源相关性出发，着重研究了相关性和互补性交互对于并购整合绩效的提升的影响，探索了以获取技术为目标的海外并购应该如何选择整合程度。

四、经济制度距离与技术获取型海外并购整合

基于资源相关性视角，学者们对于以获取技术为目标的海外并购的并购方与目标方的资源的相似性、互补性如何影响整合策略的选择做了很多研究。但是企业并购后管理的研究中，制度理论相关的学者认为海外并购的进行和管理受到经济制度距离的重要影响（Demirbag et al.，2007；Dikova et al.，

2010)。目前关于这一内容的研究比较稀少，可以进行很多探索与研究(Dikova and van Witteloostuijn，2007)。

制度理论对于选择以所有权为特征的海外市场进入模式有重要的影响(Davis et al.，2000；Delios and Beamish，1999；Meyer，2001)，也是目前制度理论在海外并购相关的研究领域的重要运用。Meyer（2001）提出，考察并购相关的母国和目标方所在东道国这两者间的广义的制度环境以及该环境影响跨国企业进入和选择战略的模式是制度理论的重点内容。制度作为海外并购的外在环境因素，涉及并购后整合，相关研究内容经常与交易成本相关联，作为交易成因理论研究的一部分被观察和研究(Demirbag and Weir，2006；Tatoglu et al.，2003；Delios and Beamish，1999)。制度环境和相关因素在新兴市场经济环境中显得尤为重要，因为新兴市场中不完善的制度环境会增加跨国交易中的成本和风险，具有更多不确定性（Child et al.，2001；Meyer and Peng，2005；Uhlenbruck，2004)。基于此，东道国制度内容和跨国公司的生存情况受到越来越多的关注和研究（Dhanaraj and Beamish，2004)，跨国企业并购相关的管理决策与东道国制度因素的关系也得到了更多的关注(Brouthers，2013)。

制度定义了现有社会的行动法则，它对人际交互的正式与非正式的限制约束进行了定义和塑造（North，1990)。Scott（2001）提出规制性、规范性和认知性制度是制度环境的三大支柱。规制性支柱包含了社会环境中维系稳定性、透明性和社会制度的相关法律和社会规范条例。规范性支柱比较难以进行解释和说明，它主要对文化、语言、社会规范等多个层面产生影响作用，主要体现在社会价值中。认知性支柱是在社会环境中得到公认的认知结构相关内容。这些支柱中，规范性和认知性支柱与文化在内容上比较贴近，规制性支柱则是重点刻画了与文化无关的国家特有的制度环境（Kostova，1999)。因此，Dikova等（2010）从正式制度（条例和法律内容）和非正式的制度（隐性的文化、语言、社会规范）角度对制度进行了分类。非正式制度刻画了与信任、合作、协调和认同紧密相关的行为方式，与文化特征关系密切(Whitley，1999)。正式制度则大为不同，其表征的法律法规，常用于分析经济事件(Peng，2002)。但无论何种制度类型，一个国家的经济和社会关系都是由制度决定的(Cui and Jiang，2012)。

不同国家的制度体系天然存在很多差异，国与国之间的制度差别会显著影响企业在海外进行经营活动的行为（Peng et al.，2008）。企业和组织在制度环境相似时会倾向于采取相似的行动；但当它们走出国门面对与自身不同的制度环境时，其行为会因为制度因素的不同，而受到较大的影响。制度环境和文化环境都属于影响组织跨越国界行为的重要的国家层面因素，相比之下，制度环境更能体现国家层面的影响特点（Kostova，1999）。同样地，Kostova（1999）认为国家与国家之间的差距主要是由制度环境差距造成，并将母国与东道国的制度环境差异定义为"制度距离"。在以获取技术为目标的海外并购中，经济制度距离由于其加剧了以获取技术为目标的并购相关的方方面面的潜在风险而显得更为突出和重要（Elango et al.，2013）。在以获取技术为目标的海外并购中，收购方需要对更广泛的技术环境产生的复杂性进行整合并兼顾自身内部组织中的技术评估，更为重要的是，对于自身边界外的经济制度环境产生的外部不确定性要进行良好的处理和应对。

基于经济制度距离，学者在研究跨国企业海外经营相关活动尤其是发生海外并购的整合阶段的各方面活动时，已经取得了相关的初步研究成果。

制度距离对海外并购整合中知识转移的影响是主要的研究内容之一。Kostova（1999），作为提出制度距离概念的先行者，选择将制度距离视为解释变量，对美国海外投资企业转移质量管理的相关行为问题进行研究，他发现东道国与母国间的制度距离对于母公司能否顺利向海外的子公司转移质量管理行为有不可忽视的重要影响。Kostova 和 Roth（2002）从相同的角度，研究了海外子公司从母公司接收组织行为的转移成功以及其多大程度认可来自母公司的组织行为。他们发现，转移组织行为到海外子公司的成功率以及海外子公司员工认可母公司组织行为的程度随着母国与东道国制度距离的增加而逐渐降低。Jensen 和 Szulanski（2004）对于海外子公司员工接受知识的欲望和知识转移的难度受到制度距离的影响程度做了相应研究，发现子公司员工的知识接收意愿与制度距离呈现负相关关系，同时制度距离越大，知识转移难度越大。

制度距离与海外并购后的整合管理战略是另一个研究大方向。Elango 等（2013）提出在以获取技术为目标的并购事件中，双方的制度距离会加大技术、组织惯例等资源跨组织传播的难度，减缓并购整合进程速度并增加其复杂性。

Demirbag 等（2007）研究指出，为了更好地保护目标方的内嵌资源，使其较少受到母国与东道国的制度差异影响，并购企业愿意给予被并购方管理者更多自主经营的权力；但令人惊讶的是，Contractor 等（2014）得出了完全相反的研究结论，他们发现当并购方发现其与来自新兴市场的目标方存在较大的国家制度距离时，他们更愿意收紧目标方自主性，通过对目标企业进行更多的资产和机构组织的控制行动，期望可以减少冲突、更加顺利地实施预设的整合策略以实现组织结构改变，以此来缓和制度距离带来的不确定对于并购协同效应的威胁，希望取得长远的并购后经济效益。很多实证文献也将制度距离作为调节变量来进行实证研究检验。Schwens 等（2011）认为海外并购中两国的正式和非正式的国别制度距离能够调和整合模式选择与并购方国际化经验、专有技术拥有和国际化实践战略重要性之间的关系与影响。Chao 和 Kumar（2010）对于海外并购中两国的规制性、规范性制度距离对跨国企业多元化运作影响并购绩效实现的关系的调节效应进行了研究。

国内目前的研究主要是关注制度距离如何影响海外投资进入战略的选择，对于跨国并购受到的制度影响和限制关注较少。张建红和周朝鸿（2010）考察了中国企业"走出去"过程中的制度因素影响作用。他们发现企业国际化战略能否顺利实施会直接受到制度因素的影响，同时产业保护、并购经验等其他影响企业国际化战略效果的影响因素也受制于制度因素的调节作用，因此制度作用对于企业国际化战略同时具有直接和间接影响。

第四节 研 究 空 间

现有研究主要围绕以获取技术为目标的海外并购整合与目标企业自主性展开，关注了并购双方的资源相关性、经济制度距离在并购方并购后整合策略决定、并购协同价值实现过程中的重要作用，为本书提供了良好的研究背景基础。

首先，现有研究大多把并购后整合程度与目标企业自主性进行了对立概念的判断，主要关注了并购中整合程度的相关内容而淡化了目标方自主性的作用，只有非常少数的研究将两者作为并购整合行为的两个不同方面同时纳入研究框架。在现有的资源相关性的研究中，资源相似性和互补性已经逐渐被认定为是以获取技术为目标的海外并购整合策略的重要影响因素，但目前大部分研究是单独研究资源相关性中的一个方面（相似性或者互补性），并未非常关注它们结合的作用，依然未形成两者紧密相关的成熟的分析框架。

其次，通过梳理文献，我们发现目前相关的理论研究对于并购后整合与并购协同绩效实现的影响关系主要停留在简单的基础性探讨，内在机理探索不足，需要深度挖掘和细化。深度挖掘和细化可以将并购后整合程度和目标方自主性结合考虑，有层次地分别甄别它们对于实现并购协同绩效的独特的影响方式，探究两者在以获取技术为目标的海外并购整合中如何作用于协同效应的实现，充分分析海外并购整合和协同创新价值的机制。

再次，虽然已有研究分别关注了并购方与目标方资源相似性与互补性对于并购整合策略的选择的关系以及整合策略如何有利于并购后技术创新和协同绩效实现，但两者目前相对割裂，没有形成连贯的逻辑条，没有实现从资源相关性的角度出发，从一而终地分析直至并购后价值创造这一终极目标。因此，需要构建以获取技术为目标的海外并购整合资源相似性与互补性、整合程度与目标方自主性、并购协同效应这三个环节之间的连贯的理论框架与模型分析。另外，经济制度距离已经作为一种影响因素被纳入到海外并购整合战略选择的研究中，但现有成果较为分散，不够系统。作为战略管理的经典理论内容，资源基础观和制度理论具有一致性，但遗憾的是，现有研究中，两者并没有被很好地结合在一起，而是更多地只从单一方面进行了探讨。

最后，相比国际研究，国内对相关内容的研究仍处于初步发展阶段，相对不成熟，未形成针对海外并购整合主体的影响因素识别、模式选择和策略制定相关的系统性的分析体系。同时，目前国外的研究更多是以发达国家作为主体研究对象，关注发展中国家和新兴市场国家的以获取技术为目的的海外并购事件的研究少之又少。为了服务于适应中国国情的海外并购，同时也是填补目前研究的缺失，以中国企业获取技术为目标的海外并购事件的整合策略决定，具有很大的研究价值和研究空间。

第五节 本章小结

本章回顾了制造业海外并购整合与企业技术创新的国内外研究发展，重点从资源相似性、资源互补性、海外并购整合与企业技术创新、经济制度距离入手综述了资源基础观视角的海外并购整合与企业技术创新研究的现有脉络，在梳理现有研究理论进展的基础上，进一步指出在"资源相关性—并购整合策略—企业技术创新"三者之间的关系链条分析、整合程度和目标方自主性之间的差异性分析、并购整合过程的动态视角分析、中国企业海外并购的特征分析、经济制度距离与海外并购整合战略间的关系分析方面存在研究空间，为海外并购整合与技术研究进行良好的铺垫，为后续研究的展开以及向产业技术创新研究的深入拓展奠定理论的基础。

第 三 章

制造业海外并购整合与产业技术创新的研究评述

第一节 海外并购整合、创新网络与产业技术创新概述

一、海外并购整合研究概述

在全球技术环境动态变化及国际竞争越发激烈的情形下，海外并购能够有效获取外源式的前沿技术能力与关键创新资源，成为补充内部技术研发的重要手段（Yoon and Lee，2016）。越来越多的发展中国家从20世纪80年代开始，采取技术获取型海外并购，取得关键性的技术，成功地追赶发达国家乃至实现技术领先（Kuemmerle，1999），被并购企业的丰富技术为并购方提供了组织学习的良好环境。Dunning（1993）区分了以市场、自然资源、效率、规模经济和技术等不同获取目标的海外投资类型。在技术快速变化的动态环境中，实施技术获取型海外并购的企业可以有效缩短研发时间（Sears and Hoetker，2014）。本书以技术获取型海外并购为研究对象，在这类海外并购中，并购方企业能够取得海外企业独特的创新资源，如先进的技术、研发过程和管理经验（Georgopoulos and Preusse，2009）。

区别于其他类型的海外并购，技术获取型海外并购的主要特点是：第一，以取得海外目标方企业的关键技术、实现并购后协同效应进而提升自身创新

水平与自主研发实力为主要动因；第二，具有发展中国家企业以获取发达国家企业更先进的知识基础为标的，实现技术赶超的特征；第三，呈现出技术管理水平居于弱势地位的企业并购技术管理水平更加强势地位的企业的特征。

并购后整合是对价值创造有关键影响的重要阶段（Homburg and Bucerius，2006），并购前两家独立的公司经历调整业务结构、组织架构、公司文化等复杂过程后形成效率更高、竞争力更强的统一体，双方资源要素有机结合可增强协同效应（Haspeslagh and Jemison，1991；Pablo，1994）。本书将并购整合定义为：并购方在取得对被并购方的所有权后，对双方进行技术研发、市场份额、业务合作等多元的资源的所有权合理化和重新配置重组后，促进并购协同效应并推动技术创新能力提升的过程。

围绕并购整合策略的不同维度，如整合程度、目标方自主性等，已有文献展开了丰富的研究。本书重点关注的整合策略为整合程度，即考虑并购方在多大程度上将被并购方功能活动融合吸收进自身组织层级（Zaheer et al.，2013）。并购后整合过程是实现海外并购预定目标的必要过程，但是过高或者过低的不恰当整合程度都会使海外并购价值创造期望破灭（Pablo，1994）。一方面，过低的整合不足以实现潜在的收益，另一方面，太高的整合程度则会导致部分高管团队人员与核心发明家的辞职离任，阻碍企业未来的发展（Cannella and Hambrick，1993），因此，本书重点关注并购方如何依据双方的资源相关性特征进行恰当的整合策略选择，实现并购方协同收益与全球创新网络位置的提升，进而促进本土产业技术创新。

二、创新网络研究概述

创新网络是具备异质性创新资源企业跨越组织边界获取外部技术知识的重要形式（Freeman，1991；Deghey and Pelto，2013）。创新网络由企业作为创新主体以及企业间的各类研发与技术合作关系作为创新连接两部分构成。依据后发追赶理论观点，全球化、网络化企业组织以及复杂化、分散化的创新资源推动发展中国家企业通过拓展创新网络边界进一步深耕于全球创新网络，从而通过有利的网络位置进行技术追赶（Herrigel et al.，2013）。经济全球化和产业全球化分工的情境下,全球创新网络是一个动态的、开放式的系统,使得处于其中的企业能够跨越组织边界、与全球范围内的不同企业展开研发合作、获取创新资源并实现新技术扩散。通过全球创新网络嵌入,获取战略资源以及产业发展所需的各类知识技能,突破关键技术的长期锁定,能够进一步攀升全球价值链,有效促进发展中国家制造业技术创新能力提升,带动产业升级(Pietrobelli and Rabellotti,2011)。

企业在全球创新网络中技术资源的获取与吸收能力因其所在的不同网络位置而有所差别,对网络中其他企业节点的技术溢出与影响也不尽相同(Bercovitz and Feldman,2011)。Lin 等(2009)提出占据优势网络位势带给企业更强的资源控制能力,且在进行创新活动时相比其他低位势的企业更具优势。中心度和结构洞作为最能反映网络位置影响创新绩效的变量,对网络位置的反映有不同的侧重面,得到了已有文献的广泛关注(Zaheer and Bell,2005)。创新网络中心度刻画了焦点企业在与其他网络企业主体的连接关系中占据中心位势的程度(Lin et al.,2009),节点中心度位置越强,即其与网络节点的创新连接越多,对网络中新知识、新产品等的扩散和采用就越顺利(Cho et al.,2012)。与此不同的是,结构洞刻画的是创新连接的异质性与多样性,而非连接的多少。Lin 等(2009)提出企业占据更丰富的结构洞地位,意味着其在两个彼此不相连的成员之间起到桥接作用,拥有更多非冗余的异质性连接,从而能够处理更多具有动态性、时效性和新颖性的信息(Wang et al.,2014)。

企业主体行动受到创新网络关系影响的同时,整体网络结构也因企业主体间互动过程的影响而变化,因而有必要关注网络跨层次的分析导向(Rowley and Baum,2008)。Degbey 和 Pelto(2013)认为,在海外并购整合阶段,企业由于受到所处网络环境的影响,改变了其行为人、行动和资源,并购双方整合的二元关系受到这种企业间的相互依赖性的作用而发生改变,直接反馈于其网络合作伙伴的行为变化,进而在更广泛的范围内对并购双方的间接连接产生连锁传导效应,全球创新网络中并购方所处的位置由此变化。因此,本书关注,中国制造业技术获取型海外并购企业通过对处于全球创新网络优势位势的目标方企业进行恰当的整合,使得自身所处的网络中心度与结构洞地位改变,进而增强其获取与吸收技术和知识资源的能力,以促进研发、技术转移等方式推动并购方本土产业技术创新水平提升的传导机制。

三、产业技术创新研究概述

熊彼特创新理论将技术创新定义为重组或重构现有知识实现创新（Schumpeter，1934；Guan and Liu，2016）。Freeman 和 Soete（1997）认为产业技术创新从不同的维度考虑了技术、产品、组织、流程和市场等的创新。在研究产业技术创新的国内文献中，庄卫民和龚仰军（2005）提出，产业技术创新是以市场为导向，以企业技术创新为基础，以提高产业竞争力为目标，以技术创新在企业与企业、产业与产业之间的扩散为重点过程的技术发展、商业化、产业化的一系列活动的总和。在这些已有研究基础上，本书概括的产业技术创新具有如下三方面的主要特征：第一，关键企业占据主导地位、众多其他相关企业一起参与的系统的、协同的创新活动；第二，具有新兴技术和已有技术的有机整合重组的特征；第三，表现为共性技术、关键技术等深刻影响产业未来发展的技术突破以及在产业内扩散，最终提升产业全球竞争力和全球价值链攀升的过程。

同时，王伟光等（2015）指出，在当前产业要素日益全球化流动的背景下，技术创新体现出更加显著的复杂和协同的特征，产业的竞争力不能脱离创新网络中占据核心位置的企业以及伴随核心企业作用产生的创新溢出效应。依据产业模块化观点，专业化分工需求来源于单个企业资源基础的限制，同时在政府出台反垄断规制的背景下，知识表现出社会化扩散的特性，单家企业不足以完全覆盖一体化的产业链，也不可能全然独立地研制所有技术模块（巫景飞和芮明杰，2007），伴随着这些产业的现实情况，模块化网络化分工日益发展，企业间彼此联系、协同演化发展同时又具有相对独立性（Ozman，2011）。核心企业在网络中的互动参与、协调配置与领导作用深刻地影响着产业创新与价值创造，主导与控制了网络中技术资源的汇聚与扩散的整体格局，引领与指导产业内其他企业的产品开发方向（Perks and Jeffery，2006）。综上，本书关注将创新网络作为传导媒介、具有开放式创新特征的产业技术创新研究。

第二节　资源基础观视角的海外并购整合与技术创新的企业层次研究

一、海外并购整合决策与企业层次技术创新

伴随全球技术动态变化的发展态势以及世界竞争日益白热化的演变局势，海外并购成为获取外源创新资源、快速补充内部研发实力、提升企业整体竞争力的有效途径（Yoon and Lee，2016）。在技术飞速变革的行业中，实施技术获取型海外并购的企业能够减少研发耗费的时间（Sears and Hoetker，2014）。因此，在发展中国家企业试图追赶发达国家企业的过程中，实施海外并购，与目标企业实现紧密联系是获取更丰富的知识库的有效路径（Kuemmerle，1999）。企业在内外源技术创新的策略中权衡，而在技术加速变革、创新环境愈加复杂、产品的生命周期缩短等因素的影响下，企业更加侧重外源的技术获取方式（Bannert and Tschirky，2004）。自 20 世纪末开始，发展中国家企业纷纷实施以关键技术获取为导向的海外并购，以此为契机学习与吸收目标方丰富的技术储备，实现了对发达国家"跳跃式""杠杆式"的技术追赶。因此，来自发展中国家的并购方企业以获取先进的、前沿的技术为目的的海外并购成为本书的焦点所在。通过此类海外并购，并购方能够得到海外企业先进的技术和研发过程管理等独特的资源（Georgopoulos and Preusse，2009）。

并购后整合是双方的资源要素重组的过程，也是对整体协同价值创造具有不可忽视影响的关键阶段（Homburg and Bucerius，2006）。Zaheer 等（2013）指出整合程度代表着被并购企业的功能活动在多大的水平上被合并到并购方自身的组织架构中。但是，关于并购后阶段的整合程度与企业层次创新效应之间的关系，现有的文献尚未得到普遍一致的结果。一些学者指出，如果要达成可能的协同效应，有必要采取一定的整合，以此进行双方资源的可行重组、社会关系的建立以及文化认知共识的达成。这一过程的缺失将导致难以实现资源的重新编配（Cording et al.，2008；Homburg and Bucerius，2006）。相反，另一些学者强调，深化整合将部分乃至全盘地改变双方现有的组织惯

例部分（Bauer and Matzler，2014）。先前彼此独立的两家企业，因为高度整合过程中的剧烈变化，可能带来难以预计的协调成本，如员工的反抗离职、文化观念的矛盾冲突（Slangen，2006），这会损害采取技术获取型海外并购的企业所寻求的创新能力（Puranam et al.，2006）。

二、围绕资源基础观的海外并购整合决策与企业层次技术创新

众多已有文献表明资源相似性对并购后协同价值的创造具有不可或缺的关键影响（Slangen，2006）。并购中两家企业之间基于资源相似性的战略匹配促进彼此理解和知识的交流，提升潜在的效率增强型协同效应，产生的规模经济可实现更具投入产出比的经营活动，由此成为增强并购绩效的基本条件（Cohen and Levinthal，1990）。然而，高相似性也可能压缩组织学习的空间，使得并购后企业研发投入不足（Cassiman et al.，2005）。

资源互补性作为对相关性特征的另一种反映，对并购企业创新的关键作用已得到研究证实（Wang and Zajac，2007），突出地体现在其能够提高企业价值的资源重组潜力。资源互补性具有这样的核心的特征：当增加一种资产的数量时，会带来另一种资产的超额收益，两种资源组合的价值超过了各自价值的总和（Kim and Finkelstein，2009），导致不同组织元素之间的效益提升的协同作用。资源的互补性特征和较低的整合水平有利于提升企业的创新水平。为了实现互补的资源特征带来的增长协同效应的潜力，双方应进行协调，采取一定程度的整合从而有效地将互补元素结合起来（Zollo and Singh，2004）。然而，考虑到互补的潜力来自目标方掌握并购方不具备的要素的这样一种现实情况，高度的整合会产生高昂的摩擦成本，破坏被并购对象的任务环境和研发效率，最初寻求的技术创新目标就不能实现。

现有文献主要使用来自发达国家的样本来研究资源相关性特征和整合决策的配对如何影响技术创新（Bauer et al.，2013；Colombo and Rabbiosi，2014；Zaheer et al.，2013）。此外，从资源基础观出发，围绕不同维度的资源相关性特征，已有研究对中国企业技术获取型的海外并购整合决策进行了实证分析（Chen and Wang，2014）。王寅（2013）关注资源相关性和整合决策的匹配，分析了海外并购整合决策通过摩擦作用和协同作用对并购方整合效益的影

响。在钟芳芳（2015）的研究中，被并购企业的管理自治权被纳入整合策略的研究框架，资源相关性、整合决策与企业层次的技术创新之间的影响机理得到了深入分析。Chen 等（2016）结合数理建模与均衡分析，以潜在创新收益为基础，探讨了资源相关性如何影响整合策略的选择以及创新效果。

Sirmon 等（2011）指出资源配置由资源识别、整合和资源创新利用的具体阶段构成。资源识别过程中，企业捕获、吸收和转化资源组合；资源整合过程中，企业对获取的创新资源进行捆绑、稳固和开拓，促进独特能力的形成；资源创新利用过程中，企业对丰富后的资源进行协调编配，利用优势、把握机遇有效创新。Sirmon 等（2011）指出在企业国际化过程中，特别是海外技术并购的知识获取中，资源配置理论提供了独特而有价值的研究视角。协同效应的实现取决于双方的资源特征以及恰当的整合。海外并购中，企业应准确判别并购双方的资源条件并实施有效整合（Sirmon et al.，2011），三个阶段的协调作用方能实现价值提升（Sirmon et al.，2007）。

第三节　基于创新网络传导的海外并购整合与产业技术创新

一、基于全球创新网络嵌入的企业间合作特征与产业技术创新

Freeman（1991）已指出，创新网络是企业从组织范围之外获取外源技术资源的关键途径。Gulati 和 Sytch（2007）指出创新网络中节点之间的知识转移和学习主要受到关系嵌入和结构嵌入的影响，两者分别关注焦点节点的直接连接和所处的网络结构位置。已有文献围绕创新网络嵌入，研究企业特征与网络演化如何作用于企业层次的效率和产业层次的创新（Wassmer and Dussauge，2011；Zhang and Li，2010）。基于产业组织理论，Hanaki 等（2010）发现研发网络中，对连接关系的构建具有决定性影响的要素包括：企业在研发规模、位置方面的相似性以及网络结构特征。Pietrobelli 和 Rabellotti（2011）

提出发展中国家制造业融入全球网络获取技术知识、提升创新能力、实现国内产业结构优化是大势所趋。Herrigel 等（2013）发现中国制造业嵌入全球网络的过程也是本土企业与海外企业互动、交流和学习进而促进产业转型升级的过程。Kohpaiboon 和 Jongwanich（2014）的研究表明泰国汽车和电脑硬盘制造业产业技术升级受益于对全球制造网络的嵌入。基于事件研究的实证分析法，Wassmer 和 Dussauge（2011）指出，来自全球航空运输产业的数据表明嵌入网络的企业在与其他节点分享自身拥有资源的同时，也在不断地将外部的资源与内部现有的资源进行重组。Zhang 和 Li（2010）认为网络资源对企业价值创造的作用来自外部知识搜索渠道的拓宽和搜索成本的降低。来自 Zirulia（2012）的网络溢出数理模型表明，嵌入创新网络的企业能够获得比较优势、非对称的网络优势以及技术能力，但在隐性知识和技术差距的作用下，溢出是不充分的。Galeotti 等（2010）描述了创新网络中节点的信息获取和奖励随着节点所处的不同博弈条件下的网络结构、网络位置而变化，战略替代和战略互补是其关注的两个重要特征，而这种状态下的战略互动是信息不完全的，有助于达成多重均衡。Goyal 和 Joshi（2003）最先同时考虑创新网络与市场竞争的影响，并指出企业间建立基于研发协议的连接并共同贡献资源能够降低生产成本获取竞争优势。Zhou 和 Chen（2016）建立的不完全信息网络博弈模型表明对技术扩散具有最强影响力的节点处在网络的中心。

二、围绕网络动力学的产业创新网络动态演化机制

跨越微观行为与宏观现象并架构二者之间关系桥梁的网络动力学（network dynamics）有助于深入剖析网络演化，阐释其内在的影响因素（Rowley and Baum, 2008）。依据网络的同质偏好理论，行动者会在网络中寻找那些最近似的其他行动者与之连接配对（Monge and Contractor, 2003）。基于资源依赖理论，Pfeffer 和 Salancik（1978）的研究表明正在嵌入网络的行动者构建连接的对象往往是那些资源更加丰富的节点。

偏好依附的规则意味着网络中连接数量越多的行动者越容易得到其他节点的连接（Barabási and Albert, 1999）。关于并购后阶段的整合行为与技术转移溢出，已有文献从网络视角出发，结合网络动力学与多主体仿真平台模拟

这一动态演化的过程（Kim and Park，2009；Dhanaraj and Parkhe，2006；Yamanoi and Sayama，2013），而其中最为关键的三个推动因素分别是：网络资源特征（Wassmer and Dussauge，2011）、网络连接特征（Capaldo，2007）和网络结构特征（Kim and Park，2009）。非合作行为网络生成模型描绘行动者努力水平，该因素作用于网络密度、内聚性和网络规模，从而对整个网络的涌现与演化具有相当的影响力（Goyal and Vega-Redondo，2005；Vega-Redondo，2006）。Mirc（2012）采集并购案例访谈数据，基于社会网络分析法呈现并购整合过程中随时间的演变，企业中执行人的合作网络中心性、结构洞如何变化。结合社会网络分析、阈值模型和仿真方法，Cho等（2012）探讨了在研发网络特征和创新类别的影响下，核心企业的社交性和中心度分别如何促进技术创新的扩散速度和范围。

三、围绕全球创新网络位置的海外并购整合与产业技术创新

钱锡红等（2010）对深圳市集成电路制造业的社会网络分析与实证分析结果表明，企业的创新收益在其所处网络位置提升的条件下能够达到更高的水平。因为企业具有高中心性和结构洞位势，在知识的获取、吸收、转化和应用方面更能增强能力优势，而这种能力本身是企业创新的加速器。Degbey和Pelto（2013）认为，在海外并购整合阶段，企业由于受到所处网络环境的影响，改变了其行为人、行动和资源，并购双方整合的二元关系受到这种企业间的相互依赖性的作用而发生改变，直接反馈于其网络合作伙伴的行为变化，进而在更广泛的范围内对并购双方的间接连接产生连锁传导效应，全球创新网络中并购方所处的位置由此变化。围绕产业创新网络和知识溢出的理论机制进行探讨，并结合 PLS 结构方程模型的实证分析，王伟光等（2015）研究发现，核心企业的网络控制力对产业知识溢出效应具有更强的直接传导作用，同时也显著受到关系质量和知识转移的间接中介作用。创新网络的理论研究表明，企业要在创新活动中取得优势，需要通过占有优势网络位置提高控制资源的能力（Lin et al.，2009）。其中，中心性和结构洞是两个重要指标维度，它们反映网络位置对创新绩效影响的作用，得到众多学者的认可（Zaheer and Bell，2005）。

焦点企业的创新网络中心度描述了该企业在与其他节点的连接中在多大水平上居于中心地位（Lin et al.，2009）。Cho 等（2012）指出，在产业网络内，新知识、新产品的扩散应用更多地受到网络中心企业的影响。当收购方在全球创新网络中居于中心位置时，该企业成为资源汇聚和扩散的创新中心之一（王伟光等，2015），相比那些外缘的节点而言获取新知识所需的时间更少，对资源应用更有成效（Borgatti and Halgin，2011；Guan et al.，2016）；全球创新网络中具有高中心性的并购方凭借更广泛的社会、技术与商业资本（Malerba and Vonortas，2009）、更高的地位与声誉（Koka and Prescott，2008），能够取得更强的创新资源控制水平，该企业在对发达国家进行技术追赶的过程中，搜寻、学习和吸收对方有用的关键技术片段的成本是较低的（Rowley and Baum，2008）。

焦点企业的创新网络结构洞是指该企业作为桥梁连接两个原本不相连的节点间的关系，其连接关系是异质且非赘余的（Lin et al.，2009），从中取得的信息具备动态、及时和新颖的特征。并购方合理的整合策略可以到达目标方创新网络的差异化信息域，将各合作伙伴拥有的异构资源连接起来（McEvily and Zaheer，1999）。Burt（1992）提出占据丰富的结构洞位势的企业，具有前瞻洞察的能力、具有广阔开拓的视野并能承担桥梁功能在不同的子群之间进行知识传播，因而相比那些边缘企业其对潜在技术发明机会的甄别与利用能力更强。在全球创新网络中跨越多个结构洞的并购方，汇聚分散信息和非冗余的创新流的优势更强，更容易挣脱当前技术认知框架的束缚。

第四节　围绕产业技术创新界定的海外并购整合与产业技术创新的跨层次研究

一、基于中国制造业背景的海外并购整合与产业技术创新研究

生产要素成本增加和世界制造业竞争日益白热化的背景下，中国制造业

受制于高端技术的长期锁定，也遭受着成本冲击的困境（阮建青等，2010）。李坤等（2014）关注了中国高端装备制造业，探讨了其在制造曲线中由"躯干国家"攀升"头脑国家"的路径条件，并建议企业应善用海外并购，进行协同创新，不断地收集和整合国际一流设备研究和开发的成果，控制前沿顶尖优势。宋凌云和王贤彬（2013）按照传统、支柱和新兴的特征区分不同中国制造重点产业，研究表明相比企业而言，政府具有更高的信息完备性，能通过指导作用的发挥促进产业生产率的有效提升，包括承担引领产业转型升级和引导企业间资源协调编配的功能。基于产业组织理论，李杰等（2011）构建了中国制造业对发达国家的海外垂直并购模型，分析结果表明中国处于价值链低端环节的下游制造业企业通过整合海外高技术的价值链上游制造业企业，有助于扩大市场占有率，推动产品创新升级。Guo等（2013）指出新兴经济体技术追赶总体包含4种路径，即内源研究开发、外源技术获取、产品创新和流程创新，他们对代表性的中国制造业进行了产业层面的实证分析，结果表明，考虑技术差距拉大和技术急剧变革的前提条件，外源式的技术获取更适用于中国制造业技术赶超的需求。针对这种外源式的技术获取，Guo等（2015）区分技术深度搜索和技术广度搜索两个维度并比较不同的适用情况，结果表明关注技术广度并搜索多样的资源和知识，在中国制造业企业寻求差异化竞争策略的情境下更为有效。

二、产业技术创新与企业技术创新的关系研究

熊彼特创新理论将技术创新定义为重组或重新架构现有知识实现创新（Schumpeter，1934）。Freeman和Soete（1997）认为产业技术创新从不同的维度考虑，涵盖了技术、产品、组织、流程和市场等不同方面的创新。庄卫民和龚仰军（2005）在专著《产业技术创新》中指出，产业技术创新将市场导向下的产业竞争力提高作为最终目标，重点推动企业层次的技术创新在不同企业之间、不同产业部门之间的扩散，涵盖了下述一系列创新活动的总和：从新产品或新工艺设想的诞生阶段开始，历经技术的发展、生产、商业化到产业化的所有阶段过程。产业技术创新是由关键企业发挥引领作用、众多相关企业一起参与，围绕产业的新兴技术和已有技术体系整合、核心技术突破

及共性关键技术扩散的系统性、协同性创新活动。在产业技术创新的指标方面，已有研究利用衡量某一产品制造效率的劳动生产率、衡量各类不同要素带来技术进步水平的全要素生产率（Guo et al.，2013）、衡量显示性比较优势的巴拉萨指数（Brakman et al.，2013）、衡量产业原始创新能力的专利申请、衡量科技产出对产业增长贡献水平的新产品数量（Sun and Du，2010）展开对产业技术创新的实证分析，然而纵观这些文献，基本都应用单一维度的产业技术创新指标进行统计分析，只偏重体现或应用产业技术创新的部分内涵，反映产业层次技术创新投入和技术创新产出的多维度指标体系尚未得到有效构建，使得现有的研究结论的普适性和稳定性容易受到不同背景的影响而出现波动。在已有研究分析产业技术创新的影响因素中，Sun 和 Du（2010）在中国背景下的实证研究表明，中国产业技术创新的表现受到内部研究开发活动、海外技术转移水平、本国技术市场与跨国投资技术溢出的作用；王伟光等（2015）指出当前创新导向型企业之间的协同合作愈发密切，彼此间知识的持续流动溢出，推动产业创新网络这一重要载体的生成和演化，促进技术交流和资源聚集，最终导致产业整体技术创新水平提升。钱锡红等（2010）表明企业的网络位置影响创新能力，即在网络中占据高中心性、跨越更多结构的企业更具有创新优势。

三、企业海外并购整合阶段的产业技术溢出作用

在某一行业中居于核心位置的企业也是嵌入全球创新网络以承担全球价值链中模块分工的前哨先锋，它们也是吸收全球创新资源并进行本地化反馈的中心。Degbey 和 Pelto（2013）发现德国传统制造企业在海外并购后整合阶段可以通过供销网络等产业上下游关系承担的渠道作用，获得企业边界之外的技术、知识资源，推动新知识和新设备的应用，提高工业生产率。收购方依托海外并购实现的技术创新势必在行业中转移溢出，推动行业向高端跨越发展。第一，围绕产业模块化理论分析企业海外并购整合阶段的产业技术溢出作用，巫景飞和芮明杰（2007）指出行业内企业间彼此关联又具有相对独立性的模块化分工致使单家企业不足以完全覆盖产业链的所有子环节，收购方企业利用恰当的海外并购整合决策改进生产函数，由此产生的技术溢出

效应和技术标准完善使得本国产业内配套体系中的其他产品供应者受益，新产品、新工艺的形成和发展进一步改进现有的产业分工系统（Cho et al., 2012）。基于资源基础观，Mesquita 和 Lazzarini（2008）的实证研究发现处于产业核心位置的企业通过知识的溢出影响对其提供供销支持的企业。第二，围绕产业创新分工理论分析企业海外并购整合阶段的产业技术溢出作用，王伟光等（2015）描述了核心位置企业扮演的产业"创新孵化器"的分工角色，这类企业的网络控制力对产业知识溢出效应具有更强的直接传导作用，同时也显著受到关系质量和知识转移的间接中介作用，而中小企业则扮演着产业"实验应用厂"的分工角色。第三，围绕产业组织理论分析企业海外并购整合阶段的产业技术溢出作用，企业间的"技术能力势差"代表着企业能力以异质、非均衡的状态分散于产业之中（Powell et al., 1996）。海外并购整合增强高位势企业的技术能力，知识运动轨迹是一个由外到内再到外的传播过程，即收购方为从企业边界之外获取知识再跨越边界向产业内扩散。产业存在一种整体向高端跃迁的"雁行模式"，即高位势企业发挥引领带头作用，低位势企业紧随其后过渡创新。

四、经济制度环境的概念界定

制度（institution）通常是人们必须依照和遵循的法规章程与行为惯例，也涵盖了源自特定社会条件和历史情况的法律、习俗和其他规范或规程。以 North 为代表的新制度经济学和以 Scott 为代表的组织社会学是两种得到管理学广泛认同的代表性制度理论。其中，依据 North（1990）给出了得到学界普遍接受的定义，制度代表着社会互动的规则约束，在更严格的概念中，制度是人为制定的对人们相互行为和博弈活动的制约框架。Scott（2001）认为不同规则的融汇对制度环境具有塑造作用，个人或群体行为的合法性离不开对制度环境中蕴含的各类规则的遵照执行。

总的来说，经济制度环境具有正式和非正式的类型之分。正式的制度环境包括诸如中央和地方的法律、法规等撰写成文的规定。非正式的制度环境更侧重价值观点、风俗传统、文化观念等得到社会认可的约定俗成的行为准则，这些行为准则是个体在长期社会交往过程中逐渐塑造的。本章将指导与规范经济活动运行中的产品生产与交换及分配过程中各种行为人行为的法律基础与行为规章规则组成的约束规范作为经济制度环境的基本研究内容。

五、经济制度环境对海外并购整合与产业技术创新作用机制的调节效应

经济制度环境对经济发展具有极其重要的作用（North，1990）。具体来说，在经济活动运行的生产环节、交换环节以及分配过程中，贸易、税收、物权、合同、知识产权等与技术知识和其他生产资料相关的制度约束和法律基础的基本内容会规范并约束存在经济活动关联的企业之间的研发合作、供应销售等行为，同时整个经济制度环境系统会影响经济行为对象的选择标准和合作意向，稳定的经济制度可以提供商业运作的稳定环境，有效遏制经济腐败和损害社会福利的利益集团的破坏行为，督促合同契约等的高质量执行，使得经济活动可以持续、高效运行。

经济制度距离在跨国公司战略管理方面具有一定的研究经验积累。大部分研究关注跨国企业对外投资中经济制度距离对于该经济行为产生的影响，其有利于对外投资中公司的目标东道国选择、对外投资模式选择、组织与管理的转移效果（Xu and Shenkar，2002），以及跨国公司的东道国合法性获得效果等内容。专利保护等可能额外激励企业的研发投资（Carlin and Soskice，2006）。上述研究虽没有对海外并购整合进行细致的针对性研究，但是作为跨国投资的主要组成部分之一，仍足以看出经济制度距离对于企业运行管理行动的影响力。

Owen-Smith 和 Powell（2004）较为清楚地认识到制度环境对于企业创新网络的重要支撑作用。不同的经济制度环境对于跨国企业本身会有不同的与影响。后续学者则各自从自身研究出发，开始关注经济制度结构是如何作用于企业间的合作关系的。研究者发现企业间合作非常重要的以认知水平为基础的信任会因为国别间的制度差异从而有对企业的不同的信任水平的需求。

从国际比较的视角进行经济制度环境对于企业经营合作的影响研究是一种常用的方法。Hitt 等（2004）通过研究发现，俄罗斯企业在公司间合作时，管理团队决策和行动的短视行为倾向很大程度来源于俄罗斯分散控制导致的

制度环境的不稳定性。中国与之不同的国家运行规则带来的更稳定的制度环境条件更有助于企业坚定其长期合作和目标愿景。Vasudeva 等（2013a）发现，以德国、日本为代表的包容、协调的团体主义国家制度环境有利于企业间的合作、凝聚和达成共识；以美国、英国为代表的非团体主义国家制度环境会导致更稀疏的企业间合作网络水平。同时，Vasudeva 与他的同事们发现，制度环境会从根本上决定企业创新网络节点的合作和竞争的特征，创新网络是制度嵌入的（Vasudeva et al., 2013a）。基于研究累积，我们可以推断，经济制度环境通过影响企业的合作伙伴性质和企业间合作类型、合作水平，对企业间资源学习吸收和转移产生影响，并最终影响技术创新。此外，Vasudeva 和他的研究团队在 2013 年专注团体主义的制度视角，通过九个国家共 109 家企业在 1981 年到 2001 年之间的跨国燃料电池技术联盟网络的纵向研究分析，发现企业的结构洞水平在团体主义的国家对于创新的影响更为显著和有力（Vasudeva et al., 2013b）。

基于以上对文献的梳理与总结，经济制度环境对于企业并购整合策略决定和创新网络的行为特征都具有影响和塑造的作用效果，作为规范社会经济行为的规则，经济制度环境通过对企业网络的影响从而最终与复杂传导机制对产业技术创新产生不可忽视的调节作用。美中不足的是，目前海外并购整合行为、企业创新网络和产业技术创新的研究仍然相对割裂，考虑经济制度环境对上述关系效应的研究更是少之又少，从而提供了进一步深入研究和补充的需求和发展空间。

第五节　研究空间

针对以获取技术为目标的海外并购整合与制造业产业技术创新研究仍存在下述方面的深入研究空间。

第一，基于"资源识别—资源整合—资源利用创新"过程的资源配置理论的发展中国家的海外并购整合策略选取模式有进一步探索研究空间。已有研究专注于发达国家样本而疏于对发展中国家的关注。发展中国家面对的相对不成熟的技术创新水平和跨国企业海外并购整合管理能力需要更有针对性的研究提供理论和实践的支撑。基于资源配置的发展中国家海外并购整合策略的研究框架仍未形成。

第二,"海外并购整合—创新网络—产业技术创新"的动态演化机制尚未探索。以往研究虽然成果丰硕,但是缺乏动态和演化的海外并购整合推动产业技术创新的全过程分析和阶段结构的研究。运用经济学与管理学的跨学科研究思想,利用动态仿真工具实现"海外并购整合—创新网络—产业技术创新"全过程动态演化规律研究具有深远意义和价值。

第三,从"企业层次—跨层次—产业层次"的多层次视角探讨中国以获取技术为目标的海外并购整合与产业技术创新的跨层次传导机制有待深入研究。

第四,为规范社会经济行为的规则,经济制度环境通过对企业网络的影响从而最终与复杂传导机制对产业技术创新产生不可忽视的调节作用。从国际比较视角进行的"海外并购整合—创新网络—产业技术创新"跨层次传导机制需要进一步补充探究。

第五,中国制造业产业技术创新的相关指标衡量体系尚未形成,实证研究有待探索。目前,产业技术创新的衡量维度较为单一,缺乏层次性和全面性,很难全方面覆盖产业技术创新内容,无法全面提供产业技术创新水平信息。科学分析如何利用海外并购整合推动产业技术创新能力提升,同时可靠、科学地考量创新投入与产出的较为完善的中国制造业产业技术创新的相关指标衡量体系有待构建。

第六,服务于中国制造业转型升级的技术获取型海外并购整合与产业技术创新的途径建议与保障体系亟待构建。技术渐进创新的内生增长理论目前无法实现突破中国制造业技术创新能力"卡脖子"的难题,亟须创新资源和能力的外在直接获取和资源重新配置。服务于中国制造业跨越式发展的基于资源配置的"海外并购整合—创新网络—产业技术创新"发展模式的"企业—产业—政府"三位一体的多层次途径建议与保障体系尚未形成。

第六节 本 章 小 结

本章梳理并总结了海外并购整合、创新网络、技术创新能力提升的相关研究成果，在基于资源相关性的海外并购整合与企业技术创新能力提升的研究基础上，重点围绕网络动力学、网络嵌入与网络位置的创新网络相关理论，从创新网络的网络嵌入、网络动力学和网络位置三个方面入手，进行海外并购整合与产业技术创新跨层次理论体系的研究基础的梳理，并总结出未来研究空间的策略框架研究、基于创新网络的动态演化机制、"企业层次—跨层次—产业层次"的多层次视角跨层次传导机制、国际比较、产业技术创新指标测度、途径建议与保障体系六个方面内容。本章对现有理论的梳理与总结突出了创新网络连接企业海外并购整合策略与产业技术创新形成跨层次传导的基本的方向和思路，为跨层次传导机制研究形成良好的铺垫，为后文深入展开机制探索提供理论可能性与研究基础。

第 四 章

基于资源相似性、互补性的中国制造业海外并购整合与企业技术创新的微观机理

并购后整合程度与目标公司自主权是彼此不同的两个概念，这两方面在企业权衡并购与整合策略时应该同时被考虑。并购后整合程度是并购双方结构方面的关系变化大小，目标公司自主权体现了并购发生后被并购方相关管理团队自由行使其经营管理权的程度。并购整合对技术创新的影响与并购双方资源上存在的差异性有强烈联系，因此并购方在并购发生后，会因为现实情况做出截然不同的整合策略决定。并购后的整合阶段需要进行并购方与目标方之间的资源相似性和资源互补性的识别，由此决定并购方应该采取何种程度的并购后整合以及赋予被并购方何种程度的自主管理权力，由此实现并购后技术创新的目标。本章依据资源相关性识别—并购后整合决策制定—技术创新能力提升的发展思路，进行了相应的研究：第一节针对以获取技术为目标的海外并购事件，研究资源特征如何对其产生影响；第二节细分整合程度和目标公司自主性两个整合策略维度，从资源相似性和互补性不同组合的角度进行影响作用的分析；第三节具体针对并购后整合策略的整合程度和目标公司自主性这两块内容，分析其作用与并购后企业技术创新的机制；第四节基于上述的研究和分析内容，对于并购双方资源特征的不同组合情形，提出匹配资源特征的并购整合策略制定与企业技术创新作用机制的核心假设。

第一节　中国制造业海外并购资源相似性、互补性与并购整合

资源相似性和资源互补性构成了资源并购整合中相关的资源特征，并对整合策略中的整合程度与目标方自主性具有决定作用。由此构成了资源特征组合与并购后整合策略选择之间的匹配联系机制并最终影响了并购后的企业技术创新。

企业在狭义的技术领域中机制、技能以及知识的相似程度组成了资源相似性。资源相似性可以促进并购双方对彼此的理解并实现共享知识的过程（Cohen and Levinthal，1990）。海外并购整合过程中，实现协同效应和重组知识的内容和性质很大程度取决于资源相似性（Harrison et al.，1991；Cassiman et al.，2005）。海外并购中，资源相似性对于整合决策产生有两条影响路径，具体如下：第一，获得、吸收和消化被并购方的知识在资源相似性较高的条件下会变得更加容易，从而实现并购方在整合过程中对关键资源的充分掌握。获得资源、知识并购整合的第一步，真正成功整合需要并购方对被并购方拥有基本的理解能力（Chatterjee and Wernerfelt，1991；Teece et al.，1997）。对被并购方带来的外部知识进行学习吸收、应用并最终实现商业目的只有拥有吸收能力才能实现，因此吸收能力在并购后整合阶段显得尤为重要。第二，拓展并购后企业的技术知识库需要相似资源提供前提基础，从而实现技术的规模经济效应，并进而帮助并购方实现研发生产效率的提升和企业技术创新产出的增加（Hall，1989；Henderson and Cockburn，1996；Capron，1999）。由此可以看出，并购方选取高整合程度可以重点对被并购方的相似资源进行整合从而使其与并购方在统一的组织框架内产生协同效用并获得潜在收益，最终实现并购的目标。在高相似性资源占主导地位的并购事件中，被并购方管理团队对于并购整合后预期会损失的权力和威望等情况会产生抵触情绪和抵抗行为，这不利于双方相似资源的整合，因此，并购方更可能对目标方管理人员赋予较低的自主管理权力，从而减少潜在的抵抗行为造成的资源整合的损失。

独立存在但又可以彼此支持的资源被称为互补性资源（Tanriverdi and Venkatraman, 2005; Wang and Zajac, 2007），它在并购后希望实现资源的重组，在开发的过程中能起到支撑作用（Kim and Finkelstein, 2009; Sarkar et al., 2001）。互补性资源的整合更复杂、更有挑战性（Grant, 1996），比起整合相似性资源，花费的时间和精力明显更多。在高互补性资源的并购中，并购方对于被并购方较为陌生，两者在现有技术资源和自身研发惯有路径中差异较多。因此，并购方对于被并购方的技术知识和其他资源的吸收能力较弱，增加了对被并购方知识的学习难度，从而提升自身技术创新的效果会大打折扣。另外，由于资源存在高度互补性，在整合过程中双方资源在融合中会产生比较强烈的冲突，强调统一组织框架的高度整合可能给互补性资源带来破坏和损耗。为了较好地保存目标方的互补性资源，实现通过并购实现合理资源配置的初衷，并购方需要借助目标方管理人员来实现双方互补性资源联合、分享和管理，依赖目标方管理团队来鼓励其职工参与到整合后的工作合作中，激发其核心研究人员的创新生产力，从而实现双方知识的共享、技术的联合以及并购效益的提升。由此看来，基于资源相似性和互补性的整合策略，存在非常显著的差异化特征和作用路径过程。

第二节 中国制造业海外并购资源相似性、互补性的交互作用

在以获取技术为目标的海外并购中，并购方与被并购方的资源特征维度一般都不是独立存在并作用的，以相似性和互补性为代表，并购双方不会只存在相似资源或只存在互补资源，两者往往以强弱不同的组合形式在并购事件中出现，并共同作用于并购后的整合阶段。因此，综合考虑相似资源和互补资源的交互作用并考察其对并购整合策略选取的影响具有重大意义。

对于并购后整合程度选取来说，首先，较高的资源相似性会产生大量的技术冗余，并购方创造新颖知识的机会被大量削减，规模经济的效率协同需

要通过并购后高度整合来实现。考虑到同时存在资源互补性，并购方为吸收所需要的知识，促进技术知识和其他资源在并购双方之间充分流动，则需要采用低度整合来维持吸收知识的必要能力。其次，整合过程中并购双方的摩擦成本随着资源互补性的增加而增加，惯有研发路径、彼此间现有经济制度、企业间文化等各种冲突会在企业采取高度整合策略时给整合过程带来显著的消极影响。但是相似资源的存在可以促进双方相互理解、交流以及互补性资源的吸收与消化，可以发挥润滑剂作用，从而在既定资源互补性水平时，相似性资源越多，冲突和摩擦成本在整合过程中带来的负面影响会越小。因此，基于上述分析，企业采取高度整合时，会同时产生去除冗余资源的积极效果和产生摩擦冲突成本的负面效果，为了使得综合效应最大化，并购方在选择整合程度时不免会进行两方面的权衡考虑，因此相似资源和互补资源对于并购整合程度选择的直接影响会变得没那么重要，在一正一负两种作用力量的负向交互效果下，综合的最优化更为重要。

对于并购后目标方自主性来说，一方面，相似资源的广泛存在会使得目标方管理者对于整合后冗余资源消除、部门精简带来的权力与威望的丧失产生抵抗，较高的自主权利会使得相似资源合理化整合面对较多困难。另一方面，此时并购方对于目标方人员知识储备和能力的依赖性由于存在相似资源并不强烈，目标方拥有较大自主权利的潜在收益并不确定。综合上述考量，并购方往往会选择赋予目标公司管理人员较低的自主权利来减少效率损失发生的可能。考虑到同时存在资源互补性，并购方渴望得到被并购方的稀缺的异质性知识来填补自身资源的缺憾，需要保持被并购方利用其独有的关键资源实现现有创新产出的现状，并希望通过整合而进一步提升资源的配置效果。为此，并购方需要留住目标方自身的核心骨干成员，保留住目标核心异质性资源谨防其流失，实现通过并购优化自身资源配置情况的目标。因此，基于上述分析，企业采取高度整合时，会同时产生去除冗余资源的积极效果和产生摩擦冲突成本的负面效果，为了使得综合效应最大化，并购方在选择整合程度时不免会进行两方面的权衡考虑，因此相似资源和互补资源对于并购整合程度选择的直接影响会变得没那么重要，在一正一负两种作用力量的负向交互效果下，综合的最优化更为重要。

第三节　中国制造业海外并购整合对企业技术创新的作用机制分析

一、技术学习机制

知识创造、持续保持、分享转移和吸收消化循环往复，构成了创新的全过程。企业知识基础的增长为企业创新提供了来源可能（Henderson and Cockburn，1996）。并购后整合程度较高时，学习机制可以得到充分发挥，从而实现企业技术创新。换句话说，得益于良好的并购整合的实施，并购方与被并购方之间进行了更为频繁和高效的沟通，由此创造出更多的互相学习的机会，进而推动并购后并购方技术创新的实现。并购整合阶段，并购方与被并购方的各种技术知识等资源形成了内部与彼此之间的联系和交流，在内部网络中参与研发工作的员工从而拥有了更好的交流沟通协作和知识共享的渠道，带动知识在并购双方之间实现流动（Pablo，1994；Ranft and Lord，2002；Puranam et al.，2006）。并购后整合实施不充分会导致并购后双方的内部网络呈现碎片化状态，沟通联系和协作的渠道不足，不利于并购方与被并购方的知识流动和共享。从并购方的角度来看，技术知识吸收的能力存在于知识分享的流动过程中，其对于吸收学习效果来说尤为重要。并购方吸收能力越强，它消化、吸收被并购方的优质技术知识和其他资源的效果越显著，对于自身并购整合后技术创新能力提升的推动作用越明显。显然，并购方吸收、掌握技术知识等资源的效果不仅取决于自身，同样受到被并购方分享自身资源的意愿和主动性。通常情况下，员工之间共享技术的效果与被并购方自主性成负相关关系。由此，结合上述分析，我们可以发现，一般情况下，并购双方通过并购后整合的实施，拥有更多交流技术知识和相互合作的机会，双方企业的员工之间知识渗透情况会得到改善，增加并购方对于被并购方技术知识等资源的消化吸收与运用效果，由此增加并购方整合后的企业自主创新能力。过度的目标公司经营管理自主性可能会损耗其与并购方在并购整合后的技术知识资源学习和共享的效果。

二、资源配置机制

基于资源配置机制，并购双方的资源在并购整合有效施行后可以得到优化配置，通过规模经济和范围经济的实现有利于并购方企业技术创新能力提升。通过有效资源配置，企业使用资源的过程得到了优化。并购双方整合过后的知识基础将有效推动并购方日后的研发活动效果，使其能合理精简研究投入，避免不必要的重复投入成本（Cassiman et al.，2005），进而优化创新产出过程，推动企业创新能力提升。并购方进行并购的原始动力是获取并利用合适的目标方公司的资源和能力服务于自身，并在并购后综合运用资源投入创新研发和创新生产，实现自身创新能力和绩效提升。通过技术资源的重新组合和已有技术组合在新兴领域的运用，企业可以实现自丰富的技术创新活动。因此，推进并购方技术创新可以通过并购方与目标方的有限资源整合推动重组创新而实现。上文已经提到，良好的并购后整合可以实现规模经济和范围经济，而并购后整合的重点从资源观来看就是并购后整合阶段的资源统筹和优化配置。规模经济的实现对于企业实现技术创新能力非常重要。规模经济可以提高新技术研发效率并提升现有创新绩效（Henderson and Cockburn，1996；Capron，1999）。其一，整合阶段资源的重组可以最优化并购后企业的研发活动规模。同时，通过删减冗余重复的研发业务线并精简不必要的重叠研发投入，企业研发效率得到自然而然的优化。其二，通过组合和调整并购双方企业的资源基础，丰富研发活动种类，范围经济同时可以产生于研发活动的良性调整中（Capron et al.，1998；Ahuja and Katila，2001）。由此可以发现，并购整合过程经由分享转移技术资源、重组调整技术研发团队、精细化专业化研发任务制定等一系列的操作，可以将并购双方的研发活动进行有机调整，实现优化统一，实现双方技术创新资源的共享，实现更广泛意义上的技术研发组合可能性，从各方面提供新兴研发产出的可能条件，最终提升企业创新绩效。从目标方自主性角度来看，宽松的子公司自主经营管理权利会阻碍并购后整合阶段合理化的资源重组进程（Datta and Grant，1990）。由此，从资源优化配置的方面来看，为了并购整合过程的顺利进行并实现规模经济和范围经济从而推动企业技术创新提升，被并购方不应被赋予过高的管理团队自主经营权利。

三、摩擦效应机制

并购整合并不总是对企业的发展有利的。并购整合过程不仅有提升企业自主创新能力的效果,这个过程也会带来冲突和摩擦,形成整合成本。专注价值创新的诸多学者在研究中发现,并购整合会为这个过程带来复杂的挑战(Haspeslagh and Jemison, 1991)。高度整合虽然可以剔除冗余资源,形成统一的组织框架,它也天生是高风险的阶段过程,可能会使对并购方非常有吸引力的目标方资源遭到破坏(Zollo and Singh, 2004)。对于技术密集型企业,与技术创新密切相关的隐性知识存在于企业员工和复杂的企业内部关系模式中(Brown and Duguid, 2001)。对于依赖成熟路径进行内部知识创造的企业来说,高度整合会对被并购方的独特创新资源造成消极损害。通过文献梳理,我们发现,核心研发人员的离职和其生产积极性的降低是并购整合实施过程中并购方技术创新面临的最大的不利因素。被并购方员工在其原有工作中产生了技术研发、生产和商业化的固定发展路径并形成路径依赖。海外并购整合的实施将打破这些被并购方企业依赖和习惯的发展路径,从而造成员工的失落、抵抗情绪并可能诱发冲突。在并购整合过程中,被并购方的文化、管理、技术等方方面面的内容都可能会与并购方本身存在差异,在研发与生产被整合与吸收的过程中,差异会造成并购双方企业的内部冲突。由此,与业务相关的研发人员在冲突中会变得"不那么集中",研发和生产积极性无疑会受到明显的打击。Paruchuri 等(2006)指出,并购整合中双方研发活动的合并会降低被并购方原有研发员工的留任概率。其他研究显示研发活动的合并会降低研发人员的工作效率并增加研发人员的离职率(Paruchuri et al., 2006; Kapoor and Lim, 2007)。对于以获取技术为主要目标的海外并购,被并购方的技术知识资源和价值是并购方选择并购标的的最主要依据,技术生产能力、研发人员知识储备、工作经验等是并购方最看重的内容(Kozin and Young, 1994)。高度整合可能会加剧并购整合中冲突的发生和资源的损耗。从对被并购方的管理角度来看,整合阶段需要投入大量的时间和精力(Haspeslagh and Jemison, 1991)以实现对被并购方的有效管理以及资源和业务的整合调整。基于被并购方管理团队一定的自由管理权力可以减少整合调整的时间和精力投入,一定程度上缓解整合程度较高带来的摩擦和冲突成本,从而一定概率上降低被并购方核心人员受到的打击,更可能使他们在并购后继续在公司留任(Hambrick and Cannella,1993),从而能够持续在被并购方擅长和主营的领域实现比较优势,实现技术研发和经营管理效率的提升(Paruchuri et al.,2006)。因此,从摩擦机制角度出发,一味追求高整合程度实现人员、业务和组织上的统一会带来摩擦成本,造成被并购方研发人员的辞职倾向,造成团队核心成员的流失,破坏被并购方已有的成熟运作模式,降低研发生产创新效果,进而最终对并购方的技术创新能力带来负面效果。为了弥补这一潜在的消极影响,赋予被并购方一定的自有经营和管理的自主性是一个有效的手段方式。

第四节 基于资源相似性、互补性的中国制造业海外并购整合与企业技术创新的传导机制

并购整合后企业价值创造面对不同的资源相关性具有不同的机制,因此,面对不同的资源相似性和互补性组合的交互作用的情况,企业并购后整合受到的影响也同样不同(Baraldi et al.,2012)。由此,自然地,并购方企业为了充分实现海外并购潜在效应,需要采取与海外并购事件中面对不同资源相关性组合相适应的并购整合策略才能够顺利实施整合,并最终推动技术创新。基于资源相似性和互补性的强弱不同排列,排除与技术获取型海外并购整合关联微乎其微的相似性弱互补性弱的资源相关性情况,我们在机制分析的时候,以提升企业技术创新能力为目标,针对其余的三种资源相关性组合展开了并购整合策略的制定的分析与机制研究,并提出了相关核心假设。

一、资源相似性弱与互补性强的技术获取型海外并购整合策略匹配对企业技术创新的影响

企业在并购整合中采取低度整合程度策略在资源相似性弱与互补性强的资源相关性组合情况中,可以较好地推动企业技术创新的实现。首先,并购

双方资源相似性较弱体现了双方既有技术知识等资源以及惯用研究模式与路径存在较大差距，因此，并购方对于被并购方的技术知识吸收能力较弱。高度整合带来的企业协作机制和强有效的知识流动机会在此情况下无法发挥良好的作用，并且低知识吸收能力一定程度上还会给并购方对被并购方的技术知识等资源的学习造成阻碍，进一步弱化了并购整合策略的实施可能带来的企业技术创新产出的可能性。其次，并购双方较弱的资源相似性代表双方技术资源的冗余度较小，得益于高度并购后整合的规模效应不会发挥出巨大的作用。同时，资源较强的互补性意味着并购方需要花费大量的精力和时间才能完成对被并购方技术知识等资源的整合吸收。最后，资源较强的互补性，意味着高度整合将造成并购双方成员与要素的巨大冲突，从而产生大量整合摩擦成本，并购整合后的被并购方的引以为傲的优质技术知识等资源会遭到严重的破坏，核心发明人等关键员工离职，造成严重损失，统一的组织架构带来的好处无法弥补摩擦成本带来的巨大伤害，得不偿失。由此，此种资源相关性组合中，较弱的吸收能力与并购双方较高的研发模式差异会使得高度整合隐患重重，摩擦成本剧增并且潜在破坏性巨大。

此种情况下，高目标方自主性在资源相似性弱互补性强组合情况下，可以避免破坏双方差异性资源特征，从而实现较好的整合效果，推进并购后持续的企业技术创新产出。首先，目标方拥有较多的经营管理自主权利可以增加目标方团队中关键员工继续留任的信心，稳定军心，并进一步保持和激励核心发明人发挥他们的作用，增加研发生产力。目标方仍然保持较大的经营自主权利会减少目标方员工在心理和情绪上的不安感，使他们仍然相对处于自身熟悉的工作的氛围与模式中，这样可以保持目标方员工的忠诚度、归属感，保持他们对于并购整合后企业的熟悉度和心理舒适程度。进而，这种状态可以减少他们因为企业并购整合造成的组织结构调整等产生的抗拒或者低落情绪，保持较为积极的期望与心态，以一种向上的合作态度去面对与并购方对接部门的沟通与交流，实现良性的未来协作。由此，目标方核心团队人员的辞职概率会得到控制，能够保持目标方核心异质性知识资源和人力资源的最大价值和完整性。其次，并购方对于目标方互补性较强的资源比较陌生，进而对于如何利用资源，如果经营产出不熟悉，从而增加对目标方原管理团队人员与模式的依赖感。并购方企业需要目标方原有团队的管理经验和管理知识，从而实现顺利过渡，凝聚并购双方的潜在价值，实现并购双方资源优化配置，共同实现企业技术创新能力提升的目标。基于以上分析，我们认为海外并购整合中，双方资源特征相似性弱互补性强时，综合采用低度并购整合程度和保持高度目标方自主性可较好实现资源配置，推动企业技术创新能力提升。

假设 4-1：相似性弱互补性强的技术获取型海外并购资源特征组合中，并购方采用低度整合程度和保持高度目标方自主性有利于推动企业技术创新能力提升。

二、资源相似性强互补性弱的技术获取型海外并购整合策略匹配对企业技术创新的影响

在资源相似性强与互补性弱的资源相关性组合情况中，并购双方主要通过资源相似性实现的技术学习和产生的规模经济实现潜在协同效应，推动企业技术创新。第一，并购方在高资源相似性情况下可以较为高效地对目标方的技术知识等资源进行吸收消化，并为下一步的商业化提供基础，从而实现技术学习的全过程。并购整合过程中，双方资源相似性越高，并购方拥有的吸收能力就越高，越可以理解、消化和运用目标方的相关领域的资源，从而实现技术学习。第二，高资源相似性情况下，研发项目与相关研发生产设备的合并统筹可以扩大并最优化并购方的研发规模边界。通过精简冗余研发生产资源并实现研发投入成本在并购双方之间分摊后，加之并购方与被并购方的资源共享，高效的海外并购可以实现研发环节的规模经济。一方面，并购整合对于双方研发环节任务的调整、合并等操作会增加并购方的研发互动规模，在目标方研发资源的加持下，并购方可扩大自身的研发活动规模，使其有能力申请并主持更多的研发项目，在研发过程中实现内部人员和部门之间的技术创新资源溢出，由此有效地提升企业的技术创新能力。另一方面，高资源相似性中，并购方可以通过实施高度整合合并自身与被并购方之间重合度较高的研发、减少业务领域的资源重叠，从而从整体上显著地缩减企业研发和运作的成本，提升投入产出效率，从而追求规模经济产出，这是低度整合策略下无法实现的。另外，此种资源特征组合中的并购双方高资源相似性

主导情形,提供了天然的较低摩擦成本的环境,从而整合成本和冲突效应都会处在比较低的水平上,低度整合对于摩擦成本环节的优势显得不那么重要。由此,基于上述分析,我们可以看出,资源相似性弱与互补性强的资源相关性组合情况中,并购双方的组织、研发资源、生产业务部门等方方面面资源在整合阶段进行协调、合并和精简对于剔除冗余资源、实现规模经济具有重大意义。同时低度整合缓解摩擦冲突和降低整合程度的优势在高度整合带来的规模经济下显得不那么重要。因此,高度整合在此情况下表现优异。

此种资源相关性情况下,低目标方自主性配合高度整合策略实施可以进一步提高并购整合的效率。首先,资源相似性弱与互补性强的资源相关性组合情况中,高度目标公司自主权不利于冗余资产的剥离和剔除。冗余资产的剥离与剔除对于被并购方而言,会出现公司自身运营和员工既得利益的损害威胁,被并购方相关人员自然而然会表现出排斥和抵抗的情绪和态度,从行为上倾向于出现对于并购方整合行为的阻挠或者寻找麻烦,因此被并购方的资源被有效合理化整合入并购方的效果会打折扣。可以预见地,被并购方的自主性权利越多,其行为的自主运动范围越广,可能出现的阻挠行动会越多,从而导致被并购方资源合理化进入并购方的比例越少,冗余资源合并、业务线等被剔除和精简的效果越差,这不利于并购方实现资源相似性弱与互补性强情况下的规模经济和效率提升。其次,并购方在相似资源的支撑下,具备运营、整合目标方研发资源、技术业务和产品产出的能力和经验,基于目标方自主权的潜在收益空间变得较小,没有赋予较多自主性的预期利益空间。另外,资源相似性为并购方提供了与目标方协作沟通并进行知识学习的有利条件,可以帮助并购方更好地对互补性资源内容进行学习和运用,对目标方管理经验和运营的依赖性较小。基于以上分析,我们认为海外并购整合中,双方资源特征相似性强互补性弱时,综合采用高度并购整合程度和维持低度目标方自主性可较好实现资源配置,推动企业技术创新能力提升。

假设 4-2:相似性强互补性弱的技术获取型海外并购资源特征组合中,并购方采用高度整合程度和保持低度目标方自主性有利于推动企业技术创新能力提升。

三、资源相似性强互补性强的技术获取型海外并购整合策略匹配对企业技术创新的影响

企业在资源相似性强与互补性强的资源相关性组合情况中，同时受到相似资源和互补资源两种强烈的作用力量的影响。与资源相似性弱、互补性强的资源相关性组合情况相比，资源相似性的支持使得并购方会采取更高的整合程度；同时比起资源相似性强与互补性弱的组合情况，并购方基于对冲突风险的控制，会采取低一些的整合程度。基于上一节的分析，在较高资源相似性的支撑下，并购方对于目标方知识的学习和传递能力有一定的积累，可以对被并购方公司的研发、生产、运营等互补资源进行比较好的掌握，从而实现较好的技术学习效果。在资源配置中，此种资源相关性的组合可以获得较高的潜在价值，相对较高的整合程度可以同时实现两种不同资源带来的规模经济和范围经济，并通过组合效果发挥实现更大的价值创造。在摩擦损耗方面，此种资源组合的高互补资源虽然会带来不可忽视的整合过程中的并购双方的冲突和摩擦，但是相似资源的支撑在其中起到的润滑作用，可以支撑整合过程中相对较高的整合举措顺利进行下去。

此种资源相关性情况下，被并购方被赋予的自主经营管理的权限也处于资源相似性弱与互补性强的资源相关性组合情况和资源相似性强与互补性弱的组合情况之间，是比较好的策略方式。自主性强调了目标方对于自身经营和管理的自由。目标方的自主性可以帮助并购方弥补较高整合程度破坏目标方知识资源和经验的情况，弥补并购方在高度整合中对目标方的控制，从而减少目标方现有运行的持续进行和研发生产工作的源源不断的创新产出潜力可能遭受的负面影响。由此，基于上述分析，在这种资源相关性条件下，并购方的整合程度选择和目标方自主性的决断都应该介于前两种资源相关性组合之间。

假设 4-3：相似性强互补性强的技术获取型海外并购资源特征组合中，并购方采用高度整合程度和保持高度目标方自主性有利于推动企业技术创新能力提升。

第五节　基于资源相似性、互补性的中国制造业海外并购整合与企业技术创新的总体理论框架

并购后整合是为了实现并购方和目标方公司事实上的协作与组织统一运作、共同进行价值创造的一种企业运营管理阶段，实际的价值创造的实现需要恰当的管理手段，选择有利于该过程运行并能最大化实现期望效果的整合策略变得至关重要。本章依据资源相关性识别—并购后整合决策制定—技术创新能力提升的发展思路，在并购方与目标方资源相关性维度的不同强弱组合情况下，对并购方实现企业技术创新的并购整合策略选择的影响机制进行了探讨。我们发现，在不同资源相关性组合的情况下，并购方的并购整合策略应该进行不同侧重的考虑，形成截然不同的资源相关性整合策略匹配模式。

如图 4-1 所示，本章通过甄别并购方与被并购方不同的资源相似性以及互补性的作用，着重关注了资源相似性、互补性的交互影响的复杂情况中，以获取技术为目标的海外并购整合中并购方的并购整合程度和目标公司自主性赋予策略的选择机制：以剔除冗余资源和剥离重叠资产为主要行动内容的对相似性资源的处理会带来并购双方的结构框架上的显著变化，以及以保留目标方异质资源和独特研发、生产运营方式实现资源优化配置的对互补性资源的处理在操作中需要着重注意矛盾冲突的缓释和化解。因此，不存在整合程度选择对于并购后企业技术创新的单一方向影响，而是在相似性资源和互补性资源交互的负向共同作用下进行匹配的整合程度的权衡。给予目标方的自主经营管理权力也同样受到两种资源特征组合的共同复杂影响。高目标方自主性在相似资源情况下会加剧目标方对于剥离与合并资源行动的抵抗行动的破坏性后果，但同时高目标方自主性在互补性资源运用中，又会给不熟悉被并购方的并购方管理人员提供依赖和帮助，减少摩擦和冲突成本，从而有助于实现并购后的协同效应。因此，并购整合策略的两个维度都在资源相关性组合的不同情况下受到不同的约束和影响，是值得探讨的复杂问题。在作用机制的分析中，以实现并购后企业技

术创新能力为目标，本书关注了并购整合对实现该目标的三个主要机制：以促进双方技术学习与交流的技术学习机制、实现并购双方资源重组和优化配置的资源配置机制和关注整合中双方差异引起的冲突摩擦损失破坏的摩擦效应机制。

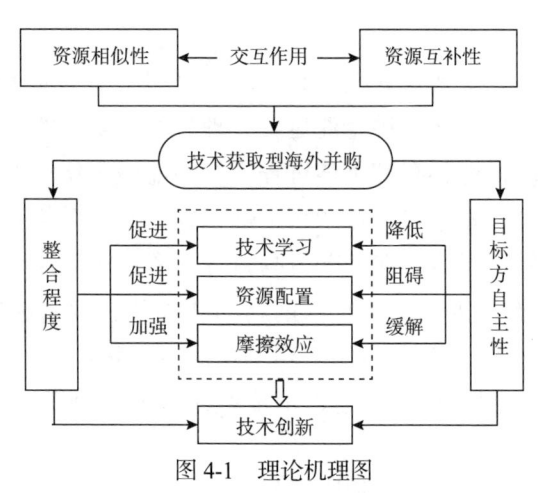

图 4-1　理论机理图

在如上分析思路和机制运用的指导下，如图 4-2 所示提出三个核心假设：相似性弱互补性强的技术获取型海外并购资源特征组合中，并购方采用低度整合程度和保持高度目标方自主性有利于推动企业技术创新能力提升；相似性强互补性弱的技术获取型海外并购资源特征组合中，并购方采用高度整合程度和保持低度目标方自主性有利于推动企业技术创新能力提升；相似性强互补性强的技术获取型海外并购资源特征组合中，并购方采用高度整合程度和保持高度目标方自主性有利于推动企业技术创新能力提升。

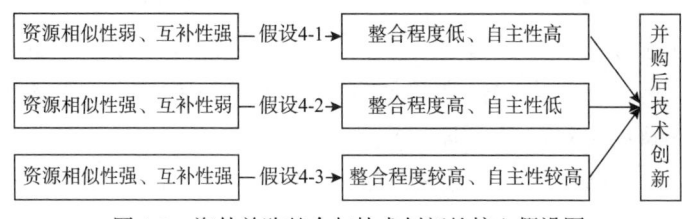

图 4-2　海外并购整合与技术创新的核心假设图

第六节 本章小结

处理好并购方与被并购方之间的关系是海外并购整合阶段工作的重点，并购方通过选取合适的并购后整合策略来保存被并购方技术知识等资源的价值，并进一步通过资源优化配置实现并购后价值创造。并购双方的资源相似性、互补性组合情况对于海外并购整合策略的整合程度和目标公司自主性都具有决定性的影响作用，进而对并购后价值创造和技术创新成效产生重要影响。首先，本章基于资源相似性和互补性这两个资源相关性维度，探讨其各自对于并购后整合程度的影响，并对资源特征组合的复杂交互情况进行探索。其次，运用技术学习机制、资源配置机制和摩擦效应机制，对并购后整合策略影响企业技术创新和价值创造进行了路径探索。最后，在资源相关性识别—并购后整合决策制定—技术创新能力提升的发展思路指导下提出核心假设：相似性弱互补性强的技术获取型海外并购资源特征组合中，并购方采用低度整合程度和保持高度目标方自主性有利于推动企业技术创新能力提升；相似性强互补性弱的技术获取型海外并购资源特征组合中，并购方采用高度整合程度和保持低度目标方自主性有利于推动企业技术创新能力提升；相似性强互补性强的技术获取型海外并购资源特征组合中，并购方采用高度整合程度和保持高度目标方自主性有利于推动企业技术创新能力提升。

第 五 章

基于资源相关性的中国制造业海外并购整合策略与并购协同效应的微观机理

第一节 中国制造业海外并购整合策略对并购协同效应的作用机制

并购过程实施操作的质量直接影响了并购协同效应的实现质量。并购能否成功实现并购目标的关键是海外并购后整合的实施是否是高效的、合适的。已有研究发现，并购后整合程度对并购协同效应的作用并不是单调显性的，换句话说，并购整合程度对于并购后绩效既有正相关促进作用，也有消极破坏影响。目标方自主性亦是如此。因此，对于并购后整合策略的选择成为并购后企业绩效管理的重要研究内容。我们重点考虑在并购双方资源相关性产生交互影响的情况下，并购方的并购后整合策略如何充分发挥正相关促进作用并缓释消极破坏影响，充分实现高质量的并购后协同绩效。

一、并购后整合程度与并购协同效应影响机制

并购后整合程度是指在并购后双方企业统一组织结构、管理与运营模式、生产方式与企业文化等并重新配置资源的程度。

Ansoff（1965）第一次提出并购协同，并购协同描述了并购之后并购方与被并购方的一体化业绩会高于它们以彼此独立的个体存在会获得的业绩加总的现实情况，即"1+1>2"的现象。随后 Jemison（1988）提出，整合发生后，并购合并后的新企业整体上会出现成本减少和收益增加的并购协同现象。并购后公司实际净利润增加来源于整体成本的减少和税收方面的收益（Mirvis and Marks，1992）。同时，协同效应还会辐射到产品营销、技术研发、组织管理等方方面面（Kitching，1967；Salter and Weinhold，1978）。高质量并购协同效应是企业实施并购整合的目标，本章研究并购后通过整合和资源重新配置过后获得的财务和非财务层面的协同效应。

我们认为，并购后整合程度的实施主要通过以下三个机制影响并购协同效应的实现。

首先是基于并购双方企业技术资源转移的知识共享机制。并购方与被并购方之间技术资源转移与共享依赖于并购后整合行为的实施（Bartlett and Ghoshal，1989）。作为为资源重新配置提供良好的协作条件的策略（Pablo，1994；Puranam et al.，2009），强调并购双方统一性的结构性整合可以提升它们之间的知识流动和技术资源转移效果。以获取技术为目标的海外并购整合通过技术资源、知识内容的传递实现并购协同价值。并购后整合为统一并购方与被并购方组织框架和资源配置提供了条件和空间，为并购双方提供了书面文件资料转移的物理渠道以及交流沟通、面对面零距离信息分享等机会，使得以获取技术为目标的海外并购可以在整合阶段充分实现可编码显性知识和内涵型隐性知识在彼此之间充分地流动，能够孕育企业未来的可持续的竞争力。

其次是基于公司经营绩效提升的资源优化配置机制。并购后围绕被并购方目标资源获取的整合策略的实施主要服务于企业长远的公司发展规划与需求。在这一过程中，良好的整合策略有利于规模经济的实现。规模经济通常产生于生产专业化程度提升之后，表现为长期平均生产成本在一定产量范围内随产量增加而减少。并购方企业通过获取被并购方优质的生产资料、研发能力和产品市场等，通过员工精简、重复设备归置、工程同类合并等操作，达到实现规模经济所需的分摊产出固定成本、削减相同生产的重复投入等相关条件（Cassiman et al.，2005）。

最后是并购整合的冲突摩擦机制。冲突摩擦和整合成本增加在高度整合策略实施后经常发生（Pablo，1994；Teerikangas and Very，2006）。结构性整合后，被并购方会在组织、业务和人员上被统一纳入并购方框架中，组织过程、既有生产模式、运作氛围、既有合作关系、社会地位等会发生重大改变甚至损耗破坏，受到业务以及管理文化上的多重压力。被并购方为保护其自身和员工的利益，会产生抵触、失望的情绪并做出抵抗行为，从而与并购方产生冲突，形成摩擦成本（Very et al.，1997）。由此人力资源、信息沟通、财务管理等多方面高强度的企业组织变化不可避免地会带来大量整合成本和摩擦冲突。为成功实现海外并购整合推动并购协同效应实现，这些潜在影响威胁都不容小觑。

二、海外并购目标公司自主性与协同效应作用机制

目标公司自主性是并购方在并购事件开始后，赋予被并购方管理团队自主经营管理权利的自主范围。

我们认为海外并购目标公司自主性对并购协同效应的影响机制主要有以下三个方面。

首先，目标公司自主性有利于研发人员生产积极性和生产潜力的保护和激发。以获取技术为目标的海外并购整合中，掌握被并购方关键技术相关的人力资源是重中之重。然而，并购发生后，被并购方人员在企业的组织结构、业务线等被整合入并购方统一组织框架后，经常会感到不安、失望和沮丧，从而对公司和自身的未来发展前景感到迷茫和不确定。因此，被并购方核心技术团队往往在并购后整合阶段出现生产积极性下降、研发能力不稳定甚至出现人员辞职，导致员工流失率增加等不良后果（Krug and Aguilera，2005）。为了减少这种并购整合后不利于企业长期发展和并购协同效应实现的事情发生，并购方需要赋予目标方一定的自主经营权限，以留住核心技术人才与资源。目标公司自主性有利于维持被并购方的正常经营运作，使得研发与生产可以在一个相对熟悉和稳定的环境中继续进行，缓解被并购公司员工消极、焦虑等心情，增加其对于并购后企业的熟悉感、认同感，维持被并购方对于并购方的价值和意义。

其次，目标公司自主性有利于保护关键核心资源并维持既有成熟经营运作路径。并购整合行动成功与否是并购双方决策和行为共同博弈的结果（Gadiesh et al.，2002）。以获取技术为目标的海外并购中，除了专利等被良好编码的显性知识，被并购方往往拥有丰富的深耕于目标方内部组织网络的不易传递的技术、经验等隐性复杂知识。为保存被并购方的优质资源、实现比较优势和价值创造，并购方离不开目标方在并购后整合过程中在熟悉业务内容、产品销售市场关系、供销人际关系等资源的运用和配置（Graebner，2004）方面提供的帮助和便利，这些帮助和便利有利于并购方掌握被并购方无可替代的优质技术知识、资源渠道、经营管理经验等关键内容。

最后，目标公司自主性的阻碍效应。目标公司自主性对于海外并购整合的影响是复杂的。有学者提出，不应该对赋予被并购方自主经济管理权力的策略保持盲目乐观态度。并购方有必要对被并购方进行有效的约束管理并实现组织架构统一，合理化目标方资源吸收，从而剔除冗余资源和精简重复业务以实现最优化管理。被并购方资源的转移和吸收随着目标公司自主性的增加而减少（Datta and Grant，1990），被并购方抵触情绪和行为产生的消极影响随着目标公司自主性增加而增加（Datta and Grant，1990；Larsson and Finkelstein，1999）。同时，被并购方经营管理自由空间的赋予减少了并购方与被并购方之间的联系与接触，增加了双方成员的沟通交流障碍，减缓了信息与知识资源的流动效率，对并购双方的资源重新优化配置产生消极影响。

综上，我们对于海外并购目标公司整合程度对并购协同效应影响的两个正向影响和一个消极影响作用，以及海外并购目标公司自主性对并购协同效应影响的两个正向影响和一个消极影响作用进行了归纳和解释。由于并购整合策略两个维度的影响机制都是多样而复杂的，我们有必要基于资源技术观，针对海外并购相关的并购方与被并购方的资源相关性维度的不同组合情况，进行并购整合策略不同维度的选取的探讨，从而充分发挥正相关促进作用并缓释消极破坏影响，充分实现高质量的并购后协同绩效。

第二节　中国制造业海外并购整合策略与资源相似性、互补性的匹配

海外并购相关的并购方与被并购方的资源类型与特征对于并购方并购整合策略的选取影响重大（Capron and Hulland，1999；Haspeslagh and Jemison，1991），考虑资源相关性维度的方法在最近获得战略管理的研究员们的青睐。针对海外并购相关的并购方与被并购方的资源相关性维度的不同特征情况，本书以并购方并购整合绩效的实现为最终目标，进行并购整合程度和目标公司自主性的策略选取研究，从而为后文的核心假设提出提供理论基础。

一、资源相关性不同特征与海外并购整合程度选取

关注技术密集型行业的并购相关研究已经提出，由技术能力和市场划分等物质和能力方面的相似度构成的资源相似性，有助于并购双方分享知识资源并实现互相的沟通和了解。工作技能、沟通语言和惯用认知结构的相似与否决定了并购双方知识转移和学习吸收的能力。区别于相似性，互补性资源的意义在于创造单个个体无法各自拥有的价值。技术能力、产品领域和市场划分等物质和能力方面彼此独立又能互相结合实现潜在价值创造的资源被认为具有互补性。在资源相关性交互作用的背景前提下，我们关注整合策略中的整合程度在不同条件下正向积极作用与负向消极影响的共同影响下如何达到策略选取的结果最优化，从而实现最佳并购协同绩效。

第一，基于技术知识单元间转移的整合程度促进并购后协同效应实现的作用机制和效果与资源相似性程度成正相关关系。并购方与目标方的相似资源在整合过程中为技术研发与生产以及市场供销等企业运营的核心资源提供了单元间转移的可能性（Datta and Puia，1995）。Si 和 Bruton（2005）也同样指出，相似的技术资源通过双方共同的、可以彼此了解和共享的技术资源库，在整合过程中可以实现单元间的有效转移。研究证明，这种单元间活跃的、有效的知识资源分享和转移对于并购后协同效应实现有很大的帮助。并购方

与被并购方之间的相似资源为并购双方提供了技术学习所必需的学习吸收能力和资源同化能力基础,这对于被并购方关键资源取得、学习、转移并开发新知识以及进行商业化应用特别重要。另外,并购双方的相似性资源基础使得并购方企业拥有识别理解和管理目标方基础资源的能力,增加了并购方对目标方资源利用和技术协作对接的可能性,从而可以更高效地进行双方技术融合以及新技术成果转化,最终推动并购协同绩效实现。

第二,并购整合通过资源优化配置实现的并购协同绩效,与资源相似性成正相关关系。相似性资源有利于并购方对目标方的生产经营模式和关键要素进行统一化配置和管理,从而实现自身经营规模的扩大和生产要素的再重组,推动生产效率提升,提高规模经济的福利。相似的资源条件使得并购双方的产品资源有巨大的整合和再创造的空间,从要素供给到需求定位再到隐含品牌价值,目标方产品资源的方方面面都与并购方存在天然的合并共同管理的可能性,存在可以预见的巨大的资源协作的发展前景。在此过程中,基础资源中代表性的生产机器、供销渠道、销售网络、产品运输都可以实现共享和再整合,由此合并、精简相关冗余,共同摊销固定成本和投入,实现生产成本的平均摊销缩减,从而实现规模效应,为企业新技术产品的研发和产品化腾出更多的资源投入预算,推动企业可持续的发展。

第三,并购后协同绩效潜在损失的威胁与资源互补性成负相关关系。为并购后并购双方提供单独个体无法实现的价值的互补性资源,会为整合双方资源的过程带来潜在的冲突和摩擦,从而在提供价值创造的同时存在损害并购协同效应的风险的威胁。一方面,互补性资源可以实现的价值创造来源于其"价值有差别"的概念本身。资源整合过程中,并购双方之间的差异性可能会带来尖锐的排斥和破坏性,从而损害目标方已有的成熟的研发和生产惯有组织架构和运作模式;另一方面,由于整合过程的复杂性很大程度受到整合可能带来的消极结果的影响(Pablo et al.,1996),互补性资源的整合因其具有更多挑战性,过程中变化更多,阶段更为复杂,需要花费更多的时间和精力,以及更高的整合成本。对于预期的整合价值和产出也更难进行预判和衡量。

综上,海外并购整合中,双方资源相似性和互补性的不同强弱特征体现了对于并购整合程度选取的正反不同方向的影响。海外并购中,资源互补性弱相似性强的情况下，相似资源对整合程度提升推动协同效应产生的正向影响大于互补资源对整合程度提升损害协同效应产生的负向影响，因此并购方采用高并购后整合程度对于实现并购协同效应最大化最为有利。海外并购中，资源互补性强相似性弱的情况下，相似资源对整合程度提升、推动协同效应产生的正向影响小于互补资源对整合程度提升损害协同效应产生的负向影响，因此并购方采用低并购后整合程度对于实现并购协同效应最大化最为有利。

二、资源相关性不同特征与目标公司自主性选取

本部分中，我们关注整合策略中的目标公司自主性选取在不同资源条件下正向积极作用与负向消极影响的共同影响下如何达到策略选取的结果最优化，从而实现最佳并购协同绩效。

第一，目标公司自主性对于并购协同效应实现的损耗威胁与资源相似性增加成正相关关系。Datta和Grant（1990）基于效率的角度，提出并购方基于被并购方的经营管理自主权利在相似资源较多时，应该更低。并购方与被并购方的相似性资源带来了相似业务线、产品等合并的可能性，这将会损害被并购方现有的权力地位、信用威望和资源掌控权等。由此，被并购方的管理团队为了自身利益会产生抵抗情绪和行为。采用自由经济管理带来的目标公司自主性为这些抵抗行为表达提供了更多的可能空间，这将阻碍目标公司资源的合理化合并和同化。资源相似性主导的海外并购需要对双方资源进行大量吸收和合并，借此产生规模效应，而目标公司自主性会因为被并购方的行为阻碍资源的转移和合并，降低并购者整合效率并加剧双方管理者对于资源配置的不同见解，损害并购协同效应的实现。

第二，目标公司自主性对于被并购方核心发明人研发生产积极性和生产效率的保护与资源互补性增加成正相关关系。面对互补性资源带来的陌生的、异质性技术知识等资源库时，目标公司自主性对于利用互补资源实现价值创造非常关键（Haspeslagh and Jemison，1991；Penrose，1959；Ranft and Lord，2002）。海外并购中互补性资源代表着不同的异质性资源领域的资源储备条件，意味着被并购方的特定领域的资源对于并购方来说是实现

协同效应和价值创造的格外珍贵的资源能力补充。由于异质资源的陌生感，被并购方分享和联合运用互补知识的想法对于并购方真正掌握异质资源并实现资源成果转化、促进协同效应提升特别重要。高度的目标方经营管理的自由权限可以安抚被并购方的不安和抵触情绪，保证其长久工作环境和习惯的稳定，由此可以激励他们共享和传递自身技术知识资源等的意愿，减少辞职的冲动，保留住被并购方的核心价值创造力。在以技术获取为目标的海外并购中，对于技术创新能力提升作用巨大的技术知识更多以研发生产惯有思想意识、先进组织激励和管控、优秀科学家才能等转移难度较大的隐性知识的方式存在，短时间内很难被陌生的并购方掌握，是长期的潜移默化的过程。通过目标公司自主性保留被并购方现有的研发生产水平，提供长期接触和学习高难度技术知识资源的机会，有利于并购方日后并购协同效应的实现。

第三，目标公司自主性有利于并购方借助成熟研发生产路径，进而实现并购协同效应与资源互补性增加的正相关关系。目标公司自主性的赋予有助于并购方对于被并购方资源领域的了解（Pablo，1994；Chatterjee et al.，1992）。目标公司自主性水平应与并购方对被并购方资源的熟悉程度成反比。资源互补性带来的被并购方资源领域运用和管理的空白，使得并购方需要依赖被并购方管理人来实现对现有产品生产经营、市场资源渠道、成熟组织结构等成果的保护与持续运行，从而减少这些优质资源由于缺乏运营管理经验而损失和破坏的潜在风险。

综上，海外并购整合中，双方相似性和互补性不同的资源强弱特征体现了对于并购整合程度选取的正反不同方向的影响。海外并购中，资源互补性弱相似性强的情况下，相似资源对目标公司自主性抑制协同效应产生的负向影响大于互补资源对目标公司自主性推动协同效应产生的正向影响，因此并购方采用低目标公司自主性对于并购协同效应最大化实现最为有利。海外并购中，资源互补性强相似性弱的情况下，相似资源对目标公司自主性抑制协同效应产生的负向影响小于互补资源对目标公司自主性推动协同效应产生的正向影响，因此并购方采用高目标公司自主性对于并购协同效应最大化实现最为有利。

三、资源相关性不同特征交互作用与并购整合策略选取

海外并购中,除了相似性资源与互补性资源各自占主导地位的资源相关性特征情况,现实生活中还存在强相似性与强互补性资源相关性特征的情况,此时相似资源与互补性资源的作用都较为明显,并购后整合策略各维度的积极正向作用和消极负向作用同时存在且两个方向的作用力量相当。目前大部分研究都专注于相似性和互补性的各自作用,但在相似资源、互补资源均较强的资源相关性特征组合情况下,考虑资源相关性不同特征的交互作用对整合策略选择的影响机制显得非常重要[①]。

强相似性下,并购方对于被并购方的技术知识等内容较为熟悉,且并购方拥有运营、管理被并购方以及对其资源整合的能力。此时采用高程度整合可以实现技术资源共享和转移,从而获得并购后的协同效应。但在资源特征交互作用中,互补性资源同样对并购后整合与后续协同效应产生重要影响。互补性资源带来的资源"差异化"水平,增加了并购方对于被并购方技术知识等资源和现有生产经营模式的理解、接管和融合的难度。由此,结构性整合中冲突与摩擦效应会变得明显,从而破坏资源互补性潜在的价值创造能力,在这种作用的影响下,整合程度的适当降低是一种不错的选择。同时与仅由强互补性资源主导影响的资源特征组合相比,相似性资源的广泛存在增加了并购方对被并购方资源进行更深入的合理化重组配置的能力和行为倾向。由此,我们认为,资源互补性强相似性强的情况下,相似资源和互补资源的交互形成的负向作用影响使得并购方选择较高整合程度策略最为有利。

强相似资源主导下,为了提升资源重新配置的能力并优化组织效率,低目标公司自主性是很好的选择。但强相似强互补的资源相关性特征组合中,丰富的互补性资源特征带来的技术知识等资源的"差异化"现状使得并购方不能独立地管理并实现双方资源的优化配置和生产运行的重新调配,对被并购方管理团队产生依赖并需要得到其协助从而更好地服务于并购协同绩效目

---

① 本章不考虑资源相似性与互补性均弱的情况,因为该类海外并购通常不是出于技术获取的目的,而是出于财务投资等其他目的,因此不在本章的研究范畴之内。

标，因而赋予目标公司管理团队自主经营管理权力显得非常必要。同时，与仅由强互补资源主导的海外并购事件不同，丰富的相似资源，即并购方与被并购方在技术能力、管理风格等方面存在相似和领域重叠，为并购方提供了对被并购方实施一定程度的管理、精简与整合的能力和基础。并购方出于整体效率考虑，会采取精简机构、剔除冗余资源等整合行动，为了顺利推进整合行动，比起纯粹互补资源主导的资源相关性特征组合，并购方更倾向于适当降低被并购方管理团队的经营管理自主权限，减少来自被并购方的抵触行为等影响。由此，我们认为，资源互补性强相似性强的情况下，相似资源和互补资源的交互形成的负向作用影响使得并购方选择较高目标公司自主性最为有利。

第三节 资源相关性与海外并购整合策略匹配模式有效性的影响

海外并购中，并购方与被并购方的相似资源与互补资源的不同强弱相关性组合构成了主体层面的特征条件。海外并购中，经济制度作为外生的天然环境，会调节环境中行为个体的经济相关活动（North，1990），不可避免地影响着海外并购后并购方的整合策略选择、整合过程的运行情况以及并购后协同绩效实现的水平。企业对于经济制度的适应性调整可以帮助企业更好地经营，提升企业竞争力并建立比较优势。海外并购整合中，由于存在母国和东道国之间的国别差距，并购方会面临更多的潜在问题（Dikova et al.，2010）并付出更多的经济制度环境适应成本，需要制定与实施更为复杂的整合策略，会经历不同的并购整合过程并处于不一样的影响机制中。基于此，我们将海外并购整合经济制度因素凝练为经济制度距离进行研究，并认为并购双方的经济制度距离会影响并购方的整合策略效果实现。我们认为海外并购中，经济制度距离会使得并购整合策略与并购双方资源相关性不同强弱组合的匹配性变得更加具体和多边，也更复杂。这使得我们关注考虑经济制度距离之后，前文讨论的这种策略和资源相关性的选择机制是否仍然具有一致性以及更为全面和完善的匹配模式究竟是什么。

海外并购时，并购方面对不同国别的被并购方以及较为陌生的东道国环境，整合过程中制度环境的差异会比较明显（Dikova et al., 2010），企业行为和企业绩效表现会受到不可忽视的影响（Cui and Jiang, 2012），尤其是与企业运行密切相关的经济制度环境，由此整合过程中的不确定性和复杂性会带来更大的风险（Shimizu et al., 2004）。因此，为了顺利进行海外并购，通过并购后整合实现并购协同效应，我们预期并购中双方企业的经济制度距离会对并购方整合策略与资源相关性特征的对应选择机制和模式的影响进行调节。在双方低经济制度距离的情况下，并购双方资源相关性特征组合的作用是主导的、决定性的，经济制度距离对其与并购方整合策略对应的选择模式的干预影响比较微弱，前文探讨的整合策略模式对于并购方实现并购绩效最大化最为有利。但是当经济制度距离变大并非常显著时，其对于个体经济活动的调节作用也变得越来越显著，使得企业基于资源相关性的海外并购整合策略选择的作用机制被显著影响而变得更加复杂。资源特征的决定性作用被高经济制度距离削弱，从而并购方需要更多关注双方经济制度距离本身，从而更好地实现海外并购协同效应。

制度距离可以衡量海外并购事件中母国和东道国的制度环境的差异性（Peng et al., 2008），通常在该研究情境下，会从正式和非正式两个方面进行制度环境的考察。Whitley（1999）提出，非正式制度描述了与信任、合作、认同和协调内容相关的行为模式，具有鲜明的文化特征属性。Peng（2000）则专注于正式制度，认为在法律法规和经济事件中，正式制度经常以一种显性的方式出现，体现了文化内容之外的制度方面的差异。经济制度环境为经济活动的参与者提供经济活动基础设施。较完善的经济制度环境促进经济活动效率提升，并为降低交易成本（Khanna and Rivkin, 2001）提供一定的帮助。基于正式和非正式制度的概念的相关界定，我们在海外并购整合的研究范围中，会同时考虑经济制度环境的这两种制度距离，将文化背景和独特的国家经济制度差异[①]对基于资源相关性的并购方整合策略选取的影响进行较为全面的探讨。

经济制度距离会提高海外并购整合的外部不确定性。经济制度距离的增加会加大并购方与被并购方所在国的商务伙伴、供销商和相关机构在建立新关系和维系已有关系时的困难（Meyer and Altenborg，2008）。进行海外并购的企业需要具备了解和克服经济制度差异性的障碍的相关知识和能力，包括了解并掌握特定环境的经济运行法则、经济适用法律和相关惯例（Demirbag et al.，2007；Puck et al.，2009），从而顺利解决经济制度距离为海外并购的并购方带来的困难和挑战。对目标方所在国经济制度环境的适应有利于并购方获取合法性，降低并购后整合的复杂程度，缩短并购整合进程，并实现其未来在东道国市场的可持续运营。如果并购方与海外子公司所处经济制度环境之间的距离足够大，则并购方可能会因为整合带来的潜在收益小于整合行为可能产生的成本而放弃对被并购方的整合行为（Kostova，1999）。因此，我们推断，在海外并购中，当并购方与被并购方的经济制度距离达到某一临界值后，即整合行为可能产生的成本过大时，无论在哪一种资源相关性特征强弱组合下，低度整合对于并购方缓释经济制度差异带来的风险和威胁，达到并购协同效应的目标都更为有利。

经济制度距离增加了并购方得到被并购方技术和能力、发展模式管理等资源跨国转移的困难和障碍（Demirbag et al.，2007），增加了获得资源和能力支持的不确定性风险。经济制度距离的存在，代表着并购双方企业所在的两个国家的正式和非正式制度方面存在着较大的不同，即法规条文、市场运行、资本经济、技术产权保护、人力资本和知识等的运行规范都有不同的标准。无法弥合双方经济制度距离带来的差异性，则可能使得并购和后续整合过程危险重重，甚至极有可能直接导致并购整合停止或者失败的不良后果（Dikova et al.，2010）。并购方为了充分了解并适应目标方的经济制度环境，从而获得合法性并实现顺利整合，势必会增加运用和管理目标公司的本地化资源的能力和经验，比如说管理层团队、目标核心员工以及拥有的优秀产品

---

① 我们在资源相似性和互补性的内涵中涵盖了文化维度，因此对于制度距离，我们更多地考察非文化维度，即正式制度距离。

网络、合作关系、既定公司运营惯例等。因此，并购方为了弥合经济制度环境差异带来的风险，会倾向于通过被并购方的协助来处理和应对在东道国的运营管理事务，即倾向于赋予目标方更多的经营管理自主权，调动被并购方的经营与合作的积极性。由此，我们推断，在海外并购中，当并购方与被并购方的经济制度距离达到某一临界值后，基于对被并购方的依赖和信任带来的融入东道国经营环境的福利和缓释经济制度差异带来的风险和威胁，无论在哪一种资源相关性特征强弱组合下，高目标公司自主性对于达到并购协同效应的目标都更为有利。

由此，通过上文的机理分析和逻辑推演，我们已经梳理完成了海外并购中，为实现并购方并购后协同创新效应，基于资源相关性特征强弱不同组合的并购整合策略选取的模式与背后的影响机制，以及母国与东道国之间不可忽视的经济制度距离对影响机制的调节作用。具体来说，当以经济制度距离的高低水平作为观察的基础，资源相关性对于并购整合策略选取的决定性影响的力量大小有所不同。当并购方与被并购方的经济制度距离达到某一临界值后，资源相关性特征的决定性作用会被削弱，并购方并购后整合策略选择的重心会向经济制度距离倾斜。核心假设内容如下所示。

假设 5-1：并购方面临较低的经济制度距离时，匹配并购双方资源相关性特征组合的技术获取型海外并购整合策略有利于促进实现并购协同绩效。

假设 5-1a：并购方面临较低的经济制度距离时，相似性强互补性弱的技术获取型海外并购资源特征组合中，并购方采用高度整合程度和保持低度目标方自主性有利于促进实现并购协同绩效。

假设 5-1b：并购方面临较低的经济制度距离时，相似性弱互补性强的技术获取型海外并购资源特征组合中，并购方采用低度整合程度和保持高度目标方自主性有利于促进实现并购协同绩效。

假设 5-1c：并购方面临较低的经济制度距离时，相似性强互补性强的技术获取型海外并购资源特征组合中，并购方采用较高整合程度和保持较高度目标方自主性有利于促进实现并购协同绩效。

假设 5-2：并购方面临较高的经济制度距离时，技术获取型海外并购中，并购方采用低度整合程度和高度目标方自主性有利于促进实现并购协同绩效。

第四节 基于资源相关性的中国制造业海外并购整合策略与并购协同效应的总体理论框架

本章的理论机理框架主要梳理了基于资源相关性的以获取技术为目标的海外并购整合策略选择如何实现并购协同绩效的相关内容。我们将研究焦点锁定在技术获取型海外并购中，基于资源相关性特征强弱不同组合的并购整合策略选取的模式与背后的影响机制，以及母国与东道国之间不可忽视的经济制度距离对于影响机制的调节作用，从而形成了以最大化并购后协同效应为目标的，并购方与被并购方不同经济制度距离情况下，不同资源相关性特征组合与并购整合策略匹配的理论框架，并提出两条核心假设（假设 5-1，假设 5-2）。

假设 5-1 讨论了并购方面临较低的经济制度距离时，基于并购整合策略中目标方自主性与整合程度对于并购协同绩效实现的复杂的、非单向的影响效果，以及资源相关性特征组合对于并购整合策略选取的全权决定性影响作用。具体来说，并购方面临较低的经济制度距离时，相似性强互补性弱的技术获取型海外并购资源特征组合中，并购方采用高度整合程度和保持低度目标方自主性有利于促进实现并购协同绩效（假设 5-1a）。并购方面临较低的经济制度距离时，相似性弱互补性强的技术获取型海外并购资源特征组合中，并购方采用低度整合程度和保持高度目标方自主性有利于促进实现并购协同绩效（假设 5-1b）。并购方面临较低的经济制度距离时，相似性强互补性强的技术获取型海外并购资源特征组合中，并购方采用较高整合程度和保持较高度目标方自主性有利于促进实现并购协同绩效（假设 5-1c）。

假设 5-2 讨论了并购方面临较高的经济制度距离时，基于对被并购方的依赖和信任带来的融入东道国经营环境的福利和缓释经济制度差异带来的风险和威胁，并购和后续整合过程危险重重，甚至极有可能直接导致并购整合停止或者失败的不良后果，经济制度环境差异带来的风险削弱了资源相关性特征组合对于并购整合策略选取的影响强度，并购方并购后整合策略选择的重心会向经济制度距离倾斜，倾向于赋予目标方更多的经营管理自主权，调动被并购方的经营与合作的积极性。因此，并购方面临较高的经济制度距离时，技术获取型海外并购中，并购方采用低度整合程度和高度目标方自主性有利于促进实现并购协同绩效。本书的总体理论框架模型如图 5-1 所示。

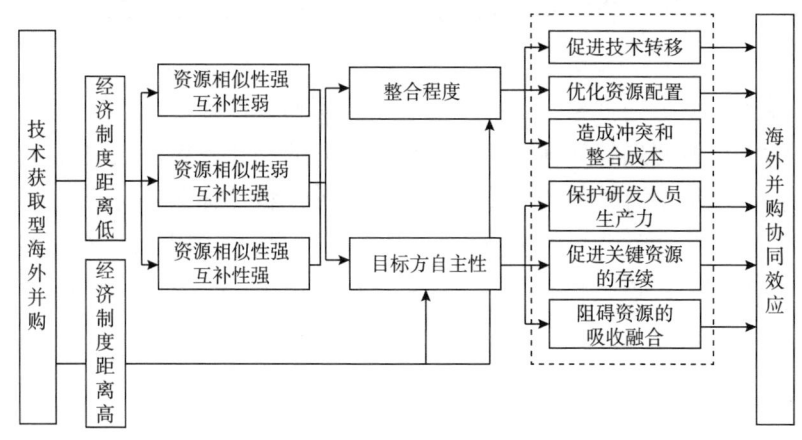

图 5-1　总体理论框架模型

第五节　本 章 小 结

本章以基于资源相关性的海外并购整合策略与并购协同效应为研究重点，以并购整合程度与目标公司自主性整合策略为研究内容，形成了以最大化并购后协同效应为目标的，不同并购方与被并购方经济制度距离情况下，不同资源相关性特征组合与并购整合策略匹配的理论框架。并购后的并购方整合策略实施阶段，是决定并购事件能否成功达到预期目标的重中之重。从而，要想实现并购后企业协同效应的最大化，必须在整合工作中下狠功夫、下准功夫。本章从资源的相似性和互补性两大基本的资源特征入手，进行资源相关性特征不同组合的分类分析，研究在以获取技术为目标的海外并购事件中，基于不可分割的母国与东道国之间的经济制度距离，并购方如何依照资源相关性特征强弱不同组合进行并购整合策略模式的选取从而最大化并购协同效应，取得海外并购的成功。

第 六 章

基于创新网络的中国制造业海外并购整合与产业技术创新的理论机理

受制于资源匮乏和能力不足的负面影响，我国制造业企业通过自我积累实现技术创新的诉求无法得到满足，中国制造业中的龙头跨国企业发挥先锋作用，对相似行业中处于高端价值链环节的企业或技术领先的优秀企业，实施以技术获取为导向的海外并购,通过对资源重新进行合理调配的整合过程，依靠全球创新网络获取关键创新资源，突破技术长期受制于人的瓶颈，成为当前技术全球化交织的背景下中国制造业跨越发展的重要路径。创新网络的整体网络结构受到企业主体间博弈行为的作用，这种影响在海外并购中的整合阶段尤为突出，伴随并购双方主体间的整合行为，现有网络被破坏性地重构并向新网络过渡演化，从而全球创新网络中并购方所处的网络结构位势也相应演变（Mirc，2012）。企业在网络中的创新资源汇聚能力以及对其他节点的基于技术转移的影响因其所处的网络位置而异。作为中国制造业细分行业中的领袖型企业，收购方将制定合理的并购整合策略，增强其在全球创新网络中的位势，加速创新资源扩散转移、倒逼其他企业的模仿跟随，进而促进本国的产业技术创新，实现全球价值链攀升。综上，创新网络具有跨越不同层次影响的媒介作用，本章据此探索企业层次的海外并购整合水平影响产业层次创新能力提升的过程。首先，从网络中心性和结构洞这两个得到学界广泛采纳的重要指标，研究从企业层次通过网络再到产业层次的传导机制，二者在反映网络位势对创新影响方面具有突出效果（Zaheer and Bell，2005）。

其次，围绕资源基础观视角，本章深入探究并购双方资源相关性不同维度组合特征以及与之匹配的整合水平，以及对产业技术创新的跨层次促进效应。最后，本章进一步考虑了经济制度环境的作用。

第一节　中国制造业海外并购整合、全球创新网络与产业技术创新

依据熊彼特的概念阐释，技术创新是重新组合或重新架构现有知识实现创新（Schumpeter，1934）。归纳庄卫民和龚仰军（2005）的定义与解释，产业技术创新是以产业国际竞争力提升和沿全球价值链攀升为目标，由关键企业发挥引领作用、涉及众多企业参与协调，围绕产业的新兴技术和已有技术以重新组合的形式在行业内扩散溢出的系统性过程。巫景飞和芮明杰（2007）分析认为，专业化分工需求来源于单个企业资源边界的约束，同时在政府出台反垄断规制的背景下，知识表现出社会化扩散的特性，单家企业不足以完全覆盖产业链的所有子环节，也不可能全然独立地研制所有技术模块。核心企业作为产业网络资源汇聚、扩散和溢出的中心，作为网络领袖承担网络配置的角色功能，引导了产业中跟随企业的产品创新路径（Perks and Jeffery，2006），重塑产业的整体技术格局，深刻地影响产业创新能力；产业内具有关键地位的龙头企业也是积极参与全球化、网络化模块分工的先驱，成为汇聚全球创新资源回馈本地企业的中心。因此，在全球产业模块化分工的环境中，中国制造业突破产业技术瓶颈取得创新变革的两种主要路径选择是：第一，通过嵌入全球创新网络，产业核心领导者渗入、拓展和构建核心技术模块，边缘企业以模仿性的战略跟随推进，提升细分点位的专业化分工水平，完善支持性的外围技术模块，促使产业链整体向高端环节迁移跨越；第二，通过嵌入全球创新网络，产业核心领导者能够完善或重构现有技术模块实现突破性创新，打破发达国家对高端技术的封锁，或深化拓展其模块化的应用范围，在全球市场中为现有模块重构新的架构规则或转向新的技术轨道，打造中国

产业转型升级的新蓝海。

　　并购整合是以协同效应的创造为目标重新编配双方资源的过程（Puranam et al.，2009），这一过程在多大水平上将被收购企业的结构功能融入并购方的组织层级被称为整合程度，但是整合的推进兼具正面和负面影响：并购方深化的整合程度能够使双方紧紧地联系在一起从而使得彼此间的知识更快地向对方流动，加速资源的合理调配过程（Cording et al.，2008），但伴随着这一过程的推进，改变组织结构惯例、调整社会关系格局的整合成本也相应增加（Slangen，2006）。海外并购整合阶段，企业因受到所处网络环境的影响，会改变其主体、行为和资源，并购双方整合的二元关系受到企业间相互依赖性的作用而改变，直接反馈于其网络合作伙伴的行为变化，进而在更广泛的范围内对并购双方的间接连接产生连锁传导效应，全球创新网络中并购方所处的位置由此变化（Degbey and Pelto，2013）。当收购方采取合理的整合决策，可以使其在全球创新网络中获取以中心性和结构洞为代表的不同维度优势。中心性反映了强大的网络影响力，其表征的全球创新资源搜寻能力的增强使得更多的创新资源溢出到本地产业链和价值链；结构洞发挥着门户的作用，在中国企业与海外企业的不同群体之间，并购方成为关键的桥梁枢纽，传递新颖、前瞻性全球技术发展趋势的不同信息流在该点位上交汇，企业背靠本土产业体系的知识基础，与整合获取的目标方乃至东道国的知识池相结合，形成了参与国际市场竞争的优势。相反，当并购方实施过高水平或是过低水平的不合理整合决策将会产生如下的影响：一方面，目标方原有的优秀合作伙伴，包括产品供应商、客户等联系会因为太高的整合程度而断裂，并购方自身就无法通过继承的方式提升全球网络位置和技术创新能力，更难以企及对产业的反馈和引导作用。另一方面，太低的整合程度会使得目标方脱离并购方的控制范围，也可能导致网络的连接是低效重复的，耗费更多精力维系网络连接。因此，对并购方在全球创新网络中的位置提升目标而言，合理的整合决策是必要的，实现这一前提条件后并购方才能顺利通过对本土产业的研发示范拉拔效应和技术溢出的强化效应促进行业内技术创新。

第二节　基于网络中心性的海外并购整合对产业技术创新的跨层次传导分析

企业的创新网络中心性位置反映焦点企业在多大水平上能够在与其他节点主体的连接中取得中心地位（Lin et al.，2009）。考虑到整合是一把双刃剑，我们指出并购方中心性的提升以合理的整合决策为前提：第一，对于并购涉及的当事企业双方之间的关系来说，合理的整合决策有利于并购方与处于网络优势位置的目标方顺利连接过渡，进而融入全球创新网络提升网络位势（Lin et al.，2009）；第二，对于并购方自我网络中围绕两家企业的直接关联的伙伴企业所受到的影响来说，合理的整合决策有利于降低摩擦效应，并购方自身创新能力提升的同时，目标方关联的供应商、客户等合作伙伴得以在并购后持续维系，这意味着目标方发挥了公开背书的作用（Koka and Prescott，2008），向其他直接关联的企业发送关于并购方的研发能力与产品质量的积极信号，这些企业更乐意向并购方传递协作创新的意愿，对并购方网络中心性位置的提升具有促进效应；第三，对于更广范围的网络结构所受到的影响而言，并购后收购方企业中心度的提升使其拥有更加丰富的创新资源，通过偏好附加效应，即并购方所产生的知识溢出吸引全球网络中其他潜在关联企业与之合作（Hanaki et al.，2010），创建反馈的正向链，由此提升收购方的全球创新网络位置中心性。

通过合理的整合决策，收购方与被收购方建立了直接联系，并继承了对方原有的网络关系，在此基础上从全球创新网络中取得更多的创新连接，这对中国制造业产业层次的技术创新具有正向效应，主要反映在收购方网络中心性提升对创新的促进作用中。这一跨层次的传导过程有如下三点特征：第一，并购方的全球创新网络中心性越高，与处于网络边缘的企业相比，并购方作为网络资源传递枢纽的角色越突出，其对资源获取越有效率（Guan et al.，2016），接收、汇聚和扩散知识的能力也越强（Borgatti and Halgin，2011；王伟光等，2015）。在产业专业化分工和模块化技术的背景下，并购方占据产业核心位置，作为示范标杆在产业周边配套企业的模仿跟随过程中进行大量隐性的技术溢出，除此之外，并购方也会发挥主观能动作用，有意地推动向产业内的知识转移，由此我们捕获了技术知识跨越地理边界和组织边界，经由并购方的传播作用从全球创新网络流入本土其他企业的运行轨迹（Cho et al.，2012）。第二，更高的地位和声望与全球创新网络高中心性相吻合（Koka and Prescott，2008），通过成功整合目标方以提高网络中心性，并购方可以在创新网络中正面地塑造自身的形象，即企业具有较高的研发实力与产品品质，以这种声誉效应的信号传递为契机，并购方为其他产业企业提供进入海外网络的信任背书，大量行业内企业可以以此为跳板向全球创新网络的"知识池"跃迁（Lin et al.，2009）。第三，全球创新网络中具有高中心性的并购方凭借更广泛的社会、技术与商业资本、更高的地位与声誉（Koka and Prescott，2008）可以取得更强的创新资源控制水平，在对发达国家进行技术追赶的过程中，搜寻、学习和吸收对方有用的关键技术片段的成本是较低的（Rowley and Baum，2008），并购方突破关键技术模块创新的能力增强，且受到如下几种力量的交织作用，这种关键技术的模块化创新顺其自然地升级为产业现象：第一种力量来自产业专业化分工和模块化架构，产业链与价值链是由数个不同的本地制造企业差异化组合而成的，针对以技术获取为导向的海外并购，并购方实施合理的整合决策可以改进单个企业自身的生产函数，与此同时，并购方以技术标准的要求升级倒逼本土产业内配套系统中的产品供应商企业持续改进，至此新产品的推出由产业链上下游不同环节的企业携手共创（王伟光等，2015），从而促进了产业创新升级；第二种力量来自并购方作为创新网络中心的领袖作用，并购方掌握指导本土产业发展的话语权，承担促进领先资源流动扩散的责任，利用其广阔的渠道加速新产品和新知识在产业内的渗透（Cho et al.，2012），通过知识渗透过程横向地影响产业链相近环节企业以及纵向地影响上下游关联环节企业（Griliches，1991）；第三种力量来自竞争对手的组织学习效应与模仿改进效应，导致并购方不同类型的标准知识在企业间的扩散（巫景飞和芮明杰，2007），整体产业链在围绕新技术的模块化系统动态重塑中实现跨越升级。在合理的并购后整合水平下，并购方企业能够在全球创新网络中占据更具优势的网络位置，获取补充其技术短板、提升其技术组合空间的新技术（Makino et al.，2002），这些技术与并购方核心-外围技术模块、产业链上下游环节或是新产品的生产流程工艺息息相关，并购方凭借在海外吸纳的丰富技术储备与本土企业合作创建、改进专利组合，以更有力的话语权参与全球市场竞争，增强产业层次的创新水平。

第三节　基于网络结构洞的海外并购整合对产业技术创新的跨层次传导分析

结构洞是指企业作为桥梁连接两个原本不相连的节点间的关系（Lin et al.，2009），是市场经济竞争中一种关系层面的优势资本。占据结构洞位置的企业可从中取得动态、及时和新颖的信息（Wang et al.，2014），有利于实现自身目标和获得较大机会回报。跨越结构洞越多的企业在创新价值信息的获取方面越有利，主要信息涵盖了企业专业知识和技术知识关联领域的专家在世界范围内的分布情况、研发最前沿状态、热点空间和技术前瞻情况、发明人网络和知识元素网络之间的专业间关联和跨知识交叉（Wang et al.，2014）。并购方合理的整合决策对全球创新网络结构洞位置的促进效应如下：第一，受益于合理的整合决策，并购双方间的关系强度通过信任机制和学习效应得到增强，并购方在本土企业间网络子群和海外企业间网络子群之间创建信息知识输送的门户，从而使本土行业的创新实践与全球创新环境对接性更强，并购方结构洞更加丰富；第二，合理的整合决策有利于并购方通过信息交流提升筛选效率、剔除冗余连接，通过目标方获得的先进技术资源拓展异质性资源禀赋和获取渠道，持续增加并购方维系网络连接所需的必要资源投入（许晖等，2013），由此知识多样性和网络结构洞提升；第三，通过触及互补性、差异化的信息库（Burt，1992），合理的整合促使并购方向网络中其他企业传输原先稀有的异质资源（McEvily and Zaheer，1999），加强原先较少或无联系企业间的直接或间接联系，提升结构洞位置。

通过合理的整合决策，并购方能够搜寻并联结更多掌握异质性知识库的协同企业（McEvily and Zaheer，1999），从而贴近目标创新网络中大量的多元化专业信息领域，并购方跨越全球创新网络中的多个结构洞位置，在本土企业间网络子群和海外企业间网络子群之间创建信息知识输送的门户,从而使本土行业的创新实践与全球创新动态的对接性更强,进而推动产业技术创新。海外并购整合通过创新网络结构洞跨层次传导产业技术创新的具体机制包括以下两个方面:首先,具有大量结构洞的并购方通过开拓前瞻性视野,占据技术动态先机,能够将知识传播至处于不同网络区位的不同群体(Burt,1992)。本土产业中,核心企业四周集聚了大量处于不同上下游环节的支持企业,形成"核心-外围"星状结构的专业化分工与命运共同体。并购方作为核心企业发挥核心位置作用,为本国产业中的其他企业汇聚异质性信息,对网络成员产生正外部性,促进沿产业链的信息共享与技术潜力开发,从而将并购方单个企业的技术机会升级为面向产业整体技术变革的重要机遇。其次,具有大量结构洞的并购方可以从异质信息源中获得多样化非冗余资源(Ahuja,2000),更能突破现有技术认知框架的束缚(Wang et al.,2014),更有可能针对现有技术模块的特征抓住全球创新网络中与增强型技术结合的机遇,基于架构规则的重塑拔高现有技术模块的应用空间;与此同时,并购方作为网络中知识流动中介能在更广范围有效传播自身的创新发明(Paruchuri et al.,2006;Fleming et al.,2007),增加本土产业知识多样性,在本土成熟的产业化市场化技术模块基础上,创新性地结合来自全球创新网络的前沿新兴的技术模块,开拓新的细分市场,形成更丰富的创新动态,推动技术变革延伸至整个产业。

第四节 资源基础观视角下基于创新网络的海外并购整合决策与产业技术创新

根据前述的机理探讨,我们的研究表明合理的整合决策能够从中心性位势和结构洞位势两个维度提升其在创新网络中的优势,使得创新资源更多地沿产业链和价值链从全球向本土汇聚,这种创新流通过本土企业在不同技术间的有机结合,助力中国制造形成更强的竞争优势。但一旦并购方没有进行合理的整合决策，试图借此提升并购方的全球网络位置和技术创新能力的效应将难以实现，更不可能对产业层次的创新产生跨层次的促进作用。所以，合理的整合决策是这种传导效应不可或缺的前提。从资源基础观的角度出发，资源相关性是海外并购整合决策的重要前因，二者间的匹配与否是能否创造并购协同的关键，整合阶段的决策绝非孤立而不受其他因素影响的（Bauer et al.，2013），而是需要以资源特征甄别为起点。资源相关性的不同维度中，资源相似性描述了双方重叠的技术和业务领域，能够促进知识的交换与结合（Slangen，2006）。资源互补性是指通过组合互相加强的技术、市场或产品创造价值的潜力（Makri et al.，2010）。并购双方现有知识水平和结构高度相似，并购方高度整合促进其快速、高效地掌握资源和学习技术，推动协同效应产生（王寅，2013），资源互补性强时，并购方采取较低整合程度可以通过减少整合过程摩擦成本和对抗意识，极大保存目标方的异质资源和技术，以此开拓创新方向及细分产品市场（Zaheer et al.，2013）。结合上述内容，本章探讨资源相关性的不同维度特征下整合决策如何与之匹配，并由此导出通过全球创新网络的跨层次传导影响产业技术创新的假设。

一、资源相似性强和资源互补性弱的海外并购整合与产业技术创新

资源相似性主导的并购中高度整合有利于收购方技术创新（Colombo and Rabbiosi，2014）。资源相似性强互补性弱时，收购方具备更强的吸收能力，同时利用目标方满足自身创新需求的能力较强（Wang and Zajac，2007；Cohen and Levinthal，1990），彼此间知识的理解和应用更为顺畅，资源的融合过渡更为平稳，由此可以降低整合成本（Zaheer et al.，2013）。交易双方同业竞争会使目标方阻碍收购方嵌入其原有网络，因此有必要通过高度整合以形成联合实体或超级节点（Borgatti and Halgin，2011），以有效管理目标方生产价值链环节并继承网络关系，增强收购方识别目标方网络内有益连接并建立直接关系，促进相似资源跨越不同领域的分享传播，从而形成知识溢出的正向链，使并购方通过偏好附加效应吸引到更多的全球创新伙伴（Hanaki et al.，2010）；与此同时，强相似性下的高度整合促进并购方搜寻网络中行动和目标类似的同质主体构建连接（Monge and Contractor，2003），由此提高了收购

方的中心性。有别于网络中心性对企业网络连接丰富性的分析，网络结构洞维度强调自我网络中连接关系的差异化和多样性。因此，相似性主导下的高度整合有利于在全球范围内有效编配供销关系，剔除网络内冗余连接（钱锡红等，2010），保留不可替代的、提供异质资源的企业（Bauer et al.，2013），在本土与海外企业间形成桥接关系，提高收购方的结构洞。综上所述，在面临资源相似性强和资源互补性弱组合情况中，并购方应匹配较高的整合程度，一方面，并购方从全球创新网络中取得更多的创新连接，对资源获取更有效率，其作为网络相似资源传递枢纽的角色也更为突出，可以利用其广阔的渠道分布加速新产品和新知识在产业内的渗透；企业中心性提升对创新具有正向促进效应（钱锡红等，2010），并购方以技术标准的升级倒逼本土产业内配套系统中的产品供应商企业持续改进，至此新产品的推出由产业链上下游不同环节的企业携手共创，推动产业升级（王伟光等，2015）。另一方面，通过合理的整合促进自身结构洞位势提升，并购方能够完善或重构现有技术模块实现突破性创新，打破发达国家对高端技术的封锁，或深化拓展其模块化的应用范围，在全球市场中为现有模块重构新的架构规则或转向新的技术轨道，打造中国产业转型升级的新蓝海。因此，我们提出假设 6-1a 和假设 6-1b。

假设 6-1a：在并购双方资源相似性强与资源互补性弱的技术获取型海外并购中，并购方匹配高度整合通过自身创新网络中心性提升，促进本土产业技术创新。

假设 6-1b：在并购双方资源相似性强与资源互补性弱的技术获取型海外并购中，并购方匹配高度整合通过自身创新网络结构洞提升，促进本土产业技术创新。

二、资源相似性弱和资源互补性强的海外并购整合与产业技术创新

资源互补性主导的并购中，低度整合有利于收购方实现"1+1>2"的协同价值与技术创新（Kim and Finkelstein，2009）。资源相似性弱互补性强时，并购双方存在市场产品、技术能力、管理观念上的大量异质信息，其技术消化吸收面临严峻挑战，高度整合会带来更多的变化和协调成本，因此需给予目标方对互补性资源的管理空间（Puranam et al.，2006；Paruchuri et al.，2006），

收购方整合目标方会产生高摩擦成本，低度整合有利于降低目标方敌意并减少组织冲突发生（Paruchuri et al.，2006）和信息不对称下的整合风险（Wang and Zajac，2007）。相似性弱互补性强时，并购方采取较低整合程度可以通过减少整合过程摩擦成本和对抗意识，极大保存目标方的异质资源和技术形成优势互补，以此开拓创新方向及细分产品市场。并购方给予目标方较高自由度并获得其信任（Lin et al.，2009），通过整合继承目标方保留的合作关系和运营资源从而增加高质量的网络连接并增加更深层次嵌入创新网络的可能性。企业间的连接基于网络资源的丰富性（Pfeffer and Salancik，1978），除此以外，依据同配性理论，连接也基于网络资源和位置相匹配的原则，因此并购方会力图通过对互补性资源的恰当整合提升创新能力，从而更容易与其他创新资源丰富的企业进行合作，提高网络中心性；通过触及互补性差异化的信息领域（Burt，1992），并购方向网络中其他企业传输原先稀有异质资源，加强原先较少或无联系企业间的直接或间接联系，提升结构洞位置。全球创新网络中占据优势位置的企业获取先进创新资源的同时，知识会通过研发交流合作、出版物、逆向工程等途径向国内企业水平或垂直扩散（Griliches，1991；Kafouros and Buckley，2008）。第一，技术革新会催生产业链上下游企业技术进步的需求，优势位置企业有动机以交流、培训等共享方式带动产业技术创新（Appleyard，1996）。第二，技术革新能够降低成本和提高产品质量，从而能够形成竞争效应（Kafouros and Buckley，2008），调动本土企业研发积极性。第三，产业内企业可模仿优势位置企业技术成果，促进技术创新（Eeckhout and Jovanovic，2002；Katila and Chen，2008）与发现技术进步机会（Operti and Carnabuci，2014）。第四，技术人员的交流与流动会导致先进技术外溢（Mawdsley and Somaya，2016）。第五，优势位置企业获得高地位或声望（Ahuja et al.，2012），构建了适应于获取海外资源的管理惯例、信息渠道及技能，提高了本土企业在国际合作中的信任度，其海外经验能指导帮助本土企业应对政治、制度风险与文化冲突等问题（Eggers and Song，2015），起到行业经验的示范作用。因此，我们提出假设6-2a和假设6-2b。

假设6-2a：在并购双方资源相似性弱与资源互补性强组合的技术获取型海外并购中，并购方匹配低度整合通过自身创新网络中心性提升，促进本土产业技术创新。

假设 6-2b：在并购双方资源相似性弱与资源互补性强的技术获取型海外并购中，并购方匹配低度整合通过自身创新网络结构洞提升，促进本土产业技术创新。

三、资源相似性强和资源互补性强的海外并购整合与产业技术创新

资源相似性强互补性强时，整合有利于剔除资源相似性导致的冗余，但也会提高摩擦成本。资源相似性使双方交流分享更便利，降低了识别与保留目标方网络内有益连接的难度，网络连接同质性偏好（Jackson，2008）代表节点与同自身具有相同属性的节点进行连接的程度更高。并购双方资源相似性高时，对网络内同质性资源的偏好，使得整合相似性资源过程中引发基于同质性偏好的网络连接。对相似性资源的整合，将提升同质性偏好网络连接的数量，使收购方与更多海外相似企业构建直接连接，拉近收购方企业与海外网络中其他相似节点的距离。而双方互补性较高时，收购方将更加注重依赖目标方网络信息渠道的作用，依托目标方企业搭建信息渠道，进一步获取与其具有直接连接的海外企业的信息和资源，上述基于并购整合后以目标方为信息中介，进一步获取其网络资源的整合行为，引发基于网络连接的结识（Jackson and Rogers，2007），最终影响网络生成。基于网络连接结识的连接机制，通过使收购方结识目标方的现有网络直接连接伙伴，获得与其他互补性资源节点构建连接的机会，从而能获得更多的互补性信息。收购方在整合互补性资源的过程中，选择不同的整合程度以调整收购方获取海外优质互补性资源信息时受到的目标方企业约束性大小，以最大限度地提升其对海外信息的获取及控制力。作为连接本土与海外网络的中间节点，收购方在全球网络位置的中心性和结构洞的提升，保持与不同资源特性企业的联系并扩宽发展方向，将缩短母国产业网络中企业与海外网络企业的网络路径距离，提升产业内企业的全球创新信息搜寻范围及效率，促进产业技术创新。因此，我们认为收购方权衡整合收益与成本的双重影响，选择介于高度整合与低度整合间的适中整合程度将提升其全球创新网络中心性与结构洞，促进产业技术创新。因此，我们提出假设 6-3a 和假设 6-3b。

假设 6-3a：在并购双方资源相似性强与资源互补性强的技术获取型海外

并购中，并购方匹配中度整合通过自身创新网络中心性提升，促进本土产业技术创新。

假设6-3b：在并购双方资源相似性强与资源互补性强的技术获取型海外并购中，并购方匹配中度整合通过自身创新网络结构洞提升，促进本土产业技术创新。

四、经济制度环境影响下基于创新网络的海外并购整合与产业技术创新

本节中，我们考虑企业创新具有双重嵌入性，处于全球创新资源寻求形成的外部网络和知识元素联系构成的内部网络之中（de Prato and Nepelski, 2014）。对于外部网络，Hernandez和Menon（2018）提出，通过并购的节点折叠机制继承目标方的外部网络关系，并购方能够访问更多的网络资源，提升网络位置。Degbey和Pelto（2013）指出，整合阶段并购双方活动与资源状态的变化影响网络伙伴行为，并通过连锁反应传递至更广的网络范围。对于内部网络，并购整合的结构重组促进跨组织内部边界的知识资源的转移、重组与创新（Karim and Kaul, 2015）。这种知识库的变动反映在内部网络的结构特征中，与企业在外部网络中的关键资源获取密切相关。内部网络凝聚力描述企业内部知识要素的整体连通性。我们认为内部网络凝聚力促进并购方外部网络位置提升。首先，凝聚的内部网络代表具有良好连接的知识库（Yayavaram and Ahuja, 2008）以及知识元素不同组合模式的丰富经验（Guan and Liu, 2016），提高并购方建立可行技术体系的信念以及对其他企业的吸引力，可提升外部网络中心性。其次，凝聚的内部网络意味着现有知识存量下的知识元素重组潜力较低（Wang et al., 2014），促使并购方寻求与多样化的外部企业连接，争取新颖的组合机会（Brennecke and Rank, 2017），提升外部网络结构洞。结合前文分析，恰当的技术获取型海外并购整合通过外部创新网络中心性与结构洞提升促进产业技术创新，我们关注整合阶段内外部双重网络的作用。

此外，国家经济制度环境是跨国企业运作组织方式、调节惯例和成员理解、制定决策行为的关键驱动（Ferner et al., 2004; Geppert et al., 2006），

影响企业的战略选择（Dacin et al.，2007）和创新产出（Spencer et al.，2005）。来自不同经济制度环境的企业按照不同的基础原则运行，企业间网络关系呈现不同的特征和创新效应（Andersson et al.，2007）。现有文献缺乏从经济制度视角对跨国并购后整合行为的检验（Capron and Guillén，2009）。海外并购企业利用网络的能力受到经济制度环境的约束（Capron and Guillén，2009；Rosenbusch et al.，2019）。因此，本部分基于前文的机制分析，进一步关注经济制度环境的调节作用。

（一）资源相似性强和资源互补性弱组合下的传导机制

资源相似性强互补性弱的并购中高度整合有利于并购方创新（Colombo and Rabbiosi，2014）。高度整合有利于构建标准模块，并购方对知识的搜索与组合更为高效，能够提升内部网络凝聚力；高度整合推动形成超级枢纽（Borgatti and Halgin，2011），并购方能积累认知与关系资本，吸引更多优秀企业与之连接，提升外部网络中心性；通过高度整合剔除冗余连接，并购方桥接海外向本土的异质性资源输送，提升外部网络结构洞。经济制度环境完善性促使并购方塑造优越的应对技巧（Elango and Sethi，2007），强化并购方对目标方技术的所有权意识和整合掌控力（Zhu et al.，2016），充足的经验实力能够降低知识组合成本，促进并购方高度整合下的内部网络凝聚力提升。同时，经济制度环境完善性通过提供各种有形与无形的支持（Kirca et al.，2012），抑制机会主义行为和不确定性（Marano et al.，2016），并购方高度整合，嵌入外部网络的稳定性增强，促进产业技术创新。经济制度环境更完善，可以促使并购方占据有利的竞争位置（Alcacer and Oxley，2014），增加并购方与优质企业的合作，扩大信息量和资源来源范围，并减少摩擦成本和金钱时间消耗。完善的经济制度环境，如政府政策，能够帮助企业更好地进入国际市场、获取资源以及培育企业能力（Child and Rodrigues，2005）。经济制度完善性可以促进企业作为纯粹经济主体追求利益最大化，减少阻碍，降低资源和技术转移损耗（Cui and Jiang，2012），从而顺利进行合作。完善的经济制度环境可有效降低网络间接结识及协同价值创造过程中的道德风险，促进整合过程中学习正反馈及网络间资源结识，提升中心性位置；稳步推进创新合作过程，通过多元渠道提升结构洞位置，推动高整合通过网络位置提升对产业技术创新的传导效果。

相反地，在经济制度环境不完善的情况下，难以提供信息服务、技术支持、财政支持等对并购方而言重要的经济制度支持，企业间合作协同创新的激励降低，从而不利于高程度整合所带来的内部网络凝聚力提升效应。在较高整合策略下，不完善的知识产权保护和支持制度无法缩短相似知识的共享吸收时间，降低了双方的协调能力，不利于双方合作关系的建立和中心性位置提升；此外，不完善的经济制度环境也会阻碍信息交流和筛选，造成较多冗余连接，不利于结构洞位置提升，从而影响较高整合程度通过网络位置提升对产业技术创新的传导效果。

基于以上分析，本书提出假设 6-4a 和假设 6-4b。

假设 6-4a：海外并购双方资源相似性强互补性弱时，经济制度环境越完善，并购方匹配高度整合通过外部网络中心性与结构洞提升对产业技术创新的传导效应越强。

假设 6-4b：海外并购双方资源相似性强互补性弱时，经济制度环境越完善，并购方匹配高度整合提高内部网络凝聚力对外部网络中心性与结构洞提升的促进效应越强。

（二）资源相似性弱和资源互补性强组合下的传导机制

资源互补性强相似性弱的并购中，低度整合降低目标方的冲突和消极反应（Paruchuri et al.，2006），使并购方克服对目标方复杂知识元素与排列模式的识别困难，提升内部网络凝聚力；低度整合有利于并购方获取目标方的信任背书（Koka and Prescott，2008），以其为桥头堡嵌入全球网络，提升外部网络中心性；低度整合促使更多提供异质性资源的连接存续，最大限度地保留有价值的差异化信息渠道，提升外部网络结构洞。完善的经济制度环境下，企业处于更为公平和规范的低风险环境中，良好的契约效力和保护提升了运营质量（Acemoglu and Johnson，2005），促进了并购方在低度整合下从目标方学习和转移知识的能力的开发（Kirca et al.，2012），提升内部网络凝聚力；此外，经济制度环境完善性使企业逐渐塑造了高水平的公信力和声誉（Geleilate et al.，2016），并购方低度整合嵌入外部网络的合法性增强，能够吸引与维持多样化的连接关系，促进产业技术创新。在经济制度环境完善的情况下，对知识产权的高度保护提升了本土产业复制新技术产品的时间和机会成本，为并购方从长远角度关注整合协同效应提供可能，并购方新增研发活动会弥补产权保护带来的短期成本增加，加强并购方构建网络联系的意愿，增加并购整合资源信息传递效率，本土产业附加值随知识保护提升而提高。完善的经济制度环境提供了完善的法律制度和道德约束，减少了较低整合下，信息不对称引发的道德风险，使并购方可以充分吸收利用目标方保留的创新网络连接，提升中心性位置，并通过大量异质性资源和渠道积累提升结构洞位置，推动较低整合程度通过网络位置提升对产业技术创新的传导效果。

相反地，不完善的经济制度环境使得并购方无法取得目标方的信任并建立相应传递机制，难以与目标方建立跨单元的知识整合与转移机制，组织内知识流动与重组受阻，进而导致低度整合过程中内部网络凝聚力提升受阻。经济制度环境不完善带来约束和限制（Peng and Luo, 2000）、商业环境脆弱（Li and Atuahene-Gima, 2002）、区域保护主义、规定不明确与执法不力、不公平竞争、垄断与寻租等不利影响，从而降低了低度整合下目标方网络内企业与收购方技术合作交流的意愿，且难以通过目标方与国外互补市场建立有效连接，不利于低度整合后并购方外部网络中心性与结构洞位势的提升，从而不利于产业技术创新。

基于以上分析，本书提出假设 6-5a 和假设 6-5b。

假设 6-5a：海外并购双方资源相似性弱互补性强时，经济制度环境越完善，并购方匹配低度整合通过外部网络中心性与结构洞提升对产业技术创新的传导效应越强。

假设 6-5b：海外并购双方资源相似性弱互补性强时，经济制度环境越完善，并购方匹配低度整合提高内部网络凝聚力对外部网络中心性与结构洞提升的促进效应越强。

（三）资源相似性强和资源互补性强组合下的传导机制

资源相似性强互补性强时，并购方对目标方的整合需兼顾资源获取与摩擦成本。并购方需聚焦如何在更好吸收和融合技术、获得资源和生产能力提升的同时（Paruchuri et al., 2006），提防显著摩擦成本带来的资源和路径破坏。适中整合程度有利于并购方提升内部网络凝聚力与外部网络位置。经济制度环境影响并购方中度整合下的内部网络凝聚力对外部网络位置的提升效应，以及通过外部网络位置提升对产业技术创新的促进效应。资源相似性强互补性强时，收购方所处经济制度环境也会影响适中整合程度促进产业技术创新的效应，经济制度环境越完善，收购方整合实施越易取得合法性，目标方网络内企业对收购方的信赖加强，收购方与海外先进技术合作交流难度降低。收购方经济制度环境完善性通过增加稳定性、提高对合作伙伴的承诺以及抑制机会主义行为为合同协议和研发合作提供保护框架（Kirca et al.，2012；Jean et al.，2014），使收购方顺利通过适中整合嵌入目标方网络，从而促进产业技术创新。

相反地，经济制度环境不完善使得目标方难以对并购方达成信任机制，并购方合法性降低，难以通过沟通获取知识组合的完整信息，不利于提升内部网络凝聚力。同时，经济制度环境不完善时整合易产生合法性缺失风险（Xu and Shenkar，2002），提高整合成本（Kostova，1999），增加海外企业对收购方的不确定性（Eden and Miller，2004）。并购方难以增加海外多样化连接，妨碍并购方外部网络中心性和结构洞的提升，从而不利于产业技术创新。

基于以上分析，本书提出假设 6-6a 和假设 6-6b。

假设 6-6a：海外并购双方资源相似性强互补性强时，经济制度环境越完善，并购方匹配中度整合通过外部网络中心性与结构洞提升对产业技术创新的传导效应越强。

假设 6-6b：海外并购双方资源相似性强互补性强时，经济制度环境越完善，并购方匹配中度整合提高内部网络凝聚力对外部网络中心性与结构洞提升的促进效应越强。

第五节　基于创新网络的中国制造业海外并购整合与产业技术创新的总体理论框架

本章从"资源识别—资源整合—资源创新利用"的资源配置视角出发，

分析了基于创新网络的中国制造业海外并购整合与产业技术创新的理论机理。本章重点研究了在不同资源相似性、互补性的海外并购中，收购方应如何选择恰当的并购整合程度提升其创新网络位置并带动本土产业技术创新，以及收购方所处经济制度环境完善性对基于创新网络的海外并购整合与产业技术创新关系的影响。本章关注网络中心度和网络结构洞这两个学界广泛研究并最能反映网络位置与创新关系的指标，重点探索了基于创新网络位势跨层次传导的海外并购整合决策如何影响产业技术创新。网络中心度与结构洞这两个指标对网络位置的刻画各有侧重：中心性衡量了企业处于网络中心位置的程度，描述了企业获取信息与资源的能力。创新向高中心性企业扩散更有效率。结构洞是连接两个不相连企业间的经纪人位置，代表了企业控制和操纵信息与资源的能力。高中心性与高结构洞位置有利于企业技术创新。

本章深入探究海外并购双方资源相关性如何与合理的整合决策相匹配，以及合理匹配的并购整合决策如何通过提升收购方网络位置对产业层次的创新水平产生影响，进而提出本章的理论假设（图6-1）。假设6-1a与假设6-1b针对资源相似性强互补性弱的海外并购提出假设，并购双方现有知识水平和结构高度相似，并购方可快速、高效学习掌握资源和技术，促进协同效应产生。高度整合促进并购方与目标方紧密联系，吸引与目标方合作良好的优秀企业并与其交往合作，获得的先进技术资源拓展了异质性资源禀赋和获取渠道，提高了网络参与度，提升了中心性和结构洞位置，通过创新网络传导最终促进本土产业技术创新。假设6-2a与假设6-2b针对资源相似性弱互补性强的海外并购提出假设，低度整合有利于降低目标方敌意并减少组织冲突发生，减少破坏目标方原有网络内异质性的可能，使收购方克服由互补性引起的对目标方网络资源的识别困难，促进收购方以目标方为媒介嵌入目标方网络，维持与收购方非冗余的研发、供销、合作关系，促进并购方中心性与结构洞位势提高，带动产业技术创新。假设6-3a与假设6-3b针对资源相似性强互补性强的海外并购提出假设，并购方应采取适中的整合程度，有助于将并购双方的相似性、互补性资源进行有效结合与配置，并在融入全球网络的过程中，联结网络资源和网络位置同配的行动主体，提升中心性与结构洞两个重要维度的全球创新网络位势，带动产业技术创新。在此基础上，本章进一步分析经济制度环境完善性的影响，针对不同资源相似性、互补性条件提出假设 6-4a、假设 6-5a 和假设 6-6a，完善的经济制度环境有利于收购方并购整合目标方以及与海外先进技术企业新建创新连接，正向调节海外并购整合通过提升创新网络位置促进产业技术创新的效应；同时考虑内外部网络的作用提出假设 6-4b、假设 6-5b 和假设 6-6b，完善的经济制度环境有利于收购方整合提高内部网络凝聚力对外部网络位置提升的促进效应。

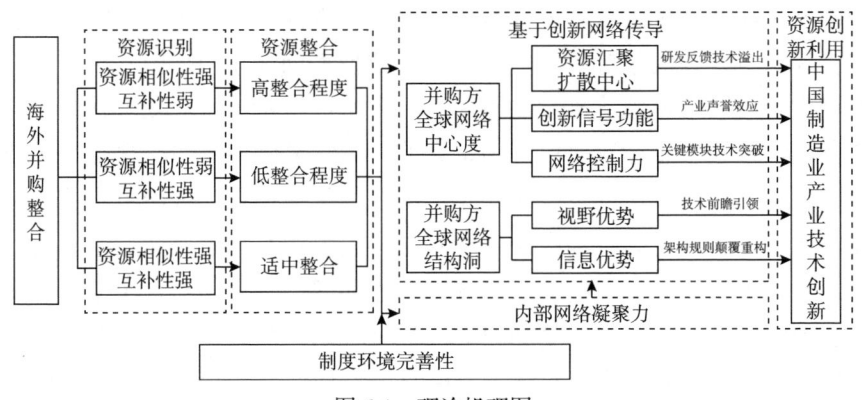

图 6-1　理论机理图

第六节　本 章 小 结

中国制造业中的龙头跨国企业应发挥先锋作用，对相似行业中处于高端价值链环节的企业或技术领先的优秀企业实施以技术获取为导向的海外并购与整合，依靠全球创新网络的关键创新资源获取突破技术长期受制于人的瓶颈，成为当前技术全球化交织的背景下中国制造业跨越发展的重要路径。本章基于资源基础观视角，围绕"企业—创新网络—产业"的多层次理论框架，剖析以创新网络为媒介的海外并购整合决策与产业技术创新的影响。首先，从网络中心性和结构洞这两个得到学界广泛采纳的重要指标研究从企业层次通过网络再到产业层次的传导机制，二者在反映网络位势对创新影响方面具有突出效果。研究表明，收购方采取合理的整合决策，将提升其全球创新网络中心性与结构洞位置，从而促进本土产业技术创新。其次，围绕资源基础观视角，本章深入探究并购双方资源相关性不同维度组合特征以及与之匹配的合理整合程度对产业技术创新的跨层次促进效应。资源相似性强互补性弱时应匹配高度整合；资源相似性弱互补性强时应匹配低度整合；资源相似性强互补性强时应匹配中度整合程度。最后，进一步考虑内外部双重网络的作用，并分析了经济制度环境完善性对海外并购整合促进产业技术创新效应的影响。本章主要做出了以下四个方面的贡献：第一，后发企业理论提出了发展中国家实施以技术获取为导向的海外并购实现跳跃式追赶的路径（Zou and Ghauri, 2008），本书强调海外并购整合这一不可或缺环节的重要作用。第二，现有研究指出并购整合是决定并购方技术创新的关键阶段（Puranam et al., 2006），本书结合资源基础观理论，将并购方海外并购整合行为的影响延伸至产业技术创新终端。基于此，扩大了并购整合的关键作用影响的辐射范围。第三，本章以并购方企业与目标方企业创新网络关系变化为突破口，将创新网络引入海外并购整合后企业间资源调动、资源结合关系的研究中，分析了并购方中心性和结构洞位势提升桥接微观整合与中宏观产业创新的作用。第四，本章进一步关注整合决策过程中内外部双重网络之间的作用关系，并进一步考虑了作为外部环境的经济制度环境因素的影响，形成了基于创新网络的海外并购整合与产业技术创新的综合分析框架。

第二篇 中国制造业海外并购整合与产业技术创新的数理模型及动态演化研究

本篇以定量研究深化与补充第一篇中的理论机理。本篇共包括四章内容，可划分为两部分，第一部分为第七章和第八章，通过数理建模刻画资源相似性、资源互补性作用于海外并购整合影响企业技术创新、网络连接决策、产业技术创新的机制，揭示海外并购整合通过创新网络影响产业技术创新的机理；第二部分为第九章和第十章，在数理模型构建的基础上进一步利用计算机仿真软件展开动态演化研究，模拟基于创新网络的海外并购整合跨层次传导产业技术创新的动态过程。第七章为中国制造业海外并购整合与企业技术创新的数理模型，构建基于资源相似性、互补性的静态模型、动态模型与多阶段模型，同时考虑经济制度距离的影响，探讨企业层面的海外并购整合决策机制。第八章为基于创新网络的中国制造业海外并购整合与产业技术创新的数理模型，分析企业海外并购整合对创新网络嵌入的影响，以及收购方创新网络位置提升对产业技术创新的促进作用。第九章是第七章企业层次数理模型的延伸，利用多主体仿真与系统动力学仿真刻画基于资源相关性的海外并购整合决策如何作用于企业层次的技术创新，把握在不同资源相关性条件下，海外并购整合影响并购后企业技术创新变化趋势及创新效果的规律。第十章与第八章的数理模型相呼应，分别展开基于创新网络控制力与创新网络嵌入的中国制造业海外并购整合与产业技术创新的跨层次动态演化研究，以创新网络的动态生成演化作为微观海外并购整合到中宏观产业技术创新的跨层次传导媒介，进一步把握海外并购整合决策以全球创新网络位势改善为中介促进产业技术创新的这一动态演化过程的内在特征。

第 七 章

中国制造业海外并购整合与企业技术创新的数理模型

第一节 基于资源相关性的中国制造业海外并购整合与企业技术创新的静态模型

一、基础模型环境设定

本部分首先构建包含母国 H 和东道国 F 两个国家的垄断竞争模型（Helpman and Krugman，1985）。在母国市场环境中存在差异性的不同企业（Melitz，2003）面临的是不变替代弹性的需求水平。

典型的消费者具有如下基于 D-S 模型的效用函数表达式：

$$U = \left[\int_0^N q(\omega)^\rho \, d\omega \right]^{\frac{1}{\rho}}$$

市场上具有 N 种不同类别的异质性商品，消费者对某一类商品 ω 的消费量为 $q(\omega)$，D-S 模型的效用函数通常使用 ρ 来表示替代弹性的参数，且这一参数在 0 到 1 的区间范围内，替代弹性 $\sigma = \dfrac{1}{1-\rho} > 1$。参考 Dixit 和 Stiglitz

(1977)的推导，总体的价格水平的表达式为

$$P = \left[\int_0^N p(\omega)^{1-\sigma} \, \mathrm{d}\omega \right]^{\frac{1}{1-\sigma}}$$

由此可以导出某类产品的消费量为

$$q(\omega) = \frac{R}{P} \left(\frac{p(\omega)}{P} \right)^{-\sigma}$$

该式中 R 代表着消费者的总支出水平，某类产品的价格用 $p(\omega)$ 表示。

在我们假定生产商具有连续性的状态下，生产所需的只有劳动这一种要素投入。企业不同水平的技术能力反映在它们所具有的差异性成本函数之中，且在本书中假定函数的边际成本不变，同时不考虑生产的固定成本。劳动的使用量与产出线性相关，$l(\varphi) = \dfrac{q}{\varphi}$，该式中，$\varphi$ 刻画了企业初始状态的生产能力，$\varphi > 0$。由于不同生产函数的企业所面临的需求曲线弹性不变，企业的价格设定策略依据其利润最大化的目标确定，所具有的价格加成为 $\dfrac{\sigma}{\sigma-1} = \dfrac{1}{\rho}$。由此我们导出企业的价格设定策略为 $p(\varphi) = \dfrac{w}{\rho \varphi}$，该式中的 w 代表工资率，不失一般性地可标准化为1。异质性企业的利润函数可由式（7-1）表示。

$$\pi(\varphi) = p(\varphi)q - l(\varphi) = \frac{1-\rho}{\rho \varphi} q = \frac{R}{\sigma} (P \rho \varphi)^{\sigma-1} \tag{7-1}$$

二、海外并购整合决策

我们用 f 来表示在东道国 F 中的一个典型企业，该企业的技术能力优于母国企业。当来自母国 H 的某企业 h，以提升技术能力为目标，对东道国企业 f 实施海外并购。并购后整合阶段，资源经由共享和转移等途径在企业内重新调配，这一过程对生产函数的改进与生产效率的提高具有关键影响。并购企业的生产效率收益因整合阶段资源在两家企业之间的加速转移和有效的

重新调配而提高，但这种优化配置的过程也具有摩擦效应，引起整合冲突的产生与成本提升。设该并购方企业在海外并购后阶段选择了 T 的整合决策程度（$T>1$），那么依据该整合决策，可得并购方企业的生产率为 $\gamma T\varphi$，γT 描述了企业生产率的改进水平，$\gamma>0$。相应地，整合决策 T 将导致成本 $C(T)$，且 $C'(T)>0$。对于母国市场上没有参与海外并购活动的企业来说，它们的生产率维持在最初状态，与参与并购的企业相比，生产率差距体现了两类企业之间技术水平的差距。

并购方从海外并购中取得目标方具有相关性特征的资源，利用整合阶段对这些资源价值的提取，改进企业自身的生产效率，通过减少整合过程中的摩擦效应降低生产成本。除此之外，由于海外并购企业跨越地理及制度边界，考虑到这一特点，我们关注并加入海外并购双方经济制度距离的作用。对该过程的数理分析如下。

一方面，资源相似性描绘了企业双方在技术、业务、市场或者能力等不同维度的相似性水平（Ahuja and Katila，2001；Chatterjee，1986；Lubatkin，1987）。相似性通过效率型协同效应提升生产力，即基于双方的相似部分加速彼此间的资源流动和重组效率。据此，资源相似性水平用 θ 表示，满足 $0<\theta<1$。收购方 h 通过整合过程得到的生产率水平可以表示为 $(1+\theta)T\varphi$。另一方面，资源互补性指双方拥有的资源和能力能够组合，在合并后创造了原先单家企业所无法达成的协同价值（Helfat and Peteraf，2003）。海外并购中，互补性通过增长型协同促进并购方提升生产效率，对并购方的生产函数改善具有正向影响。因此，基于前述对资源相似性的分析，当同时存在 δ 水平的资源互补性，且 $0<\delta<1$ 时，收购方 h 通过整合过程得到的生产率水平可以表示为 $(1+\theta+\delta)T\varphi$。

经济制度距离指的是海外并购中，母国和东道国之间经济制度环境的差异程度，具体体现在司法环境、市场环境等维度（Dikova et al.，2010；Peng et al.，2008）。在经济制度距离较高的情况下，参与海外并购的企业面临的不确定性增加，即企业在向母国转移东道国内嵌的资源时遭遇的困难程度提升（Chen and Hennart，2004；Demirbag et al.，2007），也即企业对于是否能够从东道国当地环境下得到资源补充和能力支持的信念不足。如果对于这种经济制度环境上的差异带来的高压，并购方不能很好地适应与规避，接下来的整合阶段会不可避免地遭受波及，导致整合过程的高风险性、目标方业务关停乃至整个并购交易的直接失败（Dikova et al.，2010）。因而我们提出经济制度距离越高，整合失败率越高的假设，即并购方企业资源甄别、转移和整合的失败率会因为经济制度距离的拉大而增加。综上，综合考虑海外并购中资源相关性的两个维度、经济制度距离和整合水平，收购方企业 h 并购整合后的生产率水平可以采用如下表达式 $(1-d)(1+\theta+\delta)T\varphi$，该式中 d 取值范围是 $0<d<1$，它刻画了经济制度差距，也描述了并购方对目标方资源甄别、传递和重组过程中面临失败的风险水平。回顾上述生产率水平的表达式，对相关性资源的整合中，相似性和互补性对生产效率的正向影响随着经济制度距离的拉大而降低，而当收购方企业为克服资源转移的困难对资源投入的需求巨大时，企业不得不面临效率损失（Chao and Kumar，2010），这符合我们的理论机理的逻辑。

接下来，我们分析整合带来的摩擦效应和冲突影响。首先，由于资源相似性的基础，整合过程的摩擦和冲突得到缓解，与之相应的整合成本降低；其次，资源互补性是两家企业之间有价值的资源和能力差异，但随着这种差异的拉大，整合的摩擦效应也会随之增加，从而耗费更多的整合成本。此外，已有研究表明，由于目标方分散在不同地理位置和不同制度环境的国家和地区，这些国家和地区与并购方本土经济制度环境方面的距离导致并购方在试图调配和重组当地资源的过程中面临整合成本的增加以及其他各方面不同水平的挑战（Dikova et al.，2010）。由此分析，在海外并购中，收购方整合过程耗费的成本可以表示为包括资源相关性和经济制度距离在内的函数，我们采用如下设定的表达式 $f(\theta,\delta,d)C(T)$，其中 $f(\theta,\delta,d)$ 概括了整合成本受到资源相似性特征、资源互补性特征、经济制度距离的影响作用，满足 $\frac{\partial f(\theta,\delta,d)}{\partial \theta}<0$，$\frac{\partial f(\theta,\delta,d)}{\partial \delta}>0$，$\frac{\partial f(\theta,\delta,d)}{\partial d}>0$。

现有关于海外并购整合程度与目标方自主性的文献，已经表明二者是截然不同的概念，整合程度描述了并购后双方资源重新编配的水平，而目标方自主性则刻画并购方授予目标方管理自治权利的水平（Datta and Grant，1990）。我们将前文理论机理所表明的目标方自主性存在的"双刃剑"作用融入本部分模型构建与分析之中，我们具体考虑如下两点影响：第一，目标方高度的自治权水平将提高发明人的产出能力和研发创新积极性，维系目标方重要价值资源和路径，促进并购双方实现整合后的增长型协同创造；第二，目标方高度的自治权水平也使得企业双方资源吸收同化的速度放慢，不利于并购双方间效率型协同价值的创造。因此，当我们用 $0<\beta<1$ 代表并购方授予目标方较高程度的自治权利，则合理的整合决策实施后，收购方企业 h 能够取得 $[1+\theta\phi(\beta)+\delta\omega(\beta)]T\varphi$ 大小的生产率水平，该式中 $\phi(\beta)$ 满足 $\phi'(\beta)<0$，$\phi''(\beta)<0$，这一条件表明目标方被授予高度的管理自治权阻碍了对相似部分资源的消化重组，对并购的两家企业之间效率性协同的实现会产生负面影响，而且随着 β 的增大，这种负面影响呈现边际递增的趋势；$\omega(\beta)$ 满足 $\omega'(\beta)>0$，$\omega''(\beta)<0$，这一条件表明目标方被授予高度的管理自治权对目标方价值资源和独特路径的存续是有利的，当这些价值资源得到有效保护时整合对增长型协同创造有正向影响，而且随着 β 的增大，这种正向影响呈现边际递减的趋势。与此同时，依据理论机理的核心逻辑，目标方得到高度的管理自治权时，较大的经济制度距离在整合阶段的负面影响能够被缓解，整合的失败率下降，因此最终生产率水平的表达式还需要纳入经济制度距离对整合失败率的影响，为 $[1-d\mu(\beta)][1+\theta\phi(\beta)+\delta\omega(\beta)]T\varphi$，该式中 $\mu(\beta)$ 满足 $\mu'(\beta)<0$，$\mu''(\beta)<0$，这一条件表明目标方被授予高度的管理自治权时有利于降低整合失败的风险，且这一关系具有边际递增的趋势。

由此，在海外并购中，全球垄断竞争市场上并购方 h 整合后的利润函数可以表示为

$$\pi_h = \frac{R}{\sigma}(P\rho)^{\sigma-1}\left\{[1-d\mu(\beta)][1+\theta\phi(\beta)+\delta\omega(\beta)]T\varphi\right\}^{\sigma-1} \quad (7-2)$$

我们将整合水平的转换式表示为 $\lambda=T^{\sigma-1}$，以求简化表达，因而在海外并购整合过程中，本国市场中收购方企业 h 不考虑生产固定成本的运营价值，V 是剔除整合成本后取得的利润，即

$$V(\lambda,\beta) = \frac{R}{\sigma}(P\rho\varphi)^{\sigma-1}[1-d\mu(\beta)]^{\sigma-1}[1+\theta\phi(\beta)+\delta\omega(\beta)]^{\sigma-1}\lambda - f(\theta,\delta,d)C(\lambda)$$

$$(7-3)$$

并购的协同效果指的是并购整合后资源重组与编配产生的所有收益和价值。接下来，我们以式（7-3）的最大化作为推导目标，分析有哪些因素作用于海外并购整合决策，以及这些因素影响的具体机制。

三、海外并购整合决策：经济制度距离较高和较低的分情况比较

从现在开始，我们将基于抽象函数进行具体赋值，以便简化分析计算过程，依照前述分析，不失一般性，可以定义 $\phi(\beta) = \mu(\beta) = 1 - \beta^2$，$\omega(\beta) = \beta^{\frac{1}{2}}$，$f(\theta, \delta, d) = (1 - \theta + \delta + d)^{\sigma-1}$，$C(\lambda) = \dfrac{\lambda^2}{2}$。海外并购中的收购方企业 h 会采取最佳的整合程度水平 λ^* 和最佳的目标方企业自主性水平 β^* 来实现企业协同价值创造的最大化。利用式（7-3）对 λ 和 β 进行一阶求导可得

$$\frac{\partial V(\lambda, \beta)}{\partial \lambda} = \frac{R}{\sigma}(P\rho\varphi)^{\sigma-1}\left\{\left[1 - d(1-\beta^2)\right]\left[1 + \theta(1-\beta^2) + \delta\beta^{\frac{1}{2}}\right]\right\}^{\sigma-1} \\ - (1 - \theta + \delta + d)^{\sigma-1}\lambda \quad (7\text{-}4)$$

$$\frac{\partial V(\lambda, \beta)}{\partial \beta} = (\sigma-1)\frac{R}{\sigma}(P\rho\varphi)^{\sigma-1}\lambda\left\{\left[1 - d(1-\beta^2)\right]\left[1 + \theta(1-\beta^2) + \delta\beta^{\frac{1}{2}}\right]\right\}^{\sigma-2} \\ \times \left\{\left[1 - d(1-\beta^2)\right]\cdot\left(-2\theta\beta + \frac{1}{2}\delta\beta^{-\frac{1}{2}}\right) + 2d\beta\left[1 + \theta(1-\beta^2) + \delta\beta^{\frac{1}{2}}\right]\right\} \quad (7\text{-}5)$$

首先观察式（7-5）。为方便分析，令 $\phi = \left[1 - d(1-\beta^2)\right]\left(-2\theta\beta + \frac{1}{2}\delta\beta^{-\frac{1}{2}}\right) + 2d\beta\left[1 + \theta(1-\beta^2) + \delta\beta^{\frac{1}{2}}\right]$，可知，$\dfrac{\partial V(\lambda, \beta)}{\partial \beta}$ 的符号正负取决于 ϕ 的符号正负，当 $\phi > 0$，即 $d > \dfrac{2\theta\beta - \frac{1}{2}\delta\beta^{-\frac{1}{2}}}{2\beta + 4\theta\beta - 4\theta\beta^3 + \frac{5}{2}\delta\beta^{\frac{3}{2}} - \frac{1}{2}\delta\beta^{-\frac{1}{2}}}$ 时，恒有 $\dfrac{\partial V(\lambda, \beta)}{\partial \beta} > 0$。由于

$2\beta+4\theta\beta-4\theta\beta^3+\frac{5}{2}\delta\beta^{\frac{3}{2}}-\frac{1}{2}\delta\beta^{-\frac{1}{2}}-2\theta\beta+\frac{1}{2}\delta\beta^{-\frac{1}{2}}=2\beta+2\theta\beta-4\theta\beta^3+\frac{5}{2}\delta\beta^{\frac{3}{2}}=2\beta[1+$

$\theta(1-2\beta^2)]+\frac{5}{2}\delta\beta^{\frac{3}{2}}>0$，因此我们可以推断，$\dfrac{2\theta\beta-\frac{1}{2}\delta\beta^{-\frac{1}{2}}}{2\beta+4\theta\beta-4\theta\beta^3+\frac{5}{2}\delta\beta^{\frac{3}{2}}-\frac{1}{2}\delta\beta^{-\frac{1}{2}}}$

存在一个最大取值，我们令之为 d^*，且 $d^*<1$。那么，海外并购中的收购方

企业面临的经济制度距离 $d>d^*$ 时，$d>\dfrac{2\theta\beta-\frac{1}{2}\delta\beta^{-\frac{1}{2}}}{2\beta+4\theta\beta-4\theta\beta^3+\frac{5}{2}\delta\beta^{\frac{3}{2}}-\frac{1}{2}\delta\beta^{-\frac{1}{2}}}$ 必然

成立，进而有 $\dfrac{\partial V(\lambda,\beta)}{\partial\beta}>0$，意味着此时无论海外并购双方的资源相似性、

互补性强弱，总是采取较高的目标方自主性有利于并购后协同效应的实现；

而当 $d<d^*$ 时 d 与 $\dfrac{2\theta\beta-\frac{1}{2}\delta\beta^{-\frac{1}{2}}}{2\beta+4\theta\beta-4\theta\beta^3+\frac{5}{2}\delta\beta^{\frac{3}{2}}-\frac{1}{2}\delta\beta^{-\frac{1}{2}}}$ 相比孰大孰小不是确定的，

且由于 ϕ 的符号取值正负性不能确定，进而 $\dfrac{\partial V(\lambda,\beta)}{\partial\beta}$ 的符号正负性的判断也是不能确定的，这表明在这种情况下被并购方自主性并非单向线性的，与并购协同效应相关，β^* 的取值随着两家企业之间的资源特征维度相似性 θ 和互补性 δ 而变化。下面提供一个特例以便更为直观地理解前述的结果：d 接近 1 时，ϕ 退化为 $\phi\approx\phi_1=2\beta[1+\theta(1-2\beta^2)]+\frac{5}{2}\delta\beta^{\frac{3}{2}}>0$，$\dfrac{\partial V(\lambda,\beta)}{\partial\beta}>0$ 恒成立；d 接近 0 时，ϕ 退化为 $\phi\approx\phi_2=-2\theta\beta+\frac{1}{2}\delta\beta^{-\frac{1}{2}}$，$\dfrac{\partial V(\lambda,\beta)}{\partial\beta}$ 的正负性不能确定，随两家企业资源特征维度相似性 θ 和互补性 δ 而变化。综合上述分析可以推导如下结论：经济制度距离 d 在（0,1）的范围内有一个临界值，导致并购方面临的经济制度距离高于该临界值的状态下，无论资源特征情况如何，目标企业自主性越高对并购协同效应的促进作用越明显；并购方面临的经济制度距离

低于该临界值的状态下，最佳的目标企业自主性水平决策需要视并购双方资源特征维度决定。

同理观察式 (7-4)，可以发现，当 $\frac{R}{\sigma}(P\rho\varphi)^{\sigma-1}\left\{\left[1-d(1-\beta^2)\right]\left[1+\theta(1-\beta^2)+\delta\beta^{\frac{1}{2}}\right]\right\}^{\sigma-1} <$

$(1-\theta+\delta+d)^{\sigma-1}\lambda$，即 $d > \dfrac{(P\rho\varphi)\left(\frac{R}{\sigma}\right)^{\frac{1}{\sigma-1}}\left[1+\theta(1-\beta^2)+\delta\beta^{\frac{1}{2}}\right]-(1-\theta+\delta)\lambda^{\frac{1}{\sigma-1}}}{(P\rho\varphi)\left(\frac{R}{\sigma}\right)^{\frac{1}{\sigma-1}}\left[1+\theta(1-\beta^2)+\delta\beta^{\frac{1}{2}}\right](1-\beta^2)+\lambda^{\frac{1}{\sigma-1}}}$ 时，

恒有 $\dfrac{\partial V(\lambda,\beta)}{\partial \lambda} < 0$。

由于

$$(P\rho\varphi)\left(\frac{R}{\sigma}\right)^{\frac{1}{\sigma-1}}\left[1+\theta(1-\beta^2)+\delta\beta^{\frac{1}{2}}\right](1-\beta^2)+\lambda^{\frac{1}{\sigma-1}}$$

$$-(P\rho\varphi)\left(\frac{R}{\sigma}\right)^{\frac{1}{\sigma-1}}\left[1+\theta(1-\beta^2)+\delta\beta^{\frac{1}{2}}\right]+(1-\theta+\delta)\lambda^{\frac{1}{\sigma-1}}$$

$$=-\beta^2(P\rho\varphi)\left(\frac{R}{\sigma}\right)^{\frac{1}{\sigma-1}}\left[1+\theta(1-\beta^2)+\delta\beta^{\frac{1}{2}}\right]+(2-\theta+\delta)\lambda^{\frac{1}{\sigma-1}} > 0\;①$$

因此我们可以推断，$\dfrac{(P\rho\varphi)\left(\frac{R}{\sigma}\right)^{\frac{1}{\sigma-1}}\left[1+\theta(1-\beta^2)+\delta\beta^{\frac{1}{2}}\right]-(1-\theta+\delta)\lambda^{\frac{1}{\sigma-1}}}{(P\rho\varphi)\left(\frac{R}{\sigma}\right)^{\frac{1}{\sigma-1}}\left[1+\theta(1-\beta^2)+\delta\beta^{\frac{1}{2}}\right](1-\beta^2)+\lambda^{\frac{1}{\sigma-1}}}$ 存在

---

① 需要说明的是，上式的成立与海外并购方并购前利润水平 $\frac{R}{\sigma}(P\rho\varphi)^{\sigma-1}$ 的大小有关，当 $\frac{R}{\sigma}(P\rho\varphi)^{\sigma-1}$ 较小时，$(P\rho\varphi)\left(\frac{R}{\sigma}\right)^{\frac{1}{\sigma-1}}$ 相应较小，上式能够成立。而在设定中，并购方并购前利润与并购方先前生产率水平正相关，考虑到海外并购的主要动因在于生产率相对落后的国内企业通过并购来提升自身的生产率水平，我们合理地假设，并购方并购前生产率是较低的，即 $\frac{R}{\sigma}(P\rho\varphi)^{\sigma-1}$ 较小。

一个最大取值，我们令其为$d^{*'}$，且$d^{*'}<1$。

那么，当海外并购双方经济制度距离$d>d^{*'}$时，一定有

$$d>\frac{(P\rho\varphi)\left(\frac{R}{\sigma}\right)^{\frac{1}{\sigma-1}}\left[1+\theta(1-\beta^2)+\delta\beta^{\frac{1}{2}}\right]-(1-\theta+\delta)\lambda^{\frac{1}{\sigma-1}}}{(P\rho\varphi)\left(\frac{R}{\sigma}\right)^{\frac{1}{\sigma-1}}\left[1+\theta(1-\beta^2)+\delta\beta^{\frac{1}{2}}\right](1-\beta^2)+\lambda^{\frac{1}{\sigma-1}}}$$

成立，进而有$\frac{\partial V(\lambda,\beta)}{\partial \lambda}<0$，表明在这一情况下不管并购双方的资源相关性特征情况如何，低水平的整合程度决策对并购协同价值的创造更有促进作用；而当$d<d^{*'}$时

d与$\frac{(P\rho\varphi)\left(\frac{R}{\sigma}\right)^{\frac{1}{\sigma-1}}\left[1+\theta(1-\beta^2)+\delta\beta^{\frac{1}{2}}\right]-(1-\theta+\delta)\lambda^{\frac{1}{\sigma-1}}}{(P\rho\varphi)\left(\frac{R}{\sigma}\right)^{\frac{1}{\sigma-1}}\left[1+\theta(1-\beta^2)+\delta\beta^{\frac{1}{2}}\right](1-\beta^2)+\lambda^{\frac{1}{\sigma-1}}}$之间的关系不能确定，进

而$\frac{\partial V(\lambda,\beta)}{\partial \lambda}$的符号不能确定，表明最佳的整合程度决策需要视并购双方资源特征维度决定。类似地，对于并购整合程度，我们证明了在（0,1）的范围内，也存在经济制度距离d的临界值使得整合程度的策略在临界值前后有所不同。

我们得到如下两个结论。

结论7-1：在经济制度距离较低的海外并购中，并购方整合程度与目标企业自主性的决策需要匹配资源相关性特征，能促进并购后协同价值创造。

结论7-2：在经济制度距离较低的海外并购中，并购方较低的整合程度和较高的目标企业自主性水平，能促进并购后协同价值创造。

四、比较静态分析

在前文关于式（7-4）和式（7-5）的分析中，我们已表明，在海外并购中，并购方面临较低水平的经济制度距离状态下，$\frac{\partial V(\lambda,\beta)}{\partial \lambda}$以及$\frac{\partial V(\lambda,\beta)}{\partial \beta}$的正负性不明确，表明整合程度以及目标企业自主性都分别存在最优水平的λ^*

和 β^* 最大化并购后协同价值创造，两者并非单向线性地与并购后协同效应关联。最优整合决策的 λ^* 和 β^* 的大小随着资源相关性特征维度的相似性 θ 和互补性 δ 而变化。令 $\dfrac{\partial V(\lambda,\beta)}{\partial \lambda}=0$，$\dfrac{\partial V(\lambda,\beta)}{\partial \beta}=0$，同时解这两个方程，求当经济制度距离低时的 λ^* 和 β^* 的大小，由 $\dfrac{\partial V(\lambda,\beta)}{\partial \lambda}=0$ 解得

$$\lambda^*=\dfrac{\dfrac{R}{\sigma}(P\rho\varphi)^{\sigma-1}\left\{\left[1-d(1-\beta^{*2})\right]\left[1+\theta(1-\beta^{*2})+\delta\beta^{*\frac{1}{2}}\right]\right\}^{\sigma-1}}{(1-\theta+\delta+d)^{\sigma-1}} \quad (7\text{-}6)$$

因此有

$$T^*=\lambda^{*\frac{1}{\sigma-1}}=\left(\dfrac{R}{\sigma}\right)^{\frac{1}{\sigma-1}}\dfrac{(P\rho\varphi)\left[1-d(1-\beta^{*2})\right]\left[1+\theta(1-\beta^{*2})+\delta\beta^{*\frac{1}{2}}\right]}{1-\theta+\delta+d} \quad (7\text{-}7)$$

同时由 $\dfrac{\partial V(\lambda,\beta)}{\partial \beta}=0$ 可知最优自主性程度 β^* 可通过求解隐函数得到。

$$\left[1-d(1-\beta^{*2})\right]\left(-2\theta\beta^*+\dfrac{1}{2}\delta\beta^{*-\frac{1}{2}}\right)+2d\beta^*\left[1+\theta(1-\beta^{*2})+\delta\beta^{*\frac{1}{2}}\right]=0 \quad (7\text{-}8)$$

接下来，通过比较静态分析最优状态下的 T^* 和 β^*，我们继续考察海外并购中，并购方面临较低的经济制度距离时，为并购后协同最大化所采取的整合决策中，资源相关性特征维度的相似性、互补性如何分别作用于整合程度和目标方自主性。

（一）资源相似性特征对整合程度的作用

应用式（7-7）对 θ 求偏导：

$$\frac{\partial T^*}{\partial \theta} = (P\rho\varphi)\left(\frac{R}{\sigma}\right)^{\frac{1}{\sigma-1}} \cdot \frac{A}{(1-\theta+\delta+d)^2}$$

其中，$A = \left\{ \left[1-d(1-\beta^{*2})\right]\left[(1-\beta^{*2}-2\theta\beta^*\frac{\partial\beta^*}{\partial\theta}) + \frac{1}{2}\delta\beta^{*-\frac{1}{2}}\frac{\partial\beta^*}{\partial\theta}\right] + 2d\beta^*\frac{\partial\beta^*}{\partial\theta} \times \left[1+\theta(1-\beta^{*2})+\delta\beta^{*\frac{1}{2}}\right]\right\}(1-\theta+\delta+d) + \left[1-d(1-\beta^{*2})\right]\left[1+\theta(1-\beta^{*2})+\delta\beta^{*\frac{1}{2}}\right] =$

$\left\langle \left[1-d(1-\beta^{*2})\right]\cdot(1-\beta^{*2}) - \frac{\partial\beta^*}{\partial\theta}\left\{\left[1-d(1-\beta^{*2})\right]\left(-2\theta\beta^* + \frac{1}{2}\delta\beta^{*-\frac{1}{2}}\right) + 2d\beta^*\left[1+\theta(1-\beta^{*2})+\delta\beta^{*\frac{1}{2}}\right]\right\}\right\rangle(1-\theta+\delta+d) + \left[1-d(1-\beta^{*2})\right]\left[1+\theta(1-\beta^{*2})+\delta\beta^{*\frac{1}{2}}\right]$。

因为 $\left[1-d(1-\beta^{*2})\right]\left(-2\theta\beta^* + \frac{1}{2}\delta\beta^{*-\frac{1}{2}}\right) + 2d\beta^*\left[1+\theta(1-\beta^{*2})+\delta\beta^{*\frac{1}{2}}\right] = 0$，

简化上式的表达为 $A = \left[1-d(1-\beta^{*2})\right](1-\beta^{*2})(1-\theta+\delta+d) + \left[1-d(1-\beta^{*2})\right] \times \left[1+\theta(1-\beta^{*2})+\delta\beta^{*\frac{1}{2}}\right] = \left[1-d(1-\beta^{*2})\right]\left[1+(1+\delta+d)(1-\beta^{*2})+\delta\beta^{*\frac{1}{2}}\right]$。

由于 $A>0$，可得 $\frac{\partial T^*}{\partial \theta} > 0$，资源相似性特征与最优整合程度正向相关，即高相似性促进最优整合程度提升。据此得到如下结论。

结论 7-3：在经济制度距离较低的海外并购中，为实现并购协同价值创造的最大化，并购方在越高的相似性资源特征下所匹配的整合程度越高。

（二）资源互补性特征对整合程度的作用

应用式（7-7）对 δ 求偏导：

$$\frac{\partial T^*}{\partial \delta} = (P\rho\varphi)\left(\frac{R}{\sigma}\right)^{\frac{1}{\sigma-1}} \cdot \frac{B}{(1-\theta+\delta+d)^2}$$

其中，$B = \left\{ \left[1-d(1-\beta^{*2})\right]\left[-2\theta\beta^* \dfrac{\partial \beta^*}{\partial \delta} + \left(\beta^{*\frac{1}{2}} + \dfrac{1}{2}\delta\beta^{*-\frac{1}{2}}\dfrac{\partial \beta^*}{\partial \delta}\right)\right] + 2d\beta^* \dfrac{\partial \beta^*}{\partial \delta} \times \right.$

$\left[1+\theta(1-\beta^{*2})+\delta\beta^{*\frac{1}{2}}\right]\Big\}(1-\theta+\delta+d) - \left[1-d(1-\beta^{*2})\right]\left[1+\theta(1-\beta^{*2})+\delta\beta^{*\frac{1}{2}}\right] =$

$\left\langle \left[1-d(1-\beta^{*2})\right]\beta^{*\frac{1}{2}} - \dfrac{\partial \beta^*}{\partial \delta}\left\{\left[1-d(1-\beta^{*2})\right]\left(-2\theta\beta^* + \dfrac{1}{2}\delta\beta^{*-\frac{1}{2}}\right) + 2d\beta^*\left[1+\theta(1-\beta^{*2})+\right.\right.\right.$

$\left.\left.\delta\beta^{*\frac{1}{2}}\right]\right\}\right\rangle \cdot (1-\theta+\delta+d) - \left[1-d(1-\beta^{*2})\right]\left[1+\theta(1-\beta^{*2})+\delta\beta^{*\frac{1}{2}}\right]$。

由于 $\left[1-d(1-\beta^{*2})\right]\left(-2\theta\beta^* + \dfrac{1}{2}\delta\beta^{*-\frac{1}{2}}\right) + 2d\beta^*\left[1+\theta(1-\beta^{*2})+\delta\beta^{*\frac{1}{2}}\right] = 0$，

因此上式可以化简为 $B = \left[1-d(1-\beta^{*2})\right]\beta^{*\frac{1}{2}}(1-\theta+\delta+d) - \left[1-d(1-\beta^{*2})\right]\times$

$\left[1+\theta(1-\beta^{*2})+\delta\beta^{*\frac{1}{2}}\right] = \left[1-d(1-\beta^{*2})\right]\left[\beta^{*\frac{1}{2}}(1-\theta+d) - 1 - \theta(1-\beta^{*2})\right]$。

在经济制度距离 d 较小时，有 $\beta^{*\frac{1}{2}}(1-\theta+d) - 1 - \theta(1-\beta^{*2}) < 0$，由于 $B < 0$，可得 $\dfrac{\partial T^*}{\partial \delta} < 0$，资源互补性特征与最优整合程度负向相关，即高互补性促进最优整合程度降低。由此，我们得出如下结论。

结论 7-4：在经济制度距离较低的海外并购中，为实现并购协同价值创造的最大化，并购方在越高的互补性资源特征下所匹配的整合程度越低。

（三）资源相似性特征对目标企业自主性的作用

应用关于 β^* 的隐函数式（7-8）可得

$$-2\theta\beta^* + (1-d)\dfrac{1}{2}\delta\beta^{*-\frac{1}{2}} + 4d\theta\beta^* - 4d\theta\beta^{*3} + \dfrac{5}{2}d\delta\beta^{*\frac{3}{2}} + 2d\beta^* = 0$$

上述隐函数对 θ 求偏导可得 $-2\beta^* - 2\theta\dfrac{\partial \beta^*}{\partial \theta} - (1-d)\dfrac{1}{4}\delta\beta^{*-\frac{3}{2}}\dfrac{\partial \beta^*}{\partial \theta} +$

$$d\left(4\beta^* + 4\theta\dfrac{\partial \beta^*}{\partial \theta} - 4\beta^{*3} - 12\theta\beta^{*2}\dfrac{\partial \beta^*}{\partial \theta} + \dfrac{15}{4}\delta\beta^{*\frac{1}{2}}\dfrac{\partial \beta^*}{\partial \theta} + 2\dfrac{\partial \beta^*}{\partial \theta}\right) = 0。$$

由此解得

$$\dfrac{\partial \beta^*}{\partial \theta} = \dfrac{2\beta^* - 4d\beta^* + 4d\beta^{*3}}{-2\theta - (1-d)\dfrac{1}{4}\delta\beta^{*-\frac{3}{2}} + d\left(4\theta - 12\theta\beta^{*2} + \dfrac{15}{4}\delta\beta^{*\frac{1}{2}} + 2\right)}$$

当 d 较小时，有 $2\beta^* - 4d\beta^* + 4d\beta^{*3} > 0$，$-2\theta - (1-d)\dfrac{1}{4}\delta\beta^{*-\frac{3}{2}} +$

$d\left(4\theta - 12\theta\beta^{*2} + \dfrac{15}{4}\delta\beta^{*\frac{1}{2}} + 2\right) < 0$，可得 $\dfrac{\partial \beta^*}{\partial \theta} < 0$，资源相似性特征与最优目标企业自主性负向相关，即高相似性促进最优自主性水平降低。因此，我们得出如下结论。

结论 7-5：在经济制度距离较低的海外并购中，为实现并购协同价值创造的最大化，并购方在越高的相似性资源特征下所匹配的目标方自主性水平越低。

（四）资源互补性特征对目标企业自主性的作用

应用关于 β^* 的隐函数式（7-8）对 δ 求偏导：

$$-2\theta\dfrac{\partial \beta^*}{\partial \delta} + (1-d)\left(\dfrac{1}{2}\beta^{*-\frac{1}{2}} - \dfrac{1}{4}\delta\beta^{*-\frac{3}{2}}\dfrac{\partial \beta^*}{\partial \delta}\right)$$

$$+ d\left(4\theta\dfrac{\partial \beta^*}{\partial \delta} - 12\theta\beta^{*2}\dfrac{\partial \beta^*}{\partial \delta} + \dfrac{5}{2}\beta^{*\frac{3}{2}} + \dfrac{15}{4}\delta\beta^{*\frac{1}{2}}\dfrac{\partial \beta^*}{\partial \delta} + 2\dfrac{\partial \beta^*}{\partial \delta}\right) = 0$$

由此解得

$$\frac{\partial \beta^*}{\partial \delta} = \frac{(1-d)\frac{1}{2}\beta^{*-\frac{1}{2}} + \frac{5}{2}d\beta^{*\frac{3}{2}}}{2\theta + (1-d)\frac{1}{4}\delta\beta^{*-\frac{3}{2}} - d\left(4\theta - 12\theta\beta^{*2} + \frac{15}{4}\delta\beta^{*\frac{1}{2}} + 2\right)}$$

当 d 较小时，有 $(1-d)\frac{1}{2}\beta^{*-\frac{1}{2}} + \frac{5}{2}d\beta^{*\frac{3}{2}} > 0$，$2\theta + (1-d)\frac{1}{4}\delta\beta^{*-\frac{3}{2}} - d\left(4\theta - 12\theta\beta^{*2} + \frac{15}{4}\delta\beta^{*\frac{1}{2}} + 2\right) > 0$，因此 $\frac{\partial \beta^*}{\partial \delta} > 0$，资源互补性特征与最优目标企业自主性正向相关，即高相似性促进最优自主性水平提升。据此得到如下结论。

结论 7-6：在经济制度距离较低的海外并购中，为实现并购协同价值创造的最大化，并购方在越高的互补性资源特征下所匹配的目标方自主性水平越高。

（五）资源相似性、互补性特征交互作用对整合程度的影响

通过前文分析，整合程度关于资源相似性特征的一阶偏导整理可得

$$\frac{\partial T^*}{\partial \theta} = (P\rho\varphi)\left(\frac{R}{\sigma}\right)^{\frac{1}{\sigma-1}} \cdot \frac{\left[1-d\left(1-\beta^{*2}\right)\right]\left[1+(1+\delta+d)(1-\beta^{*2})+\delta\beta^{*\frac{1}{2}}\right]}{(1-\theta+\delta+d)^2}$$

为了探讨两家企业的资源相似性、互补性特征维度对整合程度的交互作用，对上式进一步关于资源互补性求偏导，得到并购整合程度关于资源相似性、互补性的二阶导数为

$$\frac{\partial^2 T^*}{\partial \theta \partial \delta} = (P\rho\varphi)\left(\frac{R}{\sigma}\right)^{\frac{1}{\sigma-1}} \cdot \frac{C}{(1-\theta+\delta+d)^3}$$

$$C = \left\{\left[1-d\left(1-\beta^{*2}\right)\right]\left[1-\beta^{*2} - 2\beta^*\frac{\partial \beta^*}{\partial \delta}(1-\theta+\delta+d) + \beta^{*\frac{1}{2}}\right] + 2d\beta^*\frac{\partial \beta^*}{\partial \delta}(1-\theta+\delta+d) \times \right.$$

$$\left(1-\beta^{*2}\right)\Bigg\{\left(1-\theta+\delta+d\right)-2\left[1-d\left(1-\beta^{*2}\right)\right]\left[1+(1+\delta+d)\left(1-\beta^{*2}\right)+\delta\beta^{*\frac{1}{2}}\right]$$

$$=-\left[1-d\left(1-\beta^{*2}\right)\right]\Bigg\{\left(1-\beta^{*2}\right)(1+\theta+\delta+d)+2\beta^*\frac{\partial\beta^*}{\partial\delta}(1-\theta+\delta+d)^2$$

$$+\left[2-\beta^{*\frac{1}{2}}(1-\theta-\delta+d)\right]\Bigg\}+2d\beta^*\frac{\partial\beta^*}{\partial\delta}(1-\theta+\delta+d)^2\left(1-\beta^{*2}\right)$$

在较小的 d 水平下，因为 $C<0$，可得 $\frac{\partial^2 T^*}{\partial\theta\partial\delta}<0$。由此，我们得出如下结论。

结论 7-7：在经济制度距离较低的海外并购中，资源相似性、互补性特征交互作用对匹配的最优整合程度具有负向影响。

（六）资源相似性、互补性特征交互作用对目标企业自主性的影响

通过前文分析，目标企业自主性关于资源相似性特征的一阶偏导整理可得

$$\frac{\partial\beta^*}{\partial\theta}=\frac{2\beta^*-4d\beta^*+4d\beta^{*3}}{-2\theta-(1-d)\frac{1}{4}\delta\beta^{*-\frac{3}{2}}+d\left(4\theta-12\theta\beta^{*2}+\frac{15}{4}\delta\beta^{*\frac{1}{2}}+2\right)}$$

为了探讨两家企业的资源相似性、互补性特征维度对目标企业自主性水平的交互作用，我们对上式继续关于资源互补性求偏导，得到目标方自主性关于资源相似性、互补性的二阶导数，整理可得

$$\frac{\partial^2\beta^*}{\partial\theta\partial\delta}=\frac{D}{\left\{-2\theta-(1-d)\frac{1}{4}\delta\beta^{*-\frac{3}{2}}+d\left(4\theta-12\theta\beta^{*2}+\frac{15}{4}\delta\beta^{*\frac{1}{2}}+2\right)\right\}^2}$$

$$D=\left(2-4d+12d\beta^{*2}\right)\frac{\partial\beta^*}{\partial\delta}\left\{-2\theta-(1-d)\frac{1}{4}\delta\beta^{*-\frac{3}{2}}+d\left(4\theta-12\theta\beta^{*2}+\frac{15}{4}\delta\beta^{*\frac{1}{2}}+2\right)\right\}$$

$$-\left[-(1-d)\frac{1}{4}\beta^{*-\frac{3}{2}}+\frac{3}{8}(1-d)\cdot\delta\beta^{*-\frac{5}{2}}\frac{\partial\beta^*}{\partial\delta}-24d\theta\beta^*\frac{\partial\beta^*}{\partial\delta}+\frac{15}{4}d\beta^{*\frac{1}{2}}\right.$$

$$\left.+\frac{15}{8}d\delta\beta^{*-\frac{1}{2}}\frac{\partial\beta^*}{\partial\delta}\right](2\beta^*-4d\beta^*+4d\beta^{*3})$$

$$=\left[-(1-d)\frac{1}{2}\beta^{*-\frac{1}{2}}-\frac{5}{2}d\beta^{*\frac{3}{2}}\right](2-4d+12d\beta^{*2})-\left[-(1-d)\cdot\frac{1}{4}\beta^{*-\frac{3}{2}}\right.$$

$$\left.+\frac{3}{8}(1-d)\delta\beta^{*-\frac{5}{2}}\frac{\partial\beta^*}{\partial\delta}-24d\theta\beta^*\frac{\partial\beta^*}{\partial\delta}+\frac{15}{4}d\beta^{*\frac{1}{2}}+\frac{15}{8}d\delta\beta^{*-\frac{1}{2}}\frac{\partial\beta^*}{\partial\delta}\right](2\beta^*-4d\beta^*+4d\beta^{*3})$$

$$=\left[-(1-d)\frac{1}{2}\beta^{*-\frac{3}{2}}-\frac{5}{2}d\beta^{*\frac{1}{2}}\right](2\beta^*-4d\beta^*+12d\beta^{*3})-\left[-(1-d)\frac{1}{4}\beta^{*-\frac{3}{2}}\right.$$

$$\left.+\frac{3}{8}(1-d)\delta\beta^{*-\frac{5}{2}}\frac{\partial\beta^*}{\partial\delta}-24d\theta\beta^*\frac{\partial\beta^*}{\partial\delta}+\frac{15}{4}d\beta^{*\frac{1}{2}}+\frac{15}{8}d\delta\beta^{*-\frac{1}{2}}\frac{\partial\beta^*}{\partial\delta}\right](2\beta^*-4d\beta^*+4d\beta^{*3})$$

$$=\left[-(1-d)\cdot\frac{1}{4}\beta^{*-\frac{1}{2}}-\frac{3}{8}(1-d)\delta\beta^{*-\frac{5}{2}}\frac{\partial\beta^*}{\partial\delta}-\frac{5}{2}d\beta^{*\frac{1}{2}}+24d\theta\beta^*\frac{\partial\beta^*}{\partial\delta}-\frac{15}{4}d\beta^{*\frac{1}{2}}\right.$$

$$\left.-\frac{15}{8}d\delta\beta^{*-\frac{1}{2}}\frac{\partial\beta^*}{\partial\delta}\right](2\beta^*-4d\beta^*+4d\beta^{*3})-\left[(1-d)\frac{1}{2}\beta^{*-\frac{3}{2}}+\frac{5}{2}d\beta^{*\frac{1}{2}}\right]8d\beta^{*3}$$

在较小的 d 水平下，因为 $D<0$，可得 $\frac{\partial^2\beta^*}{\partial\theta\partial\delta}<0$。由此，我们得出如下结论。

结论 7-8：在经济制度距离较低的海外并购中，资源相似性、互补性特征交互作用对匹配的最优目标企业自主性水平具有负向影响。

五、海外并购决策

通过对比实施海外并购整合策略的并购方企业的价值 V 和未实施并购时企业价值 V_0，可知海外并购的发生条件需满足式（7-9）。

$$V-V_0=\frac{R}{\sigma}(P\rho\varphi)^{\sigma-1}\left\{\left[1-d(1-\beta^2)\right]\left[1+\theta(1-\beta^2)+\delta\beta^{\frac{1}{2}}\right]\right\}^{\sigma-1}\lambda$$

$$-\frac{(1-\theta+\delta+d)^{\sigma-1}}{2}\lambda^2-\frac{R}{\sigma}(P\rho\varphi)^{\sigma-1}>0 \qquad (7\text{-}9)$$

解上述不等式可知整合程度的转换式 λ 必须满足

$$\frac{\dfrac{R}{\sigma}(P\rho\varphi)^{\sigma-1}\left\{\left[1-d(1-\beta^2)\right]\left[1+\theta(1-\beta^2)+\delta\beta^{\frac{1}{2}}\right]\right\}^{\sigma-1}-\sqrt{\Delta}}{(1-\theta+\delta+d)^{\sigma-1}}<\lambda<$$

$$\frac{\dfrac{R}{\sigma}(P\rho\varphi)^{\sigma-1}\left\{\left[1-d(1-\beta^2)\right]\left[1+\theta(1-\beta^2)+\delta\beta^{\frac{1}{2}}\right]\right\}^{\sigma-1}+\sqrt{\Delta}}{(1-\theta+\delta+d)^{\sigma-1}}$$

其中

$$\Delta=\left\{\frac{R}{\sigma}(P\rho\varphi)^{\sigma-1}\left\{\left[1-d(1-\beta^2)\right]\left[1+\theta(1-\beta^2)+\delta\beta^{\frac{1}{2}}\right]\right\}^{\sigma-1}\right\}^2$$

$$-2(1-\theta+\delta+d)^{\sigma-1}\frac{R}{\sigma}(P\rho\varphi)^{\sigma-1}>0$$

由上文可知当海外并购双方经济制度距离较低时，最优的整合程度

$$\lambda^*=\frac{\dfrac{R}{\sigma}(P\rho\varphi)^{\sigma-1}\left\{\left[1-d(1-\beta^{*2})\right]\left[1+\theta(1-\beta^{*2})+\delta\beta^{*\frac{1}{2}}\right]\right\}^{\sigma-1}}{(1-\theta+\delta+d)^{\sigma-1}}$$ 落在上述区间内，

因此进行海外并购进而通过整合提升企业生产率总是有利可图的；而当经济制度距离较高时，有整合程度

$$\lambda>\frac{\dfrac{R}{\sigma}(P\rho\varphi)^{\sigma-1}\left\{\left[1-d(1-\beta^2)\right]\left[1+\theta(1-\beta^2)+\delta\beta^{\frac{1}{2}}\right]\right\}^{\sigma-1}}{(1-\theta+\delta+d)^{\sigma-1}}$$

因此当整合程度满足 $\dfrac{\dfrac{R}{\sigma}(P\rho\varphi)^{\sigma-1}\left\{\left[1-d(1-\beta^2)\right]\left[1+\theta(1-\beta^2)+\delta\beta^{\frac{1}{2}}\right]\right\}^{\sigma-1}}{(1-\theta+\delta+d)^{\sigma-1}} < \lambda <$

$\dfrac{\dfrac{R}{\sigma}(P\rho\varphi)^{\sigma-1}\left\{\left[1-d(1-\beta^2)\right]\left[1+\theta(1-\beta^2)+\delta\beta^{\frac{1}{2}}\right]\right\}^{\sigma-1}+\sqrt{\Delta}}{(1-\theta+\delta+d)^{\sigma-1}}$ 时，企业实施合理的

海外并购整合策略能够实现并购协同价值创造。

最后，根据式（7-9），对初始生产率的转换式 $\varphi^{\sigma-1}$ 求偏导可得

$$\frac{\partial(V-V_0)}{\partial\varphi^{\sigma-1}}=\frac{R}{\sigma}(P\rho)^{\sigma-1}\left\{\left\{\left[1-d(1-\beta^2)\right]\left[1+\theta(1-\beta^2)+\delta\beta^{\frac{1}{2}}\right]\right\}^{\sigma-1}\lambda-1\right\}>0$$

这个式子表明并购协同价值的创造随着并购方企业初始生产率水平的提升而加大，对于那些初始生产率更高的国内企业而言，它们更有可能实施海外并购整合来获取先进技术。

六、研究结论

本节构建了一个垄断竞争环境下异质性企业通过海外并购整合提升生产率的模型，探讨了并购方为实现并购后协同价值创造的最大化，依据并购双方资源相关性特征如何匹配最优整合程度和目标企业自主性水平，以及经济制度距离在其中发挥怎样的作用，从而试图在这一研究领域内填补研究缺口。静态模型构建与分析得到的主要结论为：并购方面临较低的经济制度距离时，为实现并购协同价值创造的最大化，在越高的相似性资源特征下所匹配的整合程度越高、目标企业自主性水平越低；在越高的互补性资源特征下所匹配的整合程度越低、目标企业自主性水平越高；资源相似、性互补性特征交互作用对匹配的最优整合程度以及目标企业自主性水平均具有负向影响。当并购双方经济制度距离较高时，并购方选择较低的整合程度和较高的目标企业自主性水平，能够促进并购后协同价值创造。

第二节　基于资源相关性的中国制造业技术获取型海外并购整合与企业技术创新的动态模型

在技术获取型海外并购中，要基于两家企业的资源相关性特征实施恰当的整合决策才能充分实现协同价值。整合决策中，得到广泛研究的两个关键维度是整合程度和目标企业自主性。根据前文的分析，我们已经指出，整合决策受两个机制的影响：一是涵盖技术学习作用和资源配置作用的协同效应；二是摩擦效应。围绕剖析并购方基于资源相关性特征如何匹配合理的整合决策促进企业技术创新这一核心主题，本节力图基于海外并购整合理论，构建以技术获取型海外并购整合为手段、以促进企业技术创新为目的的数理模型，并回答如下问题：第一，海外并购整合决策受到资源相关性中的相似性和互补性两个特征维度的影响后如何变化，由此产生的不同整合决策对企业层次的技术创新的作用机制是什么？第二，考虑并购整合是一个具有动态性特征的复杂过程，在不同的阶段中，整合决策的动态变化的内在机制是什么？

本节围绕三块主要内容进行分析：第一，介绍模型的基本环境设定；第二，应用比较静态分析，关注并购方为实现企业技术创新最大化，在资源的相似性和互补性的不同强弱特征下，采取的最优并购后整合决策；第三，进一步对模型进行拓展，基于比较静态分析，在模型中引入最优控制分析以深入探讨海外并购整合过程的动态性。

一、基础模型设置

并购成功的关键环节是并购方在并购后阶段中进行了合理的整合决策，优化调配两家企业所拥有的技术资源并结合到并购后的生产过程中，进行价值的创造和企业自身技术创新能力的提升。为求简化分析，我们进行如下设定：当前有母国 H 和东道国 F 两类国家，由于技术获取型海外并购主要是由低技术水平来源国的企业向高技术水平国家的企业发起，因此，母国 H 代表了技术实力弱势的发展中国家，东道国 F 则代表了技术能力强势的发达国家。

此外，企业 A 表示来自发展中国家实施海外并购活动的企业(acquirer)，T 表示处于发达国家并在海外并购中作为目标方的企业（target）。显然，在并购前，企业 T 相比企业 A 拥有更强的技术实力。设定基础环境如下：技术资源仅能在企业组织边界内流通，而在组织边界之外，技术资源不能彼此流通，但可以通过企业间的并购交易活动跨边界转移。对以技术能力提升为活动目标的企业 A 而言，将有动力对企业 T 实施以技术获取和研发实力增强为目标的海外并购。

（一）海外并购整合与技术创新刻画

1. 协同效应

Farrell 和 Shapiro（1990）的研究表明，并购的潜在收益有协同和非协同的特征差异之分。当并购方不实施并购后整合时，企业应用技术资源获取的创新产出是彼此孤立的。并购后整合是重组企业双方不同研发资源的过程，也是对并购后企业的新技术开发而言最为关键的阶段。

参考 Sakhartov 和 Folta（2014）所刻画的并购后协同效应，本书假设协同效应正向作用于并购方实施的整合决策以及并购方企业的技术水平。并购方企业的研发资源存量由 N_A 代表。通过并购后对目标企业技术资源的整合过程，并购方 A 能够提升创新产出，则其相比母国本地企业 B 会具有更强的技术优势。

并购后整合相似特征的技术资源产生的增量为

$$\dot{N}_{As} = \alpha(s) \cdot \vartheta(u) IN_A N_T \qquad (7\text{-}10)$$

其中，α 表示相似性的资源特征带来的协同效应因子；$\dfrac{\partial \alpha(s)}{\partial s} > 0$，表示资源特征的相似性水平越高，相应地，企业的技术学习效应和规模效应越强。并购后实施的整合水平为 I，目标企业具有 N_T 水平的技术资源存量，可得并购方企业对目标企业技术资源的整合水平为 IN_T。$\vartheta(u)$ 刻画目标企业技术学习效率受到其所得到的自主性水平的作用大小，在资源具有相似性特征的情形下，目标企业被授予的自主性水平越高，知识在企业之间的共享水平是越低的，从而使得并购方企业降低技术学习效率，故 $\partial \vartheta(u)/\partial u < 0$，$\partial^2 \vartheta(u)/\partial u^2 \leqslant 0$。

对于互补性资源，并购整合所带来的技术增量为

$$N_{Ac}^{\cdot} = \beta(c) \cdot z(u) IN_A N_T \tag{7-11}$$

其中，β 表示互补性的资源特征带来的协同效应因子；$\dfrac{\partial \beta(c)}{\partial c} > 0$，表示资源特征的互补性水平越高，相应地，企业具有的互补效应越强；$z(u)$ 表示目标方企业的研发效率受到其所得到的自主性水平的作用大小，在资源具有互补性特征的情形下，目标企业被授予的自主性水平越高，并购整合中的矛盾冲突就越容易得到缓解，由此可提高目标方企业员工的生产积极性，对并购整合后的技术创新具有促进作用，故 $\partial z(u)/\partial u > 0$。

2. 摩擦成本

已有研究指出，目标方企业发明人的研发路径、社会位势与声望会受到并购后整合过程的破坏性影响。Frank（1985）指出，人们为提升相对地位，甘愿放弃部分经济回报，这一相对地位的概念在并购后核心员工离职的现象中也具有一定的解释力（Hambrick and Cannella, 1993; Lubatkin et al., 2001）。据此分析，目标方企业员工的效用由两部分构成：该员工的货币收入以及该员工对其自身在企业中的地位感知。不恰当的并购整合过程对目标方员工的主观感知效用具有剧烈的破坏力，挫伤员工的生产积极性和能动性，更甚者导致核心员工离职。员工作为目标方企业最具活力和价值的创新资源，在并购整合中受到的负面影响直接反映在员工的离职中。已有文献表明，随着整合程度的深入，目标方企业的创新资源受到的破坏性影响更大。另外，理论机理的分析表明，资源高水平的互补性特征会放大两家企业之间的路径冲突，进而提高该过程中耗费的成本，但这种负向关系伴随资源的相似性水平提升能够得到缓和。与此同时，已有文献也指出，在文化差异较高的情形下，海外并购整合的负面影响也会相应提升。因此，将并购整合成本设定为

$$\phi = \frac{\varphi(c,s,d)}{2} I^2 N_T^2 \tag{7-12}$$

其中，$\varphi(c,s,d)$ 表示摩擦成本受到互补性的资源特征、相似性的资源特征和文化差异的影响，越高水平的互补性资源情形下，创新的摩擦成本越高，且该效应边际递增，$\partial\varphi(c,s,d)/\partial c \geqslant 0$，$\partial^2\varphi(c,s,d)/\partial c^2 \geqslant 0$。越高水平的相似性资源情形下，摩擦成本越低，则 $\partial\varphi(c,s,d)/\partial s < 0$。越高水平的文化差异情形下，摩擦成本越高，则 $\partial\varphi(c,s,d)/\partial d \geqslant 0$。此外，摩擦成本也随着并购方采取的整合程度的提升而增加，故 $\partial\phi/\partial I \geqslant 0$，且具有边际成本递增的特征 $\partial^2\phi/\partial I^2 \geqslant 0$。这表示并购方采取越高水平的整合程度，相应产生的摩擦成本越高，这种效应具有边际成本递增的特征。

3. 海外并购整合后技术创新

加总协同效应与摩擦成本，可得到整合后总体技术创新水平 $\dot{N}$。

$$\dot{N} = \dot{N}_{As} + \dot{N}_{Ac} - \phi \tag{7-13}$$

我们具体化上述模型以简化下文分析，令

$$\dot{N}_{As} = \alpha s(1-u^2)\,IN_A N_T \tag{7-14}$$

$$\dot{N}_{Ac} = \beta cu IN_A N_T \tag{7-15}$$

$$\phi = \frac{\gamma c^2 d}{2s} I^2 N_T^2 \tag{7-16}$$

将上述三个公式代入式（7-13），得到

$$\dot{N} = \underbrace{\left[\alpha s(1-u^2) + \beta cu\right] IN_A N_T}_{\text{协同效应}} - \underbrace{\frac{\gamma c^2 d}{2s} N_T^2 I^2}_{\text{摩擦成本}} \tag{7-17}$$

综合上述分析来看，并购后的整合决策同时带来协同效应和整合成本，那么下述两种情形均可能存在：第一种情形是并购整合过程产生的协同收益大于摩擦成本，促进技术创新；第二种情形是并购整合过程产生的协同收益小于摩擦成本，从而破坏技术创新。因此，在并购后整合阶段，并购方需要权衡好整合策略的协同效应和摩擦成本，基于不同水平的相似性和互补性的资源特征，做出最优的并购后整合程度与目标企业自主性的决策，最大化技术创新效果。

（二）静态最优求解

并购方的最优化行为等同于求解其实施技术获取型海外并购后的技术创新产出最大化问题，对于企业并购后整合决策，我们求解最优化问题过程如下：

$$\max \dot{N} = \left[\alpha s(1-u^2) + \beta cu\right] IN_A N_T - \frac{\gamma dc^2}{2s} N_T^2 I^2 \quad (7-18)$$

并购企业同时决定并购整合程度与目标方自主性，因此得到如下两个条件：

$$\frac{\partial \dot{N}}{\partial I} = \left[\alpha s(1-u^2) + \beta cu\right] N_A N_T - \frac{\gamma dc^2}{s} N_T^2 I = 0 \quad (7-19)$$

$$\frac{\partial \dot{N}}{\partial u} = \left[\beta c - 2\alpha su\right] IN_A N_T = 0 \quad (7-20)$$

由 $\dfrac{\partial \dot{N}}{\partial I} = 0$，可得 $\dfrac{\beta cu + \alpha s(1-u^2)}{\gamma d(c^2/s)} \dfrac{N_A}{N_T} = I$。

由 $\dfrac{\partial \dot{N}}{\partial u} = 0$，可得 $u = \dfrac{\beta c}{2\alpha s}$。

因此，可得最优的自主性与并购整合程度分别为

$$u^* = \frac{\beta c}{2\alpha s} \quad (7-21)$$

$$I^* = \frac{\beta^2 c^2 + 4\alpha^2 s^2}{4\alpha\gamma dc^2} \cdot \frac{N_A}{N_T} \quad (7-22)$$

二、比较静态分析

（一）资源的互补性特征对并购后整合程度与目标方自主性的作用

1. 资源的互补性特征与并购后整合程度

依据式（7-22）的最优并购整合程度是

$$I^* = \frac{\beta^2 c^2 + 4\alpha^2 s^2}{4\alpha\gamma dc^2} \cdot \frac{N_A}{N_T}$$

为判断资源的互补性特征对于最优并购后整合水平的作用方向，我们利用式（7-22）关于资源互补性求解一阶偏导，即

$$\frac{\partial I^*}{\partial c} = -\frac{2\alpha s^2}{\gamma dc^3} \cdot \frac{N_A}{N_T} \tag{7-23}$$

可得 $\frac{\partial I^*}{\partial c} < 0$。因此，我们导出如下结论。

结论 7-9：在高水平的互补性资源特征情形下，并购方采取的并购后整合程度越低，越有利于并购后技术创新最大化。

与高水平的相似性资源特征情形相比，在高水平的互补性资源特征情形下，尽管实施整合有利于互补协同效应的创造，推动两家企业之间的沟通交流和技术转移，但随着整合程度的深化双方间的矛盾也愈加突出，进而破坏可用的目标方创新资源。此时，并购方采取低水平的整合程度更利于降低两家企业在整合过程中的摩擦效应；此外，维持和参与管理并购方不了解的目标方企业资源是互补性并购的动机之一，低水平的整合也有利于维持目标方自主性的创新资源。

2. 资源的互补性特征与目标方企业自主性

由于 $u^* = \frac{\beta c}{2\alpha s}, \frac{\partial u^*}{\partial c} = \frac{\beta}{2\alpha s} > 0$，据此可得到如下结论。

结论 7-10：在高水平的互补性资源特征情形下，并购方采取的目标方企业自主性水平越高，越有利于并购后技术创新最大化。

在高水平的互补性资源特征情形下，并购方授予目标方更高水平的自主性更为有利。因为在对这种差异化资源的应用中，并购方一定程度上依靠目标方管理层的知识将有助于更顺利地创造协同价值。通过授予目标方企业较高水平的自主性水平，对方关键员工如发明人的生产积极性会提升，并购方将能获取更多的知识流，减少合并过程中的观念冲突（Paruchuri et al., 2006；Puranam et al., 2006）。

（二）资源相似性特征对并购整合程度与目标方自主性的影响

1. 资源的相似性特征与并购后整合程度

依据式（7-22）的最优并购整合程度是

$$I^* = \frac{\beta^2 c^2 + 4\alpha^2 s^2}{4\alpha \gamma dc^2} \cdot \frac{N_A}{N_T}$$

为判断资源的相似性特征对于最优并购后整合水平的作用方向，我们利用式（7-22）关于资源相似性求解一阶偏导，即

$$\frac{\partial I^*}{\partial s} = \frac{2\alpha s}{\gamma dc^2} \cdot \frac{N_A}{N_T} \quad (7-24)$$

因为 $\alpha, \beta > 0, s > 0, c > 0$，可得 $\frac{\partial I^*}{\partial s} > 0$。由此，我们导出如下结论。

结论 7-11：在高水平的相似性资源特征情形下，并购方采取的并购后整合程度越高，越有利于并购后技术创新最大化。

在高水平的相似性资源特征情形下，并购方对目标方实施较高水平的整合程度是有利的。这一点符合已有文献的理论分析与实证检验结论：一些学者的研究表明，针对相似性的资源特征，并购方可实施高水平的整合程度以促进潜在收益的实现（Capron et al.，2001；Zollo and Singh，2004）。当并购获取的资源以相似性为主要特征时，由于并购中的两家企业具备充分的共同知识基础，并购方实施高水平的整合程度更有利（Cohen and Levinthal，1990；Datta and Grant，1990）。Zaheer 等（2013）采取 86 起并购样本的实证检验，结果表明相似性的资源特征显著正向作用于并购后整合程度。本部分的数理模型分析进一步支持和丰富了这些研究结果。

2. 资源的相似性特征与目标方企业自主性

前文分析表明最优目标方企业自主性 $u^* = \frac{\beta c}{2\alpha s}$，$\frac{\partial u^*}{\partial s} = -\frac{\beta c}{2\alpha s^2} < 0$，可得 $\frac{\partial u^*}{\partial s} < 0$。由此，我们导出如下结论。

结论 7-12：在高水平的相似性资源特征情形下，并购方采取的目标方企业自主性水平越低，越有利于并购后技术创新最大化。

在高水平的相似性资源特征情形下，并购方授予目标方更低水平的自主性更为有利。关于相似性的资源特征对目标企业自主性的作用，已有文献进行了探讨。例如，Zaheer 等（2013）研究表明，相似性的资源特征负向影响目标方企业自主性，而且并购方授予目标方自主性是耗费成本的，如果实证检验中仅考虑资源相似性时，目标企业自主性与整合程度负相关。此时，并购方授予目标方更低水平的自主性有助于降低成本。

结合结论 7-9 和结论 7-10，分析表明在低相似性和高互补性的资源特征情形下，并购整合对技术创新影响受到互补性资源特征的主导作用，为实现并购整合后的创新最大化，并购方采取低度的整合程度与高水平的目标企业自主性更有利。结合结论 7-11 和结论 7-12，并购整合对技术创新的影响受到相似性资源特征的主导作用，为实现并购整合后的创新最大化，并购方采取高水平的整合程度与低水平的目标企业自主性更有利。

（三）资源相似性、互补性特征对海外并购整合的交互作用

1. 资源相似性、互补性交互作用与海外并购整合程度

依据式（7-22）的最优并购整合程度是

$$I^* = \frac{\beta^2 c^2 + 4\alpha^2 s^2}{4\alpha \gamma d c^2} \cdot \frac{N_A}{N_T}$$

此外，式（7-24）表明并购后整合关于相似性资源特征的一阶偏导为

$$\frac{\partial I^*}{\partial s} = \frac{2\alpha s}{\gamma d c^2} \cdot \frac{N_A}{N_T}$$

为判断相似性资源特征和互补性资源特征对并购后整合程度的交互作用，对式（7-24）关于资源互补性求偏导，并购后整合程度关于相似性资源特征和互补性资源特征的二阶偏导为

$$\frac{\partial^2 I^*}{\partial s \partial c} = -\frac{4\alpha s}{\gamma dc^3} \cdot \frac{N_A}{N_T}$$

可得 $\frac{\partial I^*}{\partial s \partial c} < 0$，由此，我们导出如下推论。

推论 7-1：海外并购中的相似性资源特征与互补性资源特征对并购后整合程度具有负向交互作用。

2. 资源相似性、互补性交互作用与目标方自主性

由于最优目标方自主性为

$$u^* = \frac{\beta c}{2\alpha s}$$

目标方自主性关于资源互补性的一阶偏导如下：

$$\frac{\partial u^*}{\partial c} = \frac{\beta}{2\alpha s}$$

为判断相似性资源特征和互补性资源特征对目标企业自主性的交互作用，对式（7-21）关于资源相似性求偏导，并购后目标企业自主性关于相似性资源特征和互补性资源特征的二阶偏导为

$$\frac{\partial^2 u^*}{\partial c \partial s} = -\frac{\beta}{2\alpha s^2}$$

可得 $\frac{\partial^2 u^*}{\partial c \partial s} < 0$，由此，我们导出如下推论。

推论 7-2：海外并购中的相似性资源特征与互补性资源特征对目标企业自主性水平具有负向交互作用。

因此，结合推论 7-1 和推论 7-2，相比低水平相似性和高水平互补性的资源特征，在高水平的相似性和高水平的互补性资源特征情形下，并购方应实施更高水平的整合程度和更低水平的目标方企业自主性；相比高水平相似性和低水平互补性的资源特征，在高水平的相似性和高水平的互补性资源特征情形下，并购方应实施更低水平的整合程度和更高水平的目标方企业自主性。因而此时最优的整合程度和自主性水平处于以上作为对照的两种资源情况之间，并购方会采取较高水平的整合程度和目标方企业自主性。

（四）其他因素对并购后整合决策的影响

1. 知识相对规模

$$I^* = \frac{\beta^2 c^2 + 4\alpha^2 s^2}{4\alpha\gamma dc^2} \cdot \frac{N_A}{N_T}$$

n 代表目标方知识库与并购方知识库比较的相对规模，即 $n = \frac{N_T}{N_A}$，根据前文导出的最优并购整合程度，这一相对规模水平越大时，并购方采取的最优并购后整合程度越小。这符合我们的预期，即并购后整合程度受到并购获取的知识库相对规模水平的作用，当并购方企业相比目标方企业而言具有更大的知识规模时，并购方企业具有更强的吸收能力，相应地可采取更高水平的整合程度；相反，当并购方企业相比目标方企业而言具有更小的知识规模时，并购方实施的并购后整合程度越低。这一点对中国的现实情况具有解释力，即近年来中国企业涌现出"蛇吞象"的海外并购，这些并购方企业实施的整合程度较低。

2. 文化差异

同样，由式（7-22）可知，$\frac{\partial I^*}{\partial d} < 0$，表明在越大的文化差异情形下，并购方实施越低水平的最优整合程度。已有研究表明，文化差距是海外并购后整合阶段的主要风险来源之一，并且众多研究指出海外并购及并购后整合成功的关键前因是两家企业所在国家的文化环境方面的匹配性（Child et al., 2001；Hitt et al., 2001）。当这种国家文化环境方面的差异性拉大时，将会在并购后整合阶段引致文化模糊性、文化碰撞和组织日常运营的冲突（Morosini et al., 1998）。由此表明，在海外并购中，当并购方面临较高的文化距离时，采取更低水平的整合程度有利于降低双方的矛盾冲突。

三、动态模型求解

在前文分析中，我们构建了一个静态模型，探讨并购方如何权衡协同效应与摩擦成本，通过最优的并购后整合程度与目标方自主性决策实现技术创新最大化。本部分引入最优控制理论，进一步构建动态模型进行最优控制分析，探讨海外并购整合在多阶段的动态性变化特征。

（一）动态模型均衡求解

企业在多阶段中的协同效应与比较静态分析过程相同，然而，考虑到并购后整合程度具有动态性的变化特征，每一阶段中并购方调整整合决策需相应增加成本 $v(t)$，而 $\dot{I}(t)=v(t)$，因此并购方进行整合决策调整的成本是 $\frac{\tau}{2}v(t)^2$，每一阶段并购方可得到的收益水平如下：

$$N(t)=\left\{\left[\alpha s\left(1-u^2\right)+\beta cu\right]IN_A N_T-\frac{\gamma c^2 d}{2s}N_T^2 I^2\right\}-\frac{\tau}{2}v(t)^2 \quad (7\text{-}25)$$

当前模型中，并购方技术创新最大化问题是在不同整合阶段中，并购方进行整合程度决策的调整，最大化创新产出。这一问题相应转变为对下述最优控制问题的求解：

$$\max \int_0^\infty e^{-\sigma t}\left\{\left[\alpha s(1-u^2)+\beta cu\right]IN_A N_T-\frac{\gamma c^2 d}{2s}N_T^2 I^2-\frac{\tau}{2}v(t)^2\right\}$$

$$\text{s.t.} \quad \dot{I}(t)=v(t)$$

$$v(t)\geqslant 0;\quad I(t)\leqslant 1$$

该式中，控制变量是 $v(t)$，代表在 t 时刻整合的目标方技术，状态变量是 $I(t)$，代表在 t 时刻并购方实施的整合程度水平。

为简化分析，令 $f(I(t),v(t))=\left\{\left[\alpha s(1-u^2)+\beta cu\right]IN_A N_T-\frac{\gamma c^2 d}{2s}N_T^2 I^2-\frac{\tau}{2}v(t)^2\right\}$。那么相应的 Hamilton 方程如下：

$$H=f(I(t),v(t))+\rho(t)\,v(t) \quad (7\text{-}26)$$

式（7-26）的 Hamilton 乘子是 $\rho(t)$，求解该问题的最优条件可得，当最

优问题的解是 $I(t)$ 时，$\rho(t)$ 满足如下几个条件。

最优性条件：

$$\frac{\partial H}{\partial v} = \frac{\partial f}{\partial v} + \rho(t) = 0 \qquad (7\text{-}27)$$

欧拉方程：

$$\frac{\mathrm{d}\rho}{\mathrm{d}t} = \sigma\rho - \frac{\partial H}{\partial I} \qquad (7\text{-}28)$$

可行性条件：

$$\dot{I} = v(t) \qquad (7\text{-}29)$$

横截性条件：

$$\lim_{t\to\infty} \rho I e^{-\sigma t} = 0 \qquad (7\text{-}30)$$

二阶条件：

$$\frac{\partial^2 H}{\partial V^2} = \frac{\partial^2 f}{\partial V^2} \leqslant 0 \qquad (7\text{-}31)$$

式（7-27）～式（7-31）所代表的最优条件表明，在最优状态下，并购方新整合获取的目标方技术资源对并购后创新产出的边际效应等同于并购方实施的单位整合水平对创新产出的边际效应。横截性条件表明不存在发散均衡点的其他状态，在最优解得到满足时，约束条件（7-31）是松弛的。根据前文分析，式（7-27）～式（7-31）已满足二阶条件的分析前提。

欧拉方程通过应用不同形式的转化来获取。利用式（7-27）的最优性条件在两边关于 t 求导，得

$$\frac{\partial^2 f}{\partial v^2} \cdot \frac{\mathrm{d}v}{\mathrm{d}t} + \frac{\mathrm{d}\rho}{\mathrm{d}t} = 0 \qquad (7\text{-}32)$$

将最优性条件与式（7-32）同时代入欧拉方程，得

$$\frac{\partial^2 f}{\partial v^2} \cdot \frac{dv}{dt} = \frac{\partial f}{\partial I} - \sigma\rho \qquad (7\text{-}33)$$

即得到新的欧拉方程：

$$\frac{dv}{dt} = \left(\frac{\partial f}{\partial I} + \sigma\frac{\partial f}{\partial v}\right) \bigg/ \left(\frac{\partial^2 f}{\partial v^2}\right) \qquad (7\text{-}34)$$

在这个动态模型中，我们的分析目标是本模型的稳定均衡状态能否达成，以及在达成稳定均衡状态的过程中呈现的动态规律。接下来，我们重点围绕这两个问题展开探讨。

（二）均衡状态分析

针对动态系统 $\frac{dv}{dt} = \left(\frac{\partial f}{\partial I} + \sigma\frac{\partial f}{\partial v}\right) \bigg/ \left(\frac{\partial^2 f}{\partial v^2}\right)$，$\dot{I} = v(t)$，达成均衡状态的条件是 $\dot{I} = \dot{v} = 0$，此时 $v^* = 0$。隐函数 $\frac{\partial H}{\partial I} + \sigma\frac{\partial f}{\partial v} = 0$ 的解为 I^*。结合相位图的呈现，我们的分析表明模型存在稳定均衡状态。$\frac{dv}{dt} = \left(\frac{\partial f}{\partial I} + \sigma\frac{\partial f}{\partial v}\right) \bigg/ \left(\frac{\partial^2 f}{\partial v^2}\right)$ 表明，当 $\frac{\partial f}{\partial I} + \sigma\frac{\partial f}{\partial v} = 0$ 时，$\dot{v} = 0$，存在 I^*，表示当 $\dot{v} = 0$ 时，即再无目标方资源转移时的并购整合程度。对于 $I < I^*$，有 $\frac{\partial f}{\partial X} > \frac{\partial f}{\partial X^*}$，所以 $\frac{\partial f}{\partial I} + \sigma\frac{\partial f}{\partial v} > 0$。由于 $\frac{\partial^2 f}{\partial v^2} < 0$，故 $\dot{v} < 0$。由于 $I(t) < 1$，$v(t) > 0$，因此，本书仅讨论 $I < I^*$ 的情形。图 7-1 用箭头指明了资源转移在这一情形下对应的区间内变动的方向。在给定 I 的情形下，$\dot{I} = 0$ 时 $\dot{v} = 0$，当 $v(t) > 0$ 时，由于 $\dot{I} = v(t)$，$I(t)$ 逐渐增大。如图 7-1 所示，$v(t)$ 和 $I(t)$ 的运动方向由实线箭头标示。稳定状态均衡点由 $E(v^*, I^*)$ 表示。在由技术转移和整合决策构成的平面中，$\dot{I} = 0$、$\dot{v} = 0$ 分别代表两条曲线，均衡点为二者的相交处。

结论 7-13：并购后整合决策与创新产出的动态系统能够达到稳定均衡，并且并购整合具有收敛到均衡水平的路径。

图 7-1　鞍点稳定路径

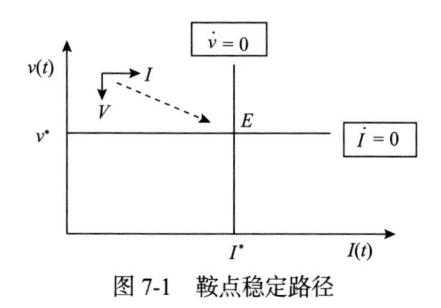

（三）并购后整合决策的动态分析

接下来，本部分探讨并购后整合决策的动态演变轨迹，由技术转移和并购后整合决策的动态性方程可得

$$\frac{dv}{dt} = \left(\frac{\partial f}{\partial I} + \sigma \frac{\partial f}{\partial v}\right) \Big/ \frac{\partial^2 f}{\partial I^2}, \quad \dot{I} = v(t)$$

在前述的动态系统中，在达成稳定均衡状态的点位 $E(v^*, I^*)$ 应用泰勒公式进行线性变换，结合稳定均衡状态时的条件：$\frac{\partial f}{\partial I} + \sigma \frac{\partial f}{\partial v} = 0$，$v^* = 0$。我们对于均衡点推导的线性系统如下：

$$\frac{dv}{dt} = \frac{\frac{\partial^2 f}{\partial I^2} + \sigma \frac{\partial^2 f}{\partial v \partial I}}{\frac{\partial^2 f}{\partial v^2}}(I - I^*) + \frac{\frac{\partial^2 f}{\partial v \partial I} + \sigma \frac{\partial^2 f}{\partial v^2}}{\frac{\partial^2 f}{\partial v^2}}(v - v^*)$$

$$\dot{I} = (v - v^*)$$

令 θ_1、θ_2 为上述方程组对应的特征根，则有如下等式成立：

$$\theta_1 + \theta_2 = \frac{\frac{\partial^2 f}{\partial v \partial I} + \sigma \frac{\partial^2 f}{\partial v^2}}{\frac{\partial^2 f}{\partial v^2}}$$

$$\theta_1 \cdot \theta_2 = -\frac{\dfrac{\partial^2 f}{\partial I^2} + \sigma \dfrac{\partial^2 f}{\partial v \partial I}}{\dfrac{\partial^2 f}{\partial v^2}}$$

由于 $\dfrac{\partial^2 f}{\partial I^2} \leqslant 0$，$\dfrac{\partial^2 f}{\partial v^2} \geqslant 0$，$\dfrac{\partial^2 f}{\partial v \partial I} = 0$。故 $\theta_1 + \theta_2 \geqslant 0$，$\theta_1 \cdot \theta_2 \leqslant 0$，特征根 θ_1、θ_2 是实根，对于两个实根而言，必须有一个特征根符号为负，一个特征根符号为正。根据常微分方程的稳定性理论，我们得到的均衡点也是判断系统的稳定与否的鞍点，这进一步证实均衡点的可达性。最终求解得出的特征根如下：

$$\theta_1 = \frac{1}{2} \left\{ \frac{\dfrac{\partial^2 f}{\partial v \partial I} + \sigma \dfrac{\partial^2 f}{\partial v^2}}{\dfrac{\partial^2 f}{\partial v^2}} - \left[\left(\frac{\dfrac{\partial^2 f}{\partial v \partial I} + \sigma \dfrac{\partial^2 f}{\partial v^2}}{\dfrac{\partial^2 f}{\partial v^2}} \right)^2 + 4 \frac{\dfrac{\partial^2 f}{\partial I^2} + \sigma \dfrac{\partial^2 f}{\partial v \partial I}}{\dfrac{\partial^2 f}{\partial v^2}} \right]^{\frac{1}{2}} \right\}$$

$$\theta_2 = \frac{1}{2} \left\{ \frac{\dfrac{\partial^2 f}{\partial v \partial I} + \sigma \dfrac{\partial^2 f}{\partial v^2}}{\dfrac{\partial^2 f}{\partial v^2}} + \left[\left(\frac{\dfrac{\partial^2 f}{\partial v \partial I} + \sigma \dfrac{\partial^2 f}{\partial v^2}}{\dfrac{\partial^2 f}{\partial v^2}} \right)^2 + 4 \frac{\dfrac{\partial^2 f}{\partial I^2} + \sigma \dfrac{\partial^2 f}{\partial v \partial I}}{\dfrac{\partial^2 f}{\partial v^2}} \right]^{\frac{1}{2}} \right\}$$

但系统要收敛于 $E(v^*, I^*)$，θ 必须为负。则并购后整合决策的动态变化路径可以逼近：

$$I(t) = I^* + e^{\theta_1 t} \left[I(0) - I^* \right]$$

并购整合速度，或者说并购后整合阶段的收敛速度可以用 θ_1 的绝对值水平描述。θ_1 的绝对值水平越高，则整合速度越快，并购后整合程度越靠近均衡状态。根据 $f = \left\{ \left[\alpha s(1 - u^2) + \beta cu \right] I N_A N_T - \dfrac{\gamma c^2 d}{2s} N_T^2 I^2 - \dfrac{\tau}{2} v(t)^2 \right\}$，可知，在高水平的资源特征情形下，最优整合水平具有更快的收敛速度；在高水平的资源特征情形下，最优整合水平具有更慢的收敛速度。

四、研究结论

基于战略管理流派、组织行为流派等的研究观点,本书试图探讨资源相关性视角下,技术获取型海外并购整合与企业技术创新最大化之间的关系,通过构建数理模型刻画这一传导机制,丰富和补充了现有研究领域的缺口。本部分的分析重点关注了资源相关性特征作为重要的前因因素,以及并购后整合作为企业技术创新的关键环节,探讨并购方为实现技术创新产出的最大化,如何基于相似性和互补性的资源特征的不同情形,匹配合理的并购后整合程度和授予目标方企业的自主性水平。本节的结论如下:在高水平的相似性资源特征情形下,并购方采取的并购后整合程度越高,授予目标方企业自主性水平越低,越有利于并购后技术创新最大化;在高水平的互补性资源特征情形下,并购方采取的并购后整合程度越低,授予目标方企业自主性水平越高,越有利于并购后技术创新最大化。本节对海外并购整合理论进行了补充和拓展。第一,现有文献关于并购整合决策对并购后价值创造的影响机制剖析不足,本部分构建数理模型,强调海外并购整合的关键作用,刻画了整合决策过程中最优并购整合水平的实现机制;第二,关注资源相关性特征与并购整合之间的关系,具体剖析了相似性、互补性的资源特征如何影响整合程度以及目标企业自主性水平的最优决策,通过理论分析进一步支持了现有的理论研究,并为企业实施技术获取型海外并购整合提供指南。

第三节 基于并购双方特征的中国制造业海外并购整合与企业技术创新的多阶段数理模型

一、海外并购决策阶段建模

在并购决策阶段,市场上存在有关并购整合后创新收益的不确定信息,将这一并购创新收益信息记为 θ,θ 取决于双方企业的资源基础信息(资源相似性和资源互补性)。并购决策阶段,双方并不知道 θ 的真实值。现实中,并购双方可能利用管理咨询等机构为自己进行并购信息的收集，但是此类信息部分为并购双方的公共信息，部分信息为双方各自的私人信息，并购决策阶段的完全信息披露违反竞争法律（Banal-Estañol and Seldeslachts，2011）。设此公共信息服从正态分布 $\theta \sim N\left(y, \frac{1}{a}\right)$，$y$ 为 θ 的公共信号，a 为信号的噪声，$a>0$，并且 a 越大，公共信号越准确。收购方企业 A 向目标方企业 B 提出并购请求，企业 B 选择是否接受并购邀约。

在并购决策阶段，企业会考虑并购后潜在的收益与不参与并购的独立收益的大小。设企业单位化后的单位资源的生产能力为 π^{si}，单位化后的企业资源禀赋水平为 R^i，$i=A,B$。对收购方企业来说，不进行并购的独立收益为 $\pi^{sA}R^A$。若进行并购，则其收益为并购利润与并购整合利润的加总，其中并购利润来自预期的并购创新收益 θ_A，减去固定的并购成本 K，这里可理解为并购的竞标价格支付；并购整合利润来自对目标方资源进行并购整合的收益 $\pi^{sA}R^B\lambda(\theta)$，其中 $\lambda(\theta)$ 为对资源进行整合的概率，$\lambda(\theta) \in (0,1)$ 减去并购整合中承诺给目标方一定自主性带来的成本，其采用固定成本的形式，记为 C，其中 $C>0$，$K>0$。故并购的收益为 $\theta_A + \pi^{sA}R^B\lambda(\theta) - C - K$。

相应地，对目标方企业来说，并购收益等于 $\theta_B + \pi^{sB}R^B w(\theta) + K$，令 $w(\theta)$ 代表企业 B 获得的自主性水平，$w(\theta) \in (0,1)$。

二、海外并购整合阶段建模

如果双方同意并购，则进入并购后整合阶段，整合阶段中双方知晓资源基础的真实值。并购双方获取有关并购后收益的私人信号 $x_i = \theta + \varepsilon_i$，其中 $\varepsilon_i \sim N\left(0, \frac{1}{b}\right)$，$\varepsilon_i$ 独立同分布。b 为私人信号的噪声，$b>0$，并且 b 越大，并购双方的私人信息越准确。

双方依据并购前获得的有关双方资源匹配的信息，选择是否进行并购整合努力。考虑到博弈的阶段性，企业在第一阶段并购决策阶段中已经考虑到未来整合阶段预期可能的整合程度或目标方自主性水平所造成的对并购收益的影响，企业第二阶段即并购整合决策阶段中仅仅考虑是否进行并购整合努力，即若给定并购整合可以获得一定水平的收益，并购整合努力是否会被激发，但未进行到选择整合程度的过程中，所以在是否投入并购整合努力的决策阶段，对并购整合收益采用一个固定水平进行分析。

承接 Farrell 和 Shapiro（2000）的分析，这里设定如果双方均进行并购整合，则会获得一个基础水平的并购整合收益 V，$V>0$。如果仅有一方进行并购整合，则只能获得非协同的整合收益 $\dfrac{V}{d}$，这里 d 为双方资源的互补性水平，$d>2$。

对收购方企业 A 来说，若进行并购整合努力，其收益为 $V+kr-dt$，其中 k 为资源相似性，$k\in(0,1)$，r 为单位相似性资源带来的规模效应收益，t 为互补性资源在并购整合过程中的单位摩擦（学习）成本，$r>0$，$t>0$。

对目标方企业 B 来说，其并购整合收益为 $V-ke-dt+Mt$，目标方考虑的一个主要方面是为了进入收购方市场以提升销售水平，这里令 M 代表市场互补性，令 Mt 代表互补性市场资源所带来的额外的并购整合收益。这里认为 $M>d$，即此类并购中目标方认为双方市场资源的互补性要明显高于平均意义上的资源互补性水平，海外企业更关注获取潜在的市场。e 为因资源相似性而在整合过程中被删减的资源的平均收益，伴随相似性的提升，整合过程中更多的资源将被收购方删减，如相似技术人员的离职等，而这将造成一定的收益损失 ke。

这里设定 $V+kr-dt>0$，$V+kr-2dt<0$。这个设定说明不存在如下的情况：收购方代替目标方进行互补性资源的学习转移。也就是保证如果收购方企业试图完全暂停目标方的生产，而完全依靠自身进行整合努力，支付 $2dt$ 的整合成本，是无利可图的。

构造一个二值变量 m，若进行并购 $m=1$，若不进行并购 $m=0$，企业仅获得独立收益。在给定对方进行并购整合的情况下，企业 A 预期投入并购整合努力的收益为 $(V+kr-dt-K)\Pr(m=1|x_i,y)$，其中 $\Pr(m=1|x_i,y)$ 表示企业基于私人信号 x_i 与公共信号 y 估计出的并购发生的概率。如果不进行整合，则预期的收益为 $\dfrac{V}{d}-K\Pr(m=1|x_i,y)$。对企业 B，预期投入并购整合努力的收益为 $(V-ke-dt+Mt+K)\Pr(m=1|x_i,y)$，如果不进行整合，则预期的收益为 $\dfrac{V}{d}+K\Pr(m=1|x_i,y)$。构造二值变量 s，若进行整合努力，$s=1$；若不进行

并购整合努力，$s=0$。企业最优并购整合决策为

$$s_A^* = \text{argmax}\left\{s(V+kr-dt-K)\Pr(m=1|x_i,y) + (1-s)\left[\frac{V}{d}-K\Pr(m=1|x_i,y)\right]\right\}$$
（7-35）

$$s_B^* = \text{argmax}\left\{s(V-ke-dt+Mt+K)\Pr(m=1|x_i,y) + (1-s)\left[\frac{V}{d}+K\Pr(m=1|x_i,y)\right]\right\}$$
（7-36）

企业对并购决策阶段的预期收益为 π_i，则双方的预期收益为

$$\pi_A = m[\theta_A + \pi^{sA}R^B\lambda(\theta) - C - K] + (1-m)\pi^{sA}R^A \quad (7\text{-}37)$$

$$\pi_B = m[\theta_B + \pi^{sB}R^B w(\theta) + K] + (1-m)\pi^{sB}R^B \quad (7\text{-}38)$$

则企业的最优并购决定决策为 $m^* = \arg\max \pi$。

最后技术创新生产阶段收购方企业主要运用有效并购整合资源参与技术创新产品的生产。并购博弈的时序见图7-2。

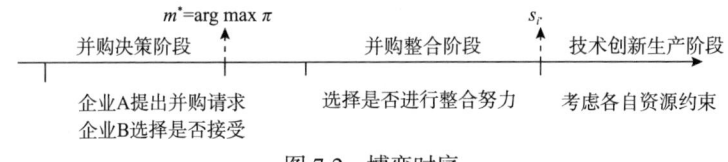

图 7-2 博弈时序

三、均衡分析

本节给出资源相似性、资源互补性视角下的并购整合策略的均衡分析。以 Morris 和 Shin（2001）以及 Banal-Estañol 和 Seldeslachts（2011）的分析框架为基础，对于企业 i，存在并购整合切换点 $\tilde{x}_i$：若 $x_i > \tilde{x}_i$，$s^*(x_i)=1$；若 $x_i < \tilde{x}_i$，$s^*(x_i)=0$。存在并购决策切换点 $\tilde{\theta}_i$：若 $\theta_i > \tilde{\theta}_i$，$m^*(\theta_i)=1$；若 $\theta_i < \tilde{\theta}_i$，$m^*(\theta_i)=0$。

给定私人信号 x_i 以及公共信号 y，对于企业 A，$\theta_A|x_i,y \sim$

$N\left(\dfrac{ay+bx_i}{a+b}, \dfrac{1}{a+b}\right)$。企业 A 认为并购发生的概率为

$$\Pr(m=1|x_i,y) = \Pr(\theta_A \geqslant \tilde{\theta}_A|x_i,y) = 1 - \Phi\left[\sqrt{a+b}\left(\tilde{\theta}_A - \dfrac{ay+bx_i}{a+b}\right)\right] \tag{7-39}$$

当私人信号 $x_i = \tilde{x}_A$，是否投入并购整合努力为企业带来的收益相同，即

$$(V+kr-dt-K)\Pr(m=1|x_i,y) = \dfrac{V}{d} - K\Pr(m=1|x_i,y) \tag{7-40}$$

由式（7-39）和式（7-40），得到

$$\tilde{x}_A = \dfrac{a+b}{b}\tilde{\theta}_A - \dfrac{a}{b}y - \dfrac{\sqrt{a+b}}{b}\Phi^{-1}\left[1 - \dfrac{V}{d(V+kr-dt)}\right] \tag{7-41}$$

当 $\theta_A = \tilde{\theta}_A$ 时，并购与不并购为企业带来的收益相同，即

$$\tilde{\theta}_A + \pi^{sA} R^B \lambda(\tilde{\theta}_A) - C - K = \pi^{sA} R^A \tag{7-42}$$

对式（7-42）进行变换得到

$$\tilde{\theta}_A = \pi^{sA} R^A + C + K - \pi^{sA} R^B \lambda(\tilde{\theta}_A) \tag{7-43}$$

在并购整合阶段，由于并购已经发生，双方知晓有关收益 θ 的真实信号，企业 A 的私人信号的分布为 $x_A|\theta \sim N\left(\theta_A, \dfrac{1}{b}\right)$，其进行并购整合的概率为

$$\lambda(\theta_A) = \Pr(x_A \geqslant \tilde{x}_A|\theta_A) = 1 - \Phi\left[\sqrt{b}(\tilde{x}_A - \theta_A)\right] \tag{7-44}$$

综合式（7-41）、式（7-43）与式（7-44），可得

$$\tilde{\theta}_A = C + K + \pi^{sA} R^A - \pi^{sA} R^B + \pi^{sA} R^B \Phi\left\{a\sqrt{\dfrac{1}{b}}(\tilde{\theta}_A - y) - \sqrt{1+\dfrac{a}{b}}\Phi^{-1}\left[1 - \dfrac{V}{d(V+kr-dt)}\right]\right\} \tag{7-45}$$

对于企业 B，并购发生的概率为

$$\Pr(m=1|x_i,y) = \Pr(\theta_B \geqslant \tilde{\theta}_B|x_i,y) = 1 - \varPhi\sqrt{a+b}\left(\tilde{\theta}_B - \frac{ay+bx_i}{a+b}\right) \quad (7\text{-}46)$$

当私人信号 $x_i = \tilde{x}_B$ 时，是否投入并购整合的努力为企业带来的收益相同，即

$$(V - ke - dt + Mt + K)\Pr(m=1|x_i,y) = \frac{V}{d} + K\Pr(m=1|x_i,y) \quad (7\text{-}47)$$

由式（7-46）和式（7-47），得到

$$\tilde{x}_B = \frac{a+b}{b}\tilde{\theta}_B - \frac{a}{b}y - \frac{\sqrt{a+b}}{b}\varPhi^{-1}\left[1 - \frac{V}{d(V-ke-dt+Mt)}\right] \quad (7\text{-}48)$$

当 $\theta_B = \tilde{\theta}_B$ 时，并购与不并购为企业带来的收益相同，即

$$\tilde{\theta}_B + \pi^{sB}R^B w(\tilde{\theta}_B) + K = \pi^{sB}R^B \quad (7\text{-}49)$$

对式（7-49）进行变换得到

$$\tilde{\theta}_B = \pi^{sB}R^B\left[1 - w(\tilde{\theta}_B)\right] - K \quad (7\text{-}50)$$

在并购整合阶段，由于并购已经发生，双方知晓有关收益 θ 的真实信号，企业 B 的私人信号的分布为 $x_B|\theta \sim N\left(\theta_B, \frac{1}{b}\right)$。只有在并购整合的过程中，才涉及目标方自主性的讨论，即目标方获得一定水平自主性的概率为

$$w(\theta_B) = \Pr(x_B \geqslant \tilde{x}_B|\theta_B) = 1 - \varPhi\left[\sqrt{b}(\tilde{x}_B - \theta_B)\right] \quad (7\text{-}51)$$

综合式（7-48）、式（7-50）与式（7-51），可得

$$\tilde{\theta}_B = -K + \pi^{sB}R^B\varPhi\left\{a\sqrt{\frac{1}{b}}(\tilde{\theta}_B - y) - \sqrt{1+\frac{a}{b}}\varPhi^{-1}\left[1 - \frac{V}{d(V-ke-dt+Mt)}\right]\right\}$$

$$(7\text{-}52)$$

命题 7-1（均衡唯一性）：当 $\pi^{sB}R^{B} < \dfrac{\sqrt{2b\pi}}{a}$ 时，存在如下唯一均衡解。

$$s^{*}(x_{A}) = \begin{cases} 1, & x_{A} \geq \tilde{x}_{A} \\ 0, & x_{A} < \tilde{x}_{A} \end{cases} \quad s^{*}(x_{B}) = \begin{cases} 1, & x_{B} \geq \tilde{x}_{B} \\ 0, & x_{B} < \tilde{x}_{B} \end{cases}$$

$$m^{*}(\theta_{A}) = \begin{cases} 1, & \theta_{A} \geq \tilde{\theta}_{A} \\ 0, & \theta_{A} < \tilde{\theta}_{A} \end{cases} \quad m^{*}(\theta_{B}) = \begin{cases} 1, & \theta_{B} \geq \tilde{\theta}_{B} \\ 0, & \theta_{B} < \tilde{\theta}_{B} \end{cases}$$

且 $\dfrac{\partial \tilde{\theta}_{A}}{\partial k} < 0$，$\dfrac{\partial \tilde{\theta}_{A}}{\partial d} > 0$；$\dfrac{\partial \tilde{\theta}_{B}}{\partial k} > 0$，$\dfrac{\partial \tilde{\theta}_{B}}{\partial d} < 0$。

即对收购方企业来说，并购双方资源相似性越高，资源互补性越低，$\tilde{\theta}_{A}$ 越低，说明双方资源相似性使收购方更多地提供并购请求，并购意愿增强，但资源互补性的提升，将加大收购方提出并购请求的难度；对目标方来说，双方资源相似性越高，$\tilde{\theta}_{B}$ 越高，说明相似性的提升，并没有提高目标方对并购决策的兴趣，相反，资源互补性提升，则有利于使目标方倾向同意并购邀约。通过综合对并购双方的分析可以发现，并购中的资源基础在并购决策中对收购方和目标方会产生相反的影响。

进一步地，关注并购整合概率，可以得到引理 7-1。

引理 7-1：$\dfrac{\partial \lambda(\theta_{A})}{\partial k} > 0$，$\dfrac{\partial \lambda(\theta_{A})}{\partial d} < 0$。

伴随海外并购双方资源相似性的提升，收购方进行整合的概率得到提升；而伴随资源互补性的提升，收购方进行并购整合的概率不断降低。

基于信息不对称设定的视角，引理 7-1 给出了分析资源基础影响并购整合行为的新思路，给定收购方企业对预期并购收益和并购整合收益的预期，在并购后整合过程中，资源相似性和资源互补性将对企业投入并购努力行为的转化点产生影响：伴随资源相似性提升，投入并购整合努力行为的策略转换点不断降低，导致收购方企业进行并购整合努力行为的概率不断上升；相对地，资源互补性具有一个反向的机制，伴随资源互补性的提升，收购方企业基于双方资源基础进行并购整合努力的转换点不断上升，即进行并购整合行为需要建立在一个更高水平的价值评估过程，因此并购整合努力策略切换点值的提升导致收购方企业在资源互补性水平较高时，进行海外并购整合努力行为的概率较低。

进一步地，由于信号为 θ_A 时整合的概率为 $\lambda(\theta_A)$，而在 θ_A 点整合的程度为信号从 0 到 θ_A 增大的过程中，所有信号点所对应整合概率的累积分布，即整合程度为 $I = \int_0^{\theta_A} \lambda(\theta_A) d\theta_A$。

由此，得到命题 7-2。

命题 7-2：$\dfrac{\partial I}{\partial k} > 0$，$\dfrac{\partial I}{\partial d} < 0$。

从命题 7-2 中，得到海外并购整合程度伴随资源相似性和资源互补性的变动趋势。为了最大化海外并购收益，并购双方资源相似性高时，应当选择更高的整合程度；而并购双方资源互补性高时，应当选择更低的整合程度。

对于并购整合策略的另一个重要方面，目标方自主性的选择在并购整合中也具有重要作用。Haspeslagh 和 Jemison（1991）提出对于收购方管理团队不熟悉的资源，应保留目标公司一定的自主性。通过对目标方企业获取自主性概率的分析，得到命题 7-3。

命题 7-3：$\dfrac{\partial w(\theta_B)}{\partial k} < 0$，$\dfrac{\partial w(\theta_B)}{\partial d} > 0$。

即海外并购中，伴随双方资源相似性的提升，目标方获得自主性的概率不断下降；而伴随双方资源互补性的提升，目标方获得自主性的概率不断上升。

相对于前文中对海外并购双方在并购决策和整合过程中资源相似性和资源互补性各自影响的分析，实际中我们认为并购双方的相似性资源和互补性资源之间对企业的并购、整合决策还存在交互影响机制。进而，得出命题 7-4。

命题 7-4：$\dfrac{\partial^2 \tilde{\theta}_A}{\partial k \partial d} < 0$，$\dfrac{\partial^2 \tilde{\theta}_B}{\partial k \partial d} < 0$。

命题 7-4 表明，海外并购中，并购双方资源相似性和资源互补性之间存在交互作用。两者之间的交互影响降低了并购方和目标方企业决定进行并购的信号点，即 $\tilde{\theta}_A$ 与 $\tilde{\theta}_B$。表明并购双方资源相似性和资源互补性通过交互作用提升了并购双方企业的并购意愿,将提升并购发生的可能性。故得出命题 7-5。

命题 7-5: $\dfrac{\partial^2 \lambda(\theta_A)}{\partial k \partial d} > 0$; $\dfrac{\partial^2 w(\theta_B)}{\partial k \partial d} > 0$。

命题 7-5 表明,并购双方资源相似性和资源互补性的交互作用对并购整合发生和目标方获得自主性的概率均具有正向影响。双方资源相似性和互补性通过交互作用,提升了并购整合发生的概率,提升了并购的整合程度;相应地,在资源相似性和资源互补性的交互作用下,并购方将给予目标方企业更高的自主性水平。

四、技术创新阶段建模

本节主要探讨并购整合之后的技术创新产出行为。由于技术创新的发生需要建立在并购整合的基础之上,而整合需要并购双方的努力,所以我们认为并购后的技术创新生产需要综合考虑并购方和目标方的资源约束条件。假设收购方生产创新产品需要两种资源投入:第一,从目标方处获得的有效整合的资源;第二,收购方企业原有的资源禀赋。假定创新产品的产出 Y 具有常数替代弹性(constant elasticity of substitution,CES)生产函数形式。考虑双方资源约束,求解如下最优化问题:

$$Y = \pi^{sA} \left[\delta_1 \left(R^A \right)^{-\rho} + \delta_2 \left(\overline{R}^B \right)^{-\rho} \right]^{-\frac{1}{\rho}} \quad (7\text{-}53)$$

$$\text{s.t.} \quad P_A R^A + P_B I R^B \leqslant W^A$$

$$P_B w R^B \leqslant W^B$$

其中,π^{sA} 表示 A 企业的基础生产力水平;R^A 表示生产中所投入的自身禀赋水平;$\overline{R}^B$ 表示收购方企业能有效利用的并购整合资源量,这里令 $\overline{R}^B = I(1-w)R^B$,利用整合的概率并去除整合资源中具有目标方自主性的部分,得到收购方企业能够有效利用的整合资源数量 $\overline{R}^B$;P_A,P_B 分别表示并购发生之后,资源 A 和资源 B 的平均市场价格;W^A、W^B 分别表示并购后企业 A 和企业 B 生产过程中的现金约束量;$P_A, P_B, W^A, W^B > 0$。并购发生后,企业

B 对其依旧具有自主性的资源部分进行生产；企业 A 对原有资源禀赋 R^A 和并购整合后的资源量 IR^B 进行生产，这里 I 代表整合程度，w 代表目标方自主性水平，$I, w \in (0,1)$。δ_1, δ_2 表示分配系数，$0 < \delta_1, \delta_2 < 1$，并且满足 $\delta_1 + \delta_2 = 1$；ρ 表示替代参数，$-1 < \rho < \infty$。

利用拉格朗日方法求解，其中 μ_1，μ_2 为拉格朗日乘子，由于其与资源现金水平减生产成本的形式相乘，考虑其经济含义两个乘子均为正值。构建拉格朗日方程，得到式（7-54）。

$$L = \pi^{sA} \left[\delta_1 \left(R^A \right)^{-\rho} + \delta_2 \left(\overline{R}^B \right)^{-\rho} \right]^{-\frac{1}{\rho}} + \mu_1 (W^A - P_A R^A - P_B IR^B) + \mu_2 (W^B - P_B w R^B) \tag{7-54}$$

分别对 R^A、R^B 求一阶条件，得到

$$\frac{\partial L}{\partial R^A} = -\frac{1}{\rho} \pi^{sA} \left(M_1 \right)^{-\frac{1}{\rho}-1} \left[-\rho \delta_1 \left(R^A \right)^{-\rho-1} \right] - \mu_1 P_A = 0 \tag{7-55}$$

$$\frac{\partial L}{\partial R^B} = -\frac{1}{\rho} \pi^{sA} \left(M_1 \right)^{-\frac{1}{\rho}-1} \left[-\rho \delta_2 \left(\overline{R}^B \right)^{-\rho-1} I(1-w) \right] - (\mu_1 P_B I + \mu_2 P_B w) = 0 \tag{7-56}$$

其中，$M_1 = \delta_1 \left(R^A \right)^{-\rho} + \delta_2 \left(\overline{R}^B \right)^{-\rho}$，$\frac{\partial L}{\partial \mu_1} = 0$，$\frac{\partial L}{\partial \mu_2} = 0$。将式（7-55）、式（7-56）相除，得到

$$\frac{\delta_1}{\delta_2 I(1-w)} \left(\frac{R^A}{\overline{R}^B} \right)^{-\rho-1} = \frac{\mu_1}{\mu_1 I + \mu_2 w} \frac{P_A}{P_B} \tag{7-57}$$

均衡中，资源约束是紧的，对企业 A 的资源约束进行变化，得到 $R^A = \dfrac{W^A - P_B IR^B}{P_A}$，将 $\overline{R}^B$ 写为 $\overline{R}^B = I(1-w) R^B$ 形式，代入 CES 生产函数中，得到以整合程度表示的创新生产函数如下：

$$Y = \pi^{sA} \left[\delta_1 \left(\frac{W^A - P_B IR^B}{P_A} \right)^{-\rho} + \delta_2 \left(I(1-w)R^B \right)^{-\rho} \right]^{-\frac{1}{\rho}} \quad (7\text{-}58)$$

针对式（7-58）对整合程度求偏导数，得到

$$\frac{\partial Y}{\partial I} = -\frac{1}{\rho} \pi^{sA} (M_1)^{-\frac{1}{\rho}-1} \left\{ \left[-\rho \delta_1 (R^A)^{-\rho-1} \right] \left(-\frac{P_B}{P_A} R^B \right) - \rho \delta_2 (\overline{R}^B)^{-\rho-1} (1-w) R^B \right\}$$

$$(7\text{-}59)$$

对式（7-59）右侧提取公因式 $-\rho(\overline{R}^B)^{-\rho-1} R^B$，经过整理得到

$$\frac{\partial Y}{\partial I} = (\overline{R}^B)^{-\rho-1} \pi^{sA} (M_1)^{-\frac{1}{\rho}-1} R^B \left[\delta_1 \left(\frac{R^A}{\overline{R}^B} \right)^{-\rho-1} \left(-\frac{P_B}{P_A} \right) + \delta_2 (1-w) \right] \quad (7\text{-}60)$$

将式（7-57）代入式（7-60）得到

$$\frac{\partial Y}{\partial I} = (\overline{R}^B)^{-\rho-1} \pi^{sA} (M_1)^{-\frac{1}{\rho}-1} R^B \left[\delta_2 (1-w) \left(1 - \frac{\mu_1 I}{\mu_1 I + \mu_2 w} \right) \right] \quad (7\text{-}61)$$

由于 $I, w \in (0,1)$，μ_1，μ_2 大于零，易知 $\frac{\partial Y}{\partial I} > 0$。因此，我们得到以下命题。

命题 7-6：$\frac{\partial Y}{\partial I} > 0$，海外并购双方整合程度与技术创新产出正相关。

在分析完海外并购整合对技术创新产出的影响之后，我们进而分析海外并购整合对技术创新增速的影响。在 CES 函数中，投入资源之间的要素替代弹性 $\sigma = \frac{1}{1+\rho}$，$\sigma > 0$，其经济意义为收购方企业自身资源禀赋对整合的目标方资源在创新生产中的替代能力。

对式（7-53）在 $\rho=0$ 处进行二阶泰勒展开，得到式（7-62）。

$$\frac{\dot{Y}}{Y}=\frac{\dot{\pi}^{sA}}{\pi^{sA}}+\delta_1\frac{\dot{R}^A}{R^A}+\delta_2\frac{\dot{R}^B}{R^B}-0.5\rho\delta_1\delta_2\left[\ln\left(\frac{R^A}{\overline{R}^B}\right)\right]^2+o \quad （7-62）$$

根据式（7-62），海外并购中目标方资源整合对收购方企业创新产出增速的影响主要来自两个方面：第一，$\delta_2\dfrac{\dot{R}^B}{R^B}$，即有效整合资源的影响；第二，$-0.5\rho\delta_1\delta_2\left[\ln\left(\dfrac{R^A}{\overline{R}^B}\right)\right]^2$，即资源替代弹性与资源势差的交互作用。这里定义资源势差为 $\left|R^A-\overline{R}^B\right|$。

首先对有效整合的创新增速进行比较静态分析。由于 $\overline{R}^B=I(1-w)R^B$，$\dfrac{\partial \overline{R}^B}{\partial k}=\dfrac{\partial I}{\partial k}\left[1-w(\theta_B)\right]-I\dfrac{\partial w(\theta_B)}{\partial k}$，根据前文结论，易知 $\dfrac{\partial \overline{R}^B}{\partial k}>0$。对资源互补性 d 求偏导，得到 $\dfrac{\partial \overline{R}^B}{\partial d}=\dfrac{\partial I}{\partial d}\left[1-w(\theta_B)\right]-I\dfrac{\partial w(\theta_B)}{\partial d}<0$，即海外并购双方资源相似性越大，互补性越低，越有利于收购方对并购资源整合的有效利用。另外，创新产品生产中，对并购整合资源 $\overline{R}^B$ 的使用比例越大，即 CES 生产函数中 δ_2 越高，并购整合对创新增速的贡献越为明显。

其次，分析资源替代弹性与资源势差的交互影响。这里从三种不同的资源相似性、资源互补性并购组合入手。

第一，资源相似性高，资源互补性低。在此种情况中，并购双方的资源相似性较大，功能相似的资源比例很大，而互补性低，表明两者之间的协同依赖较低。由此，收购方的自身资源对并购资源的替代能力较强，$\sigma>1$，即 $\rho>0$。此时，替代弹性与资源势差对创新增速的交互影响效应为负向。创新增速的影响还取决于 $\left|\ln\left(\dfrac{R^A}{\overline{R}^B}\right)\right|$ 的大小。根据 $\ln(\cdot)$ 函数的性质，易知在资源势

差较大时，$\left|\ln\left(\dfrac{R^A}{\overline{R}^B}\right)\right|$ 值越大，并且若给定资源势差的情况下，$R^A < \overline{R}^B$ 时，$\ln\left(\dfrac{R^A}{\overline{R}^B}\right)$ 的取值更大，这一负向影响越大。所以在资源相似性高，互补性低的并购组合中，两者资源势差越大，越不利于创新增速。

第二，资源相似性低，资源互补性高。此种情况与上面的分析相反，并购创新更多地依托于不同资源之间的协同合作，所以资源之间的替代能力较低，$\sigma<1$，即 $-1<\rho<0$。此时替代弹性与资源势差对创新的增速影响效应为正向。类似上文分析，易知在资源势差较大时，$\left|\ln\left(\dfrac{R^A}{\overline{R}^B}\right)\right|$ 的值越大，且给定资源势差的情况下，$R^A < \overline{R}^B$ 时，$\ln\left(\dfrac{R^A}{\overline{R}^B}\right)$ 的取值更大，这一正向影响也更大。故在资源相似性低，互补性高的并购组合中，两者资源势差越大，越有利于创新增速。而在资源势差趋向于零时，交互作用对创新增速的作用几近消失，不利于创新的增进。此种情况中，具有一定资源势差，将提升创新的增速。

第三，资源相似性高，资源互补性高。此种情况中资源之间的相似替代与互补差异对协同的影响势均力敌。两者之间的替代能力适中，即 $\sigma \to 1$ $(\rho \approx 0)$。此时替代弹性与资源势差的交互影响作用趋近于 0，创新增速的影响主要来自对并购整合资源的有效利用能力。

表 7-1 给出了对于以上三种组合创新增进的分析效应。其中，正号表示正向影响，负号为负向影响。交互作用为资源替代弹性与资源势差的交互作用。

表 7-1　不同资源基础组合下创新增速分析

分组	整合程度	有效整合效应	交互作用	最佳资源势差	创新增速
高相似、低互补	高	++	−	$R^A = \overline{R}^B$	中高
低相似、高互补	低	−−	+	$R^A \ll \overline{R}^B$	低
高相似、高互补	中	+−	0	/	高

五、数值模拟

（一）数值模拟参数设置

首先对于全局博弈模型进行数值模拟的参数构建。

对于企业单位化生产力水平 π^{sA} 和 π^{sB}，以及资源基础 R^A 和 R^B，鉴于本书刻画的新兴市场海外并购中，收购方企业的生产力水平相对于目标方企业具有劣势，故我们考察 $\pi^{sA} < \pi^{sB}$ 以及 $R^A < R^B$ 的情况。这里设定 $\pi^{sA} = 0.5$，$\pi^{sB} = 1$；$R^A = 1$，$R^B = 2$。

信号参数设定如下：对于公共信号的均值，这里设定 $y = 1$；对于公共信号噪声 a 以及私人信号噪声 b 参数构建如下：首先基于现有文献（Morris and Shin，2001），其中对于公共信号噪声的参数设定范围为 0.2 至 1 的常数，本书选择公共信号噪声为 $\frac{1}{a} = 0.25$，即 $a = 4$。根据私人信号噪声设定，联系均衡解唯一性条件 $\pi^{sB} R^B < \frac{\sqrt{2b\pi}}{a}$，设定 $b = 16$。

企业资源属性中，根据模型的设定，资源相似性取值 $k \in (0,1]$，根据 Banal 和 Seldeslachts（2011）对 $d \in (2,4]$ 的设定，以及考虑资源相似性波动区间，数值模拟中将资源互补性取值设定为 $d \in (2,3)$。

模型中各种成本项 t、e、r、C、K 均取值为 1；整合收益 $V = 4$；市场资源互补性 $M = 5$。

其次构建技术创新生产函数的参数。

为了检验生产函数中有效整合占比 δ_2 越高，并购整合对创新增速的贡献越为明显，这里选择三组 δ_1 和 δ_2 的值：$\delta_1, \delta_2 \in \{(0.8,0.2),(0.5,0.5),(0.2,0.8)\}$。

对应于三组不同资源相似性、资源互补性组合下的替代弹性，选择 $\rho=0.5$、$\rho=-0.5$ 以及 $\rho=0.01$ 分别对应于高相似、低互补，低相似、高互补，高相似、高互补三种资源组合。

（二）数值模拟结果

在公共信息服从正态分布 $N(1,0.25)$ 的情况下，计算得到收购方企业进行收购决策的转化点 $\tilde{\theta}_A = 0.4886$，目标方企业进行收购决策的转化点 $\tilde{\theta}_B = 1$；

即收购方企业在预估其并购后创新产出高于 0.4886 的时候即会提出并购邀约,有并购的动机;但是相对而言,目标方企业在接受并购邀约时更加谨慎。

进一步地,重点关注企业投入并购整合努力转化点 $\tilde{x}_A$、$\tilde{x}_B$ 的情况。表 7-2、表 7-3 分别报告了伴随资源相似性和资源互补性变动,并购双方企业进行海外并购整合决策转化点、目标方自主性概率以及有效整合资源的数值。

表 7-2　数值模拟结果——伴随资源相似性波动

k	\multicolumn{4}{c}{d=2.25}
	$\tilde{x}_A$	$\tilde{x}_B$	$w(\theta_B)$	$\bar{R}^B$
0.05	−0.576 750	0.787 500	0.802 337	1.604 659
0.15	−0.108 000	0.796 875	0.791 748	1.570 024
0.25	−0.014 250	0.806 250	0.780 830	1.527 083
0.35	0.048 250	0.818 750	0.765 774	1.471 687
0.45	0.110 750	0.818 750	0.765 774	1.431 472
0.55	0.126 375	0.821 875	0.761 922	1.411 564
0.65	0.157 625	0.825 000	0.758 036	1.375 429
0.75	0.188 875	0.828 125	0.754 116	1.334 358
0.85	0.220 125	0.831 250	0.750 162	1.288 128
0.95	0.235 750	0.840 625	0.738 100	1.246 043
1	0.251 375	0.850 000	0.725 747	1.202 801

表 7-3　数值模拟结果——伴随资源互补性波动

d	\multicolumn{4}{c}{k=0.15}
	$\tilde{x}_A$	$\tilde{x}_B$	$w(\theta_B)$	$\bar{R}^B$
2.1	−0.076 750	0.831 250	0.750 162	1.247 145
2.2	−0.108 000	0.818 750	0.765 774	1.253 955
2.3	−0.139 250	0.806 250	0.780 830	1.259 089
2.4	−0.170 500	0.793 750	0.795 314	1.262 561
2.5	−0.201 750	0.787 500	0.802 337	1.263 681
2.6	−0.264 250	0.781 250	0.809 213	1.264 395

观察表 7-2，伴随资源相似性的增长，收购方企业并购整合决策转化点值不断升高，即表明在双方企业资源相似性较高时，只有在预期并购后具有更高的创新产出时才会投入整合努力。目标方选择进行整合努力需要更高的预期创新收益值。另外，目标方自主性伴随资源相似性的提升不断降低；有效整合资源水平亦不断降低，这表明由于相似性资源所导致的资源重叠，在收购方进行资源整合后对于创新产出的作用不明显，资源相似性水平越高，这种资源重叠在并购整合过程中越不利于技术创新的产出。

观察表 7-3，伴随资源互补性的增长，收购方企业并购整合决策转化点的值不断降低，即表明伴随资源互补性的提升，双方企业越发地关注于如何更好地进行对于互补性资源的整合努力。另外，目标方自主性伴随资源互补性的提升而不断提升；有效整合资源水平亦不断提升，这表明由于互补性资源的潜在协同价值创造，资源互补性水平越高，这种潜在协同效应越能够通过并购整合作用于技术创新产出。

图 7-3 报告了基于数值模拟结果的收购方资源有效整合对技术创新产出的影响。如图 7-3，伴随资源有效整合水平的提升，企业的技术创新产出不断上升，支持了命题 7-6。进一步，图 7-3 为我们提供了分析创新总产出的视角，其中 $\rho = 0.5$ 所代表的高相似、低互补并购组合并购整合对于技术创新的影响最低；$\rho = -0.5$ 代表的低相似高互补并购组合并购整合对于技术创新的作用

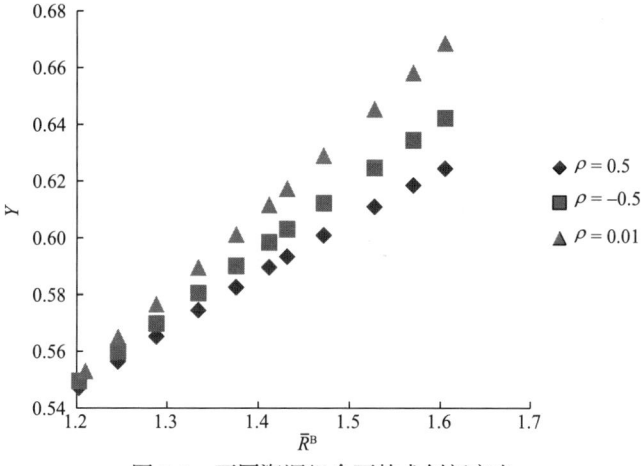

图 7-3　不同资源组合下技术创新产出

适中，而 $\rho=0.01$ 对应的高相似、高互补并购组合，并购整合对于技术创新产出的作用最明显，与表 7-1 中技术创新增速的结果相一致。

表 7-4 给出了有效资源整合在收购方企业技术创新产出中不同占比对创新产出的影响。伴随收购方企业利用有效整合资源投入技术创新生产能力的提升（$\delta_2=0.2,0.5,0.8$），在 δ_2 最大的组，其技术创新产出水平最高。

表 7-4 数值模拟结果——不同有效整合占比

k	$d=2.25$ (δ_1,δ_2)		
	(0.8,0.2)	(0.5,0.5)	(0.2,0.8)
0.05	0.544 934	0.624 604	0.723 114
0.15	0.542 969	0.618 602	0.711 214
0.25	0.540 456	0.611 006	0.696 329
0.35	0.537 080	0.600 940	0.676 906
0.45	0.534 529	0.593 436	0.662 645
0.55	0.533 233	0.589 657	0.655 534
0.65	0.530 822	0.582 685	0.642 538
0.75	0.527 984	0.574 579	0.627 626
0.85	0.524 658	0.565 211	0.610 654
0.95	0.521 500	0.556 447	0.595 028
1	0.518 116	0.547 194	0.578 791

六、研究结论

本节基于全局博弈分析框架对海外并购整合策略进行探讨，并进一步分析了收购方并购整合对企业技术创新产出及其增速的影响。考虑资源相似性和资源互补性的影响，主要得出如下结论：①海外并购的并购决策受并购双方对资源基础评估的影响。其中，并购双方资源相似性的提升，将导致收购方更容易提出并购邀约，而资源互补性的提升将使目标方企业更倾向于同意并购邀约。资源相似性和资源互补性之间存在促进并购发生的交互作用。②海外并购中，并购双方的资源相似性越高，整合程度越高；并购双方的资源互补性越高,整合程度越低;对于目标方自主性而言,其与并购双方资源相似性程度负相关,而与资源互补性的程度正相关。资源相似性和资源互补性的交互作用将有效提升并购整合和目标方自主性的水平。③收购方的技术创新产出与并购整合程度正相关。并购整合对收购方的技术创新增速的作用受到有效整合资源和资源替代弹性与资源势差交互作用的影响。并购后收购方的技术创新产出越依赖于并购整合的资源,其对技术创新的促进作用越明显;并购双方资源相似性越高互补性越低,越利于收购方对整合资源的有效利用,进而促进创新。另外,资源势差对高相似、高互补的并购组合的创新增速影响甚微,资源势差大,将对高相似、低互补并购组合的创新增速产生逆向影响,但对低相似、高互补并购组合的创新增速将产生正向影响。

第四节 本章小结

本章构建数理模型刻画中国制造业海外并购整合对企业技术创新的影响机制,关注在不同资源条件下的海外并购中收购方应如何进行海外并购整合决策,如何选择恰当的整合程度以及给予目标方恰当的自主性以促进企业技术创新。本章通过构建静态模型,分析资源相似性、资源互补性以及经济制度距离三个因素对企业海外并购整合决策以及并购协同效应的影响;通过构建动态模型,分析资源相似性、互补性与海外并购整合的最优匹配关系,以及资源相似性、互补性对最优整合程度收敛速度的影响;通过构建多阶段模型,对资源相似性、互补性影响下的海外并购决策及海外并购整合决策进行博弈分析,并关注了海外并购整合对企业技术创新产出及其增速的影响。基于数理模型的构建与分析,本章研究表明在海外并购中,根据并购双方的资源相似性、资源互补性特征进行整合决策是促进企业创新的关键所在。本章对中国制造业海外并购整合与企业技术创新的机制进行了定量分析,有利于理解不同资源条件下采取不同整合程度的机理,与第四章及第五章的理论机制相呼应。

第八章

基于创新网络的中国制造业海外并购整合与产业技术创新的数理模型

第一节 基于创新网络嵌入的中国制造业海外并购整合与技术创新的马尔可夫博弈模型

一、海外并购整合与技术创新的马尔可夫博弈

（一）理论机制

相对内源式技术进步的高研发难度及高失败率，以技术获取型跨国并购为代表的外源式技术进步，已成为企业实现技术跨越的重要手段。由于信息不对称和技术差距等因素，收购方企业往往无法对目标方企业技术资源进行有效整合，阻碍了其对目标方企业研发核心能力的吸收与创新转化。

并购整合通常被视为并购双方资源要素结合并实现协同效应的复杂过程（Puranam et al., 2006）。并购绩效依赖于并购企业和目标企业的资源相关性。学者将资源基础观（Wernerfelt, 1984）应用于并购整合的分析，探究了针对相似性资源（Makri et al., 2010）和互补性资源（Colombo and Rabbiosi, 2014），应实施怎样的并购整合以实现收购方并购绩效的提升。但是，目前的研究多关注资源的单一维度，对同时考虑资源相似性和资源互补性下的海外并购整

合研究较为缺乏。数理研究方面，多数研究探讨了企业海外并购对并购后绩效以及并购后跨国技术转移的作用（Heywood and McGinty，2011；Sinha，2013；Kwon and Chun，2015；Simons，2014）而缺乏探究并购整合在影响技术创新中的作用机制。Chen 等（2017b）基于资源相似性和资源互补性的视角，利用全局博弈模型，刻画了不同资源组合下，海外并购整合程度与企业技术创新产出的关联。

Haspeslagh 和 Jemison（1991）提出并购整合过程是决定并购成功与否的关键，并购是一个连续动态的过程。上述对海外并购整合与技术创新的研究，尚未关注伴随整合过程的推进，收购方整合策略是否发生动态改变。不同资源基础水平下，整合行为对于后续收购方企业的技术创新是否存在差异影响及其影响大小，有待研究。鉴于此，本节构建以并购整合程度为状态变量的马尔可夫博弈（Maskin and Tirole，2001）模型，考虑资源基础观，构建海外并购整合与技术创新动态模型，探究收购方整合行为影响技术创新的机制。针对不同资源基础水平，刻画收购方并购整合程度引发的并购双方对资源控制力的差异，以及这种控制力差异对收购方技术创新的作用。

在过往有关资源基础对跨国并购整合绩效的研究中，往往只能揭示资源相似性、资源互补性对并购整合程度选择的影响方向及大小（Bauer and Matzler，2014），但是无法进一步揭示，在对资源进行并购整合促进收购方技术创新的过程中，针对不同资源相似性、资源互补性水平，通过整合资源促进技术创新的作用效果是否存在差异。对此，本节首先提供了不同资源相似性、资源互补性水平下，选择不同整合策略对创新数量影响的数值模拟。进一步地，利用2000~2013年中国、日本、美国制造业海外并购整合样本，利用分位数回归方法，检验不同资源相似性、资源互补性水平下，收购方对资源的并购整合对收购方技术创新影响的差异。

从企业的资源基础观出发，学者分析了不同资源基础，收购方并购整合行为对并购后技术创新的影响。对相似性资源的并购整合通过相同的知识背景、技能、语言以及认知结构，促进知识的共享与相互学习（Makri et al.，2010）进而获取协同效应，而技术重叠性在并购后协同效应的获取中具有重要作用（Bena and Li，2014）。相反，资源互补性对于并购后整合程度具有相反的效果。产品市场互补时，应选择低整合程度来激励创新。互补性的协同效应可实现销量的增长,从而降低每单位产品的研发费用,促进技术创新(Puranam et al.,2006)。资源互补性所带来的差异,若不能通过有效整合来提升资源组合效率,亦无法产生价值创造(Kim and Finkelstein,2009)。Sochirca 等(2013)通过建立拓展的有向技术变动模型,分析了互补性对技术知识偏误以及相对生产力的影响。Schweizer(2005)利用四组案例分析生物医药行业并购后,给予目标方自主性对维持其研发能力的作用,知识专业化水平越高,并购整合中知识转移的数量越低,应当选择较高的目标方自主性水平。另外,并购前双方初始研发技术资源水平程度亦对并购后技术创新产生影响(Ahuja and Katila,2001)。

在跨国并购的数理模型研究方面,Heywood 和 McGinty(2011)构建了跨国并购的混合寡头模型,考察了具有线性生产成本和凸生产成本的公共企业并购,解释了普遍存在的并购后合并企业利润较低的悖论。Sinha(2013)分析了并购中的研究与开发(research and development,R&D)信息共享,利用古诺双寡头模型,刻画企业对其成本决定信息的分享情况。他发现在小规模市场或 R&D 技术相对有效的中型市场,企业更愿意共享信息,但是在大型市场或 R&D 技术信息相对低效的中型市场,企业不愿意共享信息。Kwon 和 Chun(2015)分析了国内企业与跨国企业技术差距大小对国内企业技术获取策略的影响。考虑到质量竞争,在国内企业和跨国企业间技术差距较大时,国内企业在其有能力进行技术获取的前提下,出于避免直接竞争的考虑,会选择不进行技术获取型海外并购,技术溢出也就不会发生。上述对海外并购的寡头模型中,缺乏考虑收购方整合策略是否发生动态改变,以及先前的整合行为对于后续收购方企业整合行为策略及技术创新是否存在影响极其影响方向。

与国内并购整合不同,海外并购整合过程中,不可避免涉及不同类型国家文化的交流。国家文化差异是跨国并购整合的一大挑战(Denison et al.,2011)。Hofstede(2001)提出文化距离是分析不同国家间文化及价值取向的差异。Halkos 和 Tzeremes(2011)利用 Hofstede(1980)国家文化维度数据分析了文化对跨国银行表现的影响。在现有文化距离对跨国并购绩效的研究中,学者得到的结论不尽一致。一方面,部分学者认为相对于较为相似文化国家间的跨国并购,文化差异较高的国家间的跨国并购,可以激发更多的合作交流形式,促进并购后协同效应的产生;另一方面,一些学者认为文化差距过大不利于海外并购的实施(Huang et al., 2017; Jemison and Sitkin, 1986)。Stahl 和 Voigt（2008）利用荟萃分析，得到跨国文化距离对并购后绩效影响效应为零的结论。鉴于此，本节在数理模型中引入跨国文化差异参数，并在实证研究中，引入跨国文化距离作为控制变量。

（二）海外并购整合的合作创新博弈

并购整合路径构建中，需要并购方和目标方进行控制力博弈。在时期 t，并购整合可能具有两个状态 s_t，高整合 D 以及低整合 N，$s_t \in \{D, N\}$。并购整合状态的不同，将影响并购整合过程中并购方和目标方在创新活动中控制力的差异。定义收购方所在国为 M。

定义并购整合过程中，收购方申请与目标方企业构建 θ_t^i 条合作创新。整合过程中建立的创新总数量 Z_t 具有如下形式：$Z_t = \sum \theta_t^i$。进一步定义整合过程中，目标方的控制力 P_t^A 为

$$P_t^A = d\phi Z_t = d\phi \sum \theta_t^i \qquad (8-1)$$

其中，ϕ 表示并购双方资源互补性水平，依据 Chen 等（2016）的研究，令 $\phi \in (1,10)$，P_t^A 的形式表明目标方企业在进行并购整合决策谈判的过程中，其控制力伴随双方资源互补性的提升而扩大，并购双方资源互补性高，目标方对于特定互补性资源信息的优势，将成为在并购整合策略谈判中的砝码。d 表示海外并购双方的文化距离参数。文化距离越高，代表整合过程中的文化摩擦越大，目标方企业的控制力越大。

相对地，并购整合中收购方企业的控制力 P_t^B 具有如下形式：

$$P_t^B = w_t + n(s_t = D) \qquad (8-2)$$

这里设定 w_t 为企业不进行并购活动而独立进行创新研发的投资支出，w_t 服从一个给定的分布，记分布为 F，则分布的密度函数 $f(w_t)$ 代表个体创新投资 w_t 引发的创新产出量，这里设定 $f'(w_t) < 0$，$f''(w_t) < 0$；$f(w_t) + w_t f'(w_t) > 0$，即边际收益递减；n 代表并购双方资源相似性水平，依据 Chen 等（2016）的研究，令 $n \in (1,10)$，$s_t = D$ 代表 t 期选择了高整合状

态。资源相似性代表双方企业资源的重叠性，高整合策略下，目标方的相似性资源即可转化为收购方的资源和控制力。设双方资源相似性越高，对于收购方在并购整合策略谈判过程中的控制力提升越有效。

模型时序如下：①t 时期，给定两种不同的可行整合状态 $s_t \in \{D,N\}$，结合并购双方资源相似性 n 和资源互补性水平 ϕ，收购方企业 B 和目标方企业 A 比较不同整合状态下控制力水平 P_t^B 和 P_t^A 的大小；②t 时期的整合状态影响收购方整合过程中构建的合作创新数量 θ_t^i；③t 期的路径连接 θ_t^i 和整合状态 s_t 影响 $t+1$ 时期初始整合状态 $s_{t+1} \in \{D,N\}$ 的概率分布；④考虑模型动态性，采用时间贴现 β 对未来的创新合作收益进行时间贴现。

考察 t 时期低整合（$s_t = N$）状态时，针对收购方提出构建的合作创新 θ^i，目标方企业的控制力如下：

$$P^A\left(\theta^i, \theta(N)|N\right) = d\phi\left(\sum_{j\in M, j\neq i} \theta^j(N) + \theta^i\right) \tag{8-3}$$

目标方企业在并购整合决策中占据控制力的概率 p 为

$$p\left(\theta^i, \theta(N)|N\right) = \mathrm{F}\left(d\phi\left(\sum_{j\in M, j\neq i} \theta^j(N) + \theta^i\right)\right) \tag{8-4}$$

考察 t 时期状态为高整合（$s_t = D$）时，目标方企业控制力如下：

$$P^A\left(\theta^i, \theta(D)|D\right) = d\phi\left(\sum_{j\in M, j\neq i} \theta^j(D) + \theta^i\right) \tag{8-5}$$

目标方企业在并购整合决策中占据控制力的概率 p 为

$$p\left(\theta^i, \theta(D)|D\right) = \mathrm{F}\left(d\phi\left(\sum_{j\in M, j\neq i} \theta^j(D) + \theta^i\right) - n\right) \tag{8-6}$$

考虑时间动态，给出收购方整合后技术创新价值函数 V^i。由于我们采用递归求解，时间符号被省略。在低整合状态时的形式如下，$-i$ 代表其他企业：

$$V^i\left(N|\theta^{-i}(N),\theta^{-i}(D)\right) = \max_{\theta^i>0} \{-\theta^i + p(\theta^i,\theta^{-i}(N)|N)(R_1$$
$$+\beta V^i(N|\theta^{-i}(N),\theta^{-i}(D))) + (1-p(\theta^i,\theta^{-i}(N)|N)$$
$$\times \left(R_2 + \beta V^i(D|\theta^{-i}(N),\theta^{-i}(D))\right)\} \quad (8-7)$$

式（8-7）中 $-\theta^i$ 代表并购整合过程中的合作创新构建成本项，这里设定合作创新构建的单位成本均为 1。R_1 代表低整合时目标方具有控制力的情况下，并购整合引发合作创新的技术创新产出；R_2 代表低整合时收购方具有控制力的情况下，并购整合引发合作创新的技术创新产出；假设 $\Delta R_1 = R_1 - R_2 = K - \dfrac{n}{\phi} > 1$，其中 K 代表目标方企业的技术知识水平，为外生；目标方具有的技术知识水平越高，在目标方具有控制力的时候，其越能提升合作技术创新产出，并且低整合时由目标方具有控制力而带来的合作技术创新产出的提升，伴随资源相似性的提升而降低，伴随资源互补性的提升而提高。

同理，在高整合状态下，价值函数 V^i 具有如下形式：

$$V^i\left(D|\theta^{-i}(N),\theta^{-i}(D)\right) = \max_{\theta^i>0} \{-\theta^i + p(\theta^i,\theta^{-i}(D)|D)$$
$$\times\left(R_3 + \beta V^i(N|\theta^{-i}(N),\theta^{-i}(D))\right)$$
$$+(1-p(\theta^i,\theta^{-i}(D)|D))(R_4+\beta V^i(D|\theta^{-i}(N),\theta^{-i}(D)))\}$$
$$(8-8)$$

这里 R_3 代表高整合时，目标方企业具有控制力的情况下，并购整合引发合作创新的技术创新产出；同理 R_4 代表高整合时收购方具有控制力的情况下，并购整合引发合作创新的技术创新产出；假设 $\Delta R_2 = R_3 - R_4 = K - \dfrac{\phi}{n} > 1$。目标方具有的技术知识水平越高，在目标方具有控制力的时候，其越能提升合作技术创新产出，并且高整合时由目标方具有控制力而带来的合作技术创新产出的提升，伴随资源相似性的提升而提升，伴随资源互补性的提升而降低。

二、模型求解

在均衡计算之前,我们提出以下假设。

假设 8-1: $\min\{d\phi f(0)\Delta R_i, d\phi f(-n)\Delta R_i\} > 1$, $i = 1,2$,即 $\theta^i > 0$。

假设 8-1 中大括号内的两项分别代表了在状态为低整合时,行为人不进行合作创新时(θ均为 0)的边际收益 $\phi f(0)\Delta R$,以及在状态为高整合时,行为人不进行合作创新的边际收益 $\phi f(-n)\Delta R$;假设这两项均大于 1,保证了行为人不进行合作创新时,其行为不满足一阶条件,因而不是最优解。

假设 8-2: 均衡中有 $p(\theta^i|N)R_1 + (1-p(\theta^i|N))R_2 = p(\theta^i|D)R_3 + (1-p(\theta^i|D))R_4$。

上述假设代表给定并购整合的合作创新,均衡时按照贝叶斯法则不同整合状态下的预期并购后创新收益相同,即均衡中考虑并购后的创新收益,不存在某一个绝对存在优势的整合程度选项。

根据假设 8-1 和假设 8-2,对式(8-7)和式(8-8)求导一阶条件如下:

$$\phi df\left(d\phi\left(\sum_{j\in M, j\neq i}\theta^j(N) + \theta^i\right)\right)\left(\Delta R_1 + \beta\Delta V^i\left(\theta^{-i}(N), \theta^{-i}(D)\right)\right) \leqslant 1 \quad (8-9)$$

$$\phi df\left(d\phi\left(\sum_{j\in M, j\neq i}\theta^j(D) + \theta^i\right) - n\right)\left(\Delta R_2 + \beta\Delta V^i\left(\theta^{-i}(N), \theta^{-i}(D)\right)\right) \leqslant 1 \quad (8-10)$$

记 $\Delta V^i\left(\theta^{-i}(N), \theta^{-i}(D)\right) = V^i\left(N|\theta^{-i}(N), \theta^{-i}(D)\right) - V^i\left(D|\theta^{-i}(N), \theta^{-i}(D)\right)$。我们得到以下有关海外并购整合的创新合作均衡定义(所有证明见附录 A2)。

定义 8-1(马尔可夫完全均衡):假设 8-1 成立的条件下,上文模型存在马尔可夫完全均衡解。

引理 8-1:在马尔可夫完全均衡下,均衡中存在:$\exists i' = B \in M$,$\Delta V^i\left(\theta^{-i}(N), \theta^{-i}(D)\right) = \dfrac{n}{d\phi}$,且对于 $\forall i \neq i', i = H \in M$,$\theta^i(D) = \theta^i(N) = 0$。

根据引理 8-1,有

$$\Delta V^i\left(\theta^{-i}(N), \theta^{-i}(D)\right) = \frac{n}{d\phi} \quad (8-11)$$

一阶条件简化如下：

$$d\phi f\left(d\phi\left(\theta^{*i}(N)\right)\right)\left(\Delta R_1 + \beta \frac{n}{d\phi}\right) = 1 \quad (8-12)$$

$$d\phi f\left(d\phi\theta^{*i}(D) - n\right)\left(\Delta R_2 + \beta \frac{n}{d\phi}\right) = 1 \quad (8-13)$$

对一阶条件应用隐函数求导，进行比较静态分析，得出以下结果：

$$\frac{\partial \theta^i(D)}{\partial n} > 0, \quad \frac{\partial \theta^i(N)}{\partial n} < 0; \quad \frac{\partial \theta^i(N)}{\partial \phi} > 0, \quad \frac{\partial \theta^i(D)}{\partial \phi} < 0$$

根据以上结果，得到如下命题和引理。

命题 8-1：海外并购整合过程中，并购双方资源相似性水平高时，选择高程度整合将提升并购双方合作创新数量，促进技术创新。

命题 8-2：海外并购整合过程中，并购双方资源互补性水平高时，选择低程度整合将提升并购方合作创新数量，促进技术创新。

上述命题表明，海外并购整合过程中，收购方需要根据双方资源相似性、资源互补性水平选取恰当的整合程度，以提升合作创新数量，促进技术创新。考虑资源相似性、互补性不同组合，得到引理 8-2。

引理 8-2：海外并购整合过程中，为实现收购方技术创新价值最大化：

海外并购双方资源相似性高、互补性低时，收购方选择高程度整合，将提升并购双方创新合作数量，促进技术创新。

海外并购双方资源相似性低、互补性高时，收购方选择低程度整合，将提升并购双方创新合作数量，促进技术创新。

海外并购双方资源相似性高、互补性高时，收购方选择适中程度整合，将提升并购双方创新合作数量，促进技术创新。

三、数值模拟

（一）参数校准

针对资源相似性 n 以及资源互补性 ϕ 水平，分别设定这两个参数取值为

1 到 10 之间的正整数。

时间贴现参数 β 代表了由于并购整合技术溢出所引发的合作技术创新产出在跨时期之间的替代性。考虑使用制造业 R&D 跨国溢出参数估计进行校准。López-Pueyo 等（2008）通过面板数据分析跨国行业间 R&D 的溢出参数为 0.21，Mitze 等（2016）验证了 13 个不同制造业产业的跨国 R&D 的溢出参数在 0.15～0.27。选择并购整合后 R&D 研发投资的跨期替代性为 0.20，并在后文对参数进行敏感性分析。

对于收购方独立进行创新研发投资 w 的分布 F，令 F 密度函数具有如下形式：$f=1/w+\varepsilon$，其中 ε 服从标准对数正态分布，即 $\varepsilon \sim LN(0,1)$。对数正态分布是刻画非负的具有一定规模的变量类型的良好选择（Greene, 2003）。

对于并购前目标方知识基础规模 K，根据假设 8-1 以及对资源相似性和互补性取值设定，计算得到 $K \geq 10$，取最小值，数值模拟的基本设定 $K=10$。相关参数取值见表 8-1。

对于文化距离 d，初始模型设定取值为 1。

表 8-1 参数设定

参数名称	表示	初始设定
资源相似性	n	(1,10)的整数
资源互补性	ϕ	(1,10)的整数
时间贴现	β	0.20
目标方技术知识水平	K	10
独立研发投资	w	$f=1/w+\varepsilon$, $\varepsilon \sim LN(0,1)$
文化距离	d	$d=1$

（二）不同资源基础下的数值模拟结果

图 8-1、图 8-2 分别给出了低整合状态下的创新合作数量均衡解 $\theta(N)$ 以及高整合状态下创新合作数量均衡解 $\theta(D)$。图 8-3 展示了高整合状态与低整合状态创新合作数量的差异数值。

观察图 8-1，在低整合的状态中，伴随资源互补性水平的上升，均衡中创新合作数量不断提高，而伴随资源相似性的提升，均衡中创新合作数量不

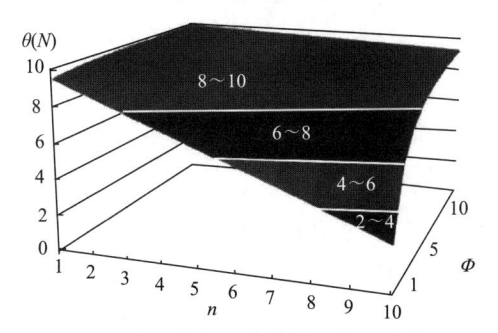

图 8-1 低整合状态创新合作数量与双方资源基础

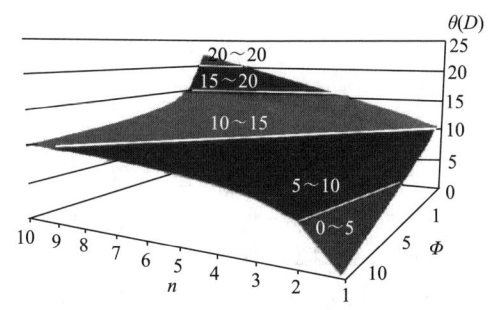

图 8-2 高整合状态创新合作数量与双方资源基础

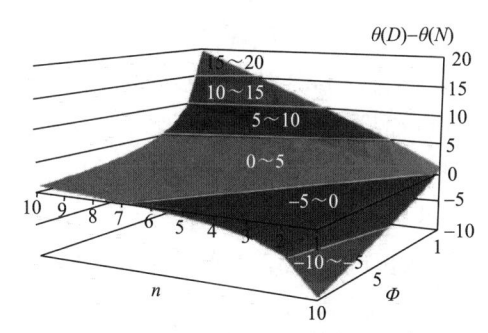

图 8-3 不同整合状态创新合作数量差值与双方资源基础

断降低;图 8-1 中低相似高互补区域($n<5$,$\Phi>5$ 部分)均衡时创新合作数量较高。因此,在并购双方相似性低、互补性高时,收购方应当选择高的整合程度,提升创新合作数量,促进技术创新。

观察图 8-2,在高整合状态中,伴随资源互补性水平的上升,均衡中创新合作数量不断降低,伴随资源相似性的提升,均衡中创新合作数量不断提高；图 8-2 中高相似低互补区域（$n>5$，$\phi<5$ 部分）均衡时创新合作数量较高。因此，在并购双方相似性高、互补性低时，收购方应当选择低的整合程度，提升创新合作数量，促进技术创新。

观察图 8-3，对于资源相似性高、资源互补性高的区域（右下方）数值有正有负，并且数值的绝对值相对较低，这表明高相似、高互补的资源基础下，高整合和低整合均可能成为占优策略，这将导致企业倾向选择适中的整合程度，作为高整合和低整合的混合策略，来满足其技术创新产出的最大化目标下的创新合作关系构建。上述数值模拟的结果与比较静态结果一致。

（三）敏感性分析

记参数校准中的一组参数为基准模型，波动 β 和 K，分别取 $\beta=0.15$ 和 $\beta=0.25$ 以及 $K=12$ 和 $K=15$；特别地，给出三组资源组合，分别代表高相似低互补、低相似高互补、高相似高互补组合。

表 8-2 中，参数 β 和 K 的波动并不影响基础模型中、不同资源组合中，对于两种整合状态下路径连接的选择性的结果。在 $n=9$、$\phi=2$ 时，敏感性测试中 $\theta(D)$ 数值均明显的大于 $\theta(N)$ 的数值，与基础模型中的结果方向一致，说明参数波动并不影响高相似低互补组合下，选择高整合程度会带来更高的合作创新，进而促进技术创新的结论；同理，在 $n=2$、$\phi=9$ 时，敏感性测试中 $\theta(D)$ 数值均明显的小于 $\theta(N)$ 的数值，即低相似高互补组合下，选择低整合程度有助于提升合作创新，促进技术创新；而对于 $n=9$、$\phi=9$ 时，不同整合状态下的数值差异不大。变更时间贴现对各组中的节点度具有轻微的影响，但是不影响资源组合应当匹配最优整合程度的比较静态结果。

表 8-2 参数敏感性分析

参数	$n=9$、$\phi=2$		$n=2$、$\phi=9$		$n=9$、$\phi=9$	
	$\theta(N)$	$\theta(D)$	$\theta(N)$	$\theta(D)$	$\theta(N)$	$\theta(D)$
$B=0.15$	6.28	15.19	9.81	5.77	9.15	10.15
$B=0.25$	6.72	15.64	9.83	5.78	9.25	10.25

续表

参数	$n=9$、$\phi=2$		$n=2$、$\phi=9$		$n=9$、$\phi=9$	
	$\theta(N)$	$\theta(D)$	$\theta(N)$	$\theta(D)$	$\theta(N)$	$\theta(D)$
$K=15$	8.46	20.19	14.82	10.77	14.20	15.20
$K=12$	11.43	17.20	11.82	7.76	11.20	12.20
基准线	6.50	15.22	9.82	5.77	9.20	10.20

四、分位数检验

（一）样本选取

以2000年至2013年中国、日本、美国企业技术获取型海外并购为样本，利用BVD-Zephyr数据库，选取发生在2000年1月1日至2013年12月31日制造业［SIC（standard industrial classification，标准行业分类）码为20～39］类别下的跨国并购。考虑并购整合情况及协同效果需要一定时间加以衡量，下限定为2013年。

海外并购样本按照以下标准进行筛选：①并购方为中国、日本及美国企业；②只选取标记状态为已完成的并购事件；③剔除目标方企业为并购方企业设在海外的子公司的事件。给定这些筛选条件，排除无法获得并购整合信息的企业，最终得到中国样本数量52起，日本样本数量134起，美国样本数量198起，总样本量384起。

（二）变量设定及数据来源

（1）创新表现。选择收购方企业并购前三年以及并购后三年（Ahuja and Katila，2001）作为专利权人在全球申请的专利数量。计算并购后三年相对并购前三年收购方企业专利增长率，衡量企业整合阶段的创新表现成效。数据来源于德温特专利情报数据库。

（2）整合程度。借鉴Kapoor和Lim（2007）的方法，设置一个二分变量，利用LexisNexis数据库及企业年报资料，判断在并购后是否提及目标企业作为一个独立经营单位（如"全资子公司"或"独立个体"）或者会并入并购方企业的一个经济部门。如果目标公司被整合进入并购方公司日常经营运作的一部分被明确提及，整合程度变量取值为 1；反之若目标企业仍然以独立的单元进行运营，取值为 0。

（3）资源相似性。参照 Morck 等（1990）以及 Wang 和 Zajac（2007）的研究，按企业北美工业分类系统（North American Industry Classification System，NAICS）定义并购双方相似性。标准如下：若两个企业主 NAICS 代码前四位相同，相似性为 1；若前三位相同，相似性记为 0.75；若前两位相同，相似性记为 0.5；若第一位相同，产品相似性记为 0.25；若两个企业 NAICS 码第一位不相同，相似性记为 0。数据来源于 BVD-Zephyr 数据库。

（4）资源互补性。借鉴 Wang 和 Zajac（2007）的测量方法，若一对 NAICS 代码 i 和 j 同时出现在多个企业中，则 i 和 j 具有较高互补性。NAICS 代码 i 和 j 的互补性为：$Com_{ij} = (J_{ij} - \mu_{ij})/\sqrt{\mu_{ij} \times (1 - N_i/K) \times (K/(K-1)) \times (1 - N_j/K)}$。其中 J_{ij} = 两个 NAICS 代码出现在同一个企业的次数；$\mu_{ij} = (N_i \times N_j)/K$，其中 N_i = NAICS 代码 i 出现在多少个企业中；N_j = NAICS 代码 j 出现在多少个企业中；K = 企业涉及代码总数。

（5）文化距离。选取 Hofstede（2001）国家文化维度构建跨国文化距离。Hofstede 将国家文化划分为六个维度：权力距离（power distance）、个人/集体主义（individualism/collectivism）、男性/女性化（masculinity/femininity）、不确定性规避（uncertainty avoidance）、放纵/克制（indulgence/restraint）以及长期/短期取向（long-term/short-term）。参照 Kogut 和 Singh（1988）的研究，令文化距离公式为

$$cul = \sum_{i=1}^{n} \frac{\{(I_{ij} - I_i)^2 / V_i\}}{n}$$

其中，I_{ij} 表示第 i 个文化维度在第 j 个目标方国家的 Hofstede 评分；I_i 表示第 i 个文化维度在并购方国家的 Hofstede 评分；V_i 表示第 i 个文化维度的方差；n 表示测量的文化维度的个数。

表 8-3 展示了变量及数据来源。表 8-4 展示了上述变量描述性统计及相关系数矩阵。

表 8-3　变量及数据来源

变量名称	表示	描述及数据来源
技术创新	Inno	并购后三年及并购前三年申请专利数量增长率（德温特专利情报数据库）
整合程度	Integ	如果目标方被整合进入并购方公司日常经营运作的一部分被明确提及，虚拟变量=1，否则为 0（LexisNexis 数据库）
资源相似性	sim	并购双方主 NAICS 码前 k 位相同，$k=4$, sim=1; $k=3$, sim=0.75; $k=2$, sim=0.5; $k=1$, sim=0.25; $k=0$, sim=0（BVD-Zephyr 数据库）
资源互补性	com	$com = (J_{ij} - \mu_{ij}) / \sqrt{\mu_{ij} \times (1 - N_i / K) \times (K / (K-1)) \times (1 - N_j / K)}$ with $\mu_{ij} = (N_i \times N_j) / K$ （BVD-Zephyr 数据库）
文化距离	cul	$cul = \sum_{i=1}^{n} \frac{\{(I_{ij} - I_i)^2 / V_i\}}{n}$ （Hofstede 网站）

表 8-4　描述性统计及相关系数矩阵

变量	均值	标准差	Inno	Integ	sim	com	cul
Inno	1.189	11.764	1				
Integ	0.643	0.480	0.039	1			
sim	0.719	0.363	0.054	0.318***	1		
com	7.790	11.188	0.039	−0.002	0.331***	1	
cul	2.294	1.570	−0.015	0.040	0.105**	0.187***	1

表示 p 小于 0.05，*表示 p 小于 0.01

另外，鉴于样本涉及多个国别的收购方，不同国家经济发展的差异可能会影响收购方的整合以及整合对技术创新的作用。鉴于此，在实证中应控制收购方的国别效应。样本涉及 2000~2013 年的海外并购，不同年份经济发展水平的差异可能对企业并购整合及创新表现具有影响。鉴于此，在实证中应控制样本发生时间的年份效应。

（三）实证结果

1. 并购整合的决定因素

表 8-5 展示了对整合程度的逐步回归。列（1）检验自变量资源相似性、

资源互补性对整合程度的作用效应。列（2）增加了文化距离变量。列（3）加入了对收购方国别的控制。列（4）进一步加入并购案发生年份的控制。

表 8-5　整合程度决定因素结果

Integ	(1) OLS1	(2) OLS2	(3) OLS3	(4) OLS4
sim	0.465***	0.464***	0.457***	0.438***
	(6.87)	(6.83)	(6.42)	(5.89)
com	−0.005*	−0.005*	−0.006*	−0.005*
	(−2.26)	(−2.31)	(−2.23)	(−1.97)
cul		0.008	0.007	0.008
		(0.52)	(0.45)	(0.46)
country			控制	控制
year				控制
cons	0.349***	0.334***	0.334**	0.220
	(6.79)	(5.63)	(3.10)	(1.08)
N	373	373	373	373
R^2	0.113	0.114	0.115	0.127

注：括号中的内容代表 t 统计量
*表示 $p<0.1$，**表示 $p<0.05$，***表示 $p<0.01$

上述四个回归中，资源相似性估计系数显著为正，资源互补性估计系数均显著为负。以估计模型（4）为例，资源相似性估计系数为 0.438，t 值等于 5.89，通过 1%水平的 p 检验；资源互补性估计系数为−0.005，t 值等于−1.97，通过 10%水平的 p 检验。上述结果表明，海外并购整合过程中，资源相似性水平越高，收购方越倾向于选择较高的整合程度；资源互补性越低，收购方越倾向于降低整合程度。

进一步，我们考虑创新表现存在差异的企业，其资源与整合策略匹配的模式是否存在差别。通过按企业并购前后创新表现的增长情况，将样本企业划分为两组：创新表现正向（Positive）增进组（1），以及创新表现负向（Negative）落后组（2）。表 8-6 展示了分组后的回归结果。

表 8-6　不同创新表现的分组回归

Integ	(1) Positive	(2) Negative
sim	0.766*** (10.32)	−0.575*** (−3.66)
com	−0.011*** (−4.07)	0.032*** (4.08)
cul	−0.003 (−0.17)	−0.022 (−0.62)
country	控制	控制
year	控制	控制
cons	0.0430 (0.21)	0.524 (1.32)
N	292	81
R^2	0.337	0.407

注：括号中的内容代表 t 统计量

***表示 $p<0.001$

表 8-6 列（1）显示了创新增进组 292 个样本的估计系数。回归均控制了国家效应和年份效应。资源相似性估计系数为 0.766，t 值等于 10.32，通过 1%水平显著性检验；资源互补性估计系数为−0.011，t 值等于−4.07，亦通过 1%水平显著性检验。列（1）中资源相似性、互补性的估计系数在方向上与前文基础模型结果类似，表明创新增进的并购案例中，收购方倾向于对资源相似性匹配较高的整合程度，而对资源互补性匹配较低的整合程度。

列（2）显示创新落后组 81 个样本的估计系数。与列（1）结果明显相反，其资源相似性估计系数为−0.575，t 值为−3.66，通过 1%水平显著性检验；而资源互补性水平为 0.032，t 值等于 4.08，通过 1%水平显著性检验。相反的结果表明，对于创新落后组的并购案，收购方对于资源相似性情况匹配较低的整合程度，而对资源互补性匹配较高的整合程度。

2. 并购整合与技术创新表现

进一步，我们考虑收购方基于资源基础的并购后整合决策，如何作用于企业并购后创新表现的差异。实证模型设定如下：

$$\text{Inno} = \alpha_0 + \alpha_1 \text{sim} + \alpha_2 \text{com} + \alpha_3 \text{cul} + \alpha_4 \text{simInteg} + \alpha_5 \text{comInteg} + \alpha_6 \text{Control} + \varepsilon$$

鉴于表 8-6 的结果，并购后不同创新表现的企业，其基于资源基础的整合行为可能具有不同的模式。传统 OLS 关注自变量对因变量条件均值的影响，但是对因变量条件均值的关注无法反映整个条件分布的全貌。因此，本节使用分位数回归（Koenker and Bassett，1978；Blanchard and Leigh，2013；Zhu et al.，2016），并汇报样本 10、25、50、75、80 分位数上的回归结果。

表 8-7 展示了样本分位数回归结果。列（1）到列（5）为对应分位数回归结果。特别地，资源基础和整合程度的交互项，代表了给定一种资源，进行一定程度整合对企业创新表现的影响。因此，资源基础和整合程度的交互项是我们的主要观测系数。

表 8-7 分位数回归结果

Inno	(1) QR_10	(1) QR_25	(1) QR_50	(1) QR_75	(1) QR_80
sim	−0.9390*** (−5.05)	−0.7630*** (−3.75)	−0.6560*** (−4.18)	−1.1190** (2.94)	−1.0240* (2.38)
com	0.0571*** (13.41)	0.0401*** (6.80)	0.0397*** (6.85)	0.0564*** (3.64)	0.0418* (2.08)
Integ	−0.3720 (−4.47)	−0.1600* (−1.97)	−0.1730* (−2.45)	−0.3250 (−1.94)	−0.3600 (−1.88)
simInteg	0.7430*** (6.69)	0.4580*** (4.12)	0.4580*** (4.74)	0.8260*** (3.53)	0.7610** (2.90)
comInteg	−0.0269*** (−10.13)	−0.0193*** (−5.56)	−0.0198*** (−6.00)	−0.0294*** (−3.41)	−0.0233* (−2.15)
cul	−0.0157 (−1.43)	−0.0240* (−2.16)	−0.0328** (−3.02)	−0.0420 (−1.49)	−0.0169 (−0.53)
country	控制	控制	控制	控制	控制
year	控制	控制	控制	控制	控制
cons	−0.0695*** (−7.55)	−0.1440 (−1.18)	0.0099 (0.08)	1.0550*** (3.40)	1.2980 (3.40)
N	373	373	373	373	373
伪 R^2	0.0884	0.0303	0.0335	0.0460	0.0519

注：括号中的内容代表 t 统计量
*表示 $p<0.1$，**表示 $p<0.05$，***表示 $p<0.001$

对于资源相似性和整合程度的交互项，其估计系数为正数（1/10 分位数为 0.743，1/4 分位数为 0.458，1/2 分位数为 0.458，3/4 分位数为 0.826，4/5

分位数为 0.761），并且均通过显著性检验，表明对于相似性资源，收购方提升整合程度，将提升并购后企业的创新表现；类似地，对于资源互补性水平，其估计系数均为负数（1/10 分位数为 –0.0269，1/4 分位数为 –0.0193，1/2 分位数为 –0.0198，3/4 分位数为 –0.0294，4/5 分位数为 –0.0233），并且均通过了显著性检验，表明对于互补性资源，收购方降低其采取的并购整合程度，将有助于并购后企业创新表现的增进。

进一步对上述不同分位数回归系数是否存在差异进行 F 检验，经检验 $F(19, 351) = 6.19$，$Prob > F = 0.0000$。不同分位数区间下，估计参数具有显著差异。

进一步利用自助法重复 400 次对 0.25、0.5、0.75 分位数进行回归。图 8-4 给出了资源与整合交互项在不同分位数下的回归系数图像。图 8-4（a）中对于资源相似性和整合程度的交互项而言，其数值在 20% 和 80% 区间大致呈现上升趋势。图 8-4（b）中对于资源互补性和整合程度的交互项而言，其数值在 80% 右侧分位数区间大幅降低，表明对于高互补性资源，采取更高的整合程度，将对创新表现增进造成更大的边际损害。

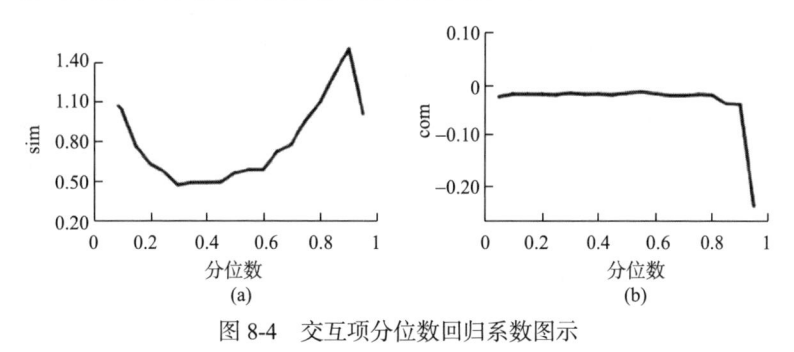

图 8-4　交互项分位数回归系数图示

考察不同资源相似性、资源互补性水平，对于资源相似性高、资源互补性低的组合而言，由引理 8-2 可知应采用高整合程度，这样会使资源相似性与整合程度的交互项位于高分位数图 8-4（a）右侧区域，而资源互补性与整合程度的交互项不会位于高分位数图 8-4（b）右侧区域。考虑图示线条对应 y 轴所代表的通过整合特定类型资源对技术创新的边际贡献，整合相似性资源位于图 8-4（a）的右侧较高水平，同时整合互补性资源不会位于图 8-4（b）

右侧较低水平。综合而言，对高相似、低互补组合匹配高的整合程度，最有利于通过并购整合提升收购方企业技术创新表现。

类似地，对于低相似、高互补组合而言，由引理 8-2 可知应采用低整合程度，这样会使资源相似性与整合程度的交互项位于低分位数图 8-4（a）左侧区域（分位数 0.2 以下），而资源互补性与整合程度的交互项不会位于高分位数图 8-4（b）右侧区域。同时整合互补性资源不会位于图 8-4（b）右侧较低水平，综合而言，对低相似、高互补组合匹配低整合程度，最有利于通过并购整合提升收购方企业技术创新表现。

对于高相似、高互补组合而言，匹配适中的整合程度，可以使通过整合相似性资源获得技术创新的边际贡献维持在较高的水平，如图 8-4（a）所示。同时，适中整合程度可规避高整合程度下整合互补性资源引发的创新降低过大。

五、研究结论

本节基于资源基础分析收购方海外并购整合行为促进技术创新过程的作用机制。首先，相比于现有对并购整合的数理模型（Banal-Estañol and Seldeslachts，2011；Chen et al.，2017a），本节推进了对整合状态动态性的考察，引入以整合程度为状态变量的马尔可夫博弈，动态化处理了收购方整合过程中整合程度的动态选择过程，并利用对不同整合状态下并购双方整合中控制力的刻画，为收购方并购整合动态决策提供微观动机。其次，本节利用分位数回归方法，进一步揭示，在对资源进行并购整合促进收购方技术创新的过程中，针对不同资源相似性、资源互补性水平，通过整合资源促进技术创新的作用效果是否存在差异，是采用分位数回归方法对海外并购整合以及技术创新领域的一个应用尝试。本节的模型均衡解及数值模拟表明，海外并购双方资源相似性高、互补性低时，收购方选择高程度整合，将提升并购方创新数量，促进技术创新。双方资源相似性低、互补性高时，收购方选择低程度整合，将提升并购方创新数量，促进技术创新。双方资源相似性高、互补性高时，并购方选择适中程度整合，将提升其创新数量，促进技术创新。

第二节 基于创新网络位置的中国制造业海外并购整合与产业技术创新的数理模型

一、模型基础设定

本节力图围绕创新网络的媒介作用，分析并购方如何进行合理的整合决策，提升全球网络位势，促进对本国产业的创新溢出。首先，本部分以一体化全球垄断竞争市场为背景，参考 Helpman 和 Krugman（1985）的垄断竞争模型进行数理分析。企业产品具有异质性[①]（Melitz，2003），典型的消费者具有如下基于 D-S 模型的效用函数表达式（Dixit and Stiglitz，1977），且这一效用函数具有不变替代弹性。

$$U = \left[\int_0^\Omega q_j{}^\rho \mathrm{d}j \right]^{\frac{1}{\rho}} \quad (8\text{-}14)$$

该效用方程中的替代弹性参数可以表示为 $\rho \in (0,1)$，遵循异质性产品的替代弹性表达 $\sigma = \frac{1}{1-\rho} > 1$。全球垄断竞争市场中有 Ω 家参与竞争的企业，这些企业中每一家都对应一类异质性产品的制造（Guadalupe et al.，2012），我们假设企业 j（$j \in \Omega$）的需求函数是 q_j，基于标准预算约束衡量效用方程的最大化，生产异质性产品的企业的需求函数由 D-S 模型得出（Dixit and Stiglitz，1977）：

$$q_j = \frac{E}{P} \left(\frac{p_j}{P} \right)^{-\sigma} \quad (8\text{-}15)$$

该式中，外生的预算约束支出表示为 E[②]，产品物价指数

---

① 即 Ω 个企业生产 Ω 种差异化产品种类。
② E 是预选约束，效用最大化问题可写作：max U。

$P \equiv \left[\int_0^N p_j^{1-\sigma} \mathrm{d}j\right]^{\frac{1}{1-\sigma}}$ 具有不变替代弹性，企业对应的异质性产品价格是 p_j。D-S 模型下，总体需求规模采用 $A = EP^{\sigma-1}$ 表示，对提供不同类别产品的企业 j 面临的 D-S 偏好需求函数进行简化，表示为 $q_j = Ap_j^{-\sigma}$。依据 Melitz（2003）的研究，企业对技术的生产可以表示为如下生产成本函数 $\mathrm{TC}(j) = c_j q_j + F$，企业生产的边际成本为 c_j，包括制造设备、资产投资、一体化市场进入等多样化活动在内的固定成本为 F。对于当前市场上的企业，固定成本 $F>0$ 是一致的，而边际生产成本 $c_j>0$ 是有差别的。当前模型中，如果假定函数的边际成本不变，这些企业面临的是替代弹性不变的需求水平，其价格策略是依据利润最大化的目标制定的，所具有的价格加成为 $\dfrac{\sigma}{\sigma-1} = \dfrac{1}{\rho}$（Guadalupe et al.，2012），由此我们导出企业的价格策略为 $p_j = \dfrac{c_j}{\rho}$，$\sigma > 1$ 表示替代弹性的参数，异质性企业的利润函数是

$$\pi_j = p_j q_j - \mathrm{TC}(j) = A\left(\frac{1-\rho}{\rho}\right)\rho^\sigma c_j^{1-\sigma} - F \qquad (8\text{-}16)$$

（1）边际成本函数 c。本部分借鉴 Goyal 和 Joshi（2003）的研发网络与市场竞争模型，基于全球创新网络背景，刻画本模型的边际成本 c。首先，我们给出创新网络 $G = (N, R)$ 的设定，全球创新网络中由 N 个企业节点和这些节点间的研发合作连接关系构成，网络中的一个节点 $i \in N$，连接关系以邻接矩阵 R 表示，当全球创新网络中的两个节点 i 和 j 建立了连接关系，则 $R(i,j) = R(j,i) = 1$；反过来，$R(i,j) = R(j,i) = 0$。全球创新网络 G 中，与 i 有直接连接关系的有 d_i 个企业，也反映了企业 i 的网络节点度。在本节中，网络连接的概念指企业间达成协议与承诺，以降低生产成本的研发活动为目标，共同贡献资源提升企业竞争优势。因此，参考 Goyal 和 Joshi（2003）刻画的边际成本 c_i，则企业 i 的边际成本与网络连接数量相关，且这种相关关系随网络连接数量而严格递减，函数表示为

$$c_i = c(d_i), c(d_i + 1) < c(d_i) \qquad (8\text{-}17)$$

在避免其他干扰因素影响的目标下，本书设定 $c_i \geq 0$，以及设定边际成本只受到企业 i 的技术水平与连接数量的影响，并且与技术水平和连接数量都呈现线性递减的相关关系[①]，即

$$c_i = \gamma_0 - e_i - \gamma d_i \tag{8-18}$$

该式中，企业没有任何连接时的边际成本为 $\gamma_0 > 0$；$e_i > 0$ 刻画了企业边际成本受到技术水平的影响所下降的幅度，遵循 Goyal 和 Moraga-González（2001）的设定思路，e_i 受企业研发投入水平的决定性影响，边际成本随研发投入的提升而降低；γd_i 反映了成本受到连接数量的影响所下降的幅度，其中 $\gamma > 0$ 则反映了单位连接的影响程度，$d_i \in [1, N-1]$，刻画了企业 i 的节点度水平。$e_i + \gamma d_i$ 代表企业的生产效率、边际成本随生产率提高而降低。为使边际生产成本始终非负，令 $\gamma_0 \geq e_i + \gamma d_i$。将式（8-18）代入式（8-16）中，即在企业利润中纳入边际成本的刻画，整理可得

$$\pi_i = A\left(\frac{1-\rho}{\rho}\right)\rho^\sigma (\gamma_0 - e_i - \gamma d_i)^{1-\sigma} - F \tag{8-19}$$

（2）全球垄断竞争市场的进入条件。接下来，为判断企业进行全球垄断竞争市场的条件，我们参考 Melitz（2003）的动态产业垄断竞争模型进行分析。根据式（8-16）企业的利润函数可知，$\pi(0) = -F$，该式中的临界条件 $\pi(c^*) = 0$。在企业边际生产成本 $c_i > c^*$ 的情形下，企业会因为负利润水平而退出全球市场的竞争，只有在 $c_i \leq c^*$ 的情形下，企业以非负的利润水平参与全球市场的竞争。由此，我们得到临界成本 c^* 作为企业全球市场进入的条件：

$$c^* = \left[\frac{F}{A\left(\dfrac{1-\rho}{\rho}\right)\rho^\sigma}\right]^{1/1-\sigma} \tag{8-20}$$

[①] 基于 Goyal 和 Joshi（2003）对生产成本的设置，边际成本 c_i 随企业 i 的连接数量而线性递减，以简化模型并排除其他因素干扰。

结合式（8-20）与式（8-18），我们解释全球市场进入条件的经济学含义，企业的边际生产成本随自身技术水平 e_i 降低以及网络连接数量 d_i 的减少而提高，此时企业越难以形成参与全球市场竞争的优势，当 $c_i = \gamma_0 - e_i - \gamma d_i > c^*$ 时，企业无法获取参与全球市场竞争的优势，当且仅当 $c_i \leqslant c^*$，企业 i 才有能力参与全球垄断竞争。这一条件也可表述为 $\Omega \subset N$，需满足 $i \in N$ 且 $c_i \leqslant c^*$ 时，才有 $i \in \Omega$。

二、海外并购整合与产业技术创新刻画与均衡解

（一）基于相似性和互补性资源特征的并购后整合

基于全球创新网络背景，在前文构建的垄断竞争模型的基本框架下，本部分刻画并购方的并购后整合决策及其影响。在并购前阶段，全球创新网络 G 中，与收购方企业 m 有直接连接的节点数量为 d_h，c_h 表示该收购方企业的边际生产成本，与此同时，依据实施技术获取型海外并购企业相对本土其他企业更具有技术优势的特征，收购方 m 是本土产业网络中具有核心地位的企业，因而设定其在全球市场中也具有竞争优势，则

$$c_h \leqslant c^* = \left[\frac{F}{A\left(\frac{1-\rho}{\rho}\right)\rho^\sigma}\right]^{1/1-\sigma}$$

。接下来，本节探讨并购方的整合决策对技术能力提升以及改善其自身在全球创新网络中所处位置的机制。

并购整合具有正反两方面的影响。首先，并购后整合对企业生产效率和企业市场利润具有促进效应，这一效应通过推动两家企业间的技术转移和有效调配资源实现。其次，整合过程也伴随着矛盾冲突，引致摩擦成本的提升。参考 Chi 和 Seth（2009）对企业并购模式决策模型的刻画，企业经历并购后整合过程的运营收益由 $V_m = \pi_m - \phi_m$ 表示。该式中，并购后整合阶段收购方参与全球网络的创新连接得到的利润水平为 π_m，并购整合引致的摩擦成本是 ϕ_m。

首先分析并购后整合对并购方市场利润的影响。结合式（8-18），并购方的生产成本是 $c_m = \gamma_0 - e_m - \gamma d_m$，其中并购方技术实力由 e_m 代表，并购后收

购方在全球创新网络中的节点度由 d_m 刻画。在模型中，并购前阶段，设定收购方具有 e_1 水平的技术禀赋，目标方具有 e_2 水平的技术禀赋，根据技术获取型海外并购中并购方相对技术劣势的特征，$e_1 < e_2$。借鉴 Chi 和 Seth（2009）的研究，可加总并购前双方技术禀赋得到并购后企业的技术实力，那么 $e_m = e_1 + Ie_2$。我们设置并购方根据双方资源选择并购整合程度 I，$I \in (0,1)$，并购双方的资源相似性为 α，资源互补性为 β，$\alpha, \beta \in (0,1)$。

并购方通过整合过程实际吸收的目标方企业的创新资源由 Ie_2 表示。互补性的资源特征意味着两家公司差异化的资源或能力组合在合并后能够创造原先独立状态下所无法产生的协同性（Helfat and Peteraf, 2003）。这种资源特征作为增长型协同价值的关键来源，对企业技术实力的提升具有促进效应。据此分析，沿着 Sakhartov 和 Folta（2014）所设定的协同效应因子，通过整合过程后，并购方的技术水平为 $\varphi(\beta) \cdot e_m$，$\varphi(\beta) > 1$ 是互补性的资源特征产生的协同效应因子，$\beta \in (0,1)$ 代表互补性的资源特征，$\frac{\partial \varphi(\beta)}{\partial \beta} > 0$，表明并购后整合在技术水平提升方面的协同效应随资源的互补性水平提升而增大。

其次，前文分析已给出设定，即并购方基于资源特征进行并购后整合程度 I 的决策，$I \in (0,1)$。全球创新网络中，在并购前阶段，收购方企业 m 的节点度为 d_h，并购方网络位置随并购整合过程的推进而改变，且在不同水平的并购后整合程度情形下，并购方在网络中新增连接的路径也具有差异性。并购后整合阶段，并购方与目标方彼此共享知识，促进技术水平提升，而这种改变受到网络节点间相互依赖性的影响，进一步作用于更广范围的网络结构演变（Degbey and Pelto, 2013）。因此，我们设定并购后整合阶段，并购方与目标方相连，在网络中总体将新增 θ 条路径连接，$\theta \geq 1$。加总并购前后连接数量的变化，可得并购后整合阶段并购方的总连接数量为 $d_m = d_h + \theta$；与此同时，对全球创新网络中与并购方相连的其他企业而言，这些节点在并购后阶段同样会新增 θ 条路径连接。在式（8-18）中代入并购后企业技术水平和总连接数量，并购方 m 的边际生产成本如下：

$$c_m = \gamma_0 - \varphi(\beta) \cdot (e_1 + Ie_2) - \gamma(d_h + \theta) \qquad (8\text{-}21)$$

在式（8-21）中，企业没有任何连接时的边际成本 $\gamma_0 > 0$，互补性的资源特征产生的协同效应因子 $\varphi(\beta)>1$，并购方和目标方初始技术禀赋促使边际成本降低的幅度分别为 e_1 和 e_2，在 $I\in(0,1)$ 的整合程度水平下，Ie_2 刻画了并购方通过整合过程实际运用的目标方技术资源。参考 Sakhartov 和 Folta（2014）设定的协同效应因子，则 $\varphi(\beta)\cdot(e_1+Ie_2)$ 是并购后整合对技术水平带来的协同效应。$\gamma>0$ 是边际成本在单位连接中的下降程度。全球创新网络中，并购前阶段，并购方的网络节点度为 d_h，并购后整合阶段，并购方新增路径连接 θ 条，则并购后节点度为 $d_h+\theta$。通过整理，我们将并购企业在并购后整合阶段产生的技术价值表示为两部分的加总 $T=\varphi(\beta)\cdot(e_1+Ie_2)+\gamma(d_h+\theta)$，第一部分表示并购后整合对技术水平促进的协同效应，第二部分表示并购方从网络中取得的技术溢出效应，这一效应来源于并购后整合引致的网络结构变化。我们将并购后整合的技术价值代入式（8-19），并购后企业 m 的利润方程通过整理可得

$$\pi_m = A\left(\frac{1-\rho}{\rho}\right)\rho^\sigma\left[\gamma_0-\varphi(\beta)\cdot(e_1+Ie_2)-\gamma(d_h+\theta)\right]^{1-\sigma}-F \quad (8\text{-}22)$$

接下来，我们分析并购整合阶段的摩擦效应，参考 Chi 和 Seth（2009）的摩擦成本[①]，我们设定：

$$\phi_m = f\cdot I^2(1-\omega)|e_1-e_2| \quad (8\text{-}23)$$

式（8-23）中，并购后整合过程对企业价值可能存在的破坏性摩擦效应由 f 表示，高水平相似性的资源特征情形下，双方共同的知识基础促进技术共享与沟通理解，资源重新调配的平稳过渡有助于减少整合成本（Zaheer et al.，2013），但高水平的互补性资源特征情形下，并购双方间的信息不对称将产生更多的资源整合风险（Wang and Zajac，2007）。综上分析，该模型中的摩擦

[①] Chi 和 Seth（2009）对摩擦成本的设置为 $\phi=f\cdot[s(1-s)](1-\omega)|e_1-e_2|$，其中 s 和 $1-s$ 分别为合资企业中双方的控制力，$s(1-s)$ 代表双方控制力权衡与摩擦程度，本章模型仅研究并购方所选择的整合程度 I，将其设置为平方项，$\frac{\partial\phi}{\partial I}>0$ 且 $\frac{\partial^2\phi}{\partial^2 I}>0$，其经济学含义为整合程度越高，所带来的摩擦成本越大，且边际成本递增。

倾向 $f \in (0,1)$，大小与相似性的资源特征 α 以及互补性的资源特征 β 相关联，则可表示为 $f(\alpha,\beta)$，依据，$\dfrac{\partial f(\alpha,\beta)}{\partial \alpha} < 0$，$\dfrac{\partial f(\alpha,\beta)}{\partial \beta} > 0$，表明相似性的资源特征与并购后整合过程的摩擦效应负相关，互补性的资源特征与摩擦效应正相关。$I \in (0,1)$ 为并购方实施的整合程度，式（8-23）中平方项设定是考虑到摩擦效应随整合程度的提升而增加，同时边际成本递增，即 $\dfrac{\partial \phi_m}{\partial I} > 0$ 且 $\dfrac{\partial^2 \phi_m}{\partial^2 I} > 0$。Chi 和 Seth（2009）的模型中分析了两家企业转变合并模式的成本 ω，但这不是本节的关注点，故设定 $\omega = 0$。并购双方的技术水平差距由 $|e_1 - e_2|$ 表示，这种差距的拉大阻碍整合程度的提升，且技术获取型海外并购中并购方相比目标方而言具有技术劣势的特征，则 $e_1 < e_2$。至此，我们简化了模型的整合成本，设定如下：

$$\phi_m = f(\alpha,\beta) \cdot I^2 (e_2 - e_1) \tag{8-24}$$

最终，并购方实施并购后整合产生的运营收益的表达式如下：

$$V_m = \pi_m - \phi_m = A\left(\dfrac{1-\rho}{\rho}\right) \rho^\sigma \left[\gamma_0 - \varphi(\beta) \cdot (e_1 + I e_2) - \gamma(d_h + \theta)\right]^{1-\sigma} - F - f(\alpha,\beta) \cdot I^2 (e_2 - e_1) \tag{8-25}$$

接下来是均衡解的求解。V_m 刻画了并购方通过并购后整合过程的资源重新调配所产生的协同价值与整体收益水平，为实现这一经营价值的最大化，并购方采取的最优整合程度为 I^*。求解最优整合程度是以最大化式（8-25）为目标进行推导的，在此过程中分析存在哪些因素以及这些因素如何影响并购后的整合程度决策机制。令式（8-25）对 I 求一阶导，由 $\dfrac{\partial V_m}{\partial I} = 0$ 可知，

$$\dfrac{\partial V_m}{\partial I} = A\left(\dfrac{1-\rho}{\rho}\right) \rho^\sigma (\sigma - 1) \varphi(\beta) e_2 \left[\gamma_0 - \varphi(\beta)(e_1 + I^* e_2) - \gamma(d_h + \theta)\right]^{-\sigma}$$

$$-2I^* f(\alpha,\beta)(e_2 - e_1) = 0 \tag{8-26}$$

求解式（8-26）可得均衡解，也即恰当整合程度 $I^{*①}$。在后文进行关于全球创新网络位置的分析之前，作为铺垫，我们先分析并购方做出的并购后整合决策，如何影响其自身在全球网络中的路径连接构建。据此，令并购后收购方新增路径连接 θ 对最优整合程度 I^* 求导，记 $F = A\left(\dfrac{1-\rho}{\rho}\right)\rho^\sigma(\sigma-1)\varphi(\beta)e_2\left[\gamma_0 - \varphi(\beta)\cdot(e_1 + I^*e_2) - \gamma(d_h + \theta)\right]^{-\sigma} - 2I^*f(\alpha,\beta)(e_2 - e_1)$，对其应用隐函数求导法则，得到如下表达式：

$$\frac{\partial \theta}{\partial I^*} = -\frac{F_I}{F_\theta}$$

$$= -\frac{A\left(\dfrac{1-\rho}{\rho}\right)\rho^\sigma(\sigma-1)\sigma\varphi(\beta)^2 e_2^2\left[\gamma_0 - \varphi(\beta)(e_1 + I^*e_2) - \gamma(d_h + \theta)\right]^{-\sigma-1} - 2f(\alpha,\beta)(e_2 - e_1)}{A\left(\dfrac{1-\rho}{\rho}\right)\rho^\sigma(\sigma-1)\sigma\gamma\varphi(\beta)e_2\left[\gamma_0 - \varphi(\beta)\cdot(e_1 + I^*e_2) - \gamma(d_h + \theta)\right]^{-\sigma-1}}$$

（8-27）

因为 $F_I < 0$，$F_\theta > 0$，可得 $\dfrac{\partial \theta}{\partial I^*} = -\dfrac{F_{I^*}}{F_\theta} > 0$。该式所具有的经济含义是：并购方在并购后阶段匹配合理的整合程度对其自身在全球创新网络中新增连接数量的构建具有促进效应。

（二）全球创新网络的中心性与结构洞位置

前文分析中，我们探讨了并购方在并购后的新增连接如何受到其整合决策的作用。接下来，在这一基础上，我们对并购方所处全球创新网络的中心性和结构洞位置结合路径连接数量进行刻画，这两个维度所反映的网络位置是整合程度跨层次影响产业技术创新的媒介。创新网络中心性描述了占据核心位置的企业在多大水平上位于与其他节点关系的中心（Lin et al., 2009）。节点度是衡量一个节点网络中心水平的最直接指标（Jackson, 2008）。网络

---

① 利润最大化条件中 I^* 的幂指数不同，因此不能求解出 I^* 的解析式，因此后文基于隐函数求导法则进行比较静态分析。

中的企业更重视那些处于中心性位置的节点，因为这样的节点是与众多企业直接交流的焦点企业，对整个网络的主流信息起到重要的引导作用。相反，处于网络边缘的企业具有低度的中心性水平，这类企业很难在网络中关键性的创新互动中发挥作用。参考 Freeman（1978）对度中心性（degree centrality）的定义，剔除节点所处网络整体大小的影响而反映与比较相对中心性。当节点 i 处在一个规模为包含 N 个节点的网络中，当该节点直接与余下 $N-1$ 个节点连接时，可称其为绝对中心；节点 i 面临相对较大的整体网络规模，而其仅直接连接少量其他节点，可称其为中心性匮乏。衡量一个节点 i 的度中心性可采用如下公式：

$$D_i = \frac{d_i(N)}{N-1} \tag{8-28}$$

Borgatti（2005）的研究表明，度中心性作为一个节点接收与传递信息流能力的决定性因素，反映了其在网络中的直接影响力。前文分析指出，在由 N 个节点企业构成的全球创新网络中，并购前阶段，并购方的节点度为 d_h；并购后整合阶段，并购方的新增路径连接为 θ 条，加总二者可得并购后总路径数量 $d_m = d_h + \theta$，此外，并购后并购方的度中心性 D_m 的表达式如下：

$$D_m = \frac{d_h + \theta}{N-1} \tag{8-29}$$

企业占据创新网络结构洞意味着该企业作为网络桥梁或网络经纪人连接两个原本不相连的节点间的关系，其连接关系是异质且非赘余的（Lin et al.，2009），从中取得的信息具备动态、及时和新颖的特征（Wang et al.，2014）。参考 Burt（1992）的研究，利用网络约束性指标对结构洞进行衡量，网络约束性为代表节点直接或间接地围绕一个连接构建自我网络的水平，结构洞与网络约束性负相关。对网络约束性的衡量如下：

$$\mu_i = \sum_{j \neq i} \left(p_{ij} + \sum_{k \neq i, k \neq j} p_{ik} p_{kj} \right)^2 \tag{8-30}$$

上式中，p_{ij} 反映了 i 对投入和 j 的路径关系的重视性，本节假定网络中的所有行动者均对关于自己的所有路径连接的投入进行平均分配（Burt，1992），当 i 与 j 之间建立直接连接，$p_{ij}=1/d_i$，d_i 是 i 的节点度，也是 i 在网络中的直接连接水平。参考 Buskens 和 van de Rijt（2008）的研究，在式（8-30）中代入 $p_{ij}=1/d_i$，可得

$$\mu_i = \frac{1}{d_i^2} \sum_j \left(1 + \sum_q \frac{1}{d_q}\right)^2 \tag{8-31}$$

d_i 为节点 i 在网络中的直接连接水平，j 作为与 i 有直接连接的节点，称为节点 i 的邻居，q 是同时与 i 和 j 直接相连的节点，d_q 是 q 在网络中的直接连接水平。Buskens 和 van de Rijt（2008）的研究表明，网络中的行动者对结构洞位置的搜寻动机，促使以回避具有封闭性三角回路的原则寻求新增连接。在这样的趋势下，假定 i 新增与 r 的直接连接，节点 i 的邻居 q 将不会再与 r 相连，网络约束性在新增连接后的水平变为 μ_i^*。

$$\mu_i^* = \frac{1}{(d_i+1)^2} \sum_j \left(1 + \sum_q \frac{1}{d_q}\right)^2 \tag{8-32}$$

从前文分析可知，并购后整合阶段，全球创新网络为并购方带来 θ 条新增连接路径水平，则总连接水平为 $d_m = d_h + \theta$，参考 Buskens 和 van de Rijt（2008）对新增路径连接的刻画，并购后整合阶段，并购方具有 μ_m 网络约束性水平，即

$$\mu_m = \frac{1}{(d_h+\theta)^2} \sum_j \left(1 + \sum_q \frac{1}{d_q}\right)^2 \tag{8-33}$$

类似地，式（8-33）中，j 是并购方在网络中的邻居，q 是同时与 i 和 j 直接相连的节点，d_q 是 q 在网络中的直接连接水平。全球创新网络并购后整合阶段为并购方带来 θ 条新增连接路径水平，网络中的行动者对结构洞位置的搜寻动机，促使以回避具有封闭性三角回路的原则寻求新增连接（Buskens and van de Rijt，2008）[①]，综上，路径连接的增加不会导致 q 的数量提升，且也会避免与 q 重复的连接，那么 d_q 在并购前后阶段是一致的。

（三）基于创新网络的海外并购整合与产业技术创新

并购后整合阶段，并购方技术价值创造水平是 $T = \varphi(\beta) \cdot (e_1 + Ie_2) + \gamma(d_h + \theta)$，本部分探讨并购方并购后整合对产业技术创新的影响机制，这一机制的主要逻辑在于：并购方在进行整合决策后，不仅使得自身的全球创新网络位置提升，同时借此对本土产业内相关企业产生技术转移和溢出效应。遵循这一研究目标和对上述机制的刻画思路，在本模型中，我们进一步划分全球创新网络节点，设母国企业节点数量为 n，这些节点以及节点间的研发连接关系构成母国本土产业子网络 G_1，$k \in N$ 是该子网络中的本土企业，参考基于不完全信息下，Zhou 和 Chen（2016）构建的网络博弈模型，并购后整合阶段，并购方对本土产业中的企业 k 具有技术转移和溢出效应，我们设 k 从这种效应中取得的收益水平是

$$u_k(x) = \omega_k \left[\varphi(\beta) \cdot (e_1 + Ie_2) + \gamma(d_h + \theta) \right] x_k - \frac{1}{2} x_k^2 + \delta \sum_{l=1}^{n} g_{kl} x_k x_l \quad (8\text{-}34)$$

式（8-34）中，并购后整合阶段并购方技术价值创造水平为 $\varphi(\beta) \cdot (e_1 + Ie_2) + \gamma(d_h + \theta) = T$，$\beta$ 是双方具有互补性特征的资源水平，$\varphi(\beta)$ 则是互补性的资源特征产生的协同效应因子，并购方和目标方在并购前阶段的技术禀赋分别为 e_1 和 e_2，在 $I \in (0,1)$ 的整合程度情形下，则 $\varphi(\beta) \cdot (e_1 + Ie_2)$ 是并购后整合对技术水平改进带来的协同效应。$\gamma > 0$ 是边际成本在单位连接中的下降程度。全球创新网络中，并购前阶段，并购方的网络节点度为 d_h，并

[①] 对 Buskens 和 van de Rijt（2008）连接规则的证明：$C_i^* - C_i = \dfrac{1}{(d_i+1)^2} \sum_j \left(1 + \sum_q \dfrac{1}{d_q}\right)^2 - \dfrac{1}{d_i^2} \sum_j \left(1 + \sum_q \dfrac{1}{d_q}\right)^2 = -\dfrac{1}{d_i(d_i+1)} < 0$。因此，新增连接降低了行为人 i 的网络约束，提升了 i 的结构洞地位。相同地，新增连接也降低了行为人的网络约束性。可证明，新建的连接避免了形成封闭三角回路，对参与新连接的双方均有结构洞优势。

购后整合阶段，并购方新增路径连接 θ 条，$\gamma(d_h+\theta)$ 表示并购方从网络中取得的技术溢出效应，这一效应来源于并购后整合引致的网络结构变化。企业 k 采用新技术产生的内在边际价值为 ω_k，与此同时，并购后整合阶段，并购方对本土企业 k 的技术溢出效应，也使本土企业 k 加大对新技术的投入进而实现新技术的产业化和市场化，这方面的投入水平由 x_k 表示，且平方项形式代表了具有边际回报递减特征的企业投入。网络中的任意行动者 k、l 相互依赖相互促进，对此采用交叉项 $g_{kl}x_kx_l$ 形式刻画，则本土产业网络的正外部性为 $g_{kl}\geqslant 0$，利用矩阵 $G_1=(g_{kl})$ 存储新技术通过交互影响在本土产业企业间的扩散效应，这种效应的强度由 $\delta>0$ 反映，$g_{kk}=0$。这种网络外部性效应表明，本土产业子网络中，本土企业的新技术回报来自两个部分的加总，第一个部分是自身投入的收益，第二个部分是与企业之间的交互对新技术投入的相互促进的收益。

基于不完全信息条件下，围绕海外并购整合及其对产业技术创新的溢出效应的机制构建网络博弈模型，贡献与优势体现在如下两方面：首先，Goyal 和 Moraga-González（2001）只关注研发网络的直接连接并基于此建立技术溢出模型，本节进一步考虑产业整体网络外部性效应、分析技术在更广的产业范围内的扩散和溢出，由此拓展网络博弈模型；其次，网络博弈的多重均衡问题，在不完全信息条件下的产业网络主体间互动策略过程中得到分析与回答，海外并购整合后，并购方取得的新技术价值为 $T=\varphi(\beta)\cdot(e_1+Ie_2)+\gamma(d_h+\theta)$，关于这一新技术价值的信息，对于并购方自身而言作为价值创造的主体所具有的信息是完全的，而产业内其他企业作为外部节点所具有的信息则是不完全的，综上，序贯博弈过程中，并购企业作为先行者，最先采取新技术的市场化行动 $x_m(T)$，由此在本土产业中关于新技术价值的信号得到释放 $\hat{T}(x_m)$，产业内的其他本土企业基于观察并购方策略收益的模仿行为，决定进一步采纳与应用新技术以实现技术创新，综合反映新技术的产业化过程伴随着企业的评估、识别、吸收、应用、再扩散的行为而形成阶段性的递进演变。

并购后整合阶段，依据新技术价值创造的水平 T，并购方 m 制定最优的技术应用投入水平策略，这也意味着 T 与 $x_m(T)$ 具有强对应关系。本土产业内其他企业应用跟随策略，首先观察并购方关于新技术的决策，进而根据获取的信息判断相应投入水平下的收益 $\hat{T}(x_m)$，然后制定对新技术的投入水平 x_k，从中产生技术价值创造，由此，借助产业网络的外部性作用，通过整合所获取的海外先进技术扩散和传递至本土产业内的其他企业，结合 Ballester 等（2006）与 Zhou 和 Chen（2016）的研究，加总本土子网络 G_1 中的新技术价值之和，可得产业技术创新：

$$W(x) = \left\{ \omega_m \left[\varphi(\beta) \cdot (e_1 + Ie_2) + \gamma(d_h + \theta) \right] x_m(T) - \frac{1}{2} x_m^2 + \delta \sum_{l=1}^{n} g_{ml} x_m x_l \right\}$$
$$+ \sum_{k \in N, k \neq m} \left\{ \omega_k \hat{T} \left[\varphi(\beta)(e_1 + Ie_2) + \gamma(d_h + \theta) \right] x_k - \frac{1}{2} x_k^2 + \delta \sum_{j=1}^{n} g_{kl} x_k x_l \right\}$$

（8-35）

式（8-35）由大括号划分的两部分构成：第一部分是并购方单家企业对新技术的投入应用产生的技术收益，第二部分是通过并购方整合过程的技术溢出效应，本土产业中的其他企业对新技术的应用扩散产生的创新收益。接下来，我们求解并购方关于新技术的最优市场化水平 $x^*_m(T)$，以及由此关于新技术价值在产业中释放的信号 $\hat{T}\left[\varphi(\beta) \cdot (e_1 + Ie_2) + \gamma(d_h + \theta)\right]$ 的贝叶斯均衡。

并购后整合阶段，产业中本土企业 k 受到来自并购方对新技术整合行为的溢出效应，所取得的创新效用如下：

$$u_k(x) = \omega_k \left[\varphi(\beta) \cdot (e_1 + Ie_2) + \gamma(d_h + \theta) \right] x_k - \frac{1}{2} x_k^2 + \delta \sum_{j=1}^{n} g_{kl} x_k x_l \quad (8\text{-}36)$$

并购后整合阶段，依据新技术价值创造的水平 T，并购方 m 制定最优的技术应用投入水平策略，表明 T 与 $x_m(T)$ 具有强对应关系。本土产业内其他企业应用跟随策略，首先观察并购方关于新技术的决策，进而根据获取的信息判断相应投入水平下的收益 $\hat{T}(x_m)$，然后制定对新技术的投入水平 x_k。这一博弈过程反映完全分离均衡的状态，因此本土网络 G_1 转化为分块矩阵形式表示。序贯博弈中，第一阶段进行决策的企业为 M，第二阶段进行跟随决策的企业为 F。$G_1 = \begin{pmatrix} G_{MM} & G_{MF} \\ G_{FM} & G_{FF} \end{pmatrix}$，而根据上文分析，第一阶段决策的为单家

企业即并购方 m，G_1 可简化作 $G_1 = \begin{pmatrix} 0 & \eta_m' \\ \eta_m & G_{-m} \end{pmatrix}$，博弈的贝叶斯纳什均衡分析如下。

序贯博弈中，本土企业观察到并购企业策略 x_m，依据获取的信息判断新技术价值为 $\hat{T}(x_m) = x_m^{*-1}(x_m)$，第二阶段的均衡策略如下：

$$x^*_{-m}(x_m) = (I - \delta G_{-m})^{-1} \left[\hat{T}(x_m) \omega_{-m} + \delta x_m \eta_m \right]$$

即最优行动策略为

$$x^*_{-m}(x_m) = (I - \delta G_{-m})^{-1} \left[x_m^{*-1}(x_m) \omega_{-m} + \delta x_m \eta_m \right] \quad (8\text{-}37)$$

我们进一步可推导出

$$\frac{\partial x^*_{-m}(x_m)}{\partial x_m} = (I - \delta G_{-m})^{-1} \left[\frac{1}{x^{*'}_m(x_m^{*-1}(x_m))} \omega_{-m} + \delta \eta_m \right] \quad (8\text{-}38)$$

通过判断第二阶段的企业决策，逆推可得第一阶段并购方投入 x_m 以最大化

$$\left[\varphi(\beta) \cdot (e_1 + Ie_2) + \gamma(d_h + \theta) \right] \omega_m x_m - \frac{1}{2} x_m^2 + \delta x_m \sum_{j=1}^{n} g_{mj} x_j^*(x_m)$$

$$= \left[\varphi(\beta) \cdot (e_1 + Ie_2) + \gamma(d_h + \theta) \right] \omega_m x_m - \frac{1}{2} x_m^2 + \delta x_m \langle \eta_m, x^*_{-m}(x_m) \rangle$$

对应的最大化一阶条件为

$$\left[\varphi(\beta) \cdot (e_1 + Ie_2) + \gamma(d_h + \theta) \right] \omega_m - x_m + \delta \langle \eta_m, x^*_{-m}(x_m) \rangle$$

$$+ \delta x_m \left\langle \eta_m, \frac{\partial x^*_{-m}(x_m)}{\partial x_m} \right\rangle = 0$$

$$x_m = x_m^*(T)$$

通过式（8-37）、式（8-38）以及 $T = x_m^{*-1}(x_m^*(T))$，我们可以将上式写为

$$\left[\varphi(\beta) \cdot (e_1 + Ie_2) + \gamma(d_h + \theta) \right] \omega_m - x_m^*(T)$$

$$+\delta\langle\eta_m,(I-\delta G_{-m})^{-1}[T\omega_{-m}+\delta x^*_{m}(T)\eta_m]\rangle+\delta x^*_{m}(T)$$

$$\times\left\langle\eta_m,(I-\delta G_{-m})^{-1}\left(\frac{1}{x^*_{m}{}'(T)}\omega_m+\delta\eta_m\right)\right\rangle=0 \quad (8\text{-}39)$$

综上,并购方决策 $x^*_{m}(T)$ 将式(8-39)中的常微分方程,初始条件如下:

$$x^*_{m}(0)=0 \quad (8\text{-}40)$$

求解上式可得

$$x^*_{m}(T)=\frac{\omega_m+2\delta\langle\eta_m,(I-\delta G_{-m})^{-1}\omega_{-m}\rangle}{1-2\delta^2\langle\eta_m,(I-\delta G_{-m})^{-1}\eta_m\rangle}\cdot[\varphi(\beta)\cdot(e_1+Ie_2)+\gamma(d_h+\theta)] \quad (8\text{-}41)$$

即存在完全分离的贝叶斯纳什均衡,并购企业的策略为 $x^*_{m}(T)$。

接下来,进行比较静态分析,以式(8-35)的产业技术创新最大化为目标,分析并购后整合决策如何通过网络位置提升作用于本土产业技术创新。

三、比较静态分析

最大化产业技术创新的问题转变为求解式(8-35)的最优化策略。该式的经济学含义为并购后整合行为通过网络效应对产业技术创新的影响。

$$S=\frac{b_m(G_1,\delta,1)(b_m(G_1,\delta,\omega)-\omega_m)}{2-y_{mm}}[\varphi(\beta)(e_1+I^*e_2)+\gamma(d_h+\theta)] \quad (8\text{-}42)$$

上式中,沿着 Zhou 和 Chen(2016)的定义,得到 $Z=\dfrac{b_m(G_1,\delta,1)(b_m(G_1,\delta,\omega)-\omega_m)}{2-y_{mm}}>0$,该部分通过加权变形 Katz-Bonacich 网络中心度得到,代表并购方在本土产业网络所处的信号中心性,反映其对网络其他节点的领导效应,本土其他企业关于新技术应用的投入水平为 $b(G_1,\delta,T\omega)$,y_{mm} 反映网络效应加权并购方影响后的水平。中括号内的部分是并购方通过整合自身产生的创新价值 $T=\varphi(\beta)\cdot(e_1+Ie_2)+\gamma(d_h+\theta)$,具有如下经济学意义：本土产业网络中，并购方对产业技术创新的促进效应随着其所处的网络位置优势提升而增强；此外，并购方对产业技术创新的促进效应也随着其整合后从网络中取得的新技术价值提升而增强。

（一）基于全球网络中心性的海外并购整合与产业技术创新

本部分围绕企业层次基于资源特征的并购后整合通过网络中心性对产业技术创新的传导机制，利用比较静态分析求解与分析均衡状态。展开式（8-26）$A\left(\dfrac{1-\rho}{\rho}\right)\rho^{\sigma}(\sigma-1)\varphi(\beta)e_2\left[\gamma_0-\varphi(\beta)\cdot(e_1+I^*e_2)-\gamma(d_h+\theta)\right]^{-\sigma}-2I^*f(\alpha,\beta)$ $(e_2-e_1)=0$，得到并购方新增连接水平 θ 与最优整合程度 I^* 的关系，利用 $I^*(\theta)$ 将整合程度 I^* 表示为新增连接 θ 的隐函数，依据式（8-29）反映的并购方中心性，得到 $\theta=(N-1)D_m-d_h$，代入上式中，由此推导出并购后整合阶段，产业技术创新 S 与并购方网络中心性关系如下：

$$S=\dfrac{b_m(G_1,\delta,1)\left(b_m(G_1,\delta,\omega)-\omega_m\right)}{2-y_{mm}}\left\{\varphi(\beta)\left(e_1+e_2 I^*_{[(N-1)D_m-d_h]}\right)+\gamma D_m(N-1)\right\}$$

（8-43）

紧接着，具体探讨并购方网络中心性对产业技术创新的影响及方向。令式（8-43）对并购方网络中心性 D_m 进行一阶求导，可得

$$\dfrac{\partial S}{\partial D_m}=\dfrac{b_m(G_1,\delta,1)\left(b_m(G_1,\delta,\omega)-\omega_m\right)}{2-y_{mm}}\cdot\left\{\varphi(\beta)e_2(N-1)\dfrac{\partial I^*}{\partial \theta}+\gamma(N-1)\right\}$$

（8-44）

显然 $\dfrac{\partial I^*}{\partial \theta}>0$。该式中各部分分项均为正符号，可得 $\dfrac{\partial S}{\partial D_m}>0$，即并购方所处网络中心性提升与本土产业技术创新正相关。

本节进一步分析并购方全球创新网络中心性位势与整合水平之间的关系，将并购方的中心性指标对最优整合水平进行求导得

$$\dfrac{\partial D_m}{\partial I^*}=$$

$$\frac{1}{N-1}\left\{-\frac{A\left(\frac{1-\rho}{\rho}\right)\rho^{\sigma}(\sigma-1)\sigma\varphi(\beta)^2 e_2^2\left[\gamma_0-\varphi(\beta)\cdot(e_1+I^*e_2)-\gamma(d_h+\theta)\right]^{-\sigma-1}-2f(\alpha,\beta)(e_2-e_1)}{A\left(\frac{1-\rho}{\rho}\right)\rho^{\sigma}(\sigma-1)\sigma\gamma\varphi(\beta)e_2\left[\gamma_0-\varphi(\beta)\cdot(e_1+I^*e_2)-\gamma(d_h+\theta)\right]^{-\sigma-1}}\right\}$$

(8-45)

由式（8-45）可知

$$-\frac{A\left(\frac{1-\rho}{\rho}\right)\rho^{\sigma}(\sigma-1)\sigma\varphi(\beta)^2 e_2^2\left[\gamma_0-\varphi(\beta)\cdot(e_1+I^*e_2)-\gamma(d_h+\theta)\right]^{-\sigma-1}-2f(\alpha,\beta)(e_2-e_1)}{A\left(\frac{1-\rho}{\rho}\right)\rho^{\sigma}(\sigma-1)\sigma\gamma\varphi(\beta)e_2\left[\gamma_0-\varphi(\beta)\cdot(e_1+I^*e_2)-\gamma(d_h+\theta)\right]^{-\sigma-1}}=\frac{F_{I^*}}{F_{\theta}}>0,$$

因此，$\frac{\partial D_m}{\partial I^*}>0$，即并购方处于全球创新网络的中心性位势与最优整合水平正相关。

因此，$\frac{\partial D_m}{\partial I^*}>0$，$\frac{\partial S}{\partial D_m}>0$，可得出：技术获取型海外并购中，并购方合理的整合决策能够提升自身的创新网络中心性位势，对本土产业技术创新具有促进效应。

接着，本节从资源基础观的角度，推导出哪些前置因素作用于并购整合决策以及这些前因的作用方向。

1. 资源相似性作用于整合水平

结合比较静态分析式（8-26），将最优整合水平对相似性的资源特征进行一阶求导，结合隐函数求导法则，结果如下：

$$\frac{\partial I^*}{\partial \alpha}=-\frac{F_\alpha}{F_{I^*}}=$$

$$-\frac{-2I^*(e_2-e_1)\cdot\frac{\partial f(\alpha,\beta)}{\partial \alpha}}{A\left(\frac{1-\rho}{\rho}\right)\rho^{\sigma}(\sigma-1)\sigma\cdot\varphi(\beta)^2 e_2^2\left[\gamma_0-\varphi(\beta)\cdot(e_1+I^*e_2)-\gamma(d_h+\theta)\right]^{-\sigma-1}-2f(\alpha,\beta)(e_2-e_1)}$$

（8-46）

由于 $\frac{\partial f(\alpha,\beta)}{\partial \alpha}<0$，可知 $F_\alpha>0$。式（8-46）表明了

$$A\left(\frac{1-\rho}{\rho}\right)\rho^\sigma(\sigma-1)\sigma\cdot\varphi(\beta)^2 e_2^2\left[\gamma_0-\varphi(\beta)\cdot(e_1+I^*e_2)-\gamma(d_h+\theta)\right]^{-\sigma-1}$$

$$=\frac{2I^*\cdot f(\alpha,\beta)(e_2-e_1)\sigma\varphi(\beta)e_2}{\gamma_0-\varphi(\beta)\cdot(e_1+I^*e_2)-\gamma(d_h+\theta)}$$

因此有

$$F_I = A\left(\frac{1-\rho}{\rho}\right)\rho^\sigma(\sigma-1)\sigma f(\alpha,\beta)^2 e_2^2\left[\gamma_0-\varphi(\beta)\cdot(e_1+I^*e_2)\right.$$

$$\left.-\gamma(d_h+\theta)\right]^{-\sigma-1} - 2f(\alpha,\beta)(e_2-e_1)$$

$$=\frac{2\sigma\left[I^{*2}f(\alpha,\beta)(e_2-e_1)-\left(\frac{\sigma-1}{2\sigma}\right)A\left(\frac{1-\rho}{\rho}\right)\rho^\sigma\left[\gamma_0-\varphi(\beta)\cdot(e_1+I^*e_2)-\gamma(d_h+\theta)\right]^{1-\sigma}\right]}{I^*\left[\gamma_0-\varphi(\beta)\cdot(e_1+I^*e_2)-\gamma(d_h+\theta)\right]}$$

替代弹性 $\sigma>1$，可知 $\frac{\sigma-1}{2\sigma}<1$，因此并购企业的运营价值 $V_m^*=\pi_m^*-\phi_m^*>\pi_m^*-\left(\frac{\sigma-1}{2\sigma}\right)\phi_m^*>0$。可推导出 $F_I<0$，因此，$\frac{\partial I}{\partial\alpha}=-\frac{F_\alpha}{F_I}>0$，最优整合程度与资源相似性正相关。

2. 资源互补性对整合程度的影响

令最优整合程度对资源互补性求一阶导，运用隐函数求导法则，可得 $\frac{\partial I^*}{\partial\beta}=-\frac{F_\beta}{F_{I^*}}$

$$=-\frac{A\left(\frac{1-\rho}{\rho}\right)\rho^\sigma(\sigma-1)e_2\varphi(\beta)c_m^{*-\sigma}\frac{\partial\varphi(\beta)}{\partial\beta}\left[\frac{1}{\varphi(\beta)}-\frac{\sigma(e_1+Ie_2)}{c_m^*}\right]}{A\left(\frac{1-\rho}{\rho}\right)\rho^\sigma(\sigma-1)\sigma\cdot\varphi(\beta)^2 e_2^2\left[\gamma_0-\varphi(\beta)\cdot(e_1+I^*e_2)-\gamma(d_h+\theta)\right]^{-\sigma-1}}\to$$

$$\leftarrow\frac{-2I^*(e_2-e_1)\frac{\partial f(\alpha,\beta)}{\partial\beta}}{-2f(\alpha,\beta)(e_2-e_1)} \qquad(8\text{-}47)$$

前述关于相似性资源特征的求导表明，$F_I<0$，则接下来只要推测 F_β 的

正负性。上式中的分子第一项，$\varphi(\beta)>1$，$\dfrac{1}{\varphi(\beta)}<1$，当 $\sigma(e_1+Ie_2)\geqslant c_m$ 时[①],

$\dfrac{1}{\varphi(\beta)}-\dfrac{\sigma(e_1+Ie_2)}{c_m^*}<0$；$\dfrac{\partial f(\alpha,\beta)}{\partial \beta}>0$，分子第二项也非正，因此，$F_\beta<0$，

$\dfrac{\partial I^*}{\partial \beta}=-\dfrac{F_\beta}{F_{I^*}}<0$，互补性的资源特征负向作用于整合水平。

3. 相似性和互补性资源特征对整合程度的交互作用

前文分析中，已得到整合水平关于互补性资源特征的一阶偏导如下：

$$\dfrac{\partial I^*}{\partial \beta}=-\dfrac{F_\beta}{F_{I^*}}$$

$$=-\dfrac{A\left(\dfrac{1-\rho}{\rho}\right)\rho^\sigma(\sigma-1)e_2\varphi(\beta)c_m^{*-\sigma}\dfrac{\partial \varphi(\beta)}{\partial \beta}\left[\dfrac{1}{\varphi(\beta)}-\dfrac{\sigma(e_1+Ie_2)}{c_m^*}\right]}{A\left(\dfrac{1-\rho}{\rho}\right)\rho^\sigma(\sigma-1)\sigma\cdot p(\beta)^2 e_2^2\left[\gamma_0-\varphi(\beta)\cdot(e_1+I^*e_2)-\gamma(d_h+\theta)\right]^{-\sigma-1}}\rightarrow$$

$$\leftarrow\dfrac{-2I^*(e_2-e_1)\dfrac{\partial f(\alpha,\beta)}{\partial \beta}}{-2f(\alpha,\beta)(e_2-e_1)}$$

（8-48）

为了得到在技术获取型海外并购中，并购双方资源相似性、资源互补性的交互作用对于并购后整合程度的影响效应，令式（8-48）关于资源相似性求偏导，得到并购整合程度关于资源相似性、互补性的二阶偏导为

$$\dfrac{\partial^2 I^*}{\partial \beta \partial \alpha}=-\left\{\dfrac{-2I^*(e_2-e_1)\dfrac{\partial^2 f(\alpha,\beta)}{\partial \beta \partial \alpha}}{F_{I^*}}+2F_\beta\cdot F_{I^*}^{-2}(e_2-e_1)\dfrac{\partial f(\alpha,\beta)}{\partial \alpha}\right\}$$

（8-49）

---

① 即并购方整合后技术效率高于边际成本，可理解为 $\sigma>1$ 代表全球创新网络中企业生产产品的差异性，σ 越高代表差异性越小，并购方在全球创新网络中学习的吸收能力越高，越能促进其技术效率的提升。

由于 $F_{I^*}<0$，且 $F_\beta<0$，因此括号中两个分项均为正，易知 $\dfrac{\partial^2 I^*}{\partial \beta \partial \alpha}<0$。

据此可知，在技术获取型海外并购中，相似性和互补性的资源特征负向交互影响最优整合水平。当相似性资源水平越高，互补性资源水平越低时，最优整合程度越高；而在同时具有高水平相似性和互补性的资源特征情形下，两个资源相关性维度负向交互作用于整合程度，此时应匹配中度整合。由此，我们导出结论8-1。

结论8-1：在制造业技术获取型海外并购中：①高相似性和低互补性资源特征组合情形下，并购方实施高度整合，能够提升其在创新网络的中心性，对本土产业技术创新具有促进效应；②低相似性和高互补性资源特征组合情形下，并购方实施低度整合，能够提升其在创新网络的中心性，对本土产业技术创新具有促进效应；③高相似性和高互补性资源特征组合情形下，并购方实施中度整合，能够提升其在创新网络的中心性，对本土产业技术创新具有促进效应。

（二）基于全球网络结构洞传导的海外并购整合与产业技术创新

同理，我们推导了并购方整合水平借由全球创新网络结构洞位势提升的传导作用对产业层次创新的作用。

根据式（8-26）以及 $\theta = \left[\dfrac{\sum_j\left(1+\sum_q 1/d_q\right)^2}{\mu_m}\right]^{1/2} - d_h$，可导出隐函数 $I^*\left[\left[\dfrac{\sum_j\left(1+\sum_q 1/d_q\right)^2}{\mu_m}\right]^{1/2} - d_h\right]$，代入式（8-43）中，得到 S 基于并购方全球创新网络约束性 μ_m 的公式。

$$S = \frac{b_m(G_1,\delta,1)(b_m(G_1,\delta,\omega)-\omega_m)}{2-y_{mm}}\left\{\varphi(\beta)\left(e_1 + e_2 \cdot I^*\left\{\left[\frac{\sum_j\left(1+\sum_q 1/d_q\right)^2}{\mu_m}\right]^{1/2} - d_h\right\}\right)\right.$$

$$\left.+\gamma\left[\frac{\sum_j\left(1+\sum_q 1/d_q\right)^2}{\mu_m}\right]^{1/2}\right\} \tag{8-50}$$

然后,通过 S 对全球创新网络背景下收购方的网络约束性进行一阶求导,得到

$$\frac{\partial S}{\partial \mu_m} = \frac{b_m(G_1,\delta,1)(b_m(G_1,\delta,\omega)-\omega_m)}{2-y_{mm}} \times \left\{-\frac{1}{2}\varphi(\beta)e_2 \cdot \left[\frac{\sum_j\left(1+\sum_q 1/d_q\right)^2}{u_m}\right]^{-1/2}\right.$$

$$\left.\times \sum_j\left(1+\sum_q 1/d_q\right)^2 \cdot \frac{\partial I^*}{\partial \theta} - \frac{1}{2}\gamma \cdot \left[\frac{\sum_j\left(1+\sum_q 1/d_q\right)^2}{u_m}\right]^{-1/2} \cdot \sum_j\left(1+\sum_q 1/d_q\right)^2\right\} \tag{8-51}$$

观察上式括号中的各个分项,符号均为负,可知 $\frac{\partial S}{\partial \mu_m}<0$,并购方网络约束性与本土产业技术创新负相关,即网络结构洞与本土产业技术创新正相关。

在此基础上,考察并购方网络位势指标与整合水平之间的相关关系,通过将并购方的网络约束性对整合水平进行求导,得出

$$\frac{\partial \mu_m}{\partial I^*} = -2(d_i+\theta)^{-3} \sum_j \left(1+\sum_q 1/d_q\right)^2 \left\{ -\frac{A\left(\frac{1-\rho}{\rho}\right)\rho^\sigma(\sigma-1)\sigma\varphi(\beta)^2 e_2^2 \left[\gamma_0-\varphi(\beta)\cdot(e_1+I^*e_2)\right]}{A\left(\frac{1-\rho}{\rho}\right)\rho^\sigma(\sigma-1)\sigma\gamma\varphi(\beta)e_2\left[\gamma_0-\varphi(\beta)\cdot(e_1+I^*e_2)\right]} \right.$$

$$\left. \frac{-\gamma(d_h+\theta)]^{-\sigma-1}-2f(\alpha,\beta)(e_2-e_1)}{-\gamma(d_h+\theta)^{-\sigma-1}} \right\}$$

(8-52)

由式（8-45）可得

$$-\frac{A\left(\frac{1-\rho}{\rho}\right)\rho^\sigma(\sigma-1)\sigma\varphi(\beta)^2 e_2^2 \left[\gamma_0-\varphi(\beta)\cdot(e_1+I^*e_2)-\gamma(d_h+\theta)\right]^{-\sigma-1}-2f(\alpha,\beta)(e_2-e_1)}{A\left(\frac{1-\rho}{\rho}\right)\rho^\sigma(\sigma-1)\sigma\gamma\varphi(\beta)e_2\left[\gamma_0-\varphi(\beta)\cdot(e_1+I^*e_2)-\gamma(d_h+\theta)\right]^{-\sigma-1}}$$

$=\frac{F_{I^*}}{F_\theta}>0$ 因此，$\frac{\partial \mu_m}{\partial I^*}<0$，即合理的整合水平与并购方网络约束性负相关，换言之，与并购方网络结构洞正相关。

因此，$\frac{\partial S}{\partial \mu_m}<0$，$\frac{\partial \mu_m}{\partial I^*}<0$，据此可得出技术获取型海外并购中，并购方合理的整合决策能够提升自身的创新网络结构洞位势，对本土产业技术创新具有促进效应。

同时，结合已证明的相关性对整合决策的作用，我们得出如下结论。

结论 8-2：在制造业技术获取型海外并购中：①高相似性和低互补性资源特征组合情形下，并购方实施高度整合，能够提升其在创新网络的结构洞，对本土产业技术创新具有促进效应；②低相似性和高互补性资源特征组合情形下，并购方实施低度整合，能够提升其在创新网络的结构洞，对本土产业技术创新具有促进效应；③高相似性和高互补性资源特征组合情形下，并购方实施中度整合，能够提升其在创新网络的结构洞，对本土产业技术创新具有促进效应。

四、研究结论

本节探讨企业海外并购整合通过创新网络对产业技术创新的影响机制，并基于 Helpman 和 Krugman（1985）的垄断竞争模型和基于不完全信息条件下 Zhou 和 Chen（2016）的网络博弈模型，构建数理模型展开分析。以最优化行动策略为目标，本节求解了均衡状态，并结合比较静态分析，表明并购方基于不同相关性资源特征的并购后整合决策，如何通过全球创新网络位置提升的传导对产业内其他企业产生技术扩散和溢出效应，最终促进产业技术创新，所得结论如下：以技术获取为导向的海外并购中，并购方匹配资源相关性特征的合理整合程度能够促进其自身的网络中心性与结构洞位置提升，从而推动产业技术创新。合理的整合水平在不同相似性和互补性资源特征组合的倾向下有所不同：高相似性和低互补性资源特征组合情形下，并购方实施高度整合；低相似性和高互补性资源特征组合情形下，并购方实施低度整合；高相似性和高互补性资源特征组合情形下，并购方实施中度整合。

第三节　本章小结

本节通过构建数理模型，分析基于创新网络的海外并购整合促进产业技术创新的作用机制。首先，引入以整合程度为状态变量的马尔可夫博弈，利用对不同整合状态下并购双方控制力的刻画，为收购方并购整合动态决策提供微观动机。其次，分析企业通过海外并购整合增加创新连接并促进企业技术创新的影响机制。最后，在结合垄断竞争模型与不完全信息网络博弈模型的基础上，构建数理模型揭示资源识别—资源整合—网络传导—产业技术创新的传导机制。本章的数理模型分析表明，技术获取型海外并购中，恰当的海外并购整合有利于收购方提升全球创新网络的中心性地位与结构洞地位，进而带动本土产业技术创新。具体来说，恰当的整合程度应根据并购双方资源识别阶段的相似性和互补性做出决策：当并购双方资源相似性强、互补性弱时，应采取高整合程度；当并购双方资源相似性弱、互补性强时，应采取低整合程度；当并购双方资源相似性、互补性均强时，应采取适中的整合程度。本章突破现有海外并购整合研究对收购方与目标方二元关系的关注，定量分析了海外并购整合对创新网络以及产业技术创新的跨层次影响，为第六章的理论机制提供了有力支持。

第九章

中国制造业海外并购整合与企业技术创新的动态演化研究

第一节 基于资源相关性的中国制造业海外并购整合动态演化研究

一、仿真环境与行为规则

多主体仿真（multi-agent simulation，MAS）方法，以复杂系统中主体所具有的社会性、自治性、应激性和能动性特征为基础，依据"自下而上"的逻辑，对主体及主体间的行为交互进行建模和仿真，同时考察微观层次的主体行为和宏观层次的涌现规律。基于仿真模型的构建，通过对单元主体不同行动规则的设定，整个系统将呈现出有序运转的模式，从中可归纳动态演化的内在属性。这种理论与分析方法已广泛应用于信息、工学、生物医药、经济管理等多学科及跨学科领域，其所具有的刻画复杂系统的优势特征，相比传统基于数学建模的方法更适用于对系统动态规律的把握与呈现。

海外并购企业处于复杂动态的经济环境系统中，并购方和目标方作为不同的行动者具有其特定的主体能动性特征，并且以一定的规则在整合策略的集合中进行决策与行动。综上，本节关注海外并购中不同水平的经济制度距离下，与相似性和互补性的资源特征组合匹配的整合程度与目标方自主性水平对企业并购协同效应的传导机制，在这一研究主题下，多主体仿真方法在对主体特征和行动规则的刻画方面所具有的优势，有助于提升研究的可行性和可靠性。本节在 NetLogo 软件平台环境下展开多主体仿真工作，这一平台基于 Logo 语言进行编程，适用于模拟自然和经济社会系统中各类复杂对象的发展演化，研究者利用编写的规则控制多个主体的行为，与此同时也能借助界面直接观察宏观涌现规律和特征。

在仿真平台中，基于资源相关性的海外并购整合环境由一个 33×33 的网格组成的球面世界构成，我们随机生成 100 个并购方企业主体和 100 个目标方企业主体并将它们分布在网格上。在每一个仿真时序内，目标方企业主体生成后保持静止不动，并购方企业主体则可以按一定的规则在网格世界中随机游走，其行为规则为：首先在 0～360 度的范围内随机选择某一旋转角度，接着以一个网格的边长为单位前进一个步长，在其相邻目标方企业中选择一个为主体并将其作为潜在的整合目标。每当并购方和目标方的两类主体相遇，双方在（1,5）区间的整合程度[①]和（0,1）区间的目标方自主性水平的范围内，分别随机生成一个相应数值。在不同水平的经济制度距离下，设置不同的仿真实验组，区分整合过程中并购双方整合程度和目标方自主性水平需满足的不同条件，并衡量并购后整合产生的企业协同收益；在不符合整合条件的情形下，并购方将不整合当前目标方，继续在网格世界中随机游走，搜寻合适的对象。对于不同水平的相似性和互补性的资源特征组合，我们在相同长度的仿真步数内，衡量并购方对目标方实施不同的整合程度与自主性决策时，并购方企业主体获得的总收益效果，由此归纳实现并购协同效应最大化时并购方应匹配的最优整合决策。在研究中，我们汇总多个并购双方主体、多次并购整合收益，从而能够避免单一企业、单次并购整合的特殊性和随机性影响，获得更为稳定、客观的仿真结果。

---

① 虽然我们仅界定整合程度的范围为 $T>1$，但在（1,5）区间内已能够观察到并购协同效应的极值，因此我们认为这是一个较为合理的仿真观察区间。

二、参数设定

仿真实验用到的各个参数的符号、含义、参数性质见表 9-1，综合考虑参数的经济含义和取值范围，对不同仿真实验核心参数和辅助参数进行设置，见表 9-2 和表 9-3。

表 9-1　仿真实验参数含义与取值设定

参数符号	参数含义	参数性质
R	总支出水平	固定
P	总价格水平	固定
ρ	CES 效用函数中的参数	固定
σ	产品替代弹性	固定
φ	并购方企业初始生产率水平	固定
d	经济制度距离	可变
θ	资源相似性	可变
δ	资源互补性	可变
T	整合程度	可变
β	目标方自主性	可变

表 9-2　仿真实验核心参数设置

资源相关性	经济制度距离	并购整合策略	模型
	1. 高相似性、低互补性资源组合时使得协同效应最大化的最优整合策略		
$\theta = 0.8$ $\delta = 0.2$	$d = 0.2$ $d = 0.8$	$T \in (1,3)$, $\beta \in (0.5,1)$（低整合、高自主性） $T \in (1,3)$, $\beta \in (0,0.5]$（低整合、低自主性） $T \in (3,5)$, $\beta \in (0.5,1)$（高整合、高自主性） $T \in (3,5)$, $\beta \in (0,0.5]$（高整合、低自主性） $T \in (2,4)$, $\beta \in (0.25,0.75)$（较高整合、较高自主性）	1～5； 16～20

续表

资源相关性	经济制度距离	并购整合策略	模型
	2. 低相似性、高互补性资源组合时使得协同效应最大化的最优整合策略
$\theta = 0.2$ $\delta = 0.8$	$d = 0.2$ $d = 0.8$	$T \in (1,3]$，$\beta \in (0.5,1)$（低整合、高自主性） $T \in (1,3]$，$\beta \in (0,0.5]$（低整合、低自主性） $T \in (3,5)$，$\beta \in (0.5,1)$（高整合、高自主性） $T \in (3,5)$，$\beta \in (0,0.5]$（高整合、低自主性） $T \in (2,4)$，$\beta \in (0.25,0.75)$（较高整合、较高自主性）	6～10； 21～25
	3. 高相似性、高互补性资源组合时使得协同效应最大化的最优整合策略
$\theta = 0.8$ $\delta = 0.8$	$d = 0.2$ $d = 0.8$	$T \in (1,3]$，$\beta \in (0.5,1)$（低整合、高自主性） $T \in (1,3]$，$\beta \in (0,0.5]$（低整合、低自主性） $T \in (3,5)$，$\beta \in (0.5,1)$（高整合、高自主性） $T \in (3,5)$，$\beta \in (0,0.5]$（高整合、低自主性） $T \in (2,4)$，$\beta \in (0.25,0.75)$（较高整合、较高自主性）	11～15； 26～30

注：高相似性、低互补性表示高资源相关性、低资源互补性，低整合、高自主性表示低水平整合程度、高水平目标方自主性，其余简称以此类推

表 9-3　仿真实验辅助参数设置

R	P	ρ	σ	φ	模型
2	2	1/2	2	2	1～30

表 9-2 显示，我们设置仿真模型 1～5，检验经济制度距离较低（d=0.2）时的海外并购中，为实现企业并购协同收益的最大化，高相似性、低互补性的资源组合与整合程度和目标方自主性水平的匹配情况。在模型 1～5 中，为了得到低水平整合程度、高水平目标方自主性策略下的并购协同收益的仿真实验结果，我们设置每一期仿真过程，将海外并购整合决策条件设置为整合程度的范围为 $1 < T \leqslant 3$，目标方自主性的范围为 $0.5 < \beta < 1$。在模型 2～5 中，为验证其他整合策略下的并购协同收益，整合决策条件的设置改变。对比和观察不同设置的模型所反映的并购后整合的协同收益，验证在高相似性、低

互补性的资源组合情形下的整合策略如何匹配。同理，设置仿真模型6~10，检验经济制度距离较低（$d=0.2$）时的海外并购中，为实现企业并购协同收益的最大化，低相似性、高互补性的资源组合与整合程度和目标方自主性的匹配情况；设置仿真模型11~15，检验经济制度距离较低（$d=0.2$）时的海外并购中，为实现企业并购协同收益的最大化，高相似性、高互补性的资源组合与整合程度和目标方自主性的匹配情况。仿真模型16~20与模型1~5的其他设置完全相同，只是考察海外并购双方经济制度距离较高（$d=0.8$）的情形下的相关结论；仿真模型21~30以此类推。

观察结果表明，所有模型设置均在仿真步长为100左右的情形下总收益值趋于稳定。因此，我们统一以100仿真步长为标准，衡量和比较最终并购方取得的总收益值。与此同时，每一模型均重复运行100次，并取这些结果的平均值作为展示和分析的结果，以此排除单次仿真实验的随机性。

三、仿真实验结果分析

（一）高相似性、低互补性资源组合的仿真结果分析

首先，我们考察仿真模型1~5，即经济制度距离较低的海外并购情形下，高相似性、低互补性资源组合中，并购方采取高低不同的整合程度和目标方自主性策略时，并购方获得的总协同收益。图9-1显示了根据NetLogo软件输出的仿真结果绘制的在100个仿真步长内企业并购协同收益的效果。

结果显示，在仿真步长为100时各个仿真模型的结果均已达到稳定状态，并购方采取高水平整合程度、低水平目标方自主性的整合策略，稳定状态时的并购收益最高；并购方采取低水平整合程度、高水平目标方自主性的整合策略，稳定状态时的并购收益最低；并购方采取高水平整合程度、高水平目标方自主性，低水平整合程度、低水平目标方自主性，较高水平整合程度、较高水平目标方自主性的整合策略，稳定状态时的并购收益介于前两种情形之间。由此，我们验证了在经济制度距离较低的海外并购中，并购双方具有高相似性、低互补性资源组合，为实现并购协同收益最大化，并购方采取高水平整合程度、低水平目标方自主性更为有利。

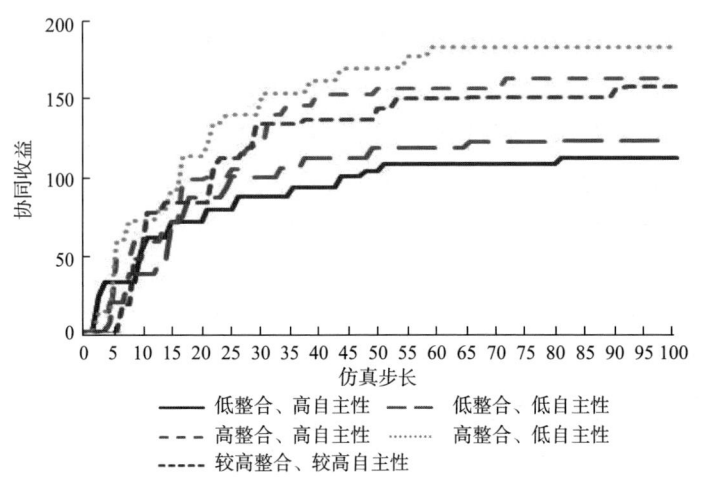

图 9-1 经济制度距离较低-高相似性、低互补性资源组合时不同整合策略下并购总收益仿真结果

（二）低相似性、高互补性资源组合的仿真结果分析

其次，我们考察仿真模型 6~10，即经济制度距离较低的海外并购情形下，低相似性、高互补性资源组合中，并购方采取不同的整合程度和目标方自主性水平时，并购方获得的总协同收益。图 9-2 显示了根据 NetLogo 软件输出的仿真结果绘制的在 100 个仿真步长内企业并购协同收益的效果。

结果显示，在仿真步长为 100 时各个仿真模型的结果均已达到稳定状态，并购方采取低水平整合程度、高水平目标方自主性的整合策略，稳定状态时的并购收益最高；并购方采取高水平整合程度、低水平目标方自主性的整合策略，稳定状态时的并购收益最低；并购方采取高水平整合程度、高水平目标方自主性，低水平整合程度、低水平目标方自主性，较高水平整合程度、较高水平目标方自主性的整合策略，稳定状态时的并购收益介于前两种情形之间。其中，高水平整合程度、低水平目标方自主性及高水平整合程度、高水平目标方自主性两种策略对应的稳定后的并购协同收益甚至出现了为负的情况，表明当并购方面对低相似性、高互补性资源特征情况时，过度整合是导致并购后难以取得协同效应的重要原因。由此，我们验证了在经济制度距离较低的海外并购中，并购双方具有低相似性、高互补性资源特征组合，为实现并购协同收益最大化，并购方采取低水平整合程度、高水平目标方自主性更为有利。

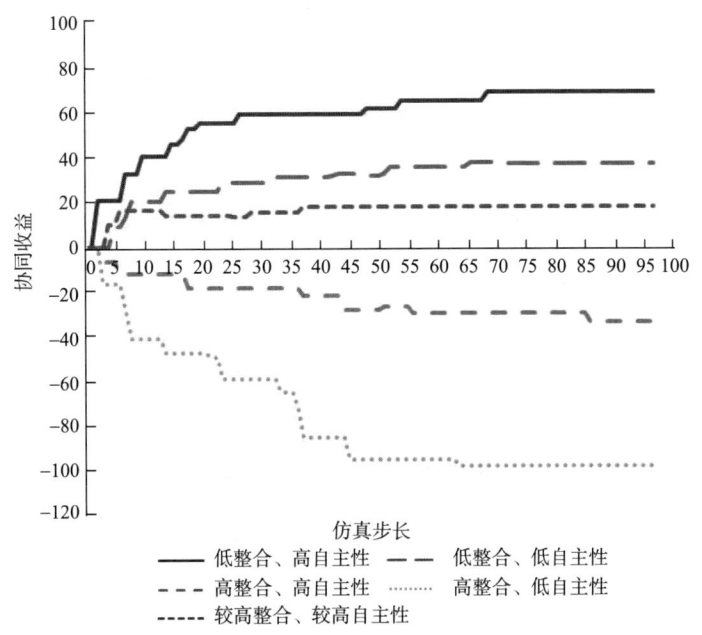

图 9-2　经济制度距离较低-低相似性、高互补性资源组合时不同整合策略下并购总收益仿真结果

（三）高相似性、高互补性资源组合的仿真结果分析

最后，我们考察仿真模型 11~15，即经济制度距离较低的海外并购情形下，高相似性、高互补性资源组合中，并购方采取高低不同的整合程度和目标方自主性策略时，并购方获得的总协同收益。图 9-3 显示了根据 NetLogo 软件输出的仿真结果绘制的在 100 个仿真步长内企业并购协同收益的效果。

结果显示，在仿真步长为 100 时各个仿真模型的结果均已达到稳定状态，并购方采取较高水平整合程度、较高水平目标方自主性的整合策略，稳定状态时的并购收益最高；并购方采取高水平整合程度、低水平目标方自主性的整合策略，稳定状态时的并购收益最低；并购方采取高水平整合程度、高水平目标方自主性，低水平整合程度、低水平目标方自主性，低水平整合程度、高水平目标方自主性的整合策略，稳定状态时的并购收益介于前两种情形之间。由此，我们验证了在经济制度距离较低的海外并购中，并购双方具有高相似性、高互补性资源特征组合，为实现并购协同收益最大化，并购方采取较高水平整合程度、较高水平目标方自主性更为有利。

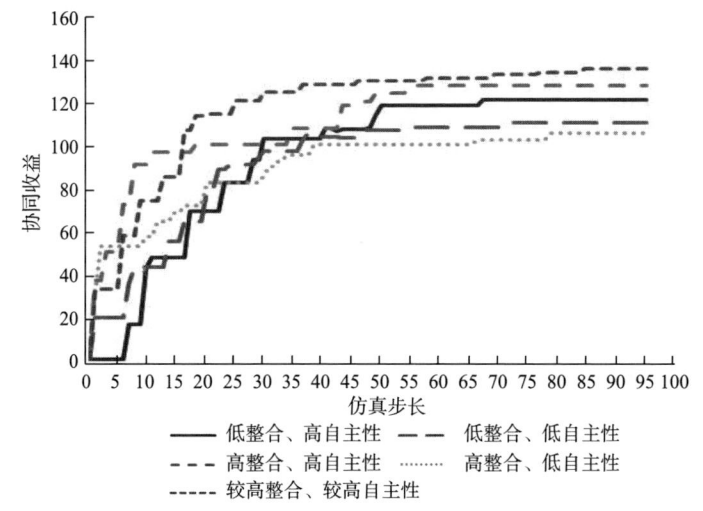

212　中国制造业海外并购整合与产业技术创新研究

图9-3　经济制度距离较低-高相似性、高互补性资源组合时不同整合策略下并购总收益仿真结果

（四）经济制度距离较高情形下的仿真实验结果分析

现在，我们考察经济制度距离较高的海外并购中，为实现并购后协同收益最大化，并购方应匹配的最优整合策略，以及资源相关性特征在其中是否具有影响。在经济制度距离较高的海外并购情形下，我们考察并比较高相似性、低互补性，低相似性、高互补性，高相似性、高互补性资源特征组合，并购方采取的整合策略匹配及其对并购后协同收益的影响。

首先，我们考察仿真模型16～20，即高相似性、低互补性资源组合中，并购方采取不同的整合程度和目标方自主性策略时，并购方获得的总协同收益。图9-4显示了根据NetLogo软件输出的仿真结果绘制的在100个仿真步长内企业并购协同收益的效果。

结果显示，在仿真步长为100时各个仿真模型的结果均已达到稳定状态，并购方采取低水平整合程度、高水平目标方自主性的整合策略，稳定状态时的并购收益最高；并购方采取高水平整合程度、低水平目标方自主性的整合策略，稳定状态时的并购收益最低；并购方采取高水平整合程度、高水平目标方自主性，低水平整合程度、低水平目标方自主性，较高水平整合程度、较高水平目标方自主性的整合策略，稳定状态时的并购收益介于前两种情形

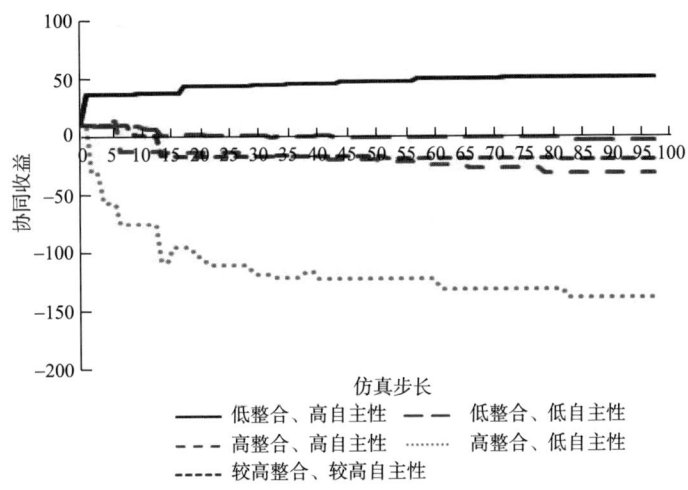

图 9-4　经济制度距离较高-高相似性、低互补性资源组合时不同整合策略下并购总收益仿真结果

之间。据此仿真实验结果，我们揭示了，在经济制度距离较高的海外并购中，并购方面对高相似性、低互补性资源组合时，应选择低水平整合程度和高水平目标方自主性，这样有利于并购后协同效应的实现。

其次，我们考察仿真模型 21～25，即低相似性、高互补性资源组合中，并购方采取不同的整合程度和目标方自主性策略时，并购方获得的总协同收益。图 9-5 显示了根据 NetLogo 软件输出的仿真结果绘制的在 100 个仿真步长内企业并购协同收益的效果。

结果显示，在仿真步长为 100 时各个仿真模型的结果均已达到稳定状态，和图 9-4 类似，并购方采取低水平整合程度、高水平目标方自主性的整合策略，稳定状态时的并购收益最高；并购方采取高水平整合程度、低水平目标方自主性的整合策略，稳定状态时的并购收益最低；并购方采取高水平整合程度、高水平目标方自主性，低水平整合程度、低水平目标方自主性，较高水平整合程度、较高水平目标方自主性的整合策略，稳定状态时的并购收益介于前两种情形之间。据此仿真实验结果，我们揭示了在经济制度距离较高的海外并购中，并购方面对低相似性、高互补性资源组合时，同样应选择低水平整合程度和高水平目标方自主性，这样有利于并购后协同效应的实现。

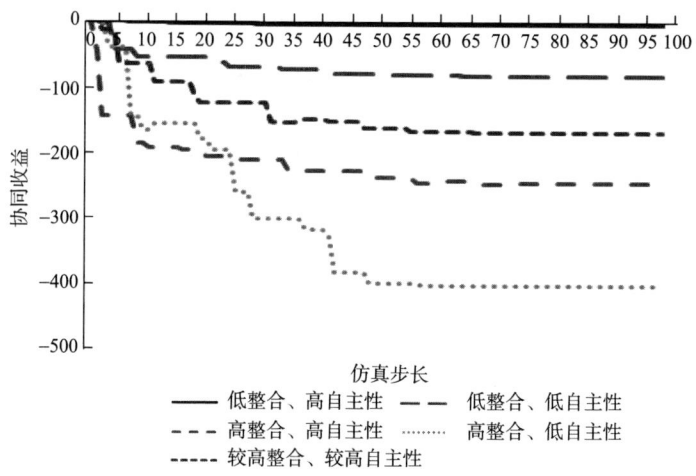

图 9-5　制度距离较高-低相似性、高互补性资源组合时不同整合策略下并购总收益仿真结果

最后，我们考察仿真模型 26~30，即高相似性、高互补性资源组合中，并购方采取不同的整合程度和目标方自主性策略时，并购方获得的总协同收益。图 9-6 显示了根据 NetLogo 软件输出的仿真结果绘制的在 100 个仿真步长内企业并购协同收益的效果。

结果显示，在仿真步长为 100 时各个仿真模型的结果均已达到稳定状态，和图 9-4 及图 9-5 类似，并购方采取低水平整合程度、高水平目标方自主性的整合策略，稳定状态时的并购收益最高；并购方采取高水平整合程度、低水平目标方自主性的整合策略，稳定状态时的并购收益最低；并购方采取高水平整合程度、高水平目标方自主性，低水平整合程度、低水平目标方自主性，较高水平整合程度、较高水平目标方自主性的整合策略，稳定状态时的并购收益介于前两种情形之间。据此仿真实验结果，我们揭示了在经济制度距离较高的海外并购中，并购方面对高相似性、高互补性资源组合时，仍然应选择低水平整合程度和高水平目标方自主性，这样有利于并购后协同效应的实现。

总体而言，通过横向比较图 9-4~图 9-6 展现的仿真结果，表明在经济制度距离较高的海外并购中，为实现并购后协同效应最大化，并购方总是选择低水平整合程度和高水平目标方自主性的整合策略，并且这种最优整合策略

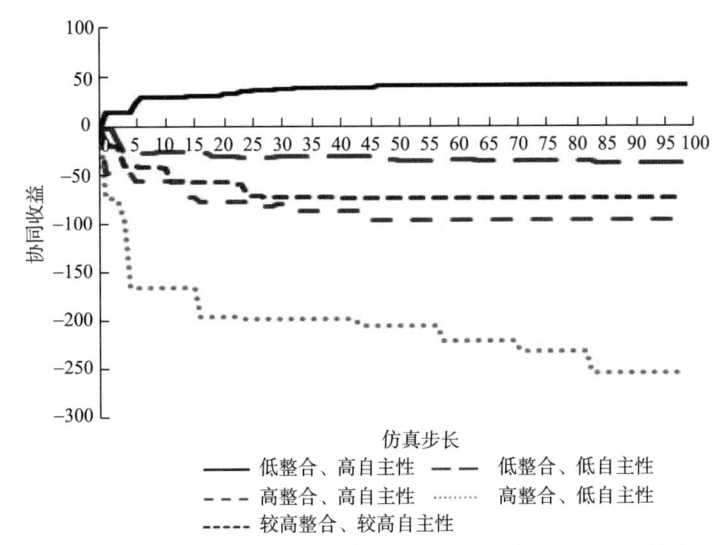

图 9-6 经济制度距离较高-高相似性、高互补性资源组合时不同整合策略下并购总收益仿真结果

选择在不同资源相关性特征下均具有稳健性，表明不受并购双方不同相似性和互补性资源特征组合的情形下的影响与约束。进一步分析，与图 9-1～图 9-3 比较，图 9-4～图 9-6 中出现了更多协同收益为负的结果。这表明了在经济制度距离较高的海外并购中，并购方如果没有审慎地应对经济制度距离导致的资源整合过程中的矛盾冲突，与温和的整合策略相悖而实施了过度的整合，会对并购后协同收益具有严重的破坏性影响。因此，在经济制度距离较高的海外并购中，并购方应采取低水平整合程度和高水平目标方自主性，以促进并购协同效应。

四、研究结论

本节采用多主体仿真的研究方法，通过对海外并购整合仿真系统的环境与行为主体的相关属性及行为规则的刻画，探究经济制度距离影响下，基于资源相关性的海外并购整合程度与目标方自主性对并购协同效应的作用效果。动态仿真分析得到的结论如下：在经济制度距离较低的海外并购中，并购双方具有高相似性、低互补性资源特征组合，并购方采取高水平整合程度、低水平目标方自主性的整合策略，对并购后协同收益的创造更为有利；并购双方具有低相似性、高互补性资源特征组合，并购方采取低水平整合程度、高水平目标方自主性的整合策略，对并购后协同收益的创造更为有利；并购双方具有高相似性、高互补性资源特征组合，并购方采取较高水平整合程度、较高水平目标方自主性的整合策略，对并购后协同收益的创造更为有利。而在经济制度距离较高的海外并购中，并购方采取低水平整合程度、高水平目标方自主性的整合策略，对并购后协同收益的创造更为有利。本节内容深入地分析了在海外并购双方经济制度距离不同情形下，应如何选择最优的并购后整合程度与目标方自主性，并进一步观察了整合程度与目标方自主性对于并购后协同效应的影响。

第二节　中国制造业技术获取型海外并购整合与企业技术创新的系统动力学动态演化研究

一、主体要素与变量确定

系统动力学（system dynamics，SD），是用以研究系统动态行为的计算机仿真方法。系统动力学方法能够从系统内部的微观结构出发，并通过仿真技术来研究系统内部各因素之间的内在关系。系统动力学是一种面向实际的结构型的建模方法，便于处理非线性和时变现象，能做长期的、动态的仿真分析与研究。具体来说其特点主要有以下几方面：①能够描述各种现象之间的因果关系；②能够刻画系统的反馈；③能够处理多变量、多回路、高阶次的复杂问题；④能够分析非线性问题；⑤能够将定性分析与定量分析相结合。

本节探讨技术获取型海外并购整合与企业技术创新的动态演化规律，在这一主题下应用系统动力学方法，具有如下优势：第一，能够较全面纳入系统的各影响因素，清晰地呈现各变量间关联的因果关系流图；第二，能够满足对复杂系统动态过程的分析需求，弥补传统定量分析方法的局限性。基于因果关系图，构建系统动力学模型展开仿真模拟分析，系统动力学模型作为一种结构依存型模型，对数据要求不高，在无法获得实际定量值的情形下，对模型中变量赋以相对的基准初始值，使之在宽容度之内，则可以通过模型的仿真模拟也可以分析变量的动态变化趋势，使研究结果具有真实性和可比性。

综上，围绕技术获取型海外并购整合与企业技术创新的动态演化机制，应用系统动力学仿真，能够提炼主要的影响因素，绘制并购后整合策略与企业技术创新之间的因果关系图和结构流图，在此基础上构建系统动力学模型，并运用仿真模拟，通过对相似性、互补性资源特征等变量的控制以及并购整合程度与目标方自主性取值的调整，归纳技术创新的动态变化规律。

在技术获取型海外并购中，通过并购后整合阶段的两家企业间的沟通交流与合理调配，并购方能够有效地重组技术知识资源并使之得到优化，提升并购后企业技术创新能力。技术获取型海外并购整合与技术创新的主要参与主体为并购企业与目标企业。在第四章的理论分析中，我们已从技术学习、资源配置与摩擦效应三个方面探讨了并购整合影响技术创新的机制。本节引入并购后整合策略与企业技术创新系统构成的要素变量，依据这些要素间的因果关系，绘制因果关系图。选取技术获取型海外并购中的资源相似性、资源互补性、并购整合程度、目标方自主性、协同收益、摩擦成本等因素并进行建模研究。系统动力学中变量类型主要有如下四种：①水平变量（level），为系统的状态变量，存在累积效应；②速率变量（rate），表示单位时间流入或者流出水平变量的数量；③辅助变量（auxilary），表述系统内部信息的变量；④常量(const)，指在仿真期间取值保持不变的参数。模型的变量如表 9-4 所示。

表 9-4　技术获取型海外并购整合与技术创新系统动力模型变量表

因素	变量	变量类型	取值范围
并购方	吸收能力因子	常量	[0，1]
	互补协同因子	常量	[0，1]
	摩擦成本因子	常量	[0，1]
	并购方技术吸收	辅助变量	[0，∞]

续表

因素	变量	变量类型	取值范围
目标方	技术转移意愿	辅助变量	[0, 1]
	目标方整合资源	辅助变量	[0, ∞]
	目标方保留资源	辅助变量	[0, ∞]
	路径冲突因子	辅助变量	[0, 1]
	路径冲突	辅助变量	[0, ∞]
	文化差异	常量	[0, ∞]
	研发生产率	常量	[0, 1]
资源相关性	资源相似性	常量	[0, 1]
	资源互补性	常量	[0, 1]
并购整合	并购整合程度	常量	[0, 1]
	目标方自主性	常量	[0, 1]
技术创新	并购整合收益	辅助变量	[0, ∞]
	并购整合成本	辅助变量	[0, ∞]
	并购方技术创新增量	速率变量	[−∞, ∞]
	目标方技术创新增量	速率变量	[−∞, ∞]
	并购方技术基础	水平变量	[0, ∞]
	目标方技术基础	水平变量	[0, ∞]
	技术创新能力	水平变量	[0, ∞]

二、因果关系分析

下面将建立技术获取型海外并购整合与企业技术创新的系统动力学模型，分析并购双方之间各因素相互作用关系与行为对企业技术创新能力的动态影响。并购后的整合过程也是企业进行技术交流学习和资源重新配置的过程，从技术学习机制、资源配置机制和摩擦效应机制影响企业技术创新。因此，本节构建的系统动力学模型由技术学习子系统、资源配置子系统、摩擦成本子系统这三个子系统构成。技术学习子系统主要关注资源相似性的影响，高水平的相似性资源特征能够提升企业的吸收能力，促进并购方对目标方更高水平的资源整合及技术转移，从而创造更高的整合收益。资源配置子系统主要关注资源互补性的影响，高水平的互补性资源特征能够提升互补协同效应，促使并购方对目标方更有效地进行资源整合与配置，从而创造更高的整合收益。摩擦成本子系统关注资源相似性和互补性的交互作用，高水平的相似性资源特征会缓和两家企业在整合过程中的路径冲突，但高水平的互补性资源特征会导致整合过程产生更多的摩擦效应与整合成本。并购后整合对企业技术创新的影响来自两个部分：第一部分是整合收益，由技术学习子系统与资源配置子系统决定；第二部分是整合成本，由摩擦成本子系统中的整合冲突所决定。

本节运用 Vensim 软件这一系统动力学建模工具，绘制出各子路径的因果关系图并对它们进行耦合形成技术获取型海外并购整合与企业技术创新系统因果关系图（图9-7）。

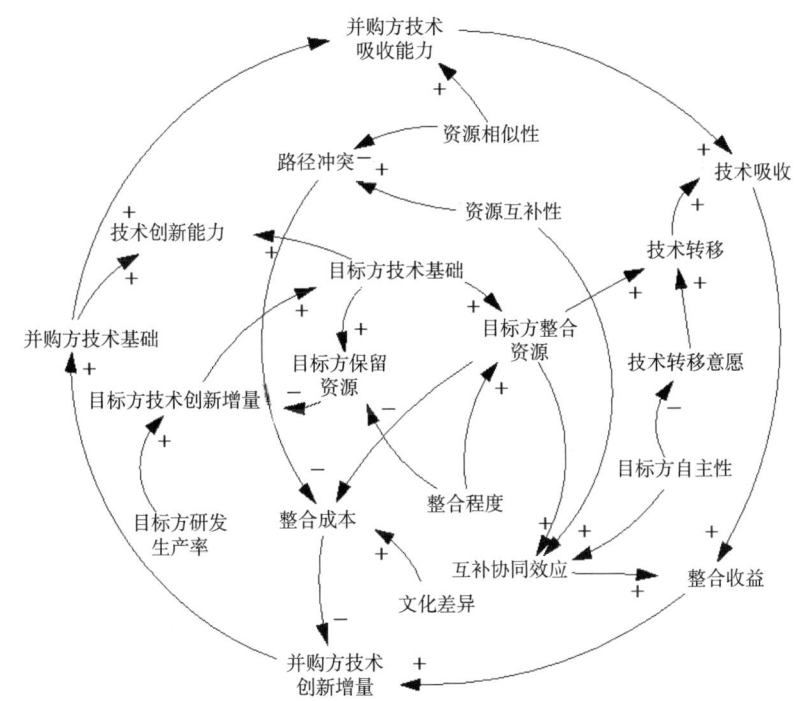

图9-7 技术获取型海外并购整合与企业技术创新系统因果关系图

从技术学习子系统来看，并购方技术基础增加→并购方技术吸收能力提高→并购方技术吸收增加→并购方技术创新增量提升→并购方技术基础增加，构成了一条正向反馈回路。从资源配置子系统来看，并购方技术基础增加→互补协同效应增加→整合收益增加→并购方技术创新增量提高→并购方技术基础增加，同样也构成了一条正向反馈回路。在摩擦成本子系统中，一方面，路径冲突增加→整合成本提高→并购方技术创新增量降低；另一方面，整合程度增加→目标方保留资源减少→目标方技术创新增量降低。

从图9-7所示的因果关系图中我们可以看到，并购后企业的持续创新能力来自并购方与目标方技术创新基础的整合。系统中的各变量都会直接或者间接影响企业的技术创新能力。针对并购整合程度与目标方自主性对企业技术创新能力的影响方向与大小如何这一问题，我们基于因果关系图，根据各要素水平变量、速率变量、辅助变量的分类，进一步绘制出"技术获取型海外并购整合与企业技术创新"系统结构流图，如图9-8所示。

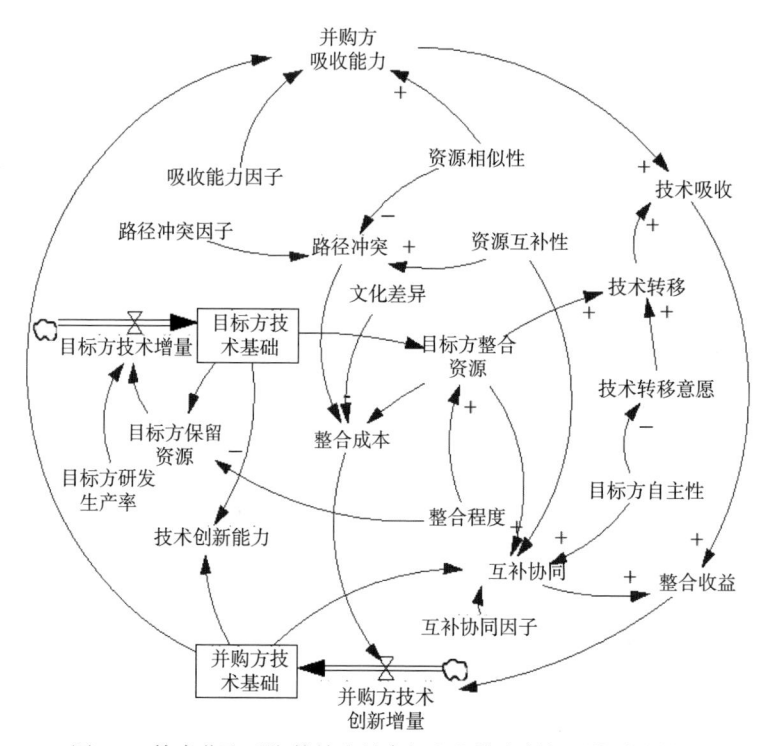

图9-8 技术获取型海外并购整合与企业技术创新系统动力模型

三、仿真实验结果分析

为了验证在高低不同的相似性和互补性资源特征组合下，并购方对目标方的整合程度与自主性水平的匹配如何作用于企业技术创新。本节通过将并购整合程度与目标方自主性按照高低水平分为三种情况（表9-5），设定相应的三组不同赋值（并购整合程度=0.5，目标方自主性=0.5，表示较高水平整合程度、较低水平目标方自主性；并购整合程度=0.1，目标方自主性=0.9，表示低水平整合程度与高水平目标方自主性；并购整合程度=0.9，目标方自主性=0.1，表示高水平整合程度与低水平目标方自主性），分别研究在高低不同的相似性与互补性的资源特征组合情形下，三种类型的并购整合模式对其企业技术创新的影响。

表 9-5 并购整合模式的参数设置

模型	并购整合模式	整合程度	自主性
current	较高水平整合程度，较高水平目标方自主性	0.5	0.5
run1	低水平整合程度，高水平目标方自主性	0.1	0.9
run2	高水平整合程度，低水平目标方自主性	0.9	0.1

（一）低相似性、高互补性资源组合下并购整合策略与企业技术创新

本节研究在低相似性、高互补性资源组合的情况下，并购后整合程度与目标方自主性对企业技术创新能力的影响。因此，为了刻画低相似性、高互补性资源组合的情况，在本节模型中将资源相似性取值设为0.2，资源互补性的取值设为0.8。运行并购整合与企业技术创新的系统动力学模型，仿真结果如图9-9所示。

从图9-9中可知，在低相似性、高互补性资源组合的情况下（资源互补性=0.8，资源相似性=0.2），并购方选择不同的并购整合模式对企业后续技术创新能力影响存在一定差距。从图9-9中三条曲线的位置上来看，代表并购

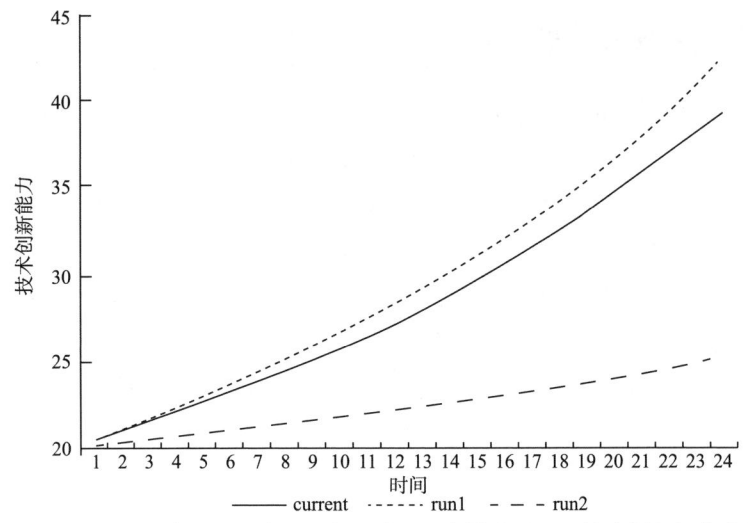

图 9-9　低相似性、高互补性资源组合下并购整合模式对企业技术创新的仿真结果

整合模式为低水平整合程度、高水平目标方自主性的 run1 曲线，高于代表并购整合模式为较高水平整合程度、较高水平目标方自主性的 current 曲线，高于代表并购整合模式为高水平并购整合程度、低水平目标方自主性的 run2 曲线。这表明在低相似性、高互补性资源组合的条件下，并购方采取低水平整合程度、高水平目标方自主性，对并购后企业技术创新具有促进效应。此外，从时间趋势上看，在并购后较短的时间内，三种并购整合程度对技术创新能力影响差距便开始显现，且随着时间推移，其差距逐渐有拉大的趋势。因此，系统动力学仿真实验表明，在低相似性、高互补性资源组合的情况下，低程度的整合并授予目标方高水平自主性的并购整合模式有利于企业技术创新。

（二）高相似性、低互补性资源组合下并购整合策略与企业技术创新

本节研究在高相似性、低互补性资源组合的情况下，并购后整合程度与目标方自主性的匹配如何作用于企业技术创新。因此，为了刻画高相似性、低互补性资源组合的情况，在本节模型中将资源相似性取值设为 0.8，资源互补性的取值设为 0.2，运行并购整合与企业技术创新的系统动力学模型，仿真结果如图 9-10 所示。

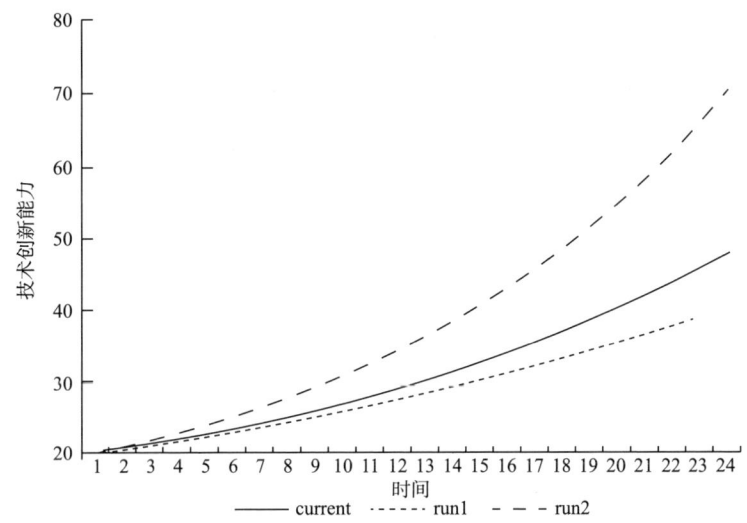

图 9-10　高相似性、低互补性资源组合下并购整合模式对企业技术创新的仿真结果

从图 9-10 中可知，在高相似性、低互补性资源组合的情况下（资源相似性=0.8，资源互补性=0.2），并购方选择不同的并购整合模式对企业后续技术创新能力的影响也存在一定差距。从图 9-10 中三条曲线的位置上来看，代表并购整合模式为高水平整合程度、低水平目标方自主性的 run2 曲线，高于代表并购整合模式为较高水平整合程度、较高水平目标方自主性的 current 曲线，高于代表并购整合模式为低水平并购整合程度、高水平目标方自主性的 run1 曲线。意味着在高相似性、低互补性资源组合的条件下，采取高水平并购整合程度、低水平目标方自主性，对并购后企业技术创新具有促进效应。此外，从时间趋势上看，在并购后的半年内，三种并购整合程度对企业技术创新能力影响差距并不显著，但随着时间推移，其差距逐渐有拉大的趋势。因此，系统动力学仿真实验表明，在高相似性、低互补性资源组合的情况下，高程度的整合并授予目标方低水平自主性的整合策略有利于企业技术创新。

（三）高相似性、高互补性资源组合下并购整合策略与企业技术创新

本节研究在高相似性、高互补性资源组合的情况下，并购后整合程度与目标方自主性的匹配如何作用于企业技术创新。因此，为了刻画高相似性、

高互补性资源组合的情况,在本节模型中将资源相似性取值设为0.5,资源互补性的取值设为0.5,运行并购整合与企业技术创新的SD模型,仿真结果如图9-11所示。

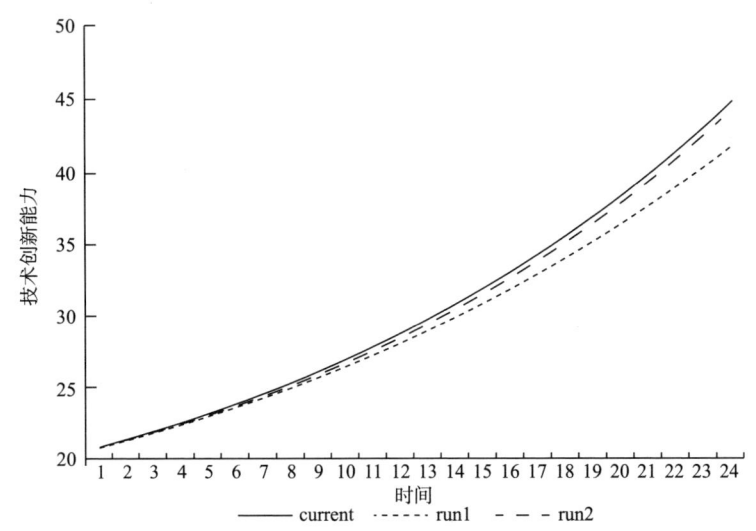

图9-11 高相似性、高互补性资源组合下并购整合模式对企业技术创新的仿真结果

从图9-11中可知,在高相似性、高互补性资源组合的情况下(资源相似性=0.5,资源互补性=0.5),并购方选择不同的并购整合模式对企业后续技术创新能力影响也存在一定差距。从图9-11中三条曲线的位置上来看,代表并购整合模式为较高水平整合程度、较高水平目标方自主性的current曲线,高于代表并购整合模式为低水平并购整合程度、高水平目标方自主性的run1曲线,以及代表并购整合模式为高水平并购整合程度、低水平目标方自主性的run2曲线。意味着在高相似性、高互补性资源组合的条件下,采取较高水平并购整合程度、较高水平目标方自主性,对并购后企业技术创新具有促进效应。因此,系统动力学仿真实验表明,在高相似性、高互补性资源组合的情况下,较高程度的整合并授予目标方较高水平自主性的整合策略有利于企业技术创新。

四、研究结论

技术获取型海外并购整合与企业技术创新系统动力学仿真模型的应用意义在于为海外并购整合决策和管理的框架化与系统化提供理论依据。本节通过系统动力学仿真对海外并购整合后企业技术创新的动态演变规律进行研究。从资源相关性入手，考虑了在高低不同的相似性和互补性资源组合的条件下，海外并购整合程度与目标方自主性的并购整合模式对企业技术创新变化趋势及大小的影响。本节的分析表明，低相似性、高互补性资源组合下，并购方采取低水平整合程度、高水平目标方自主性有利于并购后企业技术创新；高相似性、低互补性资源组合下，并购方采取高水平整合程度、低水平目标方自主性有利于并购后企业技术创新；高相似性、高互补性资源组合下，并购方采取较高水平并购整合程度、较高水平目标方自主性有利于并购后企业技术创新。

第三节　本　章　小　结

本节展开中国制造业海外并购整合与企业技术创新的动态演化研究，通过多主体仿真与系统动力学仿真，模拟企业海外并购整合决策对企业技术创新的影响，把握海外并购整合程度与目标方自主性作用于企业技术创新的动态发展规律。本章的动态演化研究得到的结论表明：低相似性、高互补性资源组合下，低水平整合程度与高水平目标方自主性有利于企业技术创新；高相似性、低互补性资源组合下，高水平整合程度与低水平目标方自主性有利于企业技术创新；高相似性、高互补性资源组合下较高水平整合程度与较高水平目标方自主性有利于企业技术创新。此外，经济制度距离也是影响并购整合效果的重要因素，为避免高经济制度距离带来过高的摩擦成本，选择低整合程度及高目标方自主性程度有利于并购后协同效应的实现。本章内容深入地分析了在海外并购的不同资源与经济制度距离情形下，应如何选择最优的海外并购整合决策，并通过动态仿真观察了海外并购整合决策后企业技术创新的动态变化，一方面支持了第四章及第五章的理论分析，加深了对不同资源条件下海外并购整合决策机制的理解；另一方面在第七章数理模型的基础上，利用仿真方法呈现出并购整合引发的企业技术创新的动态变化，更直观而形象地解释了基于相似性互补性资源组合特征的中国制造业海外并购整合促进企业技术创新的复杂过程。

第 十 章
中国制造业海外并购整合与产业技术创新的动态演化研究

第一节 基于创新网络控制力的中国制造业海外并购整合与产业技术创新的动态演化研究

一、海外并购前模型初始环境设定

（一）行为主体

考虑四类企业作为行为主体，企业类型为 $T=\{H,B,A,F\}$，分别代表并购方企业 B，潜在并购目标方企业 A，并购方母国创新网络中其他企业 H，目标方海外创新网络中优势企业 F。

每个企业有研发资源禀赋数量 w_t，代表企业竞争优势，服从正态分布 $w_t \sim N(\mu,\sigma^2)$，$\mu,\sigma>0$。考虑并购方母国为技术弱势国家，目标方位于技术优势国家；母国产业龙头企业并购海外目标方企业，$w_t(H)<w_t(B)<w_t(A)<w_t(F)$。

（二）海外并购前创新网络刻画

网络中节点代表企业，路径连接代表创新合作关系。并购发生前，并购方母国产业创新网络 G 和目标方海外创新网络 N 彼此分隔。记 $G = \sum_{i \neq j; i, j \in \{B \cup H\}} l_{ij}$ 代表并购发生前（l 代表网络，i、j 代表网络中的两个企业），并购方所在创新网络；令 $N = \sum_{i \neq j; i, j \in \{A \cup F\}} l_{ij}$ 代表并购前目标方所在创新网络。

设定网络中企业资源属性存在异质性，按相对竞争优势将网络中的企业划分为核心企业和外围企业，每一个核心企业对同其具有直接连接的外围企业具有控制力。核心企业和外围企业随机分布于初始网络中。参与海外并购企业为国内产业中的龙头企业，处于本国创新网络中的核心地位；而海外并购的目标方企业，也具有相对竞争优势，位于其所在创新网络中的核心地位。为简化分析设定初始网络中平均节点度均为 δ。设定 $\delta+1$ 个核心企业各自彼此相连，每个核心企业周围具有一定数量 δ 条的外围企业与其有一条路径连接。

（三）海外并购前双方资源识别

并购前企业节点资源禀赋的性质，按照资源相似性（similarity，SIM）和资源互补性（complementarity，COM）两个维度设定，借鉴 Chen 等（2016），设定 $SIM \in [1,10]$，$COM \in [1,10]$；借鉴 Baum 等（2010），创新网络仿真中的知识空间，初始设置中，主体随机分布在 51×51 网格的知识空间中，其平均资源相似性为 5.5，资源互补性为 5.5；海外并购前双方识别资源属性，通过重新定位，保留主体位置分布随机性的情况下，调整了平均资源相似性和资源互补性水平。图 10-1 示例了 (SIM, COM)=(2,8) 的重新定位，并以平均度 2 生成初始网络重新定位前后的主体分布情况。

重新定位前
(a)

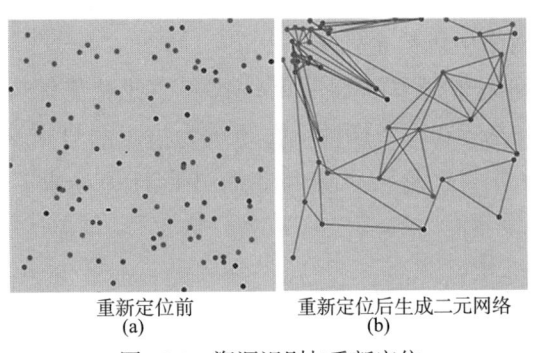

重新定位后生成二元网络
(b)

图 10-1 资源识别与重新定位

二、海外并购整合的创新网络嵌入马尔可夫博弈

并购整合过程中，并购方依托双方资源相似性、资源互补性水平选取整合程度 $S \in (0,1)$，并申请构建 θ 条路径连接嵌入目标方所在创新网络 N，θ 代表并购方嵌入目标方创新网络的节点度。令 $g_i = (g_{i,1}, \cdots, g_{i,i-1}, g_{i,i}, g_{i,i+1}, \cdots, g_{in})$ 是行为人 i 在并购整合过程中的创新网络嵌入集合。$g_{ij} \in \{1,0\}$，如果行为人 i 和行为人 j 构建路径连接，则 $g_{ij}=1$，否则 $g_{ij}=0$。路径连接代表企业之间可以进行创新合作生产，代表并购整合后两企业之间存在合作创新，i 与 j 之间的路径连接表示双向对称信息知识流动（two-way symmetric flow）。按照 Bala 和 Goyal（2000）的文献，我们定义并购整合过程中创新网络构建的成本，均由提出路径构建的一方提供，即并购方支付路径连接的成本，而一条路径双方节点均享有路径的收益，即并购整合路径连接所代表的创新合作收益是两个连接节点所代表的企业所共享。路径集合用 G_i 表示，代表无向网络。

创新网络嵌入包含直接连接路径与间接连接路径。第一，基于同质性偏好（Monge et al.，2003）与资源依附（Pfeffer and Salancik，1978）的直接连接构建；第二，基于网络结识（Jackson and Rogers，2007）的间接连接构建。

（一）并购整合的网络直接连接机制

并购方通过并购整合，吸收目标方企业及其具有控制力的网络资源。并购方赋予权重 S，与目标方具有控制力的外围企业直接构建连接，吸收目标方控制的网络资源；对于嵌入点位，直接连接路径按照同质性偏好（Monge et al.，2003）搜寻网络中高相似性资源企业并构建连接，对相似性资源的并购整合通过相同的知识背景、技能、语言及认知结构，促进知识共享与相互学习（Makri et al.，2010）。技术重叠性在并购后协同效应的实现中具有重要作用（Bena and Li，2014）。整合相似性资源的过程中，并购方对网络中相似性资源的学习成本更低，知识转移的能力更强。通过对目标方及周边资源相似性节点的企业进行信息搜寻及学习，将形成基于相似性资源的"局部学习"的机制（Rycroft and Kash，2004）。局部学习机制将不断强化对相似性资源的转移吸收，形成正反馈机制，进一步刺激并购方企业进一步增强对目标方及其周边相似性网络资源的整合。而网络路径依赖和选择环境进一步限制并

强化了网络自组织的过程。

资源依附理论（Pfeffer and Salancik，1978）搜寻具有最优潜在合作协同收益的高互补性资源企业构建连接。Colombo 和 Rabbiosi（2014）认为资源互补时，互补性带来的协同效应可实现销量的增长，从而降低单位产品研发费用，促进技术创新（Puranam et al.，2006）。通过有效整合互补性资源，提升资源组合效率，将产生协同价值创造（Kim and Finkelstein，2009）。并购方整合互补性资源时，将引发更为灵活和更强适应性的网络联系，而这为其提供了发展新领域的关系，增强了其竞争力（Rycroft and Kash，2004）。但同时，在互补性资源高时，并购双方在知识、技术领域的不熟悉，将引发较高的整合成本。Mangematin（1996）指出，过于关注短期资本市场收益的网络连接策略，将阻碍网络自组织及创新过程，反之关注长期资本市场收益的网络连接将引发有效的网络自组织和创新过程。因此，对于互补性资源采取较低的整合程度，降低整合成本以促进协同效应的达成，使得并购方以更为长远的眼光看待对互补性资源的整合，较低的整合程度将促进并购方基于资源依附网络连接的自组织进程，并最终促进更多的创新。

（二）并购整合的网络间接连接机制

我们赋予并购方企业将以 $1-S$ 的权重以目标方为中介点位，其与目标方所在创新网络中的其他核心企业间接构建连接。

Mirc（2012）提出并购后协同效应来源于并购双方整合过程中的合作、资源转移，而整合行为受到双方所嵌入网络的影响。间接连接路径按基于网络结识（Jackson and Rogers，2007）的路径连接机制，依托节点在信息传递中的信息渠道及信息过滤（Singh et al.，2016）作用，通过目标方进一步搜寻其他国外企业并间接构建连接。并购方企业在海外并购整合过程中，具有创造知识学习跨国社会空间的独特能力，通过将并购方内部研发网络与目标方海外网络进行嵌入，实现知识网络在不同组织、不同经济制度环境下的延展（Lam，2007）。通过海外并购整合过程中对目标方相关知识、技术能力的整合，将实现以目标方为信息中介节点（Burt，1992），通过间接方式，实现对目标方所控制的海外网络资源的进一步结识和资源获取。

（三）内生创新网络嵌入基础模型构建

为探究海外并购整合通过创新网络嵌入作用于产业技术创新的过程，我们将 Jackson 和 Wolinsky（1996）网络路径连接控制力的一般分析框架进行拓展，引入创新网络嵌入视角，将海外并购整合行为、创新网络嵌入、产业技术创新耦合于一个马尔可夫博弈模型。

时期 t 并购整合的创新网络嵌入过程中，目标方的网络控制力 P_t^A 为

$$P_t^A = \phi\theta_1 + \delta n(1-S) \quad (10\text{-}1)$$

其中，n 表示资源相似性；ϕ 表示资源互补性，$n,\phi \in (1,10)$；S 表示整合程度，$S \in (0,1)$；θ_1 表示直接连接路径数量；δ 表示双方初始创新网络中的节点度。

公式（10-1）第一部分 $\phi\theta_1$ 代表目标方企业对直接路径连接控制力。并购双方资源互补性高，目标方对互补性资源具有信息的优势，将提升其在并购整合路径嵌入中的控制力。第二部分 $\delta n(1-S)$ 代表目标方对间接连接路径的控制力。δ 越大，目标方与其所在创新网络的更多企业相连，在信息传递中具有更大的控制力。$1-S$ 代表伴随整合程度的提升，目标方资源下降，这会降低其在并购整合路径嵌入中的控制力；n 表明双方资源越相似，创新网络路径背后的竞争性越高，目标方在传递网络信息中将设置阻碍，即信息过滤作用在信息传递中占主导，这将提升其对间接连接的控制力。

并购整合的创新网络嵌入过程中并购方企业的网络控制力 P_t^B 为

$$P_t^B = w_t + nS - \phi\theta_2 \quad (10\text{-}2)$$

其中，w_t 表示企业研发资源禀赋，其服从正态分布 $w_t \sim N(\mu,\sigma^2)$，$\mu,\sigma > 0$；θ_2 表示间接连接路径数量。

公式（10-2）中前两项 $w_t + nS$ 代表并购方对直接连接路径的控制力。nS 代表并购方在并购整合时，可以按整合程度 S 吸收目标方的相似性资源 n，并将其转化为自身的控制力 nS。第三项 $\phi\theta_2$ 代表并购方通过目标方企业作为中介节点构建间接连接路径而造成的控制力的损失，且双方资源互补性水平越高，并购方更注重目标方作为信息传递中介点位的信息渠道作用，对间接连接路径连接赋予的权重越高，为维持目标方信息渠道作用的控制力损失

越高。

时期 t 给定并购方根据资源基础选择的整合程度，$s_t = S$，目标方占据控制力的概率 p_A 为

$$p_A = p(\theta|S) = F(\phi\theta + \delta n - nS(1+\delta)) \tag{10-3}$$

收购方占据控制力的概率 p_B 为

$$p_B = 1 - p_A = 1 - F(\phi\theta + \delta n - nS(1+\delta)) \tag{10-4}$$

（四）模型动态化

博弈的时序如下：①并购整合开始后，并购方企业依据双方资源相似性、资源互补性水平选择整合程度；时期 t 中并购整合程度 $s_t = S$，$S \in (0,1)$。②给定 t 时期的整合程度 $s_t = S$，并购方企业选择与目标方所在创新网络中的企业进行 θ 条路径连接，构建合作关系。③并购双方根据公式（10-1）和公式（10-2）计算并比较控制力大小。特别地，如果 t 时期并购方控制力大于目标方控制力，下一期并购方会继续选择 $s_{t+1} = s_t = S$；如果目标方在 t 时期具有更高的控制力，则其下一期会反抗并购方的整合决策，并选择 $s_{t+1} = S' = 0$。如果并购方控制力占优 $P_t^B \geqslant P_t^A$，$s_{t+1} = s_t = S$；如果目标方控制力占优 $P_t^A \geqslant P_t^B$，$s_{t+1} = S'$。

考虑时间动态，并购整合过程引发的合作创新为母国产业带来的技术创新收益价值函数 $V(S)$ 为

$$V(S) = \max_{\theta(S) \geqslant 0} \{-\theta + p(\theta|S)(R_1(S) + \beta V(S')) + (1 - p(\theta|S))(R_2(S) + \beta V(S))\} \tag{10-5}$$

公式（10-5）中第一项代表搜寻申请 θ 条连接的单位成本为 1。第二、第三项代表依据贝叶斯法则的创新收益。参数 β 代表动态模型中的时间贴现。这里我们令目标方具有网络控制力时的创新收益 $R_1(S)$ 具有如下形式：

$$R_1(S) = \theta_1(S)\frac{1}{\delta} + \theta_2(S) + 1 \tag{10-6}$$

公式（10-6）中第一项代表构建一条关系嵌入连接的创新收益为 $\frac{1}{\delta}$；第二项代表与其他核心企业构建一条结构嵌入连接的创新收益为 1 单位。第三项代表在目标方具有网络控制力时，并购整合过程中，目标方与其原有外围企业的合作关系依旧维持并产出创新收益 1 单位。相似地，设并购方具有网络控制力时的创新收益 $R_2(S)$ 如下：

$$R_2(S) = \theta_1(S)\frac{1}{\delta} + \theta_2(S) \tag{10-7}$$

这里 $R_2(S)$ 与 $R_1(S)$ 唯一的区别在于，并购方具有控制力时，目标方企业对其外围企业的合作关系不具有控制力，其与外围企业合作关系的 1 单位产出将被损失。

同理，整合程度 S' 时并购方企业并购整合技术创新价值函数 $V(S')$ 为

$$V(S') = \max_{\theta(S') \geqslant 0} \left\{ -\theta + p(\theta|S')\left(R_1(S') + \beta V(S')\right) + \left(1 - p(\theta|S)\right)\left(R_2(S') + \beta V(S)\right) \right\} \tag{10-8}$$

创新收益如下：

$$R_1(S') = \theta_1(S')\frac{1}{\delta} + \theta_2(S') + 1 \tag{10-9}$$

$$R_2(S') = \theta_1(S')\frac{1}{\delta} + \theta_2(S') \tag{10-10}$$

并购方通过并购整合嵌入目标方所在创新网络，并进一步对母国产业进行创新溢出。由公式（10-5），t 期整合程度为 S 时产业创新溢出量 R_t 为

$$R_t = \left[\theta_1(S)\frac{1}{\delta} + \theta_2(S) + p(\theta|S)\Delta R \right] \tag{10-11}$$

其中，$\Delta R = R_1 - R_2$。设定创新溢出可以在路径长度为 1 的节点间传递。根据前文，并购方母国产业网络为 G，记 $G_{B_i} = 1$，如果企业 i 与并购方 B 具有直接连接；记 $G_{B_i} = 0$，如果 i 不与并购方直接连接。在网络溢出分配规则上，

借鉴平均主义规则 [Jackson 和 Wolinsky (1996)]。令 K_t 代表 t 时期母国产业网络中其他企业 i 实际接收的平均产业技术溢出量，其具有以下形式：

$$K_t = \sum_{i \in G, i \neq B} \frac{R_t G_{B_i}}{\delta} \qquad (10\text{-}12)$$

三、均衡分析

对公式（10-5）、公式（10-6）求解最优化，得到以下一阶条件：

$$\phi f\big(\phi\theta(S) + \delta n - nS(1+\delta)\big)(\Delta R + \beta \Delta V) = 1 \qquad (10\text{-}13)$$

$$\phi f\big(\phi\theta(S') + \delta n\big)(\Delta R + \beta \Delta V) = 1 \qquad (10\text{-}14)$$

其中，$\Delta V = V(S') - V(S)$；由公式（10-9）和公式（10-10），得到均衡中如下关系：

$$\theta(S) = \theta(S') + \frac{nS(1+\delta)}{\phi} \qquad (10\text{-}15)$$

由公式（10-5）、公式（10-6）、公式（10-11）得 $\Delta V = \dfrac{nS(1+\delta)}{\phi}$。将其代入一阶条件得到：

$$\phi f\big(\phi\theta(S) + \delta n - nS(1+\delta)\big)\left(\Delta R + \beta \frac{nS(1+\delta)}{\phi}\right) = 1 \qquad (10\text{-}16)$$

对公式（10-16）应用隐函数求导得到如下命题。

命题 10-1：当整合程度 $S \in \left[0, \dfrac{\delta}{1+\delta} - \dfrac{\beta}{\phi n(1+\delta)}\right)$，均衡时存在 $\dfrac{\partial S^*}{\partial n} > 0$；$\dfrac{\partial S^*}{\partial \phi} < 0$；$\dfrac{\partial \theta(S)}{\partial S^*} > 0$，表明此时的并购整合能最大化母国技术创新收益。

（1）当并购双方资源相似性高、互补性低时，并购方选择较高整合程度，通过提升并购方嵌入目标方创新网络节点度，促进母国产业技术创新。

（2）当并购双方资源相似性低、互补性高时，并购方选择较低整合程度，通过提升并购方嵌入目标方创新网络节点度，促进母国产业技术创新。

（3）当并购双方资源相似性高、互补性高时，并购方选择适中整合程度，通过提升并购方嵌入目标方创新网络节点度，促进母国产业技术创新。

对高相似、低互补资源组合而言，选择较高的整合程度将提升其直接路径连接比重，直接连接中同质性偏好将快速有效整合目标方所在核心外围合作关系中的网络资源，提升嵌入创新网络的节点度，并进一步通过有效产业逆向溢出，实现母国产业技术创新；并且目标方在间接连接路径的信息传递中具有较强的信息过滤作用，提高整合程度降低间接路径连接的权重，将削弱这一阻碍。

对于低相似、高互补资源组合而言，选择较低的整合程度，一方面并购方选择较低的整合程度，将降低其对目标方所拥有外围企业的控制力，进而不破坏目标方与原有外围企业的合作创新价值，实现并购整合创新转移收益的增进；另一方面，较低的整合程度将促进目标方企业作为中介点位传递网络其他核心企业信息过程中的信息渠道作用，进而促进并购方通过间接路径连接嵌入目标方所在创新网络，实现创新合作收益的增长，提高产业技术溢出总量，促进产业技术创新。

对高相似、高互补资源组合而言，需同时关注基于同质性偏好、资源依附偏好的直接连接路径以及基于目标方网络结识的间接连接路径，即直接连接和间接连接路径权重相似，应选择适中的整合程度。证明过程如下：

利用隐函数求导法则，即证：$\dfrac{\partial S}{\partial n} = -\dfrac{Fn}{FS} > 0$；$\dfrac{\partial S}{\partial \phi} = -\dfrac{F\phi}{FS} < 0$；$\dfrac{\partial \theta(S)}{\partial S} = -\dfrac{FS}{F\theta(S)} > 0$。记 $x = \phi\theta(S) + \delta n - nS(1+\delta)$，有 $F\theta(S) = \phi^2 f'(x) \times \left[\Delta R + \beta \dfrac{nS(1+\delta)}{\phi}\right] < 0$，$FS = \phi f'(x)\left[-n(1+\delta)\right]\left[\Delta R + \beta \dfrac{nS(1+\delta)}{\phi}\right] + f(x)\phi \times$

$\left[\beta\dfrac{n(1+\delta)}{\phi}\right]>0$。因此有 $\dfrac{\partial\theta(S)}{\partial S}>0$。记 $Fn=\phi\left\{f'(x)\left[\delta-S(1+\delta)\right]\times\left[\Delta R+\beta\dfrac{nS(1+\delta)}{\phi}\right]+f(x)\beta\dfrac{S(1+\delta)}{\phi}\right\}$,$F\phi=f(x)\left[\Delta R+\beta\dfrac{nS(1+\delta)}{\phi}\right]+\phi\times f'(x)\theta\left[\Delta R+\beta\dfrac{nS(1+\delta)}{\phi}\right]+f(x)\phi\left[-\beta\dfrac{nS(1+\delta)}{\phi^2}\right]$,需证明 $Fn<0$ 且 $F\phi>0$;

由于均衡时 $f'(x)$ 为接近于 0 的负数,若 $f'(x)\delta\left[\Delta R+\beta\dfrac{nS(1+\delta)}{\phi}\right]+f(x)\left[\beta\dfrac{S(1+\delta)}{\phi}\right]<0$,则满足 $Fn<0$,因此需证明 $f'(x)\delta\Delta R+f(x)\left[\beta\dfrac{S(1+\delta)}{\phi}\right]<0$;经 Z 变化后的标准正态分布可得 $f'(x)=(-x)f(x)$,即证 $(-x)\delta\Delta R+\beta\dfrac{S(1+\delta)}{\phi}<0$;给定 $\Delta R=1$,将 $x=\phi\theta(S)+\delta n-nS(1+\delta)$ 代入 $(-x)\delta\Delta R+\beta\dfrac{S(1+\delta)}{\phi}<0$,即满足:$\theta>\dfrac{nS(1+\delta)+\dfrac{\beta}{\phi}-\delta n}{\phi}$。为证明 $F\phi>0$,

只需要 $f(x)\Delta R+\phi f'(x)\theta\left[\Delta R+\beta\dfrac{nS(1+\delta)}{\phi}\right]>0$,则满足 $F\phi>0$,即证 $(-x)\Delta R+\phi\theta\Delta R+\beta nS(1+\delta)\theta<0$;将 $x=\phi\theta(S)+\delta n-nS(1+\delta)$ 代入 $(-x)\Delta R+\phi\theta\Delta R+\beta nS(1+\delta)\theta<0$,即证:$-\delta n\Delta R+nS(1+\delta)(\Delta R+\beta\theta)<0$。证 $S(1+\delta)(1+\beta\theta)<\delta$,求一个充分条件,$\theta_{\min}$ 满足不等式,则根据

$\theta > \dfrac{nS(1+\delta)+\dfrac{\beta}{\phi}-\delta n}{\phi}$ ，将 $\theta > \dfrac{nS(1+\delta)+\dfrac{\beta}{\phi}-\delta n}{\phi}$ 替换 θ ，求解 $S(1+\delta) \times$

$\left(1+\beta\dfrac{nS(1+\delta)+\dfrac{\beta}{\phi}-\delta n}{\phi}\right) < \delta$ ，得到 $S < \dfrac{\delta}{1+\delta} - \dfrac{\beta}{\phi n(1+\delta)}$ 时 $Fn<0$ ，且 $F\phi>0$ ，

得证。

四、仿真实验

（一）仿真环境与设定

仿真主体总数为 50 个。主体研发资源禀赋水平 w_t ，服从正态分布 $w_t \sim N(15,10)$ 。将禀赋水平划分四类区间。并购方为 B ，目标方为 A ，目标方控制的外围企业为 $\{D_a\}$ ；海外网络其他核心企业为 $\{D_b\}$ ，母国产业创新网络中企业为 $\{C_i\}$ 。设置 $W_{A_i} \in (15,27)$ ， $W_{B_i} \in (5,15)$ ， $W_{C_i} \in (0,5)$ ， $W_{D_a} \in (27,30)$ ， $W_{D_b} \in (15,27)$ 。选取 $n=9$ ， $\phi=2$ 代表高相似、低互补组合； $n=9$ ， $\phi=9$ 代表高相似、高互补组合； $n=2$ ， $\phi=9$ 代表低相似、高互补组合。对并购前双方网络的平均节点度，由前文分析，给定两个初始网络中的企业个数为 n ，则可得到如下关系： $\delta = \sqrt{n}-1$ ；本节考察 $n=25$ ，即 $\delta=4$ 的情况。选择 $\delta=4$ ；对时间贴现，按时间贴现与利率关系， $\beta = 1/(1+r)$ 根据三月期央行贷款利率 4.35% 计算得到 $\beta=0.96$ 。并购整合程度选择 $S=\{0.05,0.15,\cdots,0.75\}$ ，间隔 0.05 递增，代表整合程度从较低到较高的波动。设定 $S \in (0.05,0.4)$ 为较低整合程度， $S \in (0.45,0.55)$ 为适中整合程度， $S \in (0.6,0.75)$ 为较高整合程度。仿真步长 20 期，每组参数重复仿真 100 次并汇报均值。仿真实验观测变量如表 10-1 所示。

表 10-1　仿真实验观测变量

变量类别	变量名称	表示	来源
并购整合	整合程度	S	仿真实验
创新网络嵌入	当期连接路径总数	θ	仿真实验和公式（10-16）
	当期直接连接路径数	θ_1	仿真实验和公式（10-16）
	当期间接连接路径数	θ_2	仿真实验和公式（10-16）
	期末并购方节点度	D	仿真实验
产业技术创新	产业创新溢出量	R	仿真实验和公式（10-11）
	产业平均创新溢出量	K	仿真实验和公式（10-12）

（二）仿真结果及分析

图 10-2 为不同资源组合最优化产业技术创新时，并购整合程度与当期构建路径连接数量关系图，从左到右分别展示均衡时当期连接路径总数量、当期直接连接路径数量、当期间接连接路径数量。

图 10-2　不同资源组合下并购整合的创新网络嵌入路径数量

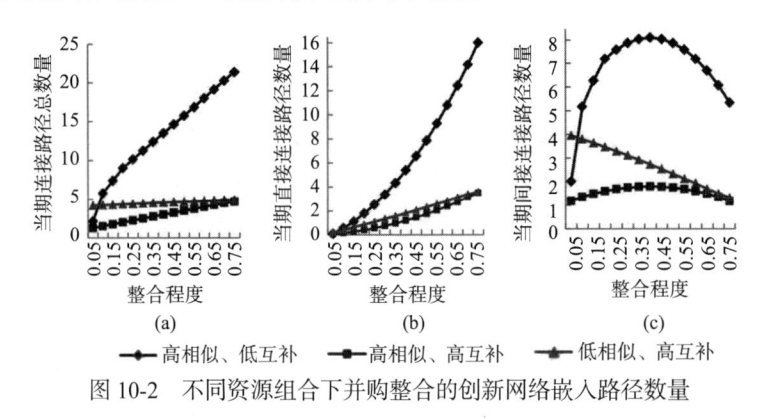

图 10-2（a）表明均衡中，伴随并购方整合程度的提升，其可以申请的路径连接数量不断提升。图 10-2（a）与图 10-2（b）表明，伴随整合程度的提升，高相似、低互补组合的直接连接路径不断提升，而间接连接路径数量呈现先增后减趋势，并且在较高整合程度区间内，直接连接路径数量明显大于间接连接路径数量；高相似、高互补组合也具有相同变动趋势，但不同连

接路径数量差距较小；对于低相似、高互补组合，其间接连接数量伴随整合程度的提升持续降低。

上述特征表明：第一，嵌入目标方所在创新网络过程中，高相似、高互补组合更依赖高并购整合程度引发的直接连接路径。第二，间接连接中目标方作为中介点位，根据并购方选取的整合程度，权衡其在信息渠道和信息过滤中的作用。在高相似、低互补及高相似、高互补组合中，整合程度从较低提升至适中的过程中，目标方依托于高资源相似性，在信息传递中保持较高控制力，体现为信息渠道作用；而当整合程度较高时，并购整合对目标方控制力削弱增大，导致信息过滤作用增大从而降低间接连接路径数。第三，在低相似、高互补组合中，间接连接路径过程中目标方信息过滤作用始终占据主导，整合程度越高，间接路径连接数越低。

图10-3汇报高相似、低互补，高相似、高互补，低相似、高互补组合并购方并购整合程度与产业创新表现关系。

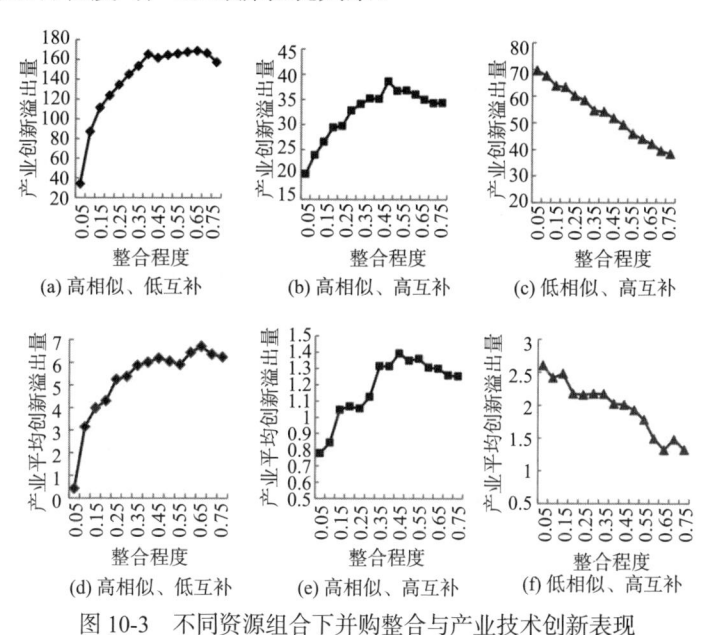

图10-3 不同资源组合下并购整合与产业技术创新表现

对高相似、低互补组合，伴随整合程度的提升产业技术创新表现也随之提升。在较高整合程度区间（0.60,0.75），产业技术创新溢出量达到较高水平；

对高相似、高互补组合，产业技术创新溢出量呈现先增长后降低的趋势，在适中整合程度区间（0.45,0.55），产业技术创新表现达到最优；对于低相似、高互补组合而言，选择较低的整合程度利于产业技术创新。

图 10-4 汇报不同资源组合产业创新总溢出最优化区间对应的整合程度及并购方节点度情况。

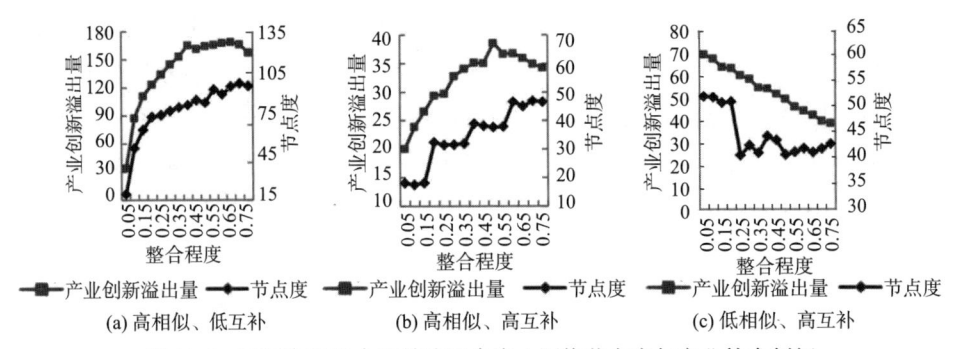

图 10-4　不同资源组合下并购整合嵌入网络节点度与产业技术创新

高相似、低互补组合表明，选择较高的整合程度将提升并购方嵌入目标方所在创新网络节点度，促进产业技术创新；伴随整合程度提升到区间（0.60～0.70），产业创新溢出量达到最高区间（高于 165），对应的并购方嵌入目标方所在网络的节点度最高提升至 105 以上；图 10-4（b）表明对于高相似、高互补组合，选择适中的整合程度能够提升其节点度，提升产业技术创新，伴随整合程度提升到区间（0.45～0.55），产业创新溢出量达到 36 以上，对应的节点度提升至 38 左右，如继续提升整合程度，虽然节点度提升但产业创新溢出量下降；图 10-4（c）中伴随整合程度的提升，并购方嵌入创新网络节点度和产业创新溢出量均整体降低，表明选择较低的整合程度将提升嵌入网络节点度促进产业技术创新。

五、研究结论

与现有社会网络视角的并购整合文献相比，首先，本节引入并购双方企业资源特质即相似性和互补性来刻画差异性，丰富了对并购主体性质刻画的维度，使不同的整合状态及路径连接的数量内生于模型系统中；其次，本节的模型将企业视为微观行为主体，并引入创新网络视角，分析并购整合决策如何影响网络层面路径连接，实现基于资源基础的微观企业整合行为通过创新网络嵌入进而影响并购方企业技术创新能力的分析；最后，本节推进了考虑基于不同资源基础组合下，不同并购整合策略引发的主体网络连接嵌入的差异性机制的研究。本节通过马尔可夫博弈及多主体仿真分析，得到技术获取型海外并购整合过程中：①当并购双方资源相似性高、互补性低时，并购方选择较高整合程度，通过提升并购方嵌入目标方创新网络节点度，促进母国产业技术创新。②当并购双方资源相似性低、互补性高时，并购方选择较低整合程度，通过提升并购方嵌入目标方创新网络节点度，促进母国产业技术创新。③当并购双方资源相似性高、互补性高时，并购方选择适中整合程度，通过提升并购方嵌入目标方创新网络节点度，促进母国产业技术创新。多主体仿真显示不同资源组合下，并购整合作用的连接点位及连接数量不同，进而影响母国产业技术创新溢出量。

第二节 基于创新网络嵌入的中国制造业海外并购整合与产业技术创新跨层次动态演化研究

一、仿真实验环境与行为规则

本节运用多主体仿真方法进行实验，该方法已经应用于社会经济研究的各个领域，特别是关于知识传播（Kim and Park，2009）与创新过程方面的研究。在该研究主题下，多主体仿真方法能够展示微观层面的并购双方技术资源交互作用时在宏观层面的涌现现象。制造业技术获取型海外并购整合所处环境是由不同类型主体及其间互动构成的复杂系统，各行为主体——并购方与目标方，并购方所在母国产业网络中的企业、目标方所在全球创新网络中的企业等具有前文所述的主体能动性特征，应用多主体仿真方法，通过对该复杂系统的环境与各个行为主体的行为规则进行刻画，探究在海外并购双方不同相似性和互补性的资源特征下,制造业企业的技术获取型海外并购整合通过全球创新网络位置的提升对产业技术创新的作用机制和影响效果,以创新网络作为微观主体行为影响中宏观产业技术创新之间的桥梁。

(一)初始创新网络刻画

本节旨在创新网络背景下,研究并购方如何选择恰当的整合策略,提升在全球创新网络中的位置进而向本土产业进行创新溢出,因此,首先,对创新网络进行刻画。根据 NetLogo 模型库,生成 $N=100$ 个主体节点、平均节点度为 ε 的空间集聚网络(spatially-clustered-network)。空间集聚网络中节点之间根据地理邻近性生成网络连接。产业内知识扩散,特别是隐性知识的传递效应显著受到地理邻近性的影响,创新知识的适用性和可靠性会随着理论距离的增加而衰减,降低行为主体之间发生创新联系的概率;经验研究也发现知识密集型产业的分布,特别是在产业技术早期阶段,符合地理邻近性的规律,形成空间集聚结构(Abramovsky and Simpson,2011)。然而,随着产业成长与技术发展,地理邻近性阻碍新知识的进入,进而形成产业内的空间锁定。通过海外并购整合,并购方企业及本土其他企业能够与处于技术领先地位的海外企业形成创新联系,突破空间地理束缚在更远的空间中进行新知识的学习与扩散。因此,为了符合产业内企业连接的演化特征,本节生成由地理邻近性形成的空间集聚网络作为初始网络结构,而在并购整合发生后,创新网络的演化同时考虑了偏好依附效应与技术禀赋效应等连接规则。其次,我们在创新网络中确定并购方主体,根据以下两个条件确保并购方主体是母国产业的核心企业:①在 40×40 的网络界面中,在横轴特定范围即 $|x_{\text{cor}}|<15$ 以及纵轴特定范围即 $|y_{\text{cor}}|<15$ 的区域内选择一个主体,记为并购方(以人形图标代表);②用病毒传播来模拟产业内知识扩散,以并购方为中心,每期沿直接连接向外传播 1 个距离,每个传播者的直接连接者存在 $p=20\%$ 的被传播概率,如果被传播则记为母国产业内企业(以空心方块代表),当 $n=20$ 时停止,形成 $n=20$ 个母国产业内企业。再次,我们在 $|x_{\text{cor}}|<5$ 且 $|y_{\text{cor}}|<5$ 的区域内选取海外企业中连接数量最高的节点作为目标方(以实心圆圈代表),这代表目标方是全球网络中的核心企业。在全球创新网络 G 中,对每个企业主体所赋予的技术禀赋 e_i,e_i 服从随机分布,其中并购方企业及并购方母国产业企

业 $e_1, e_k \in (0.1, 0.5)$，目标方企业及全球创新网络中的其他企业 $e_2, e_j \in (0.6, 1)$。最后，得出基于 NetLogo 的仿真初始界面如图 10-5 所示。

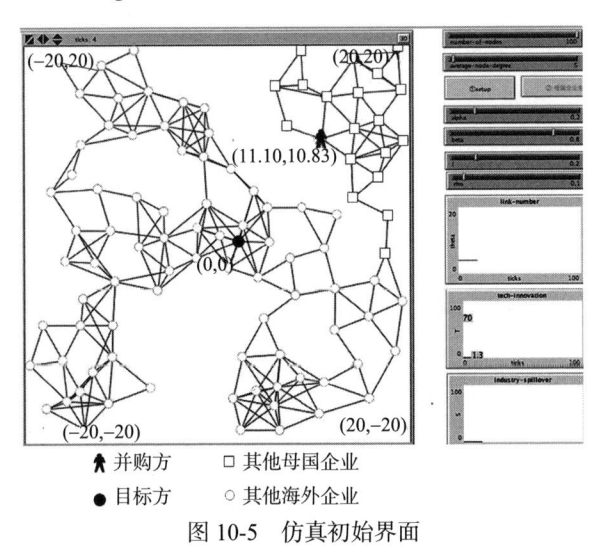

图 10-5　仿真初始界面

图 10-5 仿真软件图像界面左边是模拟网络环境，代表并购整合前的初始网络，其中，全球创新网络节点数量 N=100，产业子网络节点数量 n=20，其中实心圆圈为目标方，人形符号为并购方，空心方块是产业子网络中的其他母国企业，空心圆圈是全球创新网络中的其他海外企业。此时全球创新网络初始的平均度为 5；仿真界面右上方为核心参数资源相似性和资源互补性水平及辅助参数变动的滑动条。中间的按钮分别为启动、清空的命令键，下方图界面将分别汇报随着时间变动的并购方在全球创新网络中新形成的连接路径数量、并购方技术水平及对产业的技术溢出量。图 10-5 初始网络结构图，代表并购整合前的初始网络，由于仿真程序生成的初始网络连接位置具有一定随机性，因此为了各组实验结果的可比较性，选取一个创新网络的仿真世界展开实验，该初始网络的位置信息见附录 B4.2。然而，仿真结果并不受限于一个仿真世界，根据附录 B4.1 中仿真源程序生成的多个仿真世界均能得出和本节结论相同的结论，即仿真实验结果具备稳健性。

（二）技术获取型海外并购整合规则设置

依据数理模型对技术获取型海外并购的整合规则进行设置。基于 Helpman 和 Krugman（1985）的垄断竞争模型及 Goyal 和 Joshi（2003）的研发网络竞争模型，我们构建了全球创新网络背景下技术获取型海外并购整合的收益函数，得到并购方企业整合收益最大化的均衡条件为

$$A\left(\frac{1-\rho}{\rho}\right)\rho^{\sigma}(\sigma-1)\varphi(\beta)e_2\left(\gamma_0-\varphi(\beta)\cdot(e_1+I^*e_2)-\gamma d_m(0)\right)^{-\sigma} \\ -2I^*f(\alpha,\beta)(e_2-e_1)=0 \qquad (10\text{-}17)$$

其中，A 表示市场总需求规模；ρ 表示 CES 效用方程中的替代弹性参数，$\rho\in(0,1)$；σ 表示差异化产品的替代弹性，$\sigma=\frac{1}{1-\rho}>1$。并购方根据双方资源选择并购整合程度 I，$I\in(0,1)$，并购双方的资源相似性为 α，资源互补性为 β，$\alpha,\beta\in(0,1)$。$\varphi(\beta)>1$ 是借鉴 Sakhartov 和 Folta（2014）对互补性带来的协同效应因子的设置，$f(\alpha,\beta)$ 是依据 Chi 和 Seth（2009）对整合的摩擦倾向的刻画，相似性越高，整合的摩擦效应越低，互补性越高，整合过程的摩擦倾向越高。

在初始阶段 $t=0$（网络连接尚未进行演化），整合后并购企业 m 的技术水平为 $T_m(0)=\varphi(\beta)\cdot(e_1+Ie_2)+\gamma d_m(0)-f(\alpha,\beta)\cdot I^2(e_2-e_1)$，第一项代表并购双方整合发挥协同效应所带来的技术能力的提升，第二项代表并购方在全球创新网络中的研发合作获得的技术溢出，第三项为整合所面临的摩擦成本。全球创新网络中其他企业的技术水平为 $T_i(0)=e_i+\gamma d_i(0)$。

（三）创新网络连接演化规则

在随后的仿真过程中，创新网络演化规则分为两个部分，第一部分是并购方整合过程中并购方的连接规则，第二部分则是创新网络自身的随时间的演化规律，即所有网络中节点形成新连接的规则。

整合过程中并购方的网络连接概率是并购双方资源相似性、互补性与整合程度的函数：①整合过程中，并购方与目标方的外围企业直接进行连接的

概率为 $P_s = a \times I$，即相似性越高，整合程度越高，并购方与目标方外围企业直接连接的概率越高，其经济学含义为整合程度越高，并购方越倾向于与目标方上下游产业链、供应链企业进行深度接触，以提升对目标方的控制程度；同质性偏好理论（Monge and Contractor, 2003）提出主体会搜寻网络中高相似性资源的企业，并与其进行连接，因此，当并购双方资源相似性高时，并购方对目标方及其控制的网络资源较为了解，通过深度整合与目标方外围企业进行连接的成功概率会更高。②整合过程中，并购方与网络中技术资源丰富的节点进行连接的概率为 $P_h = \beta \times (1-I)$，即互补性越高且整合程度越低，并购方越容易与创新网络中技术资源丰富的节点进行连接，其经济学含义为资源互补性是技术创新的决定性资源，当对互补性资源进行低度整合时，并购双方的连接质量可以提升，低度的整合策略使并购双方能够实现"1+1＞2"的协同效应，自身技术创新能力提升后，会带来声誉效应，更容易与创新网络中的高技术企业形成研发合作。

同时，刻画整体网络的动态性，使创新网络中的每个节点在每个时期都有一定概率可以形成连接，而当并购方能够恰当整合目标方的时候，它能够形成新连接的概率要高于其他节点。每个时刻全球创新网络生成一条连接，随机选择一个全球创新网络中任一节点与网络中已有节点建立一条连接。然而，不是所有已存在主体都是均等地吸引新的连接。本节借鉴 Schilling 和 Fang（2014）的组织学习仿真中的路径连接形成概率，任何全球网络中已存在的节点 i 产生新连接的概率受到节点 i 的已有连接数量和 i 的技术水平 $T_i(t)$ 的影响。我们记 d_i 为全球创新网络中已存在节点 i 的连接数量，主体 i 在时刻 t 的技术水平为 $T_i(t) = e_i + \gamma d_i(t)$。特别地，并购方企业 m 整合后的连接数量为 $d_m(t) = d_h + \theta(t)$，整合后的技术水平为 $T_m(t) = \varphi(\beta) \cdot (e_1 + Ie_2) + \gamma d_m(t) - f(a, \beta) \cdot I^2(e_2 - e_1)$。因此，我们可以展示全球网络中的节点 i 构建连接的概率，依据 Schilling 和 Fang（2014），其是一个关于 d_i 和 $T_i(t)$ 的函数：

$$P_{i,t} = \frac{d_i(t) \times T_i(t)}{\sum_j d_j(t) \times T_j(t)} \quad （10\text{-}18）$$

全球创新网络中新构建连接的概率体现出网络连接演化的两个规则：①偏好依附效应（Barabási and Albert，1999），节点已有的连接数量越多，越容易吸引新的连接，从而形成网络中的枢纽（Schilling and Fang，2014）；②技术禀赋效应，已有节点的技术水平越高，越容易形成示范效应，新节点预期与其连接能够获得的创新收益越高。每个时期 t，并购方在全球创新网络中形成连接的概率为

$$P_{m,t} = \frac{d_m(t) \times \left[\varphi(\beta)(e_1 + Ie_2) + \gamma d_m(t) - f(a,\beta) \cdot I^2(e_2 - e_1)\right]}{\sum_j d_j(t) \times T_j(t)}$$

对于并购方而言恰当的整合是并购方技术水平提升的关键，因此只有当并购方依据双方资源相似性、互补性特征选择恰当的整合程度，才能形成自身技术优势，并购方吸引其他企业形成新的研发合作与技术交流的概率才能提升，通过网络溢出效应并购方的技术水平会进一步提高，从而提高形成新连接的概率，网络连接实现动态演化。

为了直观显示网络演化特征，仿真实验中记录每个节点的位置坐标，每形成一次新连接，对应主体坐标向界面中心点前进一次；即创新网络中主体位置向中心点位移的程度代表了其网络位置的提升度。记 t 期并购方的连接数量为 $d_m(t) = d_h + \theta(t)$，可以进一步求出 t 期并购方在全球创新网络的度中心性 $D_m(t)$ 和结构洞约束性 $\mu_m(t)$：

$$D_m(t) = \frac{d_h + \theta(t)}{N-1} \tag{10-19}$$

$$\mu_m(t) = \frac{1}{(d_h + \theta(t))^2} \sum_j \left(1 + \sum_q \frac{1}{d_q}\right)^2 \tag{10-20}$$

其中，j 表示在全球网络中与并购企业有连接的企业；q 表示既与并购企业又与 j 相连的企业；d_q 表示 q 的节点度。第 t 期，全球创新网络中的并购企业 m 新构建了 $\theta(t)$ 条路径连接，为寻求结构洞位置的收益，新构建的路径连接

一定会避免形成封闭的三角回路（Buskens and van de Rijt，2008）[①]，因此，新建的连接一定不会增加 q 的数量，而且也不需要重复与原有 q 再次形成连接，并购整合前后 d_q 保持不变。

（四）基于创新网络的海外并购整合与产业技术溢出的动态分析

借鉴 Zhou 和 Chen（2016）的不完全信息网络博弈模型，构建并购企业通过技术获取型海外并购整合获得技术价值后，对新技术进行市场化应用，这个行为对于产业内其他企业传递新技术价值的信号，通过观察并购企业的策略，产业内其他企业接着做出对新技术采用的决策。并购方对产业技术创新的溢出效应为

$$S(t) = \frac{b_m(G_1,\delta,1)(b_m(G_1,\delta,\omega)-\omega_m)}{2-y_{mm}} \\ \times \left[\varphi(\beta)(e_1+Ie_2)+\gamma d_m(t)-f(\alpha,\beta)\cdot I^2(e_2-e_1)\right] \quad (10\text{-}21)$$

其中，第一项根据 Zhou 和 Chen（2016）的定义，$Z = \dfrac{b_m(G,\delta,1)(b_m(G,\delta,\omega)-\omega_m)}{2-y_{mm}} > 0$ 为信号中心度，是对 Katz-Bonacich 网络中心度的加权变形，可理解为并购方对产业技术创新的溢出系数，$b(G_1,\delta,\omega)$ 为同步博弈中产业内企业的新技术市场化投入，y_{mm} 代表并购方企业加权的网络效应。第二项 $\varphi(\beta)(e_1+Ie_2)+\gamma d_m(t)-f(\alpha,\beta)I^2(e_2-e_1)$ 恰好为并购企业通过技术获取型海外并购整合获得的新技术价值。并购企业在母国产业网络中的位置越核心，对产业技术创新的带动作用越强；同时，并购企业在全球创

---

① 对 Buskens 和 van de Rijt（2008）连接规则的证明：$C_i^* - C_i = \dfrac{1}{(d_i+1)^2}\sum_j\left(1+\sum_q\dfrac{1}{d_q}\right)^2 - \dfrac{1}{d_i^2}\sum_j\left(1+\sum_q\dfrac{1}{d_q}\right)^2 = -\dfrac{1}{d_i(d_i+1)} < 0$。因此，新增连接降低了行为人 i 的网络约束，提升了 i 的结构洞地位。相同地，新增连接也降低了行为人的网络约束性。可证明，新建的连接避免形成封闭三角回路，对参与新连接的双方均有结构洞优势。

新网络中的位势越高,其集聚扩散资源的能力越高,从全球创新网络中获得的新技术价值也越高,进而对产业技术创新的带动作用也越强。

(五)仿真虚拟程序与仿真流程图

仿真程序源代码见附录 B4.1

初始化

 创新网络初始设定

  生成 100 个主体节点、平均节点度为 ε 的空间集聚网络;所有主体节点在 40×40 的球形界面随机分布,记录每个主体坐标位置。

 区分全球网络中四类主体

  令所有主体初始为空心圆圈节点

  收购方企业确定?

在 $|x_{cor}|$<15 且 $|y_{cor}|$<15 区域内任意选择一个主体,将其设为人形符号,记为并购方。其网络连接数记为 dm。在[0.1,0.5]均匀分布随机生成初始技术禀赋 e_1。

是否为母国产业内企业?

 用病毒传播来模拟产业内的知识扩散,以并购方为中心,每期[①]沿直接连接向外传播 1 个距离,每个传播者的邻居存在 p=20%的被传播概率,针对每一个邻居 i 随机生成 $p_{h_i}\in(0,1)$,当 p_{h_i}<20%时,i 被感染。

  如果被传播,主体变空心方块,记为母国产业内企业;在[0.1,0.5]均匀分布随机生成初始技术禀赋 e_k;

   计数总传播数量 n;

   如果 n=20[停止]

  其余情况,

   主体形状不变;

  是否为目标方?

[①] 这里的每期是指初始化阶段的网络生成,在网络演化开始时会重置时间(reset ticks),因此不计入网络演化阶段的 tick=50。

对其余空心圆圈主体

如果在 $|x_{cor}|<5$ 且 $|y_{cor}|<5$ 区域内且网络连接数是 max-one-of turtles，主体 i 变为实心圆圈，记为目标方；在[0.6，1]均匀分布随机生成初始技术禀赋 e_2

其余情况，主体形状不变，在[0.6，1]均匀分布随机生成初始技术禀赋 e_i

并购整合过程

对于并购方主体：

根据资源相似性 α、互补性 β，选择整合程度 I；

与目标方形成一条网络连接；

$t=0$ 时并购方技术水平 $T_m(0)=\varphi(\beta)\cdot(e_1+Ie_2)+\gamma d_m(0)-f(a,\beta)\cdot I^2(e_2-e_1)$；

对于其他企业：

网络连接数记为 d_i，

技术水平 $T_i=e_i+\gamma d_i$。

创新网络演化

整合后并购方连接规则：

对于每个整合时期 period：

对于并购方主体：

生成随机数 $p_1, p_2 \in (0,1)$

如果 $p_1<a_I$，并购方与随机选出的目标方的某个邻居进行连接，link 为实线双箭头连接；

如果 $p_2<\beta(1-I)$，并购方与海外企业中技术创新最高的节点进行连接，link 为虚线双箭头连接；

形成新连接的主体坐标向界面中心对称点前进一次；

整合过程并购方连接发生 5 期，ticks=5；

创新网络自身演化规则

对于每个 tick：

对于并购方主体：

形成新连接的概率为

$$P_{m,t} = \frac{d_m(t) \cdot \left[\varphi(\beta) \cdot (e_1 + Ie_2) + \gamma d_m(t) - f(a,\beta) \cdot I^2(e_2 - e_1)\right]}{\sum_j d_j(t) \times T_j(t)};$$

生成随机数 $p \in (0, 1)$，

如果 $p < P_{m,t}$

并购方在全球创新网络中生成一条新连接，link 为实线连接；

并购方主体坐标向界面中心对称点前进一步；其余情况，除并购方以外其他主体 i 依照概率 $P_{i,t} = \dfrac{d_i(t) \cdot T_i(t)}{\sum_j d_j(t) \cdot T_j(t)}$ 与并购方以外的 1 个随机主体形成一条新连接；link 为实线连接形成新连接的人形符号和空心方块主体坐标向界面中心对称点前进一次；

如果 ticks >= 50[停止]

技术溢出与产业技术创新

对于并购方企业：

计算并购方全球创新网络中心度、结构洞与技术创新数值；

对于母国产业内企业：

计算并购方企业对母国产业内企业的技术溢出的加总；

结束

本节基于 NetLogo 进行仿真的流程如图 10-6 所示。

二、仿真实验及参数设定

我们进一步根据各参数取值范围对仿真实验中的参数进行数值设定。选取 $\alpha = 0.8$ 和 $\beta = 0.2$ 代表高相似、低互补组合；$\alpha = 0.2$ 和 $\beta = 0.8$ 代表低相似、高互补组合；$\alpha = 0.8$ 和 $\beta = 0.8$ 代表高相似、高互补组合。仿真实验用到的各个参数的符号、含义、参数性质见表 10-2，仿真实验观测变量及其数理依据见表 10-3，综合考虑参数的经济含义和取值范围，对不同仿真实验核心参数和辅助参数进行设置，见表 10-4 和表 10-5。

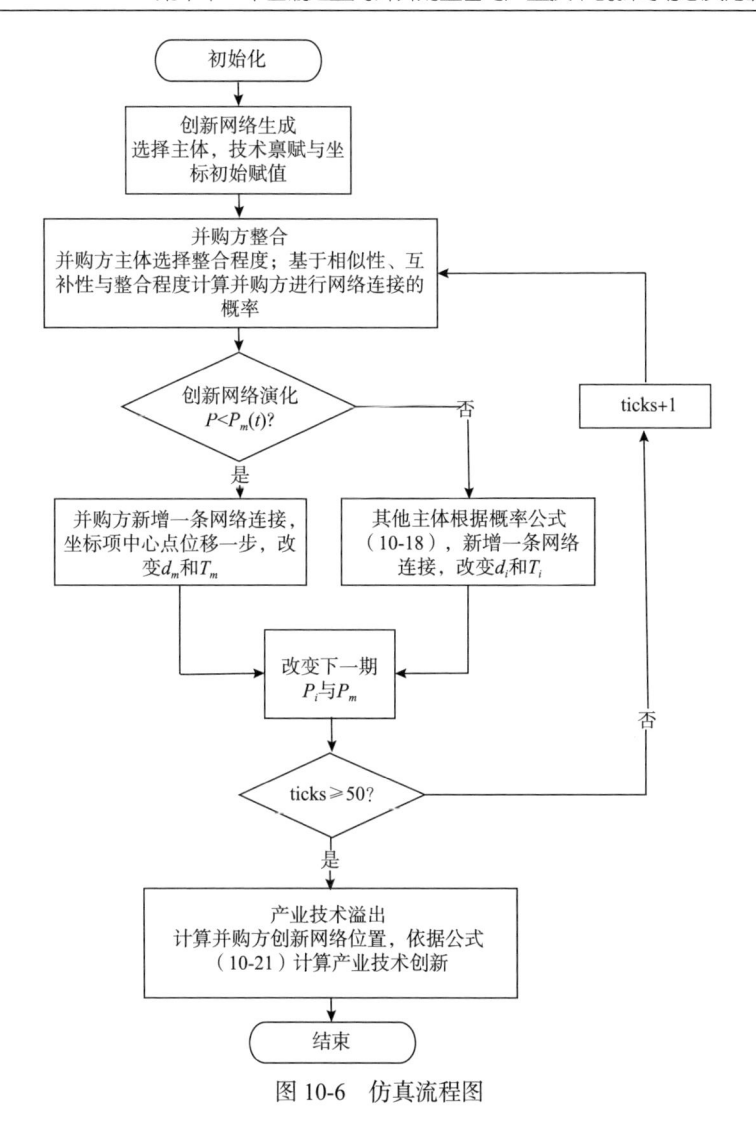

第十章 中国制造业海外并购整合与产业技术创新的动态演化研究

图 10-6 仿真流程图

表 10-2 仿真实验参数含义

参数符号	参数含义	参数性质
A	全球市场规模	固定
γ_0	全球网络中各企业对称且相同的初始边际成本	固定
γ	每个连接带来的边际成本下降的幅度	固定

续表

参数符号	参数含义	参数性质
e_1	并购前并购方企业的技术禀赋	随机
e_2	并购前目标方企业的技术禀赋	随机
e_j	目标方所在全球创新网络中其他企业 j 的技术禀赋	随机
d_h	并购整合前并购方在全球创新网络中的路径连接数量	随机
d_q	q 指既与并购企业相连又与 j 相连的行为人 d_q 为 q 的路径连接数量	随机
τ	整合过程并购双方摩擦倾向参数	固定
Z	并购企业母国产业网络信号中心度 [1]	固定
α	资源相似性	可变
β	资源互补性	可变
ρ	CES 效用函数中的参数	固定
σ	产品替代弹性	固定

1）仿真参数设置依据数理模型，并购企业母国产业网络信号中心度根据 Zhou 和 Chen（2016）的定义计算，
$$Z = \frac{b_m(G,\delta,1)(b_m(G,\delta,\omega) - \omega_m)}{2 - y_{mm}}$$

表 10-3　仿真实验观测变量

变量类别	变量名称	表示	来源
并购整合	整合程度	I	仿真实验
创新网络位置	并购企业将选择在全球创新网络 G 中新构建的路径连接数量	θ	依据公式（10-19）及仿真实验
	并购方全球创新网络中心度	D_m	依据公式（10-19）及仿真实验
	并购方全球创新网络约束性（结构洞）	μ_m	依据公式（10-20）及仿真实验
产业技术创新	产业技术溢出	S	依据公式（10-21）及仿真实验

表 10-4　仿真实验核心参数设置

检验假设	资源相似性互补性	整合程度	模型编号	观测变量
1. 相似性强、互补性弱的整合与产业技术创新的传导的仿真结果分析			
假设 6-1：在技术获取型海外并购中，当资源识别为并购双方相似性强、互补性弱时，高整合程度通过提升并购方在创新网络的中心度与结构洞，促进并购方所在产业技术创新	$\alpha=0.8$，$\beta=0.2$	低度整合 $I=0$ 中度整合 $I=0.5$ 高度整合 $I=1$	仿真模型 1 仿真模型 2 仿真模型 3	高相似、低互补组合下，并购方不同整合策略下的创新网络中心度、结构洞与产业技术创新
2. 相似性弱、互补性强的整合与产业技术创新的传导的仿真结果分析			
假设 6-2：在技术获取型海外并购中，当资源识别为并购双方相似性弱、互补性强时，低整合程度通过提升并购方在创新网络的中心度与结构洞，促进并购方所在产业技术创新	$\alpha=0.2$，$\beta=0.8$	低度整合 $I=0$ 中度整合 $I=0.5$ 高度整合 $I=1$	仿真模型 4 仿真模型 5 仿真模型 6	低相似、高互补组合下，并购方不同整合策略下的创新网络中心度、结构洞与产业技术创新
3. 相似性强、互补性强的整合与产业技术创新的传导的仿真结果分析			
假设 6-3：在技术获取型海外并购中，当资源识别为并购双方相似性强、互补性强时，中度整合程度通过提升并购方在创新网络的中心度与结构洞，促进并购方所在产业技术创新	$\alpha=0.8$，$\beta=0.8$	低度整合 $I=0$ 中度整合 $I=0.5$ 高度整合 $I=1$	仿真模型 7 仿真模型 8 仿真模型 9	高相似、高互补组合下，并购方不同整合策略下的创新网络中心度、结构洞与产业技术创新

表 10-5　仿真实验辅助参数设置

A	ρ	σ	γ_0	γ	d_q	τ	Z
30	1/2	2	25	0.5	3	1.2	0.2

三、仿真实验结果分析

（一）相似性强、互补性弱的整合与产业技术创新的传导的仿真结果分析

已给出并购整合前的初始网络（图 10-5），本节探索在并购双方相似性

强、互补性弱的资源组合下，选择三种不同的整合策略：低度整合、中度整合和高度整合，仿真步长为 $t=50$ 期后，观测并购整合发生后并购方在全球创新网络中的位置以及对产业技术创新的溢出。在比较仿真结果的基础上，判断对应资源基础的最优整合策略，以验证假设。图 10-7～图 10-9 为并购整合后的仿真网络结构图，它们分别代表相似性强、互补性弱时选择低度整合

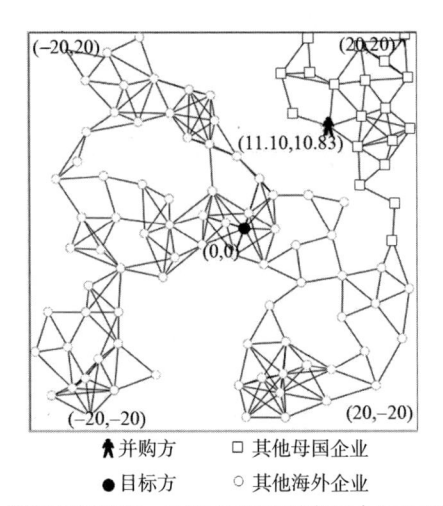

图 10-7　资源相似性强、互补性弱时低度整合后的网络仿真图

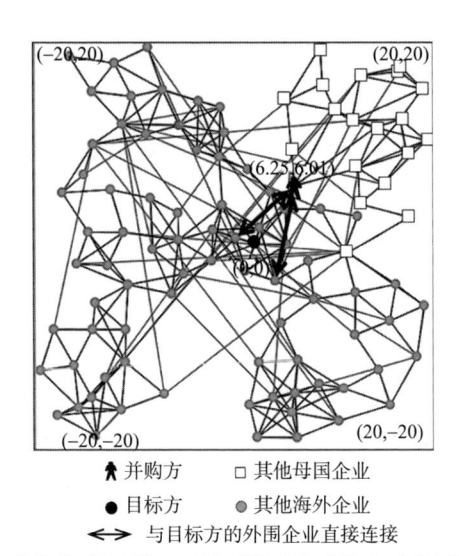

图 10-8　资源相似性强、互补性弱时中度整合后的网络仿真图

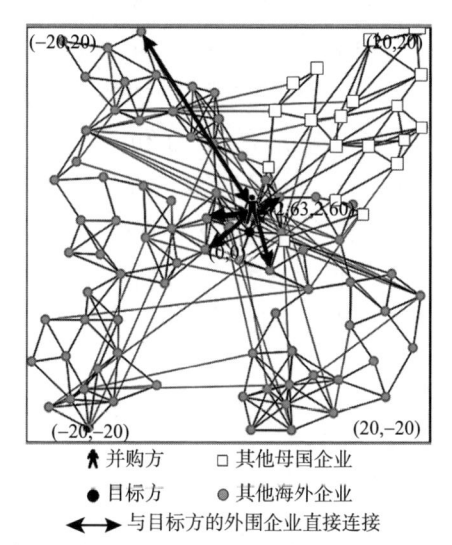

图 10-9　资源相似性强、互补性弱时高度整合后的网络仿真图

（$I=0$）、中度整合（$I=0.5$）和高度整合（$I=1$）的仿真结果。与初始网络图 10-5 相同，图中全球创新网络节点数量 $N=100$，产业子网络节点数量 $n=20$，其中实心圆圈节点为目标方，人形符号节点为并购方，空心方块节点是产业子网络中其他母国企业，空心圆圈是全球创新网络中其他海外企业。

为直观显示并购整合前后，并购方在创新网络中的位置，图中标记并购方的位置坐标，整合后并购方向原点移动的相对位置越大，代表并购方通过并购整合在创新网络的核心程度提升得越高。图 10-5 初始网络结构图中，并购方位置坐标为（11.10，10.83）。与图 10-7 和图 10-8 相比，图 10-9 中高度整合后并购方网络连接数最多，坐标位置（2.63，2.60）最接近原点。可看出在相似性强、互补性弱的资源基础下，高度整合最能提升并购方在创新网络中的位置。从图 10-10 网络演化规则来看，相似性强、互补性弱的资源组合下，高度的整合策略使并购方倾向于对目标方的合作伙伴进行连接，实线双箭头连接数量最多为五条表示对目标方的网络进行了有效控制。现实中表现为高度整合策略下并购方在整合过程中会对目标方的上下游合作伙伴、供应商等进行深度对接，以提升对目标方的控制力，而仅当并购双方具备足够的资源相似性时，这种深度整合才可行。

为了观察连贯性的变化趋势，本节在图 10-10 和图 10-11 中，并购整合

程度选择 $I \in (0,1)$ 区间内间隔 0.1 递增进行 10 组仿真实验，代表整合程度从较低到较高的波动。同时，为了保证仿真结果的稳健性，每组参数设置仿真均运行 10 次并汇报均值。分析图 10-10 和图 10-11 的仿真结果可发现，当并购双方资源相似性强、互补性弱（参数设置为 $\alpha=0.8$，$\beta=0.2$）时，整合程度与并购方的全球创新网络中心度及产业技术溢出量呈现波动性的正相关趋势，在整合程度为 1 时，并购方全球网络中心度、全球网络结构洞和产业技术溢出量均达到最大值。因此，仿真实验支持第六章的假设 6-1a 与 6-1b。

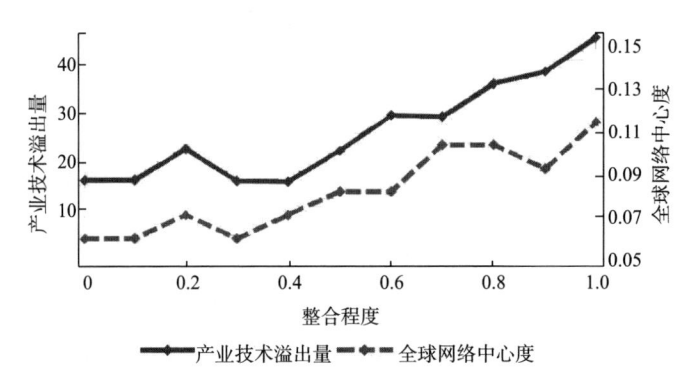

图 10-10　资源相似性强、互补性弱时整合提升全球网络中心度与产业技术溢出量仿真结果

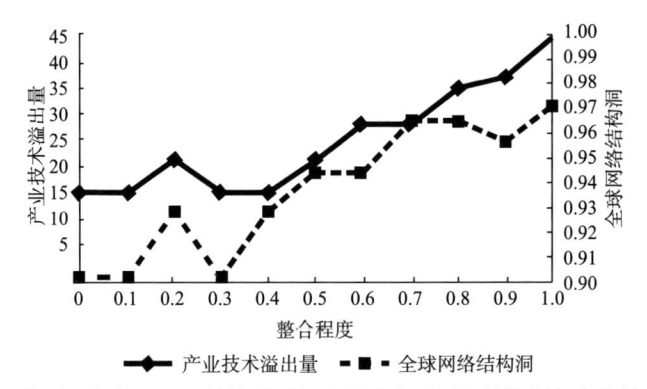

图 10-11　资源相似性强、互补性弱时整合提升全球网络结构洞与产业技术溢出量仿真结果

（二）相似性弱、互补性强的整合与产业技术创新的传导的仿真结果分析

为了各组仿真实验的可比照性，本节依然以图 10-5 为并购整合前的初始网络，本节探索在相似性弱、互补性强的资源组合下，选择三种不同的整合策略：低度整合、中度整合和高度整合，仿真步长为 $t=50$ 期后，观测并购整合发生后并购方在全球创新网络中的位置以及对产业技术创新的溢出。在比较仿真结果的基础上，判断对应资源基础的最优整合策略，以验证假设。图 10-12～图 10-14 为并购整合后的仿真网络结构图，分别代表相似性弱、互补性强时选择低度整合（$I=0$）、中度整合（$I=0.5$）和高度整合（$I=1$）。与初始网络图 10-5 相同，图中全球创新网络节点数量 $N=100$，产业子网络节点数量 $n=20$，其中实心圆圈节点为目标方，人形符号节点为并购方，空心方块节点是产业子网络中母国其他企业，空心圆圈是全球创新网络中其他海外企业。

我们用三种连接线（link）分别对应三种网络演化规则：实线双箭头连接代表并购方整合过程中与目标方的外围企业直接连接；虚线双箭头连接代表并购方整合过程中与网络中技术最高点进行的连接；实线连接代表整体网络按照偏好依附规则等随时间自身演化规律形成的连接。

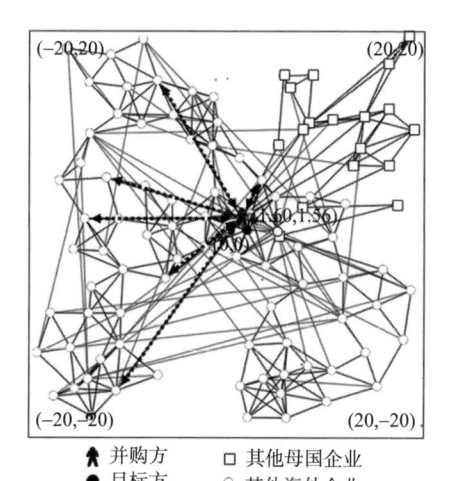

图 10-12 资源相似性弱、互补性强时低度整合后的网络仿真图

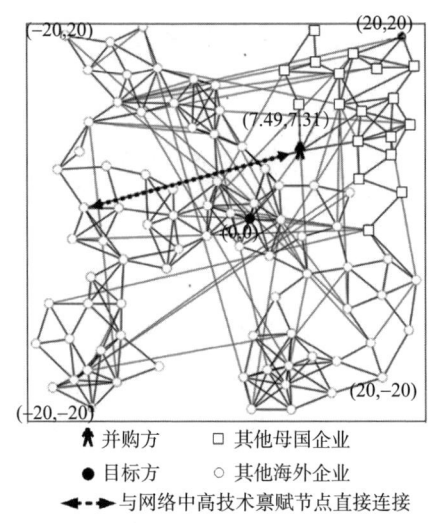

图 10-13　资源相似性弱、互补性强时中度整合后的网络仿真图

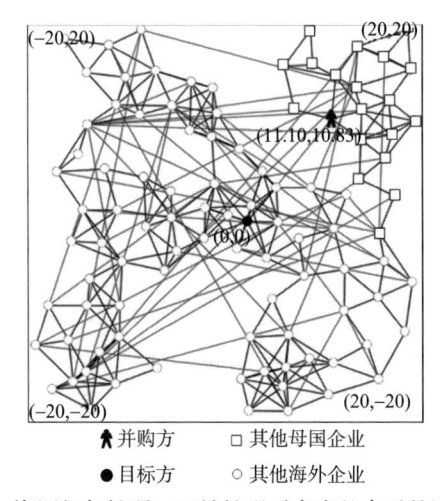

图 10-14　资源相似性弱、互补性强时高度整合后的网络仿真图

为直观显示并购整合前后，并购方在创新网络中的位置，图中标记并购方的位置坐标，整合后并购方向原点移动的相对位置越大，代表并购方通过并购整合在创新网络中的核心程度提升得越高。图 10-5 初始网络结构图中，并购方位置坐标为（11.10，10.83）。与图 10-13 和图 10-14 相比，图 10-12 的低度整合后并购方网络连接数最多，坐标位置（1.60，1.56）最接近原点。

可以看出在相似性弱、互补性强的资源基础下，低度整合最能提升并购方在创新网络中的位置。从图 10-12 的网络演化规则来看，相似性弱、互补性强的资源组合下，低度的整合策略使并购双方能够实现"1+1＞2"的协同效应，提升自身技术创新能力后，带来声誉效应，更容易与创新网络中技术水平高的企业形成研发合作，虚线双箭头连接较多。

将图 10-9 与图 10-12 进行比较，两组实验分别为不同资源基础下恰当整合后的创新网络演化图，但可明显看出，当资源相似性强、互补性弱时，高度整合策略下，并购方在整合过程中会对目标方上下游合作伙伴、供应商等进行深度联系，以提升对目标方的控制力，形成规模效应；由于互补性弱无法形成有效的协同，并购方与创新网络中技术创新能力强的企业进行连接的机会较少。因此，图 10-9 呈现出并购方的实线双箭头连接较多的网络图。而资源相似性弱、互补性强时，低度的整合策略使并购双方能够实现"1+1＞2"的协同效应，提升自身技术创新能力后，带来声誉效应，更容易与创新网络中技术水平高的企业形成研发合作；而较弱的相似性使深度整合不可行，并购方对目标方上下游企业、供应链企业的控制能力较弱。因此，图 10-12 呈现出并购方的虚线双箭头连接较多的情况。

为了观察连贯性的变化趋势，本节在图 10-15 和图 10-16 中，并购整合程度选择在 $I\in(0,1)$ 区间内间隔 0.1 递增进行 10 组仿真实验，代表整合程度从较低到较高的波动。同时，为了保证仿真结果的稳健性，每组参数设置仿真均运行 10 次汇报均值。分析图 10-15 和图 10-16 的仿真结果，可发现当并购双方资源相似性弱、互补性强时，并购方创新网络中心度指标和产业技术溢出量随整合程度的提升而持续下降，特别是在整合程度 $I>0.6$ 之后，并购方全球网络中心度、全球网络结构洞和产业技术溢出量徘徊在较低水平，证明资源互补性主导的并购中，采取高程度的整合将破坏创新资源与研发路径的存续，不利于并购方提升在全球创新网络的位置与自身技术创新。因此，仿真实验支持第六章的假设 6-2a 与 6-2b。

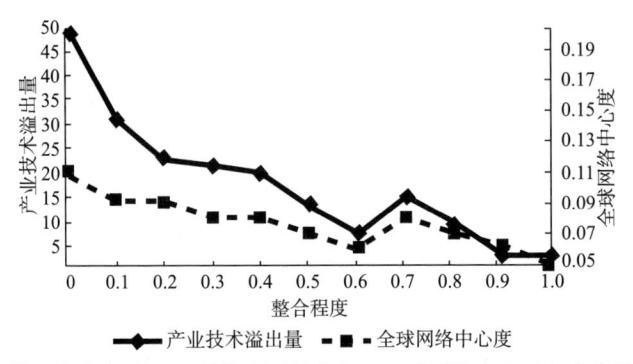

图 10-15　资源相似性弱、互补性强时整合提升全球网络中心度与产业技术溢出量仿真结果

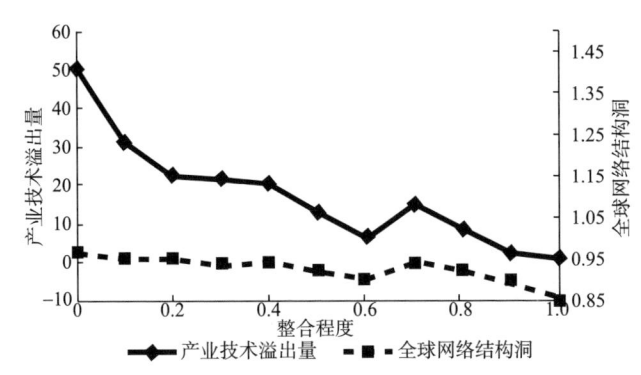

图 10-16　资源相似性弱、互补性强时整合提升全球网络结构洞与产业技术溢出量仿真结果

（三）相似性强、互补性强的整合与产业技术创新的传导的仿真结果分析

为了各组仿真实验的可比照性，本节依然以图 10-5 为并购整合前的初始网络，本节探索在相似性、互补性均强的资源组合下，选择三种不同的整合策略——低度整合、中度整合和高度整合，仿真步长为 t=50 期后，观测并购整合发生后并购方在全球创新网络中的位置以及产业技术创新的溢出。在比较仿真结果的基础上，判断对应资源基础的最优整合策略，以验证假设。图 10-17～图 10-19 为并购整合后的仿真网络结构图，它们分别代表相似性、互补性均强时选择低度整合（I=0）、中度整合（I=0.5）和高度整合（I=1）的

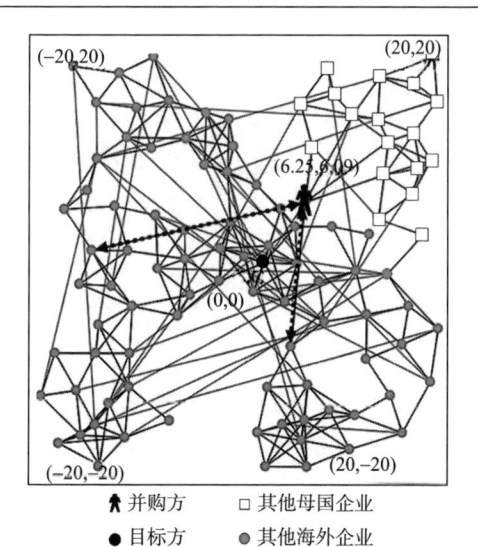

图 10-17 资源相似性强、互补性强时低度整合后的网络仿真图

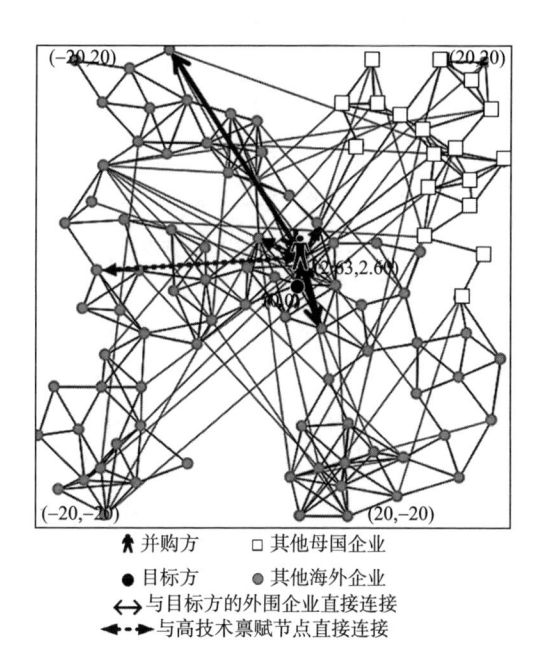

图 10-18 资源相似性强、互补性强时中度整合后的网络仿真图

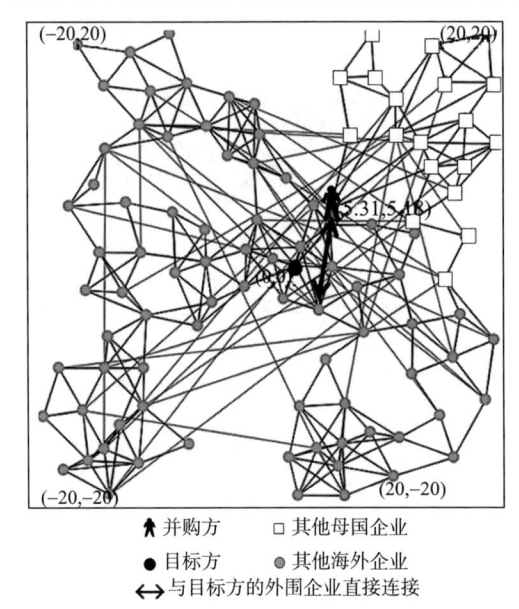

图 10-19　资源相似性强、互补性强时高度整合后的网络仿真图

情况。与初始网络图 10-5 相同，图中全球创新网络节点数量 $N=100$，产业子网络节点数量 $n=20$，其中实心圆圈节点为目标方，人形符号节点为并购方，空心方块节点是产业子网络中其他母国企业，空心圆圈是全球创新网络中其他海外企业。同时，三种连接线（link）分别对应三种网络演化规则：实线双箭头连接代表并购方整合过程中与目标方的外围企业直接连接；虚线双箭头连接代表并购方整合过程中与网络中高技术禀赋节点直接连接；实线连接代表整体网络按照偏好依附规则等随时间自身演化规律形成的连接。

为直观显示并购整合前后，并购方在创新网络中的位置，图中标记并购方的位置坐标，整合后并购方向原点移动的相对位置越大，代表并购方通过并购整合在创新网络中的核心程度提升得越高。图 10-5 初始网络结构图中，并购方位置坐标为（11.10，10.83）。与图 10-17 和图 10-19 相比，图 10-18 的中度整合后并购方网络连接数最多，坐标位置（2.63，2.60）最接近原点。可看出在相似性、互补性均强的资源基础下，中度整合最能提升并购方在创新网络中的位置。从图 10-18 的网络演化规则来看，在相似性强、互补性强的资源组合下，中度的整合策略能够实现两种连接效应的平衡，使并购方一方面与目标方邻居进行相连,形成两条实线双箭头连接;另一方面,整合高互补性带来的协同效应,使并购方较容易与创新网络中技术水平高的企业形成研发合作,形成三条虚线双箭头连接。

为了观察连贯性的变化趋势,本节在图 10-20 和图 10-21 中,并购整合程度选择在 $I\in(0,1)$ 区间内间隔 0.1 递增进行 10 组仿真实验,代表整合程度从较低到较高的波动。同时,为了保证仿真结果的稳健性,每组参数设置仿真均运行 10 次汇报均值。分析图 10-20 和图 10-21 的仿真结果可发现,当并购双方资源相似性、互补性均强时,拟合趋势线呈现出倒"U"形,并购方全球网络中心度、全球网络结构洞指标在 $I=0.5$ 左右呈现出最大值,产业技术溢出量在 $I=0.4$ 左右达到最高值,均呈现出随整合程度的提升先上升后下降的趋势,并在中度整合时达到最大值。因此,仿真实验支持第六章的假设 6-3a 与 6-3b。

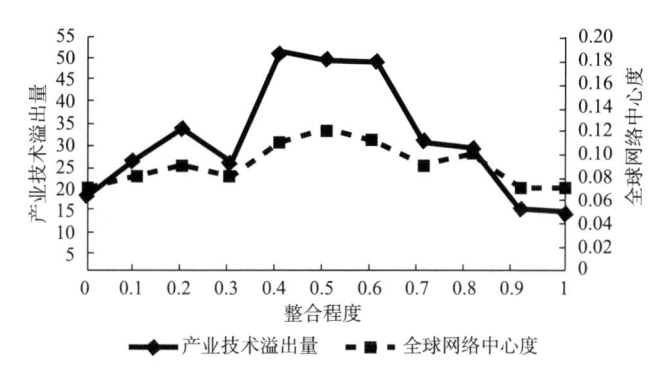

图 10-20 资源相似性、互补性均强时整合提升网络中心度与产业技术溢出量仿真结果

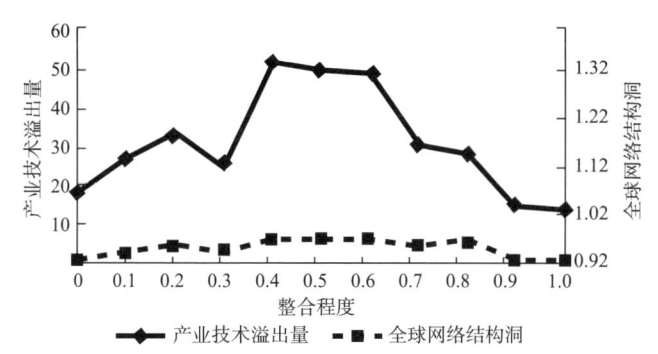

图 10-21 资源相似性、互补性均强时整合提升网络结构洞与产业技术溢出量仿真结果

四、研究结论

本节将微观的企业海外并购整合的影响提升至中宏观产业层次，并以创新网络的生成演化作为微观到宏观的跨层次传导媒介，验证了在创新网络背景下，并购方恰当的整合策略能够有效促进并购方在全球创新网络中的位置，进而促进产业技术创新的动态演化规律。在对不同层次的动态影响机制的模式识别的基础上，将基于创新网络的海外并购整合与产业技术创新研究推进至动态网络嵌入和生成演化层面，探索海外并购整合过程中创新网络路径的生成演化机制，以及海外并购整合通过创新网络影响产业技术创新能力的传导机制。本节分析了基于不同的并购双方的资源识别，海外并购整合过程下创新网络及产业技术创新的动态演化规律，以动态方法分析了基于资源相关性的海外并购整合程度决策的影响。

第三节 本章小结

本章展开动态演化研究，视企业为行为主体，引入创新网络视角，利用仿真方法模拟中国制造业通过海外并购整合提升创新网络位势、促进产业技术创新的动态过程。首先，进行基于网络控制力的中国制造业海外并购整合与产业技术创新的动态演化研究，构建以并购整合为状态变量的马尔可夫博弈，引入基于资源相似性和资源互补性的并购双方控制力分析，使网络路径生成与否依赖于行为人的自利动机，为海外并购整合的创新网络嵌入提供微观行动基础，分析基于资源基础的微观企业整合行为通过在创新网络内新增与先进技术企业的连接促进并购方企业技术创新能力的过程。其次，进行基于网络嵌入的中国制造业海外并购整合与产业技术创新的动态演化研究，分析并购方企业海外并购整合通过嵌入目标方所在的创新网络以及提升自身全球创新网络位置进而促进本土产业技术创新的动态演化规律，关注企业嵌入于全球创新网络的位置对微观海外并购整合行为与中宏观产业技术创新间的跨层次传导媒介作用。最后，得出本章的研究结论，研究表明基于资源识别的海外并购整合是企业提升技术创新能力以及全球创新网络位置的关键所在，并购方全球创新网络位置的提升有利于带动本土产业技术创新。本章研究结论与第六章的理论机制分析一致，与第八章的数理模型分析相呼应。

第三篇　中国制造业海外并购整合与产业技术创新的传导机制及国际比较的实证研究

　　第三篇为中国制造业海外并购整合与产业技术创新的传导机制及国际比较的实证研究，旨在以制造业海外并购事件为样本，检验第一篇理论机理分析中提出的假设。本篇共包括三章内容，可划分为两个部分，第一部分为第十一章，重点验证第一篇的第四章与第五章中提出的海外并购整合影响企业技术创新的假设；第二部分为第十二章到第十三章，重点验证第一篇的第六章中提出的海外并购整合影响产业技术创新的假设。第十一章为中国制造业海外并购整合对技术创新的企业层次传导机制的实证研究，首先，选取中国企业技术获取型海外并购事件，通过结构方程模型实证检验资源相似性、资源互补性与海外并购整合对并购后企业技术创新的影响；其次，进一步考虑经济制度距离的影响，采用中国与韩国海外并购样本，检验在经济制度距离高或低的不同情形下，并购双方资源相似性互补性特征与海外并购整合之间的相互匹配关系对并购协同效应的影响；最后，比较中国企业和韩国企业海外并购促进企业技术创新效果的差异。第十二章从资源配置视角出发，展开基于创新网络的中国制造业海外并购整合对产业技术创新跨层次传导机制的实证研究，以中国制造业海外并购事件为研究样本，基于企业间专利合作与引用信息构建创新网络，通过多群组结构方程与方差分析方法进行实证研究，验证基于创新网络的海外并购整合促进产业技术创新的跨层次传导机制。第十三章进一步展开国际比较研究，分别以美国、德国、日本与韩国为发达国家与后发新兴国家的典型代表，通过构建多群组结构方程展开中国与典型国家的国际比较研究，检验经济制度环境的调节效应，旨在更深刻地理解通过海外并购整合促进产业技术创新影响所需的企业战略决策和外部环境支持。

第十一章

中国制造业海外并购整合对技术创新的企业层次传导机制的实证研究

第一节 基于资源相关性的中国制造业海外并购整合对企业技术创新传导机制的实证研究

一、样本和数据

通过如下五个步骤获取我国企业技术获取型海外并购的案例样本。

第一步,通过 BvD-Zephyr 获得 2000~2012 年我国上市公司海外并购案例信息。为保证上市公司数据的可得性,以 2000 年为数据窗口期起始年份;为能体现并购方企业技术创新能力的影响,以 2012 年为窗口期结束年份,以消除创新的时间滞后带来的影响;另外,因为并购整合是一个过程,整合行为需要时间,同时整合的效果也有一定的时间滞后期,我们选取两年作为观察的窗口期。

第二步,由于本节研究关注技术获取型海外并购,因此,将被并购方所属地限定在发达国家,主要包括如下 28 个国家:欧洲 20 个国家(挪威、瑞士、爱尔兰、丹麦、冰岛、瑞典、英国、奥地利、荷兰、芬兰、比利时、法国、德国、意大利、波兰、西班牙、希腊、葡萄牙、匈牙利、俄罗斯)、美洲

2个国家（美国、加拿大）、亚洲4个国家（日本、韩国、新加坡、以色列）、大洋洲2个国家（澳大利亚、新西兰）[①]。

第三步，为确保海外并购事件是服务于制造业技术创新的，所以并购事件的行业分类中我们剔除金融服务业、媒体和娱乐业、零售业、房地产业及自然资源行业。此外，现有文献一般将7个行业作为高科技行业——化学制品业、仪器制造业、计算机设备制造业、航空航天业、电子制品业、通信设备制造业及软件制造业。因此，重点选取上述7个高科技行业作为目标行业。

第四步，借鉴Ahuja和Katila（2001）的判断方法对并购样本是否属于技术获取导向进行甄别和筛选，我们以下述两个标准进行筛选。①并购前5年内是否有专利产出[依据中外专利信息服务平台世界知识产权组织（World Intellectual Property Organization，WIPO）数据库]；②并购方在并购公告中是否说明获取被并购方的技术或者专利是该起并购的主要发起原因。满足以上任何一种，即认为并购样本是技术获取导向的。由于相关研究表明知识资产的主要价值随时间衰减，大约在5年内价值衰减完毕，因此以并购前5年内被并购方是否具有专利产出作为判别并购前被并购方资源中技术研发是否具有价值是比较合理的。Cloodt等（2006）在其实证研究中也采取类似的方法，以5年作为时间界限区分并购方是否以获取技术为目标。

第五步，通过以上四步的筛选，共获得了135个以获取技术为目标的海外并购案例。需要指出的是，由于实证研究将涉及并购双方资源相关性特征的相似性、互补性、并购整合活动、研发活动及技术创新产出等变量，因此，出于对数据可得性的考虑，实证样本中并购企业被限定为上市公司。我们通过中外专利信息服务平台（WIPO数据库）、Osiris数据库、中国经济金融研究（China Stock Market & Accounting Research，CSMAR）数据库、Wind数据库、巨潮资讯网、行业刊物、企业年报、企业公告及公开报道等多种途径尽可能获取以上并购事件中的相关信息，排除部分变量数据无法得到或信息不全的并购案例，在应用了这些标准选择实证样本之后，最终共得到52组上市公司样本，发生时间分布于2000~2012年。

[①] 根据国际货币基金组织的《世界经济展望》对发达国家进行界定。

二、变量测度

(一)资源相似性与互补性的度量

对资源相似性与互补性分别从技术与业务两个维度进行刻画,下面将分别对技术相似性、业务相似性、技术互补性及业务互补性四个指标的度量进行说明。

(1)技术相似性。由于本节聚焦技术获取型海外并购,因此技术资源是并购最主要的战略资源,技术相似性主要刻画技术资源的相似性。借鉴 Makri 等(2010)对于技术相似性的度量方法:两个公司之间的技术资源相似性可以通过专利种类中的专利数量来测度。这种测度方法衡量了并购双方专利中属于同一专利种类的程度,以此来反映二者之间技术知识的相似性。与样本筛选的时间观察期一致,基于 WIPO 数据库与佰腾专利检索系统选取并购前 5 年的并购双方专利数据,资源相似性的具体计算公式如下:

$$技术相似性 = \frac{并购双方相同专利类别下的专利数}{并购双方专利总数} \times \frac{并购方在相同专利类别下的专利数}{并购方专利总数}$$

(2)业务相似性。企业业务相似性最常用的判别方法是使用标准工业分类代码(Standard Industrial Classification,SIC)。我们按照这种传统,类似于 Wang 和 Zajac(2007)的测量方式,如果两个企业的前四位 SIC 代码相同,我们将其两者的业务相似性记为 1;如果仅前三位 SIC 代码相同,其两者的业务相似性记为 0.75;如果仅前两位 SIC 代码相同,其两者的业务相似性记为 0.5;如果仅第一位相同,其两者的业务相似性记为 0.25;如果两个企业的 SIC 代码完全不相同,其两者的业务相似性记为 0。

(3)技术互补性。同样运用 Makri 等(2010)提出的计算方法进行度量。对于技术互补性,通过并购双方在同一个子类但在不同的专利种类中的专利数量进行衡量。这种测量方法反映了互补性的概念,能够体现并购双方之间技术整合的潜在可能。与样本筛选的时间观察期一致,基于 WIPO 数据库与佰腾专利检索系统选取并购前 5 年的并购双方专利数据,资源互补性的具体计算公式如下：

$$技术互补性 = \frac{并购双方相同专利分部下的专利数}{并购双方专利总数}$$

$$- \frac{并购双方相同专利类别下的专利数}{并购双方专利总数}$$

$$\times \frac{并购方相同专利分部下的专利数}{并购方专利总数}$$

（4）业务互补性。同样参考 Wang 和 Zajac（2007）的测量方法，我们认为两种业务的互补性越大，则企业越倾向于频繁地同时开展这两项业务。因此，业务互补性可以通过公司的原始 SIC 代码的互补性来表示。由于所选样本均为制造业企业，因而首先从 BvD-Zephyr 中检索 2000~2012[①]年的中国企业海外并购案例中制造业的并购事件，删除仅有一个 SIC 代码的公司（保留同时涉及多个行业的公司信息），最终获得 246 个企业。Wang 和 Zajac（2007）的计算思路为若一对 SIC 代码 i 和 j 同时出现在一个企业的 SIC 代码中，即该企业同时经营这两种业务；若同时出现在多个企业的 SIC 代码中，则可认为 i 和 j 具有较高的互补性。具体而言，任何一对 SIC 代码 i 和 j 的互补性得分（Com_{ij}）计算公式为

$$Com_{ij} = (J_{ij} - \mu_{ij}) / \delta_{ij}$$

其中，J_{ij} 表示两个 SIC 代码出现在同一个企业的次数；$\mu_{ij} = (N_i \times N_j)/K$。这里，$N_i$ 表示出现过 SIC 代码 i 的企业数，N_j 表示出现过 SIC 代码 j 的企业数；K 表示企业总数（本节研究中为 246 个）。

$$\delta_{ij} = \sqrt{\mu_{ij} \times (1 - N_i/K) \times (K/(K-1)) \times (1 - N_j/K)}$$

由于本节中技术相似性、业务相似性及技术互补性的数据均处于区间 [0,1]，因此，对业务互补性计算结果进行归一化处理，相应的计算公式为

---

① 因本章最后选取的 52 起案例样本属于 2000~2012 年时间区间，故此处选择 2000~2012 年区间。

$$Y_{ij} = \frac{X_{ij} - \min X_i}{\max X_i - \min X_i}$$

其中，X 表示归一化之前的业务互补性数据；Y 表示归一化处理之后的数据。

（二）文化差异

由于关注海外并购，文化差异对于整合策略也有非常重要的影响。一些研究者尝试了具体化和量化不同维度上的国家文化差异（Hofstede，1980；House et al.，2004）。本节采用 Hofstede 的方法，基于以下两个原因：一是 Hofstede 的方法的框架被广为接受，在不同的管理学框架中，以及在并购文献中（Morosini et al.，1998；Chakrabarti et al.，2009）都被广泛使用。二是已有的实证检验表明 Hofstede 的方法和其他方法高度相关且结论相似。因此，本节研究使用 Hofstede 六维度方法衡量国家文化差距。Hofstede 六维度方法计算公式如下：

$$CD_j = \frac{1}{6}\sum_{i=1}^{6}(I_{ij} - I_{iH})^2 / V_i$$

其中，CD_j 表示第 j 个国家与中国的文化差异；I_{ij} 表示第 j 个国家在第 i 个文化维度上的 Hofstede 评分；H 表示母国；V_i 表示所有样本国家在第 i 个文化维度上的方差。

（三）整合程度与目标方自主性的度量

（1）整合程度。借鉴 Kapoor 和 Lim（2007）的衡量方法，将整合程度设置为二分变量，通过对 CSMAR 数据库、公司公告、企业年报和新闻资讯等相关资料进行综合判断。我们关注相关资料中是否提及目标企业在并购后会作为一个独立的经营单位运作（如"全资子公司"或"独立个体"），抑或提及目标方会并入并购方企业某一经济部门（Paruchuri et al.，2006）。如果发现目标公司被整合进入并购方公司日常经营运作的一部分被明确提及，如将会涉及"并购双方资源的重新配置"、"重组目标方"或者"对目标企业进行整合"等内容，则整合程度变量取值为 1；反之若涉及"没有计划进行研发经营的整合"或者"目标企业仍然以独立的单元进行运营"等类似的陈述，则此变量取值为 0。

（2）目标方自主性。目标方的自主性往往被定义为目标方管理层决定目标方运营的权利的持续性（Datta and Grant，1990；Haspeslagh and Jemison，1991；Zaheer et al.，2013），借鉴 Colombo 和 Zrilic（2010）的处理，将目标方自主性设置为二分变量，通过对 CSMAR 数据库、公司公告、企业年报和新闻资讯等相关资料的查询进行判断，这些资料是否提及包括关于在并购后是否保留目标企业原核心管理团队，如果提及"保留目标企业原管理团队"或者"给予目标企业决策自由权"等内容则目标方自主性取值为 1，反之为 0。

（四）创新绩效的度量

已有的研究中，大部分学者采用单一指标来测量创新绩效，也有部分文献采用多指标对其进行测度。Hagedoorn 和 Cloodt（2003）以近 1200 个高技术企业为样本，对运用多指标是否比单一指标度量技术创新绩效更恰当的问题，进行了对比研究。他们的研究显示：申请专利数量、引用专利数量和新产品发布数量这几个指标之间存在显著的统计重叠，因此建议采用单一指标即可。在这些指标中，申请专利数量是应用最为广泛的，众多研究指出专利的数量是对技术创新的直接测度，是衡量企业创新能力的重要指标（Mowery et al.，1998；Malerba and Orsenigo，1999；DeCarolis and Deeds，1999；Hall et al.，2001）。之所以考虑申请时间而非授权时间，是因为发明的实际时间更接近于专利申请日期而非授权日期，后者还取决于专利局的审核过程（Hall et al.，2001）。因此，选用专利申请数量的增长率来刻画企业在并购活动前后研发与创新能力的变化。为了构建这个变化的测量，通过中外专利信息服务平台（WIPO 数据库）与佰腾专利检索系统获得并购发生后两年的专利发明数量，并进一步计算得到并购后两年内专利数量的平均增长率。

（五）控制变量

选取研发投入和并购前绩效两个变量作为控制变量。

第一，研发投入。研发投入是企业技术创新的重要因素，有助于企业创新并产生新的知识和技术，因此研发投入被广泛地用于以往有关企业技术创新的文献中。现存的理论和证据也表明研发投入与企业创新存在正相关关系（Cohen and Levinthal，1990；Landry et al.，2002）。本节计算了并购后两年的研发投入增长率。

第二，并购前绩效。由于企业并购前的财务绩效可能对于并购后技术创新具有正面影响，因此必须控制这一变量。一些研究表明并购企业的先前绩效对于公司创新具有正面影响（Zahra and George，2002；Tsai，2001），Li 和 Tang（2010）也引入企业并购前财务绩效并将其作为控制变量。先前绩效通过并购前一年并购方净利润增长率来度量。

综上，本节的相关变量与数据来源见表 11-1。

表 11-1　模型变量的度量与数据来源

变量名称	度量方法	数据来源
技术相似性	Makri 等（2010）技术相似性量化公式	中外专利信息服务平台、佰腾专利检索系统
业务相似性	根据 SIC 行业代码进行量化	BvD-Zephyr 数据库
技术互补性	Makri 等（2010）技术互补性量化公式	中外专利信息服务平台、佰腾专利检索系统
业务互补性	Wang 和 Zajac（2007）的业务互补性公式	BvD-Zephyr 数据库
文化差异	Hofstede 文化差异指数度量方法	http://www.geerthofstede.com/
整合程度	二分变量，实施高整合程度则取值为 0，反之为 1	CSMAR 数据库、巨潮资讯网、Wind 数据库、企业公告、新闻
目标方自主性	二分变量，给予目标方高自主性则取值为 1，反之为 0	CSMAR 数据库、巨潮资讯网、Wind 数据库、企业公告、新闻
创新绩效	并购发生后 2 年内并购公司专利数量增长率的平均值	中外专利信息服务平台、佰腾专利网
研发投入	并购后两年的研发投入增长率	Wind 数据库、企业年报
并购前绩效	并购前一年并购企业净利润增长率	CSMAR 数据库、Osiris 数据库、企业年报

本节研究采用 SPSS 17.0 软件对数据进行统计处理。变量的统计描述与相关关系分别如表 11-2 与表 11-3 示。

表 11-2 变量的描述统计

变量	极小值	极大值	均值	标准差
技术相似性	0.0005	1.0000	0.1383	0.1630
业务相似性	0.0000	1.0000	0.5913	0.3739
技术互补性	0.0000	0.4667	0.2720	0.1115
业务互补性	0.0000	1.0000	0.3140	0.2181
文化差异	0.3258	5.0295	2.8965	1.1105
整合程度	0.0000	1.0000	0.5385	0.5034
目标方自主性	0.0000	1.0000	0.5962	0.4955
创新绩效	−0.8724	3.5000	0.4907	0.9835
研发投入	−0.4771	1.8839	0.3322	0.4728
并购前绩效	−16.1714	3.2801	−0.3789	2.8942

表 11-3 变量间相关系数

变量	技术相似性	业务相似性	技术互补性	业务互补性	文化差异	整合程度	目标方自主性	创新绩效	研发投入	并购前绩效
技术相似性	1									
业务相似性	0.603**	1								
技术互补性	−0.308**	−0.058	1							
业务互补性	−0.245	−0.086	0.658**	1						
文化差异	0.109	0.004	−0.373**	−0.363**	1					
整合程度	0.323*	0.124	−0.278*	−0.311*	−0.163	1				
目标方自主性	−0.315*	0.062	0.274*	0.300*	−0.069	−0.369	1			
创新绩效	0.134	0.054	0.257	0.382**	−0.274*	−0.052	0.313*	1		

续表

变量	技术相似性	业务相似性	技术互补性	业务互补性	文化差异	整合程度	目标方自主性	创新绩效	研发投入	并购前绩效
研发投入	−0.026	−0.068	0.133	0.240	−0.314*	0.201	0.129	0.378**	1	
并购前绩效	0.086	0.019	0.189	−0.045	0.120	−0.039	0.086	−0.056	−0.150	1

**表示 $p<0.05$，*表示 $p<0.1$

三、实证分析

（一）实证方法与模型构建

实证模型的构建与理论机理的逻辑思路一致，首先，并购双方的资源相似性与互补性将影响并购后企业的并购整合决策，即并购整合程度与目标方自主性的选择；其次，并购整合程度与目标方自主性将直接影响并购后技术创新，且在该路径中会受到资源相似性与互补性的调节作用。由于本节研究中涉及各变量之间的直接与间接影响关系，同时资源相似性与资源互补性均为潜变量，需要通过技术与业务相似性、互补性表示，此时使用结构方程模型是比较适宜的。

结构方程模型（structural equation modeling，SEM）是一种重要的数据分析技巧，适用于分析变量间的复杂关系。结构方程模型的估计有两种方法可供选择：一种是基于极大似然估计的协方差结构分析法的线性结构关系（linear structural relationship，LISREL）模型，该种方法要求变量满足正态分布，且由于协方差结构分析属于完全信息估计，因而对于样本数量的要求较高；另一种是基于成分提取的偏最小二乘（partial least square，PLS）法，其被称为"第二代结构方程模型"。与采用 LISREL 进行估计的结构方程相比，PLS 法的优点在于：第一，PLS 法对样本数量的需求相对较小（Hair et al.，2011），可以对 30~100 的样本数量进行测量；第二，PLS 法不需要样本数据服从多元正态分布；第三，PLS 法对模型有较大的适应性，不会出现模型不能识别的问题。而从本节的样本数据来看，一方面样本数据相对较少；另一方面，由于并购整合程度与目标方自主性采取二分变量的度量方法，并不能满足正态分布要求，此时运用基于 PLS 结构方程模型无疑更为恰当。

PLS 结构方程模型中潜变量的测量有两种模式：形成型（formative）与反映型（reflective）。其中形成型的潜变量为各显变量的线性组合，在路径图中表现为显变量指向潜变量；反映型的潜变量为显变量的公共因子，在路径图中表现为由潜变量指向显变量，鉴于资源相似性与互补性更多地表现为技术、业务相似性和互补性的公共因子，因此我们选择反映型外部模型。本节通过 PLS 结构方程模型建立资源相似性、资源互补性、并购整合程度、目标方自主性与技术创新各个变量之间的相互关系，如图 11-1 所示。

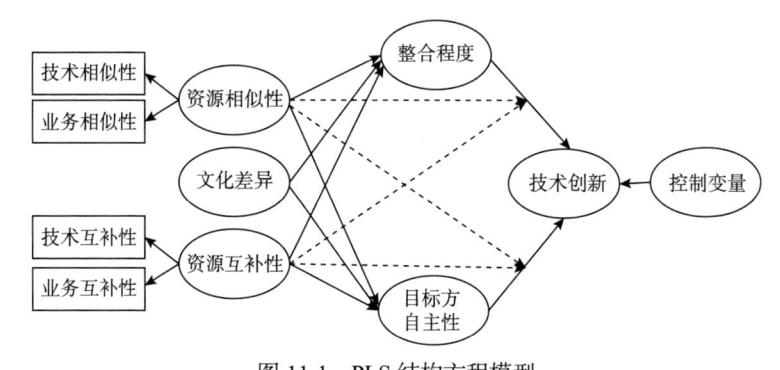

图 11-1　PLS 结构方程模型

图中直线表示变量之间的直接影响，虚线表示调节作用

（二）信度与效度分析

判断 PLS 结构方程模型的准确与否的检验一般包括信度、效度检验及路径系数的显著性检验。因此，在进行结构方程模型的估计之前，我们首先对数据的共线性、信度与效度进行检验。

由于模型引入了交叉项，可能引发共线性问题，因而根据 Aiken 等（1991）的建议将交互变量进行均值中心化处理，变换后各变量的方差膨胀因子（variance inflation factor，VIF）均小于 10，即意味着变量间不存在较高的共线性。变量的共线性分析如表 11-4 所示。

表 11-4　变量的共线性分析

变量	技术创新	整合程度	目标方自主性
资源相似性		1.102	1.102
资源互补性		1.304	1.304
文化差异		1.196	1.196
整合程度	1.307		
目标方自主性	1.398		
资源相似性×整合程度	3.321		
资源互补性×整合程度	3.394		
资源相似性×目标方自主性	2.189		
资源互补性×目标方自主性	1.851		
研发投入	1.255		
并购前绩效	1.073		

反映型 PLS 结构方程模型信度的指标为组合信度（composite reliability，CR）和克龙巴赫 α（Cronbach's α），这两个系数均介于 0~1，且指标系数越大则表示模型的可信程度越大。一般而言，当 CR 大于 0.6 时表明所测量的模型是可信的。Cronbach's α 大于 0.7 时，则意味着模型具有很高的信度，而若低于 0.7 但高于 0.35 则表示信度尚可，否则意味着信度较低。模型的信度指标如表 11-5 所示，从表中可以看到各变量的 CR 和 Cronbach's α 均符合标准，表明模型具有较高的信度。

表 11-5　PLS 结构方程模型的信度分析

潜变量	潜变量的显变量数量/个	CR	Cronbach's α
资源相似性	2	0.861	0.752
资源互补性	2	0.906	0.794
资源相似性×整合程度	2	0.968	0.939
资源互补性×整合程度	2	0.927	0.904
资源相似性×目标方自主性	2	0.940	0.872
资源互补性×目标方自主性	2	0.951	0.896

反映模型效度的指标主要为平均方差提取值（average variance extracted，AVE）和主成分分析（principal component analysis，PCA）。其中，若 AVE 大于 0.5，表明观测变量中超过 50%的方差信息得到了利用，此时认为模型的聚合效度较高。模型的效度指标如表 11-6 所示，本模型中变量的 AVE 均超过相应的阈值，且第一主成分特征值均大于 1，而第二主成分特征值均小于 1，也通过唯一维度检验，表明模型具有良好的效度。

表 11-6　PLS 结构方程模型的效度分析

潜变量	潜变量的显变量数量/个	AVE	PCA 特征值 第一主成分	PCA 特征值 第二主成分
资源相似性	2	0.760	1.603	0.397
资源互补性	2	0.829	1.658	0.342
资源相似性×整合程度	2	0.939	1.884	0.166
资源互补性×整合程度	2	0.865	1.826	0.174
资源相似性×目标方自主性	2	0.886	1.773	0.227
资源互补性×目标方自主性	2	0.906	1.812	0.188

（三）实证结果

为了更好地验证核心假设，本节将构建两个模型进行对比。其中，模型 1 为初始模型，在此模型中考虑了资源相似性、资源互补性和文化差异对整合程度与目标方自主性的影响，以及整合程度、目标方自主性和控制变量对技术创新的影响。模型 2 为根据理论思路改进后的模型，增加资源相似性、资源互补性在整合程度与目标方自主性对技术创新影响路径中的调节作用。本节使用 SmartPLS 3.0 软件进行计算，结果如图 11-2 和图 11-3 所示。

图 11-2 呈现了模型 1 的 PLS 参数估计结果，其中长方形方框表示显变量，椭圆表示潜变量，如在图 11-2 中，技术相似性与业务相似性为表示潜变量资源相似性的显变量，即资源相似性由技术相似性与业务相似性表示。潜变量指向显变量的箭头上数字为相应的路径载荷。椭圆之间的箭头表示一个

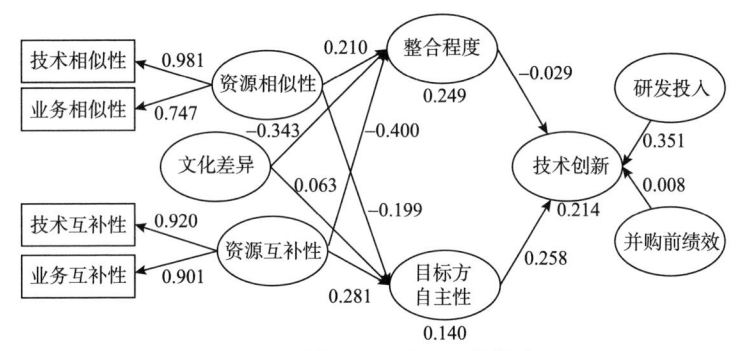

图 11-2　模型 1 的路径系数估计

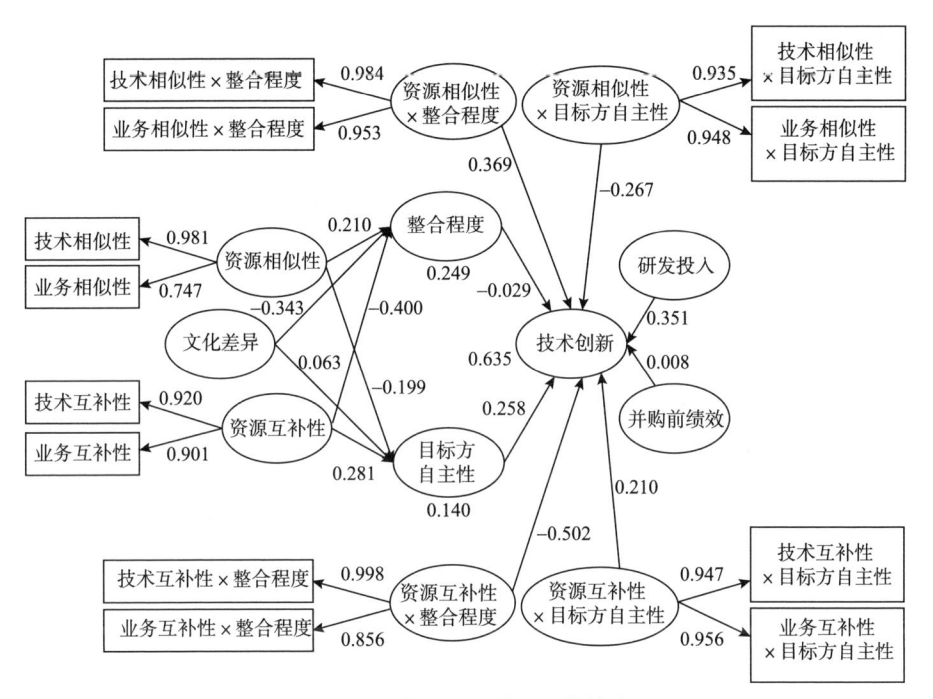

图 11-3　模型 2 的路径系数估计

变量对另一个变量的单向作用关系，路径上的数字为相应的路径系数。例如，目标方自主性指向技术创新，表示目标方自主性对技术创新的影响系数为 0.258。椭圆下方的数值表示各内生变量的拟合优度 R^2。

从图 11-2 可知，在模型 1 中，整合程度与目标方自主性的拟合优度分别为 0.249 和 0.140，技术创新的拟合优度 R^2 为 0.214，该模型对技术创新的解释力一般。在系数估计之后我们将通过 Bootstrapping 方法对 PLS 结构方程路径系数进行显著性检验，对原始数据选取容量为 500 个的抽样样本，检验结果如表 11-7 所示，资源相似性、资源互补性和文化差异对整合程度均存在显著影响，资源相似性与资源互补性对目标方自主性也存在显著影响，目标方自主性与研发投入则显著影响技术创新。从路径系数的影响方向来看，资源相似性对整合程度作用的路径系数为 0.210，对目标方自主性的路径系数为 –0.199，表明对于资源相似性强的并购，企业往往选择较高程度整合与低目标方自主性。资源互补性对整合程度作用的路径系数为 –0.400，对目标方自主性的路径系数为 0.281，表明对于资源互补性强的并购，企业往往选择较低程度整合与高目标方自主性。而整合程度对技术创新具有负面影响，目标方自主性则对技术创新具有正向影响。

表 11-7 模型 1 的内部模型路径系数检验结果

因子路径	模型 1 路径系数	t 统计量
资源相似性→整合程度	0.210**	2.022
资源互补性→整合程度	–0.400***	2.801
资源相似性→目标方自主性	–0.199*	1.717
资源互补性→目标方自主性	0.281**	2.011
文化差异→整合程度	–0.343**	2.458
文化差异→目标方自主性	0.063	0.434
整合程度→技术创新	–0.029	0.170
目标方自主性→技术创新	0.258**	2.279
研发投入→技术创新	0.351**	2.264
并购前绩效→技术创新	0.008	0.073

***表示 $p<0.01$，**表示 $p<0.05$，*表示 $p<0.10$（双侧检验）

依据理论机制构造模型 2 如图 11-3 所示。

模型的运行结果显示，技术创新的 R^2 为 0.635，拟合优度大幅提高，相比模型 1，该模型对技术创新在整体上具有更强的解释力，说明关注的四个交互项"资源相似性×整合程度""资源相似性×目标方自主性""资源互补性×整合程度""资源互补性×目标方自主性"对技术创新有显著的影响。

类似地，在系数估计之后我们将通过 Bootstrapping 方法对模型 2 的外部模型因子载荷以及内部模型路径系数进行显著性检验，对原始数据选取容量为 500 个的抽样样本，检验结果如表 11-8 和表 11-9 所示。表 11-8 中模型 2 的外部模型路径载荷均通过了 1% 的显著水平检验，表明显变量对潜变量的影响显著，即外部测量模型具有较高的可信度。

表 11-8 模型 2 的外部模型路径载荷与检验

变量		路径载荷	t 统计量	p 统计量
资源相似性	技术相似性	0.981***	10.896	0.000
	业务相似性	0.747***	4.048	0.000
资源互补性	技术互补性	0.901***	10.952	0.000
	业务互补性	0.920***	31.042	0.000
资源相似性×整合程度	技术相似性×整合程度	0.984***	5.767	0.000
	业务相似性×整合程度	0.953***	36.125	0.000
资源相似性×目标方自主性	技术相似性×目标方自主性	0.948***	70.374	0.000
	业务相似性×目标方自主性	0.935***	17.355	0.000
资源互补性×整合程度	技术互补性×整合程度	0.856***	9.377	0.000
	业务互补性×整合程度	0.998***	14.734	0.000
资源互补性×目标方自主性	技术互补性×目标方自主性	0.947***	54.320	0.000
	业务互补性×目标方自主性	0.956***	72.626	0.000

***表示 $p<0.01$

表 11-9　模型 2 的内部模型路径系数的检验结果

因子路径	模型 2 路径系数	t 统计量
资源相似性→整合程度	0.210*	1.908
资源互补性→整合程度	−0.400***	2.905
资源相似性→目标方自主性	−0.199*	1.651
资源互补性→目标方自主性	0.281**	2.042
文化差异→整合程度	−0.343**	2.388
文化差异→目标方自主性	0.063	0.440
整合程度→技术创新	−0.049	0.400
目标方自主性→技术创新	0.324***	2.638
资源相似性×整合程度→技术创新	0.369*	1.717
资源相似性×目标方自主性→技术创新	−0.267*	1.653
资源互补性×整合程度→技术创新	−0.502**	2.056
资源互补性×目标方自主性→技术创新	0.210*	1.762
研发投入→技术创新	0.268**	2.018
并购前绩效→技术创新	0.069	0.677

***表示 $p<0.01$，**表示 $p<0.05$，*表示 $p<0.10$（双侧检验）

（四）结果分析

模型 2 的检验结果见表 11-9，从整合程度与目标方自主性对技术创新的直接影响来看，路径系数显示整合程度对并购后技术创新具有负面影响，但未通过 Bootstrapping 显著性检验；而目标方自主性对技术创新具有显著正向影响。此外，控制变量中研发投入对于技术创新具有显著正向影响，说明研发投入与技术创新紧密相关，该结果是符合预期的，并购前绩效的影响并不显著。

从资源相关性与并购整合的交互项来看，"资源互补性×整合程度"对技术创新影响的路径系数为 –0.502，且通过 $p<0.05$ 的显著性水平检验，表明资源互补性负向影响整合程度与技术创新之间的关系，意味着资源互补性强时，较低的整合程度更有利于技术创新。交互项"资源互补性×目标方自主

性"的系数为 0.210（$p<0.10$），表明资源互补性正向影响目标方自主性与技术创新之间的关系，意味着当资源互补性强时，较高的目标方自主性有利于技术创新，因此第四章假设4-1得到验证。"资源相似性×整合程度"对技术创新影响的路径系数为 0.369，且通过 $p<0.10$ 的显著性水平检验，表明资源相似性正向影响整合程度与技术创新之间的关系，意味着资源相似性强时，较高的整合程度更有利于技术创新。而"资源相似性×目标方自主性"对技术创新影响的路径系数为 –0.267，同样通过了 $p<0.10$ 的显著性水平检验，因此，第四章假设4-2也得到验证。实证结果支持了第四章的假设，即当技术获取型海外并购的资源相似性弱、互补性强时，选择低整合程度与高目标方自主性有利于并购后技术创新。当技术获取型海外并购的资源相似性强、互补性弱时，选择高整合程度与低目标方自主性有利于并购后技术创新。

四、本节研究结论

本节通过选取 52 起我国企业技术获取型海外并购事件，通过 PLS 结构方程模型实证分析了资源相似性、资源互补性、整合程度与目标方自主性对并购后技术创新的影响，实证结果对核心假设提供了有力支持。现有研究单独考虑整合程度对技术创新影响的实证并未得到一致结论，原因在于，整合程度与目标方自主性对技术创新的影响受到并购双方资源相似性与互补性的调节作用，而现有的研究往往忽视了这一关键点。本节从两个方面对现有的实证研究进行了改进，一方面通过并购整合程度与目标方自主性两个维度刻画并购整合，另一方面考虑并购双方资源相似性与资源互补性在整合程度与目标方自主性对技术创新影响中的调节作用。本节研究认为，以往简单地认为较高的整合程度或者目标方自主性有利于并购后技术创新的观点是失之偏颇的，需要考虑其中资源相似性与资源互补性的影响，并购整合并非一个简单的过程，其中存在复杂的调节机制。本节的主要贡献在于，从实证方面就整合对技术创新的作用进行了检验，引入资源相似性、资源互补性与整合程度、目标方自主性的交叉项，检验资源联系性与并购整合的匹配对技术创新的影响，解释了为什么当前对于并购整合与技术创新研究中出现了混合的研究结果，为现有关于整合与技术创新的实证研究提供了重要的补充。

第二节　基于资源相关性匹配的中国制造业海外并购整合对并购协同效应传导机制的实证研究

一、样本和数据

本节将关注在技术获取型海外并购双方经济制度距离不同情形下，资源相似性、资源互补性特征与整合程度、目标方自主性之间的匹配模式对并购协同效应影响的实证关系，对第五章各核心假设进行实证检验。本节以2000～2013年中国企业技术获取型海外并购和韩国企业技术获取型海外并购事件为样本进行对比实证分析，试图阐明在考虑了经济制度距离因素的技术获取型海外并购中，并购双方资源联系性、整合策略之间的相互匹配关系及其对于并购协同效应的影响，以及分析中国企业跨国并购和韩国企业跨国并购存在的差异，以期对技术获取型海外并购整合与目标方自主性研究做出更深入的探讨，同时填补现有文献没有从中外对比的角度进行实证研究的空白。

为了检验第五章假设，我们以2000～2013年中国企业技术获取型海外并购和韩国企业技术获取型海外并购为样本进行中外对比实证分析。在获取海外并购事件方面，利用BvD系列数据库中的全球并购交易分析库（BvD-Zephyr）。BvD-Zephyr是一个包含全球并购、首次公开募股（initial public offering，IPO）及风险投资交易等信息的动态专业数据库，是全球报道当前并购交易最快、覆盖率最高的权威并购分析库，从中可以较为方便地查找到每一场并购的基本信息。通过BvD-Zephyr数据库，我们以发生在2000年1月1日至2013年12月31日的化学制品业、计算机设备制造业、电子制品业、航空航天业、仪器制造业、通信设备制造业及软件制造业这七个行业的中国及韩国企业技术获取型海外并购事件为样本[1]。之所以将考察时间的上限定为2000年，是考虑到中国企业海外并购数据的完备性；将下限定为2013年，

---

[1] 与现有文献研究行业一致（Certo et al., 2001; Ranft and Lord, 2000），以上7个制造业为高科技行业。

是考虑到我们需要一定的时间窗来观察每一起并购事件的整合情况及整合带来的协同结果。

由于本节研究关注技术获取型海外并购,因此,将目标企业所属地限定在发达国家。根据经合组织公布的定义,发达国家包括美国、法国、荷兰、德国、英国、瑞典、瑞士、比利时、加拿大、芬兰、挪威、意大利、奥地利、丹麦、澳大利亚、新西兰、希腊、冰岛、爱尔兰、卢森堡、葡萄牙、西班牙、日本、新加坡 24 个国家。选取韩国企业和中国企业进行对比,主要原因在于,截止到 2013 年 12 月 31 日从第三产业比重、制造业附加值生产额、研发投入等指标来看,韩国仍未完全达到发达国家水平。当时韩国国内技术水平在亚洲处于相对领先梯队,但和美国、日本等技术大国相比仍存在一定差距,具有通过海外并购实现技术提升的动机和空间,因而韩国适用于企业技术获取型海外并购的研究;另外,韩国开展技术获取型海外并购的实践早于中国,加之韩国企业的现实情况与中国企业不同,因而开展中韩对比实证研究有助于丰富研究结论。

中国企业技术获取型海外并购样本按照以下标准进行筛选:①并购方为中国企业[①];②只选取标记状态为已完成的并购事件;③只选取并购获得股权在 50% 以上的事件;④剔除目标方企业为并购方企业设在海外的子公司的事件。给定这些筛选条件,BvD-Zephyr 数据库共导出了 126 起中国企业技术获取型海外并购案例。韩国企业技术获取型海外并购样本按照以下标准进行筛选:①并购方为韩国企业;②只选取标记状态为已完成的并购事件;③只选取并购获得股权在 50% 以上的事件;④剔除目标方企业为并购方企业设在海外的子公司的事件。给定这些筛选条件,我们得到了 109 起韩国企业技术获取型海外并购案例。

接下来,我们进一步通过 BvD 系列数据库中的全球上市公司分析库(Osiris 数据库)、Wind 数据库、CSMAR 数据库、世界银行网站等,结合企业公告和年报,搜集上述事件中数据可得的并购双方企业信息,包括其所属行业代码、所属国别、经济制度情况、企业财务情况等;通过中国专利数据库、佰腾专利检索系统、韩国知识产权中心、欧洲专利数据库等搜索并购后

---

① 此处中国企业不包括港澳台地区的企业。

企业的专利产出情况；通过企业公告、企业年报及相关新闻资讯等信息来具体判断企业并购整合活动情况。排除无法获得齐全的基本信息的企业以及无法搜索到专利产出的企业，我们最终得到了共计 64 个数据完整的中国企业技术获取型海外并购样本和 61 个数据完整的韩国企业技术获取型海外并购样本。中韩样本按目标方国别和并购所属行业分类统计分别如表 11-10 和表 11-11 所示。

表 11-10　中国样本分类统计表

	分类	企业数量/个	占比
目标方国别	日本（亚洲）	3	4.7%
	德国、法国、英国、荷兰、意大利、奥地利、瑞典、丹麦、比利时（欧洲）	42	65.6%
	美国、加拿大（北美洲）	18	28.1%
	澳大利亚（大洋洲）	1	1.6%
行业	化学制品业	7	10.9%
	计算机设备制造业	20	31.3%
	电子制品业	22	34.4%
	航空航天业	10	15.6%
	仪器制造业	2	3.1%
	软件制造业	3	4.7%

表 11-11　韩国样本分类统计表

	分类	企业数量/个	占比
目标方国别	日本、新加坡（亚洲）	12	19.7%
	德国、法国、英国、西班牙、挪威、荷兰、丹麦、瑞典（欧洲）	25	41.0%
	美国（北美洲）	24	39.3%
行业	化学制品业	10	16.4%
	计算机设备制造业	9	14.8%

续表

分类		企业数量/个	占比
行业	电子制品业	16	26.2%
	航空航天业	9	14.8%
	仪器制造业	4	6.6%
	通信设备制造业	1	1.6%
	软件制造业	12	19.7%

从海外并购的目标方国别来看，中国企业技术获取型海外并购绝大部分投向欧洲（65.6%），其后依次是北美洲（28.1%）、亚洲（4.7%）、大洋洲（1.6%）。欧美仍然是我国企业海外并购的主要目的地。韩国企业技术获取型海外并购则主要投向欧洲（41.0%）、北美洲（39.3%）和亚洲（19.7%）。韩国企业投向亚洲（日本、新加坡）的海外并购比例明显高于中国企业。从海外并购的行业来看，在中国企业技术获取型海外并购中位列前三位的分别是电子制品业（34.4%）、计算机设备制造业（31.3%）和航空航天业（15.6%），相较之下韩国企业技术获取型海外并购中位列前三位的则分别是电子制品业（26.2%）、软件制造业（19.6%）和化学制品业（16.4%）。

二、变量测度

（一）资源相似性与资源互补性

资源相似性与资源互补性分别用产品、技术、文化三个维度来刻画，下面将具体说明产品相似性与产品互补性、技术相似性与技术互补性、文化相似性与文化互补性的测度方式。

1. 产品相似性与产品互补性

参照 Morck 等（1990），Wang 和 Zajac（2007）的计算方法，我们考察并购双方企业的北美工业分类系统代码 NAICS 来定义并购方企业和目标方企业之间的产品相似性。如果两个企业的 NAICS 代码前四位相同，我们将产品相似性记为 1，产品互补性记为 0；如果前三位相同，产品相似性记为

0.75，产品互补性记为 0.5；如果前两位相同，产品相似性记为 0.5，产品互补性记为 1；如果第一位相同，产品相似性记为 0.25，产品互补性记为 0.75；如果两个企业的 NAICS 代码第一位不相同，产品相似性记为 0，产品互补性记为 0.25。数据来源于 BvD-Zephyr 数据库。

2. 技术相似性与技术互补性

采用 Makri 等（2010）的方法，用并购双方企业在技术专利方面的相似性与互补性程度来测度技术相似性与技术互补性。并购双方企业的技术相似性用技术获取型海外并购发生前五年并购双方处于相同专利类别下的专利数量来衡量。这个指标反映了两个企业在相同专利类别下研发技术的相似程度，即

$$技术相似性 = \frac{并购双方相同专利类别下专利数}{并购双方专利总数} \times \frac{并购方相同专利类别下专利数}{并购方专利总数}$$

并购双方企业的技术互补性用海外并购发生前五年并购双方处于相同的专利分部但在不同专利类别中的专利数量来衡量。这个衡量指标反映了两个企业间的整合潜力，反映了互补程度，即

$$技术互补性 = \frac{并购双方相同专利分部下专利数}{并购双方专利总数} - \frac{并购双方相同专利类别下专利数}{并购双方专利总数} \times \frac{并购方相同专利分部下专利数}{并购方专利总数}$$

数据来源于中国专利数据库、佰腾专利检索系统、韩国知识产权中心、欧洲专利数据库等。

3. 文化相似性与文化互补性

选取在并购文献中被广泛使用的 Hofstede（1980）国家文化维度模型构建指标来测度并购双方的文化相似性和文化互补性。Hofstede 的研究将国家文化划分为六个维度，分别是权力距离、个人/集体主义、男性/女性化、不

确定性规避、放纵/克制及长期/短期取向。首先，计算并购双方在权力距离、个人/集体主义、男性/女性化这三个维度上的文化距离，数值越小则表示文化相似性越高；其次，计算在不确定性规避、放纵/克制、长期/短期取向这三个维度上的文化距离，数值越大则表示文化互补性越高。计算而得的文化距离数值，利用五点利克特量表对其进行赋分，取值分别为 0、0.25、0.5、0.75、1，数值越高表示相似性或互补性程度越大。文化距离的计算方法参照 Kogut 和 Singh(1988)公式：

$$文化距离 = \sum_{i=1}^{n} \frac{\left\{ (I_{ij} - I_i)^2 / V_i \right\}}{n}$$

其中，I_{ij} 表示第 i 个文化维度在第 j 个目标方国家的 Hofstede 评分；I_i 表示第 i 个文化维度在并购方国家（中国或韩国）的 Hofstede 评分；V_i 表示第 i 个文化的方差；n 表示测量的文化维度的个数。数据来源于 Hofstede 个人网站。

（二）经济制度距离

制度距离是并购方和目标方所在国之间正式制度发展情况的差距，本节研究主要关注经济制度距离。我们构建了一个能够反映经济制度差异的制度距离指标体系，由 14 个指标构成。其中，世界银行发布的世界治理指数（worldwide governance indicators，WGI）的 6 个分项指标（Kaufmann et al., 2009；Dikova，2009），包括腐败控制（control of corruption）、政府效能（government effectiveness）、稳定与无暴力程度（political stability and absence of violence/terrorism）、监管质量（regulatory quality）、法治（rule of law）、表达与问责（voice and accountability），每个指标得分在-2.5 和 2.5 之间，得分越高意味着制度建设越先进；美国传统基金会发布的经济自由度指数（index of economic freedom，IEF）的 8 个分项指标，包括商业自由度（business freedom）、贸易自由度（trade freedom）、财政自由度（fiscal freedom）、政府支出（government size/spending）、货币自由度（monetary freedom）、投资自由度（investment freedom）、金融自由度（financial freedom）、产权保护（property rights），每个指标得分在 0 和 100 之间，得分越高意味着经济制度自由度和先进性越好[①]。在采集完所有 14 个指标后，我们同样采用 Kogut-Singh 距离指数的构建方法（Kogut and Singh，1988）来计算并购双方在并购发生当年的经济制度距离：

$$经济制度距离 = \sum_{i=1}^{n} \frac{\left\{\left(I_{i,j,t} - I_{i,t}\right)^2 / V_{i,t}\right\}}{n}$$

其中，$I_{i,j,t}$ 表示年份 t 时第 i 个分项指标在第 j 个目标方国家的得分；$I_{i,t}$ 表示年份 t 时第 i 个分项指标在并购方国家（中国或韩国）的得分；$V_{i,t}$ 表示年份 t 时第 i 个分项指标的方差；n 表示测量的指标个数。数据来源于世界银行网站和美国传统基金会网站。

（三）整合程度

借鉴 Kapoor 和 Lim（2007）的方法，我们通过公司年报、公告及新闻资讯中的信息对样本中每一起并购的整合程度进行判定。设置一个二分变量，如果目标公司作为并购公司日常经营运作的一部分被整合，或并入并购公司某一部门，则整合程度取值为 1，表示海外并购双方进行了较深程度的整合；若目标公司被作为一个独立的经营单位运行（如会像"全资子公司"或"独立个体"一样运营），则此变量取值为 0。

（四）目标方自主性

借鉴 Colombo 和 Zrilic（2010）的方法，我们通过公司年报、公告及新闻资讯中的信息对样本中每一起并购的目标公司核心管理层留任情况进行考察，以此为依据来判定并购公司给予目标公司的自主性程度。具体的方法是，观察海外并购完成后目标方先前 CEO 是否在整合后的公司出任管理层职务，如果目标公司的 CEO 被保留，则认为并目标公司拥有较高的自主决策权力，目标方自主性取值为 1；反之此变量取值为 0。

---

① 本章删除了经济自由度指数中的两个指标，其一是劳工自由度（labor freedom），原因是这一指标自 2005 年才开始计算，数据缺失较为严重；其二是免于腐败程度（freedom from corruption），原因是该指数与世界治理指标中的腐败控制指数重复。

（五）并购协同效应

实证研究的被解释变量为企业技术获取型海外并购后协同效应产出。在前文中，我们将并购协同效应定义为并购方企业在对目标方企业进行并购后，通过资源的整合和重新配置活动获得的整体收益，包括财务层面的协同和非财务层面的协同两个方面。因而，本节将技术获取型海外并购协同效应划分为四个测量维度，包括技术协同、经营协同、管理协同、财务协同。

1. 技术协同

接近、吸收、同化新技术并对这些获得的技术进行创新性的开发和利用是技术获取型海外并购的最主要战略目标，因此我们采用并购方企业并购后技术创新表现来衡量并购后技术协同这一变量。大量的研究表明，专利可以被看作企业新技术产出的外化形式，其能够很好地衡量企业技术创新表现（Hall et al.，2001；Hitt et al.，1996；Mowery et al.，1998）。因此我们采用并购方企业海外并购后次年相对于并购当年的专利申请数增长率情况来对其技术创新表现即技术协同效应进行量化。中外企业专利数据来源于中国专利数据库、佰腾专利检索系统、韩国知识产权中心、欧洲专利数据库等。

2. 经营协同

企业在海外并购后实现经营协同效应可以使企业实现规模经济，因此选取能够体现企业规模扩张的指标，即并购方企业并购后次年相对于并购当年的总资产增长率来衡量并购后经营协同这一变量。总资产增长率反映了企业资产的扩张速度，是衡量企业经营规模变动和经营状况的重要指标，还能够反映企业资产保值增值的情况及企业的发展能力。较高的总资产增长率表示企业的经营发展状况良好。数据来源于企业年报、Wind 数据库及 Osiris 数据库。

3. 管理协同

企业在海外并购后实现管理协同效应可以提高企业的运营效率，使企业运作得更好，因此选取能够体现企业运营效率的指标，即用并购方企业并购后次年相对于并购当年的总资产周转率的增长来衡量并购后管理协同这一变量。资产周转率表示了企业的营业收入能够在多长时间内覆盖企业的资产总额，体现了企业资产的运营能力、经营状况、管理水平及企业的应变能力。

总资产周转率高，表明企业对于资产的使用和管理效率高。数据来源于企业年报、Wind 数据库及 Osiris 数据库。

4. 财务协同

企业在海外并购后实现财务协同效应有利于降低企业财务风险，使企业利润增加，因此选取能够体现企业盈利能力提升的指标，即用并购方企业并购后次年相对于并购当年的净利润增长率来衡量并购后财务协同这一变量。盈利能力始终是股东及所有利益相关者关注的核心问题，是企业并购绩效的最重要衡量指标之一，体现了企业经营逐利的本质。而技术获取型海外并购带来的技术创新将提升企业的生产率、促进成本集约和收益扩张，并最终以企业利润水平上升的形式反映在财务报表中。因此我们考虑财务协同这一变量，数据来源于企业年报、Wind 数据库及 Osiris 数据库。

（六）控制变量

除了需要研究上述解释变量之外，我们进一步考虑了可能影响技术获取型海外并购协同绩效的控制变量，包括并购获取的并购股权比例及并购支付方式。

1. 并购股权比例

金融领域的学者认为在并购过程中，并购事件自身的特征将影响并购协同价值的创造（Datta et al., 1992；King et al., 2004）。因此，我们首先控制并购股权比例这一变量，以并购方在技术获取型海外并购中所获得的股权比例来衡量这一变量。数据来源于 BvD-Zephyr 数据库。

2. 并购支付方式

在并购的实施过程中，支付方式的选择是重要环节之一，它不仅关系并购后公司财务方面的整合效果，对于并购能否最终顺利实现也具有举足轻重的影响。因此，我们选取的第二个控制变量为并购支付方式，设置其为二分变量，若以现金支付，则取值为 1，若为其他方式（包括股票支付、资产支付、承债支付及混合支付等），则取值为 0。数据来源于 BvD-Zephyr 数据库。

模型中涉及的各个变量及其测度方法和数据来源见表 11-12。

表 11-12　模型变量设置

变量	测度方法	数据来源
产品相似性	利用并购双方 NAICS 代码进行度量	BvD-Zephyr 数据库
产品互补性	利用并购双方 NAICS 代码进行度量	BvD-Zephyr 数据库
技术相似性	Makri 等（2010）的量化公式	中国专利数据库、韩国知识产权中心网站等
技术互补性	Makri 等（2010）的量化公式	中国专利数据库、韩国知识产权中心网站等
文化相似性	利用 Hofstede 国家文化维度模型构建指标	Hofstede 个人网站
文化互补性	利用 Hofstede 国家文化维度模型构建指标	Hofstede 个人网站
经济制度距离	依据世界治理指数、经济自由度指数构建指标	世界银行网站、美国传统基金会网站
整合程度	目标方被整合进并购方日常经营运作的一部分为 1，被作为一个独立的经营单位运行为 0	企业年报、公告以及新闻资讯
目标方自主性	保留目标方 CEO 为 1，反之为 0	企业年报、公告及新闻资讯
技术协同	并购发生后并购方专利产出增长水平	中国专利数据库、韩国知识产权中心网站等
经营协同	并购发生后并购方总资产增长水平	企业年报、Wind 数据库及 Osiris 数据库等
管理协同	并购发生后并购方总资产周转率的增长水平	企业年报、Wind 数据库及 Osiris 数据库等
财务协同	并购发生后并购方净利润的增长水平	企业年报、Wind 数据库及 Osiris 数据库等
并购股权比例	并购方在海外并购中所获得的股权比例	BvD-Zephyr 数据库
并购支付方式	并购方在海外并购中所采用的支付方式	BvD-Zephyr 数据库

变量的描述性统计见表 11-13、表 11-14。为了从数值上对比中国企业技术获取型海外并购和韩国企业技术获取型海外并购在资源相似性、资源互补性、制度距离、整合策略、并购协同效应等方面的差异，我们进一步对各变量的中韩样本均值进行成对 t 检验来考察两者是否具有显著差异，结果见

表 11-15。结合表 11-13～表 11-15 呈现的信息可以看出，中国企业进行技术获取型海外并购普遍存在资源相似性较低、资源互补性较高的特征，而相比于中国企业，韩国企业在技术获取型海外并购中面临的资源相似性更高，资源互补性更低。韩国企业并购后的整合程度显著高于中国企业，同时给予目标方的自主性低于中国企业，但差距不显著。对于经济制度距离这一变量，中国企业的均值显著更高，这意味着中国企业进行技术获取型海外并购时面临的与目标方国家之间的制度差异性更大。观察并购后协同效应变量，中国企业通过技术获取型海外并购获得的技术协同效应要显著高于韩国企业，在经营协同、管理协同、财务协同效应方面二者则没有显著差异。就并购支付方式来看，我国企业海外并购最主要的支付手段仍然为现金收购，远远落后于世界发达国家海外并购支付方式的发展，这在一定程度上可能与国内监管环境的限制以及资本市场发展尚未成熟等因素有关。而韩国企业海外并购的支付方式相对多样化。

表 11-13　中国样本变量描述性统计

变量	均值	中位数	最小值	最大值	标准差
产品相似性	0.465	0.500	0.000	1.000	0.362
产品互补性	0.508	0.500	0.000	1.000	0.370
技术相似性	0.126	0.101	0.001	0.449	0.114
技术互补性	0.264	0.267	0.074	0.467	0.115
文化相似性	0.418	0.500	0.000	1.000	0.232
文化互补性	0.734	0.750	0.000	1.000	0.274
经济制度距离	8.076	8.200	3.569	11.862	1.756
整合程度	0.469	0.000	0.000	1.000	0.503
目标方自主性	0.563	1.000	0.000	1.000	0.500
技术协同	0.440	0.174	−1.000	6.000	1.137
经营协同	0.207	0.138	−0.355	2.774	0.375
管理协同	0.074	0.049	−0.581	1.896	0.308
财务协同	0.376	0.186	−0.867	4.740	0.942

续表

变量	均值	中位数	最小值	最大值	标准差
并购股权比例	0.864	1.000	0.501	1.000	0.204
并购支付方式	0.906	1.000	0.000	1.000	0.294

表 11-14　韩国样本变量描述性统计

变量	均值	中位数	最小值	最大值	标准差
产品相似性	0.537	0.750	0.000	1.000	0.400
产品互补性	0.377	0.250	0.000	1.000	0.334
技术相似性	0.180	0.170	0.007	0.475	0.129
技术互补性	0.199	0.182	0.092	0.487	0.097
文化相似性	0.381	0.250	0.000	1.000	0.389
文化互补性	0.451	0.750	0.000	1.000	0.365
经济制度距离	2.892	2.693	1.660	6.272	1.073
整合程度	0.541	1.000	0.000	1.000	0.502
目标方自主性	0.475	0.000	0.000	1.000	0.504
技术协同	0.239	0.145	−0.500	1.697	0.486
经营协同	0.186	0.097	−0.449	1.628	0.359
管理协同	0.133	0.102	−0.702	2.901	0.487
财务协同	0.333	0.244	−0.952	5.338	0.952
并购股权比例	0.942	1.000	0.510	1.000	0.131
并购支付方式	0.738	1.000	0.000	1.000	0.444

表 11-15　中韩变量均值显著性差异的 t 检验结果

变量	中国样本均值	韩国样本均值	t 检验
产品相似性	0.465	0.537	−1.055
产品互补性	0.508	0.377	1.299
技术相似性	0.126	0.180	−2.502**
技术互补性	0.264	0.199	3.423***

续表

变量	中国样本均值	韩国样本均值	t 检验
文化相似性	0.418	0.381	0.639
文化互补性	0.734	0.451	4.896***
经济制度距离	8.076	2.892	19.799***
整合程度	0.469	0.541	−2.523**
目标方自主性	0.563	0.475	0.970
技术协同	0.440	0.239	2.075**
经营协同	0.207	0.186	0.308
管理协同	0.074	0.133	−0.805
财务协同	0.376	0.333	0.255
并购股权比例	0.864	0.942	−0.803
并购支付方式	0.906	0.738	2.516**

***表示 $p<0.01$，**表示 $p<0.05$（双侧检验）

由于资源相似性、资源互补性、并购协同效应的构成指标个数较多，为了避免指标之间的多重共线性对模型估计造成影响，在本节研究中我们分别对资源相似性、资源互补性、并购协同效应评价体系的指标进行主成分分析，根据获得的主成分权重将资源相似性、资源互补性、并购协同效应分别简化为单一的指标。利用计量软件对上述变量进行主成分分析，采用累计方差贡献率达到 80%以上的标准提取主成分（因为它们已经代表了绝大多数的信息），得到表 11-16 和表 11-17 的中韩样本主成分分析结果。

表 11-16　中国样本指标主成分分析结果

因子		总方差解释		
		特征值	方差贡献率	累计方差贡献率
资源相似性	F_{CS1}	1.704	56.802%	56.802%
	F_{CS2}	0.952	31.749%	88.551%
资源互补性	F_{CC1}	1.376	45.873%	45.873%
	F_{CC2}	1.037	34.563%	80.436%

因子		总方差解释		
		特征值	方差贡献率	累计方差贡献率
并购协同效应	F_{CSY1}	1.398	34.959%	34.959%
	F_{CSY2}	1.016	25.405%	60.365%
	F_{CSY3}	0.954	23.857%	84.222%

表 11-17 韩国样本指标主成分分析结果

因子		总方差解释		
		特征值	方差贡献率	累计方差贡献率
资源相似性	F_{KS1}	1.321	44.041%	44.041%
	F_{KS2}	1.091	36.350%	80.391%
资源互补性	F_{KC1}	1.484	49.481%	49.481%
	F_{KC2}	0.917	30.563%	80.044%
并购协同效应	F_{KSY1}	1.698	42.439%	42.439%
	F_{KSY2}	1.075	26.872%	69.311%
	F_{KSY3}	0.895	22.383%	91.694%

可以看到，在中国样本中，从资源相似性指标中共提取出 2 个主成分，分别记为 F_{CS1}、F_{CS2}，两个主成分的累计方差贡献率达到 88.551%；从资源互补性指标中共提取出 2 个主成分，分别记为 F_{CC1}、F_{CC2}，两个主成分的累计方差贡献率达到 80.436%，从并购协同效应指标中共提取出 3 个主成分，分别记为 F_{CSY1}、F_{CSY2}、F_{CSY3}，三个主成分的累计方差贡献率达到 84.222%。进一步地，根据上述主成分在主成分分析中的方差权重，可以计算出最终的中国样本资源相似性、资源互补性、并购协同效应指标 CS_i、CC_i 和 CSY_i，其中 $i=1,2,\cdots,64$，i 为样本个数。

$CS_i=(1.305\times1.704\times F_{CS1,i}+0.976\times0.952\times F_{CS2,i})/(1.704+0.952)=0.837F_{CS1,i}+0.350F_{CS2,i}$

$CC_i=(1.173\times1.376\times F_{CC1,i}+1.018\times1.037\times F_{CC2,i})/(1.376+1.037)=0.669F_{CC1,i}+0.437F_{CC2,i}$

$$CSY_i=(1.182\times1.398\times F_{CSY1,i}+1.008\times1.016\times F_{CSY2,i}+0.977\times0.954\times F_{CSY3,i})/$$
$$(1.398+1.016+0.954)=0.491F_{CSY1,i}+0.304F_{CSY2,i}+0.277F_{CSY3,i}$$

在韩国样本中，从资源相似性指标中共提取出的 2 个主成分，其累计方差贡献率达到 80.391%；从资源互补性指标中提取出的 2 个主成分，其累计方差贡献率达到 80.044%，从并购协同效应指标中提取出的 3 个主成分，其累计方差贡献率达到 91.694%。同理可以分析并计算出最终的韩国样本资源相似性、资源互补性、并购协同效应指标 KS_i、KC_i 和 KSY_i，$i=1,2,\cdots,61$。

$$KS_i=(1.149\times1.321\times F_{KS1,i}+1.045\times1.091\times F_{KS2,i})/(1.321+1.091)=0.629F_{KS1,i}+0.473F_{KS2,i}$$

$$KC_i=(1.218\times1.484\times F_{KC1,i}+0.958\times0.917\times F_{KC2,i})/(1.484+0.917)=0.753F_{KC1,i}+0.366F_{KC2,i}$$

$$KSY_i=(1.303\times1.698\times F_{KSY1,i}+1.037\times1.075\times F_{KSY2,i}+0.946\times0.895\times F_{KSY3,i})/$$
$$(1.698+1.075+0.895)=0.603F_{KSY1,i}+0.304F_{KSY2,i}+0.231F_{KSY3,i}$$

如此即可得到资源相似性、资源互补性和并购协同效应的单一指标，用于进行后续计量检验。各变量间的相关性系数见表 11-18、表 11-19。从表中我们可以判断，各变量间不存在过高的相关性（$r<0.8$）。

表 11-18　中国样本变量间相关系数

变量	1	2	3	4	5	6	7	8
1. 资源相似性	1							
2. 资源互补性	−0.451***	1						
3. 经济制度距离	−0.150	0.046	1					
4. 整合程度	−0.095	0.061	0.080	1				
5. 目标方自主性	0.148	−0.089	−0.031	−0.245	1			
6. 并购协同效应	−0.080	0.126	0.117	−0.405***	0.294**	1		
7. 并购股权比例	0.027	−0.081	0.144	0.051	−0.077	−0.341***	1	
8. 并购支付方式	0.059	−0.076	−0.103	−0.020	0.041	−0.033	−0.099	1

***表示 $p<0.01$，**表示 $p<0.05$（双侧检验）

表 11-19　韩国样本变量间相关系数

变量	1	2	3	4	5	6	7	8
1. 资源相似性	1							
2. 资源互补性	−0.525***	1						
3. 经济制度距离	−0.100	0.252**	1					
4. 整合程度	0.094	0.163	0.086	1				
5. 目标方自主性	0.104	−0.099	−0.255**	−0.308**	1			
6. 并购协同效应	0.176	−0.112	−0.123	0.084	0.180	1		
7. 并购股权比例	−0.112	0.183	−0.217	−0.094	0.181	−0.033	1	
8. 并购支付方式	−0.070	0.056	0.028	−0.288**	0.120	−0.424***	0.018	1

***表示 $p<0.01$，**表示 $p<0.05$（双侧检验）

三、实证模型设定

本节实证模型的构建思路与前文理论机理一致，即验证在技术获取型海外并购双方经济制度距离不同情形下，资源相似性、互补性特征与并购整合程度、目标方自主性之间是否存在一种匹配关系，以提升并购后协同效应。现有文献对于匹配效应的检验主要采用带调节项的分层回归方法（hierarchical regression methodology），该方法被广泛应用于对匹配效应的实证研究中（Venkatraman，1989；Hoffman et al.，1992；Carte and Russell，2003）。因此，对于中国和韩国样本，我们分别根据经济制度距离的高低，在其中位线处将总样本划分为两个子样，代表经济制度距离高和经济制度距离低两种不同情形。对每一个子样，运用分层回归方法，检验第五章的假设，即首先设置仅含解释变量和控制变量的基础模型，然后设置加入整合程度、目标方自主性与资源相似性、资源互补性交互项后的改进模型，通过观察交互项的系数来验证关于匹配效应的假设。对每一个连续模型进行检验，可以评估新增变量是否明显增强了前一个模型的解释能力，因而可以在计量上证实匹配效应的存在（Stock and Tatikonda，2008）。为了将多重共线性问题的影响降至最低，得到无偏的参数估计，所有涉及交互项的解释变量都需进行均值中心化处理后再代入模型（Jaccard and Turrisi，2003）。

四、实证结果分析

（一）中国样本实证结果分析

如表 11-20 所示，对于 64 个中国企业技术获取型海外并购样本，我们首先按照经济制度距离这一变量的高低，在其中位线处将总样本划分为经济制度距离较低（$N=32$）和经济制度距离较高（$N=32$）的两个子样。对于经济制度距离较低的一组子样，设置基础模型 1 和加入交互项的模型 2；对于经济制度距离较高的一组子样，设置基础模型 3 和加入交互项的模型 4。

表 11-20 中国样本分层回归结果

变量	经济制度距离低		经济制度距离高	
	模型 1	模型 2	模型 3	模型 4
常数项	0.508 （0.846）	0.173 （0.398）	1.609** （2.621）	1.464* （1.734）
资源相似性	−0.125 （−1.212）	−0.041 （−0.245）	0.087 （0.600）	0.238 （0.787）
资源互补性	0.020 （0.137）	−0.170 （−1.128）	0.123 （0.892）	0.219 （0.481）
整合程度	−0.280 （−1.444）	−0.289 （−1.694）	−0.668*** （−3.374）	−0.787*** （−3.133）
目标方自主性	0.003 （0.015）	0.306 （1.668）	0.500* （2.525）	0.596* （1.821）
资源相似性×整合程度		0.645** （2.626）		−0.261 （−0.569）
资源互补性×整合程度		0.418 （1.453）		0.006 （0.012）
资源相似性×目标方自主性		−0.328* （−1.752）		−0.052 （−0.125）
资源互补性×目标方自主性		0.534** （2.324）		−0.166 （−0.370）
资源相似性×资源互补性×整合程度		−0.115 （−0.395）		−0.162 （−0.853）

续表

变量	经济制度距离低		经济制度距离高	
	模型1	模型2	模型3	模型4
资源相似性×资源互补性×目标方自主性		0.199 (0.704)		0.088 (0.151)
并购股权比例	−0.793* (−1.916)	−0.283 (−0.884)	−1.452** (−2.639)	−1.443* (−1.985)
并购支付方式	0.243 (0.443)	0.089 (0.228)	−0.182 (−0.676)	−0.056 (−0.155)
R^2	0.231	0.714	0.579	0.613
调整的R^2	0.047	0.533	0.478	0.368
F值	1.253	3.946***	5.728***	2.506**

注：括号内为t检验值
***表示p<0.01，**表示p<0.05，*表示p<0.10（双侧检验）

首先，观察经济制度距离较低的子样中的回归结果。在不包含匹配效应项的基础模型1中，仅有并购股权比例这一控制变量的系数是显著的（$\beta=-0.793$，$p<0.10$），表明当对技术获取型海外并购的目标方持股比例相对较低时，能够取得更好的并购后协同绩效，而我们关注的主要解释变量整合程度、目标方自主性对并购协同效应并没有显著的直接影响。先前研究对于整合与并购结果之间的关系没有得到一致的结论，表明整合程度和目标方自主性的选择对于并购表现的影响是有利有弊的（Cording et al.，2008；Teerikangas and Very，2006）。通过实证模型得到的结果与先前研究的观点是一致的，即在技术获取型海外并购双方经济制度距离较低的情形下，整合策略对于并购后协同效应的影响方向可能不同，有正有负，应与并购双方资源条件合理匹配方能实现协同效应的提升。对此我们将在下文进行深入分析。

进一步关注模型2的结果，在引入资源相似性、资源互补性与整合程度、目标方自主性的交互匹配项后，模型整体的R^2得到了显著的提升，显示整体拟合优度增强。F检验的结果也表明，包含匹配变量的模型与基础模型相比在解释力方面有了提升。具体来看交互项的系数，统计上显著的交互项表明两个变量显示出匹配，而且这种匹配会影响被解释变量（Stock and Tatikonda，

2008)。资源相似性与整合程度的交互项对并购后协同效应的影响系数显著为正（$\beta=0.645$，$p<0.05$），资源相似性与目标方自主性的交互项对并购后协同效应的影响系数显著为负（$\beta=-0.328$，$p<0.1$），表明在技术获取型海外并购双方经济制度距离较低的情形下，当资源相似性强、互补性弱时，匹配高整合程度、低目标方自主性有利于并购后协同效应的实现，因此这里为第五章假设 5-1a 的证实提供了依据。资源互补性与目标方自主性的交互项对并购后协同效应的影响系数显著为正（$\beta=0.534$，$p<0.05$），表明当资源相似性弱、互补性强时，匹配高目标方自主性有利于并购后协同效应的实现，因此第五章假设 5-1b 得到了部分验证。然而并未发现在经济制度距离较低的中国子样中，资源互补性与整合程度的交互项对并购后协同效应的显著影响。但是先前有研究指出，通过高程度的整合实现结构的统一和系统的同质化对于实现互补性的潜在价值来说是必要的（Kapoor and Lim，2007）。之所以会出现这一不显著的结果，可能在于整合一方面使互补性资源紧密结合进而创造创新价值，另一方面却带来较大的摩擦成本破坏了目标方的技术创新能力，两种相反方向的作用力导致资源互补性与整合程度的交互作用对并购后协同收益产生的影响不显著。中国企业进行技术获取型海外并购时，面临更高的并购双方资源互补性，对于整合的权衡显得更为矛盾。为了对资源相似性、互补性均强时整合策略的选择进行验证，我们在模型 2 中也添加了资源相似性、资源互补性、整合程度三者交互项以及资源相似性、资源互补性、目标方自主性三者的交互项，以期考察资源相似性、资源互补性的交互作用与最优整合程度、目标方自主性的匹配，来验证第五章假设 5-1c。实证研究结果表明，资源相似性、资源互补性、整合程度三者的交互项的系数为负，与预期一致，但未能通过显著性检验；资源相似性、资源互补性、目标方自主性三者交互项的系数同样未能通过显著性检验。因而第五章假设 5-1c 并未得到很好的验证，中国样本中资源相似性、资源互补性对整合程度及目标方自主性选择的交互作用不明显。

  其次，观察经济制度距离较高的子样中的回归结果。在仅包含核心解释变量和控制变量的基础模型 3 中，除并购股权比例这一控制变量的系数显著（$\beta=-1.452$，$p<0.05$）之外，整合程度对并购后协同效应呈现出显著的负向影响（$\beta=-0.668$，$p<0.01$），目标方自主性对并购后协同效应呈现出显

著的正向影响（$\beta = 0.500$，$p < 0.05$），因而支持了第五章假设 5-2，即在技术获取型海外并购双方经济制度距离较高的情形下，选择低整合程度及高目标方自主性程度有利于并购后协同效应的实现。而对比引入资源相似性、资源互补性与整合程度、目标方自主性的交互匹配项后的模型 4，无论从模型调整的 R^2 还是 F 检验值的角度来看，模型 4 并不比模型 3 拥有更强的解释力度。在模型 4 中，整合程度和目标方自主性对并购后协同效应仍然分别具有显著的负向直接影响和正向直接影响（$\beta = -0.787$，$p < 0.01$；$\beta = 0.596$，$p < 0.10$），并且加入的各个交互项系数均不显著，再一次印证了在技术获取型海外并购双方经济制度距离较高的情形下，选择低整合程度及高目标方自主性程度有利于并购后协同效应的实现，这种单方向的效应并不受并购双方资源相似性、资源互补性强弱条件的影响。

在技术获取型海外并购双方经济制度距离不同情形下，整合策略的选择有着不同的内在机制。虽然，到目前为止的实证结果提供了较好的支持，但我们仍然感兴趣的是，以上按照经济制度距离高低分子样的回归结果的系数究竟在多大程度上是具有显著差异的；或者说，回归系数观察值的差异究竟是由随机效应产生的，还是确实是由于经济制度高低不同对应的子样具有不同的内在性质。我们通过对模型 1、模型 3 及模型 2、模型 4 进行邹至庄检验（Chow 检验）来解决上述问题。Chow 检验的原假设是样本中回归系数观察值的差异是由随机效应而非系统性差别产生的（Chow，1960；Hardy，1993）。如果 Chow 检验的结果是拒绝原假设，那么说明对于同一个回归模型，以经济制度距离的高低为分界，其结构确实发生了变化。表 11-21 给出了 Chow 检验的结果。可以看到，模型 1、模型 3 及模型 2、模型 4 成对组合的 F 检验值均显著，即回归系数的差异是系统性差别造成的而非随机效应造成的，表明整合程度和目标方自主性对于并购协同效应的影响在经济制度距离高低不同情况下确实存在显著不同，这帮助我们再一次印证了前述假设。

表 11-21　中国样本 Chow 检验结果（F 值）

Chow 检验	模型 1/模型 3	模型 2/模型 4
	1.907*	1.724*

*表示 $p<0.10$

（二）韩国样本实证结果分析

首先，对于 61 个韩国企业技术获取型海外并购样本，按照经济制度距离这一变量的高低，在中位线处将总样本划分为经济制度距离较低（$N=30$）和经济制度距离较高（$N=31$）的两个子样。对于经济制度距离较低的一组子样，设置基础模型 5 和加入交互项的模型 6；对于经济制度距离较高的一组子样，设置基础模型 7 和加入交互项的模型 8。

如表 11-22 所示，韩国样本的分子样检验结果整体上要优于中国样本。首先观察经济制度距离较低的子样中的回归结果。在仅包含核心解释变量和控制变量的基础模型 5 中，同样只有并购支付方式这一变量系数显著为负（$\beta=-1.236$，$p<0.01$），表明较高比例的现金支付方式往往不利于并购协同效应的产生。事实上，由现金、债务承担和股权收购等组成的混合支付方式更符合国际惯例，现金支付通常会对企业的未来现金流产生一定的影响。本节主要关注的解释变量整合程度、目标方自主性对并购后协同效应并不存在显著影响。而观察引入资源相似性、资源互补性与整合程度、目标方自主性的交互匹配项后的模型 6，模型 R^2、调整的 R^2 及 F 检验都出现了大幅提升，表明新加入的匹配变量对于模型具有很强的解释力度。具体而言，资源相似性与整合程度的交互项对并购后协同效应的影响系数显著为正（$\beta=0.731$，$p<0.05$），资源相似性与目标方自主性的交互项对并购后协同效应的影响系数显著为负（$\beta=-0.882$，$p<0.01$），表明在技术获取型海外并购双方经济制度距离较低的情形下，当资源相似性强、互补性弱时，匹配高整合程度、低目标方自主性有利于并购后协同效应的实现，因此这里为第五章假设 5-1a 提供了依据。资源互补性与整合程度的交互项对并购后协同效应的影响系数显著为负（$\beta=-0.543$，$p<0.01$），资源互补性与目标方自主性的交互项对并购后协同效应的影响系数显著为正（$\beta=0.396$，$p<0.05$），表明当资源互补性强、相似性弱时，匹配低整合程度、高目标方自主性有利于协同效应的实现，因此第五章假设 5-1b 得到了验证。资源相似性、资源互补性、目标方自主性三者交互项系数显著为负（$\beta=-0.433$，$p<0.01$），表明资源相似性、资源互补性对于最优目标方自主性程度的选择具有负向交互作用，因而第五章假设 5-1c 也得到了部分验证。

表 11-22　韩国样本分层回归结果

变量	经济制度距离低 模型 5	经济制度距离低 模型 6	经济制度距离高 模型 7	经济制度距离高 模型 8
常数项	1.675 （1.288）	0.351 （0.662）	0.235 （0.355）	−0.253 （−0.553）
资源相似性	−0.001 （−0.004）	0.300 （1.183）	0.121 （0.744）	−0.184 （−1.405）
资源互补性	0.017 （0.090）	0.158 （0.872）	0.095 （0.592）	0.233 （1.634）
整合程度	0.209 （0.715）	−0.063 （−0.356）	−0.153 （−0.701）	−0.127 （−0.742）
目标方自主性	−0.052 （−0.171）	−0.142 （−1.166）	1.055*** （5.123）	0.512*** （3.051）
资源相似性×整合程度		0.731** （2.187）		0.800*** （3.454）
资源互补性×整合程度		−0.543*** （−3.348）		0.022 （0.100）
资源相似性×目标方自主性		−0.882*** （−3.736）		0.167 （0.629）
资源互补性×目标方自主性		0.396** （2.367）		−0.424 （−1.222）
资源相似性×资源互补性×整合程度		0.169 （0.547）		−0.370 （−0.995）
资源相似性×资源互补性×目标方自主性		−0.433*** （−3.490）		−1.422*** （−3.867）
并购股权比例	−0.779 （−0.604）	0.049 （0.097）	−0.471 （−0.740）	0.162 （0.362）
并购支付方式	−1.236*** （−3.809）	−0.331** （−2.236）	−0.207 （−0.930）	−0.453*** （−3.066）
R^2	0.484	0.947	0.584	0.884
调整的 R^2	0.350	0.909	0.480	0.806
F 值	3.601**	25.063***	5.606***	11.405***

注：括号内为 t 检验值
***表示 $p<0.01$，**表示 $p<0.05$（双侧检验）

其次，观察经济制度距离较高的子样中的回归结果。在仅包含核心解释变量和控制变量的基础模型 7 中，目标方自主性对并购后协同效应呈现出非常显著的正向影响（$\beta=1.055$，$p<0.01$），而整合程度对并购后协同效应虽然呈现出负向影响却不显著，因此第五章假设 5-2 仅能得到部分支持，即在技术获取型海外并购中双方经济制度距离较高的情形下，选择高目标方自主性程度有利于并购后协同效应的实现。该结论与我们的预期相比是不完善的，因而有必要针对引入资源相似性、资源互补性与整合程度、目标方自主性交互匹配项后的模型 8 进行进一步的分析。与中国样本中的情况不同的是，模型 8 与模型 7 相比无论是模型调整的 R^2 还是 F 检验值都有了进一步的提升，表明在考虑了匹配效应项后，模型的解释力度更强。具体来说，在模型 8 中，目标方自主性对并购后协同效应仍然存在显著的正向直接影响（$\beta=0.512$，$p<0.01$），但除此之外，还存在资源相似性与整合程度的交互项系数显著为正（$\beta=0.800$，$p<0.01$），以及资源相似性、资源互补性、目标方自主性三者交互项系数显著为负（$\beta=-1.422$，$p<0.01$），意味着除了直接影响效应外，整合程度、目标方自主性还存在与资源相似性、资源互补性的部分匹配效应。对于这样的结果，我们认为，一个合理的解释在于，相比于中国企业，韩国海外并购企业在整体上所面临的与目标方之间的经济制度距离要小得多，因而即使将韩国企业全样本按照经济制度距离这一变量的相对高低划分为两个子样，则经济制度距离相对较高的子样中，海外并购双方间实际经济制度距离仍然是偏低的，这致使韩国样本中两个子样在统计检验上都一定程度地表现出在经济制度距离较低的情形下才应该出现的整合策略和资源联系性的匹配效应，只不过在经济制度距离相对较低的子样中这种匹配效应更强烈，而经济制度距离相对较高的子样中这种匹配效应只是部分显著，但并没有像中国样本中那样检验出整合策略对于并购协同效应的完全单方向的影响。

同样地，我们也进一步通过对模型 5、模型 7 及模型 6、模型 8 进行 Chow 检验来观察以上模型回归系数观察值的差异是由随机效应还是系统性差别产生的。表 11-23 给出了 Chow 检验结果。可以看到，模型 5、模型 7 及模型 6、模型 8 成对组合的 F 检验值均显著，表明在韩国样本中，虽然经济制度距离这一变量的高低区分度不高，但不同的子样统计结果确实是存在显著差异的，这给理论的内在逻辑提供了支撑。

表 11-23 韩国样本的 Chow 检验结果（F值）

Chow 检验	模型 5/模型 7	模型 6/模型 8
	3.968***	7.096***

***表示 $p<0.01$

（三）中外对比结论启示

通过对中国企业技术获取型海外并购样本和韩国企业技术获取型海外并购样本进行的对比实证分析，主要得到如下结论与启示。

从海外并购双方的特征来看，中国企业进行技术获取型海外并购普遍存在并购双方资源相似性较低、资源互补性较高的特点，而相比于中国企业，韩国企业在技术获取型海外并购中面临的资源相似性更高，资源互补性更低，尤其是在技术资源层面上。同时，韩国海外并购企业与目标方企业之间的经济制度距离整体上都是相对较小的，而中国海外并购企业则面临与目标方企业之间更大的经济制度差距。

就并购实施阶段的支付方式来看，目前我国企业海外并购的支付方式仍以现金支付为主，大大落后于世界发达国家海外并购支付方式的发展，这在一定程度上可能与国内监管环境的限制及资本市场发展尚未成熟等因素有关。而韩国企业海外并购的支付方式相对多样化。

在并购后整合行为方面，韩国企业采取的平均并购后整合程度显著高于中国企业，给予目标方的平均自主性低于中国企业，但差距不显著。对于并购后协同效应，中国企业通过技术获取型海外并购获得的技术协同要显著高于韩国企业，在经营协同、管理协同、财务协同等方面二者则没有显著差异。

中外对比实证的结果显示：目前中国技术获取型海外并购企业面临的海外并购经济制度距离整体上较高，此时采取低整合程度和高目标方自主性的温和的并购后整合策略有利于并购协同效应的实现；而当海外并购企业面临的经济制度距离较低时，整合策略的选择与海外并购双方资源联系性之间具有一种匹配效应。中国企业面对海外并购中资源相似性强的情形已形成了一套行之有效的整合策略以促进并购协同效应的实现，而如何在海外并购资源互补性强的情形下选择合适的整合程度对中国企业来说依然是一个挑战。相较而言，韩国技术获取型海外并购企业面临的经济制度距离整体上低很多，韩国企业通过并购双方资源联系性与整合策略的匹配，较好地促进了海外并购企业协同效应的实现。具体来说，当技术获取型海外并购双方资源相似性强，匹配高整合程度和低目标方自主性，有利于并购协同效应实现；当技术获取型海外并购双方资源互补性强，匹配低整合程度和高目标方自主性，有利于并购协同效应实现；当技术获取型海外并购双方资源相似性、互补性均强时，相似性、互补性对最优目标方自主性程度的选择具有负向交互作用，此时匹配较高目标方自主性，有利于并购协同效应的实现。可以预见的是，随着国内经济制度体系的进一步完善和演进，我国企业在未来进行技术获取型海外并购的进程中，与发达目标方国家之间的经济制度距离会进一步缩小，因此参照韩国样本的对比结论，未来中国并购方企业应更加注重并购后阶段整合策略与海外并购双方资源特性的合理匹配，以更好地促进并购后协同效应的实现。

五、研究结论

本节以2000~2013年64起中国企业技术获取型海外并购和61起韩国企业技术获取型海外并购事件为样本进行对比实证分析，旨在实证性地检验在技术获取型海外并购双方经济制度距离高低不同情形下，并购双方资源相似性、资源互补性特征与整合程度、目标方自主性之间的相互匹配关系及对于并购协同效应的影响，以及考察中国企业跨国并购和韩国企业跨国并购存在的差异，以期对技术获取型海外并购整合与目标方自主性研究做出更深入的探讨。研究表明，中国技术获取型海外并购企业面临的经济制度距离整体上较高，此时采取低整合程度和高目标方自主性的温和的并购后整合策略能够有利于并购协同效应的实现；而当面临的经济制度距离较低时，整合策略的选择与海外并购双方资源联系性之间具有一种匹配效应。

第三节 本章小结

本章展开中国制造业海外并购整合与企业技术创新的实证研究，旨在验证第四章及第五章提出的假设，分析不同资源相似性、资源互补性条件下及不同经济制度距离下的海外并购中，并购方应如何对目标方实施并购整合来促进企业技术创新。本章对海外并购整合策略的分析包括整合程度与目标方自主性两个维度，关注资源相似性、资源互补性及二者的交互效应对海外整合策略与企业技术创新的影响。本章从实证方面就海外并购整合对企业技术创新的影响进行了检验，引入资源相似性、资源互补性与整合程度、目标方自主性的交叉项，检验资源联系性与并购整合的匹配对技术创新的影响，解释了为什么当前的并购整合与技术创新研究的相关结论存在不一致，为现有关于整合与技术创新的实证研究提供了重要的补充。在此基础上，本章选取属于发达国家的韩国作为比较对象展开对比分析，引入经济制度距离这一因素，区分经济制度距离高和低的不同情形，检验并购双方资源相似性、资源互补性特征与整合程度、目标方自主性之间的相互匹配关系以及对于并购协同效应的影响，考察中国企业和韩国企业海外并购整合存在的差异，对企业海外并购整合策略研究做出了更深入的探讨。

第十二章

基于创新网络的中国制造业海外并购整合对产业技术创新跨层次传导机制的实证研究：资源基础观视角

第一节 样本筛选和变量测度

一、样本筛选

本章采取多群组结构方程模型进行实证检验，在获取海外并购事件方面，利用全球报道当前并购交易最快、覆盖率最高的 BvD-Zephyr 数据库，选取发生在 2001 年 1 月 1 日至 2013 年 12 月 31 日的中国制造业的上市公司技术获取型海外并购事件为样本。之所以将考察时间的上限定为 2001 年，是考虑到中国上市公司海外并购数据的可得性和完备性，以及 2001 年中国加入世界贸易组织（World Trade Organization，WTO）后海外并购数量显著增长；将下限定为 2013 年，是为了观察并购事件的整合情况和并购后长期的产业技术创新表现。

样本按照如下标准进行筛选。

（1）并购方为中国上市公司而目标方为非中国企业；将样本限定为并购方是中国上市公司，以保证数据的完备性和可获取性。

（2）只选取标记状态为已完成的并购事件。

（3）剔除目标方企业为中国企业设在海外的子公司的事件。

（4）我们根据 SIC 代码将样本限制在制造业产业（SIC 代码为 20~39）（Puranam et al.，2009）。

（5）所发生的海外并购为技术获取型并购，对此有两个判别标准：第一，借鉴 Ahuja 和 Katila（2001），以及 Makri 等（2010），根据并购公告中的并购动机来判断，即并购公告中提到海外并购是以获得某种技术为主要目的；第二，由于发达国家有更先进的知识基础，技术获取型海外并购呈现出发展中国家的企业并购发达国家企业标的的特征，其目的是实现技术赶超，因此将目标企业所属地限定在国际货币基金组织界定的发达国家。

经筛选得到 102 个符合条件的中国制造业上市公司技术获取型海外并购事件。样本基本信息见表 12-1。

表 12-1 样本基本信息

样本特征	分类标准	样本数/个	百分比
并购方行业	电气机械和器材制造业	5	4.902%
	化学原料和化学制品制造业	6	5.882%
	计算机通信和其他电子设备制造业	22	21.569%
	汽车等交通运输设备制造业	23	22.549%
	通用设备制造业	8	7.843%
	专用设备制造业	16	15.686%
	其他	22	21.569%
并购时间	2001~2004 年	7	6.863%
	2005~2008 年	26	25.490%
	2009~2012 年	69	67.647%
投资国	荷兰	5	4.902%
	美国	20	19.608%
	德国	21	20.588%
	日本	6	5.882%

续表

样本特征	分类标准	样本数/个	百分比
投资国	意大利	7	6.863%
	法国	5	4.902%
	韩国	4	3.922%
	其他	34	33.333%

线性结构方程模型所需的样本数要求是样本数减去模型中所要估计的参数数目应大于 50（Bagozzi and Yi，1998），且样本数为 100 个左右最佳，此时较适合采用极大似然估计（maximum likelihood estimate，MLE）法来估计结构模型。若样本量太大（如大于 200 个），极大似然估计就会变得过度敏感，容易出现拟合不好的情况。本节研究所用样本数为 102 个，完全满足分析要求。

从中国制造业上市公司技术获取型海外并购数量来看，2009～2012 年海外并购数量显著增加，占全部样本总量的 67.647%。从中国制造业上市公司海外并购的行业分布来看，汽车等交通运输设备制造业（22.549%）及计算机通信和其他电子设备制造业（21.569%）占比较高；从目标方国别来看，欧美发达国家仍然是我国企业海外并购的主要目的地，中国制造业上市公司技术获取型海外并购大多投向德国（20.588%）、美国（19.608%）等。

二、变量测度

（一）样本分群组标准：资源相似性与资源互补性

采取多群组结构方程模型进行实证检验，根据理论分析，并购双方资源相似性、资源互补性不同强弱组合下，应选择不同的整合策略，才能促进产业技术创新，因此借鉴 Wang 和 Zajac（2007）运用并购双方 NAICS 码的方法对资源相似性和资源互补性进行测量。

1. 资源相似性

资源相似性的测量方法参照 Wang 和 Zajac（2007），若并购双方 NAICS

代码前四位完全相同,则资源相似性为1;若NAICS的前三位代码相同,则资源相似性为0.75;若NAICS的前两位代码相同,则资源相似性为0.5;若并购双方的第一位NAICS代码相同,资源相似性为0.5;若第一位的NAICS代码不同,则资源相似性为0。

2. 资源互补性

参照Wang和Zajac(2007)对互补性的测量方法,测度方法认为两种业务资源越频繁地出现在同一家企业内,则这两种业务越具有互补性。从BvD-Zephyr数据库中获得所有样本中并购双方的NAICS代码。对于每对NAICS代码i和j之间的互补性得分(Com_{ij})用下面的方法进行计算[①]:

$$Com_{ij} = (J_{ij} - \mu_{ij})/\delta_{ij}$$

其中,J_{ij}表示两个NAICS代码出现在同一个企业的次数;N_i表示出现过代码i的企业数;N_j表示出现过代码j的企业数;K表示企业总数,即102;$\mu_{ij} = (N_i \times N_j)/K$;$\delta_{ij} = \sqrt{\mu_{ij} \times (1 - N_i/K) \times (K/(K-1)) \times (1 - N_j/K)}$

根据资源相似性的中位数和资源互补性的中位数,将中国技术获取型海外并购102个样本划分为四个群组,群组A的资源相似性强、资源互补性弱(37个),群组B的资源相似性弱、资源互补性强(35个),群组C的资源相似性、资源互补性均强(17个),群组D的资源相似性、资源互补性均弱(13个),由于群组D是并购双方资源相似性、资源互补性均弱,此时并购整合的协同效应较弱,不是本章研究对象,且该群组的样本数量较少,很难得出显著的统计结果,因此结构方程中不对资源相似性、资源互补性均弱的群组D进行分析。对多群组结构方程模型展开分析,比较群组A、群组B和群组C之间整合对产业技术创新的传导路径及系数的差异。

(二)产业技术创新

对于技术获取型海外并购的并购方对其所属产业的产业技术创新的促进

[①] 两个企业的主营业务拥有相同的NAICS代码,则将其互补性记为0(Wang and Zajac,2007)。

作用,我们使用产业专利创新和产业新产品创新来对其进行衡量。

1. 产业专利创新

一个产业内的专利申请数量是应用最为广泛的产业技术创新的测度方式(Sun and Du,2010),为刻画并购方企业对产业技术创新的贡献度及控制并购方规模对产业技术创新的影响,我们在产业专利申请数量之间加入并购方权重,产业专利创新的计算公式如下:

$$产业创新强度 = \frac{n\sum_{j=1}^{n}b_{ij}}{\sum_{i=1}^{n}\sum_{j=1}^{n}b_{ij}} \cdot P$$

其中,P 表示当年产业专利申请数量;$\dfrac{n\sum_{j=1}^{n}b_{ij}}{\sum_{i=1}^{n}\sum_{j=1}^{n}b_{ij}}$ 表示并购方对产业技术创新的贡献权重,反映并购方企业影响或带动产业内其他企业的程度,即并购方企业增加一个单位最终需求时,对产业内其他企业的生产需求的拉动程度,用并购方 i 的主营业务收入与行业平均主营业务收入的比值来表示;b_{ij} 表示并购方 i 对企业 j 的销售额,因此 $\sum_{j=1}^{n}b_{ij}$ 为并购方 i 的主营业务收入,n 表示产业内企业数量,$\sum_{i=1}^{n}\sum_{j=1}^{n}b_{ij}$ 为产业主营业务收入。本章计算的产业专利创新技术获取型海外并购后两年间并购方所属产业的产业创新强度的增长率的平均值。

2. 产业新产品创新

Schumpeter(1934)指出技术创新是实现生产要素和生产条件的一种新结合,他将其引入生产体系,制造出尚未为消费者所知晓的新产品。因此,计算技术获取型海外并购后两年间并购方所属产业的新产品业务收入增长率的平均值,乘以并购方对产业技术创新的贡献权重。

（三）创新网络构建与测度

1. 创新网络构建

专利合作是目前使用较为广泛的构建创新网络的研究工具（Hanaki et al.，2010），它将专利引用作为知识流的替代变量，通过构建创新网络来近似表示知识流动与技术溢出，结合社会网络结构的研究成果来分析技术创新问题。另外，专利数据量极为庞大，信息量丰富，十分适用于研究大样本下跨国界的全球创新网络。Guan和Chen（2012）利用联合专利信息构建起跨国合作创新网络。本章提出将专利引用和专利联合申请相结合构建并购方与目标方的全球创新网络，同时兼顾了显性知识的溢出与隐性知识的流动。目标方及海外企业的专利合作与互引数据来自美国专利和商标局（United States Patent and Trademark Office，USPTO），USPTO的专利数据包含了最为全面准确的专利申请与专利引用信息，经常被用于测量跨国技术溢出与技术创新表现的实证研究（Guan and Chen，2012）。并购方及中国本土产业内企业的专利数据来自国家知识产权局（State Intellectual Property Office，SIPO）专利数据库。

创新网络构建的具体步骤如下：首先，应用滚雪球（snowball-sampling）方法确定创新网络节点边界，以并购方与目标方为起点，从USPTO数据库和SIPO数据库中分别搜索获取并购前两年和并购后两年内并购方、目标方申请的全部专利的专利联合申请[1]与专利互引[2]信息。由于专利组合生产活动的持续性特征，创新网络构建中加入两年期的时间窗口。列出与并购方、目标方有专利联合申请与专利引用的全部企业，作为创新网络的节点，然后查找所有这些企业之间的相互专利关系，将其记作创新网络的连接。其次，将专利联合申请和专利引用信息转换为企业与企业的一一对应关系，根据企业一一对应关系，构建创新网络的邻接矩阵，有专利联合申请和专利相互引用关系的，则存在网络连接，矩阵数字填列为1，没有专利联合申请和专利相互引用关系的，记为不存在创新网络连接，矩阵数字填列为0，节点自身与自身对应的位置填列为0。再次，将邻接矩阵导入Ucinet网络分析软件，使

---

[1] 本章关注并购方企业间创新网络，因此删除个人与个人合作、个人与组织合作信息。
[2] 根据专利互引的信息，找到并记录引用或者被引专利的企业。

用 Netdraw 工具分别画出并购整合前的创新网络拓扑结构图与并购整合后的创新网络拓扑结构图。最后，在每起并购对应的并购前后两个创新网络构建完成后，运用 Ucinet 网络分析工具进行网络中心度与结构洞的计算。

2. 并购方全球创新网络中心度

全球创新网络中，处于不同网络位置的企业，其对网络中技术资源的获取与吸收能力不同，对网络中其他企业的技术溢出与影响力也有所差异（Bercovitz and Feldman，2011），占据优势网络位置的企业对资源控制能力更强，在进行创新活动时更具优势（Lin et al.，2009），得到学界广泛研究并最能反映网络位置影响创新绩效的变量是中心度和结构洞（Zaheer and Bell，2005）。网络中心度与结构洞这两个指标对网络位置的刻画各有侧重，创新网络中心度是指核心企业在与其他网络成员的关系中占据中心地位的程度（Lin et al.，2009），网络连接越丰富的节点，其中心度位置越强，越能促进网络内新知识的扩散与新产品的采用（Cho et al., 2012）；与中心度不同，结构洞刻画的不是网络连接的多少，而是网络连接的异质性与多样性。结构洞是指在两个彼此不相连的网络之间起到桥梁作用的位置，拥有非冗余的异质性连接（Lin et al.，2009）。占据结构洞的企业能够获取具备动态性、时效性和社会性特征的信息（Wang et al.，2014）。因此，本章选择网络中心度和结构洞作为微观企业整合向宏观产业技术创新传导的网络指标。

创新网络接近中心度代表并购方在创新网络中与其他成员关系的中心地位程度（Lin et al.，2009），其可用来考察企业充当网络中心枢纽的程度和资源信息获取的丰腴程度，其计算公式如下：

$$网络中心度 = \frac{n-1}{\sum_{i=1}^{n} d(p_i, p_k)}$$

其中，n 表示网络内企业数量；$d(p_i, p_k)$ 表示企业 i 与企业 k 之间的路径距离，运用 Ucinet 软件进行计算。创新网络控制力。如果一个点与控制力高的点相连，该点的网络控制度也会提高（Bonacich，1987）。波纳西茨给出了最一般的控制力指数的计算公式：

$$控制力指数 = \sum A_{ij}(\alpha + \beta c_j)$$

其中，A 表示给定邻接矩阵；c_j 表示与并购方连接的节点的控制力；α 和 β 表示固定参数。

3. 并购方全球创新网络结构洞

结构洞约束性：我们借鉴 Burt（1992）对约束性的衡量，认为约束性代表企业的网络直接或间接地聚焦于一个连接的程度，约束越高，表明企业拥有的结构洞越少（Zaheer and Bell，2005），其计算公式如下：

$$p_{ij} = \frac{a_{ij} + a_{ji}}{\sum_k (a_{ik} + a_{ki})}$$

其中，a_{ij} 表示 i 与 j 两点间的边的属性值（权重）；p_{ij} 表示 i 与 j 联系的强度。节点 i 受到 j 的约束性计算公式为

$$c_{ij} = \left(p_{ij} + \sum_{q, q \neq i, q \neq j} p_{iq} p_{qj} \right)^2$$

节点 i 的总约束性 $c_i = \sum_j c_{ij}$；结构洞约束性值为 $s_i = 1 - c_i$。

结构洞等级度：等级度指的是约束性在多大程度上集中于某一个行动者身上，利用 Burt（1992）的算法，等级度计算公式为

$$h_i = \frac{\sum_j \left(\frac{c_{ij}}{C/N} \right) \ln \left(\frac{c_{ij}}{C/N} \right)}{N \ln(N)}$$

其中，N 表示网络中节点总数；C 表示网络中所有节点的总约束性。结构洞等级度值为 $sh_i = 1 - h_i$。

（四）整合程度

借鉴 Kapoor 和 Lim（2007）的方法，我们通过公司公告、公司年报及相关新闻资讯来判别并购后双方企业的整合程度。如果目标公司被整合进入并购公司，作为并购公司日常经营运作的一部分，或被并入并购公司某一经济部门，则整合程度取值为 1，表示海外并购双方进行了较深程度的整合；若目

标方被保留了部分自主权并且并购双方的交流合作深入且密切,则表示并购双方进行了中度的整合,整合程度取值为 0.5;若目标公司被作为一个独立的经营单位运行(如像全资子公司或独立个体一样运营),则此变量取值为 0。

(五)控制变量

为控制产业的宏观市场环境的时间差异效应(Wassmer and Dussauge,2011),我们将并购前两年 GDP 增长率作为控制变量,同时我们控制并购前两年并购方所在产业的研发投入增长率均值。

所有变量测度与数据来源见表 12-2。变量描述性统计见表 12-3。

表 12-2 变量测度与数据来源

变量类型	潜变量	测量变量	测量方法	数据来源
解释变量	整合程度	整合程度	对目标方进行"整合""重组"等信息搜集,若整合发生,整合程度记为 1,若对目标方进行一定程度授权同时双方深入技术合作,整合程度记为 0.5,若目标方完全独立运营,整合程度记为 0	CSMAR 数据库、LexisNexis 数据库、公司公告
中介变量	并购方全球创新网络中心度	网络接近中心度	中心度为 $\dfrac{n-1}{\sum_{i=1}^{n}d(p_i,p_k)}$,其中 n 表示网络内企业数量,$d(p_i,p_k)$ 表示企业 i 与企业 k 之间的路径距离	USPTO 数据库,SIPO 数据库,Ucinet 6.214 "中心度""影响力指数"等指令计算
		创新网络控制力	控制力指数 $=\sum A_{ij}(\alpha+\beta c_j)$,其中 A 表示给定邻接矩阵;c_j 表示与并购方连接的节点的控制力;α 和 β 为固定参数	
	并购方全球创新网络结构洞	结构洞约束性	$c_{ij}=\left(p_{ij}+\sum_{q,q\neq i,q\neq j}p_{iq}p_{qj}\right)^2$,节点 i 的总约束性 $c_i=\sum_j c_{ij}$;结构洞约束性值为 $s_i=1-c_i$	USPTO 数据库,SIPO 数据库,Ucinet 6.214 "约束""等级度"等指令计算
		结构洞等级度	$h_i=\dfrac{\sum_j\left(\dfrac{c_{ij}}{C/N}\right)\ln\left(\dfrac{c_{ij}}{C/N}\right)}{N\ln(N)}$,其中 N 表示网络中节点总数;C 表示网络中所有节点的总约束性。结构洞等级度值为 $sh_i=1-h_i$	

续表

变量类型	潜变量	测量变量	测量方法	数据来源
被解释变量	产业技术创新	产业专利创新	并购后两年并购方所属产业的专利申请数量的增长率均值	《中国科技统计年鉴》（2001~2015年），《中国统计年鉴》，并购方上市公司年报，CSMAR数据库
		产业新产品创新	并购后两年并购方所属产业的新产品业务收入增长率的平均值	
控制变量	产业研发投入	产业研发投入	并购前两年并购方所在产业的研发投入增长率均值	《中国科技统计年鉴》（2001~2015年）
	GDP增长率	GDP增长率	并购前两年并购方所在国的GDP增长率均值	《中国统计年鉴》

表 12-3 变量的描述性统计分析

变量	数量/个	极小值	极大值	均值	标准差
整合程度	89	0.000	1.000	0.427	0.497
网络接近中心度	89	0.000	1.000	0.198	0.256
创新网络控制力	89	0.000	0.935	0.115	0.189
结构洞约束性	89	0.125	1.000	0.794	0.305
结构洞等级度	89	0.000	1.000	0.680	0.453
产业专利创新	89	−0.265	2.995	0.475	0.463
产业新产品创新	89	−0.260	2.108	0.361	0.370
产业研发投入	89	−0.188	0.552	0.215	0.162
GDP增长率	89	0.077	0.134	0.104	0.014

三、验证性因子分析、信度与效度检验

为检验测量模型的有效性（Brown，2006），我们使用 Amos 17.0 对全样本[①]展开验证性因子分析建议模型测量的信度与效度。我们构建的验证性因子分析模型中包含全部的潜变量（并购方全球创新网络中心度、并购方全

---

① 不包含相似性、互补性均低样本，与后续结构方程路径分析保持一致，因此 n=89。

球创新网络结构洞、产业技术创新)以及全部的单一维度变量(整合程度、控制变量等)(Chadwick et al.，2015)。测量模型的相关系数检验结果见表12-4，验证性因子分析的检验结果见表12-5。验证性因子分析模型的因子载荷在 $p<0.001$ 水平显著，且各拟合度指标均大于0.9，测量模型与数据拟合较好。由表12-5可知，6个标准化因子载荷都具有较强的统计显著性，$p<0.001$。一般对于所有测度指标而言，标准化的因子负荷要高于有关研究所建议的最低临界水平——0.707(Carmines and Zeller，1979)。数据分析结果表明：企业测量项的标准化因子负荷均高于0.707的最低要求。信度是指采用同样的方法重复测量同一对象时所得出的结果的一致性程度，体现的是可靠性。根据Cronbach's α 的值，分量表的信度系数在0.70以上为最佳，0.60~0.70是可以接受的范围(Devellis，2016)。由表12-5可知，信度均大于0.6，所有潜变量的信度通过检验。同时，AVE直接显示被潜在构念解释的变异量有多少来自测量误差，AVE越大代表测量相对误差越小，AVE是检验测量模型构建效度的重要指标(Chen et al.，2015)，一般判别标准为AVE大于0.5(Fornell and Larcker，1981)。由表12-5可知，所有潜变量AVE满足大于0.5的要求。

表12-4 测量模型的相关系数矩阵

变量	X_1	X_2	X_3	X_4	X_5	X_6
整合程度	1.000					
并购方全球创新网络中心度	0.61***	1.000				
并购方全球创新网络结构洞	−0.565***	−0.83**	1.000			
产业技术创新	0.006	0.13	0.177	1.000		
产业研发投入	0.172	−0.152	0.081	0.023	1.000	
GDP增长率	0.227*	0.159	−0.143	0.331*	0.121	1.000

***表示 $p<0.01$，**表示 $p<0.05$，*表示 $p<0.1$

表12-5 验证性因子分析测量模型的检验结果

潜在变量	测量变量	因子载荷	Cronbach's α	AVE
并购方全球创新网络中心度	接近中心度	0.616***	0.696	0.539
	网络控制力	0.836***		

续表

潜在变量	测量变量	因子载荷	Cronbach's α	AVE
并购方全球创新网络结构洞	结构洞约束性	0.923***	0.902	0.821
	结构洞等级度	0.889***		
产业技术创新	产业专利创新	0.982***	0.924	0.860
	产业新产品创新	0.869***		

注：验证性因子分析模型拟合情况：卡方值自由度比值（chi-square minimum/degrees of freedom，CMIN/DF）= 0.743；比较拟合指数（comparative fit index，CFI）= 0.972；规范拟合指数（normed fit index，NFI）=0.971；相对拟合指数（relative fit index，RFI）=0.928

***表示 $p<0.001$

第二节　结构方程模型实证分析

一、结构方程路径设置

结构方程模型是一种综合运用多元回归分析、路径分析和验证性因子分析方法的统计分析工具，能够测量解释变量对被解释变量的直接和间接影响。多群组结构方程模型致力于研究与某一群组相适配的路径模型图，其可以帮助我们检验复杂的多变量数据间假设路径的正确性。本章应用多群组结构方程模型研究中国制造业技术获取型海外并购整合是否促进产业技术创新，以及如何通过并购方创新网络中心度和网络结构洞的传导作用影响产业技术创新。本章选用 Amos 22.0 软件完成统计分析。

结构方程模型的路径图中包含了测量模型和结构模型两类模型；两类模型涉及三类变量：潜在变量、测量变量和误差变量。测量模型描述了测量变量和潜在变量相互间的关系，显示某个潜在变量是运用哪些测量变量进行测度，本节中使用不同变量分别测度产业技术创新、并购方全球创新网络中心度、并购方全球创新网络结构洞，即使用三组测量模型。结构方程模型显示了潜在变量相互间的关系，本章研究整合程度、并购方全球创新网络中心度、并购方全球创新网络结构洞和产业技术创新的内在关联的过程。

结合理论分析的逻辑与结构方程模型的构建原则，对初始结构方程模型进行设置（图 12-1），探索各路径的实际影响效应。图中椭圆形内为潜在变量，矩形内为测量变量，圆形内为误差变量。为设定分析结果的测度比例，图中部分路径系数被固定为 1。系数 a 为测量系数，b 为结构系数。

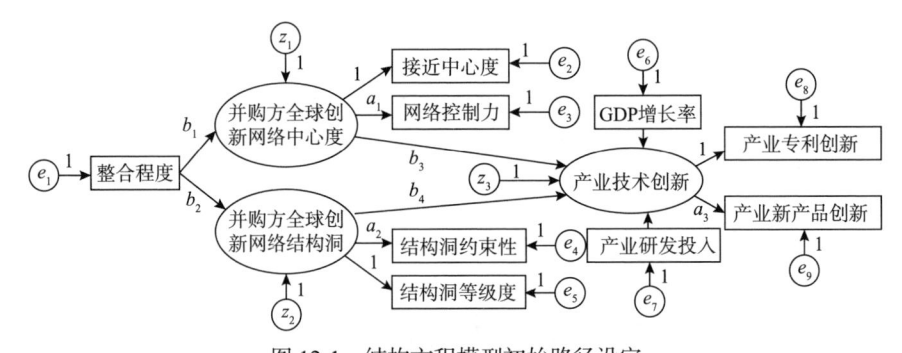

图 12-1　结构方程模型初始路径设定

椭圆形内为潜变量，矩形内为测量变量，圆形内为误差变量

二、结构方程模型修正

运行初始模型后，对结构方程模型适配度指标进行检验，初始模型卡方值为 333.863，CMIN/DF 为 3.210＞2，近似误差均方根（root mean square error of approximation，RMSEA）为 0.154＞0.1，由于多群组分析注重检验模型是否具备跨群组效度，或者说模型与群组整体是否适配，因此多群组分析中，同一模型只会呈现一个适配度统计量，未达到适配标准，这表示初始模型与实际数据的契合度较弱，这表明模型需要进一步修正以提高适配性。结构方程模型修正可通过参考修正指标（modification indices，MI），即根据系统提示，在测量误差变量 z_1 和 z_2、e_3 和 e_5 间建立关系，从而减少模型的卡方值，提升模型拟合度。修正后模型卡方值为 164.137，$p<0.001$，CMIN/DF 为 1.844＜2，RMSEA 为 0.095＜0.1，CFI 为 0.909＞0.9，增量拟合指数（incremental fit index，IFI）为 0.914＞0.9，赤池信息准则（Akaike information criterion，AIC）和 Browne-Cudeck 准则（Browne-Cudeck criterion，BCC）均满足最小准则，修正后模型达到了适配度标准。表 12-6 显示了初始模型与修正后模型的适配度指标对比，以及参考值，可见修正后相比初始结构方程模型的拟合效果有

了改良。接下来我们使用修正后的模型检验第六章的理论假设。

表 12-6 结构方程模型适配度指标对比

模型	绝对拟合指数		RFI		简约适配指数	
	CMIN/DF	RMSEA	IFI	CFI	AIC	BCC
初始模型	3.210	0.154	0.826	0.818	387.499	477.520
修正后模型	1.844	0.095	0.914	0.909	316.137	453.424
参考值	0~2	<0.1	>0.9	>0.9	最小原则	最小原则

三、结构方程实证结果分析

修正后模型运行结果见图 12-2（群组 A 相似性强、互补性弱）、图 12-3（群组 B 相似性弱、互补性强）和图 12-4（群组 C 相似性强、互补性强），修正后模型各群组统计检验结果分别见表 12-7（群组 A 相似性强、互补性弱）、表 12-8（群组 B 相似性弱、互补性强）和表 12-9（群组 C 相似性强、互补性强）。由于群组 D 是并购双方资源相似性、互补性均弱，此时并购整合的协同效应较弱，不是本章研究对象，且该群组的样本数量较少，很难得出显著的统计结果，因此结构方程中不对相似性、互补性均弱的群组 D 进行分析。

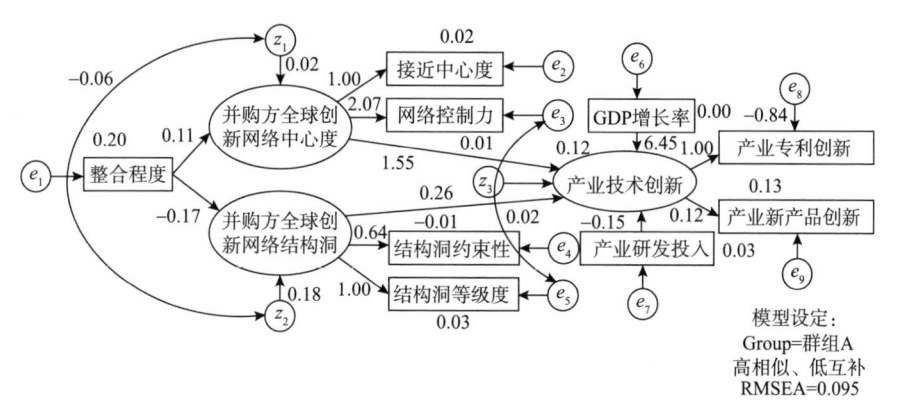

图 12-2 群组 A 相似性强、互补性弱的修正后模型运行结果

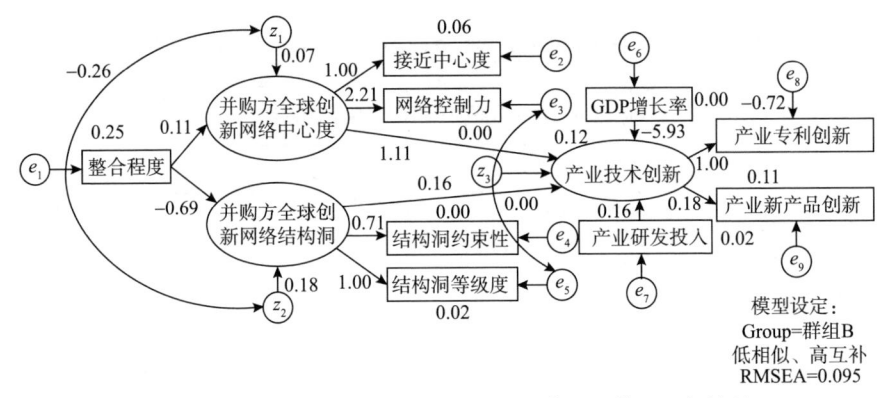

图 12-3　群组 B 相似性弱、互补性强的修正后模型运行结果

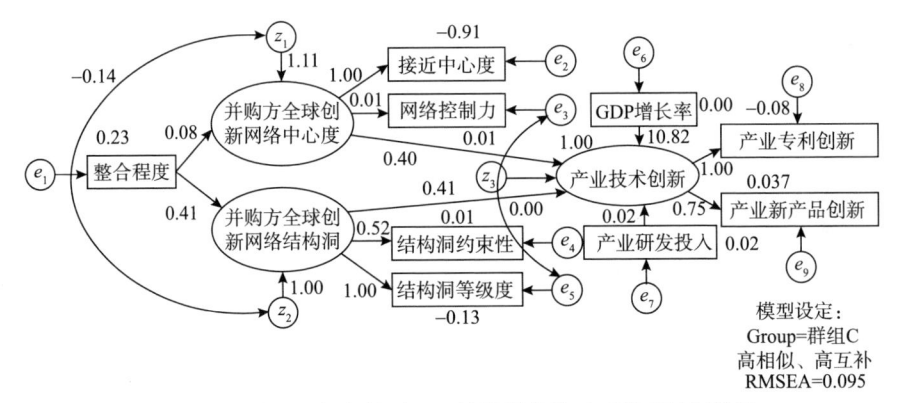

图 12-4　群组 C 相似性强、互补性强的修正后模型运行结果

表 12-7　群组 A（相似性强、互补性弱）结构方程实证结果

群组	路径			估计值	SE	CR	p
相似性强、互补性弱	整合程度	→	并购方全球创新网络中心度	0.11	0.046	2.365	**
	整合程度	→	并购方全球创新网络结构洞	−0.17	0.166	−1.010	0.313
	并购方全球创新网络中心度	→	产业技术创新	1.55	0.466	3.331	***
	并购方全球创新网络结构洞	→	产业技术创新	0.26	0.086	3.028	***
	产业研发投入	→	产业技术创新	−0.15	0.214	−0.681	0.496

群组	路径		估计值	SE	CR	p
相似性强、互补性弱	GDP 增长率	→ 产业技术创新	6.45	2.468	2.609	***
	并购方全球创新网络中心度	→ 接近中心度	1.00			
	产业技术创新	→ 产业新产品创新	0.12	0.031	3.828	***
	产业技术创新	→ 产业专利创新	1.00			
	并购方全球创新网络结构洞	→ 结构洞等级度	1.00			
	并购方全球创新网络结构洞	→ 结构洞约束性	0.64	0.063	10.069	***
	并购方全球创新网络中心度	→ 网络控制力	2.07	0.575	3.605	***

SE 表示 standard error（标准误），CR 表示 critical（临界比）
***表示 $p<0.001$，**表示 $p<0.05$

表 12-8　群组 B（相似性弱、互补性强）结构方程实证结果

群组	路径		估计值	SE	CR	p
相似性弱、互补性强	整合程度	→ 并购方全球创新网络中心度	0.11	0.071	1.551	0.121
	整合程度	→ 并购方全球创新网络结构洞	−0.69	0.315	−2.191	**
	并购方全球创新网络中心度	→ 产业技术创新	1.11	0.482	2.294	**
	并购方全球创新网络结构洞	→ 产业技术创新	0.16	0.050	3.161	***
	产业研发投入	→ 产业技术创新	0.16	0.331	0.483	0.629
	GDP 增长率	→ 产业技术创新	−5.93	3.919	−1.514	0.130
	并购方全球创新网络中心度	→ 接近中心度	1.00			
	产业技术创新	→ 产业新产品创新	0.18	0.046	3.976	***
	产业技术创新	→ 产业专利创新	1.00			

续表

群组	路径			估计值	SE	CR	p
相似性弱、互补性强	并购方全球创新网络结构洞	→	结构洞等级度	1.00			
	并购方全球创新网络结构洞	→	结构洞约束性	0.71	0.026	27.291	***
	并购方全球创新网络中心度	→	网络控制力	2.21	1.158	1.911	*

***表示 $p<0.01$，**表示 $p<0.05$，*表示 $p<0.1$

表 12-9　群组 C（相似性强、互补性强）结构方程实证结果

群组	路径			估计值	SE	CR	p
相似性强、互补性强	整合程度	→	并购方全球创新网络中心度	0.08	0.044	1.720	**
	整合程度	→	并购方全球创新网络结构洞	0.41	0.516	0.795	0.426
	并购方全球创新网络中心度	→	产业技术创新	0.40	0.073	5.532	***
	并购方全球创新网络结构洞	→	产业技术创新	0.41	0.661	0.621	0.535
	产业研发投入	→	产业技术创新	0.02	0.484	1.711	0.087
	GDP 增长率	→	产业技术创新	10.82	6.726	1.609	0.108
	并购方全球创新网络中心度	→	接近中心度	1.00			
	产业技术创新	→	产业新产品创新	0.75	0.024	31.179	***
	产业技术创新	→	产业专利创新	1.00			
	并购方全球创新网络结构洞	→	结构洞等级度	1.00			
	并购方全球创新网络结构洞	→	结构洞约束性	0.52	0.017	30.201	***
	并购方全球创新网络中心度	→	网络控制力	0.01	0.020	0.599	0.549

***表示 $p<0.01$，**表示 $p<0.05$

实证结果表明：群组 A 中，整合程度与并购方全球创新网络中心度显著正相关（$\beta=0.11$，$p<0.05$），并购方全球创新网络中心度（$\beta=1.55$，$p<0.01$）与并购方全球创新网络结构洞（$\beta=0.26$，$p<0.01$）对产业技术创新具有显著正效应，在相似性强、互补性弱时，整合程度通过并购方全球创新网络中心度与产业技术创新正相关，第六章的假设 6-1a 得到证实。群组 B 中，整合程度与并购方全球创新结构洞显著负相关（$\beta=-0.69$，$p<0.05$），并购方全球创新网络中心度（$\beta=1.11$，$p<0.05$）与并购方全球创新结构洞（$\beta=0.16$，$p<0.01$）对产业技术创新显著正相关。在资源相似性弱、互补性强时，整合程度通过并购方全球创新网络结构洞与产业技术创新负相关，第六章的假设 6-2b 被证明。群组 C 中，整合程度与并购方全球创新网络中心度显著正相关（$\beta=0.08$，$p<0.05$），并购方全球创新网络中心度对产业技术创新具有显著正向影响（$\beta=0.40$，$p<0.01$）。在资源相似性、互补性均高时，整合程度通过并购方全球创新网络中心度与产业技术创新正相关（$\beta=0.08$），且系数小于相似性强、互补性弱的情况（$\beta=0.11$），即适中的整合程度通过提升并购方全球创新网络中心度促进产业技术创新；第六章的假设 6-3a 被证实。第六章的假设 6-1b 未被证实，整合程度对并购方全球创新网络结构洞影响不显著，这表明，在技术获取型海外并购的实践中，中国企业依然缺乏提升并购方全球创新网络结构洞位置所需要的对多元化渠道与异质性信息的综合管理能力（Burt，1992），更多地依赖目标方来识别和维护异质性网络关系，在相似性强时，不利于中国企业对创新网络的控制和网络资源的优化配置。第六章的假设 6-2a 未被证实，整合程度对并购方全球创新网络中心度的影响均不显著，表明互补性强时，中国企业更集中精力于对目标方资源的吸收消化，而非新网络关系的建立，同时，尽管互补性强时，低整合程度降低了对目标方原有网络连接的破坏，但同时也阻碍了并购方与目标方网络的紧密互动，因此整合程度与并购方全球创新网络中心度的关系不显著。第六章的假设 6-3b 未被部分验证，这可能由于目前相似性、互补性均强的技术获取型海外并购较少，在实证中对传导路径的解释能力受限。

第三节　基于资源配置视角的方差分析检验

本章验证了在中国制造业技术获取型海外并购中，资源相似性、资源互补性的不同强弱组合对整合程度—创新网络位置—产业技术创新传导路径的影响的差异性，但是资源特性与整合策略的匹配的影响效果缺乏检验，需进一步判断网络位置和产业技术创新的提升作用是否来自资源特性与整合程度的恰当匹配，以及资源相似性、资源互补性应与整合程度如何匹配。因此，本节进一步采用单因素方差分析（analysis of variance，ANOVA）方法，检验资源特性与整合策略恰当匹配和非恰当匹配对创新网络位置与产业技术创新的提升效果是否有显著差异（恰当匹配组高于非恰当匹配组）。

由于不同相似性、互补性组合下应选择的整合程度有所不同，本节在多群组结构方程实证结果的基础上进一步对恰当整合与非恰当整合进行分组。表12-7群组A（资源相似性强、互补性弱）结构方程实证结果显示，当资源相似性强、互补性弱时，整合程度通过并购方全球创新网络中心度与产业技术创新正相关，即高度整合最能提升产业技术创新，而中低度整合对产业技术创新的提升效果较弱，因此在方差分析中，进一步将资源相似性强、互补性弱的A群组，分为A1高程度整合组（25个样本），A2非恰当整合组（12个样本），同理，根据表12-8群组B（资源相似性弱、互补性强）结构方程实证结果，将资源相似性弱、互补性强的B群组，分为B1低程度整合组（22个样本），B2非恰当整合组（13个样本）；根据表12-9群组C（资源相似性强、互补性强）结构方程实证结果，将资源相似性强、互补性强的C群组，分为C1中度整合组（10个样本），C2非恰当整合组（7个样本）。

在不同资源识别的基础上，将恰当的整合策略与不恰当的整合策略两组样本的并购方全球创新网络中心度（表12-10）、并购方全球创新网络结构洞（表12-11）和产业技术创新（表12-12）的观察值之间可能存在的整合带来的系统性误差与随机误差加以比较，据此推断恰当整合与不恰当整合对并购方网络位置和产业技术创新的带动作用是否存在显著性差异。运用SPSS单因素方差分析统计工具，根据各组观测值的F统计值和显著性水平判断是否具有显著的差异。SPSS自动计算F统计值，如果相伴概率P小于显著性水

平 a，拒绝零假设，认为资源相似性、互补性与整合是否恰当匹配，各总体均值有显著差异；反之，则相反，即没有差异。方差分析结果见表 12-10～表 12-12。

表 12-10 并购方全球创新网络中心度指标方差分析结果

资源识别		资源整合	分组	接近中心度				网络控制力			
资源相似性	资源互补性	整合程度	N	均值	离差平方和	F	显著性	均值	离差平方和	F	显著性
强	弱	高整合 A1	25	0.243	0.252	7.049**	0.012	0.163	0.256	11.703***	0.002
		非恰当整合 A2	12	0.036				0.024			
弱	强	低整合 B1	22	0.264	0.003	0.031	0.862	0.318	0.009	0.031	0.862
		非恰当整合 B2	13	0.176				0.280			
强	强	中度整合 C1	10	0.446	1.013	52.75***	0.000	0.122	0.055	4.223*	0.058
		非恰当整合 C2	7	0.027				0.024			

***表示 $p<0.01$，**表示 $p<0.05$，*表示 $p<0.10$

表 12-11 并购方全球创新网络结构洞指标方差分析结果

资源识别		资源整合	分组	结构洞约束性				结构洞等级度			
资源相似性	资源互补性	整合程度	N	均值	离差平方和	F	显著性	均值	离差平方和	F	显著性
强	弱	高整合 A1	25	0.358	0.442	4.336**	0.045	0.507	0.710	3.430*	0.072
		非恰当整合 A2	12	0.028				0.143			

续表

资源识别		资源整合	分组	结构洞约束性				结构洞等级度			
资源相似性	资源互补性	整合程度	N	均值	离差平方和	F	显著性	均值	离差平方和	F	显著性
弱	强	低整合 B1	22	0.463	0.459	5.667**	0.023	0.647	0.913	5.044**	0.032
		非恰当整合 B2	13	0.064				0.086			
强	强	中度整合 C1	10	0.790	0.001	0.013	0.911	0.630	0.004	0.017	0.899
		非恰当整合 C2	7	0.873				0.722			

**表示 $p<0.05$，*表示 $p<0.10$

表 12-12　产业技术创新指标方差分析结果

资源识别		资源整合	分组	产业专利增长率				产业新产品增长率			
资源相似性	资源互补性	整合程度	N	均值	离差平方和	F	显著性	均值	离差平方和	F	显著性
强	弱	高整合 A1	25	0.716	1.448	9.368**	0.004	0.534	0.871	6.499**	0.002
		非恰当整合 A2	12	0.148				0.111			
弱	强	低整合 B1	22	0.747	3.190	15.937***	0.000	0.608	1.379	12.945***	0.001
		非恰当整合 B2	13	0.13				0.143			
强	强	中度整合 C1	10	0.608	1.027	16.672***	0.001	0.448	0.669	14.439**	0.015
		非恰当整合 C2	7	0.060				−0.001			

***表示 $p<0.01$，**表示 $p<0.05$

方差分析结果显示如下结果。

（1）当并购双方的资源呈现出强相似性和弱互补性时，与高度整合相匹配，对并购方全球创新网络中心度、并购方全球创新网络结构洞与产业技术创新的提升作用更显著。①高整合组的并购方全球创新网络中心度、并购方全球创新网络结构洞与产业技术创新的均值都高于不恰当整合组；②资源与整合是否恰当匹配对并购方网络接近中心度的提升是有显著差异的（$F=7.049, p<0.05$），对并购方网络控制力的提升也有显著性差异（$F=11.703, p<0.001$）；③资源与整合是否恰当匹配对并购方结构洞约束性的提升是有显著差异的（$F=4.336, p<0.05$），对并购方结构洞等级度的提升也有显著性差异（$F=3.430, p<0.1$）；④资源与整合是否恰当匹配对产业专利增长率的提升是有显著差异的（$F=9.368, p<0.05$），对产业新产品增长率的提升也有显著性差异（$F=6.499, p<0.05$）。因此，方差分析结果进一步验证了第六章的假设6-1a。

（2）当并购双方的资源呈现出弱相似性和强互补性时，与低度整合相匹配，对并购方全球创新网络结构洞与产业技术创新的提升作用更显著。①低整合组的并购方全球创新网络结构洞与产业技术创新的均值都高于不恰当整合组；②资源与整合是否恰当匹配对并购方结构洞约束性的提升是有显著差异的（$F=5.667, p<0.05$），对并购方结构洞等级度的提升也有显著性差异（$F=5.044, p<0.05$）；③资源与整合是否恰当匹配对产业专利增长率的提升是有显著差异的（$F=15.937, p<0.001$），对产业新产品增长率的提升也有显著性差异（$F=12.945, p<0.001$）。因此，方差分析结果进一步验证了第六章的假设6-2b。

（3）当并购双方的资源呈现出强相似性和强互补性时，与中度整合相匹配，对并购方全球创新网络中心度与产业技术创新的提升作用更显著。①中度整合组的并购方全球创新网络中心度与产业技术创新的均值都高于不恰当整合组；②资源与整合是否恰当匹配对并购方网络接近中心度的提升是有显著差异的（$F=52.750, p<0.001$），对并购方网络控制力的提升也有显著性差异（$F=4.223, p<0.1$）；③资源与整合是否恰当匹配对产业专利增长率的提升是有显著差异的（$F=16.672, p<0.001$），对产业新产品增长率的提升也有

显著性差异（$F=14.439$，$p<0.05$）。因此，方差分析结果进一步验证了第六章的假设 6-3a。

第四节　本　章　小　结

本章从资源配置视角切入，通过多群组结构方程模型与方差分析检验基于创新网络的制造业技术获取型海外并购整合对产业技术创新的传导机制，得出以下结论：①在技术获取型海外并购中，当资源识别为并购双方相似性强、互补性弱时，高整合程度通过提升并购方全球创新网络中心度地位，促进产业技术创新；②当资源识别为并购双方资源相似性弱、互补性强时，低整合程度通过提升并购方全球创新网络结构洞地位，促进产业技术创新；③当资源识别为并购双方相似性强、互补性强时，适中的整合程度通过提升并购方全球创新网络中心度促进产业技术创新。本章的研究是第六章理论分析的延伸与拓展，以企业间专利合作与引用信息刻画收购方所嵌入的创新网络，关注海外并购整合引发的并购前后收购方创新网络中心度与结构洞位置的变化对产业技术创新产生的影响。本章运用中国制造业海外并购样本进行实证分析，多群组结构方程的组间差异性证明了资源识别阶段的不同相似性、互补性条件下，海外并购整合策略通过创新网络对产业技术创新的传导路径和作用机制有显著差异。

第十三章

基于创新网络的制造业海外并购整合与产业技术创新的国际比较研究

第一节 制造业海外并购整合与产业技术创新：中国与美国的国际比较

一、样本与数据

（一）样本选取

本节以 2002~2014 年中美制造业上市公司技术获取型海外并购事件为研究主体。由于 2001 年底中国加入 WTO 之后，海外并购呈爆发式增长，同时为了保证对并购后整合及技术创新效果的观测，我们限制了并购交易完成的时间。样本主要来源于 BvD-Zephyr 全球并购交易分析库，辅以 SDC Platinum 全球并购数据库和清科数据库为补充，并使用 LexisNexis 新闻检索验证。

基于以下标准对中美制造业上市公司技术获取型海外并购事件进行筛选。

（1）并购事件为制造业海外并购，企业主要 SIC 代码前两位为 20~39（Puranam et al., 2009）。

（2）目标方位于并购方母国境外，且非并购方子公司或孙公司。

（3）并购方类型为上市公司，确保数据的完整性和可获得性。

（4）并购事件为技术获取型海外并购，目标方所在地为技术更先进的发达国家（依据国际货币基金组织的定义），并且在公司公告或并购相关新闻报道中提及并购方以技术或专利获取为动因（Makri et al., 2010）。

通过上述筛选，我们得到中国样本 119 个，美国样本 310 个。接下来我们借鉴 Wang 和 Zajac（2007），衡量海外并购的资源相似性和资源互补性。资源相似性：用并购双方主 NAICS 码刻画相似性程度，代码第一位不同，资源相似性为 0；第一位相同，资源相似性为 0.25；前两位相同，资源相似性为 0.5；前三位相同，资源相似性为 0.75；前四位相同，资源相似性为 1。资源互补性：$\mathrm{Com}_{ij} = (J_{ij} - \mu_{ij})/\delta_{ij}$。记并购双方主 NAICS 代码出现在同一企业的次数为 J_{ij}，并购方代码 i 在所有企业代码中出现的次数为 N_i，并购方代码 j 在所有企业代码中出现的次数为 N_j，企业总数为 K。

$$\mu_{ij} = \frac{N_i \times N_j}{K}, \quad \delta_{ij} = \sqrt{\mu_{ij} \times (1 - N_i/K) \times (K/(K-1)) \times (1 - N_j/K)}$$

由于 K-Means 聚类方法具有无监督学习优势，能够避免人为分类造成的样本损失，我们利用 SPSS 的 K-Means 分析将中美全样本按照资源相似性和互补性特征分为三类，得到中国样本（群组 A、群组 B、群组 C）和美国样本（群组 E、群组 F、群组 G）[①]。

（二）变量与数据来源

本节相关变量与描述如表 13-1 所示，接下来展开进一步分析。

表 13-1　资源-整合程度匹配关系值

变量类型	潜变量	测量变量	描述
因变量	产业技术创新	产业研发强度增长率	各产业并购后两年研发经费支出总额与净销售收入比值的增长率

---

① 资源相似性强、互补性弱类别包括 155 个样本（中国群组 A，$N=41$；美国群组 E，$N=114$）；资源相似性弱、互补性强类别包括 142 个样本（中国群组 B，$N=55$；美国群组 F，$N=87$）；资源相似性强、互补性强类别包括 133 个样本（中国群组 C，$N=30$；美国群组 G，$N=103$）。资源相似性弱、互补性弱类别（中国群组 D 和美国群组 H）不包含在研究范畴内，对其进行剔除处理。

续表

变量类型	潜变量	测量变量	描述
因变量	产业技术创新	产业专利申请增长率	各产业并购后两年专利申请数增长率
自变量	资源-整合程度匹配	资源-技术整合	目标研发团队与项目整合程度与资源特征的匹配值
		资源-管理整合	目标管理层整合程度与资源特征的匹配值
中介变量	内外部网络	内部网络凝聚力提升	采用整体网络密度，衡量并购后两年相比并购前两年，并购方内部网络知识元素间联系密集性的提升
		外部网络中心性提升	采用接近中心性，衡量并购后两年相比并购前两年，并购方对外部信息来源的掌控范围和对资源控制程度的提升
		外部网络结构洞提升	采用网络约束性，衡量并购后两年相比并购前两年，并购方在外部网络不相连的节点间占据第三方优势的提升
调节变量	经济制度环境	经济自由程度	并购当年来源国产权保护度、贸易自由度、投资自由度和金融自由度四项指标的均值
		政府治理效能	并购当年来源国政府效能指数、监管治理指数和法制环境指数三项指标均值
控制变量		产业 GDP 增长率	并购前两年各产业 GDP 增长率均值
		互联网化指数	并购前两年国家互联网用户数量（每百人）
		产业研发人员	并购后两年内各产业研发人员增长率

1. 因变量：产业技术创新

产业研发强度增长率。衡量各产业并购后两年内研发经费支出总额与净销售收入比值的增长率。数据来自《中国科技统计年鉴》、《中国统计年鉴》及美国国家科学基金会（National Science Foundation，NSF）发布的《科学与工程指标》。

产业专利申请增长率。计算各产业并购样本交易完成后两年内专利申请数增长率。数据来自《中国统计年鉴》、《中国科技统计年鉴》和 USPTO 发布的美国专利数据统计。

2. 自变量：资源-整合程度匹配

首先，由二级合成变量刻画每起海外并购中并购方对目标方实施的整合程度。选取管理整合程度和技术整合程度作为整合程度的评价要素。数据主要来自 LexisNexis 数据库、企业年报和新闻资讯（Kapoor and Lim，2007）。分别根据并购相关报道中有关目标方管理层的保留情况以及目标方研发团队和项目的保留情况对整合程度进行评估，若相关报道中具有完全保留字样则认为该并购为低度整合；若相关报道中有基本或部分保留字样则认为该并购为中度整合；若相关报道中有完全整合字样则认为该并购为高度整合。

其次，基于理论分析判断每起海外并购的管理整合程度、技术整合程度与资源相似性、互补性匹配与否，按照表 13-2 给出的赋值方法得到资源-管理整合、资源-技术整合两组匹配值。

表 13-2　资源-整合程度匹配关系值

资源相似性	资源互补性	资源-整合程度匹配值		
		高度整合	中度整合	低度整合
强	弱	1	0.5	0
弱	强	0	0.5	1
强	强	0.5	1	0.5

3. 中介变量：内外部网络

按照如下方法构建内部网络。专利申请文件可以反映企业内的知识储备变化，参考 Guan 和 Liu（2016），以四位数的国际专利分类号作为企业内部网络中的知识元素节点的设立依据，以分类号的共同出现作为企业内部网络中节点与节点之间存在连接关系的设立依据。企业内部网络构建的数据查找收集步骤如下：首先，利用 Incopat 数据库查找并购双方在并购前两年和并购后两年内占专利总数 3%以上的主要技术领域（Aghasi et al.，2017）。其次，以这些领域为基础查找这些领域中均出现的专利分类号。

按照如下方法构建外部网络。以企业作为外部网络节点，以企业专利联合申请和引用信息作为外部网络中节点与节点之间存在连接关系的设立依据。企业外部网络构建的数据查找收集步骤如下。首先，在德温特专利情报数据库中查找并购双方在并购前两年和并购后两年的专利互引与合作申请的企业记录。其次，检索这些企业的联合专利申请和引用信息。

利用 Matlab 软件构建基于上述企业内部网络、外部网络关系的邻接矩阵，并将邻接矩阵导入 Ucinet 软件测算内部网络凝聚力、外部网络中心性和外部网络结构洞三项指标值，并计算并购后两年网络指标值对应的并购前两年网络指标值的增长率，从而完成各中介变量指标数据的收集。各变量指标的基础公式表达式及变量含义如下。

内部网络凝聚力。内部网络凝聚力的计算公式为 $\dfrac{2L}{N(N-1)}$，其中，N 表示知识元素节点；L 表示节点间实际连接的数量。通过计算并购后两年网络指标值相对于并购前两年网络指标值的增长率来测量该变量。

外部网络中心性。接近中心性计算公式为 $\dfrac{n-1}{\sum\limits_{i=1}^{n}d(p_i,p_k)}$，其中 n 表示网络内企业数量；$d(p_i,p_k)$ 表示企业 i 与企业 k 之间的最短路径距离；p_i 和 p_k 分别表示通过企业 i 与企业 k 的路径数量。通过计算并购后两年网络指标值相对于并购前两年网络指标值的增长率来测量该变量。

外部网络结构洞。参考 Zaheer 和 Bell（2005），计算节点 i 的总约束 $c_i = \sum\limits_{j} c_{ij}$，其中，$c_{ij} = \left(p_{ij} + \sum\limits_{q,q\neq i,q\neq j} p_{iq}p_{qj}\right)^2$ 表示节点 i 受到 j 的约束，$p_{ij} = \dfrac{a_{ij}+a_{ji}}{\sum\limits_{k}(a_{ik}+a_{ki})}$，$a_{ij}$ 为 i、j 两点间的边权重，p_{ij} 为 i 与 j 的联系强度，$\sum\limits_{q,q\neq i,q\neq j} p_{iq}p_{qj}$ 是从节点 i 到 j 的连接中通过节点 q 的间接联系强度之和，最后以 $s_i = 2 - c_i$ 表示结构洞富有值。通过计算并购后两年网络指标值相对于并购前两年网络指标值的增长率来测量该变量。

4. 调节变量：经济制度环境

从经济自由程度（Holmes et al.，2013）和政府治理效能两个方面进行衡量。经济自由程度以并购当年美国传统基金会公布的经济自由度指数中的产权保护度、贸易自由度、投资自由度和金融自由度四项指标的均值衡量；政府治理效能以并购当年世界银行评估的世界治理指数中的政府效能指数、监管治理指数和法治环境指数三项指标的均值衡量。由于各指标度量方法上的差异，对所有数值以十分制进行处理，分值越大代表该维度的完善性越强。

5. 控制变量

我们使用中美并购前两年产业 GDP 增长率均值，用以控制制造业不同部门的影响，数据分别来自国家统计局和美国经济分析局；使用中国和美国在并购前两年的互联网化指数均值，用世界银行发展指标数据库的国家互联网用户数量（每百人）来衡量，用以控制信息集成与协同的网络化程度对产业技术创新的影响；对于产业研发人员指标以并购后两年各行业研发人员增长率进行衡量，用以控制产业人力投入对产业技术创新的影响，数据来自《中国科技统计年鉴》及美国国家科学基金会发布的《科学与工程指标》。

二、描述性统计、信度与效度检验

中美样本结构统计如表 13-3 所示，在国家层次和产业层次，中国企业海外并购东道国主要分布在德国、美国、意大利等先进制造业国家，其产业以工业机械、电子设备和运输设备为主。美国企业海外并购东道国主要分布在英国、加拿大、德国，其产业以测量仪器、电子设备和工业机械为主。在企业层次，美国样本企业年龄显著高于中国，体现美国海外并购企业的成熟性；中国样本企业的员工数量高于美国，体现中国海外并购企业的成长性；我们用并购后两年的并购方专利增长率均值来衡量企业创新，中国海外并购企业的创新效应高于美国。

表 13-3 中国和美国样本结构统计

国家层次						产业层次					
中国			美国			中国			美国		
东道国	样本/个	占比	东道国	样本/个	占比	SIC 代码	样本	占比	SIC 代码	样本/个	占比
德国	25	21%	英国	71	23%	35	43	36%	38	94	30%
美国	25	21%	加拿大	53	17%	36	27	23%	36	89	29%

续表

国家层次					产业层次				
中国			美国			中国			美国		
东道国	样本/个	占比	东道国	样本/个	占比	SIC代码	样本/个	占比	SIC代码	样本/个	占比

东道国	样本/个	占比	东道国	样本/个	占比	SIC代码	样本/个	占比	SIC代码	样本/个	占比
意大利	9	8%	德国	46	15%	37	25	21%	35	66	21%
其他	60	50%	其他	141	45%	其他	24	20%	其他	62	20%
总计	119	100%	总计	311	100%	总计	119	100%	总计	311	100%

企业层次

企业年龄/年	中国		美国		员工数量/人	中国		美国	
	样本/个	占比	样本/个	占比		样本/个	占比	样本/个	占比
<15	83	70%	167	54%	<10 000	65	55%	157	50%
15~30	35	29%	64	21%	10 000~30 000	32	27%	92	30%
>30	1	1%	80	26%	>30 000	22	18%	62	20%
总计	119	100%	311	100%	总计	119	100%	311	100%

企业层次	中国			美国		
	极大值	极小值	均值	极大值	极小值	均值
企业年龄/年	64	5	21.34	118	1	34.93
员工数量/个	217 511	178	20 669	199 000	81	20 482
企业创新	57.00	−1.00	3.64	44.78	−1.00	1.36

注：国家层次和产业层次数据来自 BvD-Zephyr 数据库，企业层次数据来自 BvD-Oriana 数据库和 BvD-Orbis Americas 数据库，企业创新数据来自德温特专利情报数据库

根据表 13-4，t 检验结果表明，中国产业研发强度增长率、产业专利申请增长率、经济自由程度和政府治理效能显著低于美国；对资源-整合程度匹配、产业技术创新和经济制度环境三个潜变量指标分别进行信度和效度检验，结果如表 13-5 所示，Cronbach's α 和 CR 大于 0.7，信度较好，所有潜变量 AVE 大于 0.6，模型效度较高。

表 13-4　中国和美国变量描述性统计、t 检验

变量	中国（N=119） 极小值	极大值	均值	标准差	美国（N=311） 极小值	极大值	均值	标准差	t 检验
资源-技术整合	0.00	1.00	0.69	0.37	0.00	1.00	0.86	0.29	4.410***
资源-管理整合	0.00	1.00	0.68	0.37	0.00	1.00	0.85	0.30	4.423***
外部网络中心性提升	−0.57	1.86	0.32	0.42	−0.27	3.97	0.44	0.51	9.180***
外部网络结构洞提升	−1.01	2.86	0.17	0.33	−0.58	2.85	0.48	0.50	8.377***
内部网络凝聚力提升	−1.11	8.05	0.07	0.74	−1.39	19.44	0.62	1.56	1.867
产业研发强度增长率	−0.12	0.32	0.08	0.10	0.03	0.58	0.19	0.11	10.306***
产业专利申请增长率	−0.38	0.33	0.03	0.08	−0.08	1.42	0.23	0.25	9.131***
产业 GDP 增长率	0.00	0.35	0.17	0.07	−0.21	0.22	0.01	0.06	−22.848***
互联网化指数	2.21	44.05	29.65	13.79	46.08	74.50	67.35	7.63	28.112***
产业研发人员	0.04	0.57	0.21	0.12	−0.12	0.21	0.04	0.06	−15.353***
经济自由程度	0.35	0.40	0.37	0.01	0.77	0.84	0.81	0.03	258.192***
政府治理效能	0.43	0.48	0.46	0.01	0.79	0.82	0.81	0.01	270.222***

***表示 $p<0.001$

表 13-5　样本信度与效度检验结果

潜在变量	测量变量	Cronbach's α 中国	美国	AVE 中国	美国	CR 中国	美国
资源-整合程度匹配	资源-技术整合	0.805	0.785	0.665	0.653	0.796	0.789
	资源-管理整合						

续表

潜在变量	测量变量	Cronbach's α		AVE		CR	
		中国	美国	中国	美国	中国	美国
产业技术创新	产业研发强度增长率	0.724	0.709	0.762	0.609	0.865	0.757
	产业专利申请增长率						
经济制度环境	经济自由程度	0.853	0.769	0.812	0.750	0.895	0.857
	政府治理效能						

三、样本与数据分析

（一）方差分析

为了检验3种资源相关性群组之间是否具有显著差异，利用单因素方差分析，探究不同资源相似性互补性与整合程度的匹配对内外部网络及产业创新的影响。以资源相似性强、互补性弱群组（N=155）为例：首先，采用K-Means聚类方法对资源-技术整合和资源-管理整合两个维度进行聚类，类别个数设置为2。聚类得到两组结果，HL1表示恰当整合群组，HL2表示非恰当整合群组，HL1的资源-整合匹配均值分别为0.96和0.95；HL2的资源-整合匹配均值分别为0.34和0.32。表明在资源相似性强、互补性弱的企业中，HL1相比HL2具有更高的资源-整合匹配性。其次，分别对HL1和HL2在外部网络中心性提升、外部网络结构洞提升、内部网络凝聚力提升、产业研发强度增长率和产业专利申请增长率的影响程度上做方差分析。按照上述方法，分别对余下两组样本进行方差分析。结果如表13-6所示，恰当整合群组的均值都高于非恰当整合群组，资源相关性与整合程度匹配与否对内外部网络和产业技术创新的影响在不同群组之间具有显著差异性。

（二）结构方程模型分析

方差分析结果说明了在不同资源群组下，整合程度匹配与否的作用差异，但该分析仅揭示了单维变量间的关系紧密性。因此，本节采用Amos 21.0对中美样本进行结构方程模型分析，检验不同资源群组下多维变量间的因果关

表 13-6　ANOVA 方差分析

分组		资源相似性强、互补性弱（N=155）		资源相似性弱、互补性强（N=142）		资源相似性强、互补性强（N=133）	
		恰当整合群组 HL1	非恰当整合群组 HL2	恰当整合群组 LH1	非恰当整合群组 LH2	恰当整合群组 HH1	非恰当整合群组 HH2
		N=94	N=61	N=99	N=43	N=102	N=31
外部网络中心性提升	均值	0.464	0.121	0.469	0.069	0.513	0.145
	F值	30.774***		22.887***		12.797***	
外部网络结构洞提升	均值	0.526	0.082	0.549	0.131	0.522	0.139
	F值	46.355***		21.419***		15.766***	
内部网络凝聚力提升	均值	0.603	0.079	0.457	−0.236	0.814	−0.140
	F值	7.386***		10.478***		2.786*	
产业研发强度增长率	均值	0.157	0.085	0.150	0.108	0.145	0.089
	F值	11.776***		5.396**		6.416***	
产业专利申请增长率	均值	0.162	0.061	0.154	0.086	0.156	0.107
	F值	7.43***		4.922**		4.942**	

***表示 $p<0.001$，**表示 $p<0.05$，*表示 $p<0.1$

系，并考察经济制度环境的影响。建立如图 13-1 所示的结构方程模型 I，构造资源-整合程度匹配与经济制度环境的交互项，对经济制度环境进行中心化处理后，再采用交叉配对相乘避免多重共线性，检验结果如表 13-7 所示。

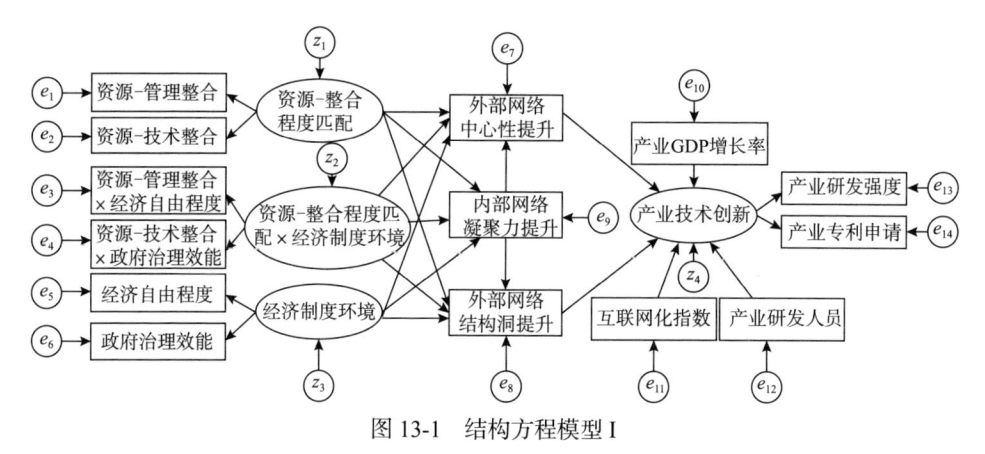

图 13-1　结构方程模型 I

$z_1 \sim z_4$ 为潜变量误差项；$e_1 \sim e_{14}$ 为测量变量误差项

表 13-7 结构方程模型 I 检验结果

路径			资源相似性强、互补性弱(群组 A 和群组 E, N=155)		资源相似性弱、互补性强(群组 B 和群组 F, N=142)		资源相似性强、互补性强(群组 C 和群组 G, N=133)	
			估计值	CR	估计值	CR	估计值	CR
资源-整合程度匹配	→	内部网络凝聚力提升	1.034***	2.904	1.315***	3.071	1.515**	1.982
内部网络凝聚力提升	→	外部网络中心性提升	0.117***	5.196	0.155***	4.581	0.100**	4.714
内部网络凝聚力提升	→	外部网络结构洞提升	0.062**	2.287	0.128***	3.678	0.047**	2.022
经济制度环境	→	内部网络凝聚力提升	0.051	1.404	0.089**	2.224	0.031	0.642
资源-整合匹配 × 经济制度环境	→	内部网络凝聚力提升	0.115**	2.302	0.106**	1.967	0.183**	1.992
资源-整合程度匹配	→	外部网络中心性提升	0.350***	3.519	0.444***	2.675	0.678***	3.613
资源-整合程度匹配	→	外部网络结构洞提升	0.739***	5.766	0.828***	4.501	0.782***	3.698
外部网络中心性升	→	产业技术创新	0.123***	3.324	0.049**	1.681	0.092***	2.907
外部网络结构洞升	→	产业技术创新	0.142***	4.578	0.065**	2.184	0.082***	2.637
经济制度环境	→	外部网络中心性提升	0.004	0.468	−0.008	−0.551	0.007	0.647
经济制度环境	→	外部网络结构洞提升	0.010	0.973	−0.015	−0.958	−0.002	−0.354
资源-整合程度匹配 × 经济制度环境	→	外部网络中心性提升	0.031**	2.304	0.040**	1.967	0.040***	1.909
资源-整合程度匹配 × 经济制度环境	→	外部网络结构洞提升	0.051***	3.081	0.043**	2.035	0.042**	1.813
互联网化指数	→	产业技术创新	−0.001	−1.292	0.003***	3.06	0.003***	4.366
产业 GDP 增长率	→	产业技术创新	−0.220**	−1.810	−0.132	−1.118	0.427***	5.318
产业研发人员	→	产业技术创新	0.470***	12.593	0.546***	13.674	0.465***	13.678
资源-整合程度匹配	→	资源-管理整合	1.000		1.000		1.000	

续表

路径		资源相似性强、互补性弱(群组 A 和群组 E，N=155)		资源相似性弱、互补性强(群组 B 和群组 F，N=142)		资源相似性强、互补性强(群组 C 和群组 G，N=133)	
		估计值	CR	估计值	CR	估计值	CR
资源-整合程度匹配 → 资源-技术整合		1.010***	8.179	1.009***	6.084	1.209***	5.752
产业技术创新 → 产业研发强度增长率		1.000		1.000		1.000	
产业技术创新 → 产业专利申请增长率		1.067***	13.426	1.016***	11.234	1.169***	24.521
经济制度环境 → 经济自由程度		1.000		1.000		1.000	
经济制度环境 → 政府治理效能		0.584***	6.485	0.669***	25.992	0.935*	1.913
资源-整合程度匹配×经济制度环境 → 资源-管理整合×经济自由程度		1.000		1.000		1.000	
资源-整合程度匹配×经济制度环境 → 资源-技术整合×政府治理效能		0.636***	11.246	0.649***	8.175	0.866***	10.752
模型适配							
群组	CMIN/DF	RMSEA	CFI	NFI	IFI	TLI	
A 和 E	2.107	0.087	0.950	0.911	0.951	0.931	
B 和 F	2.088	0.092	0.949	0.908	0.950	0.929	
C 和 G	1.783	0.088	0.963	0.921	0.964	0.948	
参考标准	<3	<0.1	>0.9	>0.9	>0.9	>0.9	

***表示 $p<0.001$，**表示 $p<0.05$，*表示 $p<0.1$
TLI 表示 Tuker-Lewis index（塔克-刘易斯指数、非规范拟合指数）

表 13-7 显示，资源相似性强、互补性弱群组 A 和 E 中，各项模型适配指标均已达拟合标准。资源与整合程度匹配促进外部网络中心性提升与外部网络结构洞提升，外部网络中心性提升与外部网络结构洞提升促进产业技术创新，资源-整合程度匹配与经济制度环境的交互项正向影响外部网络中心性提升与外部网络结构洞提升，由此验证第六章假设 6-4a。资源与整合程度匹配促进内部网络凝聚力提升，内部网络凝聚力提升促进外部网络中心性提升与外部网络结构洞提升，资源-整合程度匹配与经济制度环境的交互项正向影

响内部网络凝聚力提升，由此验证第六章假设 6-4b。

同理，资源相似性弱、互补性强群组 B 和 F 以及资源相似性强互补性强群组 C 和 G 中，模型适配指标均达到拟合标准，观察路径系数可知第六章假设 6-5a 和假设 6-5b、假设 6-6a 和假设 6-6b 得证。

（三）稳健性检验

我们进一步构建如图 13-2 所示的模型Ⅱ，对中美样本进行多群组结构方程模型分析。

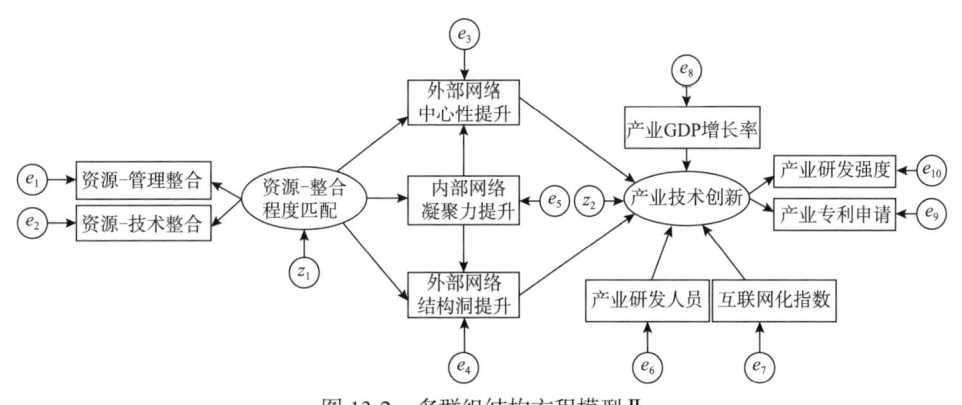

图 13-2 多群组结构方程模型Ⅱ

$z_1 \sim z_2$ 为潜变量误差项；$e_1 \sim e_{10}$ 为测量变量误差项

我们对模型 Ⅱ 限制中美群组的"资源-整合程度匹配→外部网络中心性提升""资源-整合程度匹配→外部网络结构洞提升""资源-整合程度匹配→内部网络凝聚力提升"路径相等。如表 13-8 所示，资源相似性强、互补性弱群组 A 和群组 E 的卡方差异值（$\Delta CMIN_{AE}$），资源相似性弱、互补性强群组 B 和 F 的卡方值变化（$\Delta CMIN_{BF}$），资源相似性强、互补性强群组 C 和群组 G 的卡方差异值（$\Delta CMIN_{CG}$）均达到 1%的显著性水平，表明不同经济制度环境群组在测量系数上有显著差异。比较不同群组的路径系数：首先，在母国制度完善性较高的美国样本中，基于资源匹配的整合通过外部网络中心性和外部网络结构洞提升对产业技术创新具有显著的促进效应，且这一效应显著高于中国样本，进一步支持了前文核心假设。其次，在美国样本中，基于资源匹配的整合显著促进内部网络凝聚力提升，内部网络凝聚力提升显著促进外部网络中心性和外部网络结构洞提升。但本文仅在中国资源相似性弱、互补性强群组发现了这一效应。可能的原因是中国企业海外并购中，面对目标方更高的权力地位，保留关键人才是主要的挑战，基于互补性的低度整合更能增强内部知识共享。相似性强时并购方提升整合程度，需要对内部网络更强的掌控能力，母国不完善的经济制度环境限制了中国企业发展自身能力所需的资源积累。

表 13-8 多群组结构方程模型 II 检验结果

路径		中国					
		资源相似性强、互补性弱（群组 A, N=41）		资源相似性弱、互补性强（群组 B, N=55）		资源相似性强、互补性强（群组 C, N=30）	
		估计值	CR	估计值	CR	估计值	CR
资源-整合匹配	→	内部网络凝聚力提升	0.208	0.474	0.280***	3.900	0.926	1.376
内部网络凝聚力提升	→	外部网络中心性提升	0.031	1.565	0.091**	2.100	0.094	0.734
内部网络凝聚力提升	→	外部网络结构洞提升	0.023	1.605	0.136***	3.392	0.055	0.984
资源-整合匹配	→	外部网络中心性提升	0.248***	3.677	0.383***	2.523	0.285***	6.054
资源-整合匹配	→	外部网络结构洞提升	0.238***	3.883	0.474***	3.117	0.265**	2.392
外部网络中心性提升	→	产业技术创新	0.117***	4.462	0.023***	2.748	0.024***	3.740
外部网络结构洞提升	→	产业技术创新	0.061***	2.993	0.050***	3.969	0.085***	2.510
互联网化指数	→	产业技术创新	0.001	1.335	0.001	0.520	−0.001	−0.687
产业 GDP 增长率	→	产业技术创新	−0.273***	−3.179	0.047	0.505	−0.548***	−4.279
产业研发人员	→	产业技术创新	0.280***	6.669	0.346***	7.082	0.655***	14.269
资源-整合匹配	→	资源-管理整合	1.000		1.000		1.000	

续表

路径		中国					
		资源相似性强、互补性弱（群组 A, N=41）		资源相似性弱互补性强（群组 B, N=55）		资源相似性强、互补性强（群组 C, N=30）	
		估计值	CR	估计值	CR	估计值	CR
资源-整合匹配	→	资源-技术整合	0.848***	5.151	0.937***	4.424	0.393*	1.714
产业技术创新	→	产业研发强度增长率	1.000		1.000		1.000	
产业技术创新	→	产业专利申请增长率	1.084***	7.762	1.092***	9.363	0.998***	15.162

路径		美国					
		资源相似性强、互补性弱（群组 E, N=114）		资源相似性弱、互补性强（群组 F, N=87）		资源相似性强、互补性强（群组 G, N=103）	
		估计值	CR	估计值	CR	估计值	CR
资源-整合匹配	→	内部网络凝聚力提升	1.650***	3.135	1.503***	2.590	1.691*	1.907
内部网络凝聚力提升	→	外部网络中心性提升	0.112***	4.434	0.169***	4.212	0.101***	4.285
内部网络凝聚力提升	→	外部网络结构洞提升	0.056*	1.893	0.120***	2.821	0.080***	2.429
资源-整合匹配	→	外部网络中心性提升	0.690***	4.646	0.385*	1.724	0.933***	3.181
资源-整合匹配	→	外部网络结构洞提升	0.973***	5.621	0.989***	3.705	1.010***	3.538
外部网络中心性提升	→	产业技术创新	0.192***	2.667	0.048*	1.694	0.110***	3.565
外部网络结构洞提升	→	产业技术创新	0.126***	3.045	0.088**	2.083	0.222***	6.036
互联网化指数	→	产业技术创新	−0.001	−0.949	0.005**	1.975	0.003*	1.835
产业 GDP 增长率	→	产业技术创新	−0.264	−0.978	−0.169	−0.903	0.621***	7.234

续表

路径		美国					
		资源相似性强、互补性弱（群组E，N=114）		资源相似性弱、互补性强（群组F，N=87）		资源相似性强、互补性强（群组G，N=103）	
		估计值	CR	估计值	CR	估计值	CR
产业研发人员	→ 产业技术创新	0.515***	10.450	0.606***	12.044	0.445***	11.801
资源-整合匹配	→ 资源-管理整合	1.000		1.000		1.000	
资源-整合匹配	→ 资源-技术整合	1.055***	7.715	0.955***	4.663	1.220***	4.626
产业技术创新	→ 产业研发强度增长率	1.000		1.000		1.000	
产业技术创新	→ 产业专利申请增长率	1.073***	12.644	1.022***	9.337	1.139***	23.028

ΔCMIN_{AE} =20.344(p=0.005)； ΔCMIN_{BE} =37.206(p=0.000)； ΔCMIN_{CG} =46.346(p=0.000)

***表示 p<0.01，**表示 p<0.05，*表示 p<0.1

四、研究结论

本节利用中美两国制造业技术获取型海外并购样本进行国际比较，理论贡献在于：第一，我们突破以往海外并购整合研究仅关注并购双方二元关系的研究范式，将海外并购中并购整合所影响的范围与边界从企业拓展至产业，进一步强调了并购整合的关键作用。当前仅有少数研究考虑收购产生的网络结构效应（Hernandez and Shaver, 2019），本节研究深入并购后整合过程，通过建立并购方内外部网络间的联系，丰富企业双层网络嵌入的研究。第二，本文利用制度理论，通过与美国的比较，探讨中国并购方企业因为薄弱的母国制度环境在技术获取型海外并购整合的网络重新配置中面临的独特挑战，对后发追赶研究做出贡献。本节研究也具有重要的实践指导意义。首先，在企业层面，并购方应在研判双方核心资源特征的基础上，采取与资源特征匹配的整合程度推动资源获取与网络位置提升。其次，本节关注的与海外并购整合密切相关的经济自由程度和政府治理效能两个经济制度维度中，中国得分显著低于美国。因此，在政府层面，中国应着重于政策完善，为制造业海外并购整合与产业创新提供健康的环境。

第二节　制造业海外并购整合与产业技术创新：中国与德国的国际比较

一、样本与数据

（一）样本选取

我们将 BvD-Zephyr 数据库作为选用样本的来源出处。BvD-Zephyr 数据库作为一个国际通用数据库，在企业并购信息披露方面具有全面性且较为权威。为了更全面地获得数据，我们通过清科数据库、Wind 数据库对并购样本进行筛选和汇总。我们对 2002~2014 年的中国和德国制造业上市公司发起的技术获取型海外并购事件进行下述样本筛选。SIC 搜索代码为 20~39，并购完成时间在 2002 年 1 月 1 日至 2014 年 12 月 31 日，并购方企业为中国和德国的上市公司。由此，我们得到了 117 个中国并购样本和 404 个德国并购样本（中国 BvD-Zephyr 数据库 95 个，清科数据库和 Wind 数据库补充 22 个；德国 BvD-Zephyr 数据库 404 个）。

在进一步筛选并购目标以缩小研究范围时，我们设立了两个筛选标准，满足其中任意一个即可：第一，并购公告提及专利和技术是并购中主要的转让资产类型；第二，并购公告明确说明技术或者专利的获取和转让是发起并购行为的驱动因素（Ahuja and Katila，2001）。这两大标准以满足任意其一的方式进行确定。同时，为了剔除关联交易的影响，我们排除了母子公司之间的交易情况。经过如上对于样本的处理，我们最终获得中国样本 77 个与德国样本 108 个。表 13-9 汇报了样本的结构构成统计。

表 13-9 中国和德国样本结构统计

中国样本			德国样本		
东道国国别	数量/个	占比	东道国国别	数量/个	占比
德国	18	77%	美国	33	79%
美国	16		英国	16	
意大利	8		瑞士	13	
法国	6		瑞典	9	
日本	6		荷兰	8	
英国	5		西班牙	6	
其他	18	23%	其他	23	21%
总计	77	100%	总计	108	100%
产业分布	数量/个	占比	产业分布	数量/个	占比
工业和商业机械和计算机设备（SIC=35）	30	94%	化学品及相关产品（SIC=28）	30	83%
电子和其他电气设备及部件，计算机设备除外（SIC=36）	20		工业和商业机械和计算机设备（SIC=35）	17	
运输设备（SIC=37）	15		电子和其他电气设备及部件，计算机设备除外（SIC=36）	18	
金属制品，机械和运输设备除外（SIC=34）	3		运输设备（SIC=37）	15	
化学品及相关产品（SIC=28）	2		测量，分析和控制仪器;照相，医疗和光学产品;钟表（SIC=38）	7	
主要金属工业（SIC=33）	2		金属制品，机械和运输设备除外（SIC=34）	3	
其他	5	6%	其他	18	17%
总计	77	100%	总计	108	100%

依据资源相关性特征的不同强弱组合进行的样本分组统计情况如下：中国制造业上市公司技术获取型海外并购事件中，具有相似性强、互补性弱的资源特征组合样本数为 28 个，具有相似性弱、互补性强的资源特征组合的样

本数为 20 个，具有相似性强、互补性强的资源特征组合样本数为 17 个，具有相似性弱、互补性弱的资源特征组合样本数为 12 个。德国制造业上市公司技术获取型海外并购事件中，具有相似性强、互补性弱的资源特征组合样本数为 42 个，具有相似性弱、互补性强的资源特征组合样本数为 28 个，具有相似性强、互补性强的资源特征组合样本数为 26 个，具有相似性弱、互补性弱的资源特征组合样本数为 12 个。总计中国技术获取型海外并购样本 65 个，德国技术获取型海外并购样本 96 个。

（二）变量与数据来源

1. 资源-整合程度匹配

通过对并购样本的资源相关性的相似性和互补性水平的衡量（具体方法与本章第一节第一部分样本选取中内容一致）。以相关性特征的衡量结果的中位数为划分依据，对资源相关性特征进行分组判断，小于相似性特征中位数的认定为资源相似性弱，否则为强；小于互补性特征中位数的认定为资源互补性弱，否则为强。在本节研究中，我们仅关注相似性强、互补性弱（记为 SW）、资源相似性弱、互补性强（记为 WS）、资源相似性强、互补性强（记为 SS）三种资源相关性组合。

借鉴 Birkinshaw 等（2000），收购后整合可以分为任务和人员整合。本文从这两个维度衡量并购后整合程度这一潜变量。任务整合表现为并购方对自己和被并购方能力的转让和资源共享的相关任务及公司活动的安排上进行的合并与调整行动，其目标是实现并购后协同效应的产生。人员整合体现了并购方对于自己和被并购方的管理团队、研发生产团队等人力资源进行调配并且双方达成共识。对整合程度的衡量具有抽象性，目前没有统一的、显性衡量的数字化衡量标准。现有研究主要通过问卷调查的方式向并购方的管理层团队发放问卷从而获得整合行为的相关信息，并通过利克特分级量表对相关信息进行处理和量化（Homburg and Bucerius, 2006）。基于数据的批量的可得性和可信性，我们主要通过并购公告和相关新闻公式的内容来对整合程度的两个维度的内容信息进行辨析，与 Kapoor 和 Lim（2007）的方法相类似。整合程度变量测量的数据主要来自 LexisNexis 数据库，Wind 数据库、并购方公司公告、交易所相关新闻。下面是我们对于任务整合和人员整合这两个维度的整合程度测量的具体标准。在人员整合方面，低度整合的相关资料识别为存在被并购方"原有的管理团队人员继续留任"等管理人员较完全保留的情况；中度整合的相关资料识别为存在并购方"派遣董事参与管理"等被并购方管理层团队部分被保留的情况；高度整合的相关资料识别为存在"公司重组形成新的管理团队"等被并购方管理团队人员被解聘等情况。在任务整合方面，低度整合的相关资料识别为存在"原有研发项目继续进行不受影响"等并购发生前后研发生产活动等基本不受影响的情况；中度整合的相关资料识别为存在"原研发生产项目暂做调整"等研发生产活动部分保留的情况；高度整合的相关资料识别为存在被并购方在并购发生后"现有研发项目全面中止"等研发生产活动全面重新布置的情况。

在收集并甄别完整合程度的相关资料后，依据前文的理论对资源相关性特征与整合程度进行匹配性程度的赋值，得到最终的自变量指标。赋值依据见表13-10。

表13-10 资源-整合程度匹配值表

资源相似性	资源互补性	资源-整合程度匹配值		
		高度整合	中度整合	低度整合
强	弱	1	0.5	0
弱	强	0	0.5	1
强	强	0.5	1	0.5

注：根据上文中的理论机制所述，资源相关性特征相似性强、互补性弱，相似性弱、互补性强，相似性强、互补性强的三种组合特征最适配的并购后整合程度应该依次是高度整合、中度整合和低度整合。在每一种资源识别的情况下，当实际整合程度与恰当整合程度完全一致时，资源-整合程度匹配值记为1；相差一个步长时资源-整合程度匹配值记为0.5；相差两个步长时资源-整合程度匹配值记为0

2. 网络中心性与结构洞位置

本节创新网络构建方式与前文在原则上是一致的。本节创新网络是无权网络，不考虑网络节点之间的连接强度，若两个节点存在连接关系，无论连接次数，它们之间的网络关系均标记为1，否则标记为0。首先从并购双方公司出发，分别查找并标记并购前后与二者具有存在专利联合申请与专利互引关系的公司，标记创新网络连接关系。接着，采用滚雪球的方法，对上述与并购双方有连接关系的公司进行进一步的查找，同样标记并购前后与这些节点有专利联合申请与互引的公司,并标记创新网络连接关系。专利联合申请可以体现公司之间知识流动与知识共享(Hagedoorn and Duysters,2002)的状态。专利的前引和后引通过显性的方式记录了技术知识共享与转移的轨迹,可以体现知识溢出效应。构建该创新网络依据的数据主要来自 USPTO 数据库和 SIPO 数据库。

我们通过 Matlab 软件将创新网络关系转化为邻接矩阵从而实现通过 Ucinet 6.186 进行如下相关网络指标的计算。本节衡量创新网络中心性和结构洞提升的效果是通过衡量相关指标并购前后的增长率体现的。

对于网络中心性有很多种衡量方法,不同衡量方法的衡量结果和趋势有很高的相似性(Salman and Saives,2005)。我们选取了接近中心性作为本实证的衡量指标,它衡量了网络中节点与节点之间的接近性。接近中心性=$\frac{n-1}{\sum_{i=1}^{n} d(p_i, p_k)}$,$n$ 为创新网络节点总数。$d(p_i, p_k)$ 代表 i 节点与 j 节点的路径距离。

我们选取了约束性指标的衡量方法(Burt,1992)进行结构洞变量刻画。这种衡量方式可以描述网络节点之间直接/间接连接的程度。结构洞丰富性随约束性增加而减少,为在实证验证中更直观体现不同结构洞丰富性的作用影响,很多研究都会进行反向编码的处理,使得结构洞丰富程度与变量观测值大小方向一致,结构洞=$1-C_i$。网络约束性 $C_i = \sum_j \left(p_{ij} + \sum_q p_{iq} p_{qj} \right)^2$,$q \neq i, j$。其中,$p_{ij}$ 为 i 节点与 j 节点的连接强度。

3. 产业技术创新

我们将产业专利增长率和产业新产品产值率增长率作为产业技术创新的衡量指标。

(1)产业专利增长率。专利有关的产出指标可以衡量单个组织的创新水平。在此处研究中,我们测算了事件发生后两年内产业专利申请的增长率平均值。数据来源为《中国统计年鉴》和欧洲专利局(European Patent Office,EPO)年报的德国产业专利申请表。

（2）产业新产品产值率增长率。新产品体现了技术创新的商业化水平。我们测算了产品创新强度，以并购事件发生两年内的新产品与工业总产值的比值的增长率均值来测量该变量。数据来源为《中国统计年鉴》和德国联邦统计局（Federal Statistical Office of Germany，FSOG）。

4. 经济制度环境

对于经济制度的相关研究很多，已有的测量方法与评价体系也非常丰富。为了很好地对经济制度环境进行量化明确，选择国际组织披露的指标评价体系作为替代指标是一种常用做法。综合考虑，我们在本节考察经济制度环境的三个维度差异。一是保障新产品和新技术的智力劳动成果的产权保护度，数据来源于并购方经济自由度指数并购当年的产权指标得分。二是商业法规健全度，其会影响企业开拓业务及合作意愿，体现了市场经济正常运作的法律水平，体现了企业进入市场的成本大小及业务的规范性保障水平，数据来源于并购当年世界治理指数的法治指标得分。三是市场制度完善性，其会影响企业运行的自主性以及国际竞争中自身优势发挥的程度，会通过信息流动的水平影响行业竞争水平，体现了市场的投资、贸易、货币、税收等多方面的市场化程度的综合性水平，数据来源于并购当年经济自由度指数的财政自由度、贸易自由度、货币自由度、投资自由度、金融自由度以及政府开支、诚信形象、税收负担这几项指标的平均值得分。

表 13-11 系统总结了中国与德国经济制度环境在上述指标体系下的水平情况。德国在三个维度的经济制度环境指标中都体现出较高的发展水平。中国在三个维度上跟德国相比都存在不小的差距，其中产权保护度显示出比较显著的不足，2007 年后水平还有所下降。

表 13-11 中德经济制度环境情况比较

年份	中国			德国		
	产权保护度	商业法规健全度	市场制度完善性	产权保护度	商业法规健全度	市场制度完善性
2002	30.0	39.2	55.6	90.0	93.8	67.9
2003	30.0	40.2	55.4	90.0	93.8	67.2
2004	30.0	38.8	55.3	90.0	93.8	67.0
2005	30.0	37.8	55.3	90.0	93.3	67.8

续表

年份	中国			德国		
	产权保护度	商业法规健全度	市场制度完善性	产权保护度	商业法规健全度	市场制度完善性
2006	30.0	37.3	55.1	90.0	95.2	71.6
2007	20.0	41.1	54.5	90.0	94.7	71.8
2008	20.0	45.2	55.8	90.0	94.2	71.2
2009	20.0	45.5	56.3	90.0	92.9	71.5
2010	20.0	45.0	54.6	90.0	91.5	72.6
2011	20.0	43.2	55.6	90.0	91.5	73.4
2012	20.0	39.4	54.6	90.0	92.0	72.3
2013	20.0	39.0	54.5	90.0	92.0	74.3
2014	20.0	38.9	55.3	90.0	93.8	74.8
均值	23.8	40.8	55.2	90.0	93.3	71.0

5. 控制变量

我们在国家宏观层面，进行了经济、文化、创新相对优势等多个方面的控制。通过母国 GDP 增长率控制宏观经济市场的时间效应，数据来源于世界银行发展指标。文化对于创新有显著的影响（Herbig and Dunphy，1998），根据 Hotstede 的国家文化维度划分，我们从这些维度对社会文化进行衡量，数据来源于网站 http://geert-hofstede.com。将创新相对优势作为控制变量主要是考虑到德国与中国相比明显具有更浓厚的创造底蕴。因此，为了控制创新的国别差异影响，我们将创新相对优势设为一个二值变量，德国并购样本的创新相对优势变量赋值 1，中国并购样本赋值 0。

在产业层面，我们通过设置变量产品研发强度增长率进行了内生性控制。对于产业研发投入进行了针对性控制，将并购后两年产业研发经费内部支出的平均增长率作为变量观测值，数据来源于《中国科技统计年鉴》和德国联邦统计局。

表 13-12 显示了中国和德国并购样本的描述性统计和 t 检验，中国与德国样本在产权保护度、商业法规健全度及市场制度完善性方面差异明显。

表 13-12　中国和德国变量的描述性统计及 t 检验

变量	中国（N=77）极小值	极大值	均值	标准差	德国（N=108）极小值	极大值	均值	标准差	t 检验
资源-人员整合	0	1	0.656	0.374	0	1	0.657	0.366	−0.028
资源-任务整合	0	1	0.721	0.339	0	1	0.667	0.368	1.018
中心性提升	−0.191	0.653	0.213	0.259	−0.130	0.834	0.357	0.285	−3.510***
结构洞提升	−0.216	0.703	0.229	0.248	−0.182	0.702	0.314	0.253	−2.276**
产业专利增长率	−0.535	0.565	0.125	0.168	−0.336	0.530	0.183	0.259	−1.852*
产业新产品产值率增长率	−0.327	0.443	0.093	0.168	−0.349	0.397	0.153	0.211	−2.137**
产权保护度	20	30	22.468	4.340	90	90	90	0	−136.559***
商业法规健全度	37.3	45.5	40.845	2.65	95.2	91.5	93.424	1.161	−163.322***
市场制度完善性	54.5	56.3	55.243	0.523	67.0	74.8	70.895	2.587	−61.490***
母国 GDP 增长率	0.076	0.142	0.097	1.462	−0.056	0.041	0.011	2.360	29.188***
产业研发强度增长率	−0.285	0.333	0.064	0.169	−0.251	0.371	0.105	0.150	−1.727*

注：产业专利增长率、产业新产品产值率增长率、产权保护度、商业法规健全度、市场制度完善性、母国 GDP 增长率不满足方差齐性，因此使用 t 检验矫正显著性统计结果

***表示 $p<0.001$，**表示 $p<0.05$，*表示 $p<0.1$

信度体现了同一对象的指标测量结果的一致性水平，可以体现数据的可靠性。我们选择了 CR 作为信度指标，CR 值在 0.7 以上，达到了良好的数据品质。效度体现了指标对于目标对象测量的精准程度，可以体现数据的有效性，内敛效度可以体现不同测量指标对于同一个对象的测量一致性。我们选取 AVE 来效度检验，AVE 在 0.5 时达到临界值，大于 0.6 时，效度较高。表 13-13 显示，本节研究运用 Smart PLS 得到的相应的 CR（大于 0.7）和 AVE（大于 0.5）值均得到了指标检验的标准。

表 13-13　信度与效度分析结果

被测变量	测量工具	项数/项	CR	AVE
资源-整合程度匹配	资源-人员整合 资源-任务整合	2	0.732	0.588

续表

被测变量	测量工具	项数/项	CR	AVE
产业技术创新	产业专利增长率 产业新产品产值率增长率	2	0.707	0.564
经济制度环境	产权保护度 商业法规健全度 市场制度完善性	3	0.994	0.983

二、实证结果与分析

（一）实证研究思路

本节的研究思路如下：基于前文中德两国符合相应条件筛选的技术获取型海外并购样本，探究并购方海外并购整合程度如何影响其在创新网络中的网络中心性和结构洞位置，从而影响并购方母国的产业技术创新能力。

对于所选样本，依据 Makri 等（2010）的计算方法对并购双方的资源相似性和互补性特征进行刻画。具体计算方法如下：

$$资源相似性 = \frac{并购双方相同专利类别下专利数}{并购双方专利总数} \times \frac{并购方相同专利类别下专利数}{并购方专利数总数}$$

$$资源互补性 = \frac{并购双方相同专利分部下专利数}{并购双方专利总数} - \frac{并购双方相同专利类别下专利数}{并购双方专利总数} \times \frac{并购方相同专利分部下专利数}{并购方专利总数}$$

接着，本文依据中国样本和德国样本的资源相似性和互补性的中位数分别对其进行资源特征组合的识别与分组。最后我们依据表 13-12 对不同资源相关特征分组进行了资源-整合程度匹配变量的赋值,并依次计算了创新网络指标、产业技术创新指标和控制变量指标等。利用信度和效度相关指标来检验数据的质量与相关指标的合理性,并针对前文理论和假设进行结构方程实证检验。

借鉴 Lin 等(2009)的做法,本节设置了三个结构方程模型,进行两次检验。模型 3 为最基础的模型,包含"资源-整合程度匹配→中心性提升"、"资源-整合程度匹配→结构洞提升"、"中心性提升→产业技术创新"及"结构洞提升→产业技术创新"的路径设置。模型 1 与模型 3 相比,增加了"经济制度环境→中心性提升"和"经济制度环境→结构洞提升"路径设置。模型 2 在模型 1 的基础上,增加了"资源-整合程度匹配×经济制度环境→中心性提升","资源-整合程度匹配×经济制度环境→结构洞提升"的路径设置。实证采用 Amos 21.0,通过模型 1 与模型 2 的分层回归,利用中德总样本检验基于资源相关性特征不同组合的海外并购整合程度、创新网络位置、产业技术创新能力、经济制度环境几个方面的关系,对前文的假设进行初步检验。再利用模型 3 对中德子样本进行稳健性检验,通过多群组结构方程的思想对两组子样本的关键路径进行路径系数的限制,观察模型限制与否是否存在路径的显著差异,从而进一步对假设进行验证,观察经济制度环境的调节效应是否显著。

(二)实证检验

前文的 t 检验结果显示了中国与德国之间显著的经济制度环境的差距,德国的经济制度环境更为完善。天然地,德国代表经济制度环境相对完善的子样本组,中国代表经济制度环境相对不完善的子样本组。

模型 1 的初始路径设置如图 13-3 所示。

对模型 1 结构方程的设定的详细说明如下所示。

第一,模型 1 设置三个潜变量,以椭圆形表示,分别为"资源-整合程度匹配""经济制度环境""产业技术创新"。

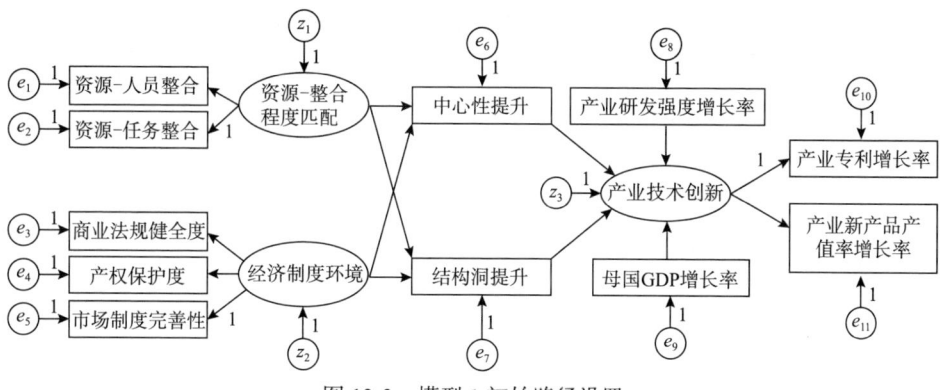

图 13-3 模型 1 初始路径设置

第二，观测变量，以长方形表示。资源-人员整合与资源-任务整合是资源-整合程度匹配的 2 个观测变量。产权保护度、商业法规健全度、市场制度完善性是经济制度环境的 3 个观测变量。产业专利增长率和产业新产品产值率增长率是产业技术创新的 2 个观测变量。中心性提升、结构洞提升是 2 个中介观测变量，母国 GDP 增长率、产业研发强度增长率是 2 个控制观测变量。

第三，设置观测变量误差变量（e_1，e_2，…，e_{11}）以及潜变量误差变量（z_1，z_2，z_3），以圆形表示。

第四，依据理论设置了 6 条路径。

第五，为使模型收敛，误差变量与相关观测变量或潜变量的路径系数设为 1。同时，设置一个观测变量与潜变量之间的路径系数为 1。模型 1 中资源-任务整合、市场制度完善性、产业专利增长率与对应潜变量的路径系数设为 1。

模型 1 初始运行后，如表 13-14 所示，模型适配度指标显示模型契合度较弱，需要进行修正。通过参考修正指标，在误差变量 e_4 和 e_9、e_5 和 e_9 及 e_6 和 e_8 设置了双向关系（图 13-4），进行模型修正。如表 13-14 所示，修正后模型适配度得到提高，拟合效果满足要求。

表 13-14　结构方程模型 1 适配度指标对比

拟合指标	评判标准	修正前	修正前拟合情况	修正后	修正后拟合情况
模型绝对适配指数					
CMIN/DF	<3 良好，<2 优良	3.705	不理想	2.709	良好拟合
RMSEA	0~0.05 良好拟合，0.05~0.08 较好拟合，0.08~0.1 中度拟合	0.130	不理想	0.103	接近中度拟合
GFI	>0.9	0.858	不理想	0.902	理想
模型增值适配指数					
CFI	>0.9	0.934	理想	0.961	理想
IFI	>0.9	0.935	理想	0.962	理想
TCL	>0.9	0.909	理想	0.943	理想
模型简约适配指数					
PCFI	>0.5	0.679	理想	0.647	理想
PNFI	>0.5	0.664	理想	0.633	理想

注：GFI 表示 goodness-of-fit index（拟合优度指数），PCFI 表示 parsimony comparative fit index（简约比较拟合指数），PNFI 表示 parsimonious normed fit index（简约规范拟合指数）

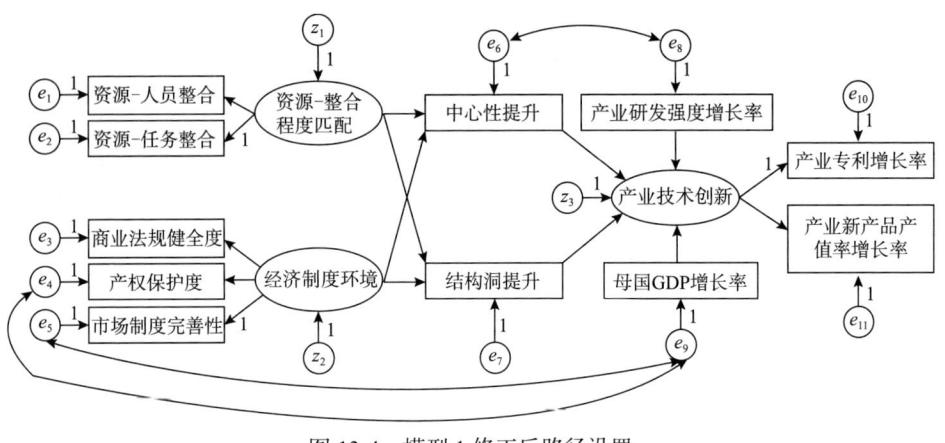

图 13-4　模型 1 修正后路径设置

表 13-15 为修正前后模型 1 的实证检验结果，有关路径系数发生了轻微的变化，有关载荷因子得到了一些改进。由修正后的结果可得，资源-整合程

度匹配与中心性提升显著正相关（$\beta=0.528$，$p<0.001$），中心性提升与产业技术创新显著正相关（$\beta=0.508$，$p<0.001$）。同样，资源-整合程度匹配与结构洞提升显著正相关（$\beta=0.570$，$p<0.001$），结构洞提升与产业技术创新显著正相关（$\beta=0.411$，$p<0.001$）。值得注意的是，经济制度环境对中心性提升与结构洞提升的影响均不显著，表明经济制度环境不会直接影响并购方在创新网络中的位置。

控制变量中，产业研发强度增长率与产业技术创新显著正相关，但母国 GDP 增长率对产业技术创新影响不显著。这说明国家层面经济对产业技术创新的一阶滞后效应不显著。

表 13-15　修正前后模型 1 路径统计结果

路径因子			全样本(修正前)		全样本(修正后)	
			标准估计	CR	标准估计	CR
中心性提升	→	产业技术创新	0.544***	6.629	0.508***	6.629
结构洞提升	→	产业技术创新	0.431***	5.112	0.411***	5.112
资源-整合程度匹配	→	中心性提升	0.577***	6.012	0.528***	5.690
资源-整合程度匹配	→	结构洞提升	0.580***	6.339	0.570***	6.281
经济制度环境	→	中心性提升	0.071	1.037	0.096	1.432
经济制度环境	→	结构洞提升	0.091	1.335	0.092	1.340
母国 GDP 增长率	→	产业技术创新	−0.096	−1.245	−0.091	−1.245
产业研发强度增长率	→	产业技术创新	0.441***	5.562	0.421***	5.562
资源-整合程度匹配	→	资源-人员整合	0.811***	7.371	0.806***	7.156
资源-整合程度匹配	→	资源-任务整合	0.711		0.725	
经济制度环境	→	产权保护度	0.994***	53.090	0.994***	57.360
经济制度环境	→	市场制度完善性	0.978		0.978	
经济制度环境	→	商业法规健全度	1.000***	59.396	1.000***	61.191
产业技术创新	→	产业新产品产值率增长率	0.485***	6.424	0.503***	6.424
产业技术创新	→	产业专利增长率	0.735		0.750	

***表示 $p<0.001$

模型1表明经济制度环境对并购方的创新网络位势提升没有直接影响，因此考虑加入经济制度环境与资源-整合程度匹配的交互项的模型2，从而检验经济制度环境对并购创新网络位势提升是否有调节效应。按照因子载荷大小交叉配对的原则，依据模型1修正后的运行结果，设置资源-人员整合×商业法规健全度、资源-任务整合×产权保护度为交互项的观测变量。模型2初始路径设置如图13-5所示。

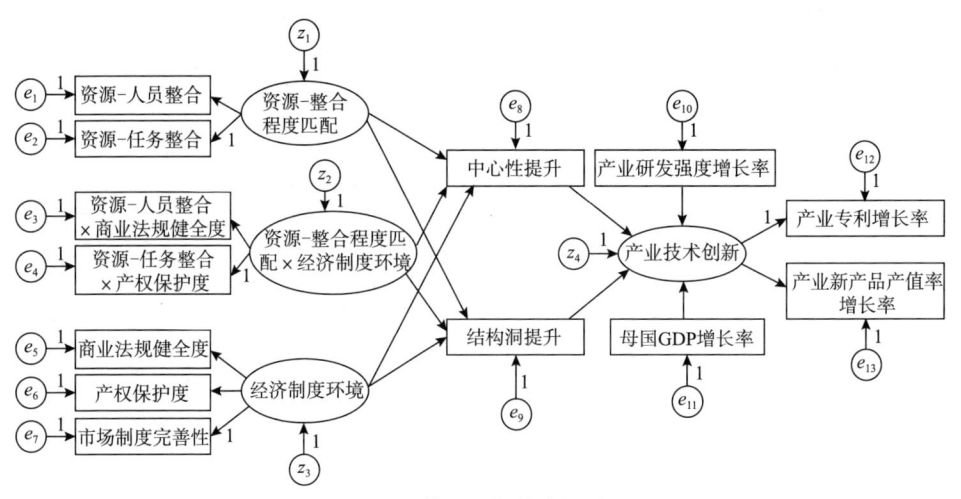

图13-5 模型2初始路径设置

模型2初始路径设置说明如下。

第一，模型2在模型1的基础上增设资源整合程度匹配×经济制度环境潜变量，以椭圆形表示。

第二，在模型1的基础上，增设资源-人员整合×商业法规健全度、资源-任务整合×产权保护度这两个观测变量，以长方形表示。

第三，设置观测变量误差变量（e_1，e_2，…，e_{13}）及潜变量误差变量（z_1，z_2，z_3，z_4），以圆形表示。

第四，依据理论设置了八条路径。

第五，为使模型收敛，将误差变量与相关观测变量或潜变量的路径系数设为1。同时，需设置一个观测变量与潜变量之间的路径系数为1。将模型2中资源-任务整合、市场制度完善性、资源-任务整合×产权保护度、产业专利增长率与对应潜变量的路径系数设为 1。

模型 2 初始运行后，如表 13-16 所示，模型适配度指标显示模型契合度较弱，需要进行修正。通过参考修正指标，在误差变量 z_1 和 z_2、e_8 和 e_{10} 之间设置了双向关系（图 13-6），进行模型修正。如表 13-16 所示，修正后模型适配度得到提高，拟合效果满足要求。

表 13-16　结构方程模型 2 适配度指标对比

拟合指标	评判标准	修正前	修正前拟合情况	修正后	修正后拟合情况
模型绝对适配指数					
CMIN/DF	<3 良好，<2 优良	7.099	不理想	2.860	良好拟合
RMSEA	0~0.05 良好拟合，0.05~0.08 较好拟合，0.08~0.1 中度拟合	0.195	不理想	0.108	接近中度拟合
GFI	>0.9	0.781	不理想	0.872	接近理想
模型增值适配指数					
CFI	>0.9	0.833	不理想	0.951	理想
IFI	>0.9	0.834	不理想	0.951	理想
TCL	>0.9	0.779	不理想	0.932	理想
模型简约适配指数					
PCFI	>0.5	0.630	理想	0.695	理想
PNFI	>0.5	0.614	理想	0.677	理想

表 13-17 为修正前后模型 2 的实证检验结果，有关路径系数发生了变化，有关载荷因子得到了一些改进。由修正后的结果可得，资源-整合程度匹配与中心性提升显著正相关（$\beta=0.527$，$p<0.001$），中心性提升与产业技术创新显著正相关（$\beta=0.507$，$p<0.001$），资源-整合程度匹配与经济制度环境的交互项与中心性提升显著正相关（$\beta=0.330$，$p<0.1$），说明经济制度环境越完善，并购方基于双方资源相关性特征实施恰当并购整合程度有利于中心性提升，进而促进产业技术创新。同样，资源-整合程度匹配与结构洞提升显著正相关（$\beta=0.573$，$p<0.001$），结构洞提升与产业技术创新显著正相关（$\beta=0.412$，

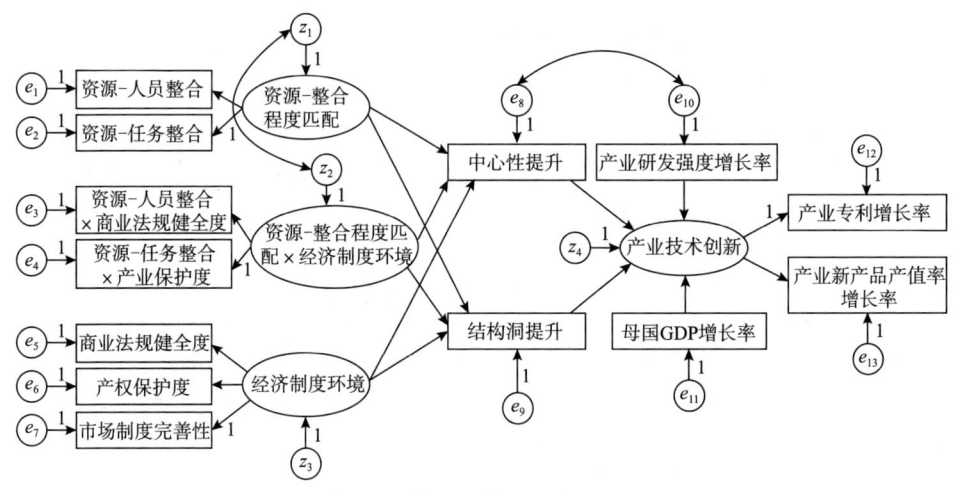

图 13-6 模型 2 修正后路径设置

$p<0.001$)。资源-整合程度匹配与经济制度环境的交互项与结构洞提升显著正相关($\beta=0.462$,$p<0.05$),表明经济制度环境越完善,并购方基于双方资源相关性特征实施恰当并购整合程度有利于结构洞提升,进而促进产业技术创新。由此,第六章假设 6-4a、假设 6-5a 和假设 6-6a 得到了实证的验证支持。

表 13-17 修正前后模型 2 路径统计结果

路径因子			全样本(修正前)		全样本(修正后)	
			标准估计	CR	标准估计	CR
中心性提升	→	产业技术创新	0.544***	6.629	0.507***	6.629
结构洞提升	→	产业技术创新	0.452***	5.112	0.412***	5.112
资源-整合程度匹配	→	中心性提升	0.574***	6.041	0.527***	5.699
资源-整合程度匹配	→	结构洞提升	0.565***	6.555	0.573***	6.395
经济制度环境	→	中心性提升	0.110	1.052	0.032	0.168
经济制度环境	→	结构洞提升	−0.046	−0.494	0.068	0.345
资源-整合程度匹配×经济制度环境	→	中心性提升	0.167	1.173	0.330+	1.656
资源-整合程度匹配×经济制度环境	→	结构洞提升	0.300*	2.310	0.462*	2.245

续表

路径因子			全样本(修正前)		全样本(修正后)	
			标准估计	CR	标准估计	CR
母国 GDP 增长率	→	产业技术创新	−0.095	−1.245	−0.091	−1.245
产业研发强度增长率	→	产业技术创新	0.439***	5.562	0.420***	5.562
资源-整合程度匹配	→	资源-人员整合	0.818***	7.487	0.809***	7.190
资源-整合程度匹配	→	资源-任务整合	0.704		0.724	
经济制度环境	→	产权保护度	0.994***	52.725	0.995***	53.560
经济制度环境	→	市场制度完善性	0.978		0.978	
经济制度环境	→	商业法规健全度	1.000***	59.324	1.000***	59.515
资源-整合程度匹配×经济制度环境	→	资源-人员整合×商业法规健全度	1.081***	5.298	0.935***	22.702
资源-整合程度匹配×经济制度环境	→	资源-任务整合×产权保护度	0.819		0.948	
产业技术创新	→	产业新产品产值率增长率	0.487***	6.424	0.503***	6.424
产业技术创新	→	产业专利增长率	0.736		0.751	

+表示 $p<0.1$；*表示 $p<0.05$，***表示 $p<0.001$

控制变量中，产业研发强度增长率与产业技术创新显著正相关，但母国 GDP 增长率对产业技术创新影响不显著。这说明国家层面经济对产业技术创新的一阶滞后效应不显著。

三、稳健性检验

运用中德子样本进行稳健性检验，通过多群组结构方程的思想对于两组子样本的关键路径进行路径系数的限制，观察对模型限制与否是否存在路径的显著差异从而进一步对于假设进行验证，观察经济制度环境的调节效应是否显著。图 13-7 显示了模型 3 的初始路径设置。

模型 3 初始路径设置说明如下。

第一，模型 3 设置两个潜变量，以椭圆形表示，分别为资源-整合程度匹配、产业技术创新。

第二，观测变量，以长方形表示。资源-人员整合与资源-任务整合是资

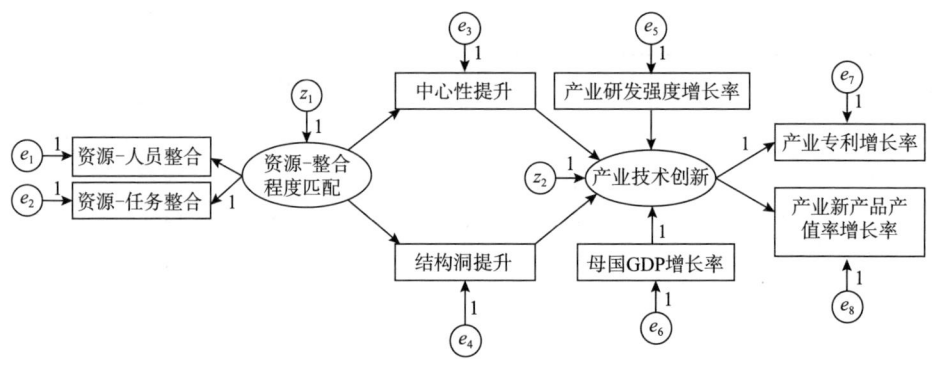

图 13-7　模型 3 初始路径设置

源-整合程度匹配的两个观测变量。产业专利增长率和产业新产品产值率增长率是产业技术创新的两个观测变量。中心性提升、结构洞提升这两个中介观测变量和母国 GDP 增长率、产业研发强度增长率这两个为控制变量。

第三，设置观测变量误差变量（e_1，e_2，…，e_8）及潜变量误差变量（z_1，z_2），以圆形表示。

第四，依据理论设置了四条路径。

第五，为使模型收敛，将误差变量与相关观测变量或潜变量的路径系数设为 1。同时，需设置一个观测变量与潜变量之间的路径系数为 1。模型 3 中资源-任务整合、产业专利增长率与对应潜变量的路径系数设为 1。

模型 3 初始运行后，如表 13-18 所示，模型适配度指标显示模型契合度较弱，需要进行修正。通过参考修正指标，在误差变量 e_3 和 e_5、e_5 和 e_6 之间设置了双向关系（图 13-8），进行模型修正。如表 13-18 所示，修正后模型适配度得到提高，拟合效果满足要求。

表 13-18　结构方程模型 3 适配度指标对比

拟合指标	评判标准	修正前	修正前拟合情况	修正后	修正后拟合情况
模型绝对适配指数					
CMIN/DF	<3 良好，<2 优良	2.714	良好	2.152	接近优良
RMSEA	0~0.05 良好拟合，0.05~0.08 较好拟合，0.08~0.1 中度拟合	0.104	不理想	0.085	接近较好拟合

续表

拟合指标	评判标准	修正前	修正前拟合情况	修正后	修正后拟合情况
GFI	> 0.9	0.866	不理想	0.908	理想
模型增值适配指数						
CFI	> 0.9	0.840	不理想	0.904	理想
IFI	> 0.9	0.848	不理想	0.910	理想
TLI	> 0.9	0.751	不理想	0.832	接近理想
模型简约适配指数						
PCFI	> 0.5	0.540	理想	0.517	理想
PNFI	> 0.5	0.500	理想	0.482	接近理想

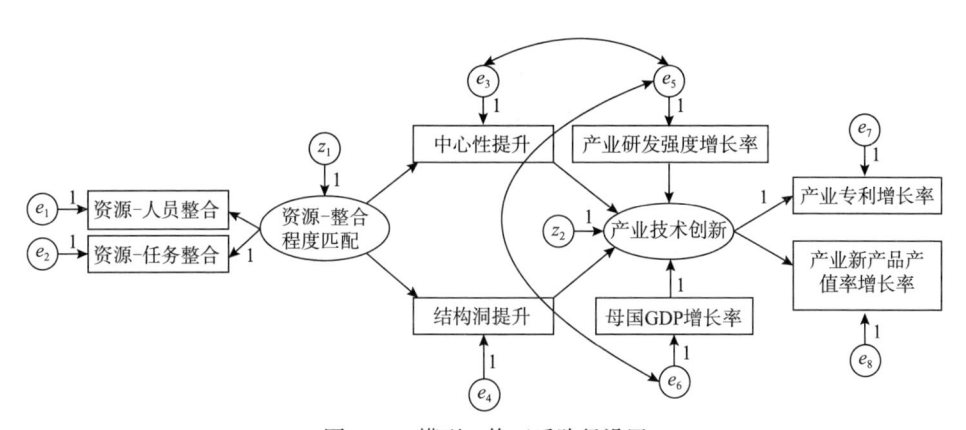

图 13-8 模型 3 修正后路径设置

表 13-19 为修正前模型 3 的实证结果，表 13-20 为修正后模型 3 实证检验结果，有关路径系数发生了变化。由修正后的结果可得，中国群组中，资源-整合程度匹配与中心性提升显著正相关（$\beta=0.345$，$p<0.1$），中心性提升与产业技术创新显著正相关（$\beta=0.479$，$p<0.001$）。同样，资源-整合程度匹配与结构洞提升显著正相关（$\beta=0.530$，$p<0.001$），结构洞提升与产业技术创新显著正相关（$\beta=0.421$，$p<0.001$）。德国群组中，资源-整合程度匹配与中心性提升显著正相关（$\beta=0.618$，$p<0.001$），中心性提升与产业技术创新显著

正相关（$\beta=0.596$，$p<0.001$）。同样，资源-整合程度匹配与结构洞提升显著正相关（$\beta=0.654$，$p<0.001$），结构洞提升与产业技术创新显著正相关（$\beta=0.435$，$p<0.001$）。我们可以清楚地看出，中国群组资源-整合程度匹配→中心性提升、资源-整合程度匹配→结构洞提升的路径系数小于德国群组的路径系数。说明德国群组中，由于经济制度环境天然地位高于中国群组，并购方基于双方资源相关性特征实施恰当并购整合程度更有利于中心性提升、结构洞提升，进而促进产业技术创新，由此第六章假设 6-4a、假设 6-5a 和假设 6-6a 得到了进一步验证。

表 13-19　修正前模型 3 路径统计结果

路径因子			中国($N=65$)		德国($N=96$)	
			标准估计	CR	标准估计	CR
资源-整合程度匹配	→	中心性提升	0.387	1.436	0.649***	5.525
资源-整合程度匹配	→	结构洞提升	0.517***	3.656	0.673***	5.633
网络中心性提升	→	产业技术创新	0.509***	4.369	0.651***	5.512
结构洞提升	→	产业技术创新	0.459***	3.952	0.453***	3.833
母国 GDP 增长率	→	产业技术创新	−0.130	−1.277	−0.003	−0.025
产业研发强度增长率	→	产业技术创新	0.432***	3.974	0.425***	3.928
资源-整合程度匹配	→	资源-人员整合	0.681*	2.193	0.826***	6.850
资源-整合程度匹配	→	资源-任务整合	0.803		0.729	
产业技术创新	→	产业新产品产值率增长率	0.650***	5.204	0.399***	4.249
产业技术创新	→	产业专利增长率	0.705		0.745	

*表示 $p<0.05$；***表示 $p<0.001$

表 13-20　修正后模型 3 路径统计结果

路径因子			中国($N=65$)		德国($N=96$)	
			标准估计	CR	标准估计	CR
资源-整合程度匹配	→	中心性提升	0.345+	1.798	0.618***	5.589
资源-整合程度匹配	→	结构洞提升	0.530***	3.639	0.654***	5.592
中心性提升	→	产业技术创新	0.479***	4.369	0.596***	5.512

续表

路径因子			中国(N=65)		德国(N=96)	
			标准估计	CR	标准估计	CR
结构洞提升	→	产业技术创新	0.421***	3.952	0.435***	3.833
母国 GDP 增长率	→	产业技术创新	−0.119	−1.277	−0.003	−0.025
产业研发强度增长率	→	产业技术创新	0.398***	3.974	0.410***	3.928
资源-整合程度匹配	→	资源-人员整合	0.646**	2.886	0.828***	6.807
资源-整合程度匹配	→	资源-任务整合	0.841		0.744	
产业技术创新	→	产业新产品产值率增长率	0.682***	5.204	0.413***	4.249
产业技术创新	→	产业专利增长率	0.735		0.759	

+表示 $p<0.1$；**表示 $p<0.01$；***表示 $p<0.001$

为了验证路径系数的差异性，我们对中国与德国两组子样本结构方程的资源-整合程度匹配→中心性提升、资源-整合程度匹配→结构洞提升路径进行了限制，假定它们是相等的。通过模型检验（表 13-21），模型卡方值差异为 6.19（设置限制 75.067，取消限制 68.877），自由度差异为 34（设置限制 34，取消限制 32）。卡方值差异显著性 p 值 0.045<0.05，在 5%水平下差异明显。因此，表明中国与德国两组子样本在资源-整合程度匹配→中心性提升、资源-整合程度匹配→结构洞提升路径上存在显著差异。

表 13-21　路径系数卡方差异检验结果

模型	卡方	自由度	卡方差异检验		
			卡方值差异	自由度差异	p 值
设置限制	75.067	34	6.19	2	0.045
取消限制	68.877	32			

四、研究结论

综上所述，本节基于中德比较，验证了如下机制是成立的：①经济制度环境越完善，并购方基于双方资源相关性特征实施恰当并购整合程度越有利于提升网络中心性，进而促进产业技术创新；②经济制度环境越完善，并购方基于双方资源相关性特征实施恰当并购整合程度越有利于提升结构洞位置，进而促进产业技术创新。与德国相比，中国在经济制度环境上仍存在明显的差距，为了更好地服务于制造业企业通过海外并购整合的创新网络位势提升带动制造业产业技术创新能力提升，中国应该进一步加强经济制度环境的建设，打造更好的经济制度环境。

第三节　制造业海外并购整合与产业技术创新：中国与日本的国际比较

一、样本与数据

（一）样本筛选

为较充分体现并购整合对于产业技术创新的影响，本节以并购时间发生前后两年作为数据获取范围，故利用 BvD-Zephyr 数据库，将中国和日本制造业上市公司 2002~2014 年发生的海外并购作为样本来源。然后，基于下列条件进行事件筛选：①并购事件为制造业海外并购，因此选取的并购方 SIC 代码为 20~39；②目标方属于发达国家(依据国际货币基金组织的定义)；③仅选取并购公告中明确并购获取技术资源或涉及技术共享的并购事件；④剔除限定时间内并购交易状态未完成或缺少核心信息的事件。

（二）变量说明

1. 资源整合程度匹配

在实证测量中，本节采用分级计分。采用管理整合程度和技术整合程度作为评价维度。根据相关报道中有关目标方管理层及研发团队和项目的保留情况进行评估，有完全保留字样则将整合程度记为较低整合；有基本或部分保留字样则将整合程度记为适中整合；有完全整合字样则将整合程度记为较高整合。数据主要来自 LexisNexis 数据库、企业年报和新闻资讯。参考 Wang 和 Zajac（2007）对于资源相似性与互补性水平的计算方法[①]，以中日样本各自中位数为界将样本分为四组，剔除研究价值不强且数量较少的相似性弱、互补性弱的分组后，再按理论分析中基于资源相关性进行恰当整合程度匹配计分。以 0、0.5 和 1 对整合程度进行赋值，具体如表 13-22 所示。本节得到日本样本 247 个（组别 A、组别 B、组别 C）和中国样本 118 个（组别 D、组别 E、组别 F）[②]。

表 13-22　资源整合程度匹配关系值

资源相似性	资源互补性	资源-整合程度匹配赋值		
		高度整合	中度整合	低度整合
强	弱	1	0.5	0
弱	强	0	0.5	1
强	强	0.5	1	0

2. 创新网络中心性和结构洞位置

本节依据实证所需，通过滚雪球方法构建以并购方和目标方为出发点并与其具有直接和间接连接关系的以与并购方和目标方具有直接联系的企业为主体节点创新网络。本节借鉴 Hanaki 等（2010）、Guan 和 Chen（2012）的网络创建做法，将专利引用信息和专利联合申请信息作为创建依据。专利信息来自德温特专利情报数据库。首先，本节分别查找并购双方在并购前两年到并购后两年内的每一条专利数据，记录其中提及的具有专利共同申请和专

[①] 相似性通过并购双方的 NAICS 码刻画，第一位不同为 0，第一位相同为 0.25，前两位相同为 0.5，前三位相同为 0.75，前四位相同为 1。资源互补性计算公式为 $Com_{ij} = (J_{ij} - \mu_{ij})/\delta_{ij}$。记双方主 NAICS 代码出现在同一企业的次数为 J_{ij}，并购方代码 i 在所有企业代码中出现的次数为 N_i，并购方代码 j 在所有企业代码中出现的次数为 N_j，企业总数为 K。$\mu_{ij} = (N_i \times N_j)/K$，$\delta_{ij} = \sqrt{\mu_{ij} \times (1 - N_i/K) \times (K/(K-1)) \times (1 - N_j/K)}$。

[②] 日本组别 A 相似性弱、互补性弱（104 个），组别 B 相似性弱、互补性强（104 个），组别 C 相似性强、互补性强（39 个）；中国组别 D 相似性弱、互补性弱（46 个），组别 E 相似性弱、互补性强（41 个），组别 F 相似性强、互补性强（31 个）。

利互引关系的企业。其次，本节通过滚雪球方法按照刚才的步骤继续查询，记录与查找到的这些企业具有专利共同申请和专利互引关系的其他企业。最后，我们将上述所有的关系通过 Matlab 软件构建邻接矩阵，将有共同申请和引用信息的企业连接关系记为 1，否则记为 0，并购后并购方和目标方连接关系记为 1。本节使用 Ucinet 分析软件进行中心性和结构洞指标计算。

（1）中心性提升。本节采用接近中心性，其衡量了某节点对信息来源的掌控范围和对资源的控制程度。接近中心性=$\dfrac{n-1}{\sum_{i=1}^{n}d(p_i,p_k)}$，其中 n 表示网络内企业数量，$d(p_i,p_k)$ 表示企业 i 与企业 k 之间的路径距离。本节通过并购后数值减去并购前数值的差值测量该变量。

（2）结构洞提升。本节采用节点效率指标，节点效率=$\dfrac{ES_i}{n}$，其中，ES_i 表示个体 i 网络的有效规模即其所拥有的网络非冗余因素，n 表示网络内企业数量。本节通过并购后数值减去并购前数值的差值测量该变量。

3. 经济制度环境

本节采用全球经济自由度指数对经济制度环境进行评价。产权保护度指标体现产权保护水平。本节将财政自由度、政府开支、货币自由度、政府诚信指标均值作为政府干预度的观测值，将经济自由度指数中的贸易自由度、投资自由度和金融自由度指标均值作为市场开放度的观测值。

4. 产业技术创新能力

产业专利申请增长率为产业并购完成后两年内专利申请平均增长率，数据来自《中国科技统计年鉴》《中国统计年鉴》《日本统计年鉴》。

产业新产品产值增长率为产业并购完成后两年内新产品产值增长率，数据来自《中国科技统计年鉴》《中国统计年鉴》《日本统计年鉴》。

5. 控制变量

母国 GDP 增长率被用来控制宏观经济环境及时间效应的差异，我们通过并购前两年 GDP 平均增长率来测量母国 GDP 增长率，数据来自世界银行发展指数；产业改造增长率被用来控制产业技术推广和改进的影响，我们通过并购后两年基于产业技术购买经费的产业技术改造平均增长率来测量产业改造增长率，数据来自中国统计局和日本统计局。

二、实证结果与分析

本节以"资源-整合程度匹配→创新网络位置变化→产业技术能力创新"为主传导路径，利用 Amos 24.0 软件进行数据处理构建结构方程来获得实证数据结果。

本节的结构方程实证分析以中日全样本分组回归分析为主，建立考虑经济制度环境及其与资源-整合程度匹配交互作用的模型 I（图 13-9），通过变量中心化处理后生成交互项，检验中国和日本两国的全部样本在依据资源相关性分组情况下，经济制度环境对匹配资源特征的整合程度通过创新网络传导从而促进产业技术创新这一过程的调节作用。随后，本节基于日本和中国不同的经济制度完善性水平进行分样本实验，考虑制度完善性不同的分样本

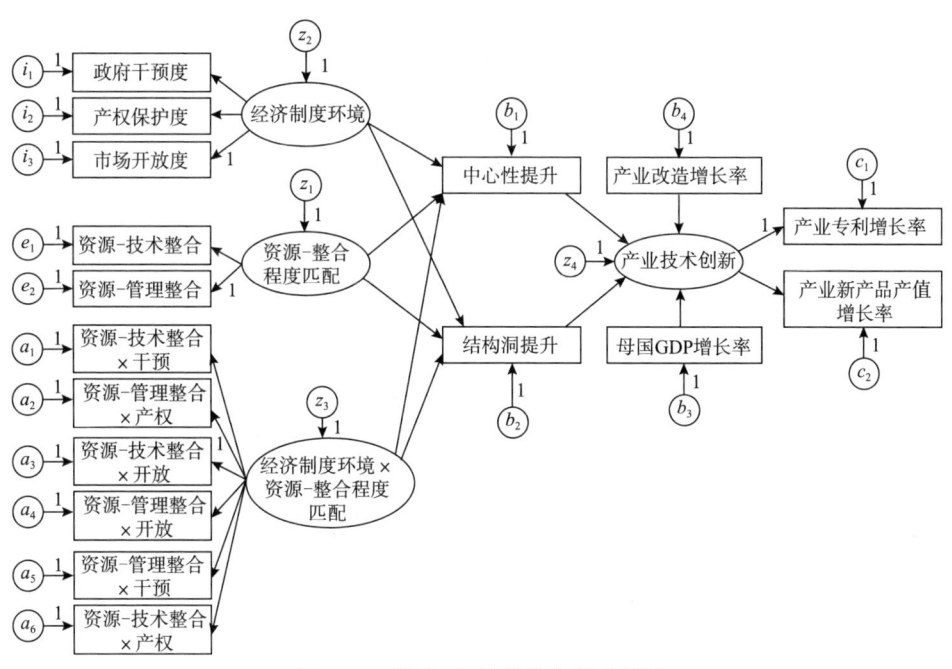

图 13-9　模型 I 初始结构方程示意图

下匹配资源特征的整合程度通过创新网络位置传导从而促进产业技术创新的路径系数差异的模型Ⅱ（图13-10），进一步通过多群组检验来验证中日两国海外并购有效整合对于产业技术创新的不同促进水平。

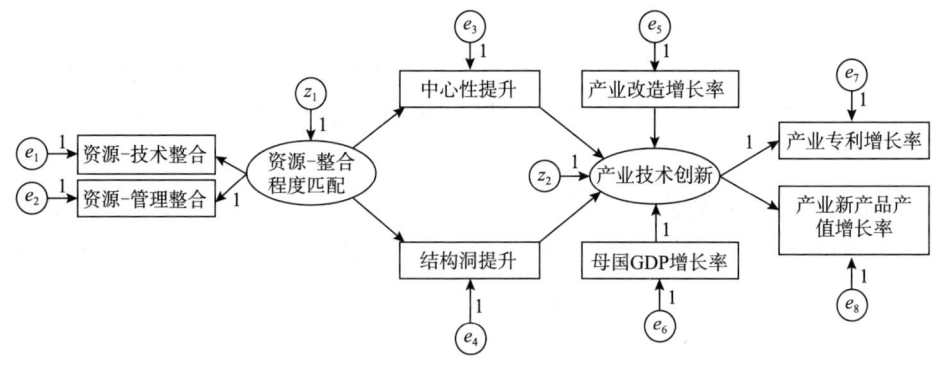

图 13-10　模型Ⅱ初始结构方程示意图

（一）描述性统计分析与信度效度检验

如表 13-23 所示，中国与日本在经济制度环境、创新网络提升、产业技术创新指标上均有显著差异。本节采用 Cronbach's α 值作为信度检验标准，采用 AVE 作为效度检验标准。如表 13-24 所示，Cronbach's α 大于 0.6，信度水平良好，AVE 大于 0.6，效度水平良好。

表 13-23　描述性统计分析与样本 t 检验

变量	中国（N=118）				日本（N=247）				t 检验
	极小值	极大值	均值	标准差	极小值	极大值	均值	标准差	
资源-技术整合	0.00	1.00	0.45	0.33	0.00	1.00	0.62	0.33	4.75***
资源-管理整合	0.00	1.00	0.50	0.35	0.00	1.00	0.70	0.34	5.34***
中心性提升	−0.01	0.65	0.09	0.09	−0.23	1.00	0.28	0.32	8.43***
结构洞提升	−0.21	1.00	0.03	0.12	−0.52	1.00	0.10	0.27	3.95***

续表

变量	中国（N=118）				日本（N=247）				t检验
	极小值	极大值	均值	标准差	极小值	极大值	均值	标准差	
产业专利增长率	0.00	0.87	0.20	0.14	0.14	0.83	0.36	0.12	11.93***
产业新产品产值增长率	0.00	1.18	0.20	0.18	0.02	2.04	0.43	0.52	6.16***
母国GDP增长率	0.08	0.13	0.10	0.01	-0.05	0.04	0.01	0.02	-47.72***
产业改造增长率	-0.63	1.27	0.23	0.35	-0.60	1.62	0.67	0.84	6.95***
产权保护度	0.20	0.30	0.21	0.03	0.70	0.80	0.75	0.05	118.61***
政府干预度	0.65	0.70	0.66	0.13	0.69	0.74	0.72	0.01	36.77***
市场开放度	0.41	0.47	0.68	0.04	0.57	0.72	0.44	0.01	93.22***

***表示 $p<0.01$

表 13-24 信度与效度检验结果

变量	中国(N=118)		日本(N=247)		总样本(N=365)	
	Cronbach's α	AVE	Cronbach's α	AVE	Cronbach's α	AVE
资源-整合程度匹配	0.772	0.629	0.765	0.631	0.786	0.651
产业技术创新	0.963	0.952	0.946	0.928	0.635	0.832
经济制度环境	0.725	0.850	0.702	0.507	0.734	0.894

（二）结构方程实证结果分析

1. 模型 I 总样本分组回归分析

本节运用中国与日本两国的全部样本基于资源相关性进行分组来开展实证分析。图 13-9 的初始结构方程运行的拟合结果如表 13-25 所示。初始结果均未达到拟合效果，本文根据路径系数载荷度去除了制度完善性对网络位置提升这一单独影响路径，并进一步精简了交互项数量，并根据 Amos 修正指标分别对于三组模型误差变量设定共变关系修正（图 13-11~图 13-13）（相似性强、互补性弱：e_1 与 e_2，z_1 与 z_3，z_1 与 b_4，z_3 与 c_1。资源相似性弱、互补性强：e_2 与 c_1，z_1 与 z_3，z_1 与 b_4，z_3 与 b_2，b_3 与 c_1。资源相似性强、互补性强：e_1 与 c_1，a_1 与 a_2，z_1 与 a_1，z_3 与 c_2，b_3 与 c_1）。

表 13-25　模型 I 总样本分组回归分析拟合结果

拟合指标	资源相似性强、互补性弱 修正前	资源相似性强、互补性弱 修正后	资源相似性弱、互补性强 修正前	资源相似性弱、互补性强 修正后	资源相似性强、互补性强 修正前	资源相似性强、互补性强 修正后	判断准则
PNFI	0.508	0.583	0.421	0.540	0.392	0.554	>0.5，非常好
RMR	0.022	0.005	0.028	0.006	0.012	0.015	<0.05，非常好
CFI	0.627	0.908	0.517	0.862	0.491	0.907	>0.9，非常好
IFI	0.630	0.909	0.519	0.863	0.497	0.909	>0.9，非常好

注：RMR 表示 root of the mean square residual（均方根残差）

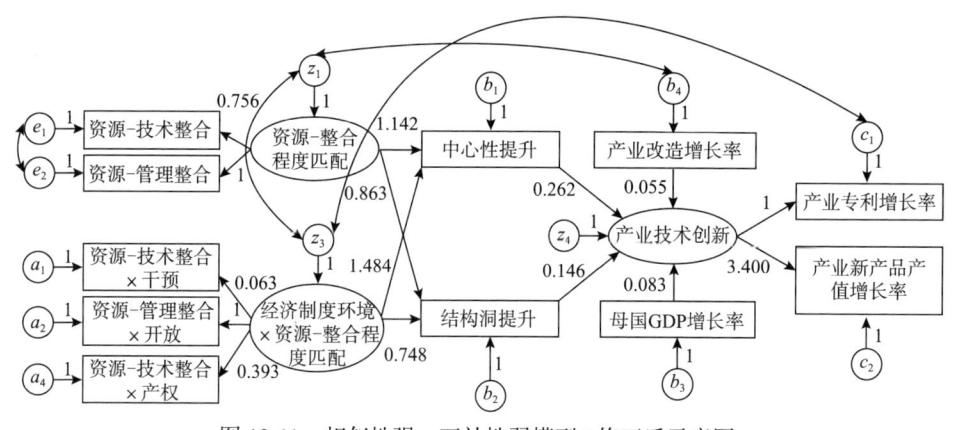

图 13-11　相似性强、互补性弱模型 I 修正后示意图

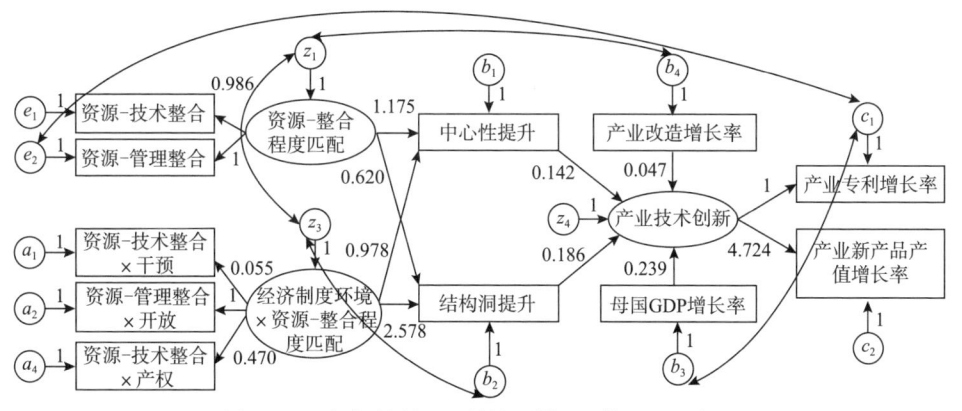

图 13-12 相似性弱、互补性强模型 I 修正后示意图

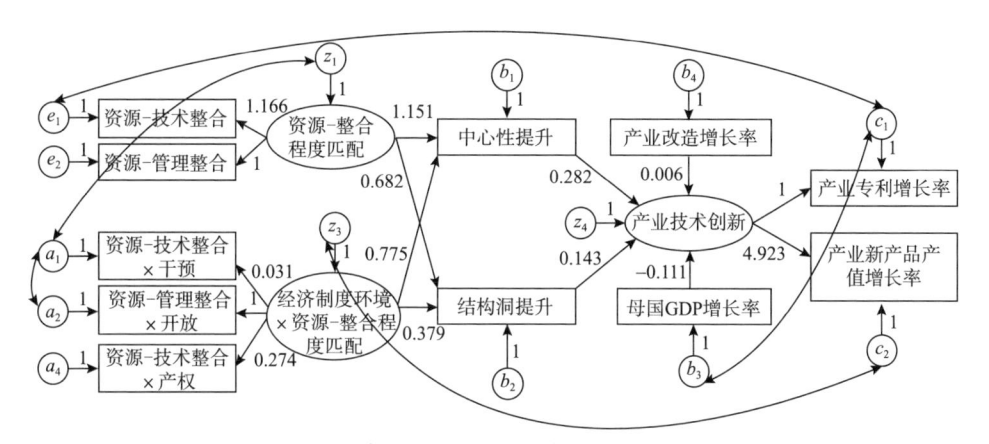

图 13-13 相似性强、互补性强模型 I 修正后示意图

据表 13-26 可知，在三组不同资源相关性情况下，资源-整合程度匹配与中心性提升均显著正相关（$\beta_{SW}=1.142, p<0.01$；$\beta_{WS}=1.175, p<0.01$；$\beta_{SS}=1.151, p<0.01$）、资源-整合程度匹配与结构洞提升显著正相关（$\beta_{SW}=0.836, p<0.01$；$\beta_{WS}=0.620, p<0.01$；$\beta_{SS}=0.682, p<0.01$），中心性提升与产业技术创新显著正相关（$\beta_{SW}=0.262, p<0.01$；$\beta_{SW}=0.142, p<0.01$；$\beta_{SS}=0.282, p<0.01$），结构洞提升与产业技术创新显著正相关（$\beta_{SW}=0.146, p<0.01$；$\beta_{SW}=0.186, p<0.01$；$\beta_{SS}=0.143, p<0.01$），证明匹配资源相关性的整合程度策略通过中心性提升和结构洞提升对产业技术创新有促进作用；经济制度环境显著正向调节资源-整合程度匹配与中心性提升的关系（$\beta_{SW}=1.484, p<0.01$；$\beta_{WS}=0.978, p<0.01$；$\beta_{SS}=0.775,$

$p<0.01$ ），经济制度环境显著正向调节资源-整合程度匹配与结构洞提升的关系（$\beta_{SW}=0.748$, $p<0.01$；$\beta_{SW}=2.578$, $p<0.05$；$\beta_{SS}=0.379$, $p<0.05$）。由此，第六章假设 6-4a、假设 6-5a 和假设 6-6a 均得到实证结果支持。

表 13-26 修正后模型主路径检验结果

路径			相似性强、互补性弱（SW）（$N=150$）		相似性弱、互补性强（WS）（$N=145$）		相似性强、互补性强（SS）（$N=50$）	
			估计值	CR	估计值	CR	估计值	CR
资源-整合程度匹配	→	中心性提升	1.142***	11.264	1.175***	13.111	1.151***	4.904
资源-整合程度匹配	→	结构洞提升	0.836***	9.539	0.620***	9.182	0.682***	4.454
中心性提升	→	产业技术创新	0.262***	12.939	0.142***	11.362	0.282***	10.254
结构洞提升	→	产业技术创新	0.146***	8.825	0.186***	9.105	0.143***	6.595
母国 GDP 增长率	→	产业技术创新	0.083	1.626	0.239***	5.680	-0.111**	-2.423
产业改造增长率	→	产业技术创新	0.055***	7.693	0.047***	6.192	0.006	0.151
经济制度环境	→	中心性提升	1.484***	6.842	0.978***	5.637	0.775***	3.339
经济制度环境	→	结构洞提升	0.748***	3.805	2.578**	3.717	0.379**	2.480
资源-整合程度匹配 × 经济制度环境	→	中心性提升	1.182***	9.779	2.859***	9.181	2.325***	4.400
资源-整合程度匹配 × 经济制度环境	→	结构洞提升	0.807***	9.360	0.611**	2.192	1.298***	2.683

***表示 $p<0.01$，**表示 $p<0.05$

2. 模型 II 中日分样本比较分析

为进一步验证经济制度环境在资源-整合程度匹配通过创新网络影响产业创新能力这一过程中的调节作用，本节将中国和日本样本视为代表经济制度完善性高低水平不同的两组样本，再对两组分样本分别基于资源相关性进行分组来进行实证分析。图 13-10 的初始结构方程模型运行的拟合结果如表 13-27 所示，运行结果见图 13-14～图 13-19。

第十三章　基于创新网络的制造业海外并购整合与产业技术创新的国际比较研究　381

表 13-27　模型 II 中日分样本回归分析拟合结果

拟合指标	资源相似性强、互补性弱群组（群组 A 和群组 D）	资源互补性强、相似性弱群组（群组 B 和群组 E）	资源相似性强、互补性强群组（群组 C 和群组 F）	判断准则
PNFI	0.521	0.516	0.593	>0.5，非常好
RMR	0.012	0.005	0.001	<0.05，非常好
CFI	0.964	0.944	0.983	>0.9，非常好
IFI	0.996	0.946	0.984	>0.9，非常好

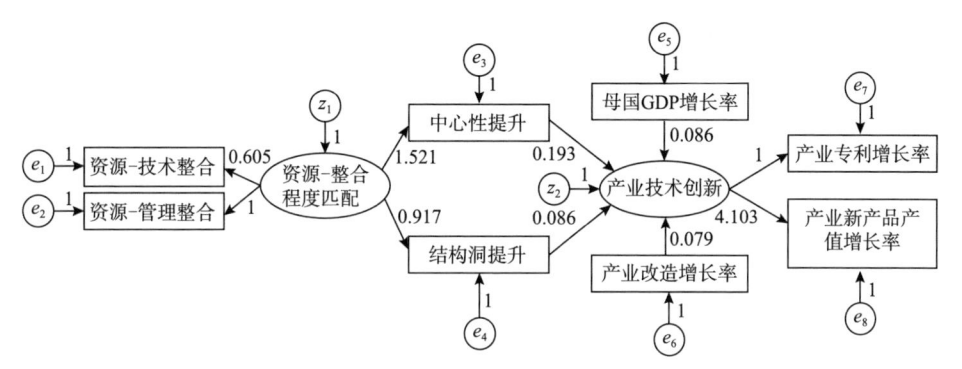

图 13-14　日本相似性强、互补性弱模型 II 示意图

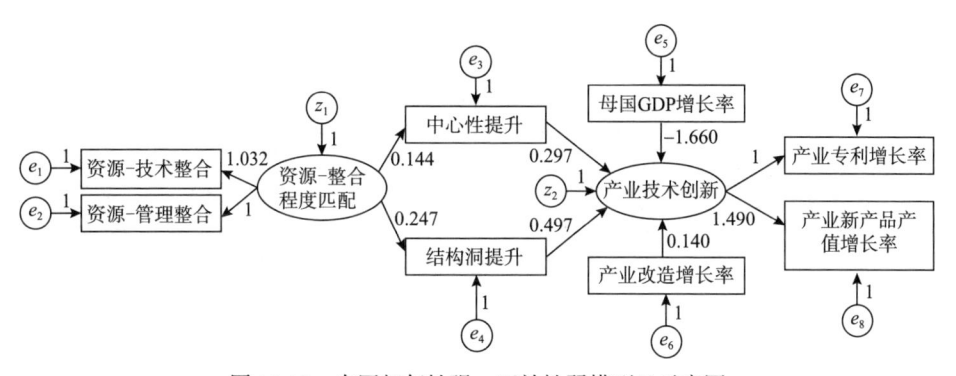

图 13-15　中国相似性强、互补性弱模型 II 示意图

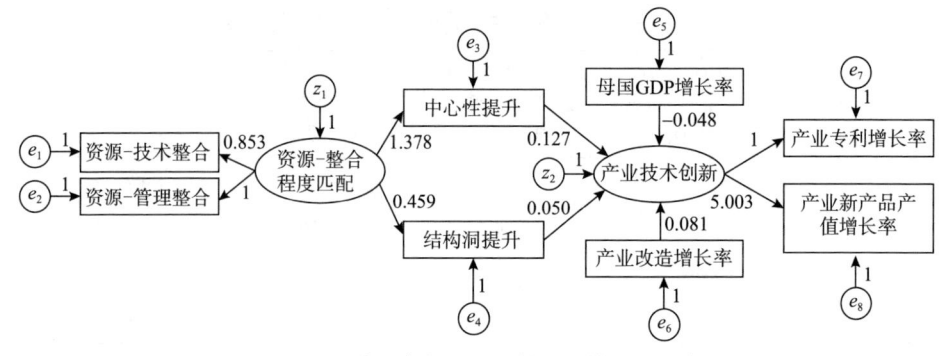

图 13-16　日本相似性弱、互补性强模型 II 示意图

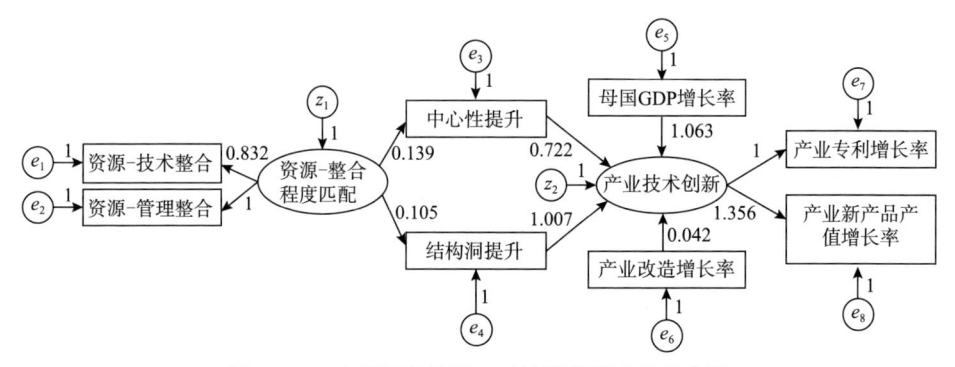

图 13-17　中国相似性弱、互补性强模型 II 示意图

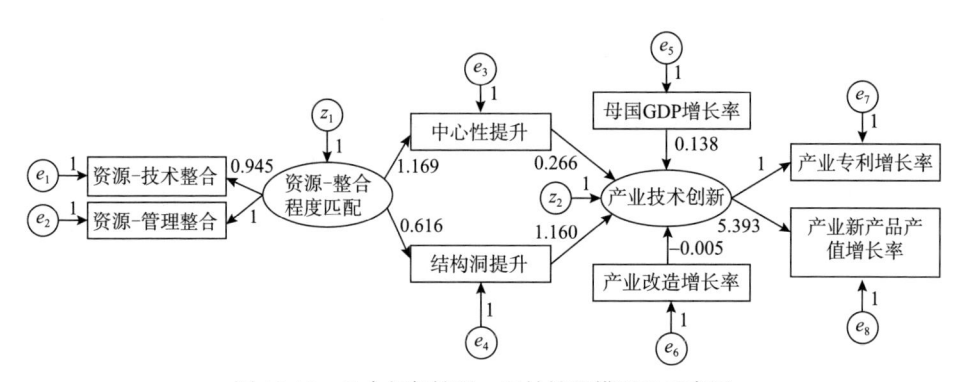

图 13-18　日本相似性强、互补性强模型 II 示意图

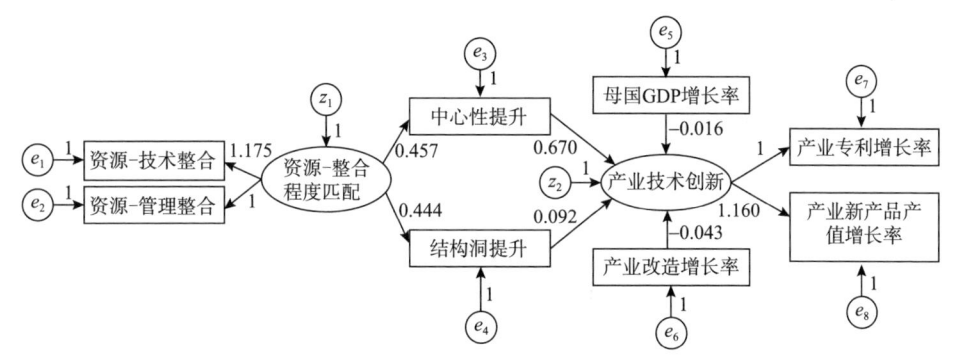

图 13-19 中国相似性强、互补性强模型Ⅱ示意图

模型检验结果见表 13-28～表 13-30，日本样本群组 A、群组 B、群组 C 的资源-整合程度匹配与中心性提升显著正相关，（β_A=1.521, $p<0.01$；β_B=1.378, $p<0.01$；β_C=1.169, $p<0.01$）、资源-整合程度匹配与结构洞提升显著正相关（β_A=0.917, $p<0.01$；β_B=0.459, $p<0.01$；β_C=0.616, $p<0.01$）；中国样本群组 D、群组 E、群组 F 中，资源-整合程度匹配与中心性提升显著正相关（β_D=0.144, $p<0.01$；β_E=0.139, $p<0.01$；β_F=0.457, $p<0.01$）、资源-整合程度匹配与结构洞提升显著正相关（β_D=0.247, $p<0.01$；β_E=0.105, $p<0.01$；β_F=0.444, $p<0.01$）。群组 A 与群组 D、群组 B 与群组 E、群组 C 与群组 F 的系数在数值上存在显著差别。进一步地，本文在未受限制的基准模型的基础上，增加中国与日本样本在资源-整合程度匹配影响中心性提升与结构洞提升的路径系数相同的限制条件。实证结果中，卡方差异值（ΔCMIN）达到 5%的显著水平，表明在高低不同的经济制度环境下，中国和日本的海外并购样本在资源-整合程度匹配影响中心性提升与结构洞提升的两条路径系数上存在显著差异，经济制度环境存在显著的调节效应，进一步验证了第六章假设 6-4a、假设 6-5a 和假设 6-6a。

表 13-28 相似性强、互补性弱模型Ⅱ检验结果

路径			群组 A（N=104）		群组 D（N=46）	
			估计值	CR	估计值	CR
资源-整合程度匹配	→	中心性提升	1.521***	7.578	0.144***	2.766

续表

路径			群组 A（N=104）		群组 D（N=46）	
			估计值	CR	估计值	CR
资源-整合程度匹配	→	结构洞提升	0.917***	7.481	0.247***	3.471
中心性提升	→	产业技术创新	0.193***	16.147	0.297**	3.364
结构洞提升	→	产业技术创新	0.086***	7.093	0.497***	7.648
母国 GDP 增长率	→	产业技术创新	0.086	0.892	−1.660***	−2.865
产业改造增长率	→	产业技术创新	0.079***	18.209	0.140***	6.623

$\Delta \text{CMIN}_{AD} = 104.363\ (p=0.000)$

***表示 $p<0.01$，**表示 $p<0.05$

表 13-29　相似性弱、互补性强模型 II 检验结果

路径			群组 B（N=104）		群组 E（N=41）	
			估计值	CR	估计值	CR
资源-整合程度匹配	→	中心性提升	1.378***	9.756	0.139***	6.717
资源-整合程度匹配	→	结构洞提升	0.459***	6.505	0.105***	6.765
中心性提升	→	产业技术创新	0.127***	16.224	0.772**	2.436
结构洞提升	→	产业技术创新	0.050***	4.892	1.007**	2.382
母国 GDP 增长率	→	产业技术创新	−0.048	−0.728	1.603***	3.414
产业改造增长率	→	产业技术创新	0.081***	19.530	0.042***	2.801

$\Delta \text{CMIN}_{BE} = 192.982\ (p=0.000)$

***表示 $p<0.01$，**表示 $p<0.05$

表 13-30　相似性强、互补性强模型 II 检验结果

路径			群组 C（N=39）		群组 F（N=31）	
			估计值	CR	估计值	CR
资源-整合程度匹配	→	中心性提升	1.169***	6.676	0.457***	3.898
资源-整合程度匹配	→	结构洞提升	0.616***	5.095	0.444***	3.767
中心性提升	→	产业技术创新	0.266***	9.918	0.670**	6.800
结构洞提升	→	产业技术创新	0.160***	6.530	0.092*	1.678

续表

路径			群组 C（N=39）		群组 F（N=31）	
			估计值	CR	估计值	CR
母国 GDP 增长率	→	产业技术创新	0.138	0.791	−0.016	−0.084
产业改造增长率	→	产业技术创新	−0.005	−0.833	−0.043*	−1.894
		ΔCMIN_{CF}=40.028(p=0.000)				

***表示 $p<0.01$，**表示 $p<0.05$，*表示 $p<0.1$

三、研究结论

本节采用结构方程模型，以中国与日本制造业技术获取型海外并购为样本，验证了企业进行海外并购整合时在不同资源相关性情况下的不同选择策略，以及经济制度环境对于整体传导过程的调节效果。本节研究发现，经济制度环境作为海外并购事件嵌入的背景环境，对企业并购整合效果和产业技术创新有不可忽视的影响。技术获取型海外并购中，在并购方采取与不同资源相关性组合相对应的匹配整合策略时，经济制度环境完善性会进一步促进并购方加强与目标方及其创新网络中相关节点的交流和合作，并通过提升并购方在创新网络中的位置，促进其对创新网络中资源的掌控、吸收和分流作用，从而反哺本土产业技术创新能力。

第四节 制造业海外并购整合与产业技术创新：中国与韩国的国际比较

一、样本与数据

（一）样本筛选

在 BvD-Zephyr 数据库中筛选中国与韩国 2002～2013 年的海外并购样

本。中国 2001 年底加入 WTO，因此以 2002 年为样本选取时间下限。借鉴 Ahuja 和 Katila（2001），为观察并购后整合效果，本节以并购后 3 年为观察窗口期，基于数据可得性，选取 2013 年 12 月之前的并购事件进行研究。样本筛选标准如下：①交易已实际完成。②样本涉及行业为制造业，即 SIC 码前两位为 20～39（Puranam et al.，2009）。③对技术获取型的界定取决于公告是否涉及技术获取或交易发生前 3 年目标方是否有专利发明。④剔除关联交易及数据有遗漏的交易。经以上筛选得到 99 个中国样本与 87 个韩国样本。然后分别对中韩样本以资源相似性、互补性[①]中位线为界，将样本分为 8 个群组[②]，由于资源相似性弱、互补性弱的海外并购数量少且不包含在研究范畴内，因此最终总样本为中国群组 A、群组 B、群组 C 构成的 85 个样本与韩国群组 E、群组 F、群组 G 构成的 74 个样本。

（二）变量说明

（1）产业技术创新。以产业专利增长率、产业 GDP 增长率与产业出口额增长率刻画产业技术创新，通过并购发生后三年与前三年内并购方所在产业对应指标增长率来对它们进行衡量。中国专利量数据来自《中国科技统计年鉴》，韩国专利量数据来自韩国知识产权局统计数据年报。中国产业 GDP 数据来自中国经济与社会发展统计数据库，韩国产业 GDP 数据来自韩国统

[①] 本节借鉴 Wang 和 Zajac（2007），以 NAICS 代码衡量资源相似性和互补性。当两个企业的 NAICS 码前四位完全相同时资源相似性记为 1，前三位相同记为 0.75，前两位相同记为 0.5，第一位相同记为 0.25，第一位不同记为 0。资源互补性计算需首先由 BvD-Zephyr 数据库导出全部具有两个及以上 NAICS 码的制造业企业（共 4680 家，记作 K），收购方与目标方 NAICS 码相同时记为 0，不同时计算公式为 $Com_{ij}=(J_{ij}-\mu_{ij})/\delta_{ij}$，其中 J_{ij} = NAICS 码 i、j 共同出现的次数；$\mu_{ij}=(N_i \times N_j)/K$（$N_i$=具有 NAICS 码 i 的企业数；N_j=具有 NAICS 码 j 的企业数；K=企业总数 4680）；$\delta_{ij}=\sqrt{\mu_{ij} \times (1-N_i/K) \times (K/(K-1)) \times (1-N_j/K)}$。收购方与目标方 NAICS 码来自 BvD-Zephyr 数据库。

[②] 将总样本分为中国资源相似性强、互补性弱群组 A(N=41)，中国资源相似性弱、互补性强群组 B(N=22)，中国资源相似性强、互补性强群组 C(N=22)，中国资源相似性弱、互补性弱群组 D(N=14)，韩国资源相似性弱、互补性强群组 E(N=31)，韩国资源相似性强、互补性强群组 F(N=26)，韩国资源相似性强、互补性弱群组 G(N=18)，韩国资源相似性弱、互补性弱群组 H(N=12)共 8 个群组。

计信息服务网站。中韩产业出口额数据来自经济合作与发展组织（Organization for Economic Co-operation and Development，OECD）数据库。

（2）中心性提升与结构洞提升。采用专利合作与引用信息构建创新网络（Guan and Chen，2012）。首先，由 Incopat 数据库收集并购方、目标方及与交易双方有直接专利合作及引用记录的企业在并购发生前三年到并购发生后三年的全部专利申请与引用信息。其次，将信息整理为邻接矩阵。最后，将邻接矩阵导入 Ucinet 软件，计算并购前后并购方中心性与结构洞指标，以并购后减并购前指标值衡量并购方位置变化。

（3）中心性。用选择度中心性（degree centrality，DC）衡量中心性。在 N 个节点的网络中，节点 i 的度记为 K_i，度中心性的计算公式为 $DC_i = \dfrac{K_i}{N-1}$。

（4）结构洞。参考 Zaheer 和 Bell（2005），采用网络限制变量 C_i 衡量并购方富有结构洞（structural holes，SH）程度，C_i 描述了节点 i 结构洞匮乏的程度，节点 i 结构洞值为 $SH_i = 2 - C_i$。

（5）资源-整合程度匹配。首先，借鉴 Kapoor 和 Lim（2007），根据上市公司年报、LexisNexis 数据库和新闻资讯等公开资料衡量整合程度。从任务（Birkinshaw et al.，2000）、人力资源与技术三方面对整合程度这一潜变量进行刻画。根据资料中的信息分别将这三个测量变量记为高、中或低度整合。然后，按照表 13-31 给出的赋值方法得到资源-任务整合匹配、资源-人力资源整合匹配与资源-技术整合匹配三组值。

表 13-31 资源-整合程度匹配赋值

资源相似性	资源互补性	资源-整合程度匹配		
		高度整合	中度整合	低度整合
强	弱	1	0.5	0
弱	强	0	0.5	1
强	强	0.5	1	0.5

（6）经济制度环境。参考 Marano 和 Kostova（2016），运用产权保护度、市场开放度、政府干预度三个方面进行衡量。

(7)控制变量。选取并购当年并购方产业研发强度、母国 GDP 增长率、母国信息化程度三个控制变量。产业研发强度,通过产业研发投入占产业 GDP 百分比衡量,中国产业研发投入与产业 GDP 数据来自中国经济与社会发展统计数据库,韩国产业研发投入数据来自 OECD 数据库,产业 GDP 数据来自韩国统计信息服务网站。母国 GDP 增长率来自世界银行数据库。根据国际电信联盟数据,韩国是全世界信息化程度最高的国家,母国信息化程度是影响产业技术创新的因素,以世界银行数据库母国固定宽带互联网用户数量(每百人)来对其进行衡量。

变量描述性统计与均值 t 检验结果见表 13-32。中国产业专利增长率、产业 GDP 增长率与产业出口增长率显著高于韩国,母国 GDP 增长率显著高于韩国,但产权保护度、市场开放度、政府干预度与产业研发强度显著低于韩国。

表 13-32 描述性统计与 t 检验结果

变量	中国(N=85) 极小值	极大值	平均值	标准差	韩国(N=75) 极小值	极大值	平均值	标准差	t 检验
产业专利增长率	0.40	4.44	1.36	0.68	−0.55	5.02	0.99	1.04	2.60**
产业 GDP 增长率	0.70	7.17	2.20	1.09	0.00	0.96	0.26	0.17	16.16***
产业出口额增长率	0.10	8.44	1.57	1.47	−0.59	4.28	1.20	0.95	1.91*
中心性提升	−0.16	0.60	0.12	0.17	−0.10	0.45	0.15	0.16	−0.94
结构洞提升	−0.05	0.51	0.19	0.11	−0.15	0.62	0.21	0.19	−0.78
资源-任务整合匹配	0.00	1.00	0.63	0.32	0.00	1.00	0.49	0.35	2.70***
资源-人力资源整合匹配	0.00	1.00	0.59	0.29	0.00	1.00	0.52	0.36	1.32
资源-技术整合匹配	0.00	1.00	0.53	0.32	0.00	1.00	0.47	0.37	1.15
产权保护度	20.00	30.00	22.47	4.34	70.00	90.00	71.07	4.52	−69.12***
市场开放度	41.40	45.74	43.57	1.08	64.15	76.55	71.90	4.20	−56.81***
政府干预度	65.27	69.46	66.73	1.15	68.23	70.94	69.34	0.68	−17.62***
产业研发强度	0.00	0.06	0.02	0.01	0.02	0.05	0.03	0.01	−5.16***
母国 GDP 增长率	7.80	14.23	9.70	1.77	0.71	7.43	3.61	1.89	21.06***
母国信息化程度	6.20	44.05	30.49	13.69	22.43	38.04	33.02	4.64	−1.60

***表示 p<0.01,**表示 p<0.05,*表示 p<0.1

用 SPSS 软件计算的 Cronbach's α 值来衡量信度。用 SPSS 因子分析后计算的 AVE 来衡量效度。如表 13-33 所示，各指标的 Cronbach's α 大于 0.6，AVE 大于 0.5，信度与效度符合进一步建立结构方程的要求。

表 13-33 样本信度与效度分析结果

变量	中国(N=85)		韩国(N=75)		总样本(N=160)	
	Cronbach's α	AVE	Cronbach's α	AVE	Cronbach's α	AVE
产业技术创新	0.639	0.640	0.701	0.794	0.658	0.615
资源-整合程度匹配	0.809	0.724	0.848	0.768	0.833	0.751
经济制度环境	—	—	—	—	0.731	0.901

二、实证结果与分析

用 Amos 21.0 的结构方程模型检验三种情况下假设是否成立。建立初始模型Ⅰ、初始模型Ⅱ、初始模型Ⅲ，模型中包含资源-整合程度匹配、经济制度环境及经济制度环境与资源-整合程度匹配构造的交互项。其中交互项的构造采用了交叉配对法（Marsh et al.，2007）。为避免多重共线性对经济制度环境进行中心化处理。

1. 资源相似性强、互补性弱

初始模型Ⅰ如图 13-20 所示。

由于结构方程模型Ⅰ拟合优度不达标准，因此根据修正指标进行修正，如图 13-21 所示。

表 13-34 中修正后的结果，除了 CFI 小于 0.9 外，其余指标均满足拟合优度标准。在资源相似性强、互补性弱的条件下，资源-整合程度匹配有利于并购方中心性提升与结构洞提升，中心性提升与结构洞提升能够促进产业技术创新，资源-整合程度匹配和经济制度环境构造的交互项对中心性提升与结构洞提升有正向影响，这里验证了第六章的假设 6-4a。

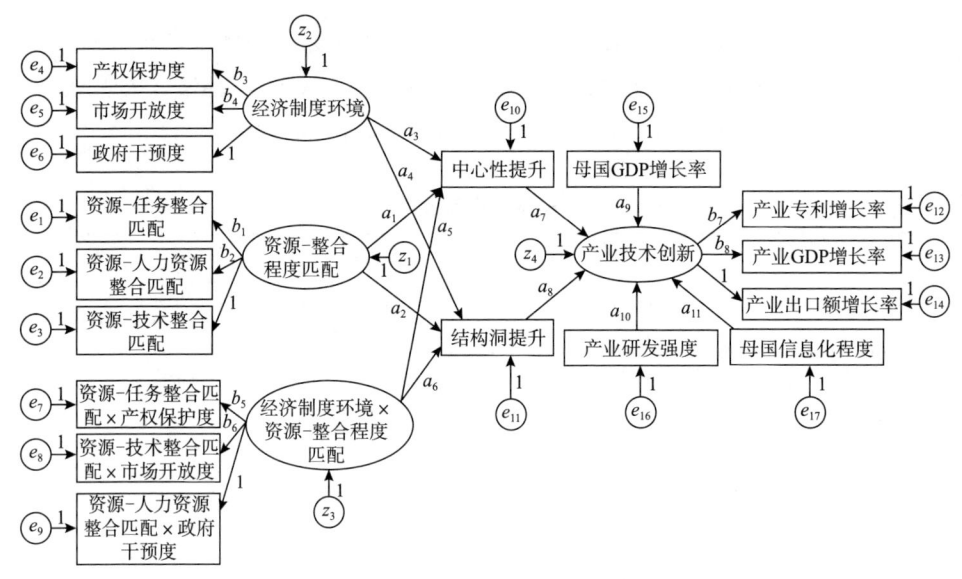

图 13-20　结构方程模型 I 初始设置

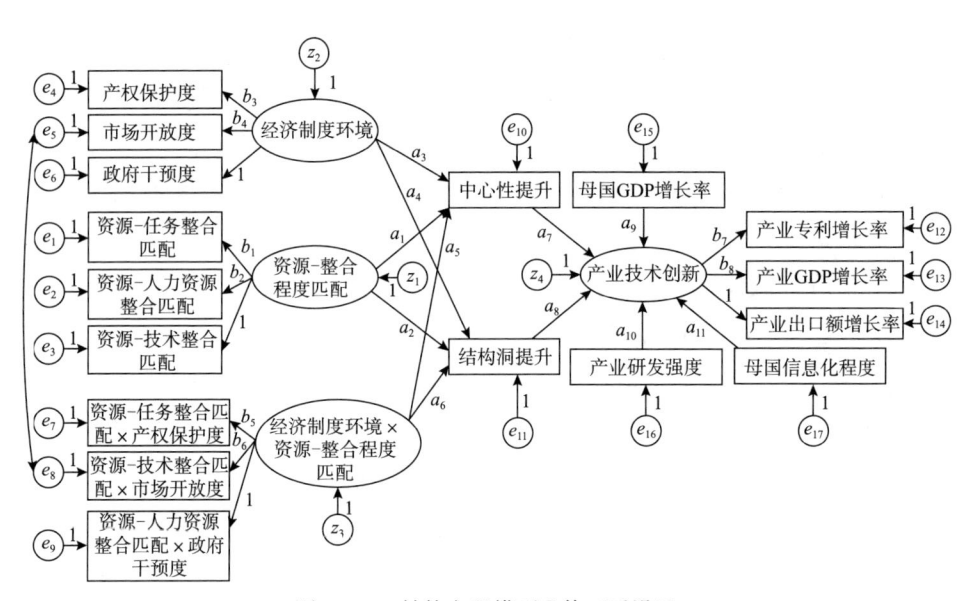

图 13-21　结构方程模型 I 修正后设置

表 13-34　结构方程模型 I 分析结果（群组 A 和群组 E，N=72）

路径			初始模型 估计值	CR	修正模型 估计值	CR
中心性提升	→	产业技术创新	0.797***	2.823	0.797***	2.828
结构洞提升	→	产业技术创新	0.541**	2.201	0.541**	2.089
资源-整合程度匹配	→	中心性提升	0.329***	3.973	0.354***	4.223
资源-整合程度匹配	→	结构洞提升	0.269***	4.024	0.232***	3.533
经济制度环境	→	中心性提升	0.020	1.522	0.016	1.263
经济制度环境	→	结构洞提升	−0.025**	−2.253	−0.011	−1.007
经济制度环境×资源-整合程度匹配	→	中心性提升	0.045**	2.016	0.033**	2.038
经济制度环境×资源-整合程度匹配	→	结构洞提升	0.101***	3.602	0.065***	2.628
产业研发强度	→	产业技术创新	10.320***	2.714	10.32***	2.716
母国 GDP 增长率	→	产业技术创新	0.001	0.309	0.001	0.309
母国信息化程度	→	产业技术创新	0.093***	3.054	0.093***	3.057
外部载荷						
资源-整合程度匹配	→	资源-任务整合匹配	1.081***	7.101	1.085***	7.091
资源-整合程度匹配	→	资源-人力资源整合匹配	0.941***	6.998	0.943***	6.987
资源-整合程度匹配	→	资源-技术整合匹配	1.000		1.000	
经济制度环境	→	产权保护度	19.027***	11.331	18.773***	11.896
经济制度环境	→	市场开放度	10.064***	10.305	9.425***	11.103
经济制度环境	→	政府干预度	1.000		1.000	
产业技术创新	→	产业专利增长率	1.089***	2.919	1.089***	2.922
产业技术创新	→	产业 GDP 增长率	2.730***	3.384	2.73***	3.388
产业技术创新	→	产业出口额增长率	1.000		1.000	
资源-任务整合匹配×产权保护度	→	经济制度环境×资源与整合程度匹配	21.545***	7.581	23.009***	7.499
资源-技术整合匹配×市场开放度	→	经济制度环境×资源与整合程度匹配	10.673***	7.464	10.369***	7.543

路径		初始模型		修正模型	
		估计值	CR	估计值	CR
资源-人力资源整合匹配×政府干预度	→ 经济制度环境×资源与整合程度匹配	1.000		1.000	
模型拟合					

初始模型：CMIN/DF=3.295 RMSEA=0.146 CFI=0.774 GFI=0.881 PCFI=0.477 PGFI=0.507

修正模型：CMIN/DF=2.430 RMSEA=0.080 CFI=0.836 GFI=0.984 PCFI=0.546 PGFI=0.527

***表示 $p<0.01$，**表示 $p<0.05$

2. 资源相似性弱、互补性强

初始模型Ⅱ如图 13-22 所示。

由于初始模型Ⅱ拟合优度不达标准，因此根据修正指标进行修正，如图 13-23 所示。

表 13-35 的修正模型中，除 GFI 低于 0.9 与 PGFI 低于 0.5 外，其余指标均满足拟合优度标准。修正后模型Ⅱ的结果与修正后模型Ⅰ结果相似，因此验证了第六章的假设 6-5a。

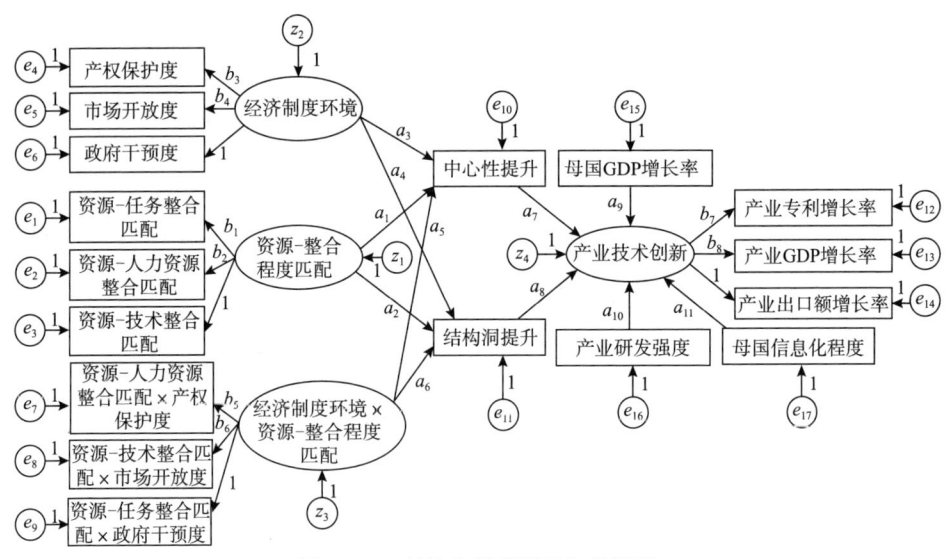

图 13-22　结构方程模型Ⅱ初始设置

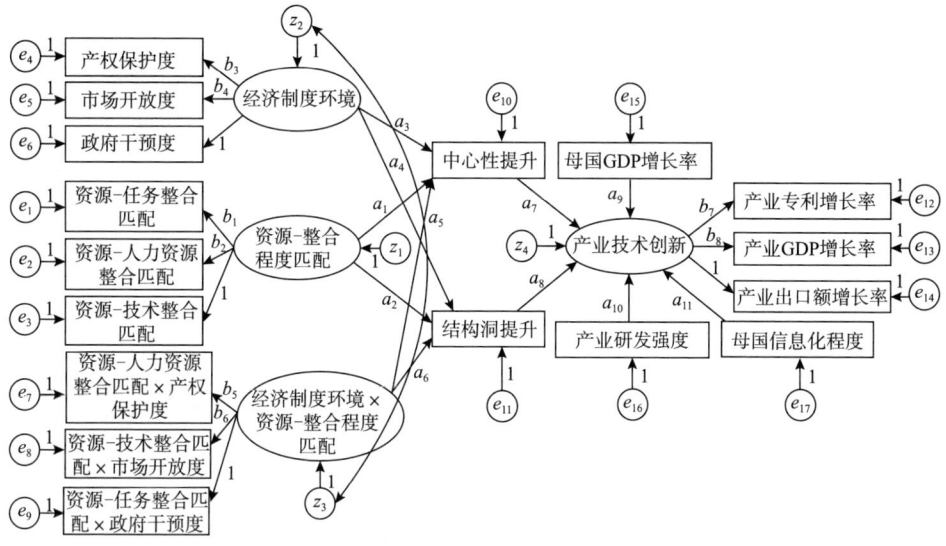

第十三章 基于创新网络的制造业海外并购整合与产业技术创新的国际比较研究　393

图 13-23　结构方程模型 Ⅱ 修正后设置

表 13-35　结构方程模型 Ⅱ 分析结果（群组 B 和群组 F，$N=48$）

路径			初始模型 估计值	CR	修正模型 估计值	CR
中心性提升	→	产业技术创新	4.124***	4.401	4.124***	4.282
结构洞提升	→	产业技术创新	1.530***	2.331	1.530**	1.990
资源-整合程度匹配	→	中心性提升	0.471***	5.751	0.470***	5.697
资源-整合程度匹配	→	结构洞提升	0.364***	4.008	0.370***	3.995
经济制度环境	→	中心性提升	−0.018	−1.606	−0.059	−1.559
经济制度环境	→	结构洞提升	−0.061***	−3.623	−0.125**	−2.150
经济制度环境×资源-整合程度匹配	→	中心性提升	0.091***	3.585	0.167**	2.229
经济制度环境×资源-整合程度匹配	→	结构洞提升	0.172***	4.316	0.292**	2.542
产业研发强度	→	产业技术创新	4.434	0.472	4.434	0.472
母国 GDP 增长率	→	产业技术创新	0.193***	4.706	0.193***	4.386
母国信息化程度	→	产业技术创新	0.058***	4.430	0.058***	4.654

续表

路径			初始模型		修正模型	
			估计值	CR	估计值	CR
外部载荷						
资源-整合程度匹配	→	资源-任务整合匹配	0.653***	3.973	0.665***	4.019
资源-整合程度匹配	→	资源-人力资源整合匹配	1.070***	5.906	1.089***	5.907
资源-整合程度匹配	→	资源-技术整合匹配	1.000		1.000	
经济制度环境	→	产权保护度	19.975***	9.256	18.957***	8.880
经济制度环境	→	市场开放度	10.825***	8.234	11.351***	8.671
经济制度环境	→	政府干预度	1.000		1.000	
产业技术创新	→	产业专利增长率	0.770***	6.187	0.770***	5.922
产业技术创新	→	产业GDP增长率	0.545***	3.663	0.545***	3.509
产业技术创新	→	产业出口额增长率	1.000		1.000	
资源-任务整合匹配×产权保护度	→	经济制度环境×资源与整合程度匹配	24.886***	6.273	23.909***	6.600
资源-技术整合匹配×市场开放度	→	经济制度环境×资源与整合程度匹配	13.373***	5.870	13.379***	6.063
资源-人力资源整合匹配×政府干预度	→	经济制度环境×资源与整合程度匹配	1.000		1.000	
模型拟合						
初始模型：CMIN/DF=2.917 RMSEA=0.151 CFI=0.847 GFI=0.810 PCFI=0.455 PGFI=0.416						
修正模型：CMIN/DF=2.420 RMSEA=0.095 CFI=0.904 GFI=0.866 PCFI=0.522 PGFI=0.454						

***表示 $p<0.01$，**表示 $p<0.05$

3. 资源相似性强、互补性强

初始模型Ⅲ如图 13-24 所示。

由于初始模型Ⅲ拟合优度不达标准，因此根据修正指标进行修正，如图 13-25 所示。

表 13-36 的修正模型中，除 PGFI 低于 0.5 外，其余指标均满足拟合优度标准。修正后的模型Ⅲ结果与修正后的模型Ⅰ、模型Ⅱ类似，因此验证了第六章的假设 6-6a。

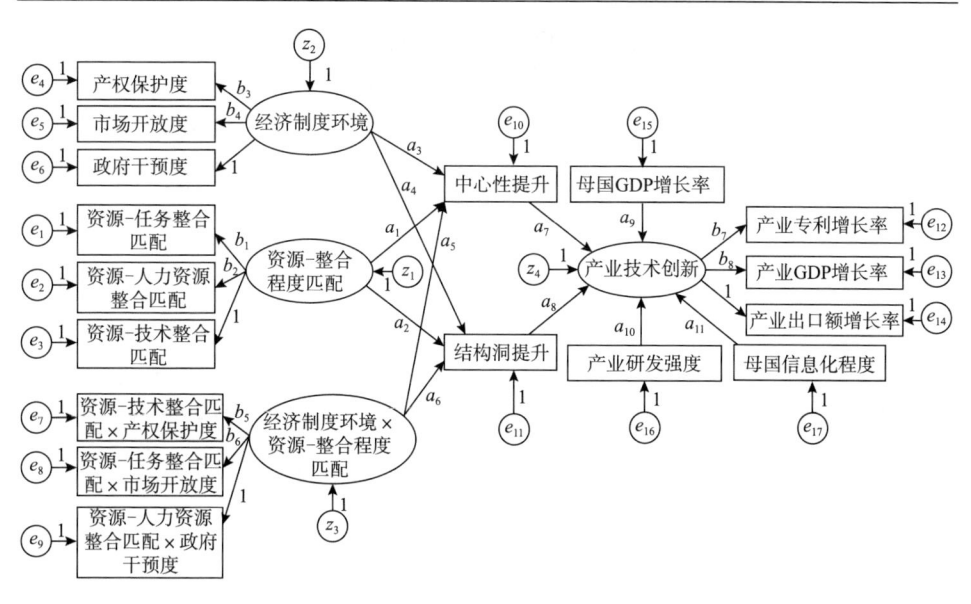

第十三章　基于创新网络的制造业海外并购整合与产业技术创新的国际比较研究　395

图 13-24　结构方程模型Ⅲ初始设置

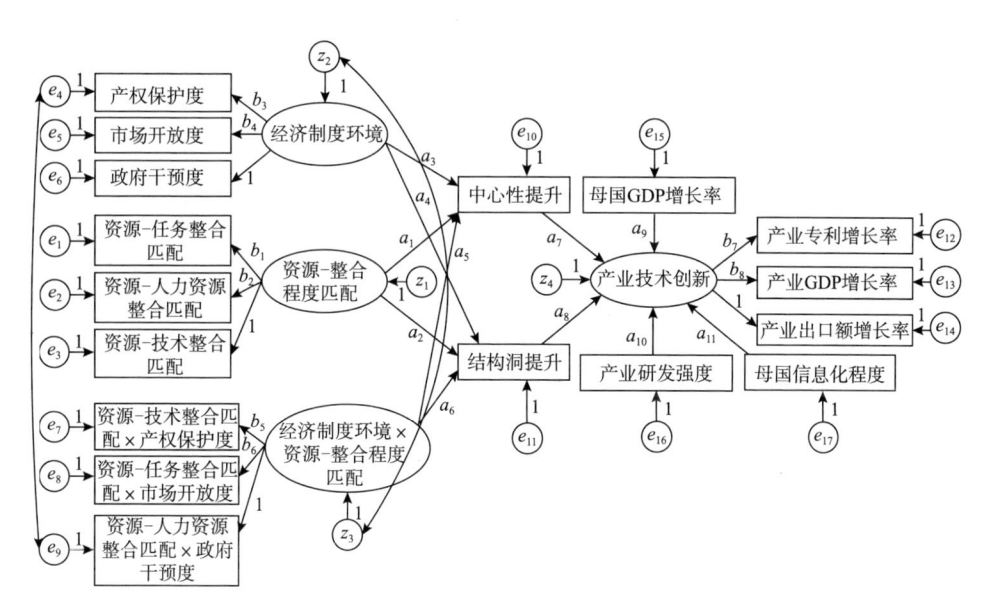

图 13-25　结构方程模型Ⅲ修正后设置

表 13-36　结构方程模型Ⅲ分析结果(群组 C 和群组 G，N=40)

路径			修正前 估计值	修正前 CR	修正后 估计值	修正后 CR
中心性提升	→	产业技术创新	3.283***	3.515	3.283***	3.497
结构洞提升	→	产业技术创新	2.472**	2.361	2.472**	2.196
资源-整合程度匹配	→	中心性提升	0.360***	3.600	0.339***	3.487
资源-整合程度匹配	→	结构洞提升	0.278***	3.776	0.268***	3.739
经济制度环境	→	中心性提升	−0.006	−0.422	−0.046	−0.725
经济制度环境	→	结构洞提升	−0.023**	−2.132	−0.052	−1.131
经济制度环境×资源-整合程度匹配	→	中心性提升	0.054**	2.463	0.105**	2.176
经济制度环境×资源-整合程度匹配	→	结构洞提升	0.055***	3.326	0.093**	2.239
产业研发强度	→	产业技术创新	6.232	0.682	6.232	0.682
母国 GDP 增长率	→	产业技术创新	0.187***	4.419	0.187***	4.344
母国信息化程度	→	产业技术创新	−0.001	−0.055	−0.001	−0.055
外部载荷						
资源-整合程度匹配	→	资源-任务整合匹配	0.877***	4.142	0.850***	4.117
资源-整合程度匹配	→	资源-人力资源整合匹配	0.701***	3.630	0.679***	3.604
资源-整合程度匹配	→	资源-技术整合匹配	1.000		1.000	
经济制度环境	→	产权保护度	18.190***	10.409	17.716***	9.912
经济制度环境	→	市场开放度	9.407***	9.311	9.795***	9.982
经济制度环境	→	政府干预度	1.000		1.000	
产业技术创新	→	产业专利增长率	0.738***	4.580	0.738***	4.429
产业技术创新	→	产业 GDP 增长率	1.094***	4.198	1.094***	4.061
产业技术创新	→	产业出口额增长率	1.000		1.000	
资源-任务整合匹配×产权保护度	→	经济制度环境×资源与整合程度匹配	15.980***	7.040	15.424***	7.170
资源-技术整合匹配×市场开放度	→	经济制度环境×资源与整合程度匹配	10.613***	6.826	10.993***	7.490

第十三章 基于创新网络的制造业海外并购整合与产业技术创新的国际比较研究 397

续表

路径		修正前		修正后	
		估计值	CR	估计值	CR
资源-人力资源整合匹配×政府干预度	→	经济制度环境×资源与整合程度匹配	1.000		1.000

模型拟合

初始模型：CMIN/DF=3.512 RMSEA=0.124 CFI=0.856 GFI=0.841 PCFI=0.462 PGFI=0.400
修正模型：CMIN/DF=2.509 RMSEA=0.097 CFI=0.902 GFI=0.928 PCFI=0.603 PGFI=0.456

***表示 $p<0.01$，**表示 $p<0.05$

三、稳健性检验

由表 13-32 经济制度环境变量的 t 检验结果可知，与韩国相比中国的经济制度环境完善性较高。借鉴 Lin 等（2009)的国际比较研究，构建模型 IV 并进行稳健性检验（图 13-26）。

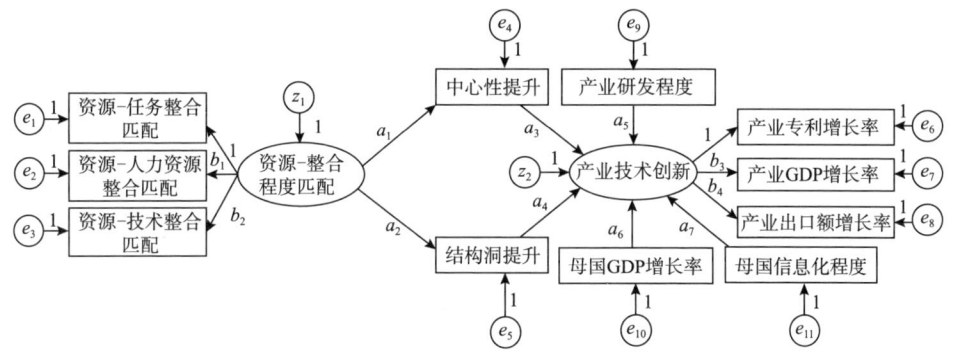

图 13-26 多群组结构方程模型 IV 初始设置

初始模型 IV 的分析结果见表 13-37。

表 13-37 初始模型 IV 分析结果

路径			中国(N=85)		韩国(N=75)	
			群组 A、群组 B、群组 C		群组 E、群组 F、群组 G	
			估计值	CR	估计值	CR
中心性提升	→	产业技术创新	2.751***	4.020	1.059**	2.538

续表

路径			中国(*N*=85) 群组 A、群组 B、群组 C		韩国(*N*=75) 群组 E、群组 F、群组 G	
			估计值	CR	估计值	CR
结构洞提升	→	产业技术创新	1.889**	2.457	1.445***	3.644
资源-整合程度匹配	→	中心性提升	0.288***	3.825	0.441***	6.619
资源-整合程度匹配	→	结构洞提升	0.128***	2.677	.0448***	5.752
产业研发强度	→	产业技术创新	−2.340	−0.437	0.443	0.067
母国 GDP 增长率	→	产业技术创新	0.020**	2.470	0.043	1.432
母国信息化程度	→	产业技术创新	0.004	0.773	−0.002	−0.194
因子载荷						
资源-整合程度匹配	→	资源-任务整合匹配	0.842***	6.082	0.970***	6.923
资源-整合程度匹配	→	资源-人力资源整合匹配	0.767***	6.093	1.109***	7.615
资源-整合程度匹配	→	资源-技术整合匹配	1.000		1.000	
产业技术创新	→	产业专利增长率	0.698***	4.249	1.691***	6.851
产业技术创新	→	产业 GDP 增长率	0.986***	4.078	0.244***	6.595
产业技术创新	→	产业出口额增长率	1.000		1.000	

模型拟合: CMIN/DF=3.709 RMSEA=0.131 CFI=0.706 GFI=0.773 PCFI=0.539 PGFI=0.492

***p<0.01，**p<0.05

模型拟合指数表明需对初始模型 IV 按修正指标进行修正，如图 13-27 所示。

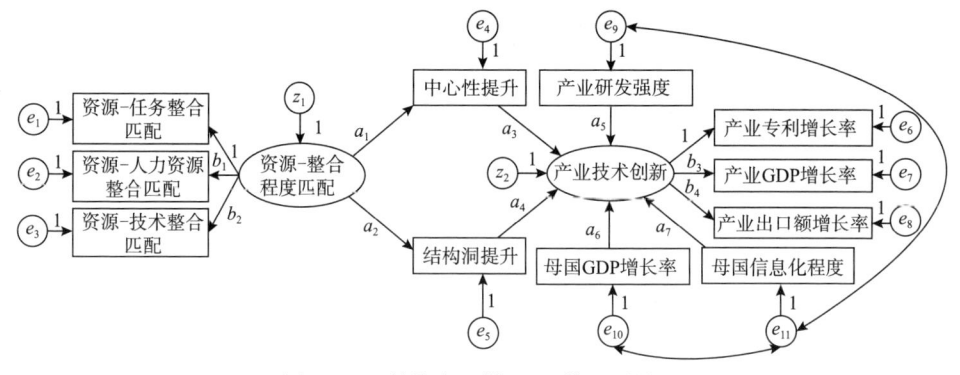

图 13-27 结构方程模型 IV 修正后设置

表 13-38 中拟合结果改善，除 GFI<0.9 外，其余指标均满足拟合标准。

表 13-38 模型 IV 修正后分析结果

路径			中国(N=85)		韩国(N=75)	
			估计值	CR	估计值	CR
中心性提升	→	产业技术创新	2.751***	4.012	1.059**	2.538
结构洞提升	→	产业技术创新	1.889**	2.456	1.445***	3.644
资源-整合程度匹配	→	中心性提升	0.288***	3.825	0.441***	6.619
资源-整合程度匹配	→	结构洞提升	0.128***	2.677	0.448***	5.752
产业研发强度	→	产业技术创新	−2.340	−0.436	0.443	0.033
母国 GDP 增长率	→	产业技术创新	0.020**	2.324	0.043	1.406
母国信息化程度	→	产业技术创新	0.004	0.534	-0.002	−0.093
因子载荷						
资源-整合程度匹配	→	资源-任务整合匹配	0.842***	6.082	1.691***	6.851
资源-整合程度匹配	→	资源-人力资源整合匹配	0.767***	6.093	0.244***	6.596
资源-整合程度匹配	→	资源-技术整合匹配	1.000			
产业技术创新	→	产业专利增长率	0.698***	4.235	0.970***	6.923
产业技术创新	→	产业 GDP 增长率	0.986***	4.065	1.109***	7.615
产业技术创新	→	产业出口额增长率	1.000			

模型拟合: CMIN/DF=1.755 RMSEA=0.069 CFI=0.922 GFI=0.864 PCFI=0.671 PGFI=0.524

***p<0.01，**p<0.05

为比较中国与韩国群组间资源-整合程度匹配对创新网络位置提升的效应是否有显著差异，我们对修正后的模型 II 限制中韩两群组的资源-整合程度匹配→中心性提升、资源-整合程度匹配→结构洞提升路径相等。表 13-39 表明在 0.05 的显著性水平下，中国群组资源-整合程度匹配对产业技术创新的效应弱于韩国。中国欠发达的经济制度环境限制与资源特征匹配的整合程度策略产生的整合效应，这进一步验证了第六章的假设 6-4a、假设 6-5a 与假设 6-6a。

表 13-39　模型比较结果

模型	CMIN	DF	CMIN/DF	ΔCMIN	ΔDF	p
非限制模型	140.377	80	1.755	13.561	2	0.001
限制模型	153.938	82	1.877			

四、研究结论

本节发展了海外并购整合与技术创新的相关理论，将海外并购整合的影响范围拓展到网络与产业层次，考虑经济制度环境因素对海外并购整合与产业技术创新关系的影响。本节通过对中国与韩国海外并购样本进行国际比较的实证分析，得出以下结论：①恰当整合通过网络位置提升促进产业技术创新；②完善的经济制度环境正向调节海外并购中恰当整合对产业技术创新的效应。基于本节研究的结论可知：第一，选择恰当的海外并购整合是对并购方发展至关重要的战略决策，并购方基于资源识别对目标方进行恰当的整合，有利于并购方创新网络位置提升并带动产业技术创新。第二，经济制度环境能够增强恰当整合的效应，与韩国相比，中国的经济制度环境尚有完善空间，特别是在商业自由度、投资自由度、金融自由度、产权保护度方面，中国政府应着力改善，构建企业海外并购整合促进产业技术创新的保障体系。

第五节　本章小结

本章考虑海外并购整合所嵌入的经济制度环境的影响，在第六章理论分析的基础上展开实证研究，选取美国、德国作为发达国家的代表，日本、韩国作为后发新兴国家的代表，通过国际比较研究检验经济制度环境对制造业海外并购整合通过提升企业创新网络位置促进产业技术创新的正向调节效应。国际比较研究表明，根据资源相似性、互补性进行海外并购整合是提升并购方创新网络位势以及促进产业技术创新的关键所在，经济制度环境则有利于增强恰当的海外并购整合对产业技术创新的正向影响。中国在经济制度环境完善性水平上与美国、德国、日本和韩国仍存在一定的差距，制约了海外并购整合对本土产业技术创新的溢出效应。本章研究为中国政府完善制度与政策，进而服务于海外并购整合促进产业技术创新提供了启示。第一，中国应增强产权保护度，为并购方在并购整合后与更多海外企业达成技术交流和合作后获得的成果提供产权保护，增强本土企业的技术创新动力及海外企业的合作交流意愿；第二，中国应提高经济自由度，特别是在金融、贸易、投资等方面扩大开放程度，通过出台对外投资法、推行海外投资亏损准备金制度、建立海外投资保险制度、积极缔结双边投资协定等为企业海外并购整合及国际合作交流提供便利，使并购方能够更好地汇集全球创新资源、追踪前沿创新动态，带动本土产业技术创新；第三，中国政府应注重提高政府治理效能，包括完善法治建设、提高合约执行效力、强化市场监督机制、提高行政效率等，为中国企业能够通过海外并购整合嵌入全球创新网络提供基本保障，加快全球先进技术与本土市场环境的对接与再创新；第四，中国政府应主动为缺少国际化经验的中国企业提供海外并购整合及创新网络关系管理的指导与咨询，包括利用产业并购协会的合力、建立海外并购整合数据库、完善信息服务体系建设、成立专项基金参与海外并购整合等，使中国企业能够在充分的尽职调查的基础上选择符合战略目标的目标方，实施恰当的海外并购整合，在充分掌握目标方及东道国信息的前提下展开海外并购整合、规避风险、增强创新能力，通过提高创新网络位置有效促进本土产业技术创新。

第四篇　中国制造业海外并购整合与产业技术创新的案例分析

　　第四篇为中国制造业海外并购整合与产业技术创新的案例分析，在前文理论分析、数理建模、动态仿真、实证分析的基础上，进一步通过案例研究验证与补充理论，由案例现象的归纳总结加深对基于创新网络的海外并购整合与产业技术创新跨层次传导机制的理解。本篇共包括三章内容，可划分为两个部分，第一部分为第十四章到第十五章，重点通过案例研究分析基于资源相关性的海外并购整合对企业技术创新的影响，第二部分为第十六章，结合多案例比较与扎根理论的多案例研究分析基于创新网络的海外并购整合对产业技术创新的影响。第十四章为中国制造业海外并购整合对企业技术创新传导机制的案例研究，与第一篇第四章的理论机制相呼应，选取吉利并购沃尔沃、烟台万华并购博苏化学、金风科技并购 Vensys 和 TCL 并购阿尔卡特共四起技术获取型海外并购整合案例进行多案例对比研究。第十五章为基于资源相关性的中国制造业海外并购整合对并购协同效应传导机制的案例研究，是第一篇第五章理论分析的延伸，选取上海电气并购高斯国际、中联重科并购 CIFA、TCL 并购汤姆逊、沈阳机床并购希斯公司四起具有代表性的技术获取型海外并购整合案例，分析在技术获取型海外并购双方经济制度距离不同情形下，应如何基于并购双方资源相似性、互补性特征实施相匹配的海外并购整合。第十六章为基于创新网络的中国制造业海外并购整合与产业技术创新的案例研究，充实了第一篇第六章的理论分析，首先聚焦于海外并购整合有效带动产业技术创新的汽车行业，选取吉利并购沃尔沃、均胜电子并购普瑞、万向并购 A123 三起典型案例作为研究对象并进行横向案例比较，然后展开扎根理论的多案例研究，分析基于资源相关性的海外并购整合通过创新网络嵌入传导产业技术创新的影响机制。

第 十 四 章

中国制造业海外并购整合对企业技术创新传导机制的案例研究

鉴于并购整合与技术创新活动的复杂性，本章将通过案例分析深入探讨具体化的并购整合行为，扩展研究的深度与宽度。本章选择多案例的研究设计具有明显的优势，因为来自多个案例的证据往往被认为更具有吸引力，并且整体研究被证明是更稳健的（Eisenhardt and Graebner，2007；Yin，2018）。因而本章运用多案例研究方法，选取吉利并购沃尔沃、烟台万华并购博苏化学、金风科技并购 Vensys 及 TCL 并购阿尔卡特共四起中国企业的技术获取型海外并购案例，对案例进行深入的分析与对比。

本章的案例资料是基于并购背景、并购双方资源、并购整合活动及创新绩效等进行收集的，资料来源包括企业官方网站、定期报告、业界新闻、该并购事件的相关采访报道等公开信息及二手资料，所收集的资料信息与研究问题之间的关系如图 14-1 所示。在每一个案例的分析中我们首先对并购双方的背景资料进行简要介绍，包括企业所属行业、从事业务、并购前发展状况等，了解并购双方的主要并购动机。其次，识别并购双方的资源相似性与互补性，从技术、研发、产品、市场、财务、文化等资源维度进行分析。再次，分析并购后相关的并购整合行为，并根据其并购整合活动将其归纳到不同的整合模式中（即并购整合程度与目标方自主性的组合），探讨并购双方资源联系性与并购整合策略的匹配性。最后，对并购后企业的技术创新绩效和财务绩效进行评估。在完成对四个典型案例的分析之后，对它们进行横向对比，探讨各案例中资源相似性、互补性与并购整合程度、目标方自主性的匹配对并购后技术创新的影响，并在总结并购整合成功的案例的经验、吸取并购整合失败案例的教训的基础上进一步提出技术获取型海外并购整合的对策建议，为中国企业海外并购的整合过程提供可操作与具体化的指导。

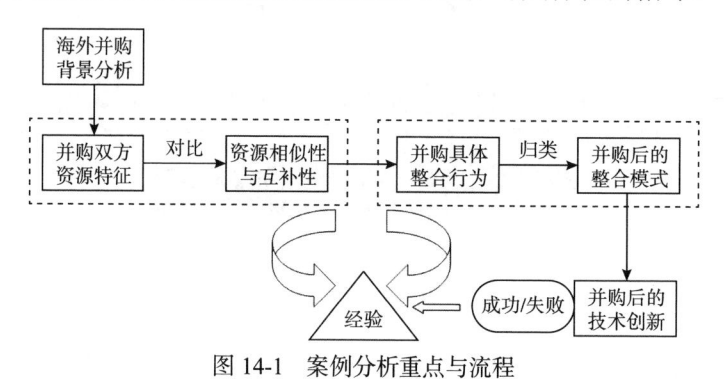

图 14-1　案例分析重点与流程

第一节　吉利并购整合瑞典沃尔沃

一、吉利并购沃尔沃的案例背景分析

吉利始建于 1986 年，是我国著名的民营汽车品牌企业，目前其已成为以汽车制造及零部件生产为主的大型汽车集团[①]。吉利初期坚持"制造老百姓开得起的汽车"的理念，获得了快速发展。由于意识到技术创新能力在汽车行业的重要性，2007 年，吉利提出从"低价取胜"转向"技术领先"的战略宣言，开始探索战略转型。2009 年（即并购沃尔沃的前一年），吉利全年共销售轿车 32.67 万辆，比上一年增长了近 60%，在中国轿车市场上所占的份额也增至 4%以上，其中有 1.93 万辆出口至海外[②]，成为国内汽车行业十强企业。在并购沃尔沃之前，吉利先后两次涉足国际并购，分别是 2006 年收购了英国

[①] 资料来源：吉利官方网站。
[②] 资料来源：吉利 2009 年年报。

锰铜控股有限公司 30%的股权以及 2009 年对世界第二大变速器厂家——澳大利亚 DSI 的全资收购，这为此后吉利对沃尔沃的并购累积了必要的经验。

沃尔沃成立于 1927 年，是国际著名的豪华汽车制造商，名列世界二十大汽车公司之一。沃尔沃的总部位于瑞典，是北欧地区最大的汽车制造企业，其产品质量上乘、性能优异，尤其是在安全系统方面更是享誉世界，被称为"世界上最安全的汽车"。2006 年的世界品牌 500 强中沃尔沃名列第 232 名，在 2007 年跃升至第 185 名。然而由于受到 2008 年金融危机的影响，沃尔沃的销量开始出现大幅下降，沃尔沃轿车 2007 年的销售量为 45.83 万辆，2008 年的销售量同比下跌了 18.3%，到 2009 年沃尔沃汽车销量降至 33.48 万辆，当年的亏损高达 6.53 亿美元。出售沃尔沃回笼资金、发展福特自身品牌成为福特汽车应对该次危机的解决方案。

2010 年 3 月 28 日，吉利与福特汽车签署有关沃尔沃的股权收购协议，以 18 亿美元的价格成功收购了沃尔沃汽车的全部股权。通过此次收购吉利获得了沃尔沃旗下 4000 名研发人员、所有的 9 个系列轿车产品、3 个最新平台、沃尔沃完善的销售与服务网络、全球 2500 家经销商（覆盖 100 多个国家与地区，其中欧洲市场与北美市场分别占 60%与 30%）以及高度自动化、年产能 60 万辆的生产线。

二、吉利并购沃尔沃的资源联系性与并购整合策略

（一）资源联系性特征：资源相似性弱、互补性强

1. 并购双方技术互补性强、相似性弱

吉利与沃尔沃除了最终产品都是汽车之外，在技术与研发层面的共同之处较少，二者技术资源上更多地体现为互补性。虽然吉利一直致力于自主研发，成立了自己的汽车研究学院，发动机、变速器、电子电气研究所，储备了必要的科研人才，拥有连续可变气门正时机构（continue variable valve timing，CVVT）发动机、变速器、爆胎监测与安全控制系统（blow-out monitoring and brake system，BMBS）等多种专利与核心技术。但是不可否认的是吉利在技术与自主创新能力方面与沃尔沃仍然存在较大差距，难以达到欧洲在安全技术等方面的标准。沃尔沃研发实力强劲，拥有由 4000 名高素质

人才组成的研发队伍,具备研发、生产豪华车型的能力,满足欧 VI、欧 VII 排放标准的车型与发动机的研发和生产能力,以及在汽车主动、被动安全领域的国际领先技术。而这些技术研发能力与知识产权正是满足吉利由中低档汽车向清洁能源汽车等高端产品转型的发展战略所缺乏和需要的。因此在技术水平与研发实力上并购双方呈现互补性强、相似性弱的特点。

2. 并购双方产品互补性强、相似性弱

沃尔沃属于汽车行业高端品牌,在国际市场上认可度很高,曾被誉为最安全豪华的轿车。沃尔沃汽车不仅在北欧市场上声誉斐然,在美国也颇具知名度,曾一度成为美国汽车市场上进口最多的汽车品牌,位列世界汽车十大品牌。而反观吉利,则是以生产中低端汽车为主,"制造老百姓开得起的汽车"的理念虽然为吉利带来了较为丰厚的利润及快速的成长,但也给吉利的品牌打上了低端汽车的烙印,在国际市场上品牌认可度不高、知名度较低。因此,沃尔沃的品牌形象为"高端豪华"而吉利则"质平价廉",二者在产品和品牌上具有较高互补性和较低的相似性。

3. 并购双方市场互补性强、相似性弱

吉利很早便将眼光放于国际市场,实施"走出去"的国际化战略,然而却步履维艰,2009 年吉利汽车的出口量占全年总销量的比例仅为 5%。吉利汽车的出口增长乏力的原因,不仅在于其技术与产品的相对落后,同样也与吉利在海外的销售网络较少有关。而与此相对,沃尔沃则在全球拥有逾 2500 家经销商,覆盖 100 多个国家与地区,其中欧洲市场与北美市场分别占 60% 与 30%,与吉利汽车的营销渠道形成了较好的互补。因此,吉利与沃尔沃市场资源也呈现相似性强、互补性弱的特点。

4. 并购双方财务互补性强、相似性弱

沃尔沃之所以陷入亏损,主要是金融危机导致其销量骤降,无法维持相应的高成本投入。资料显示,沃尔沃在研发上的投入几乎与奔驰、宝马等高端品牌持平,但其销量却远远落后于这二者。2008 年金融危机使得沃尔沃销量出现大幅下降,最终无法弥补高昂的成本。而与之相对,吉利的核心竞争力恰好是其低成本优势。吉利并购沃尔沃之后,若将沃尔沃汽车的生产移植到国内,则其生产成本将大幅降低。吉利汽车在并购前经过几年的快速发展,业务与经营能力均得到较大提升，为并购整合提供了较好的资金基础。

5. 并购双方文化互补性强、相似性弱

已有的研究往往从国家文化与组织文化两个层面对并购双方的文化差异进行分析。在国家文化方面，本章使用 Hofstede 六维度方法来衡量两个国家间的国家文化差异，这六个维度分别为权力距离、个人/集体主义、男性/女性化、不确定性规避、长期/短期取向及放纵/克制。从图 14-2 中可以看到，Hofstede 的文化六维度中除了不确定性规避之外，中国和瑞典在其他五个维度上均存在很大的不同。我国文化强调的是崇尚权威、集体主义，具有较强的男性主义取向，并倾向于追求长期目标，而瑞典文化的突出特点是不崇尚权威、主张个人主义、男性主义取向较弱、偏好短期目标。组织文化方面，沃尔沃经过多年的历史沉淀已经形成了较为成熟的企业文化、并融入沃尔沃各个层次。而吉利作为典型的中国民营汽车企业，具有中国企业的普遍特色，其成本控制、以利为本的企业文化与沃尔沃关注品质、以人为本的理念存在较大互补性。因此，并购双方国家和企业文化具有相似性弱、互补性强的特征。

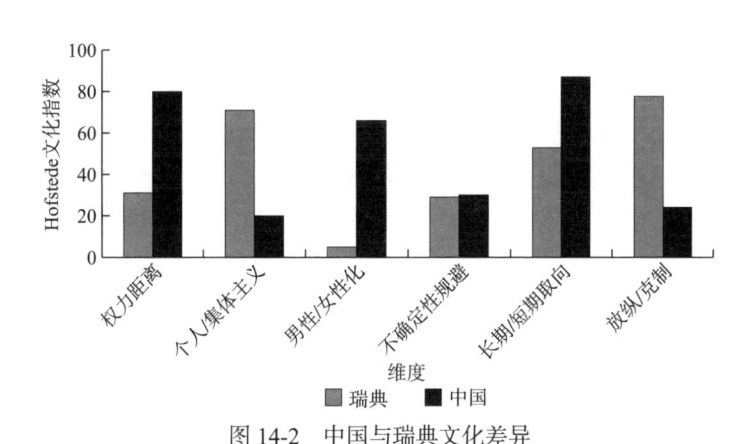

图 14-2 中国与瑞典文化差异

资料来源：Hofstede 网站（http://www.geerthofstede.com/）

从上文的分析可知，总体而言，吉利与沃尔沃的并购属于资源相似性弱、互补性强的类型。然而，交易成功仅仅是并购的第一步，如何进行有效的并购整合，真正实现潜在的协同效应，是吉利所需解决的重要问题。实施与并购双方资源联系性不同组合相匹配的并购整合策略，不仅可以促进潜在协同效应的实现，而且有利于并购整合风险的降低甚至消除。那么并购后吉利采取了怎样的并购整合策略？该策略是否与并购的联系性类型相匹配，从而提升协同效应、降低并购整合成本？下文我们将对这两个问题进行逐一分析。

（二）并购整合策略：低程度整合与高目标方自主性

1. 并购整合策略一：实施技术、管理与业务的低程度整合，给予目标企业高度自主性，避免过高磨合成本

吉利意识到自身与沃尔沃之间在技术、管理、品牌等方面互补性强而相似性弱，因此在并购之初便提出"吉利是吉利，沃尔沃是沃尔沃"的并购整合原则，尽量保持沃尔沃在技术、管理和业务经营上的相对独立性，不干涉沃尔沃日常的运营管理。并购后，吉利并未对沃尔沃原有的组织构架进行变革，其主要高层管理团队也得到了保留，仍负责沃尔沃的日常事务，管理层拥有较高的自主权。沃尔沃原研发中心、研发人员及经销商网络也得到保留，继续坚持沃尔沃的"安全""环保"的经营理念，也延续了沃尔沃注重管理层讨论来制定决策的制度，尊重沃尔沃原有的人才管理机制。

2. 并购整合策略二：采取"双品牌"的品牌整合策略，保持沃尔沃的品牌独立，保护其高端品牌价值，促进品牌协同效应

沃尔沃属于高端豪华品牌而吉利属于低端品牌，二者的品牌差异性明显，这不仅给品牌整合带来了一定的困难，同时有可能会影响到两个品牌各自的发展。因此，在两个品牌的对接中，吉利并没有急于将沃尔沃的高端生产技术应用到吉利的汽车品牌中，而是决定"分而治之"，继续维护和加强沃尔沃原有高端品牌的地位，保护其在"安全"和"环保"方面的全球声誉，即在对品牌的整合上，吉利奉行品牌独立，吉利与沃尔沃两个品牌各自运营，互不干扰。

3. 并购整合策略三：实行"降规模成本"的财务整合措施，结合吉利自身的成本优势与沃尔沃技术优势，促进生产与经营的协同效应

沃尔沃的优势在于其先进的生产技术，而其劣势正是较高的成本。李书福曾提到一个"降规模成本"概念，他指出，沃尔沃高额的研发投入造就了其大量的知识产权与技术，但由于销售的规模较小，因而分摊到每一辆车上的成本就比较高，这便直接导致了沃尔沃的连年亏损。因此，吉利的任务便是，如何将沃尔沃的技术优势充分发挥并使其与吉利的成本优势结合起来，扩大销量，降低成本，实现并购整合收益。因此，吉利采取了扩大生产规模，获取规模效益的财务并购整合策略。

4. 并购整合策略四：倡导"全球性企业文化"的文化整合理念，包容多种文化，提高并购双方的文化认同，降低文化冲突成本

由于认识到文化差异对并购双方融合过程中带来的摩擦和风险，针对沃尔沃重视人人平等的管理决策理念，吉利本着以人为本的企业文化，在并购后鼓励员工包容不同的理念与信仰，并提出建立全球性的企业文化口号。具体而言，首先设立了专门的企业文化研究中心，探讨全球型企业文化理念，希望能够构建学习型组织，结合并购双方各自的优势，达到求同存异的境界。其次，设立企业联络官，该职位的目的是通过策划活动、组织调研等形式充分了解目标企业的文化需求，化解并购可能带来的文化冲突。此外，建立有效的沟通机制，加强吉利与沃尔沃员工之间的沟通与交流，使其核心价值观逐渐趋同。最后，考虑到瑞典的工会在员工薪酬待遇上具有较大的发言权，并购后吉利十分重视与工会的沟通合作。可以说，吉利的文化整合是企业海外并购的成功典范，也为并购后企业目标的实现奠定了较好的基础。

5. 并购整合策略五：加强"并购整合能力"的建设，缩小并购双方差距，提高整合的合理性与有效性

客观来说，沃尔沃比吉利拥有更先进的技术研发能力和管理制度，因此，吉利在整合过程中十分注重整合能力的建设：一方面，吉利在并购整合过程中不断学习沃尔沃的技术与管理体系以缩小与沃尔沃之间的差距。另一方面，并购后吉利在国内实行了"千名研究生培养计划"，对员工进行业务、外语、国际文化、国际法律等方面的培训，提高自身并购整合能力，为并购整合的顺利进行提供保障；同时，聘用专业的并购整合咨询机构负责并购后整合的可行性研究与方案指导，提高并购整合策略的合理性与有效性。

(三)并购双方资源联系性与并购整合策略的匹配性分析

可以看到,由于吉利与沃尔沃在技术、产品、市场、管理与文化维度上具有相似性弱、互补性强的特征,该并购属于资源相似性弱、互补性强类型,若强行将沃尔沃的互补性资源导入吉利,将出现转化难度大、并购整合成本高等问题,因而为避免冲突,吉利尽量保持了两者在管理、技术和品牌上的独立性,采取了低程度整合与高目标方自主性的并购整合模式,从后文的实施效果来看,该策略确实促进了并购后的技术创新。

三、吉利并购沃尔沃的创新与财务绩效

在并购沃尔沃后,吉利通过实施低程度整合与高目标方自主性的整合策略,保留了沃尔沃的研发资源,保护了目标企业持续的创新能力,从而使自身的技术创新能力得到提升,而从长期来看,并购整合对技术创新的积极影响也在其财务绩效上有所体现。

(一)创新绩效

由于采取了适当的并购整合方法,吉利通过对沃尔沃的技术学习,自主创新能力得到了较大提升:通过对沃尔沃在安全方面的学习,吉利熊猫、帝豪 EC7/EC8、英伦 SC515 等自主研发的产品先后获得了中国新车评价规程(China-New Car Assessment Program,C-NCAP)五星安全评价,而全球鹰 GX7 更是获得了"超五星"的安全评价;此外,在发动机方面,4G18CVVT 产品具备了世界先进水平;而 Z 系列自动变速器,荣获了中国汽车工业科技进步一等奖。从专利数据来看(表 14-1),并购后不论是在发明专利还是在实用新型方面,吉利汽车专利申请数量均出现了较大程度的增长,专利产出远远高于并购前。

表 14-1 吉利并购沃尔沃前后专利申请数量(单位:项)

专利类别	2007 年	2008 年	2009 年	2010 年	2011 年	2012 年
发明专利	7	19	77	173	258	518
实用新型	117	209	699	1380	1785	2466

资料来源:知识产权综合信息服务平台

此外，在无形资产方面，并购后无论是在存量上还是在无形资产占总资产比例上均实现了质的飞跃（表14-2）。无形资产占非流动资产的比例从2009年的16.25%增长到2012年的24.42%，无形资产的存量由2009年的106 967.9万元增至2012年的281 449.7万元，增值幅度高达163%。

表14-2　吉利并购沃尔沃前后无形资产

项目	2008年	2009年	2010年	2011年	2012年
无形资产/万元	65 715.5	106 967.9	144 859.3	222 174.5	281 449.7
非流动资产/万元	504 041.7	658 277.8	829 001.0	1 059 072.2	1 152 487.4
占比	13.04%	16.25%	17.47%	20.98%	24.42%

资料来源：吉利2008~2012年年报

（二）财务绩效

并购整合对于企业技术创新的影响最终也会体现在企业的财务绩效上，因此，我们同样对吉利并购沃尔沃之后的财务指标进行必要的分析。沃尔沃的销售市场主要集中于欧洲与美国，借助沃尔沃庞大的营销渠道，吉利扩展了自身在这些国家和地区的销售网络，并开始逐步向亚太新兴市场扩张。具体来说，2011年全球销量达到44.9万辆，同比增长20%，其中日本和德国等地区的销量增幅高达50%，当年的汽车出口量近4万台，同比剧增120%。2012年，吉利汽车出口量首次突破10万辆大关，与上一年相比暴涨164%。2011年中国企业联合会、中国企业家协会联合公布了"2011中国100大跨国公司及跨国指数"，其中吉利的跨国指数高居第一。从表14-3中的财务数据来看，并购后吉利的总资产、净资产、销售收入、毛利润、净利润均呈现上涨态势。毛利率、总资产收益率和净资产收益率在并购后短期内出现一定下滑后不断上升。

表14-3　吉利并购沃尔沃前后财务数据

项目	2009年	2010年	2011年	2012年	2013年
总资产/（×10^2万元）	18 802.189	23 974.343	27 596.758	31 379.826	33 599.308
净资产/（×10^2万元）	7 096.520	9 077.677	10 150.115	13 204.024	16 229.691

续表

项目	2009 年	2010 年	2011 年	2012 年	2013 年
销售收入/（×10^2万元）	14 069.225	20 099.388	20 964.931	24 627.913	28 707.571
销售成本/（×10^2万元）	11 528.489	16 399.684	17 144.82	20 069.092	22 941.904
毛利润/（×10^2万元）	2 540.736	3 699.704	3 820.111	4 558.821	5 765.667
净利润/（×10^2万元）	1 319.028	1 549.711	1 715.849	2 049.786	2 680.248
毛利率	18.06%	18.41%	18.22%	18.51%	20.08%
总资产收益率	7.02%	6.46%	6.22%	6.53%	7.98%
净资产收益率	18.59%	17.07%	16.90%	15.52%	16.51%

资料来源：吉利 2009~2013 年年报

第二节　烟台万华并购整合匈牙利博苏化学

一、烟台万华并购博苏化学的案例背景分析

烟台万华，成立于 1998 年，后于 2013 年更名为万华化学集团股份有限公司。烟台万华主要从事异氰酸酯、多元醇等聚氨酯产品、丙烯酸酯等石化产品的研发、生产和销售，是我国唯一拥有二苯基甲烷二异氰酸酯（methylene diphenyl diisocyanate，MDI）（MDI 是生产聚氨酯的原料）制造技术自主知识产权的企业，其生产的该类产品质量已达到国际先进水平，为全球最具竞争力的 MDI 制造商之一[①]。由于 MDI 的生产需要具备高端的技术水平，全球能够生产 MDI 的企业屈指可数，在此次并购前，全世界仅有 5 个国家的 9 家公司（德国的 Bayer 公司、BASF 股份公司，美国的 Dow Chemical 公司、Huntsman 公司，匈牙利的博苏化学，日韩合资企业——锦湖三井化学公司，日本的三井化学公司、聚氨酯工业公司，中国的烟台万华）能够生产 MDI，其中烟台万华的产能居于世界第四、亚太首位。

博苏化学成立于 1949 年，位于匈牙利，在该国化工行业中排名第一。博

---

① 资料来源：万华化学集团股份有限公司官方网站。

苏化学自 20 世纪 90 年代开始生产聚氨酯，其主营业务为塑料原料聚氯乙烯（polyvinyl chlorid，PVC）和二苯二异氰酸酯（toluene diisocyanate，TDI）的生产与销售，2010 年（并购前）已发展成为中东欧地区最大的 MDI 和 TDI 制造商。博苏化学产品的销售市场主要在欧洲地区，也有部分销往中东、非洲及亚洲等地区。2008 年的金融危机使博苏化学的财务陷入了困境，截至 2009 年底，博苏化学的资产总额为 16.45 亿欧元，而负债总额却高达 14.73 亿欧元，当年亏损 1.61 亿欧元[①]，2010 年仍持续亏损，企业价值大幅降低，这为烟台万华的并购提供了契机。2011 年 4 月 25 日烟台万华与博苏化学签署了最终的股权转让协议，正式收购了博苏化学 96%的股权，成为仅次于 Bayer 公司、BASF 股份公司的全球第三大氰酸酯供应商，成功跻身世界前三。

二、烟台万华并购博苏化学的资源联系性与并购整合策略

（一）资源联系性特征：资源相似性强、互补性弱

1. 并购双方技术相似性强、互补性弱

技术资源相似性强、互补性弱的特征使得双方可以共享彼此的研发能力和生产技术，共同提升双方的核心技术水平。在 MDI 技术方面，烟台万华立足于自主创新与开发，从而创建了全世界先进的 MDI 生产线，具备了该领域的国际领先技术。目标企业博苏化学同样也是全球 9 个具备 MDI 生产技术的企业之一，并购博苏化学有利于烟台万华获得其研发资源，扩展企业的研发规模，实现研发的规模经济，进一步巩固其技术创新优势。此外，由于研发资源相似性强，并购双方知识领域重叠性高，有利于促进互补性知识在并购双方之间的共享、学习、吸收与消化，增强互补性资源在并购整合过程中的资源配置效应。

2. 并购双方业务相似性强、互补性弱

并购双方在产品与业务领域也具有较高的相似性和较低的互补性，二者除了可以共享彼此的核心技术，还可以共享彼此的市场和营销渠道。欧洲是

---

① 资料来源：《烟台万华聚氨酯股份有限公司关于控股股东万华实业集团有限公司收购匈牙 BorsodChem 公司 BorsodChem 公司 96%股权的公告》。

目前全球最大的聚氨酯市场，烟台万华很早就着手扩张海外销售渠道和营销队伍，其海外市场的开拓主要聚焦欧洲与美国。2009年2月，烟台万华选择在荷兰北部城市代尔夫宰尔（Delfzijl）建立其欧洲新的物流基地，以优化欧洲物流网络，支持欧洲业务的发展。博苏化学所在国匈牙利地处欧洲中心，其产品销售主要面向欧洲，是烟台万华在欧洲市场上的主要竞争对手。烟台万华完成对博苏化学的并购后可以实现双方的营销网络的共享，进行交叉销售，进入彼此的市场，从而扩大市场规模，增强市场势力，获得规模经济效应。对于烟台万华而言，并购使得其直接拥有了开拓欧洲市场和维护现有的欧洲客户的前沿平台，在整合过程中万华对自身原有的欧洲销售体系和博苏化学在欧洲长期以来建立起来的成熟的销售网络进行了有效并购整合，从而实现了自身产品在欧洲市场上的扩大销售，同时也借助博苏化学在欧洲的品牌影响力提高了自身的国际知名度。

3. 并购双方战略目标相似性强、互补性弱

尽管经过不断的发展，烟台万华已经成为我国甚至亚太地区最大的MDI制造企业，然而，过度依赖国内市场也是烟台万华的一大短板。从全球来看，MDI产业中85%的产量由Bayer公司、BASF股份公司、Huntsman公司和Dow Chemical四大巨头垄断，烟台万华若想要与这四大巨头相抗衡，那么将市场从国内扩展到国际，实施国际化战略避无可避。被并购企业博苏化学同属于世界九大MDI生产厂商之列，它的发展愿景是跃居国际化的化工企业前列，进一步扩展国际市场，因而万华的国际化发展战略与博苏化学的发展愿景有很大的相似性，有利于实现战略协同效应。

（二）并购整合策略：高程度整合与低目标方自主性

从上文的分析可知，区别于吉利并购沃尔沃的资源相似性弱、互补性强特征，万华与博苏化学的并购则属于资源相似性强、互补性弱的类型。鉴于此，烟台万华在并购博苏化学后也采取了与吉利不同的并购整合策略，实施高程度并购整合，并给予目标企业较低的自主性。

1. 并购整合策略一：对双方资源进行高度整合，共享技术、生产与销售网络，促进规模协同效应实现

在研发资源的整合方面，烟台万华积极组织技术人员赴博苏化学进行参观学习，促进并购双方技术交流，通过共享知识与技能，提高双方员工的技术能力，实现知识的有效转移。在生产整合方面，在并购之初，烟台万华就向博苏化学注资 1.4 亿欧元，帮助博苏化学顺利完成其第二套年产 16 万吨的 TDI 装置的建设，一方面增强了博苏化学的 TDI 产能，另一方面烟台万华也在该项合作中学习到了博苏化学在 TDI 方面的运营技术和经验。在 MDI 生产方面，由于烟台万化 MDI 技术更为先进，并购后便利用自身技术将博苏公司的 MDI 装置进行完善，使得其产能由每年 18 万吨扩大到 24 万吨，提升了博苏化学的 MDI 生产能力。同时，在对博苏化学整体情况进行全面分析的基础上，烟台万华决定关闭博苏化学旗下位于匈牙利的 Ablakprofil Kft 子公司，并裁减当地的 82 名员工，这项决策的实施主要考虑到该分公司主营塑料加工业务，与烟台万华业务存在重叠，且在过去 7 年内累计亏损 22 亿福林（100 福林=2.1415 元）。此外，营销资源方面，2011 年 8 月烟台万华着手开始对自身原有的欧洲销售体系和博苏化学在欧洲的销售网络进行有效整合，共享双方营销网络，进行交叉销售，从而扩大市场规模，获得了规模经济效应。烟台万华提出待博苏化学经营摆脱困境、走上正轨之后会将其完全并入烟台万华。

2. 并购整合策略二：降低博苏化学的决策自主性，提高并购双方战略一致性，促进战略协同效应实现

并购初期烟台万华留任了博苏化学的原 CEO，仅派出一名财务总监每季度去博苏化学开一次董事会，给予了博苏化学管理层高度的自主性，但与其预期背道而驰的却是目标企业运营的每况愈下。2011 年博苏化学亏损额高达 1.5 亿欧元，对此博苏化学的原外籍 CEO 于当年 10 月主动提出辞职。2011 年底，烟台万华总裁亲自兼任博苏化学的 CEO，根据博苏化学的情况开始进行管理层整合，将博苏化学的财务总监、销售总监在内的高管进行了必要的调整，同时把烟台万华在烟台的厂长调到博苏化学担任运营副总裁。此外，烟台万华对于信息系统整合十分看重，并购之后，烟台万华对自身及博苏化学的应用软件和信息系统进行了整合，信息系统的整合有利于保证公司战略的同步性和一致性,能够快速、准确地将总部的指令、安排等传递到各子公司。综上,烟台万华将博苏化学的发展战略纳入自身的发展战略中,整合双方战略目标,实现了较好的战略协同。

3. 并购整合策略三:对博苏化学实施债务重组,降低融资成本,促进财务协同效应实现

并购前,由于受金融危机的影响,博苏化学面临严峻的财务风险:2009年底,博苏化学的资产总额为16.45亿欧元,而其负债则高达14.73亿欧元,净亏损1.61亿欧元,高利率负债逾9亿欧元。此时对于博苏化学而言,沉重的债务负担与资金不足是阻碍其经营与进一步发展的重要原因,为帮助博苏化学摆脱财务困境,烟台万华对博苏化学进行了债务重组。烟台万华在中国银行等金融机构的支持下,以低成本融资9亿欧元,置换博苏化学原高利率负债,使得博苏化学的财务风险大幅降低。此外,也出借资金1.4亿欧元给博苏化学,以缓解其资金链紧张的状况。

(三)并购双方资源联系性与并购整合策略的匹配性分析

从技术、业务、战略目标等维度来看,烟台万华对博苏化学的并购属于资源相似性强、互补性弱的类型。对于此类型的并购其协同效应主要来自并购双方的技术学习与资源配置所产生的规模效应,而这两者的实现均需以高程度并购整合为前提。因此在并购整合阶段,为了更好地实现两者之间的研发与经营协同、提升并购价值,烟台万华对博苏化学的并购采取了高程度并购整合与低目标方自主性的并购整合模式。

三、烟台万华并购博苏化学的创新与财务绩效

在这起并购案例中,合理的并购整合策略对于烟台万华提升自主创新能力与并购后财务绩效产生了显著的积极影响:技术创新方面,并购后通过知识转移、团队的重组、研发业务的专业化和研发资源的共享,烟台万华成功地降低了研发项目运作的成本,提高了并购双方的创新能力。财务绩效方面,烟台万华对博苏化学的接管和有效的并购整合措施,给博苏化学注入了新的活力,在双方共同努力下,博苏化学逐渐开始扭亏为盈。

（一）创新绩效

2011年烟台万华的创新成果颇为丰硕：超强吸水丙烯酸树脂、聚碳酸酯、水性聚氨酯等产品在技术上均获得了突破；聚酯系列新产品被评为2011年国家重点新产品。自主研发的三羟甲基丙烷和新戊二醇也已成功完成了中试，该项技术已处于国际先列。2012年11月"新型光气化反应制MDI关键技术"的成功研发，奠定了烟台万华在世界MDI制造领域的领先地位，进一步巩固和提升了烟台万华在聚氨酯行业的综合竞争力。2013年，异佛尔酮工业化装置一次投料试车成功，使得烟台万华一举成为世界上仅有的两家完全具备异佛尔酮全产业链制造技术的企业之一。同年，国内有关创新型企业建设的最具权威性的报告——《中国创新型企业发展报告2012》将烟台万华排在我国创新企业百强中的第三位[①]。从专利数据来看（表14-4），并购后三年（2011~2013年）烟台万华发明的专利显著高于并购前（2008~2009年）。

表14-4　烟台万华并购博苏化学前后专利数量（单位：项）

专利类别	2008年	2009年	2010年	2011年	2012年	2013年
发明专利	14	16	31	32	30	40

资料来源：中外专利信息服务平台

（二）财务绩效

通过实施有效的并购整合策略，博苏化学于2012年5月开始实现盈利。2012年，博苏化学MDI的销量同比增长33%，毛利率增加40%；TDI的产能位居欧洲第一，销量同比增长47%。此外，烟台万华将博苏化学改造成了欧洲最具竞争力的MDI研发与生产制造基地，提升了我国MDI产业在全球产业链中的地位，烟台万华跻身世界三大异氰酸酯供应商，仅次于Bayer公司和BASF股份公司。从表14-5的财务数据来看，烟台万华在并购后，总资产、净资产、营业收入均逐年上涨，并购后的毛利率均超过30%，大于并购前的2010年的25.33%，反映了通过并购实现技术提升对企业财务绩效产生了一定利好。

---

① 资料来源：根据万华化学集团股份有限公司官方网站，烟台万华2011~2013年年报整理。

表 14-5 烟台万华并购博苏化学前后财务数据[1]

项目	2010 年	2011 年	2012 年	2013 年	2014 年
总资产/($\times 10^2$ 万元)	12 942.922	17 418.683	22 541.461	31 540.959	41 592.086
净资产/($\times 10^2$ 万元)	7 155.219	8 215.624	9 842.810	11 780.955	13 285.676
营业收入/($\times 10^2$ 万元)	9 429.777	13 662.307	15 942.127	20 237.973	22 088.368
营业成本/($\times 10^2$ 万元)	7 041.510	9 488.665	10 381.869	13 582.949	15 269.640
毛利润/($\times 10^2$ 万元)	2 388.267	4 173.643	5 560.257	6 655.024	6 818.729
净利润/($\times 10^2$ 万元)	1 720.754	2 395.407	3 019.940	3 765.784	3 217.547
毛利率	25.33%	30.55%	34.88%	32.88%	30.87%
总资产收益率	13.29%	13.75%	13.40%	11.94%	7.74%
净资产收益率	24.05%	29.16%	30.68%	31.97%	24.22%

第三节 金风科技并购整合德国 Vensys

一、金风科技并购 Vensys 的案例背景分析

金风科技成立于 1998 年，是我国首个风电设备制造企业。风电设备制造行业具有高科技特征，因此技术创新是支撑金风科技发展的关键因素。在技术创新战略方面，金风科技实施了从技术引进、联合研发到自主创新的"三部曲"战略（图 14-3）。在成立初期，金风科技决定先引进国外企业的先进技术，以此弥补自身研发能力的不足，通过技术引进与专业化的结合，突破了风机五大部件的国产化瓶颈，成功将该领域的相关研发成果市场化与产业化。然而，金风科技也意识到，仅仅通过技术引进并不是长久之路，因而此后金风科技便开始大幅增强科技投入，进入联合设计阶段，再通过自身创新资源积累和创新能力的提升，逐步过渡到自主研发阶段。2006 年 6 月，金风科技于德国成立其全资子公司——德国金风风能有限责任公司（Goldwind

---

[1] 数据来源：根据烟台万华历年年报整理得到。

Wind Energy GmbH），主营风力发电机组的研发、技术咨询、技术服务，并在德国网罗了一批顶尖的风电机组研究人才。从财务数据来看，2000~2006年金风科技收入和净利润年增长均超过100%，在国产化率超过90%的机组产品中80%以上都有金风科技参与生产。2006年，在全球新增风电装机市场中金风科技的产品市场占有率达2.8%，成功进入世界前十。

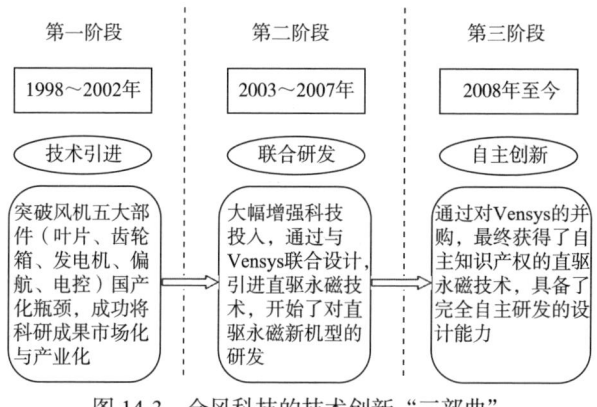

```
第一阶段              第二阶段              第三阶段
1998~2002年          2003~2007年          2008年至今
  技术引进              联合研发              自主创新
突破风机五大部      大幅增强科技        通过对Vensys的并
件（叶片、齿轮      投入，通过与        购，最终获得了自
箱、发电机、偏      Vensys联合设计，    主知识产权的直驱
航、电控）国产      引进直驱永磁技      永磁技术，具备了
化瓶颈，成功将      术，开始了对直      完全自主研发的设
科研成果市场化      驱永磁新机型的      计能力
与产业化            研发
```

图 14-3　金风科技的技术创新"三部曲"

Vensys 成立于 2000 年，于 1990 年开始从事直驱永磁风电机组的研制，是世界上少数几个具备该项技术研发能力的公司之一，在直驱永磁发电机组设计领域拥有众多的相关专利与专有技术，其技术具有直驱、永磁、轴布局结构先进、总量轻、高效率等优点。就 Vensys 本身的盈利而言，其主要的收入来源主要包括三部分：技术转让与技术提成费，以及整合销售收入和发电收入[①]。

金风科技与 Vensys 的缘分可追溯到 2003 年，那时金风科技便开始尝试与 Vensys 在直驱永磁技术方面进行合作，结束了单靠技术购买的历史，正式步入联合开发阶段。通过联合设计方式引进了直驱永磁技术，金风科技是我国进行直驱永磁新机型研发的首家企业，并于 2005 年 6 月完成了我国第一台本土化生产的兆瓦级风机的研制。此后的四年间，金风科技逐步完成了直驱永磁风机容量的三次升级，先后实现了 1.5 兆瓦、2.5 兆瓦和 3 兆瓦风机的试

---

① 资料来源：《金风科技：关于收购德国 Vensys 能源股份公司的公告》。

运行检测及生产。2008年4月，金风科技通过其子公司德国金风风能有限责任公司斥资4120万欧元购买了Vensys 70%的股权，最终获得了Vensys直驱永磁技术的知识产权[①]。

二、金风科技并购Vensys的资源联系性与并购整合策略

（一）资源联系性特征：资源相似性强、互补性强

1. 并购双方技术相似性强、互补性强

一方面，在并购之前，金风科技与Vensys在直驱永磁技术领域进行了长达5年的联合设计，并购双方具有较高的技术与研发相似性，这无疑将降低并购整合过程中两个企业在业务衔接与技术研发上的磨合成本。另一方面，由于Vensys公司对该技术的研究处于世界前列，与金风科技相比，其技术与研发能力更强，并购双方之间也具有较大的互补性。从专利数据来看，金风科技申请的第一项专利产生于2004年，即与Vensys合作之后，且在2004~2007年共申请7项专利，其中5项与永磁直驱风机技术相关。而在同样的时间区间内，Vensys的发明专利中也有80%集中于永磁直驱风机技术领域，反映出在技术与研发资源维度上，并购双方同时具有较高的相似性与互补性。

2. 并购双方业务相似性强、互补性强

一方面，金风科技与Vensys的业务均为直驱永磁风力发电设备，双方业务领域具有较高的相似性。另一方面，Vensys是一家以技术研发为主的企业，类似于研究院形式，主要通过技术转让获取收益，其技术使用的客户遍及美国、欧洲、印度、阿根廷等地，在价值链上Vensys侧重于研发。而金风科技是我国主要风电设备研发及制造企业，在价值链上更侧重于制造，其中Vensys是金风科技兆瓦级以上机组的唯一技术提供商，二者在价值链上形成了一定互补。因此并购双方业务同样具有相似性强、互补性强的特点。

3. 并购双方市场相似性强、互补性强

一方面，金风科技虽然在我国风电制造领域名列前茅，但其在国际市场

---

① 资料来源：金风科技官方网站。

知名度较低，2008 年之前国际市场销售几乎为零。并购 Vensys 之后，金风科技可以利用 Vensys 的高端德国制造品牌进入欧洲与美国市场，同时也可利用我国生产的成本优势，实现"德国品质，中国成本"的优势互补。另一方面，早在并购前，金风科技已于 2006 年在 Vensys 所属的德国成立了其全资子公司——德国金风风能有限责任公司，主营风力发电机组的研发、技术咨询、技术服务，并在德国网罗了一批顶尖的风电机组研究人才，对德国乃至欧洲市场进行了长时间的调研和了解，与 Vensys 也具有一定的市场相似性。因此，从市场资源维度上来看，并购双方具有较高的相似性与互补性。

4. 并购双方文化相似性强、互补性强

国家文化方面，从 Hofstede 的文化六维度来看（图 14-4），中国与德国在男性/女性化、长期/短期取向上较为相似，而权力距离、个人/集体主义、不确定性规避三个变量上更多地体现为互补性。从企业组织文化来看，一方面，Vensys 公司的工作往往基于一系列标准化、定量化、流程化的科学管理制度，相对金风科技而言更为严谨，存在一定的互补性。另一方面，并购双方有着十年以上的合作背景，得益于长期合作，双方的高层管理与研发人员在合作过程中建立了良好的沟通与协调机制，彼此了解和信任。这种长期合作的磨合，促使并购双方逐渐认同和吸收对方的企业文化。因此，在文化层面，中国与德国的国家与企业文化均呈现相似性强、互补性强的特征。

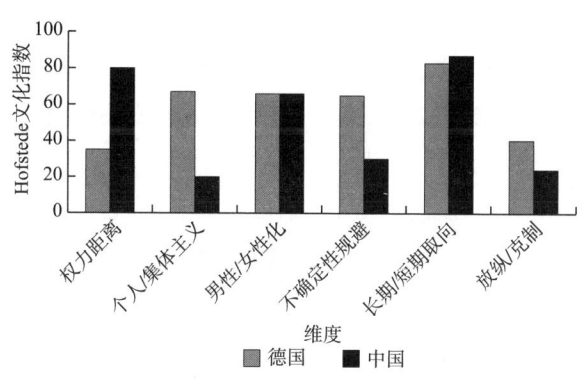

图 14-4　中国与德国国家文化差异

资料来源：Hofstede 网站（http://www.geerthofstede.com/）

（二）并购整合策略：高程度整合与高目标方自主性

从上文的分析可知，区别于吉利并购沃尔沃、烟台万华并购博苏化学的情况，金风科技与 Vensys 的并购则属于资源相似性强、互补性强的类型。而并购后也采取了与上述两起并购不同的并购整合策略，实施高程度整合及高目标方自主性。

1. 并购整合策略一：采取"掺沙子"的技术整合策略，注重加强并购双方合作，促进技术双向流动

金风科技意识到与 Vensys 相比，自身在制造上具有低成本优势，Vensys 则在研发上具有技术优势，因而其在整合过程中十分注重将 Vensys 公司的技术优势与自身的产业化优势相结合。在技术整合层面，金风科技采取了"掺沙子"的策略，即中德互派工程师，把握一切机会促进并购双方技术和研发人员的相互合作与交流。并购后通过双方相互的融合与沟通，金风科技进行了新机组的研发与试制，推进了新产品的开发速度。与此同时，金风科技积极推进德国、北京、乌鲁木齐三个研发中心在技术、人才、资源方面的整合[①]，Vensys 成为金风科技的三大研发基地之一。

2. 并购整合策略二：实行"本地化"人才管理策略，给予目标方高自主性，保持管理团队的稳定性

金风科技有意仅购买了目标企业 70%的股份，Vensys 原来的德方团队仍然拥有 30%的股权，使得 Vensys 的员工几乎如数保留。在并购后的整合阶段，由于考虑到 Vensys 规模较小，组织结构扁平，并购后金风科技基本未对 Vensys 的组织制度做调整，保持了并购对象运作的相对独立性。并购后的 Vensys 没有主动裁员，没有控制管理层，没有更换 CEO，Vensys CEO Jürgen Rinck 也于 2010 年 3 月起任金风科技副总裁兼首席技术官。

3. 并购整合策略三：实施"联合品牌运作"的整合策略，创建 Vensys 生产子公司，适应不同市场需求

并购后金风科技随即创建了制造变流和变桨系统的子公司，属于 Vensys

---

① 资料来源：金风科技官方网站。

的生产子公司。金风科技通过该子公司生产 Vensys 高端德国制造品牌，并以此为窗口，进入德国风机制造内部。Vensys 品牌主打欧美市场，与此同时金风科技则主打中国及亚非市场，实施双品牌战略。此后，Vensys 不但是金风科技关键的研发平台，同时也开始承担其欧洲市场营销主体的功能，为金风科技的国际化做出了重要贡献。

4. 并购整合策略四：秉持"求同存异"的文化整合策略，树立共同愿景，促进并购双方的文化融合

金风科技要求中国员工承认与目标企业的差距，其对 Vensys 的文化整合从统一企业愿景开始，并购以后，金风科技与 Vensys 明确了共同的愿景：在技术上追求不断创新并将其转化为一流的产品以满足市场需求[①]。该共同愿景为顺利整合创造了有利的氛围。得益于长期合作，双方的高层管理与研发人员在合作过程中建立了良好的沟通与协调机制，彼此了解和信任，有效地降低了并购双方文化差异所产生的整合风险。

（三）并购双方资源联系性与并购整合策略的匹配性分析

风电设备制造行业有着高科技和规模制造的双重特征。从上文分析可知，在技术、业务、市场和文化维度上，金风科技与 Vensys 具有较强的资源相似性与资源互补性。整合策略方面，金风科技一方面不断促进并购双方研发人员的融合，以期实现优势互补；另一方面也保持了目标企业相对的独立性，来维持 Vensys 的持续创新能力。在本案例中金风科技采取了较高的并购整合程度并给予了目标方较高的自主性。

三、金风科技并购 Vensys 的创新与财务绩效

对于金风科技来说，收购世界上首家研究直驱式风机的德国公司 Vensys 可谓大获全胜。这项并购案给金风科技带来的核心竞争力的提升是明显的：第一，Vensys 成为金风科技的三大研发基地之一，其成熟稳定的管理与研发团队、

[①] 资料参考：杜德斌，赵剑波. 2014. 中国企业跨国并购全流程整合研究——以金风科技并购德国 VENSYS 公司为例[J]. 学术研究，8：86-90。

大量的创新资源及先进的研发技术为金风科技在更高兆瓦级风机的研发方面提供了很大帮助。第二，收购 Vensys 后，成功利用 Vensys 的高端德国制造品牌，顺利地进入欧美市场，加快了其国际化进程，促进了企业的发展。

（一）创新绩效

2008 年，1.5 兆瓦机组实现了批量生产；2009 年，金风科技又成功实现了电控和变桨两个核心部件的国产化，通过此次国产化使得金风科技的相关成本降低了近 15%，也结束了我国风电企业在这两个部件上全部依靠进口的历史，在该项技术的国产化过程中，Vensys 发挥了重要作用。近年来，金风科技的技术创新能力不断提高，先后研发出能够适应不同地域特征、不同市场需求以及满足未来发展趋势的产品，巩固了其在直驱永磁领域的技术领先地位。比如，2010 年 9 月，由金风科技自主研发的直驱永磁低风速 1.5 兆瓦发电机组成功并网运行；与此同时，针对我国西南与西北的高海拔地区进行自主研发的国内首批 1.5 兆瓦的高海拔直驱永磁机组也正式下线。2011 年 2 月，金风科技被麻省理工学院《技术评论》杂志评选为"年度全球最具创新力企业 50 强"[①]，这无疑是对金风科技在技术创新上的莫大肯定。从表 14-6 可以看到，并购后三年（2008～2010 年），金风科技在发明专利与实用新型专利总数方面均高于并购前，尤其是在 2010 年呈现了较大的增长。

表 14-6 金风科技并购 Vensys 前后专利数量

专利类别	2005 年	2006 年	2007 年	2008 年	2009 年	2010 年
发明专利	0	3	2	5	1	8
实用新型	3	2	4	3	8	7

资料来源：中外专利信息服务平台

目标企业 Vensys 的专利技术集中于两类：F03D（风力发动机）与 H02K（电机），从表 14-7 中可以看到，与国内主要竞争对手华锐风电科技股份有限公司（以下简称华锐风电）相比，在并购后，金风科技研发集中度较高，且在电机领域领先于华锐风电。

---

① 资料来源：根据金风科技官方网站中大事件及 2008～2011 年年报整理。

表 14-7 金风科技与华锐风电专利对比（单位：项）

企业	2008~2010 年	F03D	H02K	其他
金风科技	14	7	4	3
华锐风电	15	9	0	6

资料来源：中外专利信息服务平台

（二）财务绩效

2008 年，金风科技与古巴电力联盟下属的 Energoimport 公司签订了 6 台 750 千瓦机组的订单，实现了其在国际市场销售零的突破。金风科技的业务逐渐扩展到欧洲及美国市场，2009 年 12 月，金风科技在美国奥克风电场的 3 台 1.5 兆瓦发电机成功实现并网运行，标志着金风科技在国际化进程中又迈出了重要的一步。2011 年，埃塞俄比亚的首个风电项目——Adama 风电场开始投建，金风科技成功获得了为该项目提供风力发电设备的机会，也代表着金风科技开始在非洲市场上崭露头角。目前，金风科技已成为全球最大的直驱永磁风电机组制造商，其直驱永磁风电机组已销售到全球各地，销量逾 3000 台。从表 14-8 的财务指标来看，并购后金风科技的总资产、净资产、营业收入均呈现大幅上涨，毛利率维持高位，净资产收益率在 2012 年达到 34.43%。

表 14-8 金风科技并购 Vensys 前后财务数据

财务指标	2010 年	2011 年	2012 年	2013 年
总资产/（×10^2万元）	5 467.571	11 210.836	14 882.946	28 061.583
净资产/（×10^2万元）	2 883.251	3 722.483	5 201.057	13 630.900
营业收入/（×10^2万元）	3 103.026	6 457.810	10 738.355	17 595.521
营业成本/（×10^2万元）	2 178.228	4 889.558	7915.564	13 452.624
毛利润/（×10^2万元）	924.798	1 568.252	2 822.791	4 142.897
净利润/（×10^2万元）	709.242	1 025.196	1 790.602	2 383.838
毛利率	29.80%	24.28%	26.29%	23.55%
总资产收益率	12.97%	9.14%	12.03%	8.50%
净资产收益率	24.60%	27.54%	34.43%	17.49%

资料来源：根据金风科技历年年报整理得到

第四节　TCL 并购整合法国阿尔卡特

一、TCL 并购阿尔卡特的案例背景分析

TCL 成立于 1981 年，经营业务涉及家电、信息、通信、电工等四大行业，是我国著名的消费类电子企业集团之一。并购阿尔卡特之前，TCL 移动曾创造性地将手机和宝石联系在一起，使得 TCL 手机开始在国际市场上小有名气。2001 年，TCL 手机的营业收入突破 30 亿元大关，2002 年，手机销售额达到 82 亿元，涨幅高达 173%，成功跻身国内手机市场前五名，位列国产手机的第二名，当年 TCL 共实现利润 15 亿元，其中手机业务贡献了 12 亿元。2003 年，TCL 手机业务的经营业绩有所下滑，但仍为 TCL 的核心业务及第一利润支柱，其中销售额为 51 亿元，实现净利润 4.75 亿元，占据 TCL 总收入的 85%。随着国内市场竞争逐步加剧及自身发展的需求，TCL 将眼光投向海外。起初，TCL 决定将其产品进行海外销售，但由于缺乏先进的专利技术、品牌影响力不足及营销渠道受限等，TCL 的出口之路很快遭受了挫折。因此，TCL 在 2003 年发布"龙虎计划"，开启跨国并购之路。

阿尔卡特于 1989 年在法国巴黎创立，是电信系统、设备以及相关电缆和部件领域的国际知名制造商，其相关技术处于世界前列。截至 2003 年，阿尔卡特的业务遍及全球 130 多个国家。然而，自 2001 年起，阿尔卡特移动电话部门持续亏损，2001 年的亏损高达 4 亿欧元，2002 年和 2003 年虽有所好转，但仍分别亏损 1972 万欧元和 7440 万欧元。连续几年亏损的现实使得阿尔卡特开始思索手机业务的剥离。

2004 年 9 月，TCL 与阿尔卡特合资成立了 TCL & Alcatel Mobile Phone Limited 手机合资公司（以下简称 T&A），该公司将从事手机及相关产品和服务的研发、生产及销售。T&A 总部设在香港，初始净资产为 1 亿欧元，其中 TCL 通过其控股子公司 TCL 通信出资 5500 万欧元持有合资公司 55%的股份，而阿尔卡特则以现金和全部手机业务相关资产、权益和债务持有剩余的 45%股份。其中收购所获得的阿尔卡特资产主要包括手机相关专利的知识

产权,阿尔卡特手机业务的固定资产、客户网络、研发人员及营销管理团队[①]。

二、TCL 并购阿尔卡特的资源联系性与并购整合策略

(一)资源联系性特征:资源相似性弱、互补性强

1. 技术相似性弱、互补性强

TCL 是中国领先的消费电子产品制造商,阿尔卡特是法国电信设备集团,它们之间的合作类似于早前日本公司索尼公司与爱立信公司的联姻,都是消费电子企业与传统的通信设备企业的合作。TCL 在核心技术和部件方面的研发能力与国外先进企业仍存在较大差距,尤其在 3G 移动终端市场启动的关键时候,TCL 需要更强的电信级研发能力作为支持其发展的坚实后盾。阿尔卡特在 3G 上的研发实力处于全球领先地位,获得阿尔卡特拥有的 2G、2.5G 及 3G 技术是 TCL 此番并购的主要目的之一。此外,阿尔卡特芯片级的手机研发实力也对 TCL 具有较强互补作用。虽然阿尔卡特的芯片设计部分已经出售,且根据协议规定 3G 专利并不划归 T&A 公司,其仅拥有优先使用权,但其研发团队犹存,因而 TCL 有望在其缺失的手机核心技术上取得突破。

2. 市场相似性弱、互补性强

在产品方面,阿尔卡特的缺点在于其产品的外观设计不能很好契合消费者需求,而满足消费者心理的手机设计则恰恰是 TCL 手机的优势,二者具有较大的互补性。在销售网络层面,TCL 在中国市场上拥有庞大的营销网络和渠道资源。对海外市场而言,阿尔卡特品牌在全球市场具有相当的知名度,同时,作为全球著名的通信设备商之一,阿尔卡特拥有全球主要大型电信运营商的庞大关系网络,在欧洲、拉美具有完整的营销网络及影响力,这对于 TCL 来说是一笔可贵的资产,并购后的 TCL 销售网络将覆盖中国、拉美、欧洲及世界其他地区。由此可见 TCL 对阿尔卡特的并购具有较强的产品与市场互补性。

---

① 资料来源:《TCL 集团股份有限公司关于与法国阿尔卡特公司共同投资设立合资公司的公告》。

3. 制度相似性弱、互补性强

在工薪制度上，TCL 采用的是薪酬分配制度，底薪加提成的方式，而阿尔卡特的薪酬采用的是薪酬稳定的机制，且受法国文化和法国社会发展程度的影响，阿尔卡特员工工资相对 TCL 员工更高且更稳定。在营销制度上，TCL 采取的是终端销售模式（直接销售），而阿尔卡特则通过经销商进行销售。终端销售模式使得 TCL 拥有大批销售人员，TCL 集团在欧美国家的销售仍采用该模式，对销售人员进入公司未设置相当门槛，这使得销售人员的质量良莠不齐，而阿尔卡特看重销售渠道的建设及市场的开发，由于通过经销商销售，其销售人员负责市场分析、寻找合适的经销商，因此数量较少且对员工素质的要求也较高。因此，在工薪制度与营销制度上，并购双方均具有相似性强、互补性强的特征。

4. 文化相似性弱、互补性强

在国家文化层面，从 Hofstede 的六个文化维度来看，中国与法国在个人/集体主义、不确定性规避上存在较大差异（图 14-5），我国文化更强调集体主义，具有较强的不确定性规避、男性主义取向和追求长期目标。在企业组织文化方面，阿尔卡特强调人性化管理，主张为员工提供轻松、使其感觉受到尊重的工作环境，而 TCL 的管理方式与之截然相反，几近军事化管理，提倡奉献精神，两种企业文化存在极大差异，这让原阿尔卡特员工无法适应。TCL 董事会主席李东生曾抱怨过阿尔卡特的员工在周末期间拒接电话，而阿尔卡特方面则对中国员工每天工作、毫不放松而颇有微词。因此，无论是在国家文化还是在企业文化方面并购双方的文化呈现相似性弱、互补性强的特点。

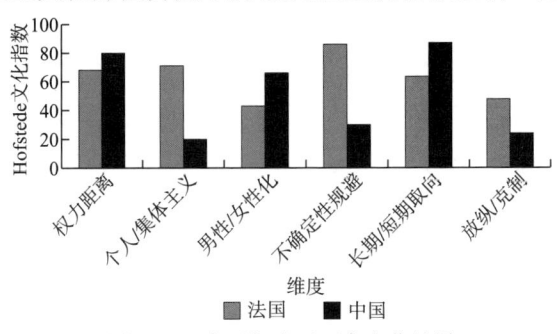

图 14-5 中国与法国国家文化差异

资料来源：Hofstede 网站（http://www.geerthofstede.com/）

（二）并购整合策略：低程度整合与低目标方自主性

1. 管理与组织整合：管理团队以 TCL 为主，目标方自主性低

合资企业 T&A 的董事会共由 7 名成员组成，其中 TCL 方面派出 4 人，而阿尔卡特方面也有 3 人出任。管理层是以 CEO 为首的 9 人团队，其中首席财务官、首席技术官及首席协调官均来自 TCL，TCL 从惠州选派的 30 名高管占据了 T&A 公司大部分的核心位置。

2. 技术与市场整合：研发、生产与销售分离，并购整合程度低

并购双方在生产经营上采用 TCL 和阿尔卡特各自生产、研发、销售的分开运作模式。TCL 与阿尔卡特未对品牌联合运作，根据双方的分工，TCL 侧重中国市场，阿尔卡特侧重国际市场，两个品牌销售渠道的并购整合也采取自由选择的方式进行。

3. 制度与文化整合：延续双方原有薪酬制度，主导 TCL 文化

在薪酬制度方面，并购初期，TCL 为了保证员工的稳定，保留了原阿尔卡特员工的薪酬制度，使得阿尔卡特员工的工资远远高于 TCL 的员工。在文化方面，TCL 没有制订详细的文化融合方案，在整合之初也没有对目标企业的文化进行接纳和学习，而是推行以 TCL 为主的企业文化。

（三）并购双方资源联系性与并购整合策略的匹配性分析

TCL 与阿尔卡特具有相似性弱、互补性强的特征，应选择较低并购整合程度并给予目标方较高的自主性，若 TCL 能够实施匹配的并购整合策略，实现潜在的并购整合收益，降低并购整合成本，可能会实现其并购目标。然而 TCL 却采取了较低的并购整合程度并给予了目标方较低的自主性。不当的并购整合策略降低了实际的协同收益且加重了并购整合冲突：①目标方自主性过低，决策冲突较为明显。在经营决策上，管理者仍然按照 TCL 的原有方式管理合资公司，而阿尔卡特逐渐丧失其话语权，经营决策上的冲突最终致使一些法籍员工离职。②薪酬制度设置不当，双方员工不满情绪高涨。在并购初期，TCL 为了保证员工的稳定，保留了原阿尔卡特员工的薪酬制度，使得阿尔卡特员工的工资远远高于 TCL 的员工。巨大的工资差距并未提高法国员工的生产积极性，反而导致了中国员工的不满，大大削弱了 TCL 员工的工作积极性和创新能力。此后由于不堪阿尔卡特高工资、高福利的重负，同时受到手机市场的冲击，销售增长缓慢，T&A 出现了持续亏损，为此 TCL 决定进行薪酬体系变革，转而采用 TCL 原有的低工资、高提成的薪酬方案，而这无疑遭受到了法国工会和阿尔卡特员工的强烈抵制与不满，从而进一步加深了双方的摩擦。③强行植入 TCL 企业文化，并购整合摩擦加剧。由于忽视了并购双方文化的差异性，并购后仍大力推行以 TCL 为主的企业文化，这让原阿尔卡特的员工深感不适，再加之中方 TCL 员工大多不会讲法语，而阿尔卡特相关人员又拒绝说英语，导致了双方员工之间的沟通障碍，增强了双方文化冲突。

三、TCL 并购阿尔卡特的创新与财务绩效

T&A 公司 2004 年 9 月正式运营之后，由于并购整合不当（主要表现为并购双方在管理制度、薪酬分配及用人制度等方面整合的决策失误），关键人员大量离职，创新资源不断流失，专利产出增长乏力，财务绩效受到较大影响，这也注定了该项并购的失败。

（一）创新绩效

由于并购整合冲突的显现，2004 年 11 月合资公司 T&A 出现严重亏损，作为这次并购案的主要决策人和管理者的万明坚难辞其咎，于 2004 年 12 月宣布辞职，此后 TCL 的一些老员工也相继离开，这其中包括 TCL 负责手机生产、研发和销售的部门经理。2004 年底，T&A 中原阿尔卡特的研发与销售人员也出现离职潮，TCL 依靠阿尔卡特提升技术的目的并未实现。另外，TCL 对阿尔卡特原有的组织不作为，没有很好地利用阿尔卡特原有的研发资源与销售渠道来消除冗余资源、缩减研发与生产成本也是其失败的一大原因。从专利数据来看，在与阿尔卡特合作的两年内（2004 年、2005 年），TCL 专利数量增长乏力（表 14-9）。

表 14-9　TCL 与阿尔卡特并购前后专利数量（单位：项）

专利类型	2002 年	2003 年	2004 年	2005 年
发明专利	0	0	0	1
实用新型	1	0	3	1

资料来源：中外专利信息服务平台

（二）财务绩效

由于在研发、供应链管理、销售渠道管理等环节出现了较大的失误，并购后的三年内（2003～2005 年），TCL 手机的销量和利润均出现大幅度下滑（表 14-10）。

表 14-10　TCL 移动电话业务情况

财务指标	2003 年	2004 年	2005 年
收入/万元	944 566	767 945	590 497
收入同比变化	—	−18.70%	−23.11%
成本/万元	748 753	644 296	585 893
成本同比变化	—	−13.95%	−9.06%
利润/万元	195 812	123 649	46 039
利润同比变化	—	−36.85%	−96.28%

资料来源：TCL 2003～2005 年年报

从其他财务数据来看，T&A 自运营以来，资产总额由最初的 31 348 万元下降到了 2005 年 3 月的 24 639 万元；主营收入也由 2004 年第四季度的 18 337 万元降至 2005 年第一季度的 10 883 万元。在利润方面，T&A 在 2004 年全年亏损 2.83 亿元，而 2005 年仅第一季度的亏损便高达 3.78 亿元。截至 2005 年上半年，T&A 亏损了 6.3 亿元，占当年 TCL 亏损的 80%以上。受累于 T&A 的持续亏损，TCL 不得不做出中断合作的决定：2005 年 5 月 17 日，TCL 正式宣布 TCL 将以换股形式，收购阿尔卡特所持有 T&A 公司的 45%股份。至此，TCL 与阿尔卡特的联姻宣告失败，阿尔卡特正式退出 T&A 的经营与管理，这也意味着 TCL 想通过并购利用阿尔卡特的技术和品牌实现技术突破与市场扩张的目标彻底落空（图 14-6）。

```
2004年9月  --->  TCL与阿尔卡特组建合资公司
                T&A，TCL占股55%

2004年底   --->  T&A全年亏损2.83亿元

2005年第一季度 ---> T&A亏损3.78亿元

2005年上半年 ---> T&A亏损6.3亿元

2005年5月  --->  TCL收购阿尔卡特所持T&A股
                份，并购整合宣告失败
```

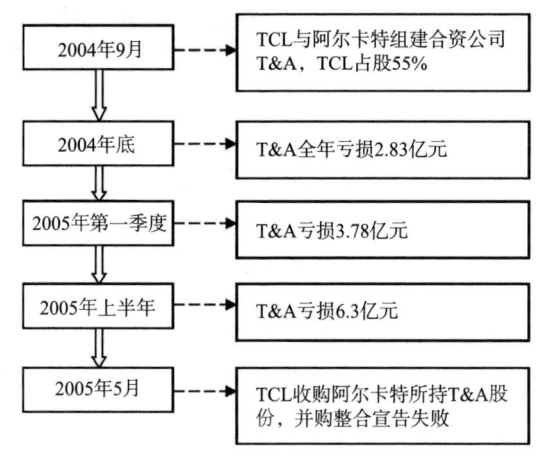

图 14-6　TCL 与阿尔卡特合作历程

第五节　横向案例对比分析

一、技术获取型海外并购整合案例的比较

表 14-11 总结了上述四起技术获取型海外并购资源相似性、互补性情况，实际采取并购整合模式，并购整合效果及理论应采取并购整合模式。从表中可以看出，吉利并购沃尔沃、烟台万华并购博苏化学以及金风科技并购 Vensys、均取得了一定的成功，对其并购后技术创新起到了促进作用，从并购整合模式上看，这三起并购实际采取的并购整合模式与并购双方资源相似性、互补性情况相匹配的并购整合模式是一致的。而反观 TCL 并购阿尔卡特，不恰当的并购整合模式是其并购失败的主要原因。具体而言，在并购双方资源相似性弱、互补性强客观条件下，TCL 却选择低程度整合与低目标方自主性，使得并购双方之间摩擦较大，目标方企业员工大量离职，最终导致并购以失败告终。

表 14-11　海外并购整合促进企业技术创新的横向案例对比

案例	资源联系性	并购整合模式	是否匹配	创新结果
吉利并购沃尔沃	相似性弱、互补性强	低整合程度、高目标方自主性	是	创新能力提升
烟台万华并购博苏化学	相似性强、互补性弱	高程度整合、低目标方自主性	是	创新能力提升
金风科技并购 Vensys	相似性强、互补性强	高整合程度、高目标方自主性	是	创新能力提升
TCL 并购阿尔卡特	相似性弱、互补性强	低整合程度、低目标方自主性	否	人员大量离任，整合效果不佳

恰当的并购整合策略是并购成功的关键，这一点在本章的四个案例中也得到了很好的支持与验证：首先，通过吉利并购沃尔沃的案例可以看到，当并购双方资源相似性弱、互补性强时，由于核心技术仍掌握在目标企业手中，保留目标方核心管理层对目标方研发活动来发挥持续管理作用是很重要的，因此实施较低整合程度与较高目标方自主性有利于缓解并购双方的冲突，最大限度稳定目标企业的关键人员，保留其持续创新能力。其次，通过烟台万华并购博苏化学的案例可以看到，当并购双方资源相似性强、互补性弱时，较高程度的并购整合有利于消除并购双方冗余资源，加强企业之间的相互交流与学习，实现资源融合。同时，由于对于目标企业的研发与经营路径较为熟悉，较低的自主性有利于并购方对目标方进行整体把控，实现资源的优化配置。最后，通过金风科技并购 Vensys 的案例可以看到，当并购双方资源相似性与互补性均较强时，较高的并购整合程度与目标方自主性既能实现并购双方优势互补，又有利于缓解并购整合冲突。

二、技术获取型海外并购整合的对策建议

（一）注重并购前调研与评估

并购前应在认真细致地评估并购双方资源相似性与互补性的基础上，制定切实可行的并购战略及并购后相应的并购整合策略。准确全面的事前评估

对提高并购后整合的成功率大有裨益，而缺乏事前评估，可能会导致对并购整合难度的预估不足，使并购结果偏离期望值，甚至以失败告终。比如，在吉利并购沃尔沃案例中，吉利早在 2002 年便有意向收购沃尔沃，于 2007 年着手组建专门调研沃尔沃的"V"项目办公室，研究两者合并的可能性。2008 年底，当福特宣布将出售沃尔沃时，吉利迅速组建了谈判小组，并通过其全球并购咨询顾问 LCF 洛希尔集团（LCF Rothschild Group）联合众多专业机构，对该并购项目进行深入全面的评估。与此相对，TCL 对阿尔卡特的并购中，它们低估了并购整合的难度，认为阿尔卡特手机业务的员工仅有 1000 多人，且仅有研发和营销体系，整体组织结构也较为简单，于是在对欧美市场了解不够充分，而且缺乏丰富的海外收购经验的基础上，未聘请专业的并购咨询公司，便轻率地自行制订了收购阿尔卡特的方案。可以说 TCL 对目标企业草率的评估方式为其日后并购整合的失利埋下了伏笔。

（二）妥善选择并购对象

首先，尽量选择潜在协同效应较高的目标企业。从前文阐述中可知，并购双方资源的相似性与互补性是并购后潜在协同效应的来源，如若并购双方资源相似性与互补性均弱，潜在协同效应较小，那么即便实施了恰当的并购整合行为，最后对于技术创新能力的提升也并不会太显著，反倒可能出现对并购企业自身研发的挤出作用，进而不利于企业的技术创新。其次，与无合作经验的目标企业相比，选择有合作经验的目标企业能够减少信息不对称，增加吸收与理解能力，降低并购整合过程中的摩擦。如若在并购前并购企业与被并购企业已有一定的合作经历，通过之前的相互交流与合作，并购企业对目标企业较为熟悉，对目标方资源、组织制度与文化具有一定认知，这将潜在地减少技术获取型海外并购中的信息不对称，增强并购双方之间技术知识的理解能力和吸收能力。比如，在金风科技并购 Vensys 的案例中，在并购之前两家企业已经形成了良好的合作基础，能够有效降低并购整合风险，缩短收购完成后 Vensys 公司与金风科技在业务衔接和技术研发的磨合期。

（三）保留目标方关键资源

对于技术获取型海外并购，企业最看重的就是目标方的技术创新能力，而该能力的载体为目标方的研发人力资源，因此保留目标企业关键科研人员，维持其在并购后持续的技术创新能力对于技术获取型海外并购是至关重要的。从上文的分析中可知，并购打破了目标企业原有的研发与生产路径、结构与制度，必然会造成员工的消极反应，如生产积极性的降低，甚至部分员工的离职。如若不能留住掌握核心技术的人力资源，那么并购得到的或许仅仅是目标企业留下的一些程式化的图纸、专利及技术参数，而损失了能为企业带来持续创新动力的关键资源。比如，在金风科技并购 Vensys 的案例中，金风有意只购买了 Vensys 70%的股份，保留 Vensys 原德国团队 30%的股权，使得目标企业的关键管理与研发人员最终得以悉数保留。又如，在吉利并购沃尔沃的案例中，吉利意识到自身与沃尔沃存在较大的技术与文化差异，因而在并购整合过程中秉承"吉利是吉利、沃尔沃是沃尔沃"的理念，保留了绝大部分原沃尔沃的员工。而反观 TCL 对于阿尔卡特的并购，TCL 的独断专行、对人力资源整合的失误，使得不论是管理人员还是研发人员均产生了很高的抵制情绪，最后导致目标企业的核心人员纷纷离职。

（四）协调并购双方文化差异

文化差异是海外并购所面临的一大难题，许多跨国并购的失败来源于文化冲突，如上海汽车集团股份有限公司并购韩国双龙汽车公司。海外并购整合过程中不论是并购方还是目标方都要尽量做到相互尊重对方的原有文化，包括企业原有的价值观、习惯和规章制度等，即便是在强势文化企业并购弱势文化企业的情况下，文化的相互尊重仍然是重要且必要的。比如，吉利对沃尔沃的并购能够获得成功，在文化整合方面所做的努力可圈可点，并购初期吉利便深刻认识到文化差异带来的潜在风险，因而倡导建立全球性的企业文化，包容不同的信仰和理念。而 TCL 并购阿尔卡特的案例中，在并购整合阶段，TCL 并没有制订详细的文化融合方案，而是大力推行以 TCL 为主的企业文化，忽视了文化的差异性，增加了原阿尔卡特员工的不满情绪。

（五）实施恰当的并购整合策略

从上文的分析可知企业并购后的并购整合战略应该结合并购双方资源相似性与互补性的情况，从如何更有利并购后实现协同效应、降低摩擦成本的角度去选择与之匹配的并购整合模式，通过整合提高企业的技术创新能力。当并购双方资源互补性强、相似性弱时，并购方自己不具备足够的吸收与消化能力，应先以保留原目标企业的竞争优势为首要目标，避免过多的干涉，因而适宜采取低整合程度并给予目标方较高的自主性。当并购双方资源相似性强、互补性弱时，并购双方具有较大的资源重叠，并购企业对于目标企业的技术、研发与生产经营路径较为熟悉，此时应消除部分冗余资源、对资源进行优化配置，因而适宜采取高整合程度并给予目标方较低的自主性。当并购双方资源相似性与互补性均强时，适宜采取高整合程度并给予目标方高的自主性。

（六）加强并购整合能力的建设

注重企业技术与研发能力，提高自身的技术水平，增加对目标企业的资源吸收能力和支撑能力。进行管理团队的建设，提高企业管理层的并购整合能力。放眼全球，凡是成功进行国际化的跨国企业，均有一批满足跨国经营管理经验和能力要求的人力资源。而我国企业由于进行海外并购的时间相对较短，普遍缺乏跨国经营人才，尤其是并购整合人才，企业管理层的海外并购整合能力相对较弱。因此，跨国公司应将培养国际化经营人才作为走出去的一大战略重点。

第六节 本章小结

本章选取四起技术获取型海外并购案例进行多案例对比研究，突出了并购整合程度、目标方自主性与并购双方资源相似性与互补性程度相匹配的重要性，深入探讨了并购后整合过程中企业的整合行为及其对技术创新的影响，并对案例的成功经验与失败教训进行总结与概括，提出相应的对策建议，以期为中国企业技术获取型海外并购提供切实可行的经验参考。从案例可以看出制定与并购双方资源相匹配的整合策略是实现企业技术创新目的的关键步骤，具体而言，当并购双方资源相似性弱、互补性强时，宜选择低整合程度与高目标方自主性，如吉利并购沃尔沃；当并购双方资源相似性强、互补性弱时应选择高整合程度与低目标方自主性，如烟台万华并购博苏化学；当并购双方资源相似性与互补性均强时，宜选择高整合程度与高目标方自主性，如金风科技并购 Vensys，这些发现为理论提供了必要的经验支撑。

第十五章

基于资源相关性的中国制造业海外并购整合对并购协同效应传导机制的案例研究

本章将选取典型案例，对中国企业海外并购整合的现状进行更为直观和深入的分析。为了通过案例分析说明在经济制度距离高低不同情形的海外并购下，资源相关性与整合策略之间的匹配模式及其对于并购后协同效应的影响，本章根据数据资料的可得性和完备性，从 2000 年至 2013 年间中国企业海外并购样本库中选取上海电气并购高斯国际、中联重科并购 CIFA、TCL 并购汤姆逊、沈阳机床并购希斯四起案例进行研究。这四起案例分别代表了经济制度距离高低不同、并购双方资源相关性特征不同的四种情况，对应四个不同的发达目标方国家，处于四个不同的制造行业，并且均是在业界内具有一定知名度和影响力的海外并购案例。对于每一起案例，通过介绍其发生背景、提炼海外并购资源相关性和经济制度距离特征、分析并购后整合策略及评估并购后协同绩效，以及案例间横向对比，总结成功经验和失败教训，印证第五章的理论机制。

第一节 上海电气并购整合美国高斯国际

一、上海电气并购高斯国际背景

上海电气是一个装备制造业集团，旗下拥有多个产业集团，涉及电站、机电一体化、机床、轨道交通、重工、印刷机械、电梯、环保等,其历史至少可追溯到 1902 年。上海电气在印刷机械制造领域拥有"联合舰队"的美名,此得名源于上海电气旗下众多的公司,特别是上海电气印刷包装机械集团,其是上海电气旗下的强势产业板块,为国内印刷机械龙头。为寻求自身发展,上海电气印刷包装机械集团陆续收购了多家国内外公司,比较著名的有日本秋山国际、上海紫光机械有限公司(以下简称上海紫光)、上海光华印刷机械有限公司(以下简称上海光华)等,不断提升技术竞争力,稳固自身在业内的龙头老大地位。

高斯国际 1885 年创建于美国波士顿,与曼罗兰、高宝等厂商并列为全球最著名的印刷包装机械生产商之一,同时也是全球卷筒纸轮转机制造巨头。高斯国际拥有品类繁多的产品,包括报纸印刷系统、印刷后道系统、商业卷筒系统及辅机类等,产生了 700 多项专项成果,在印刷机械行业拥有多个第一的头衔。高斯国际曾经制造出了全球首台商业轮转印刷设备、首个四色报纸印刷塔及首套柔性印刷系统等多项突破性产品,这些不俗的表现和成绩奠定了高斯国际在世界印刷机械制造领域内公认的技术领导地位。

2008 年全球金融危机爆发,加之电子传媒行业的兴起不断对传统出版形成挤压,报纸、杂志、平面广告的市场不断萎缩,大众对传统纸质印刷制品的需求在互联网时代大幅下滑。书刊印刷的主要生产机械正是卷筒纸胶印机,纸媒需求的下滑导致了传统印刷机械设备需求的下滑,这使得高斯国际遇到了经营低谷,销售额遭遇滑铁卢式下跌,陷入亏损境地。正是在此时,上海电气启动了对高斯国际的收购谈判,通过 2009 年和 2010 年的两次收购,最终以高达 15 亿美元的金额控股高斯国际 100%的股权。此次收购在行业内引起了不小的轰动,收购高斯国际使上海电气获取了在国际上最为先进的机械设备制造技术,在卷筒纸胶印机生产技术方面有了很大的提升,进一步稳固了上海电气在印刷机械制造领域的行业地位。另外,国内低廉的生产成本也为上海电气接手后的高斯中国扭亏为盈提供了机遇,可谓双赢。

二、上海电气并购高斯国际资源相关性分析：高相似性、低互补性组合

（一）并购双方技术高相似性、低互补性

公开资料显示，接触这次海外并购及负责后续整合重组工作的是上海电气旗下的强势产业板块——上海电气印刷包装机械集团，其印刷包装机械资产在全国规模最大、产品类别最全，为国内印刷机械龙头，在单张纸胶印机方面优势明显，在商业轮转机、报纸轮转机等方面具有国内一流技术和产品研发能力，在全国拥有 600 余家工厂。通过对日本秋山国际、上海光华、上海紫光等公司股权的陆续收购，吸纳国际化的研发技术。而并购目标方高斯国际除了因为市场萎缩而业绩不佳外，其在印刷机械制造领域的内在技术价值是毋庸置疑的。据高斯国际提供的资料，在并购前，高斯国际在全球设有 8 个工厂，拥有近 600 名工程师；拥有 226 项已申请专利，739 项有效专利技术，这与高斯国际重视技术研发是分不开的。即使在业绩下滑期，其研发总投入依然高达 2.8 亿美元。可以看出，并购双方在研发技术方面集中于一个较窄的领域并且技术实力相当，因此在所处技术领域方面具有高相似性、低互补性。

（二）并购双方业务高相似性、低互补性

上海电气并购高斯国际能够水到渠成的一个重要原因，在于双方在业务上早有合作往来，且彼此熟悉。早在 1993 年，高斯国际初次进入中国市场，第一个合作对象就是上海电气，两者共同成立了合资企业上海高斯。合资企业上海高斯的经营非常成功，这不仅为上海电气与高斯国际的进一步合作打下了基础，也在这二十余年间使得双方的管理层对于彼此的业务非常熟悉。从并购双方的资料上来看，上海电气印刷业务的主营产品包括单张纸胶印机系列、卷筒纸胶印机、商用轮转印刷机、装订机系列、自动烫印模切机、折页机系列等，而高斯国际的产品涉及报纸印刷系统、商业卷筒系统、印刷后道系统等，两者之间具有较高的重叠，因此并购双方间产品业务具有高相似性、低互补性。

（三）并购双方文化较高相似性、较低互补性

首先从国家文化的层面来看，目标方高斯国际所在的美国在个人主义、长期取向、放纵这三个文化维度上与中国距离较大，在权力距离、男性化、不确定性规避三个维度上与中国距离较小，按照前文对文化相似性、互补性的界定，此次海外并购双方在国家文化层面相似性较高而互补性较低。而在企业文化层面，双方则拥有更多的相似之处。上海电气的企业价值观重视人才、重视创新，希望与其合作伙伴及客户在更多富有开创性和挑战性的项目中开展合作。与上海电气十分类似，高斯国际同样看重人才、创新性及以客户为导向的执行力。并购双方在企业文化观方面的一致性为此次收购的顺利进行打下了扎实的基础。更值得一提的是，上海电气的控股子公司上海机电股份有限公司早在二十余年之前就与高斯国际合资建立了上海高斯，经年的合作、磨合和交融弥补了中美两方在民族文化方面相似性不足的短板，已在彼此间建立起了互相信任与了解。事实上，这次海外并购正是高斯国际主动找到了上海电气进行沟通，才有了最后的一锤定音。因此，总体来说此次海外并购双方间具有一定程度的文化相似性。

三、上海电气并购高斯国际经济制度距离分析：经济制度距离相对较低

如前文所述，我们根据世界银行发布的世界治理指数中的 6 项指标及美国传统基金会发布的经济自由度指数中的 8 项指标，共计 14 项指标构建经济制度距离变量来衡量并购方上海电气和目标方高斯国际所处国家之间在 2010 年的正式制度发展情况的差距。事实上，自 2000 年起至 2010 年，随着我国企业"走出去"经济制度环境的不断优化，中国和美国之间的经济制度距离经历了一个较为显著的追赶和缩小过程[①]。虽然中美之间的经济制度环境仍有一定的差距，但在第十一章第二节实证研究部分中，我们已展示了在 64 个中国企业技术获取型海外并购样本中，中国并购方企业与海外目标方企业

[①] 用同样的方法计算，中国和美国制度距离在 2000 年数值为 9.340，显著高于 2010 年数值 7.077。

之间的经济制度距离普遍较高，该指标得分的最大值为 11.862，中位数为 8.200，本起案例的并购双方之间的经济制度距离得分处于中位数之下，显著低于中国与大部分欧洲国家之间的经济制度距离。

此外，我们也考察了并购当年中国和美国在全球竞争力指数（global competitiveness index，GCI）中的制度分项指标上的排名差距，来从另一方面辅助判定此起并购中双方经济制度距离的高低情况。全球竞争力指数由世界经济论坛每年定期发布的《全球竞争力报告 2010—2011》给出，用以衡量和反映处于不同发展阶段的世界各国和地区的竞争力水平。该指数由共计 110 个变量组成，可以被划分为 12 个支柱项目，每一个支柱项目都体现了一国和地区竞争力的一个重要方面。这 12 个支柱分别是：制度、基础设施、宏观经济稳定性、健康与初等教育、高等教育与培训、商品市场效率、劳动市场效率、金融市场成熟性、技术设备、市场规模、商务成熟性、创新。我们重点关注其中的制度支柱指标，这一指标主要反映了一国和地区在知识产权保护、小股东利益保护、投资者保护、会计和审计标准等方面的运作情况。根据世界经济论坛网站公布的《全球竞争力报告 2010—2011》中的各国和地区竞争力指数排名可以发现，虽然中国和美国在全球竞争力总排名方面在 139 个国家和地区中分别位列第 27 位和第 4 位，存在一定的距离，但在制度支柱指标方面分别位列第 49 位和第 40 位，距离较为接近。这从另一个侧面反映出 2010 年中美两国的经济制度距离是相对较低的。综合以上分析，我们认为总体来说，上海电气并购高斯国际的案例可以被划分为处于经济制度距离相对较低的区间内。

四、上海电气并购高斯国际整合策略分析：高整合程度与低目标方自主性

（一）对产能结构和产品结构进行全面整合

对于收购而来的高斯国际资源，上海电气制定了审慎而长远的整合策略。在收购高斯国际后，为了应对行业萎缩的大背景和公司亏损的现实情况，上海电气在短时间内就全面铺开了公司内部重组整合工作，整合的基调很快被确定：要充分整合高斯国际和上海电气的生产结构和规模，在生产上调整和

把控方向。在数字媒体时代,大设备印刷机制造行业已不是朝阳产业,因此,上海电气决定在并购后进行谨慎投入,对高斯国际进行适合中国市场的改造和整合,而此时上海电气与高斯国际的资源相似性为整合的顺利推进提供了可能性。在产能结构调整方面,不断削减海外发达国家产能,如将法国工厂的两个生产基地因地制宜地重整为一个生产基地,对英国工厂的一个生产基地重新制定战略方向,将其调整成为销售服务基地,同时大规模缩减美国工厂规模,因为其此前的业务与上海电气存在较高的重叠性,这样一来也可以缩减成本;在产品结构调整方面,并购后高斯国际逐步转向上海电气印刷业务中的核心产品卷筒纸胶印机,同时融合自身和上海电气的产品优势,进军印刷包装设备与数字印刷设备。此外,推出了其他几个措施:调整原材料供应——在中国加大零部件采购及低端金属加工,以降低采购和生产成本;调整生产结构——允许欧洲工厂和美国工厂有权生产同样的产品,以规避国际汇率波动给企业经营带来的不利影响等。

(二)对人事和经营决策掌握控制权

考虑到海外并购中需要面临的目标国文化差异,如何在并购后适当地处理人事和决策权问题一直以来都是海外并购整合阶段的重点。而在这一起案例中,上海电气与高斯国际先前多年的合作关系为并购后的人事过渡和决策权分配起到了很好的"润滑剂"作用。在并购后,上海电气集团原董事长担任高斯国际董事长,每季度会听取董事会汇报;高斯国际的日常工作则由上海电气印刷包装机械集团总裁遥控指挥;派遣一位高级副总裁常驻美国总部。在员工调整方面,上海电气也同样进行了大手笔的动作。在2004年前后,当时发展势头正强劲的高斯国际旗下共有4500名左右的员工,即使在2009年初因为经营不善而陷入困境时,高斯国际仍然拥有3500名左右的员工。并购后,出于降低人员成本的需求,上海电气还是决定让高斯国际继续裁员1000多人。此外,上海电气对高斯国际原来在世界各地的多个销售团队也进行了系统性的梳理和整合,使其组建成为一个国际性的销售部门,而不是让散布在各个国家的销售团队单打独斗。在日常经营方面,也以上海电气对高斯国际的控制为主,如利用自身的渠道优势,在国内为高斯国际指派成本最低、产品最有质量保障的采购供应商等。

五、上海电气并购高斯国际协同效应分析

通过并购后的整合努力,上海电气以产业集团模式对并购双方技术资源、管理团队、人力资源、组织架构等进行了全面的整合,推进一体化管理和一体化营运,通过进一步控制和压缩成本、创造盈利来实现协同效应,并提升了上海电气在行业内的整体竞争力。

从技术及专利指标来看,上海电气并购高斯国际对于技术协同效应的发挥起到了良好的促进作用。在此次收购高斯国际后,通过融合吸收高斯国际在商业卷筒系统、报纸印刷系统、印刷后道系统及辅机类等多项突破性产品方面的先进技术,上海电气印刷业务成功实现了由中低端领域向高端领域的延伸,并购后公司整体竞争力得到增强,同时提升了上海电气印刷业务在全球技术格局中的位置。并购高斯国际也使上海电气拥有了覆盖全球的制造及服务网络和海外生产基地。从并购整合前后上海电气的专利增长中也可以看出,在经历了全球纸媒行业的低迷冲击后,上海电气在专利产出数量方面也实现了上升(表15-1)。

表15-1 上海电气并购前后专利指标(单位:项)

项目	2010年	2011年	2012年	2013年	2014年
专利数量	28	20	10	44	45

资料来源:佰腾网

从企业并购后业务发展和财务指标来看,上海电气并购高斯国际后也实现了经营、管理、财务等方面的协同效应。通过前述一系列优化整合,上海电气投入大量资源,迅速地提升了公司业绩。相关数据显示,公司原定于2012年上半年完成的销售目标在2011年12月底就已达成,订单金额持续迅速增长,仅《光明日报》、《人民日报》和《解放日报》三刊的订单金额就高达2亿元。其中2011年12月创造了金融危机以来单月最大订单,订单金额高达7000万美元。从表15-2的财务指标可以看出,上海电气在并购高斯国际后,包括总资产、净资产、营业收入、利润总额等项目在内的多项财务指标有了较为显著的提升。

表 15-2　上海电气并购整合前后财务指标

项目	2010年	2011年	2012年	2013年	2014年
总资产/亿元	982.118	1067.151	1186.995	1292.927	1435.506
净资产/亿元	270.024	292.572	305.066	322.060	342.364
营业收入/亿元	631.759	683.023	770.767	792.149	767.845
利润总额/亿元	41.226	52.084	58.036	54.974	56.210
净利润/亿元	28.195	33.101	27.207	24.628	25.545
总资产周转率	0.643	0.640	0.649	0.613	0.535

资料来源：上海电气年度报告

总结来说，在上海电气并购高斯国际这起经济制度距离相对较低的海外并购中，从技术、产品、文化等维度来考量，并购双方呈现出高相似性、低互补性的资源组合特征，为并购后阶段双方研发、业务、人事等方面的整合推进提供了潜在的必要性和可行性。通过匹配并购后高整合程度和低目标方自主性，上海电气成功实现了并购后协同增长，提升了印刷机械业务在国内、国际两个市场上的整体竞争力。

第二节　中联重科并购整合意大利 CIFA

一、中联重科并购 CIFA 背景

中联重科创立于 1992 年，前身为原建设部长沙建设机械研究院，是中国工程机械装备制造龙头企业。中联重科生产具有完全自主知识产权的十三大类别 86 个产品系列，包括混凝土机械、起重机械、环卫机械、路面机械等，主导产品 800 多种。到 2008 年并购前，经过十多年的发展，中联重科已成为国内领先的大型工程机械企业之一，享有国家首批"国家技术创新示范企业""国家创新型企业"的盛誉，拥有约 155 亿元总资产、约 121 亿元营业收入总额、约 15 亿元净利润，并且保持逐年增长。在国内市场上，中联重科在 30 余个主要城市都设有销售网点，产品遍布全国各地；在国外市场上，中联重

科在亚洲其他周边国家乃至欧洲、美洲、非洲都铺开了销售网络，但不足的是国外市场的出口量仍然不大，总体销售收入中海外销售收入占比不足 5%，未能很好地挖掘海外市场隐藏着的巨大销售潜力。

意大利 CIFA 成立于 1928 年，总部位于意大利米兰附近的塞纳戈（Senago），是一家历史悠久的意大利工程机械制造商及国际一流混凝土机械制造商。成立之初，CIFA 主要从事用于钢筋混凝土的钢制模具等产品的生产和销售，并逐步拓展到混凝土搅拌与运输设备的生产方面。到 2008 年被并购前，CIFA 与德国的普茨迈斯特公司和施维英公司为全球排名前三的混凝土机械设备制造商，并且是全球唯一一家能够全面提供混凝土机械设备的制造企业，其中主营业务包括混凝土输送泵、混凝土泵车和混凝土搅拌运输车等，拥有知名的品牌、全球化的销售网络、领先的技术工艺、卓越的产品质量和完善的售后服务，其产品因优越的性价比而在东欧等地区竞争优势突出，市场占有率高。

2008 年，金融危机的爆发使欧美经济体受到了强烈的冲击，建筑工程行业增长委顿，混凝土机械市场低迷。欧洲和北美洲是 CIFA 产品的两个主要市场，但这两个市场上的销售业绩都不尽如人意，销售收入持续下跌。面对这种形势，CIFA 股东决定出售股权，筹集资金来偿还高额的到期债务。2008 年 9 月，中联重科联合多家投资机构对 CIFA 完成了收购。CIFA 全球领先的技术工艺、全球化销售网络和服务体系等为中联重科的发展注入了新的活力；同时，本次并购也将改变国内外混凝土机械市场的竞争格局，并且大大加快中联重科向中国第一大混凝土机械制造商地位发起冲刺的进程。

二、中联重科并购 CIFA 资源相关性分析：低相似性、高互补性组合

（一）并购双方技术低相似性、高互补性

作为与德国普茨迈斯特和施维英并驾齐驱的世界三大混凝土巨头之一，CIFA 是国际一流的混凝土机械制造商，拥有 80 年泵送机械和搅拌运输车机械产品技术领域的成熟经验，产品技术和研发优势显而易见。在其成长历史中，CIFA 注重科研，以知识产权获得独特竞争优势，在全球有 50 组专利和 10 个注册商标，积累了大量的技术成果。CIFA 在主营业务混凝土泵车技术

方面具有较强的领先优势,在其钢结构臂架的关键部位采用碳纤维材料取代钢材,通过传感器主动调节液压系统的主动减震技术,在全球处于领先地位,产品更具安全性、可靠性和灵活性。相较之下,中联重科在产品安全性、先进性和全面性等方面都与CIFA存在一定的差距,在并购CIFA后,中联重科可将CIFA领先的技术和制造工艺、超前的设计理念引入公司,并通过获取专利、商标等无形资产的使用权来提升中联重科的产品技术含量。因此,此次并购双方在技术资源方面显示出低相似性和高互补性的特征。

(二)并购双方市场低相似性、高互补性

从市场资源方面来看,CIFA产品在全球多个地区竞争优势突出,市场占有率较高。经过80年的发展,CIFA在欧洲、美洲、非洲、中东的60余个国家及澳大利亚都建立了销售渠道,截至被并购前总共拥有直接经销商60家,意大利本土代理机构25家。CIFA的混凝土机械产品雄踞意大利本土市场80%的占有率,在西欧市场和东欧市场分别拥有24%和20%的占有率,在更远一些的中东和澳大利亚市场也分别拥有9%和8%的占有率,初具规模。除此之外,其产品也在逐渐向亚洲、北非、南美洲的部分新兴经济体延伸,一以贯之地致力于国际市场的拓展。而相较之下,中国制造的混凝土机械产品在大部分海外用户,特别是欧美地区的用户心中接受度仍然不高,因此中联重科主要还是依托国内市场,海外销售体系和销售网络并没有全面铺开,中联重科的产品目前在海外市场的占有率并不高。因此中联重科和CIFA的市场网络与市场布局基本不重合,显示出低相似性和高互补性的特征。CIFA成熟的销售网络能帮助中联重科进一步打开国际市场,完善全球销售网络;同时,中国城镇化和工业化的发展也使得中联重科能够为CIFA带来巨大的国内市场。

(三)并购双方文化较低相似性、较高互补性

从国家文化的层面来看,目标方CIFA所在的意大利在权力距离、个人主义、不确定性规避这三个文化维度上与中国距离较大,而在男性化、放纵、长期取向三个维度上与中国距离较小,按照前文对于文化相似性、互补性的

界定，此次海外并购双方在国家文化层面相似性和互补性均适中，并不存在相似性或互补性特别突出的情况。从企业文化的角度来看，这场海外并购使得中联重科和 CIFA 不同肤色、不同种族的员工聚在一起工作，这些有着不同文化背景的员工对公司文化的理解在初期是很不一致的。比如，CIFA 的企业文化是比较强势的，强调做事精益求精，强调工作的效率；而中联重科强调员工对企业的奉献精神和吃苦耐劳精神，以牺牲自我来成就团队。在面对大额的订单时，加班加点对中国员工来说是常事，而意大利工人是从不加班的。两者的企业文化具有较低相似性和较高互补性，在并购后，如何包容和理解异国文化，赢得目标方企业的信任，使两种文化的优点能够取长补短地结合起来，是中联重科需要思考的。

三、中联重科并购 CIFA 经济制度距离分析：经济制度距离相对较低

根据世界银行发布的世界治理指数中的 6 项指标及美国传统基金会发布的经济自由度指数中的 8 项指标，共计 14 项指标构建经济制度距离变量来衡量并购方中联重科和目标方 CIFA 所处国家之间在 2008 年的正式制度发展情况的差距。最终计算得到的经济制度距离指标得分为 3.569，低于第十一章第二节中国企业技术获取型海外并购样本中经济制度距离的中位数 8.200，是所有样本中的经济制度距离最小值。

此外我们也同样考察了并购当年中国和意大利在全球竞争力指数中的制度分项指标上的排名差距，来从另一方面辅助判定此起并购中双方经济制度距离的高低情况。根据世界经济论坛网站公布的《全球竞争力报告 2008—2009》中的各国和地区竞争力指数排名可以发现，中国和意大利在全球竞争力指数的制度支柱这一指标上，在全球参评的 134 个国家和地区中分别位列第 56 位和第 84 位，中国领先于意大利且距离相对较为接近。这从另一个侧面补充反映出 2008 年中意两国的经济制度距离是相对较低的。综合以上分析，我们认为中联重科并购 CIFA 的案例可以被划分为处于经济制度距离相对较低的区间内。

四、中联重科并购 CIFA 整合策略分析：低整合程度与高目标方自主性

（一）保留品牌和技术独立性实现温和整合

面对此次海外并购中中联重科与 CIFA 在技术、市场、文化资源方面的巨大差异，为实现中联重科与 CIFA 优势互补资源带来的协同潜力，中联重科在并购后坚持以温和的整合方式实现整合期的平稳过渡。考虑到在并购前，CIFA 和中联重科的品牌都有各自的市场、消费偏好与地区影响力：技术先进、品牌历史悠久的 CIFA 品牌一直是高端的象征，在欧美地区影响力广泛；而中联重科是中国土生土长的企业，产品可靠、价格低廉，在国内及其他一些发展中国家备受关注。因而在并购后的品牌整合过程中，中联重科实行了双品牌运营战略，"CIFA"品牌主打高端市场，"中联重科"品牌主打中低端市场。双品牌战略能够实现客户群的细分，满足高端市场与中低端市场不同消费者的偏好与需求，国内低廉成本与国外顶尖技术都能有用武之地，在销售市场上的覆盖群体更为广泛，能够有效利用核心能力与扩大市场份额。在技术研发整合方面，中联重科并不意在对 CIFA 的技术进行深度的整合，而是采取将 CIFA 全套的先进技术移植到 CIFA 中国基地，完全按照 CIFA 的质量标准进行零部件的试制、生产、检测这样一种方式实现 CIFA 的中国化，同时将技术研发部门仍然设置在意大利米兰，保留 CIFA 在技术研发上的独立性，这样一来就能够延续性地利用 CIFA 卓越的技术平台。中联重科在并购后不仅不关闭 CIFA 的数个研发制造工厂和各个子公司，相反还持续投入资金，支持其进行研发和生产。由此可见，中联重科对于 CIFA 的整合策略是保留其品牌、技术、研发方面的独立性，以"加法"代替"减法"，属于低程度的整合。

（二）"意人治意、高度自治"实施本土化管理

除了通过实施较低度的整合来避免对目标方 CIFA 具有价值的互补性资源可能造成的损害，中联重科同时也给予了 CIFA 高度的自主性，通过实施本土化的管理来保护其发展动能和积极性。中联重科对 CIFA 进行整合前，

首先做出三项承诺:强调双方的联合是一个家庭,CIFA将继续保持独立经营,管理层与员工也维持稳定状态。在管理层方面,中联重科完全保留了CIFA的经营管理团队,CIFA被并购前的董事长和首席财务官继续留在并购后的公司,前者担任新的董事长,兼任中联重科副总裁,后者则由首席财务官改任新公司的首席执行官兼首席运营官。在员工方面,中联重科没有向意大利派遣常驻员工,全部由CIFA老员工一手打理,充分信任原有意大利员工队伍。中联重科的自主性战略受到了CIFA员工的支持和欢迎,为其平稳度过整合过渡期,保持稳健经营和快速增长奠定了良好的基础,逐渐建立起并购双方信任与协同发展机制。

五、中联重科并购CIFA协同效应分析

通过并购整合,中联重科成功实现中联重科混凝土机械产品与制造技术的国际化跨越,同时着眼于CIFA混凝土机械销售和服务网点的全球化布局,得以在制造技术、市场能力、企业管理等方面快速提高水平。在并购CIFA后的次年,虽然行业竞争已经趋于白热化,但中联重科依旧表现亮眼,实现了技术、经营、管理、财务等方面的协同效应。

技术协同方面,受益于并购获得的CIFA国际领先技术,中联重科向市场上陆续推出安全性、稳定性更高的产品,包括六节臂长臂架泵车等,产品拥有超长臂泵车三级伸缩X支腿技术、单侧支撑技术等。这大大提高了中联重科在泵车市场的占有率,在行业中树立了良好的形象。表15-3展示了中联重科并购整合前后技术专利的变化,可以看出,中联重科和CIFA双方技术人员不断研发创新,并购后新专利技术呈现激增,在多项高端技术方面实现突破,促使并购后公司产品技术和性能进一步提高,充分发挥了并购的技术协同效应[①]。

---

① 我们在此仅选取并购发生五年内的专利和财务指标来判断该起并购案的协同效果,因为更长时间窗口内产生的改变可能和此次海外并购的关联度不大。下文汤姆逊并购TCL案例同。

表 15-3　中联重科并购整合前后专利指标（单位：项）

项目	2008 年	2009 年	2010 年	2011 年	2012 年
专利数量	36	58	37	1160	1568

资料来源：佰腾网

中联重科并购 CIFA 后产生的协同成果，也直观地体现在了中联重科并购后资产体量、销售收入、利润水平等财务指标上。表 15-4 展示了中联重科并购前后财务绩效对比分析。从该表中可以直观地看出，中联重科的盈利能力、经营能力、管理能力等多方面绩效指标都在并购后呈现了持续上升的趋势，显示此次海外并购实现了多方面的协同效应，对于中联重科的发展壮大发挥了重要的促进作用。在其中特别突出的是，中联重科的主营业务混凝土机械收入在并购后增长强劲，并购后三年连续销售增长在 50%以上，2010 年的增幅将近 100%，为中联重科的销售与利润做出巨大贡献。

表 15-4　中联重科并购整合前后财务指标

项目	2008 年	2009 年	2010 年	2011 年	2012 年
总资产/亿元	231.220	340.058	630.816	715.818	889.745
净资产/亿元	50.824	74.676	274.152	354.465	408.021
营业收入/亿元	135.488	207.622	321.927	463.226	480.712
利润总额/亿元	17.852	28.274	54.161	96.025	88.581
净利润/亿元	15.694	23.724	45.880	81.733	75.290
总资产周转率	0.586	0.611	0.510	0.647	0.540
混凝土机械收入/亿元	46.824	71.566	140.842	212.128	235.961

资料来源：中联重科股份有限公司年度报告

总结来说，在中联重科并购 CIFA 这起经济制度距离相对较低的海外并购中，由于海外目标方 CIFA 具有品牌、研发、工艺及遍布全球的销售网络体系等优势，和中联重科在市场、技术等诸多方面具有很强的资源互补性，提供了潜在协同效应的来源。通过匹配并购后低整合程度和高目标方自主性程度，并购双方逐渐建立起相互信任与协同发展机制，受益于整合过程的协同作用，中联重科的技术实力和市场竞争力得到巨大的提升。

第三节　TCL 并购整合法国汤姆逊

一、TCL 并购汤姆逊背景

TCL 是一家集家用电器、通信设备、电子信息、电子工程产品的研发、生产及销售为一体的特大型国有控股企业，创办于 1981 年。经过二十多年的发展，TCL 成了亚洲彩电市场最强厂商之一，其王牌彩电产品家喻户晓。TCL 发展过程中一直保持着稳中有快的步伐，特别是进入 1990 年以来，曾经创下连续十二年年均增长速度保持 50%以上的记录，是全国增长最快的大型工业制造企业之一，多年来受到国家重点扶持。同时，TCL 在 1998 年起就制定了"走出去"的战略方针，先后通过多种方式积极拓展海外新兴市场，包括俄罗斯、东南亚、拉丁美洲、中东等地。

创建于 1879 年的法国汤姆逊是一家综合业务以工业和科技为主的集团，曾在全球主要的消费电子生产商中位列第四。作为世界级的家用电话供应商、数码译码器供应商、为内容和媒体商提供服务和商品的供应商，汤姆逊的业务涉及从内容制作、分发到接收的全过程，包括消费产品、零部件、内容及网络等多个方向，在世界范围内的 30 多个国家和地区拥有 73 000 多名员工。在 2000 年初期，由于受到欧洲电子市场激烈竞争的冲击，汤姆逊的经营开始转亏，到 2003 年，受到全球平板电视兴起的冲击，传统的 CRT（cathode ray tube，阴极射线管）电视不可避免地走向没落，没能在短时间内适应转型的汤姆逊当年背负了巨额亏损，迫切需要寻求一个强大的战略合作者来帮助其解决财务困境。

2003 年 7 月，法国汤姆逊通过投资银行找到 TCL，希望出售其彩电业务。这对一直希望进入欧美市场的 TCL 来说，无疑是一个难得的契机。面对如此巨大的诱惑，TCL 的高层们很快便达成了并购的共识，一致认为此举不仅可以使 TCL 获得彩电领域技术创新的提高，同时也能够规避北美和欧盟的贸易壁垒，迅速切入欧美市场，完善产业格局。2004 年 1 月，TCL 宣布并购汤姆逊彩电业务，成立组建 TCL-汤姆逊电子公司（TCL-Thomson Electronics，TTE），这是当时全球最大的彩电供应企业。其中 TCL 持股 67%，汤姆逊持股 33%。TCL 与汤姆逊彩电业务的重组，被当时的业界认为将改写全球彩电产业格局。

二、TCL 并购汤姆逊资源相关性分析：高相似性、高互补性组合

（一）并购双方产品高相似性、高互补性

从产品角度来看，TCL 产品主要分为多媒体产品（彩电）、家电产品、通信产品（手机）、数码产品等几大类，其中彩电和手机产品在国内市场具有领先优势，特别是彩电产品是 TCL 业务的战略重点和主力发展方向。法国汤姆逊的产品主要覆盖视讯产品、家电产品、数码产品等，是世界最大的电子产品供应商之一。其中，彩电、彩管业务一直是汤姆逊的主营业务和主要的利润增长点，在与 TCL 合并之前，汤姆逊已经具备年产 740 万台电视机的能力，在北美市场和欧洲市场上的份额分别达到 18%和 8%。可以看出，TCL 和汤姆逊的产品发展路径和战略是高度一致的，产品有着较高的相似性。两者之间的差异在于，相较于 TCL 的产品，汤姆逊的产品主打高端市场，重点放在高端背投彩电、等离子彩电的制造和生产，以及数字电视"端到端"的产业链服务上，汤姆逊在电视传播过程中需要用到的机顶盒、彩管、专用设备等产品方面具有很强的市场优势，这一点又与 TCL 的产品形成了良好的互补。

（二）并购双方技术高相似性、高互补性

从研发技术的角度来看，TCL 和汤姆逊也存在高相似性和高互补性的特征。汤姆逊自成立以来拥有 100 多年的历史，曾诞生 6000 多个产品发明，获得 36 000 多项专利权，是全球第一台互动电视专利技术的拥有者。在其中，汤姆逊在彩色电视业务方面拥有大量 CRT 领域的领先技术专利。而 TCL 在 CRT 领域的专利数量在彩电厂商中也处于前列，两者之间拥有在一个较窄的技术领域中相似的专利技术。在研发力量方面，汤姆逊一直重视技术研发的投入和研发基地的发展，通过此次并购，TCL 获得了汤姆逊的 3 个研发中心，能够帮助 TCL 建立全球范围内的研发体系，为 TCL 的研发提供了良好的研发基础设施和研发技术人员，是珍贵的互补性资源。TCL 可以充分利用与国

际著名企业技术交流的机会，引入核心技术，取长补短，使 TCL 从技术商品化阶段跨入核心技术积累阶段，提高竞争能力。

（三）并购双方文化高相似性、高互补性

TCL 并购汤姆逊属于国家文化相似性高、企业文化互补性高的情形。首先从国家文化的层面来看，目标方汤姆逊所在的法国除了在个人主义这一项文化维度上与中国距离较大，在不确定性规避这一项文化维度上与中国距离适中之外，在权力距离、男性化、长期取向、放纵等四个维度上与中国距离均较小，按照前文对文化相似性、互补性的界定，此次海外并购双方在国家文化层面属于相似性较高而互补性较低。其次在企业文化层面，双方则拥有更多的互补之处。汤姆逊崇尚产品细节，TCL 注重产品的更迭速度；汤姆逊追求商业过程中艺术的浪漫，而 TCL 更多地奉行"拿来主义"。这些充满企业特色的差异性其实具有很好的互补空间，然而却需要很长时间的磨合，充分沟通才能减少冲突。因此，总体来说此次海外并购双方间具有一定程度的文化相似性，同时也具有一定程度的文化互补性。

三、TCL 并购汤姆逊经济制度距离分析：经济制度距离相对较低

根据世界银行发布的世界治理指数中的 6 项指标及美国传统基金会发布的经济自由度指数中的 8 项指标，共计 14 项指标构建经济制度距离变量来衡量并购方 TCL 和目标方汤姆逊所处国家之间在 2004 年的正式制度发展情况的差距。最终计算得到的经济制度距离指标得分为 6.383，低于第十一章第二节中国企业技术获取型海外并购样本中经济制度距离的中位数 8.200。

此外我们也同样考察了并购当年中国和法国在全球竞争力指数中的制度分项指标上的排名差距，来从另一方面辅助判定此起并购中双方经济制度距离的高低情况。根据世界经济论坛网站公布的《全球竞争力报告 2004—2005》中的各国和地区竞争力指数排名可以发现，中国和法国在全球竞争力指数的制度支柱这一指标上，在全球参评的 102 个国家和地区中分别位列第 55 位和第 25 位，法国领先于中国且距离相对较为接近。这从另一个侧面补充反映出 2004 年中法两国的经济制度距离是相对较低的。综合以上分析，我们认为

TCL并购汤姆逊的案例可以被划分为处于经济制度距离相对较低的区间内。

四、TCL并购汤姆逊整合策略分析：两个市场两种整合模式

（一）北美市场：派驻精兵强将进行全面整合

2004年9月，新成立的TTE正式开始运营，TCL方面的管理层根据汤姆逊全球彩电业务的开展情况进行了整合计划的制订。当时汤姆逊90%的亏损来自北美市场，而欧洲市场上的彩电业务基本处于盈亏平衡的状态。因此，TCL制定了重组北美市场、稳定欧洲市场的战略整合决策，即对北美市场进行按计划的战略转型和重组，派出精兵强将到美国，对资源进行整合；对欧洲市场则保留其以往经营平台、经营模式和管理团队，使其独立运营。

在北美市场上，TCL全力以赴地对彩电业务进行整合攻坚战。首先，合并墨西哥的三家制造工厂，对北美市场上的制造、采购、开发等多个平台进行重新规划和调整，降低制造生产的成本。其次，对北美市场上的销售业务和渠道进行全面的整合，保留主要渠道而将低效率渠道转让给当地的其他经销商，简化销售环节，降低人员成本。最后，对并购双方的研发资源进行整合，先后成立了全球研发中心和全球产品规划中心，分布于不同国家和地区，分别侧重于不同产品和技术的研发，以建立起TCL彩电业务在各个技术领域的优势地位。通过一系列的重组整合行动，北美市场彩电业务取得了很大进展，2005年在保持2004年销量的基础上整体费用大幅下降，亏损减幅超过60%，到2006年基本盈亏平衡，逆转了先前的不利局面。

（二）欧洲市场："空壳婚姻"缺乏实质性整合

反观TCL在欧洲市场的整合，由于在一开始就制定了保留经营和管理模式的整合战略方向，欧洲市场彩电业务的整合和重组计划推进迟缓，无论是经营团队还是管理团队都没能整合在一起，使TCL和汤姆逊之间的并购变成一种形式上的"空壳婚姻"，双方没有能够实现并购后的协同效应。

由于对欧洲市场业务经营给予过低的整合程度，以及给予原有管理团队过高的独立性，新公司TTE总部与汤姆逊欧洲业务中心在业务的命令与执行

上不能及时匹配，导致欧洲业务中心一直在使用原来汤姆逊彩电使用的两套老旧的过时系统，无法与总部的系统实现对接，在技术上迟迟不能实现融合。而汤姆逊欧洲整个经营系统是基于CRT产品建立起来的，该系统的响应速度和效率不能适应平板产品的要求，在产品周转的过程中比竞争对手往往要慢上两个月，从而延误了新产品的投放时间。在并购后接近两年的时间内，TTE总部对欧洲利润中心完全没有控制力，无论是在采购、研发还是产品等各个环节都没能较好地协调，致使尚未整合好的欧洲市场彩电业务的经营团队和管理团队没能在技术和市场转变时做出有效地调整和管理。并购后的TCL既没有及时跟上市场最新、最热门的产品生产技术，也没有对并购获取的核心技术进行充分的吸收、融合和创新性发展，技术整合和技术创新的停滞不前让欧洲业务中心开始迅速地陷入了亏损。

五、TCL并购汤姆逊协同效应分析

时间到了2004年底，彩电市场已经出现了由传统显像管电视向新型平板电视转变的大趋势，而此时尚未完全整合好的TCL及TTE显然未能对市场形势的转变做出及时的反应，无论是产品研发还是供应链管理，整个体系都没有跟上市场变化的节奏，始终比竞争者慢了一拍。并购时汤姆逊看似充满优势的上万项彩电专利，因为与新兴的平板电视技术毫无关系，也遗憾地变得几乎没有多少价值了。在其他的竞争对手开始上市平板彩电时，TCL各地工厂仍然延续先前的老套路，在大量地生产传统显像管电视；直到2005年，TCL的技术研发水平才能够支撑其在市场上足量地供应平板彩电，而此时，TCL的竞争对手却早已在降价销售了。从表15-5中可以看出，TCL在并购后专利产出方面表现平平，在并购后五年中没有出现明显的增加趋势。并购后的两年内TCL共推出了100余款新型彩电产品，其中50款为高端型号。然而这些新产品大都集中于传统CRT彩电，没有响应欧美市场对大屏幕平板电视的需求，因此TCL新研发出的产品在市场上的接受度也很低，这从表15-6 TCL彩电在全球市场上的销售量在2005年后开始大幅缩小中可见一斑。此次并购由于整合不力，未能给TCL带来技术方面的协同效应，TCL作为曾经的全球彩电市场领导者的技术优势已经失去。

表 15-5 TCL 并购整合前后专利指标（单位：项）

项目	2003 年	2004 年	2005 年	2006 年	2007 年
专利数量	40	23	44	24	28

资料来源：佰腾网

表 15-6 TCL 并购整合前后全球市场彩电销量（单位：万台）

市场	2003 年	2004 年	2005 年	2006 年	2007 年
中国市场	782	888	923	798	714
欧洲及北美市场	11	309	613	477	252
新兴市场	372	475	764	941	535
合计	1165	1672	2300	2216	1501

资料来源：根据 TCL 年度报告整理

从财务数据的方面来看，由于欧洲市场上的整合不力及产品更新缓慢，TCL 在欧洲市场上的销量遭遇滑铁卢，严重的存货积压情况使 TCL 的经营陷入恶性循环中。欧洲市场彩电业务的经营不善使得 TCL 在 2005 年净亏损了约 3.2 亿元人民币。连续两年的持续亏损，让 TCL 戴上了*ST（special treatment）的帽子，致使 TCL 不得不在 2006 年 11 月忍痛宣布退出欧洲业务市场，此次并购也以失败告终。从表 15-7 中可以看出，并购后 TCL 在经营协同、管理协同、财务协同等方面表现不佳，协同收益低下。

表 15-7 TCL 并购整合前后财务指标

项目	2003 年	2004 年	2005 年	2006 年	2007 年
总资产/亿元	159.342	307.350	300.410	220.512	206.598
净资产/亿元	22.634	54.594	49.124	29.750	34.770
营业收入/亿元	282.543	402.822	516.756	487.116	390.626
利润总额/亿元	13.517	2.888	−14.653	−33.609	4.526
净利润/亿元	5.706	2.452	−3.202	−18.611	3.958
总资产周转率	1.773	1.311	1.720	2.209	1.891

资料来源：TCL 年度报告

追究 TCL 对于汤姆逊此次海外并购失利的原因，固然与前期战略准备不足、对市场认识不清有关，但总体上来说，并购后整合不足和协同创新的失败是这次海外并购未能取得预想成功的根本原因。在 TCL 并购汤姆逊这起经济制度距离相对较低的海外并购中，并购双方拥有较高的相似性资源特征，要求并购方将目标方整合在同一组织架构中，并给予较低的目标方自主性，以促进并购双方充分有效地融合；另外，并购双方拥有较高的互补性资源特征，要求温和的整合过程和赋予目标方一定程度的自主性以保护目标方有价值的资源不受到破坏。由于资源相似性和互补性对最优整合程度与自主性程度的选择具有负向交互的效应，故应选择较高的整合程度和较高的自主性程度以最大化发挥并购后协同效应。在并购后，TCL 在北美市场进行了按计划的战略转型和重组，而对欧洲市场则任由其按照原有经营和管理模式保留原样发展，导致 TCL 无法在现有基础上将自己的技术与汤姆逊技术进行及时整合，因此更难以针对变化迅速的欧洲市场做出反应，最终在欧洲市场上遭遇了滑铁卢。

第四节　沈阳机床并购整合德国希斯公司

一、沈阳机床并购希斯公司背景

沈阳机床是我国机床系特大型国有全资企业，是中国规模最大的机床制造商，主攻金属切割机床制造。沈阳机床在全国各省（自治区、直辖市）都建立了销售网络，产品出口远销欧美近百个国家和地区。自成立以来，沈阳机床在产销量及市场占有率方面一直居于全国之首，机床产品的销售收入持续领跑世界前十。通过不断地进取求新、改革发展，沈阳机床实现了从 1999 年到 2004 年经济规模增长将近 7 倍，人均劳动生产率增长将近 20 倍。同时，沈阳机床积极响应中央振兴东北老工业基地战略，提出"打造世界知名品牌，创建世界知名公司"的战略发展目标，并开始注重从内涵式增长方式到外延式增长方式的转型。

德国希斯公司位于德国萨克森-安哈尔特州小城阿瑟斯雷本市，是一个具有 140 多年历史的世界知名机床制造商。100 多年来历经跌宕的希斯公司为全世界船舶、重型机械、电力装备等多种重工领域提供高质量大型机床设备，其核心的重大型加工中心制造技术领跑世界机床制造产业。然而，希斯公司过量的技术研发成本投入一直存在隐忧，加之制造成本控制和企业内部管理等方面存在诸多问题，经年累月下来，矛盾逐渐凸显，最终造成资金链断裂，致使希斯公司陷入经营困境，于 2004 年 8 月 1 日正式宣告破产。

沈阳机床在第一时间获得了希斯公司正式宣告破产的信息，领导层迅速指挥行动，发起了收购方案和工作计划，找到希斯公司进行并购事宜的洽谈。经过历时几个月的协商谈判，沈阳机床最终在多个虎视眈眈的竞争对手中脱颖而出，于 2004 年 10 月全资收购了希斯公司的全部净资产及具有百余年历史的希斯公司品牌，其中最有价值的包括 44 台大中型机床设备和 17 个产品的全套技术。此次并购在世界机床制造业产生了不小的震动，以此为里程碑，沈阳机床开始走上了跨国经营之路，迈出了创建国际一流公司的一大步。

二、沈阳机床并购希斯公司资源相关性分析：高相似性、高互补性组合

（一）并购双方产品高相似性、高互补性

从产品角度来看，沈阳机床生产的机床品类繁多，其中的优势产品为金属切削机床，可以被细分为两大类：一类是数控机床（包括数控车床、数控镗铣床、高速仿形铣床、数控钻床、激光切割机、质量定心机、立式加工中心、卧式加工中心等）；另一类是普通机床（包括普通车床、卧式镗床、摇臂钻床、多轴自动车床等）。希斯公司的主导产品则主要包括重大型立式车床、落地镗铣床和龙门铣床等设备。因此，同样以生产机床产品为主要产品业务方向的沈阳机床和希斯公司具有相当的产品相似性。进一步地来看，沈阳机床生产的机床产品的特点都是中小规格，缺乏生产重大型机床产品的基础，这是过去计划经济分工所决定的。而希斯公司的主导产品为重大型机床设备，其所生产的产品被广泛应用于重工领域，如大型工业机械、船舶、电力装备

等行业,因此希斯公司所涉猎的产品细分市场领域,恰恰和沈阳机床形成互补。因此沈阳机床并购希斯公司的案例中,并购双方具有产品相似性强、互补性强的特征。

(二)并购双方技术高相似性、高互补性

从研发技术的角度来看,沈阳机床和希斯公司也显示出高相似性和高互补性的特征。自从20世纪八九十年代以来,沈阳机床一直以改革、突破、创新为主旋律,致力于高端技术的投入和研发,其生产技术已由普通机床为主转向以数控机床为主。在并购前沈阳机床的申请专利中,约有90%与数控机床技术有关。而希斯公司在1997年之后,也已开始着力研究设计全新的数字机床系列产品,研发生产出包括Horimaster、Vertimaster 1紧凑型数字机床,以及Vertimaster 2-8数字模块化立式车床等新型机床,可见并购双方在技术领域具有良好的相似性。但是就技术水平来说,沈阳机床虽然在国内大型装备制造企业中首屈一指,但与国际领先型机床企业所掌握的先进技术相比还存在着一定的差距,表现在沈阳机床生产的数控机床以简单经济型数控机床为主,而希斯公司的技术已和世界主流水平比肩,能够生产技术含量较高的大型机床设备如重大型数控立式车床、重大型车铣复合加工中心等,在技术前沿性方面能与沈阳机床形成有益的互补,跨越式地提升沈阳机床的研发能力,实现由中小型向重大型领域的延伸。

(三)并购双方文化高相似性、高互补性

从文化资源的角度来看,沈阳机床并购希斯公司属于国家文化相似性高、企业文化互补性高的情形。从国家文化的层面来看,目标方希斯公司所在的德国与中国相比,除了在权力距离、个人主义这两个文化维度的分项上存在一定的差异以外,在不确定性规避、放纵这两个文化维度的分项上与中国的距离较小,而在男性化、长期取向这两个文化维度的分项上与中国的距离几乎为零,按照前文对文化相似性、互补性的界定,此次海外并购双方在国家文化层面属于相似性极高而互补性较低。从企业文化的层面来看,沈阳机床和希斯公司的文化差异是明显的:德国希斯公司员工做事风格严谨周密,中国沈阳机床员工做事没有德国员工细致,但更能吃苦耐劳;德国希斯公司员

工做事按部就班、循规蹈矩，较为刻板，中国沈阳机床员工做事则更具有灵活性和快速应变能力。在并购后的"混血"企业里，这可以说是两种优势互补的文化，若能够扬长避短地融合这两种不同的企业文化，就能形成企业新的合力。因此，总体来说此次海外并购双方间具有一定程度的文化相似性，同时也具有一定程度的文化互补性。

三、沈阳机床并购希斯公司经济制度距离分析：经济制度距离相对较高

根据世界银行发布的世界治理指数中的 6 项指标及美国传统基金会发布的经济自由度指数中的 8 项指标，共计 14 项指标构建经济制度距离变量来衡量并购方沈阳机床和目标方希斯公司所处国家之间在 2004 年的正式制度发展情况的差距。最终计算得到的经济制度距离指标得分为 8.980，高于第十一章第二节中国企业技术获取型海外并购样本中经济制度距离的中位数 8.200。

此外我们也同样考察了并购当年中国和德国在全球竞争力指数中的制度分项指标上的排名差距，来从另一方面辅助判定此起并购中双方经济制度距离的高低情况。根据世界经济论坛网站公布的《全球竞争力报告 2004—2005》中的各国和地区竞争力指数排名可以发现，中国和德国在全球竞争力指数的制度支柱这一指标上在全球参评的 102 个国家和地区中分别位列第 55 位、第 11 位，德国领先于中国且双方差距相对较大。这从另一个侧面补充反映出 2004 年中德两国的经济制度距离是相对较高的。综合以上分析，我们认为沈阳机床并购希斯公司的案例可以被划分为处于经济制度距离相对较高的区间内。

事实上，不同于先前三个案例的情况，在本起海外并购案例中，沈阳机床在并购希斯公司的过程中的确遭受到了不少来自两国经济制度差异方面的压力和阻碍。早在并购正式达成之前的 2003 年 10 月到 2004 年 3 月间，因为在经营上出现了困难，希斯公司方面提出沈阳机床参股希斯的方案，希斯公司的管理层几次访问沈阳机床，但沈阳机床希望能够控股而不是参股，希斯公司对于沈阳机床这家中国大型国有企业来控股希斯心存疑虑，双方第一次接触未能达成协议。时任沈阳机床董事长的陈惠仁意识到由于沈阳机床国有控股企业的身份，在并购希斯公司时将会遭遇更多的阻力，不利于海外并购

的顺利开展。但面对这样一个绝佳的机会，陈惠仁董事长当机立断把握住了商机，拒绝了其他公司联合并购的建议，利用个人德国一年内往返的签证而没有走国有企业负责人进行商业活动的签证程序，紧急飞赴德国与希斯公司方面谈判。由于中德两国在法律监管质量、商业法规、知识产权保护等经济制度方面的差异性，谈判的过程很艰难，希斯公司方面对沈阳机床的并购行为、并购动机及并购后的运营都充满了疑虑和猜测。可以说沈阳机床为了拿下希斯公司，在谈判工作中下了很大的功夫，对于收购后希斯公司的发展、技术资产的保护和公司员工的安置做出了十分充足的规划，这才给希斯公司方面吃下了"定心丸"，我们将在下一小节详细讨论。另外，沈阳机床知道，在德国这个国家，工会组织发挥着非常重要的作用，因此，在海外并购过程中需要特别注意与工会等组织之间的关系。事实上，在希斯公司进入破产程序后，国内外对此次并购跃跃欲试的参与者有六七家之多，而沈阳机床在诸多竞争者之中并没有特别的优势。在协商和谈判的几个月中，沈阳机床除了精心准备与希斯公司的谈判，同时也下功夫针对希斯公司所在的当地工会、银行及希斯公司先前的管理团队进行了一系列的磋商工作，来克服由两国间经济制度的差异性引起的冲突。最终沈阳机床才能够从诸多竞争对手中脱颖而出，顺利接下整个希斯公司。

四、沈阳机床并购希斯公司整合策略分析：低整合程度与高目标方自主性

（一）保留希斯公司业务模式独立运营

在历经艰难地对希斯公司进行并购后，针对如何在并购后妥善地处置希斯公司的资源和资产，不加剧由中德两国间经济制度差距可能引发的冲突和摩擦，沈阳机床在并购后的整合方面颇费了一番思量。就整合模式而言，沈阳机床对希斯公司采取的是一种保留型的整合方式，在运营整合方面，沈阳机床并购后一直没有实质性地对希斯公司项目的运营进行过多整合。并购后的沈阳机床管理者意识到，虽然并购前希斯公司因为资金问题而宣告破产，但希斯公司的品牌效应仍然能够发挥作用，希斯公司所拥有的顶尖技术和高端品牌仍然在世界范围内具有广泛的认同度。根据这一思路，沈阳机床很快

制定了并购整合策略：希斯公司在并购后仍是一个拥有产品研发、制造、销售、服务等完整价值链的独立法人企业，能为沈阳机床提供高端产品研发制造、国际市场开拓提升及专业人才建设培训。重要机械和零部件的开发、设计和制造仍由希斯公司独立地负责，组装则在沈阳完成，这样的安排能够大大降低生产成本。如此一来，希斯公司业务和沈阳机床国内业务各司其职、相对独立，既保留了德国希斯业务的完整性使其能够充分发挥技术优势，又能够利用中国的人力和制造资源以降低成本，一举两得。

（二）"弱控制"实现"德国自治"

并购希斯公司是沈阳机床实施国际化经营的长期战略行为，为了更好地安抚德国员工的人心，克服方方面面的阻碍，在并购之初沈阳机床就确立了三项基本的原则：一是要确保并购后的希斯公司取得新的、更好的发展，而绝不会将其转卖来谋求经济利益；二是要保持希斯公司的德国本地化发展，而不会要求把希斯公司迁移到中国去；三是主要依靠希斯公司本土的管理团队和雇员做好经营和管理工作。把这三项基本原则归结起来，就是属地化经营，用属地化人才。正是这份诚意，才得以使沈阳机床在并购谈判时打动了充满疑虑的希斯公司，克服了中德经济制度环境上的屏障，最终拿下了这次海外并购。在并购之后的整合过程中，沈阳机床也一直信守承诺：迄今为止，新希斯公司中只有两名中方管理人员，其中一位是时任沈阳机床集团董事长的陈惠仁，而且他们负责的仅仅是定期赴德国对企业发展战略进行一定的商讨和把控，具体负责企业日常运营管理、技术研发的则是德国本土的职业经理人尼采博士。在先前的并购谈判中，沈阳机床曾做出承诺，拟定聘任希斯公司的135名本土员工，而并购后沈阳机床实际聘任了140名希斯公司原先的员工，并逐渐发展到了200多名。可以说，沈阳机床在并购后对希斯公司施加的是一种弱控制，在很大程度上实现了"德国自治"和"德人自治"。

五、沈阳机床并购希斯公司协同效应分析

通过并购后的合理整合模式，沈阳机床对希斯公司的这起海外并购实现了较好的预期协同效应：通过希斯公司的销售渠道，沈阳机床的产品成功打

入欧洲市场,并购后沈阳机床出口份额的 1/3 是由欧洲市场贡献的;通过不断地向希斯公司进行技术学习,沈阳机床成功地培养和储备了大批掌握世界一流机床技术的人才;更为关键的是,通过对希斯公司的先进技术力量和技术专利进行吸收和利用,沈阳机床顺利掌握了重大型机床生产的高端技术,实现了获取海外并购技术的初衷。

从并购后的技术研发方面看,沈阳机床并购希斯公司后的专利产出呈现上升趋势(表 15-8),且与大中型机床有关的专利占大多数,表明沈阳机床并购希斯公司取得了较好的技术协同。在并购后较短的时间内,沈阳机床产品技术有了大幅的提升,并顺利实现产业规模化。2006 年,中国数控机床展览会在上海隆重举行,沈阳机床展示出了融合希斯公司技术研发的龙门移动式车铣加工中心,该新产品凝结了世界顶尖技术方案,在全球 13 个国家和地区的近百家知名机床企业参展的所有产品中拥有最高的技术含量,获得了业界的一致好评。

表 15-8　沈阳机床并购整合前后专利指标(单位:项)

项目	2004 年	2005 年	2006 年	2007 年	2008 年
专利数量	0	2	2	8	6

资料来源:佰腾网

从并购后沈阳机床在经营规模、财务利润、国际地位等方面的提升来看,沈阳机床并购希斯公司取得了较好的经营、管理、财务等协同效应。在 2002 年,沈阳机床在世界机床业阵营中还未露头角,销售收入在 13 亿元左右,排世界第 36 位。2004 年,通过海外并购希斯公司,沈阳机床当年年产机床量上升至 5 万台,是 1999 年的 10 倍,进入世界机床 15 强的阵营之中。在接下来的数年内,沈阳机床不断涌现出令人惊喜的经营表现,2007 年经济规模突破 100 亿元,实现数控机床的大批量生产,全年销售收入在中国排第 1 位,世界排第 8 位,2008 年继续上升至世界第 7 位。而到 2011 年,沈阳机床销售收入突破性地达到 180 亿元,从经营规模和产品数量两个指标来看,都已位居世界首位。表 15-9 给出了并购后 5 年内沈阳机床的资产、利润、营业收入、周转率等指标的变化情况,从中我们可以更为直观地看出沈阳机床并购希斯公司后在各方面取得的协同收益增长。

表 15-9　沈阳机床并购整合前后财务指标

项目	2004 年	2005 年	2006 年	2007 年	2008 年
总资产/亿元	45.168	52.741	55.248 56	73.257 06	93.283 37
净资产/亿元	8.484	10.310	11.746 60	12.840 51	12.954 26
营业收入/亿元	31.118	43.485	52.835 59	58.833 84	65.454 20
利润总额/亿元	0.781	1.835	2.476 58	1.730 92	0.608 47
净利润/亿元	0.590	0.954	1.332 61	0.752 53	0.211 92
总资产周转率	0.689	0.825	0.956	0.803	0.702

资料来源：沈阳机床年度报告

在沈阳机床并购希斯公司这起并购双方经济制度距离相对较高的技术获取型海外并购中，中德双方经济制度环境的差距为并购准备阶段带来了不少阻碍和曲折。为了克服这些困难，促进并购和整合的成功进行，沈阳机床也针对性地做了许多充分的准备，付出了比旁人更多的努力和智慧去跨越和适应双方经济制度差异所带来的阻力。在并购后的整合阶段，虽然在这起海外并购中，并购双方间具有资源相似性和互补性均强的特征，但为了消除海外目标方的顾虑和敌对情绪，并购后沈阳机床并没有贸然地进行双方经营、业务、人员方面的深度整合，而是采取了一种较浅的保留型整合模式，同时给予了希斯公司很强的自主性。沈阳机床属地化管理、属地化经营的整合措施体现了对希斯公司及其员工的利益的充分尊重，使并购后的希斯公司员工真正地放下心来，并购双方最终形成了协作和信任机制。并购后的沈阳机床从该起海外并购中获得了较好的协同效益，成功地提升了生产中大型机床的技术能力和自身在全球市场上的竞争力，实现了跻身世界机床行业第一梯队的目标。

第五节　横向案例对比分析

在上文的分析中，我们共选取了四起中国企业技术获取型海外并购案例，这四起案例属于并购双方经济制度距离高低不同的情形，同时囊括了并购双方资源相似性强、互补性弱,并购双方相似性弱、互补性强,并购双方相似性强、互补性强三种不同特征。在经济制度距离与资源特性的交互影响下,不同的技术获取型海外并购方选择了不同的并购后整合模式,通过将不同案例理论整合模式与实际整合模式进行对比,进而分析其并购后协同效应的实现情况。表 15-10 总结了上述四起中国企业技术获取型海外并购中并购双方的经济制度距离,资源相似性、互补性特征,应采取的理论整合模式和实际整合模式,以及并购后协同效应实现程度的评价。

表 15-10 案例横向对比与总结

案例	时间	经济制度距离	资源特征	理论整合模式	实际整合模式	是否匹配	协同效应
上海电气并购高斯国际	2010年	相对较低	高相似性、低互补性	高整合程度、低自主性	高整合程度、低自主性	是	高
中联重科并购CIFA	2008年	相对较低	低相似性、高互补性	低整合程度、高自主性	低整合程度、高自主性	是	高
TCL并购汤姆逊	2004年	相对较低	高相似性、高互补性	较高整合程度、较高自主性	低整合程度、高自主性	否	低
沈阳机床并购希斯公司	2004年	相对较高	高相似性、高互补性	低整合程度、高自主性	低整合程度、高自主性	是	高

从表 15-10 中可以看到,前三起案例属于经济制度距离相对较低的海外并购。在上海电气并购高斯国际的案例中,并购双方在产品、技术、文化等资源方面属于高相似性和低互补性资源组合特征,并购后上海电气通过推进一体化管理和一体化营运,采取了高整合程度并且给予目标方低自主性程度,不仅促进了相似技术的吸收融合,同时控制和压缩了费用、增加了盈利,从而提升了整体竞争力,实现了并购后协同。在中联重科并购 CIFA 的案例中,CIFA 具有品牌、研发、工艺及遍布全球的销售网络体系等优势,和中联重科在市场、技术等诸多方面具有低相似性和高互补性资源组合特征,并购后中联重科秉承"意人治意"的原则,支持 CIFA 的自主发展,通过匹配低整合

程度和高目标方自主性程度,并购双方逐渐建立起相互信任与协同发展机制,在并购后巩固了中联重科在行业内的技术领先优势和市场领导地位,促进了协同效应的实现。而反观 TCL 并购汤姆逊的案例,并购双方具有高相似性和高互补性资源组合特征,这要求并购双方在并购后的整合阶段能在一定程度上被整合在同一组织架构中,以促进资源充分有效地融合,同时要求赋予目标方一定程度的自主性以保护目标方具有价值的资源不受到破坏。然而并购后,TCL 对于汤姆逊欧洲市场采取了将其与集团总部分离、任由其按照原有经营和管理模式保留原样发展的整合策略,导致 TCL 总部和欧洲业务部之间无法进行高效的技术沟通,更难以针对变化迅速的欧洲市场做出反应,最终在欧洲市场上遭遇了滑铁卢,难以实现预期的并购后协同效应。

与前面三起案例有所不同的是,在最后一起沈阳机床并购希斯公司的案例中,并购双方在中德两国之间面临着较高的经济制度距离,导致在并购前期准备阶段并购方沈阳机床就遭遇了不少来自海外目标国政府和工会的阻碍,使并购的过程非常艰辛曲折。在这一前提下,虽然并购方沈阳机床和目标方希斯公司具有高相似性和高互补性资源组合特征,但为了消除海外目标方的顾虑和敌对情绪,并购后沈阳机床并没有贸然地进行双方经营、业务、人员方面的整合,而是采取了一种较浅的保留型整合模式,同时给予希斯公司很强的自主性,从而逐渐打消了并购后希斯公司管理层和员工的疑虑和不信任,使得沈阳机床从该起海外并购中获得了较好的协同效益。

第六节 本章小结

本章选取上海电气并购高斯国际、中联重科并购 CIFA、TCL 并购汤姆逊、沈阳机床并购希斯公司四起具有代表性的中国企业海外并购案例,从成功案例与失败案例两方面来分析在高低不同经济制度距离的海外并购情形下,并购后整合程度与目标方自主性程度的选择应如何与并购双方资源相关性特征相匹配,以最大化海外并购后的协同效应。从案例的分析与横向对比中可以看出,在经济制度距离相对较低的海外并购中,并购后整合策略与并购双方资源特征匹配在实现并购协同效应中的重要性：在海外并购双方高相似性和低互补性的资源组合下，并购方应匹配高水平整合程度与低水平目标方自主性，如上海电气并购高斯国际；在海外并购双方低相似性和高互补性的资源组合下，并购方应匹配低水平整合程度与高水平目标方自主性，如中联重科并购 CIFA；在海外并购双方高相似性和高互补性的资源组合下，并购方应匹配较高水平整合程度与较高水平目标方自主性，TCL 并购汤姆逊正是因为并购后整合模式不当，才遭遇失利。而在技术获取型海外并购双方经济制度距离相对较高的情形下，无论并购双方属于哪一种资源相关性特征，都应匹配低水平整合程度与高水平目标方自主性，如沈阳机床并购希斯公司。

第 十 六 章

基于创新网络的中国制造业海外并购整合与产业技术创新的案例研究

中国跨国企业作为在市场不完善背景下走向全球竞争舞台的新兴参与者，经常以海外并购为手段弥补所面临的巨大的知识差距。当前，中国企业海外并购加快从高增长向高质量转变，布局全球高价值产业链反哺本土产业技术创新成效初显。然而，随着这些企业利用海外并购实现国际化，它们也面临并购后整合这一关键环节带来的全新挑战。本书将在第六章理论机制分析的基础上，首先对近年通过海外并购整合快速成长的汽车产业展开多案例比较，然后关注于更丰富的产业类别进行扎根理论的多案例研究，分析基于创新网络的中国企业技术获取型海外并购整合对产业技术创新的传导过程，重点探讨不同资源条件的海外并购整合通过提升创新网络位置促进产业技术创新间的跨层次影响，为中国企业如何利用海外并购整合驱动产业高质量发展提供新的解释。

第一节 吉利并购整合瑞典沃尔沃

一、吉利并购沃尔沃背景介绍

吉利始建于 1986 年，自 1997 年进入轿车领域以来，凭借灵活的经营机制和持续的自主创新,取得了快速的发展,被评为首批国家"创新型企业"和"国家汽车整车出口基地企业"。吉利集团总部设在杭州,在浙江台州临海、宁波、台州路桥区、上海、兰州、湘潭、济南、成都和慈溪等地建有汽车整车和动力总成制造基地,在澳大利亚拥有自动变速器研发中心和生产厂。有帝豪、全球鹰、英伦等三大品牌30多款整车产品,拥有1.0~2.4升全系列发动机及相匹配的手动、自动变速器。

沃尔沃是瑞典著名豪华汽车品牌,曾译为富豪,由创始人古斯塔夫·拉尔森和阿瑟·格布尔森于1927年在瑞典哥德堡创建。沃尔沃集团是全球领先的商业运输及建筑设备制造商,主要提供卡车、客车、建筑设备、船舶、工业应用驱动系统及航空发动机元器件;同时还提供金融和售后服务的全套解决方案。1999年,沃尔沃集团将旗下的沃尔沃轿车业务出售给美国福特汽车公司。

2010年8月2日,吉利正式完成对福特汽车公司旗下沃尔沃轿车公司的全部股权收购。吉利向福特汽车公司支付了13亿美元现金和2亿美元银行票据,余下资金在后半年陆续结清。随着吉利与沃尔沃的资产顺利完成交割,中国汽车行业最大的一次海外并购画上了一个圆满的句号。

二、吉利并购沃尔沃资源联系性分析:资源相似性弱、互补性强

吉利初进入汽车领域时提出"制造老百姓开得起的汽车",以低价作为取胜策略,此时产品线更专注平民化市场。沃尔沃是世界顶级的豪华车品牌,研发实力强劲,拥有由4000名高素质人才组成的研发队伍,具备研发、生产豪华车型的能力,满足欧6、欧7排放规则的车型与发动机的研发与生产能力,以及在汽车主动、被动安全领域的国际领先技术。吉利的自主创新能力较落后于世界一流水平的沃尔沃,在技术、管理与品牌方面并购双方相似性均较弱。从文化维度分析,有80多年发展历史的沃尔沃有着一套适应本国的成熟企业文化。瑞典是高福利国家,其社会福利制度也与中国相差巨大,如按当地法律规定,则沃尔沃工作的瑞典工人的月薪必须在2万瑞典克朗以上,高出我国同行业员工6~8倍,并购双方的文化整合的摩擦效应巨大。瑞典工程师、工会前主席桑德默表示:"最主要的担忧来自于吉利是否理解沃尔沃的

文化——沃尔沃品牌价值、沃尔沃员工的工作方式。"在欧美国家，企业工会组织影响力强，对企业发展有很大影响。并购后，若劳资双方不能迅速建立互信，不能有效处理好工会和企业文化融合等问题，新沃尔沃的运营就会困难重重，因此，并购双方的文化相似性也较弱。

资源互补性能为并购整合实现"1+1＞2"的协同效应、增强技术创新能力创造机会。当增加一种资源的数量会带来另外一种资源的超额回报时，两种资源被视为互补。从资源互补性角度分析，吉利通过多年发展积累了财富，在拥有资金优势和中国本土市场优势的同时，还拥有更低的生产成本，在技术获取型海外并购过程中与沃尔沃形成较强的资源互补性。市场方面，沃尔沃品牌的本土市场在瑞典，市场规模相对于美国、英国等老牌汽车强国还太小，福特汽车公司自身高档车品牌也和沃尔沃有冲突，导致其在美国市场销售面临了很多的竞争和挑战。市场互补性可以很好地为沃尔沃解围。吉利与沃尔沃在市场区域方面存在很大程度的互补，沃尔沃的本土市场规模小，而吉利的本土市场即中国市场对中高档的轿车需求量大而且增速惊人。吉利同样考虑到针对市场资源的互补利用，并购沃尔沃后迅速填补了中高档产品的空白，扩大其在国内市场的销售。

三、吉利并购沃尔沃整合策略分析：较低整合程度

（一）整合前期："一企两制""沃人治沃"的低度整合策略

从组织结构整合来看，"吉利和沃尔沃是兄弟而不是父子"。在成功"签收"沃尔沃之后，吉利董事长李书福即对外表示，吉利是吉利，沃尔沃是沃尔沃，确立双方同在吉利下面，各自独立运营的原则。这种"沃人治沃"的战略，成为整合与经营沃尔沃成功的基石。按照收购协议，吉利继续保持沃尔沃与其员工、工会、供应商、经销商，以及与用户建立的关系。交易完成后，沃尔沃轿车的总部仍然设在瑞典哥德堡。在组建新的董事会后，沃尔沃轿车的管理团队全权负责沃尔沃轿车的日常运营，但在中国建立了新工厂。李书福团队非常清醒地认识到，离开欧洲本土市场的沃尔沃，将失去其品牌特征，也将不再是沃尔沃。因此，欧洲仍是沃尔沃的第一本土市场，中国是第二本土市场。两个市场形成了互相依存的关系，而不是主导与被主导的关系。

从文化整合角度来看,吉利倡导"全球性企业文化",降低文化摩擦。并购重组的案例中有一个著名的"七七定律",即 70%的并购案以失败告终,失败的案例中有 70%是由于文化整合不到位,可见文化整合对跨国并购是多么重要。吉利在文化整合方面也是可圈可点,吉利深刻地认识到文化融合给并购带来的风险,倡导建立全球性的企业文化,包容不同的信仰和理念。其管理层中,既有德国人又有瑞典人、英国人、法国人等,吉利收购沃尔沃 100%股权后,李书福董事长深刻地体会到,企业跨文化融合和交流尤为重要。吉利在其出资建设的中国海南大学三亚学院专门设立了全球型企业文化研究中心,聘请了将近 20 位来自美国、英国、加拿大、瑞典,以及中国香港和北京等国家和地区的著名大学和研究机构的教授任研究员,去探讨和研究全球型企业文化理念。为了促进双方的有效沟通,李书福创新设立了一个全新的职位——企业联络官。选取富有亲和力、工作经验、经历适合且丰富的人员担任,其没有多大的权限,也并不在企业的管理层之中,主要用以传播吉利的文化,主要职责就是沟通。通过策划活动、组织调研,将吉利的理念与被并购企业的需求进行充分的交流。通过这样的方式,有效化解并购带来的文化冲突。

(二)整合后期:沃尔沃换帅、管理层重组的逐步深化整合

并购整合后,吉利专注于学习沃尔沃的技术和精髓,特别是沃尔沃在历史发展长河中积累了大量的核心技术,吉利能够从中学习到不少的技术理念和管理经验,对吉利车型进行改进,提升品牌价值。有沃尔沃参与提供支持的吉利欧洲技术研发中心(China Euro Vehicle Technology AB,CEVT)及杭州湾研发中心的落成,更是为吉利造车技术的进阶增添了驱动力。

随着整合的深入,吉利与沃尔沃之间的技术互动,已经开始走向人的层面,这将奠定吉利和沃尔沃下一步发展的重要基石。2012 年 10 月沃尔沃集团换帅,任命沃尔沃原董事会独立董事汉肯·塞缪尔森为新一任总裁兼首席执行官。董事会也与前任总裁兼首席执行官斯蒂芬·雅各布先生就此任命达成良好共识。2012 年任命沃尔沃英国设计总监彼得·霍布为吉利汽车设计副总裁,开启吉利全新的设计之路,随着博越、帝豪 GS、帝豪 GL、远景 SUV 等 3.0 时代产品的上马,带来了吉利汽车的品牌形象、造车水平和实力的进一步提升。2017 年 3 月袁小林接任拉尔斯·邓,担任沃尔沃全球高级副总裁

和亚太区总裁兼 CEO。袁小林先生曾作为收购总监领导了 2010 年吉利对沃尔沃的并购，之后他在瑞典哥德堡担任董事长办公室主任兼沃尔沃汽车集团董事会秘书。随着管理层的重组，吉利与沃尔沃将能够实现深度融合，两者在"联姻"及之后实现融合发展与共享共赢。

四、吉利并购整合沃尔沃前后全球创新网络位置分析

产业内核心领军企业的恰当的海外并购整合，通过获取全球创新资源能够形成产业内示范效应，促进本土产业研发和技术溢出，如吉利"蛇吞象"的国际化战略，通过对沃尔沃的并购整合，自身获得具备国际竞争力的汽车核心技术和国际知名品牌，跻身进入世界 500 强，提升在全球创新网络中的核心位置。

（一）成功嵌入沃尔沃的全球研发与营销网络

作为一家民营企业，吉利起初从模仿国外高档汽车起家，逐步研发自我技术，完善产品系列，同时它不断寻求技术的提升。面对具有国际一流品牌、业界领先的安全技术、丰厚的技术和知识产权积累、遍布全球营销网络的沃尔沃，吉利紧紧地抓住了这个极具诱惑力的"公主"，吉利在海外建有近 200 个销售服务网点；从品牌影响力来看，沃尔沃作为世界四大豪车之一，其品牌观念也逐步影响着吉利。吉利推出的帝豪品牌规划为吉利的中高端系列产品，其品牌个性为"豪华、稳健、力量"，其产品核心价值为"中国智慧、世界品质"，从 2012 年起，吉利正式开始在英国销售吉利车，选择的出口车型便是帝豪 EC7，首开中国车正式进入欧洲之先河。吉利在世界范围的影响力也得到了进一步提升，形成完备的整车、发动机、变速器和汽车电子电器的开发能力；在中国上海、瑞典哥德堡、西班牙巴塞罗那、美国加利福尼亚州设立了造型设计中心，构建了全球造型设计体系；在瑞典哥德堡设立了吉利汽车欧洲研发中心。

（二）实现沃尔沃国产化，打造"多国研发军队"

吉利收购沃尔沃，最看重的就是其自身强大的技术研发能力和品牌影响

力。从技术方面来看，沃尔沃则拥有多个研发中心和 4000 多人的研发队伍，尤其是其汽车安全中心更是为沃尔沃赢得了"全球最安全汽车"的赞誉，这能为吉利提供强大的技术支持。同时吉利一方面建立上海研发中心，另一方面申请在大庆和成都建厂，希望能够实现沃尔沃的国产化，获得高端车的生产技术，实现对现有产品链的补充。2012 年 3 月，双方签署了技术转让协议，沃尔沃将以同吉利联合开发的方式，向后者转让小排量、高性能、绿色环保系列发动机，环保型的小型车平台，以及电动车、油电混合动力、插入式混合动力等新能源汽车总成系统等相关技术，可见吉利在逐步地获取沃尔沃的技术优势。作为中国汽车企业收购国外豪华汽车品牌第一宗，吉利收购沃尔沃并非一家之事，吉利和沃尔沃联合建立上海研发中心，在大庆和成都建立生产线，带动当地汽车产业的发展，更促使吉利供应链上的汽配企业努力通过升级转型来适应吉利发展的机遇和挑战。

借鉴 Guan 和 Chen（2012），将专利引用和专利联合申请相结合构建并购方与目标方的全球创新网络，同时兼顾了显性知识的溢出与隐性知识的流动。目标方及海外企业的专利合作与互引数据来自 USPTO，USPTO 的专利数据包含了最为全面准确的专利申请与专利引用信息，经常被用于测量跨国技术溢出与技术创新表现的实证研究（Guan and Chen，2012）。并购方及中国本土产业内企业的专利数据来自中国 SIPO 专利数据库。由于专利组合生产活动的持续性特征，创新网络构建中加入两年期的时间窗口。列出与并购方、目标方有专利联合申请与专利引用的全部企业，将其作为创新网络的节点，然后查找所有这些企业之间的相互专利关系，记作创新网络的连接。

接着使用 Ucinet 网络分析软件，使用 Netdraw 工具分别画出并购整合前的创新网络拓扑结构图与并购整合后的创新网络拓扑结构图。图 16-1 为吉利并购整合沃尔沃之前的全球创新网络结构图，图 16-2 是吉利并购整合沃尔沃之后的全球创新网络结构图，可以直观地看出，吉利是中国汽车产业内的核心企业，但是在并购前与海外企业的连接较少，通过对沃尔沃的并购整合，不仅自身与海外企业的连接增多，网络位置提升，还能够辐射到更多的本土产业内企业，同时带动本土产业内企业进入全球网络的"知识池"。

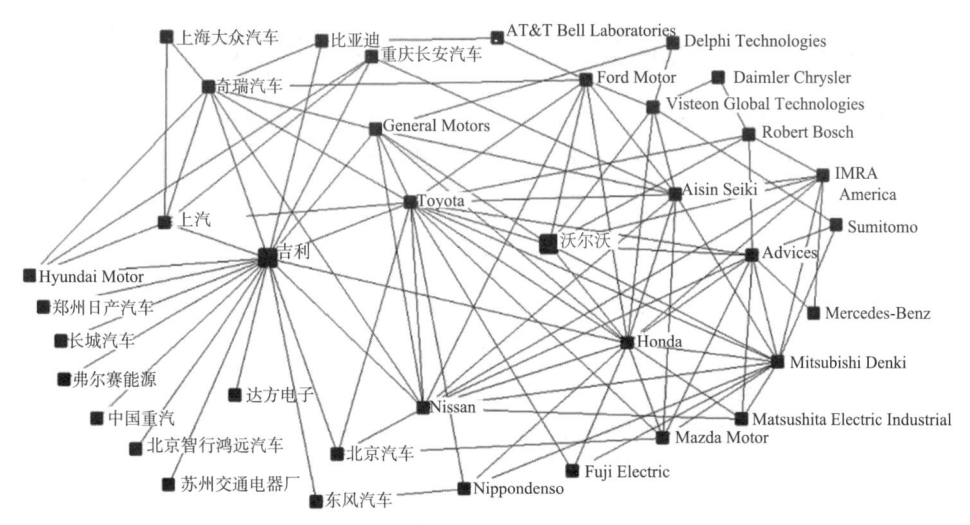

第十六章　基于创新网络的中国制造业海外并购整合与产业技术创新的案例研究　477

图 16-1　吉利并购整合沃尔沃之前的全球创新网络结构图
资料来源：SIPO 专利数据库、USPTO 专利数据库

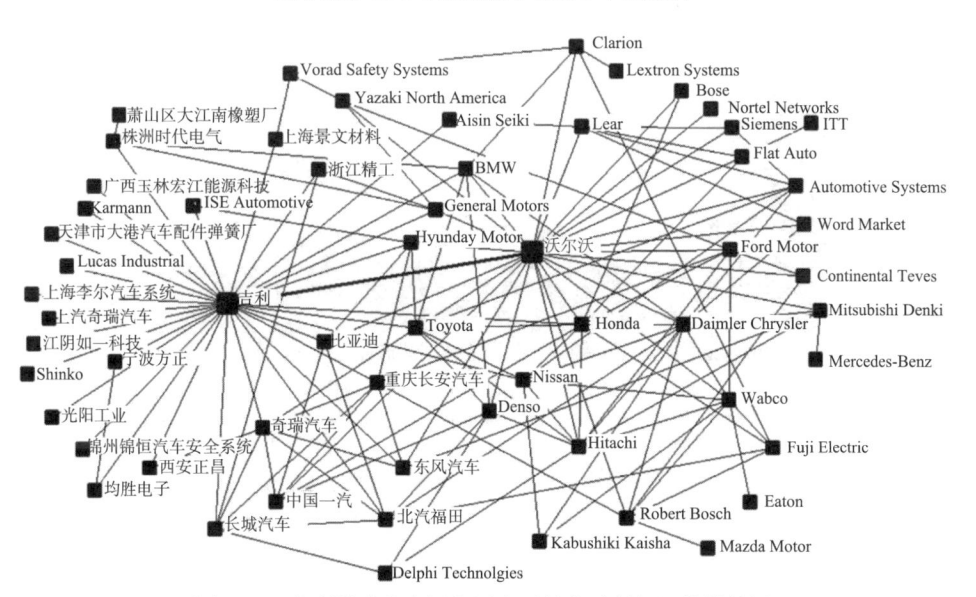

图 16-2　吉利并购整合沃尔沃之后的全球创新网络结构图
资料来源：SIPO 专利数据库、USPTO 专利数据库

五、吉利并购整合沃尔沃对产业技术创新的促进作用

经过几十年的发展，中国汽车行业已经建立起较成熟的产业配套体系和庞大的销售网络。但产业链上游的零部件企业长期以来陷入技术空心化的发展危机，大量中小规模零部件供应商面临产品线单一、技术含量低、抵御外部风险能力弱等困境，特别是缺乏小排量、高性能、绿色环保系列发动机零件；产业链中游的整车制造企业面临产品线多为中低端产品，缺乏高端产品系列的困境；汽车产业链上游和中游的弊端，严重限制了产业下游的汽车销售环节，中国民族汽车未能培育出享誉全球的汽车品牌，同时中国汽车在环保、安全和节能方面较难达到欧美标准，国际化营销陷入低端模式。汽车产业价值链如图 16-3 所示。

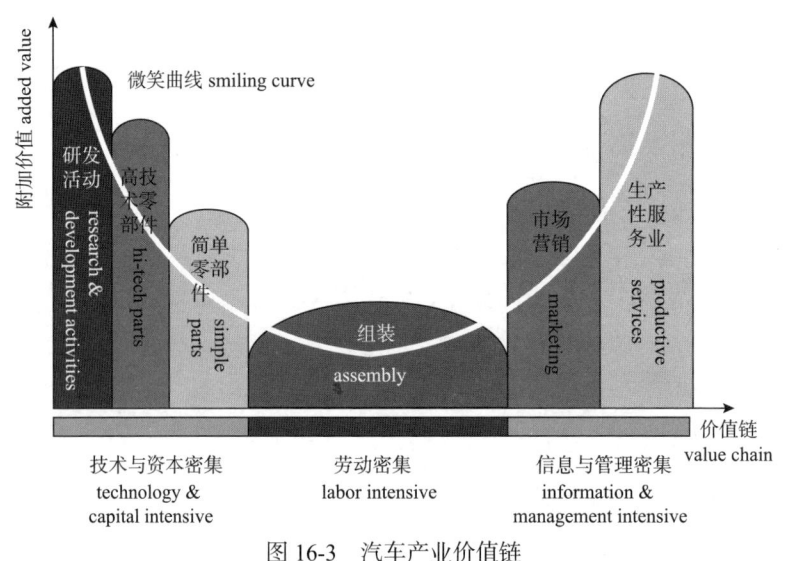

图 16-3　汽车产业价值链

资料来源：e-works 数字化企业网（http://www.e-works.net.cn/）

吉利成功并购整合沃尔沃，通过产业倒逼机制、技术提升机制和品牌提升机制，突破了产业核心技术，实现了汽车产业价值链升级（图 16-4），是中国汽车产业实现技术跨越的一个捷径，促使中国的民族汽车自主研发能力上一个台阶，为能够造出属于中国人自己的高性能的民族品牌汽车打下通道，对于中国由汽车大国转变为汽车强国，具有重要意义。

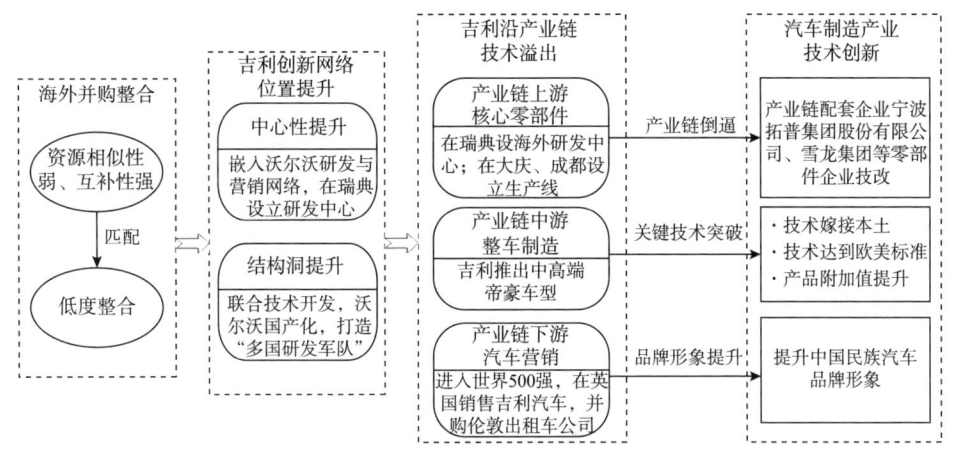

第十六章　基于创新网络的中国制造业海外并购整合与产业技术创新的案例研究

图 16-4　吉利并购整合沃尔沃促进产业技术创新的传导机制

（一）产业链上游：倒逼机制促进零部件企业升级转型

吉利对沃尔沃的并购从产业整合角度促进了国内汽车产业调整升级。收购沃尔沃后没多久，吉利汽车便和宁波国际汽车城达成配件采购战略合作协议，这只是吉利新一轮全球供应链整合的开端。事实证明，吉利收购沃尔沃并非一家之事，更促使吉利供应链上的汽配企业努力通过升级转型来适应吉利发展的机遇和挑战。据了解，吉利收购沃尔沃之后，90%以上的北仑配套企业立即追加技改投入。在北仑，一个以吉利为龙头，宁波拓普集团股份有限公司、宁波辉旺机械有限公司、雪龙集团等 60 多家动力装置、底盘、电器仪表零件生产企业作支撑的产业协作集团已经显现。如图 16-5 所示，吉利并购沃尔沃后中国汽车产业专利申请数量与新产品销售额均逐年增长。

（二）产业链中游：技术提升机制突破整合核心技术

技术是汽车企业的重要生存与发展资源，吉利并购沃尔沃的重要目的是通过消化吸收并应用沃尔沃的技术提升吉利自身的技术能力。就技术水平本身而言，吉利汽车虽然建立了汽车研究院和国家级技术中心，具备了整车、发动机、变速器和汽车电子电器的研发能力，但现有技术难以达到欧美在环保、安全、节能方面的技术标准，自主研发创新能力尤其是关键技术上和国际市场的要求还有差距。沃尔沃则拥有多个研发中心和 4000 多人的研发队

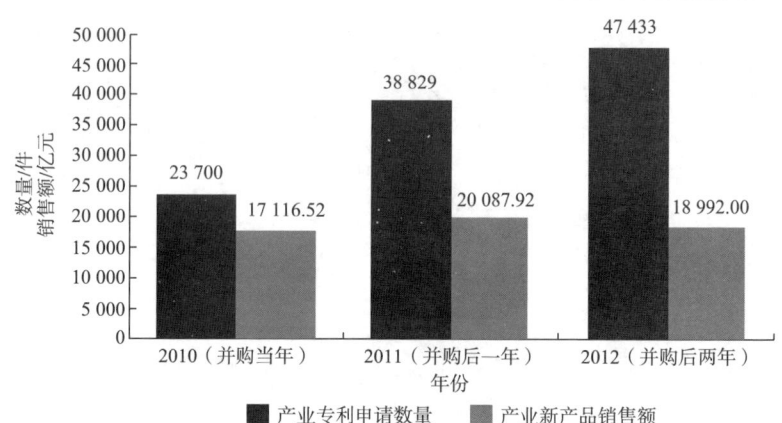

480　中国制造业海外并购整合与产业技术创新研究

图16-5 吉利并购整合沃尔沃后产业技术创新

资料来源：《中国科技统计年鉴》《中国统计年鉴》

伍，尤其是其汽车安全中心更是为沃尔沃赢得了"全球最安全汽车"的赞誉，这能为吉利提供强大的技术支持。吉利收购沃尔沃之后，双方有关吉利与沃尔沃的技术合作的话题一直没有停止过。2012年3月，沃尔沃与吉利在上海签署《沃尔沃汽车公司向吉利汽车公司转让技术协议》，沃尔沃公司的这项转让战略，使沃尔沃的一些高端技术开始运用在吉利汽车上。除了吉利受让沃尔沃的技术之外，双方还在积极推进、联合开发小排量、高性能、绿色环保系列发动机，环保型的小型车平台，以及电动车、油电混合动力车及插入式混合动力等新能源汽车总成系统技术。从专利数据来看（表16-1），并购后不论是在发明专利还是实用新型方面，吉利汽车专利申请数量均出现了较大程度的增长，专利产出远远高于并购前。

表16-1　吉利并购沃尔沃前后专利数量（单位：项）

专利类别	2007年	2008年	2009年	2010年	2011年	2012年
发明专利	7	19	77	173	258	518
实用新型	117	209	699	1380	1785	2466

资料来源：根据吉利财务数据整理

这些技术的运用有助于吉利汽车全面提升品质，并在短时间内提高其在国内和全球市场的竞争力。同时，这种技术嫁接，也将大大促进中国汽车产业的升级转型，使中国从汽车消费的大国迅速成长为日韩那样的拥有独立知识产权的汽车产业强国。

（三）产业链下游：品牌提升机制改善民族汽车品牌形象

吉利作为国内知名的自主品牌，其品牌溢价能力仍然有限。品牌的缔造是一个历史沉淀的过程。在汽车产业高度成熟的今天，从头做起培育高端品牌是一件非常困难的事情。于是，以品牌资产所有权的转让为主要特征的品牌并购就成为缓慢的品牌进化之外的一条捷径。据统计，2011年吉利汽车海外出口同比增长120%，这一成绩抵消了吉利上年并不理想的国内业务，使集团整体增幅保持正增长，也使其成为中国国内自主品牌海外市场增幅最快的企业。此外，吉利收购沃尔沃使中国汽车企业走向多品牌战略运作进入实质阶段，从原来的以产品为主的网络营销形式向分品牌营销转变，向多品牌战略布局，形成新的合力，提高中国汽车产业的世界影响力和抵御市场风险能力，从另一方面促进了汽车产业的优化升级。

第二节　均胜电子并购整合德国普瑞

一、均胜电子并购普瑞背景介绍

均胜电子是一家全球化的汽车零部件顶级供应商，主要致力于智能驾驶系统、汽车安全系统、工业自动化及机器人、新能源汽车动力管理系统及高端汽车功能件总成等的研发与制造。均胜电子成立于2004年，总部位处中国宁波，由宁波均胜投资集团有限公司于2011年12月在上海证券交易所上市，在全球16个国家拥有45个研发及生产基地，2018年已拥有7万余名员工。公司2016年实现营收约185.52亿元人民币，同比增长129.54%。

德国普瑞是全球技术领先的高端汽车电子公司，成立于1919年，全球员工超过2500人，其中技术研发人员占25%。客户涵盖全球所有的高端车型生产厂商。近年来，普瑞的业务增长很快，即使经历了2008年、2009年的金融危机，2011年年复合增长率仍超过10%。在2010年汽车电子行业发明专利排行榜上，普瑞更以98项发明专利高居行业第七，位列德尔福技术、大陆汽车系统等汽车零部件巨头之前。宝马iDrive和奥迪MMI系统多项重要技术专利都由普瑞拥有。1988年，宝马联合普瑞开发了世界上最早的智能驾驶控制系统iDrive，引起了车主与媒体的大量关注，并助力宝马坐稳技术领先的交椅。

2011年6月均胜电子发布公告称以定向增发的形式购买普瑞控股100%股权。均胜电子的资产注入方案分两步进行：第一步是均胜电子采用向大股东均胜集团增发新股的方式，收购其持有的75%普瑞股份；第二步是以现金收购其他股东持有的25%股份。并购普瑞促使均胜电子跻身顶尖高端汽车电子生产厂商。

二、均胜电子并购普瑞资源联系性分析：资源相似性强、互补性弱

均胜电子是目前汽车电子功能件细分领域具有一级供应商资质的核心厂商，凭靠领先的创新设计、生产制造、品质管理及优秀的服务，均胜电子成为宝马、奔驰、奥迪、大众、通用和福特等全球汽车制造商的长期合作伙伴，并屡获保时捷、大众、通用等汽车制造商优秀供应商奖。公司具备工艺和系统集成开发优势，以功能件电子化和高端汽车电子装置搭配的发展策略，均胜电子在细分汽车电子功能件市场占据龙头地位。普瑞是一家具有90多年汽车电子相关生产经验的老牌汽车电子厂商。均胜电子并购普瑞将实现汽车电子行业的强强联合，使并购后的均胜电子直接跨入世界顶尖汽车电子制造商的行列，因此，从主营业务与客户涵盖范围两个维度都可以看出，均胜电子与普瑞存在高资源相似性与低资源互补性。

三、均胜电子并购普瑞整合策略分析：较高整合程度

（一）组织结构整合：并购双方成立合资企业，技术资源深度整合

并购后，普瑞技术国产化是均胜电子实施整合的重点。普瑞高端客户和高端应用的特征决定了其技术国产化将能实现对国内合资企业顶级车型的配套。普瑞与均胜电子已经成立了合资企业宁波普瑞均胜汽车电子有限公司，并对大众的斯柯达系列形成供货，我们可以看到两者在技术、资源上的深度

整合促使均胜电子成为具有系统及解决方案的核心汽车电子生产厂商。从原材料采购渠道来看,并购之后,普瑞的很多原材料改为从中国采购,原材料成本大幅降低。2011年普瑞的利润率是2.8%,而2013年前三季度则达到5.6%左右,利润率将近翻倍。通过对普瑞的技术整合,均胜电子不仅顺利获取了普瑞的技术力量,而且成了宝马、奥迪、通用、福特等全球500强企业的一级供应商。截至2015年底,并购后普瑞每年增幅超过20%,为均胜电子贡献了近七成的营业收入。综上所述,从组织结构整合角度来看,均胜电子对普瑞进行了较为深度的整合,主要措施包括合资设立子公司、重新布局原材料采购渠道及深度的技术合作。

(二)人力资源整合:高管实施股权激励机制,研发人员深度沟通

并购后,均胜电子对普瑞未来发展战略规划具有了把控权。为了更好地激励高管团队,均胜电子把普瑞部分股权转让给普瑞管理团队的25人,并承诺如果他们在5年后业绩达到标准,均胜电子将进一步进行股权与分红奖励。均胜电子是中国海外并购里面第一个采用股权激励的企业,激励标准包括销售、技术等综合能力的增长。股权激励机制的采用对普瑞高管形成了较好的激励机制与监督机制。同时,均胜电子派遣高级管理人才与研发人员深入普瑞的各个岗位展开工作,与普瑞的管理层与核心技术员工展开深入的技术交流沟通。综上所述,在人力资源管理方面,均胜电子采取了一定深度的整合,以掌控普瑞的发展方向及对关键岗位的控制权。

四、均胜电子并购整合普瑞前后全球创新网络位置分析

(一)跨入世界顶尖汽车电子制造商的行列,全球同步创新

普瑞是一家具有90多年汽车电子相关生产经验及世界前沿研发水平的老牌汽车电子厂商。并购普瑞后,均胜电子的产品已配套宝马、奔驰、大众、福特、通用等全球整车厂,公司业务已经从欧洲延伸到亚洲和北美洲市场,并且新市场的份额正在不断扩大,并购后3年,均胜电子北美洲市场销售额大幅增加,增长率超过25%;同时建立德国、中国产品研发中心,实现产品全球同步化设计开发。

（二）德国先进的智造技术引进中国，为国内汽车市场打通渠道

随着工业制造智能化等多方因素的推动，中国汽车制造业"机器换人"的趋势明显，中国工业自动化模块市场出现了前所未有的机遇。均胜电子收购普瑞后，形成合力探索人机交互系统。同时，均胜电子入驻普瑞之后，帮助普瑞进入国内汽车市场打通了渠道，将德国先进的智造技术引进中国。2014年8月，均胜电子投资1.5亿元人民币，注册设立全资子公司宁波均胜普瑞工业自动化及机器人有限公司，经过资源优化整合，均胜电子已经拥有比较全面的工业自动化及机器人领域的高端核心技术，站在了工业自动化领域全球研发网络的核心位置，通过普瑞技术国产化实现对国内合资企业顶级车型的配套，打通了中国市场与世界前沿技术的通道。本节采用与前文相同的创新网络构建方式，用Ucinet网络分析工具做出图16-6和图16-7。其中，图16-6为均胜电子并购整合德国普瑞之前的全球创新网络结构图，图16-7是均胜电子并购整合德国普瑞之后的全球创新网络结构图，均胜电子是中国汽车电子产业内的核心企业，但是在并购前与海外企业的连接较少，通过对普瑞的并购整合，不仅自身与海外企业的连接增多，网络位置提升，还能够辐射到更多的本土汽车电子产业内企业，同时带动本土产业内企业进入全球网络的"知识池"。

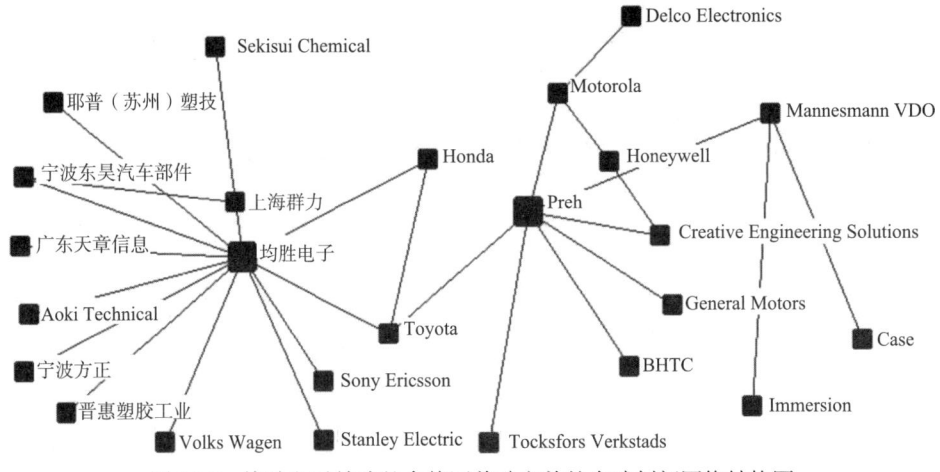

图16-6 均胜电子并购整合德国普瑞之前的全球创新网络结构图

资料来源：SIPO专利数据库、USPTO专利数据库

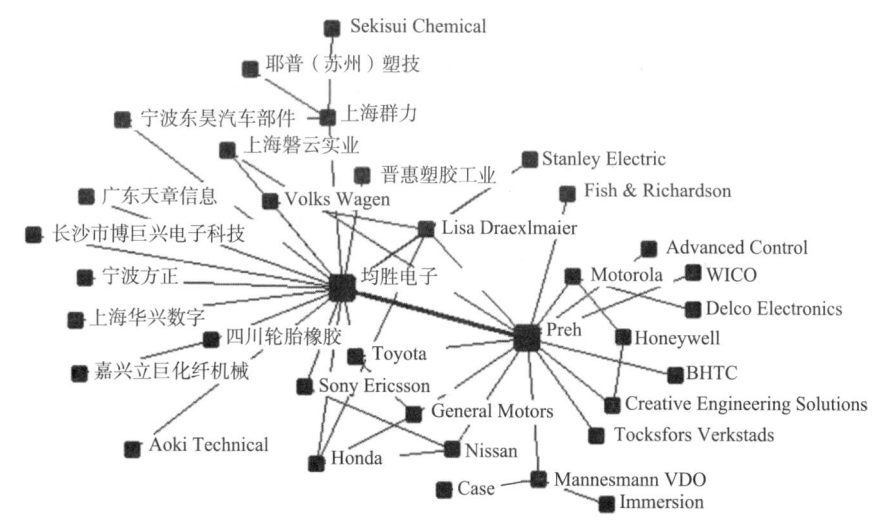

图 16-7 均胜电子并购整合德国普瑞之后的全球创新网络结构图

资料来源：SIPO 专利数据库、USPTO 专利数据库

五、均胜电子并购整合普瑞对产业技术创新的促进作用

均胜电子恰当地并购整合普瑞对母国产业技术创新起到了显著的促进作用，如图 16-8 所示。

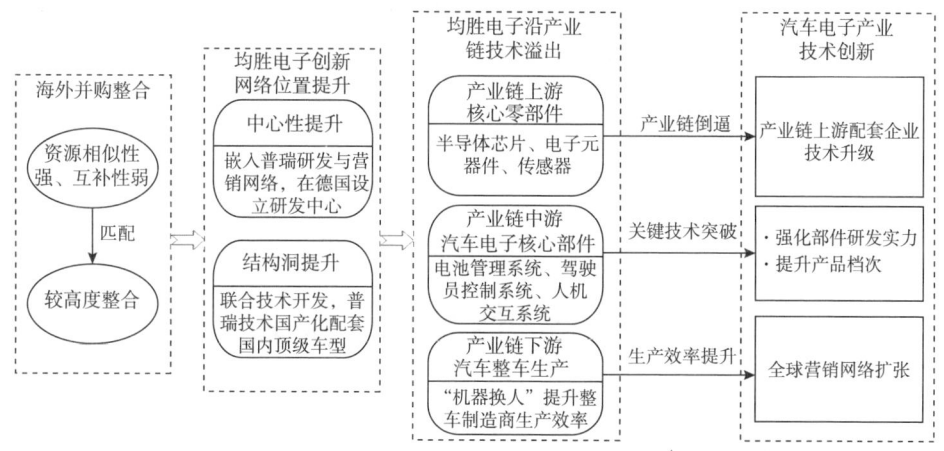

图 16-8 均胜电子并购整合普瑞促进产业技术创新的传导机制

产业链上游：均胜电子并购整合普瑞，对中国汽车电子产业的上游企业

而言，半导体和电子元件配套企业必须加大研发力度进行技术升级，才能供应均胜电子更高水平的元件产品，因此，通过产业链倒逼机制，均胜电子整合普瑞促进了母国产业链上游企业的技术升级。

产业链中游：通过并购整合普瑞，均胜电子实现了产品线及技术含量的延伸，进入全新的产品发展阶段，尤其是自动化的生产线和工厂生产管理环境，有较大幅度改进。均胜电子与普瑞的强强联合，提升了并购后企业在电池管理、驾驶员控制和人机交互三大核心系统的技术实力。

产业链下游：普瑞的汽车电子人机交互智能驾驶方面的技术及工业自动化模块，对于推动中国汽车整车制造"机器换人"起到了重要的推动作用。如图16-9所示，均胜电子并购普瑞之后，中国汽车产业专利申请数量与新产品销售额均实现了逐年增长。

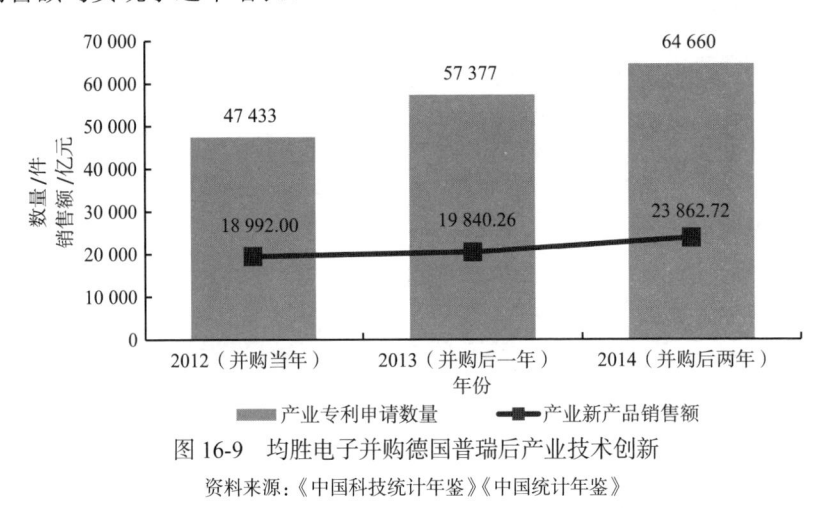

图 16-9　均胜电子并购德国普瑞后产业技术创新

资料来源：《中国科技统计年鉴》《中国统计年鉴》

第三节　万向并购整合美国 A123

一、万向并购 A123 背景介绍

万向集团由董事局主席鲁冠球于 1969 年 7 月 8 日创立。企业以制造和销售汽车零部件为主业，以年均递增 25.89% 的速度发展。截至 2020 年，万向集团主导产品市场占有率65%以上,产品还远销世界,并进入了通用、福特等一流国际主机企业的供应网络,拥有近30家公司,40多家工厂,海外员工超过万人,主导产品市场占有率达12%,是目前世界上专利最多、规模最大的专业制造企业。万向电动汽车有限公司成立于2002年,是万向集团全资子公司,公司致力于掌握清洁能源技术,发展节能环保汽车。而作为中国最大的汽车零部件企业,万向秉持"电池—电机—电控—电动汽车"的转型发展战略。在发展聚合物锂离子动力电池七八年后,万向逐渐发现进展过于缓慢了,由于起步晚、缺少高端技术研发人员等因素,万向的电动车零部件核心技术先进程度还远远落后于很多外国公司。自主研发无法满足新能源汽车较高的技术要求,"闭门造车"的路径始终难以"攻玉",万向终于将眼光瞄准了海外。

A123提供的锂离子电池以寿命长、高能量密度、高功率、安全性卓越领先于锂离子电池市场。作为清洁能源汽车产业的标杆性企业,A123不仅得到美国政府大量资助,还与美国通用、菲斯克及德国宝马等主流汽车厂商建立了供应合同关系,因财务危机于2012年10月提交破产申请。在和美国江森自控有限公司、德国西门子股份公司、日本电气股份有限公司(以下简称日本NEC)三家世界500强企业同台竞拍中,万向最终以2.566亿美元的价格,成功并购A123。

万向并购A123可谓一波三折,遭受到美国政界及竞争对手的多重挑战,但万向凭借其多年的美国并购经验与商业智慧,最终赢得了这场战争。图16-10是万向并购A123时间轴,时间轴左侧是A123、美国政府及竞争对手出牌挑战,时间轴右侧是万向如何巧妙应对。灰色的三个文字框是万向面临的最具变数的三次挑战,而万向的完美应对,值得中国跨国公司学习借鉴。

二、万向并购A123资源联系性分析:资源相似性强、互补性强

从文化资源来看,万向熟悉美国的社会文化环境,通过子公司万向美国在美国进行收购,已具有丰富的经验,正如董事长鲁冠球所说,"万向在美国做了十几个类似的并购案例,基本都是破产清盘时进去,通过投入调整结构,企业从衰退走向复苏,实现多赢,有几个案例被纳入哈佛大学教材",成为行

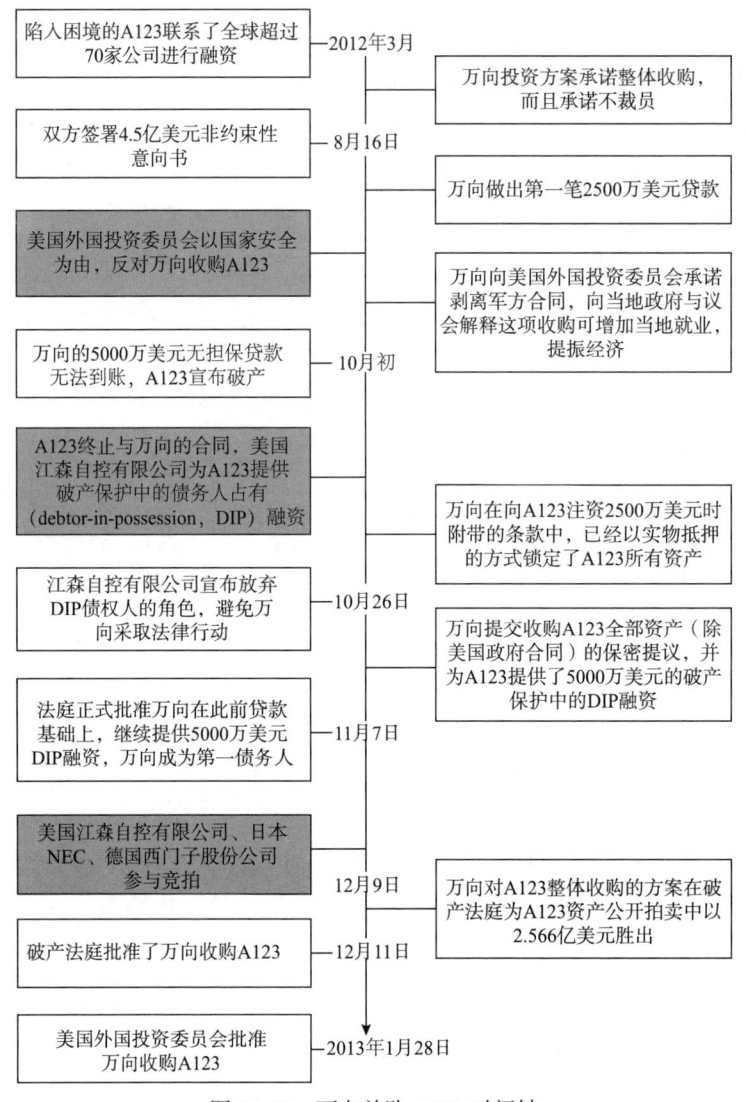

```
陷入困境的A123联系了全球超过  ──2012年3月
70家公司进行融资
                                    万向投资方案承诺整体收购,
                                    而且承诺不裁员
双方签署4.5亿美元非约束性   ──8月16日
意向书
                                    万向做出第一笔2500万美元贷款

美国外国投资委员会以国家安全
为由,反对万向收购A123
                                    万向向美国外国投资委员会承诺
                                    剥离军方合同,向当地政府与议
                                    会解释这项收购可增加当地就业,
万向的5000万美元无担保贷款  ──10月初    提振经济
无法到账,A123宣布破产

A123终止与万向的合同,美国
江森自控有限公司为A123提供
破产保护中的债务人占有
(debtor-in-possession,DIP)融资
                                    万向在向A123注资2500万美元时
                                    附带的条款中,已经以实物抵押
                                    的方式锁定了A123所有资产
江森自控有限公司宣布放弃   ──10月26日
DIP债权人的角色,避免万
向采取法律行动              万向提交收购A123全部资产(除
                                    美国政府合同)的保密提议,并
                                    为A123提供了5000万美元的破产
法庭正式批准万向在此前贷款            保护中的DIP融资
基础上,继续提供5000万美元 ──11月7日
DIP融资,万向成为第一债务人

美国江森自控有限公司、日本
NEC、德国西门子股份公司
参与竞拍
                          ──12月9日   万向对A123整体收购的方案在破
                                    产法庭为A123资产公开拍卖中以
破产法庭批准了万向收购A123 ──12月11日   2.566亿美元胜出

美国外国投资委员会批准
万向收购A123            ──2013年1月28日
```

图 16-10　万向并购 A123 时间轴

业典范。同时,万向并购后支持企业就地整合、就地优化、就地提升,形成中国投资、美国技术、全球市场的优势,最终达成共赢,该并购日益为美国人所接纳和欢迎。因此,子公司万向美国已构建适合跨国企业的全球性企业文化,对于收购美国目标方企业也具有丰富的经验。

从技术资源来看，万向在 2002 年成立全资子公司——万向电动汽车有限公司致力于掌握清洁能源技术，发展节能环保汽车，并已在大功率、高能量聚合物锂离子动力电池、一体化电机及其驱动控制系统、整车电子控制系统、汽车工程集成技术等方面取得了不少成果，截至 2013 年 1 月，万向已拥有 1.2 亿安时锂离子动力电池、2000 台套电动力总成的产业能力。而 A123 专注于新能源电池的研发，A123 提供的锂离子电池以寿命长、高能量密度、高功率、安全性卓越领先于锂离子电池市场，是美国清洁能源汽车产业的标杆性企业，因此并购双方公司的资源具有较高的相似性；另外，万向的新能源电池技术与世界先进水平相比还有一定差距，而 A123 的锂电池技术已站到世界前沿。同时，万向不断累积、整合电池、电机、电控三大核心零部件的技术，对 A123 的新能源电池业务具备强大的配套能力，并购双方强势互补，为万向未来开发和生产纯电动汽车整车奠定了基础。综上所述，万向与 A123 的资源相似性、互补性均强。

三、万向并购 A123 整合策略分析：适中整合程度

（一）业务结构整合：并购双方深化技术合作，优势互补

万向依托子公司万向美国完成多起海外并购，具有丰富的海外并购整合经验，在目标方破产清盘时投资，通过整合调整结构，支持企业就地整合、就地优化、就地提升，形成中国投资、美国技术、全球市场的优势，最终达成共赢。并购后万向表达了对延续 A123 美国业务运营的承诺，加强并购双方技术合作，建立开放式技术合作平台，利用 A123 的试验设备、技术能力、工程化经验等，加快电池技术创新的速度，巩固 A123 的行业技术领先地位。另外，2012 年开始，自上市以来就持续出现的亏损使得 A123 积重难返，当年 3 月的电池召回事故致其 2012 年上半年净亏损超过 2 亿美元，成为压垮其资金链的最后稻草。因此，万向在并购 A123 后对其业务范围进行了调整，将继续扩大其在密歇根州和马萨诸塞州的强大制造业和系统工程产能，对所有原合同重新签订或取消，关注合同所带来的正现金流，集中精力赢得重要客户，如沃尔沃卡车公司 1 亿美元的订单等。同时，依托中国市场，万向帮助 A123 获得来自中国各地的业务。A123 已经为上汽旗下荣威品牌的三种车

型提供汽车电池。综合而言，由于并购双方资源的高相似性与高互补性并存，万向对 A123 的业务结构采取了适中的整合程度，注重技术合作，达成优势共赢。

（二）人力资源整合：树立共同愿景，保留美国雇员

万向熟悉美国的社会文化环境，在美国进行并购已具有丰富的经验，有些并购案例进入哈佛大学教材。对于万向的工程师与技术人才，万向给予其充分的研发自主权，对于 A123 现有员工，万向承诺不裁员，由于扩展 A123 美国业务的需要，将增加 A123 现存美国工厂的雇员。但与此同时，为获得 A123 的实际控股权，A123 董事会中的 9 个席位将有 4 个由万向任命。因此，从人力资源整合角度来看，万向对 A123 采取了适中程度的整合，一方面尽可能保证美国员工就业，另一方面掌握一定控制权以配合 A123 业务方向的调整，尽快扭转亏损局面。A123 依托万向自身的经营优势和汽车产业链的资源整合优势，在并购 18 个月后成功扭亏为盈。

四、万向并购整合 A123 后全球网络位置分析

经过万向对 A123 并购后的整合努力，并购双方实现深度的技术互动，提升了万向能源业务在全球创新网络中的核心地位。

（一）并购后加速技术创新，突出新能源电池业务的全球领先地位

万向对清洁能源的产业研发已有一定积累，并已在大功率、高能量聚合物锂离子动力电池、一体化电机及其驱动控制系统、整车电子控制系统、汽车工程集成技术等方面取得了不少成果，然而，在发展聚合物锂离子动力电池七八年后，万向逐渐发现进展过于缓慢了，由于起步晚、缺少高端技术研发人员等因素，万向的电动车零部件核心技术先进程度还远远落后于很多外国公司，在电动车的配套方面几乎是空白，迟迟无法进入美国新能源汽车供应体系。对于并购 A123，万向集团董事局主席鲁冠球称："新能源电池是世界级难题，A123 的磷酸铁锂电池技术世界领先，对 A123 的收购让已经进入新能源领域 14 年的万向一下站到世界前沿。"通过并购整合努力，万向与多

家电池技术公司建立了开放式技术合作平台，利用 A123 的试验设备、技术能力、工程化经验等，帮助初创型电池技术公司减少开发成本，加快电池技术创新的速度。

本节用 Ucinet 网络分析工具做出图 16-11 和图 16-12，图 16-11 为万向并购整合 A123 之前的全球创新网络结构图，图 16-12 是万向并购整合 A123 之后的全球创新网络结构图。可以直观地看出，万向是中国新能源汽车产业内的核心企业，但是在并购前与海外企业的连接较少，通过对 A123 的并购整合，不仅自身与海外企业的连接增多，网络位置提升，还能够辐射到更多的本土新能源汽车产业内企业，同时带动本土新能源汽车产业内企业进入全球网络的"知识池"。

（二）万向形成电池产业链条的完整布局，进入全球新能源供销网络

收购 A123，不仅能将 A123 领先的锂电池核心技术收入囊中，拥有电池制造能力与汽车设计制造能力，形成电池产业链条的完整布局，而且能借全球知名企业品牌优势，集聚技术、渠道和市场产业资源，扩大万向在美国市场的销售份额，同时也能在中国的电动市场占据有利位置。A123 不仅制造动力电池，为风力发电提供储能技术，更重要的是从基础材料做起，有自己的

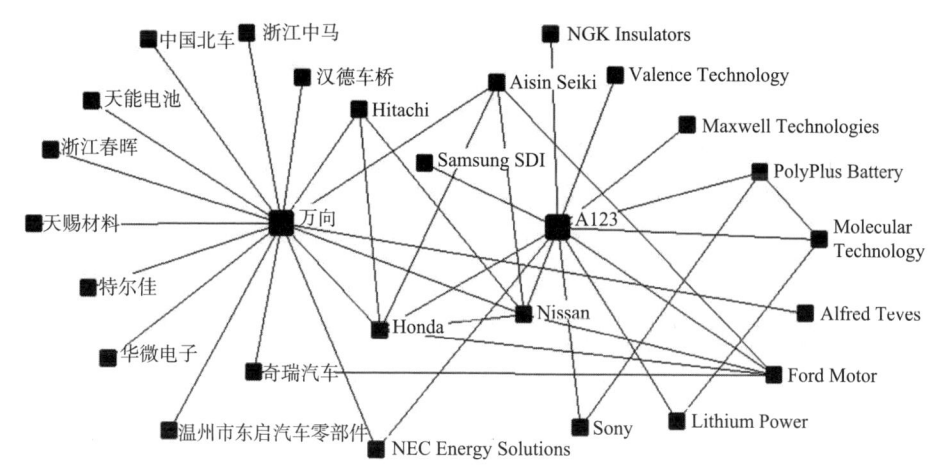

图 16-11　万向并购整合 A123 之前的全球创新网络结构图

资料来源：SIPO 专利数据库、USPTO 专利数据库

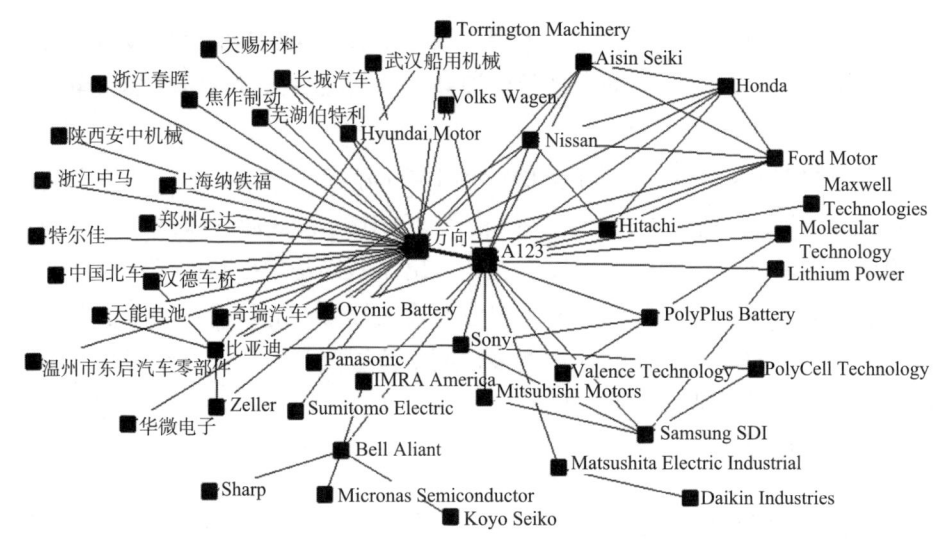

图 16-12 万向并购整合 A123 之后的全球创新网络结构图

资料来源：SIPO 专利数据库、USPTO 专利数据库

研发系统支持，涉及的范围很广，并且与世界上最知名的汽车公司如宝马、福特、奔驰、通用等都有合作。通过整合 A123，万向在美国初步形成了汽车零部件、电池和整车的清洁能源汽车产业链，获得 A123 与美国通用公司、德国宝马公司等主流汽车厂商建立的供应合同关系，成功嵌入美国新能源汽车研发与销售网络。

（三）对接中国市场，搭建中国技术与全球前沿技术的桥梁

并购后 A123 也获得了来自世界各地的业务，特别是在中国，借助万向集团的"桥梁作用"，A123 的新能源电池技术与国内动力汽车公司开展了业务，A123 已经为上汽旗下荣威品牌的三种车型提供汽车电池，目前最大的订单也来自中国，其为中国汽车制造商奇瑞汽车股份有限公司（以下简称奇瑞）和上汽及客车制造商天津市松正电动汽车股份有限公司（以下简称天津松正）提供动力电池，带动中国本土产业新能源电池与整车的研发。

五、万向并购整合 A123 后对产业技术创新的促进作用

新能源汽车行业与传统汽车行业有所不同："三电"（电池、电机和电控）

取代"三大件"(发动机、变速箱和底盘)成为汽车行业关键零部件。动力电池在新能源汽车上扮演了更为重要的角色,成本将占到整车的40%。

2016 中国汽车工程学会年会上公开发布的节能与新能源汽车技术路线图将发展节能与新能源汽车和智能网联汽车列为发展重点。美国是新能源汽车前瞻性技术并购聚集地。根据《中国新能源汽车产业发展报告(2014)》,中国新能源汽车产业国际竞争力在中国、韩国、德国、美国、日本 5 个国家中排名最后,且差距明显,显示出中国新能源汽车行业在全球尚处于追赶阶段。而美国较强的科研实力、产业集群和技术人才使得美国成为中国企业投资新能源技术的重要目标国。通过对 A123 的并购整合,万向在新能源领域站到了世界前沿。万向并购整合 A123 促进产业技术创新的传导机制,见图 16-13。

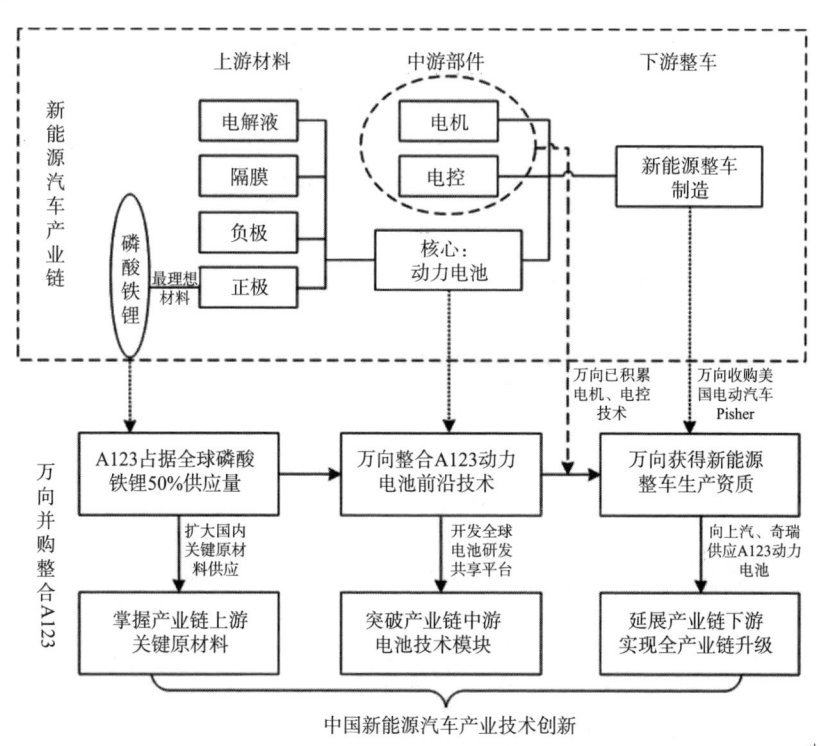

图 16-13 万向并购整合 A123 促进产业技术创新的传导机制

（一）产业链上游：掌握动力电池关键原材料，扩大对国内供应量

锂电池成本构成中正极占比最高，磷酸铁锂是目前最理想的正极材料。磷酸铁锂最大的供应商 A123 占据了将近一半的全球供应量：产业信息网公布的《2016 年中国新能源汽车产业链分析》报告显示，2008 年磷酸铁锂全球供应量 1500 吨左右，其中最大供应商 A123 供应了将近 750 吨，中国国内厂商供应量仅 500 吨左右。万向并购整合 A123 仅 18 个月之后，A123 已恢复了磷酸铁锂的正常生产，全年订单已排满，其中大多订单来自中国。通过对上游关键材料的掌控，万向扩大了对国内磷酸铁锂的供应量。

（二）产业链中游：突破动力电池技术模块，开放全球研发平台

2013 年万向成功并购整合美国最大锂电池生产企业 A123，并于 2014 年收购美国豪华电动汽车公司菲斯克，使万向在新能源领域站到了世界前沿，是万向在传统制造业基础上加快向清洁能源产业发展的里程碑。从专利数据库中我们发现，2010 年以来，万向在汽车电池产品研发和新能源领域的专利逐年递增，并在并购 A123 当年（2013 年）迎来了爆发式增长。根据表 16-2 中的数据，万向的研发强度逐年上升，尤其是在 2014 年突破 4%的界值达到 4.34%，为万向消化吸收 A123 高端技术并提高技术创新能力，奠定了坚实的基础。

表 16-2　万向 2011～2014 年研发强度

项目	2011 年	2012 年	2013 年	2014 年
研发费用/万元	30 029.887	31 921.024	35 925.920	42 698.711
营业收入/万元	817 344.941	833 980.527	926 215.809	982 887.566
研发强度	3.67%	3.83%	3.88%	4.34%

资料来源：万向钱潮股份有限公司上市公司年报

同时通过对 A123 的并购整合，万向与国内多家电池技术公司建立开放式技术合作平台，利用 A123 的试验设备、技术能力、工程化经验等，帮助初创型电池技术公司减少开发成本，加快中国新能源电池技术创新的速度。中国汽车产业专利申请数量，自 2013 年（并购当年）、2014 年（并购后一年）至 2015 年（并购后两年）获得较快速度增长，三年申请数量分别为 57 377

件、64 660 件与 68 967 件[①]，年均增长率达 9.64%。

（三）产业链下游：实现全产业链升级，提升中国汽车产业附加值

A123 的新能源电池技术与国内动力汽车公司开展了业务，A123 已经为上汽旗下荣威品牌的三种车型提供汽车电池，为奇瑞和上汽及客车制造商天津松正提供动力电池技术，带动中国本土产业新能源电池与整车的研发，通过掌握领先的锂电池核心技术与高端产品服务两个高附加值的产业环节，提升中国汽车产业的盈利能力。

第四节　横向案例对比分析

经过几十年的发展，中国汽车行业已经建立起较成熟的产业配套体系和庞大的销售网络。但零部件企业长期以来陷入技术空心化的发展危机，大量中小规模零部件供应商面临产品线单一、技术含量低、抵御外部风险能力弱等困境。纲领性文件《中国制造 2025》出台，明确作为制造业支柱产业的汽车将不再以产能和规模扩张作为首要发展目标，而是将锻造核心竞争力、提升自主整车和零部件企业引领产业升级与自主创新能力摆在首要位置。在此背景下，中国汽车产业收购整合海外先进技术、专利、品牌和销售网络将成为首要目标，这契合中国汽车企业跻身产业链高端的发展趋势。

前文选取了中国汽车制造业三个不同细分行业的典型案例：均胜电子并购德国普瑞（智能汽车）、吉利并购瑞典沃尔沃（传统汽车）、万向并购美国 A123（新能源汽车）。三个典型案例分别代表了不同的资源相似性、互补性强弱组合：均胜电子并购德国普瑞（资源相似性强、互补性弱）、吉利并购瑞典沃尔沃（资源互补性强、相似性弱）、万向并购美国 A123（资源相似性、互补性均强），通过并购方不同的整合策略，最终提升了其在全球创新网络中的核心地位，进而促进了中国汽车产业的技术创新。案例的横向对比分析见表 16-3。

---

① 数据来源于《中国科技统计年鉴》。

表 16-3　案例横向对比分析

对比类别	海外并购案例		
	均胜电子并购德国普瑞	吉利并购瑞典沃尔沃	万向并购美国 A123
细分行业	智能汽车	传统汽车	新能源汽车
双方资源联系性	资源相似性强、互补性弱	资源互补性强、相似性弱	资源相似性强、互补性强
整合策略	高度整合 建立合资企业，掌握战略规划与关键岗位控制权	低度整合 "一企两制"、"沃人治沃"，倡导"全球性企业文化"	中度整合 深化技术合作、优势互补、树立共同愿景，保留美国员工
全球创新网络位置	全球创新网络位置提升 跨入世界顶尖汽车电子制造商的行列，全球同步创新，德国先进的智造技术引进中国	全球创新网络位置提升 成功嵌入沃尔沃的全球研发与营销网络，实现沃尔沃国产化，打造"多国研发军团"	全球创新网络位置提升 加速技术创新，突出新能源电池业务的全球领先地位，进入全球新能源供销网络
产业技术创新的促进作用	汽车电子人机交互智能驾驶方面的技术及工业自动化模块，对推动中国汽车制造业"机器换人"起到了重要的推动作用	促使中国的民族汽车自主研发能力上一个台阶，为能够造出属于中国人自己的高性能的民族品牌汽车打下通道	向本土产业研发反馈，加快中国新能源电池技术创新速度；开展全球技术合作，提升中国汽车产业附加值
是否符合理论	符合	符合	符合

第五节　中国制造业海外并购整合与产业技术创新：扎根理论的多案例分析

一、理论背景

（一）资源关联性与海外并购整合

整合阶段被广泛认可为并购过程的关键部分，其定义为"多方面的动态过程，通过这个过程，收购方和目标方或其组成部分组合在一起形成一个新的组织"（Graebner et al.，2017），具体可分为"任务整合"和"人力整合"（Bauer and Matzler，2014）。

基于资源基础观的研究表明，并购后整合程度随着资源关联度的变化而变化，包括资源相似性和互补性（Zaheer et al.，2013）。资源相似性强意味着双方具有重叠的知识基础，能够促进整合过程中现有知识的交换与结合（Sears and Hoetker，2014；Makri et al.，2010）。此时，提高整合程度更有利于获取效率（Puranam et al.，2006；Zollo and Singh，2004）；资源互补性强意味着双方彼此独立又互相支持（Bauer and Matzler，2014）。降低整合程度更有利于实现单个企业无法创造的增强型协同效应。Chen 和 Wang（2014）基于中国企业技术获取型海外并购样本的实证研究指出，并购方需采取与资源相似性和互补性强弱组合匹配的整合程度。

但是，已有并购研究忽视了嵌入在企业外部网络的资源特征，以及并购方取得目标方外部关系的控制权引发网络的变化所产生的影响。

（二）海外并购整合与创新网络嵌入

Freeman（1991）指出创新网络是应对系统性创新的一种基本制度安排。企业搜索、监视、连接网络内的其他行动者时，所处的网络位置影响组织的创新能力（Lin et al.，2009）。网络位置的两个主要维度是中心性与结构洞。高中心性的行动者行使更多的控制权，在网络中占据更重要的位置（Guan et al.，2016）。行动者拥有的结构洞位置数量越多，监控操纵信息和资源流的能力越强（Burt，1992）。

现有文献强调并购方对并购企业外部关系的感知和接管的关键性影响，应在并购整合阶段予以明确关注（Anderson et al.，2001）。如 Hernandez 和 Menon（2018）探索了并购后节点折叠驱动的网络动态，指出收购方通过继承目标方的网络关系得以访问更多的网络资源。但 Chakkol 等（2018）认为，嵌入在这种网络关系中的资源并不会在并购中直接且轻易地转移至另一方，而需要在整合阶段充分考虑网络关系的配置。Degbey 和 Pelto（2013）指出，海外并购整合中，并购双方活动与资源的变化将直接影响二元关系中的伙伴行为与态度，并通过连锁反应传递至更广的网络范围。并购方有意识地调度网络伙伴，形成或消除网络连接，创造有利的网络位置（Hernandez and

Shaver，2019；Öberg et al.，2007）。

综观上述研究，企业的创新网络嵌入性使得如何在海外并购整合阶段配置外部网络成为亟待探讨的关键问题。

（三）创新网络嵌入与产业技术创新

创新网络是产业竞争力发展的重要载体。通过创造有力的身份和协调规则，依托网络关系的知识创造比基于单个企业的知识创造更为有效（Dyer and Nobeoka，2000）。新兴市场中有能力对国际先进企业实施海外并购的通常是处于产业网络内核心位置的龙头企业，它们发挥着将东道国特定资产转化为自身网络的所有权优势，进而向母国市场公司逆向转移知识的功能（Yaprak et al.，2018）。这些核心企业通过配置网络关系控制网络位置，创造与提取价值促进产业创新（Dhanaraj and Parkhe，2006）。

核心企业的中心性优势使其享有对相关创新资源的高度控制权，以及在地位层级中的有利位势（Lin et al.，2007），通过主导与网络伙伴的技术合作开发、引导网络伙伴创新努力的方向，刺激产业创新潜能（Hao et al.，2017；Perrons，2009）。核心企业的结构洞优势使其更容易获取新颖且及时的信息，从而在知识组合开发方面占据领先地位（Wang et al.，2014），促进知识跨越社会结构间隙，催化成员之间的合作，触发创新扩散的涟漪效应以促进产业整体网络的创新（Sgourev，2015）。

Lipparini 等（2014）将产业内创新扩散分为研发、运营和上下游三大领域，表明核心企业在这些领域中制定行动，促进跨网络边界知识流动与共同创新。

二、研究方法

（一）方法选择

首先，本书旨在探索中国企业海外并购整合与产业技术创新之间的关系，以及创新网络在这其中发挥怎样的作用。案例研究适用于探讨"如何"的问题。其次，本书采用扎根理论的多案例研究方法。多案例研究方法依托于同一研究主旨，在彼此独立的案例内分析，归纳总结一般化的研究结论，从而更全面地反映不同层面的情况，更清晰地呈现特定条件的关联，显著提升有效性和稳健性。

（二）案例选取

归纳研究中案例的理想个数为 4~10 个（Eisenhardt，1989）。本书以吉利并购沃尔沃、美的并购库卡、万向并购 A123、三一重工股份有限公司（以下简称三一重工）并购普茨迈斯特作为研究对象（表 16-4）。我们设置的选择标准如下。

（1）企业来自高科技相关产业。技术获取型海外并购主要发生在高技术相关产业，此类行业是本书展开研究的理想"田野"。

（2）并购方均为中国制造业中的龙头企业，在海外并购整合与全球创新网络运作方面实力强劲，更能体现核心企业对产业技术创新的影响力。典型案例的选择增加了观察关键要素之间关系的可能性。

（3）交易发生在 2010~2017 年。我们限制并购完成时间以保证观测并购后整合行为、创新网络嵌入及产业技术创新的效果。

（4）遵从复制法则。4 起案例的传导机制有共性也有差异，使得本书分析能够遵循差别复制与逐项复制的逻辑，具有更强的说服力。

表 16-4 案例列表

案例编号	案例名称	所属产业	案例简介
案例 A	吉利-沃尔沃	汽车整车制造业	沃尔沃是瑞典著名豪华汽车品牌。2010 年 8 月，吉利以 18 亿美元收购沃尔沃
案例 B	美的-库卡	机器人制造业	德国库卡是世界上著名的四大机器人公司之一。2017 年 1 月，美的以 292 亿元收购了库卡 94.55%的股份
案例 C	万向-A123	新能源汽车零部件制造业	A123 是美国最大的新能源锂电池制造企业。2013 年 1 月，万向集团以 2.566 亿美元成功收购 A123
案例 D	三一重工-普茨迈斯特	工程机械装备制造业	德国普茨迈斯特是全球混凝土机械第一品牌。2012 年 1 月，三一重工以 3.24 亿欧元收购德国普茨迈斯特 90%的股权

(三) 资料收集与分析

本书选取不同方式和渠道获取信息,构成多源数据交叉汇聚的"三角验证",以保证数据的建构效度(Glaser et al., 1968)。二手数据主要包括:①已有关于所选案例的文献和相关报道。在知网网站和各大主流门户网站以所选案例为关键词进行检索。②直接从企业获取的案例相关材料。例如,企业历史档案、企业网站及内部资料、企业年报、公司主管传记、主管演说等。③外部观察家撰写的有关书籍资料。一手资料主要包括内部人员访谈和实地调研,本书研究团队对吉利与万向的总经理、部长、海外投资项目主要负责人进行的座谈、访问。在每次深度访谈过程中,本书研究团队确保有3人以上的小组参与访谈,通过录音和整理形成研究素材。

借鉴 Pratt(2008),分三步进行资料与数据的分析:①纵向单案例分析。针对每个案例逐一梳理概念与证据,利用共同陈述归纳基本范畴。②跨案例比对分析。研究成员忠于数据,将涌现的范畴与理论概念进行反复对比匹配,借助图表促进分析。③在资料收集、分析、概念化之间不断交叠,最终形成研究结论。编码过程如下。

1. 开放编码

开放编码将资料"打破"并分解成不同单位后再加以逐级"缩编",实现界定概念与发现范畴。本工作利用 Nvivo 软件完成:首先,通过标记、简化和初步提炼的方法建立198个节点,对相关语句贴标签;其次,通过比较将属于同一现象的节点归于同一父节点之下,并发展完整的概念定义这一父节点;最后,把一组涉及同一现象的父节点聚敛为一类,发展新的父节点进行范畴化。经由上述过程得到9个范畴和33个概念(表16-5)。

表16-5 开放编码形成的范畴

编号	主范畴	概念
1	资源相似性	并购双方资源的相近程度:技术重叠、业务相似、市场相似
2	资源互补性	并购双方资源组合互相加强价值创造的程度:技术互补、业务互补、市场互补

续表

编号	主范畴	概念
3	人力整合	组织结构、文化和人员变更：高度人力整合（管理人员委派、文化融合、裁员）、低度人力整合（本土化管理、文化独立、人才保留）
4	任务整合	资源共享和能力转化：高度任务整合（产品业务调整、研发项目变更、市场渠道共享）、低度任务整合（产品业务不变、研发项目保留、市场渠道独立）
5	中心性提升	整合阶段，收购方在全球创新网络中连接数量增加：新增连接关系、继承现有关系、海外市场扩张
6	结构洞提升	整合阶段，收购方在全球创新网络中对资源流跨界整合的中介能力增强：跨国协调布局、多元协作支持、前沿技术组合
7	研发	收购方在产业技术开发方面的创新实践：率领技术突破、授权技术输出、开放研发资源
8	运营	收购方在产业生产调度方面的创新实践：精益质量管控、主导制定标准、共享信息平台
9	上下游	收购方在产业供应营销方面的创新实践：建立联合关系、提供支持服务、牵头资源对接

2. 主轴编码

主轴编码是指发现和串联不同范畴之间的因果关系，通过类聚分析，以新的轴线重新组合资料的过程。表 16-6 显示了主轴分析形成的四大类关系。

表 16-6　基于主轴编码的四大类关系

编号	关系类别	影响关系的子范畴	关系的内涵
1	资源关联性	资源相似性，资源互补性	并购后，中国企业需首先研判资源特征，且应考虑"资源相似性"和"资源互补性"两个维度的组合。在中国企业海外并购以互补性强为主导的前提下，相似性越强，整合程度越高
2	整合程度	人力整合，任务整合	从"资源关联性"的分析可见，应从资源基础与整合策略的匹配与否判断整合的效果。恰当的"人力整合"与"任务整合"战略为并购方嵌入目标方网络并寻求进一步的网络关系奠定了能力与形象基础
3	创新网络位置	中心性提升，结构洞提升	恰当的"整合程度"促进并购方"创新网络位置"提升。并购方通过"中心性提升"的高效率资源利用优势和"结构洞提升"的跨区域资源汇聚优势，促进向本土产业的知识转移
4	产业技术创新	研发，运营，上下游	并购方恰当整合后的"创新网络位置"进一步巩固其作为产业内核心企业的作用，其在"研发""运营""上下游"三个功能领域引领的创新实践成为"产业技术创新"的来源

3. 选择编码

选择编码是指识别能够统领所有范畴的核心，并将之和其他范畴建立系统性联系。本书的核心范畴表述为"并购方恰当的海外并购整合通过全球创新网络嵌入促进产业技术创新"。图 16-14 直观展示了核心范畴蕴含的逻辑。

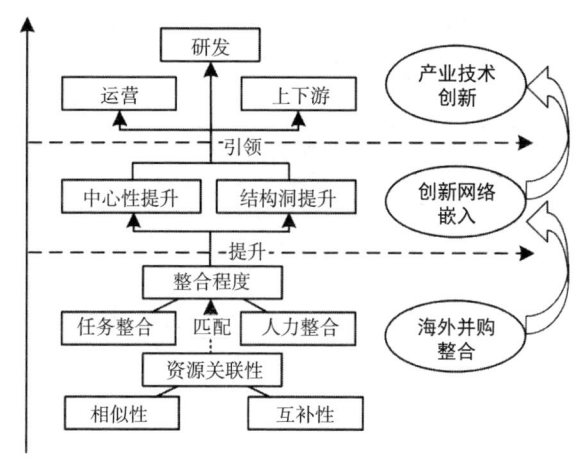

图 16-14 核心范畴蕴含的逻辑

三、研究发现

（一）基于资源关联性匹配的整合程度

在资料分析的过程中，我们发现依据双方不同的资源相似性和互补性，并购方采取不同的整合策略与之匹配，这一发现可由表 16-7 的证据与编码结果阐明。

表 16-7 资源关联性与整合程度

案例	资源关联性		整合程度		编码结果
	编码结果	典型资料举例	典型资料举例		
			人力整合	任务整合	
A	相似性弱	吉利专注平民化市场，沃尔沃是世界顶级的豪华车品牌	"沃人治沃"；设立企业联络官，权限不高	"一企两制"，分而治之；"双品牌"	低度整合

续表

案例	资源关联性		整合程度		编码结果
	编码结果	典型资料举例	典型资料举例		
			人力整合	任务整合	
A	互补性强	中国本土市场与欧美市场优势互补；沃尔沃技术研发能力与知识产权满足吉利向中高端转型发展战略所需	"沃人治沃"；设立企业联络官，权限不高	"一企两制"，分而治之；"双品牌"	低度整合
B	相似性弱	美的机器人技术起步较晚缺少积累，与库卡差距较大	管理层与员工稳定；美的仅获得一个监事席位	订立技术隔离防范协议；维持库卡原有重点研发项目	低度整合
	互补性强	美的与库卡的结合，推动美的实施"双智"战略，扩张欧美市场，提高在机器人市场的份额			
C	相似性强	双方均为锂离子电池制造商，核心业务相似；并购A123前，万向已在磷酸铁锂离子电池方面有深厚的技术积累	员工工作岗位不做调整；任命四个董事会席位；和而不同	不转移厂房和科研成果；A123集中精力在低压电池方面	中度整合
	互补性强	有效嫁接美国技术和中国市场；万向的财务支持为A123提供必要资金			
D	相似性强	双方同为混凝土机械设备制造商；核心业务技术同质化	承诺不裁员；组织中德员工互相交流	广泛使用中国零件降低成本；品牌市场独立	中度整合
	互补性强	获得世界一流的混凝土机械技术；成熟的营销网络和渠道资源；顶级品牌资源			

资源互补性强、相似性弱时，为保证双方互为增强价值的差异存续，需要采取低度的整合。吉利并购沃尔沃的案例中，双方市场定位层次不同，技术、管理差距较大，但又能极大地满足彼此发展所需。吉利董事长李书福表示："吉利是吉利、沃尔沃是沃尔沃，吉利是大众化汽车品牌，沃尔沃是豪华汽车品牌，吉利与沃尔沃是兄弟关系，而非父子关系。"吉利采取"沃人治沃""一企两治"的低度整合策略。类似地，收购库卡极大地促进了美的提升技术实力、扩张欧美市场和实现智能化战略布局。美的采取"订立技术隔离防范协议"等低度的整合策略。

资源相似性强、互补性强时，两种资源的交互作用要求匹配适中的整合程度。万向并购A123的案例中，双方同为新能源汽车电池开发商，并且万向有效嫁接了美国技术和中国市场。万向董事长鲁冠球指出，"我们看上的一是 A123 的团队，二是其领先的磷酸铁锂电池技术"，以及 A123 公司在给员工的信中所述："万向的支持将在实质上推动 A123 进入汽车电动化、电网储能及……中国市场。"佐证了这一点。万向采取适中的整合程度，保留技术和就业，整合 A123 实力集中精力研发低压电池。类似地，三一重工与普茨迈斯特的结合被誉为强强联手。三一重工采取保持目标方管理与品牌独立、推进文化融合的中度整合。

（二）并购方恰当整合的创新网络位置提升效应

分析表明，并购方基于资源关联性匹配的恰当整合效应能促进并购方全球网络创新位置的提升。表 16-8 的证据举例与编码结果佐证了上述观点。

表 16-8　恰当整合的创新网络位置提升

恰当整合作用路径	案例	典型证据举例	网络位置编码结果
继承现有关系	A	吉利、沃尔沃双方供应商体系结合	中心性提升
	B	美的承接库卡在中国的一般工业业务和 Swisslog AG 的中国业务	
	C	A123 与世界上最重要的汽车公司如奔驰、菲斯克都有合作，万向继承 A123 与奔驰的合作关系	
	D	三一重工利用普茨迈斯特遍布全球的生产基地加速国际化进程	
拓展海外市场	A	吉利品牌名声大噪，2012 年吉利开始在英国销售吉利车	
	B	美的全球影响力攀升，在德国销售机器人 ONE touch 等	
	C	万向整合 A123 赢得良好口碑，促进其在美国的业务拓展	
	D	三一重工产品从中低端品牌往高端品牌发展，加快欧洲市场开拓	
新增连接关系	A	吉利扩大在混合动力技术领域的开发，通过沃尔沃及欧洲研发中心与 Semcon、Smart Eye 瑞典公司合作	
	B	美的与德国的博世、瑞典的伊莱克斯进一步合作	
	C	万向旗下 Karma 汽车公司宣布与宝马公司达成重要伙伴关系，结合宝马动力总成技术与万向 Karma 新能源电池控制技术	
	D	三一重工品牌美誉度得到长足提升，与德国曼集团签订产品供应框架协议	

续表

恰当整合作用路径	案例	典型证据举例	网络位置编码结果
跨国协调布局	A	借助沃尔沃技术支持，吉利在上海建立研发中心，在大庆和成都建厂；吉利发布欧洲技术、全球制造的领克品牌	结构洞提升
	B	美的与德国库卡合作，在国内建立机器人生产基地	
	C	借助万向的平台，A123 为中国汽车制造商提供汽车电池	
	D	三一重工与普茨迈斯特轮调工程师促进技术交流。普茨迈斯特借助三一重工分销网络出售产品，普茨迈斯特扮演三一重工全球运营总部角色	
多元协作支持	A	"吉利与沃尔沃是中瑞友谊的典范"，2017 年与吉利哥德堡市政府签约共建欧洲创新中心	
	B	库卡集团前 CEO Till Reuter 表示，美的给予了库卡充分的尊重，库卡将帮助美的集团多领域全面布局	
	C	万向以北美技术中心为核心，引进创新型技术企业的同时，与美国知名的科研机构及院校合作	
	D	三一重工"已经是全球的领军企业"，与德国北莱茵-威斯特法伦州时任州长约尔根·吕特格斯签约建立德国贝德堡产业园	
前沿技术组合	A	吉利欧洲技术研发中心将享沃尔沃成果……开发新一代汽车模块化架构	
	B	库卡技术助力美的开拓 B2B（business-to-business，企业对企业）产业空间和全球智能生态链核心平台	
	C	万向将莱顿的钛酸锂和非易燃电解液技术与 A123 技术相结合	
	D	三一重工的全新混凝土泵送设备被 CCTV 称为"真正意义上中德技术融合"的全新混凝土泵送设备，展现了其作为全球领先的路面机械制造商的实力	

并购方恰当整合后的能力提升与形象构建能增强目标方创新网络内其他企业对并购方的联合意愿与行动。通过继承现有关系、拓展海外市场、新增连接关系，实现中心性位置提升。例如，吉利通过整合瑞典沃尔沃形成完备的开发能力，其后与瑞典哥德堡开展了紧密协作，在世界范围内的影响力进一步提升。吉利副总裁林杰表示："沃尔沃在一定程度上为吉利的技术提供了背书，包括这几年吉利在欧洲建立的研发中心和造型中心，这些对吉利整体技术提升的带动都非常大。"又如，万向在整合 A123 中表现出"温柔的曲线

反抗""积极主动的沟通",用东方智慧在美国建立良好口碑,与奔驰、法拉利等国外知名汽车厂商建立了稳定的合作关系。万向副总裁倪频表示:"我们接手(A123)后,挽救了美国上千名员工的工作机会……我们已足以成为美国的勇士……简单点说就是,万向混进了那个圈子,懂得游戏规则,然后结交了不少朋友。"

并购方恰当整合后的能力提升与形象构建增强了其与目标方创新网络内其他企业的技术组合潜力及跨界知识转移。通过跨国协调布局、多元协作支持、前沿技术组合,实现结构洞位置提升。例如,美的整合库卡智能机器人技术研发智能家居产品,并获取库卡旗下子公司的智能物流解决方案的核心技术,与我国本土企业阿里巴巴网络技术有限公司合作实现知识溢出。美的董事长方洪波表示:"美的和库卡的结合将再次连接德国工业4.0核心的龙头企业……双方将以在中国本土的渠道和优势,帮助库卡在中国乃至世界得到更快的发展。"又如,三一重工整合普茨迈斯特后超越其成为全球领导者,将昔日最大的竞争对手转变为盟友。三一重工驻普茨迈斯特首席联络官蒋向阳表示:"收购(普茨迈斯特)意味着,例如在巴西市场,可以以一个品牌为主,另外一个品牌为辅。"

(三)并购方引领产业技术创新

并购方恰当整合后,中心性提升使其强化在本土产业的指导话语权,结构洞提升使其实现前瞻性信息追踪。由此,并购方进一步发挥作为核心企业的引领作用,促进整合的创新知识向本土产业迁移溢出。表16-9展示了具体的对应关系。

表16-9 并购方引领产业技术创新

网络位置作用路径	案例	典型证据举例	产业创新编码结果
率领技术突破	A	吉利联手沃尔沃突破前沿技术,倒逼产业自主创新能力提升	产业研发功能领域创新
	B	美的整合库卡的高技术储备,率领高端机器人产业实现颠覆性技术突破	
授权技术输出	C	万向成立"A123创业技术项目"的行业孵化器,向产业提供技术输出、委托授权	

续表

网络位置作用路径	案例	典型证据举例	产业创新编码结果
授权技术输出	D	三一重工建立众创孵化器，为外围企业研发的查漏补缺提供技术支持	产业研发功能领域创新
开放研发资源	A	吉利和沃尔沃共同开发"PMA"全球开放式纯电动模块架构，缩短产业研发周期	
	D	三一重工举办资源开放日，让其他企业共享其研发创新能力	
精益质量管控	B	美的通过整合库卡，转型为集团型科技型公司，启动T+3模式打通端到端的全面信息化改造，提升产业价值链创新的效率和能力	产业运营功能领域创新
	D	三一重工整合普茨迈斯特信息技术，打造面向精益制造的数字化车间，为行业提供加速产品升级的范式	
主导制定标准	A	吉利主导起草汽车行业标准《甲醇燃料汽车燃料消耗量试验方法》	
	C	万向A123股份公司主导起草国家锂离子电池用铝塑复合膜项目行业标准	
共享信息平台	B	美的整合库卡智能网关技术，打造与行业共享的工业互联网平台	
	D	借鉴普茨迈斯特"德国工业4.0"经验，三一重工建设首个本土化工业互联网平台"根云"，协助行业企业实现智能化转型	
建立联合关系	C	万向借助A123汇聚全球资源，与国内外供应商建立联合体开发设备工艺	产业上下游活动功能领域创新
	D	三一重工"牵手"45家供应商打造命运共同体，持续提升产业链竞争力	
提供支持服务	A	吉利通过专家和质量体系导入帮扶外围企业产品优化发展	
	D	三一重工对供应商进行"一对一"帮扶，提供资金、智力支持	
牵头资源对接	A	吉利整合沃尔沃后开启全球化布局新格局，通过将浙江赛豪实业有限公司等多家汽车零部件企业纳入配套体系，带动产业链上下游对接新海外市场	
	C	结合A123电池技术，万向打造创新聚能城，促成产业链上下游对接	

第一，并购方恰当整合形成网络位置优势，通过率领技术突破、授权技术输出、开放研发资源，在研发功能领域推动破解产业技术难题，释放产业技术潜力。如吉利整合沃尔沃的全球资源和技术，攻克"人性化智驾科技"的产业前沿技术，"在沃尔沃核心技术武装下的吉利品牌……是一条优秀的鲶鱼，冲击中国汽车自主品牌迅速完善研发核心竞争力"。

第二，并购方恰当整合形成网络位置优势，通过精益质量管控、主导制定标准、共享信息平台，在运营功能领域加速产业产品优化，推动产业智能化转型。如借鉴普茨迈斯特"德国工业4.0"经验，三一重工建设首个本土化工业互联网平台"根云"，打造重型设备行业信息化转型标杆。又如，美的CIO（chief information officer，首席信息官）张小懿表示："库卡拥有世界顶级的智能网关技术，美的在其基础上做了改进……为美的工业互联网平台的竞争力带来很大提升……美的的工业互联网平台不再仅仅应用于自身，已向其他行业和公司输出成熟产品与解决方案。"

第三，并购方恰当整合形成网络位置优势，通过建立联合关系、提供支持服务、牵头资源对接，在上下游活动功能领域推进产业链深度协同，降低产业创新门槛。如万向整合A123高比能电池技术，打造以新能源汽车为核心产业的城市——万向创新聚能城，促成产业链上下游对接。万向A123副总裁陈旸表示："A123的布局，我们和全球很多主机厂合作，也积累了很多经验……A123吸引全球人才参与中国汽车的发展，万向通过不断的技术创新带动企业和行业的不断发展。"

（四）模型提出

综上所述，在我们的案例中，并购方基于不同的资源关联性组合采取了不同的整合策略，并通过全球创新网络位置的提升促进本土产业技术创新。第一，基于资源关联性匹配的整合程度奠定企业嵌入目标方创新网络时的能力与形象基础。资源互补性强、相似性弱时，应采取低度整合；资源相似性、互补性均强时，应采取中度整合。第二，恰当的整合效应提升全球创新网络中心性与结构洞，产生的网络位置优势效应构成并购方进一步引领产业技术创新的领导力基础。并购方中心性提升，与更多优秀的海外企业形成直接连接，形成大型"枢纽"，通过网络将海外资源向本土产业转移汇聚的控制力进一步增强；并购方全球创新网络结构洞提升，搭建起跨领域、跨区域向本土产业传递前沿信息与传播先进知识的"桥梁"。第三，并购方通过发挥网络位置优势，促进本土产业研发、运营和上下游活动三大功能领域的知识创造和溢出，引领产业技术创新。据此，我们提出模型，如图16-15所示。

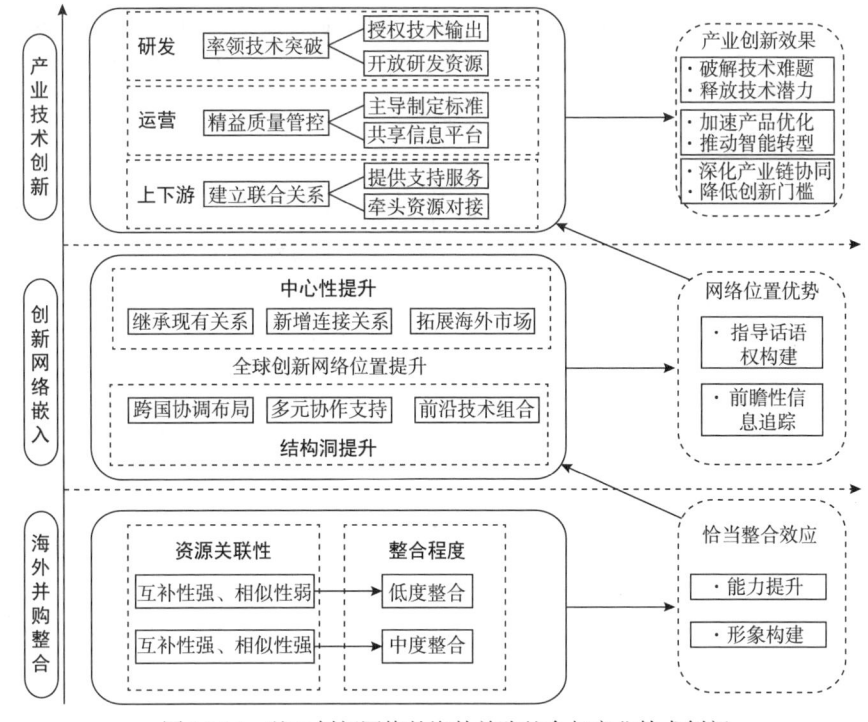

图 16-15　基于创新网络的海外并购整合与产业技术创新

四、理论贡献与实践启示

（一）理论贡献

本章的理论价值在于：①我们引入创新网络拓展了对海外并购整合影响范围的分析。已有基于资源基础观的海外并购研究更强调内部协同效应来源，关注整合技术、人力等带来的价值（Castañer and Karim，2011；Puranam et al.，2006），而在很大程度上忽略了企业所嵌入的外部网络具有的协同价值（Lavie，2006）。本书突破并购双方二元关系视角，借助创新网络将海外并购整合的影响进一步拓展至产业，延伸了分析层次的刻画。②我们丰富了海外并购整合对创新网络位置的影响机制分析。当前，仅有少数学者考虑并购整合产生的网络结构变化效应，如 Hernandez 和 Shaver（2019）探讨并购后网络的"节点折叠机制"，但鲜有研究考虑不同整合行为产生的差异性的网络嵌入动力机制。本章选取四起中国企业海外并购典型案例,具体展现了基于资源关联性的整合程度、创新网络位置与产业技术创新内在关联的不同过程。

(二)实践启示

当前中国关键技术长期受制于人,龙头企业利用有效的海外并购整合实现创新突围是驱动产业转型升级的重要战略。本章研究结论显示:①企业应实施与资源相似性和互补性匹配的整合程度,实现能力提升与形象的改善。②通过恰当的整合实现单个企业的创新不是中国企业利用海外并购"走出去"的终点,而是进一步嵌入全球创新网络反哺本土产业技术创新的起点。在不同的资源关联性下,企业需要善用整合策略,谋求中心性与结构洞位置提升以更好地利用海外创新资源。③并购方作为实力与影响力兼具的龙头企业,更需要增强其核心位置的优势,兼顾不同的产业功能领域,多角度引领产业技术创新。

第六节 本章小结

本章通过案例现象,分析与归纳对基于创新网络的中国制造业海外并购整合促进产业技术创新的理论进行验证与完善。首先,以通过海外并购整合快速成长的汽车产业作为研究对象,选取三起具有不同资源特征的典型案例展开多案例比较,按资源识别、资源整合、创新网络位置提升、产业技术创新的次序展开分析,深化对企业海外并购整合通过嵌入创新网络促进产业技术创新的认识。其次,本章以分属不同产业的四个中国企业技术获取型海外并购为研究对象,运用扎根理论的多案例研究方法,关注于研发、运营、上下游三大功能领域的技术溢出效应,借助创新网络探讨基于资源关联性的海外并购整合程度对产业技术创新的跨层次影响机制。最后,本章的研究结论与第六章的理论机制相呼应,企业在技术获取型海外并购中,应采取与资源相似性、互补性匹配的整合程度,产生的恰当整合效应有利于提升并购方的全球创新网络中心性与结构洞位置,最终推动产业技术创新。具体来说,资源相似性强、互补性弱时,应实施高度整合;资源相似性弱、互补性强时,应实施低度整合;资源相似性与互补性均强时,应实施中度整合。

第五篇　中国制造业海外并购整合与产业技术创新的路径与对策

第五篇为中国制造业海外并购整合与产业技术创新的路径与对策研究，在前文扎实而系统的理论构建的基础上结合国际经验提出对策建议形成支撑保障体系。本篇共包括三章内容，可划分为两个部分：第一部分为第十七章到第十八章，分别选取欧美发达国家与后发新兴国家展开国际经验比较；第二部分为第十九章，从企业、产业与政府的三个层面提出途径与政策建议，促进企业通过海外并购整合带动产业技术创新。第十七章为中国与欧美发达国家制造业海外并购整合与产业技术创新的经验比较研究，将中国与以美国、德国为代表的欧美发达国家发展经验进行对比，第十八章为中国与后发新兴国家制造业海外并购整合与产业技术创新的经验比较研究,将中国与以日本、韩国为代表的后发新兴国家发展经验进行对比。第十七章与第十八章分析了中国与其他国家在制造业发展水平上的差距及海外并购特征方面的差异,总结值得中国企业或政府借鉴的国际经验,为中国制造业海外并购整合与产业技术创新研究提供启发,形成中国企业与政府进一步实践与发展的有益参考。第十九章为中国制造业海外并购整合与产业技术创新的多层次保障体系,分别从企业、产业与政府的三个层面提出途径与政策建议,旨在为企业海外并购整合决策与技术创新能力提升提供实践指导,为产业发展与竞争力提供有力支撑,为政府发挥服务与引导职能、完善政策体系以促进制造业企业海外并购整合与产业技术创新提供借鉴与参考。

第十七章

中国与欧美发达国家制造业海外并购整合与产业技术创新的经验比较研究

第一节 中国与欧美发达国家制造业海外并购整合与产业技术创新的比较

制造业作为全球经济竞争制高点，是保持国家竞争力和经济健康发展的基础。欧美发达国家相继部署以先进制造业为核心的"再工业化"国家战略。美国于2012年推出《先进制造业国家战略计划》，指出全球经济发达的国家大大受益于制造业和制造业相关的研发活动——创新和竞争，美国也不例外。美国强大的科技基础和科技创新能力，将强有力地支持美国制造业，让美国成为持续的知识生产和技术创新国家。现如今，美国作为世界首位的制造业强国，在高新技术制造业领域占有绝对优势，通过控制核心技术、关键材料、关键部件牢牢掌控产业主动权。德国于2010年7月14日公布《2020高技术战略》，提出"工业4.0"愿景，旨在支持工业领域新一代革命性技术的研发与创新。德国制造业有着"众厂之厂"的美誉，创造出了2300多个世界名牌；机械制造业的31个部门中，27个占据全球领先地位，处于前3位的部门共有17个；每年发布的上千个行业标准中，约90%被欧洲及世界各国采用。

中国经济信息社（以下简称中经社）发布的《全球智能制造发展指数报告（2017）》显示，美国与德国分别位列全球智能制造发展的第一和第三，属于智能制造发展第一梯队，中国排名第六，名列第二梯队（图 17-1）。中国于 2015 年提出了"中国制造 2025"战略规划，着力推进制造强国建设。中国制造业企业站在了变革与转型的十字路口。工信部《智能制造发展规划（2016—2020 年）》指出中国智能制造面临关键共性技术和核心装备受制于人的问题。中国制造业智能升级的历史任务已到了分秒必争的关键时期，大量企业却尚未完成数字化转型。原有内源式创新的单一模式和技术引进、模仿、改良的渐进式积累框架亟须突破，中国制造业要主动出击、加快布局，迅速掌握核心技术。因此，充分发挥后发优势，利用海外并购直接获取高端产业中企业的先进技术，成为中国制造业快速走产业升级新路径、有效实现换道超车的重要助力。然而，部分企业在海外并购整合过程中表现出盲目、非理性的行为，向本土产业的技术创新溢出难以为继。如何实现成功的海外并购整合推动中国制造业转型升级是亟待解决的关键问题。

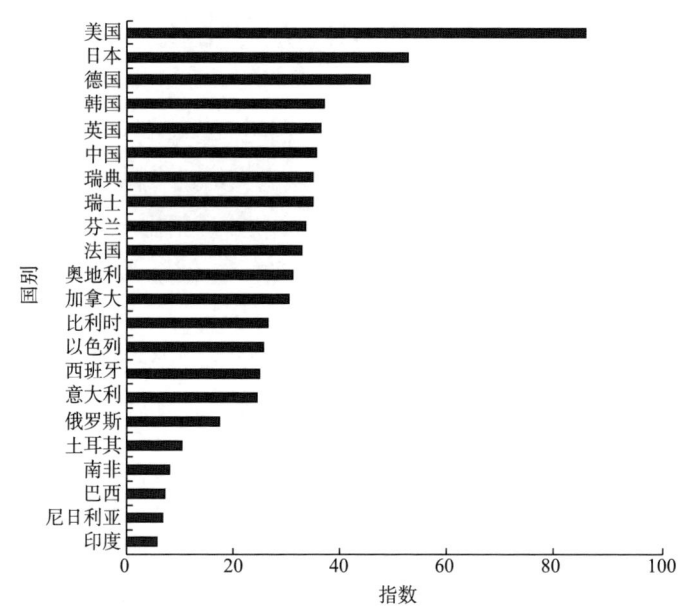

图 17-1 全球智能制造发展指数综合评价结果

资料来源：中经社《全球智能制造发展指数报告（2017）》

美国历史上共经历了五次并购浪潮。20 世纪 80 年代开始，随着经济全球化的迅速发展和美国国内经济的强劲增长，美国对外投资的自由化程度提高，政府开始鼓励企业走出去，在海外市场实施并购，通过整合技术、专利、管理等重要资源在全球创新网络中占据重要位置。普华永道美国发布的《2017 并购整合调查报告》指出，约 80%的美国企业在关键领域的整合运营提升。发达国家集聚的欧洲是海外并购活跃地区，德国作为代表性的欧洲老牌工业强国，在创新实力与并购规模上均为欧洲领先国家，拥有全球领先的工业基础及较为丰富的海外并购整合经验。聚焦美国、德国，利用海外并购整合获取先进技术，借鉴其经验有效配置国际、国内两种资源，形成上下游配套、集群式协作，是强化"智造"布局的重要战略，对当前中国制造业海外并购整合与产业创新高效发展具有实践指导意义。本节将进行中国与美国、德国的制造业海外并购整合特征与产业技术创新能力的比较研究，为中国制造企业海外并购整合实践与产业技术创新提供参考。

一、中国与美国、德国制造业产业技术创新能力对比

从研发支出来看，如图 17-2 所示，截至 2015 年美国是最大的研发活动主体，2015 年在全球研发支出中的份额占到了 26%。德国 2015 年的研发支出为 1150 亿美元，是欧盟成员国中的最高水平。中国 2000 年研发支出水平较低，而后呈现出最强劲的研发增长态势，于 2003 年超过德国并于 2014 年后超过欧盟，年均增速约 20%，占到了 2000～2015 年全球研发支出增长的近 1/3。从研发经费分布来看，美国科学基金会《2018 科学与工程指标》指出，中美德三国在基础研究、应用研究和实验开发方面的相对重点各不相同。中国在基础研究方面的研发经费占比仅为 5%，84%的研发经费被用作实验开发。在美国，这两者的占比分别为 17%和 64%。在德国，基础研究占比最高时达 41%。相比而言，中国基础研究投入总量不足、结构不合理，导致核心技术攻关动力不足，成为制造业创新链条上的短板。

从 USPTO 向世界各国和地区授予的专利来看，1970～2015 年，美国在软件、智能手机、无人机、云计算、半导体、机器学习、神经网络、无人驾驶、制药及内燃机十大高科技领域的专利总量全球第一，约为中国的十倍，保持

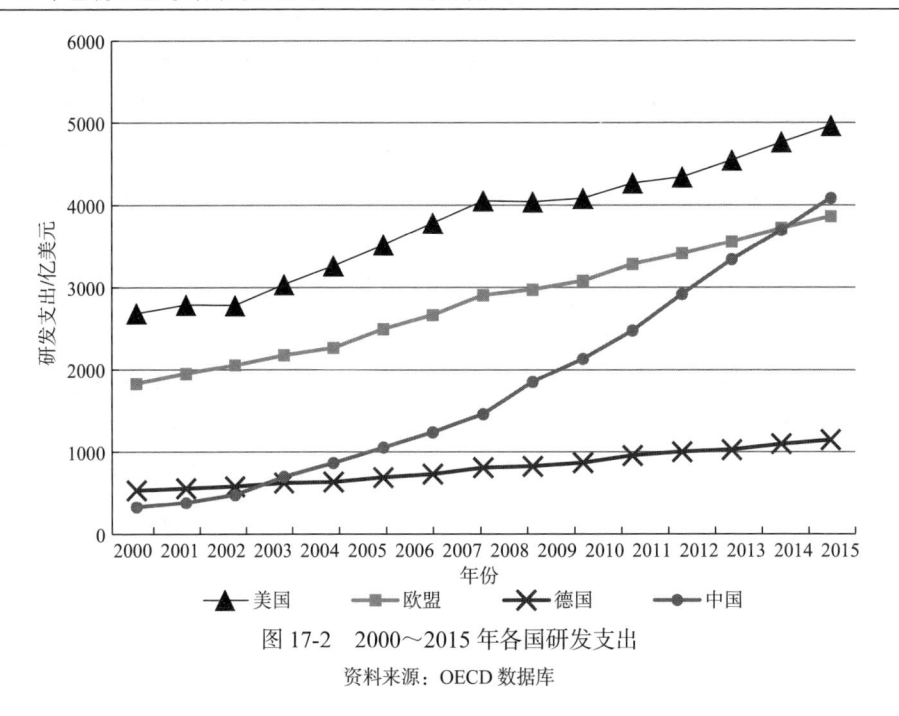

图 17-2 2000~2015 年各国研发支出

资料来源：OECD 数据库

绝对的优势主导地位（图 17-3）。德国位列第四，中国位列第五。

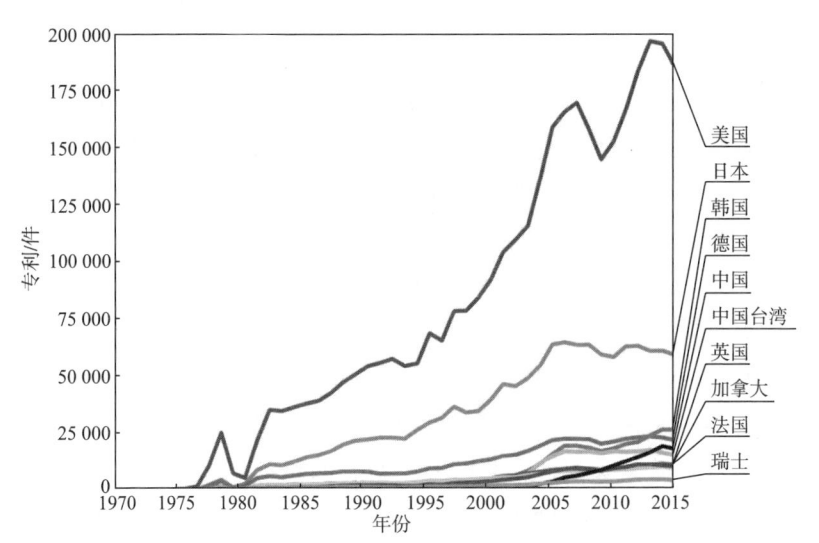

图 17-3 1970~2015 年十大高科技领域专利授予的国家和地区分布情况

资料来源：Webb 等（2018）的 *Some facts of high-tech patenting*

从每百万人口全部专利申请数量上来看（图 17-4），美国保持遥遥领先的优势，德国表现平稳，中国从 2009 年到 2016 年大幅度提升，并于 2015 年超过德国。这体现出我国在这 8 年中有意识地进行了对技术创新能力和研发实力的扶持和培养，2016 年与 2009 年相比，我国的技术创新大环境有了显著的提升和改善。但《2016 年世界五大知识产权局统计报告》显示，从平均每件发明专利申请包含的权利要求项数量看，2016 年，在 USPTO 提交的一件申请包含 17.6 项权利要求，在欧洲专利局提交的一件申请包含 14.1 项权利要求，在韩国知识产权局提交的一件申请包含 11.2 项权利要求，在日本特许厅提交的一件申请包含 10.1 项权利要求，而在我国国家知识产权局提交的一件申请包含 7.7 项权利要求。对于权利要求来说，将该发明与所谓的在先技术区分开的限制的数量越少，该权利要求就越有价值。另外，当一条权利要求所包含的限制越少的时候，它被先前的技术覆盖或者"照读"的机会也就越大，也就很容易在审查过程中被驳回或者在之后因为缺乏新颖性而被宣告无效。专利权利的保护范围与发明人在该领域内对技术进步的贡献密切相关，我国在单件专利申请包含权利要求的项数上仍明显落后于美国和德国，说明我国专利申请体现的技术创新和贡献仍与美德等发达国家存在不小的差距。

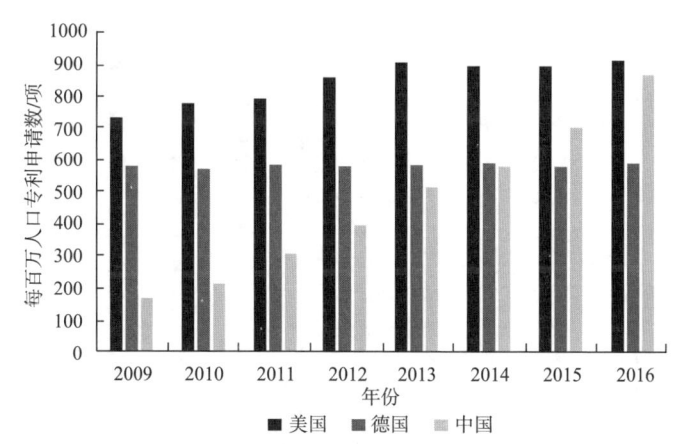

图 17-4 2009～2016 年美国、德国和中国每百万人口专利申请量情况

资料来源：世界银行数据库

专利申请量可以体现一国的技术创新能力，但知识产权使用和收费更能体现出在具体社会生产活动中将专利转化为生产力应用的有效性和普及度。

国家知识产权局报道称，知识产权使用收费情况是我国实施创新驱动发展战略，不断强化知识产权创造、保护、运用的重要体现，也是我国创新主体知识产权能力不断提升的重要风向标。2009年到2017年世界专利统计局数据库可得的数据显示（图17-5），我国在使用付费的统计中，使用支出连年增长，超过了德国但低于美国；在使用收费的项目中，虽然随着时间推移有增长，但与其他两国相比较而言，处于明显的落后位置。这表明我国高科技含量的生产活动在日益提高的同时，核心知识产权的拥有权和使用权并没有掌握在自己手中，而是需要每年大量向发达国家的专利拥有者支付高昂的使用费用。虽然我国自主研发能力在日益增强，重点专利技术的拥有量也在增加，但是被使用时收到的专利使用费仍属于低迷状态。这说明我国专利被使用率不高或者核心专利技术掌握水平仍较低。在我国每年专利申请量大量递增的同时，我们也应该关注专利的有效性及专利对于产业核心技术领域的贡献率，提高专利研发带来的后续生产力价值和经济附加价值，而不只是追求专利数量的一味增加，真正实现核心技术自我拥有、自我掌控的局面，提高我国制造业的硬实力。

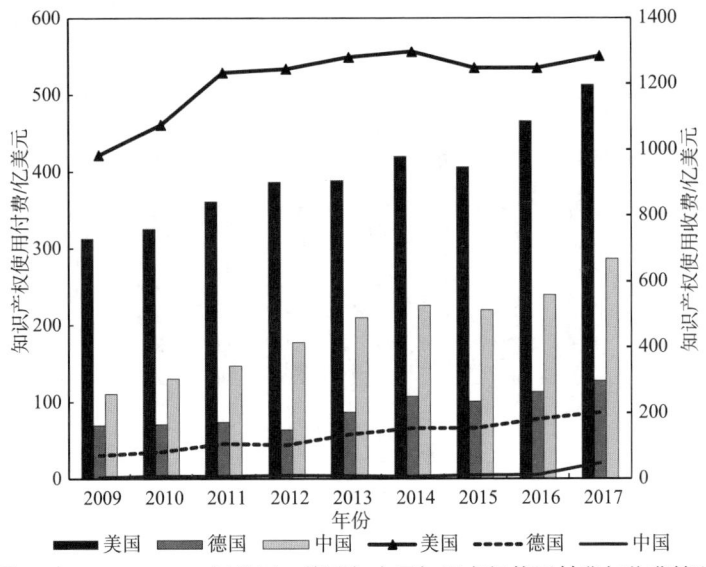

图17-5　2009~2017年美国、德国与中国知识产权使用付费与收费情况

资料来源：世界专利统计局数据库

柱状表示使用付费情况，折线表示使用收费情况

综合来看，美国的制造业技术创新实力最为强劲，在多个领域均处于绝对领先地位。德国稳扎稳打，研发经费投入结构合理、专利产出效益可观。中国虽然增势迅猛，但整体而言在创新质量上与美国、德国等先进技术国家有差距。依靠海外并购整合，从外部获取核心技术，是中国制造突破产业创新能力锁定、实现跨越发展的有利契机。接下来，本书将对中国与美国、德国制造业海外并购整合特征进行对比，总结存在的问题并分析可供借鉴的美德经验。

二、中国与美国、德国制造业海外并购整合特征对比

联合国发布的《世界投资报告2018》显示，2017年美国仍然是最大的对外投资国，其对外投资额相比2016年增长了21.7%（图17-6）。从制造业海外并购交易来看（图17-7），除2016年，其余年份美国制造业海外并购交易金额与数量远高于德国和中国同期，2018年差距进一步拉开，美国的交易金额和数量分别为中国的6倍和13倍。2009~2018年美国的制造业海外并购主要指向西欧和加拿大，德国制造业海外并购主要指向美国和法国，中国制造业海外并购的目标方企业主要分布在美国和巴西（图17-8）。从行业分布来看（图17-9），美国和德国制造业海外并购均以化工，制造、医疗和生物技术制造业为主导，中国则为能源、采矿和公共事业及化工。2016年与2017年盘点的全球十大海外并购中，德国化学品暨医疗保健用品制造商Bayer以660亿美元并购美国种子公司孟山都，创下德国企业史上最大的对外收购交易；中国化工集团有限公司以430亿美元并购瑞士农化公司先正达，跻身全球农化行业第一梯队；美国强生以300亿美元并购瑞士生物科技公司Actelion；美国英特尔公司以153亿美元并购以色列科技公司Mobileye。这都侧面反映了各国海外并购活跃的行业。

与美国相比，中国海外并购整合存在以下三个方面的问题。

一是海外并购整合的核心资源识别不到位。部分中国企业海外并购盲目，整合计划不严密，导致资源识别不准确，对文化差异存在误判。如TCL并购阿尔卡特手机业务，主观判断风险，而未委托专业机构进行尽职调查，导致资源识别不准确、整合失当、核心人才流失；又如华立集团股份有限公司2001

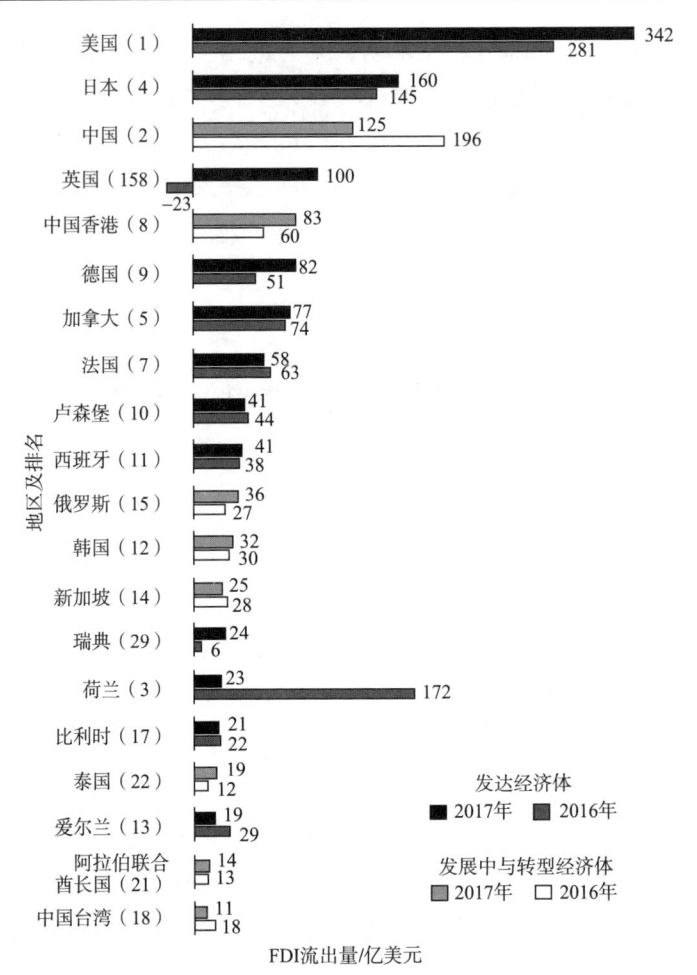

图 17-6 2016～2017 年世界排名前 20 的经济体的 FDI 流出量

资料来源：联合国《世界投资报告 2018》

年收购飞利浦 CDMA 业务后，由于并购业务跨度大，研发实力弱，未能消化核心的芯片技术，受高通与飞利浦协议限制，技术研发频频遇阻，长期落后于行业先进水平。相比而言，美国企业注重及早引入整合团队，同时组织人力、邀请学者做海外市场趋势、文化差异调查。德国大型跨国企业在世界各地设有分公司或办事处，透过自身分支机构进行海外并购整合的调查分析，有效提高资源识别准确性。

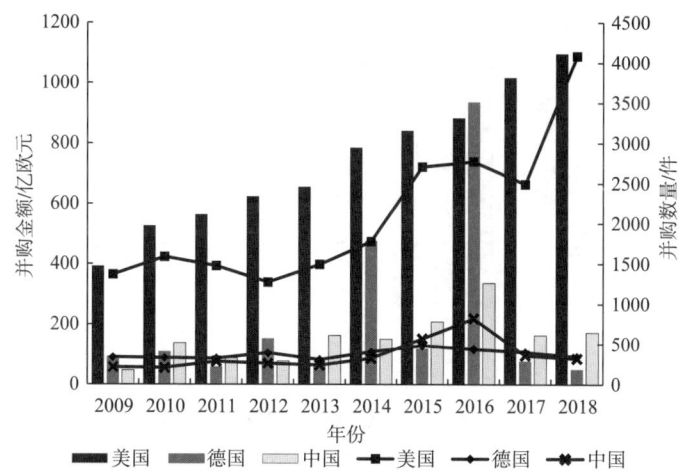

第十七章 中国与欧美发达国家制造业海外并购整合与产业技术创新的经验比较研究 521

图 17-7 2009~2018 年美国、德国与中国制造业海外并购统计

资料来源：BvD-Zephyr 数据库

柱状表示并购金额，折线表示并购数量

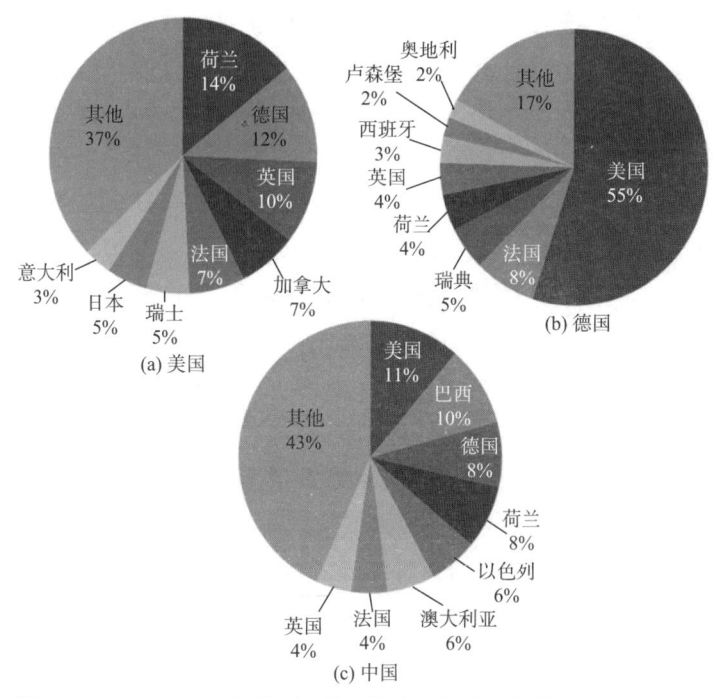

图 17-8 2009~2018 年美国、德国与中国制造业海外并购东道国分布

资料来源：BvD-Zephyr 数据库

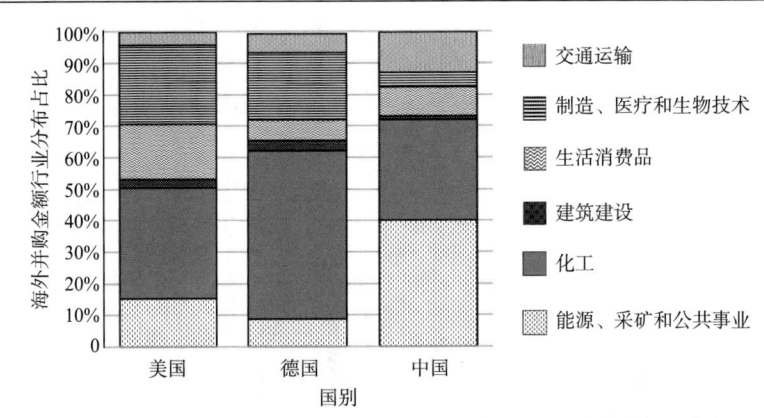

图 17-9 2010～2017 年美国、德国与中国制造业海外并购行业分布

资料来源：M&A Explorer

二是海外并购整合的支撑保障体系不完善。中国海外并购整合的制度支撑保障体系尚不健全，海外并购整合管理工具与相关信息技术服务覆盖不全面。中国尚未制定系统的《对外投资法》，在构建海外并购整合风控保障体系过程中，税收优惠、金融便利、风险保障等方面的具体政策数量有限，缺乏实际可操作性。相比而言，美国情报体制与信息网络发达，能够及时掌握国际企业、产业与政策动向，培育了大量法律咨询、资产评估、融资担保等中介服务机构，有助于提升企业借助海外并购整合吸纳全球创新资源的效率。德国政府通过灵活、有效、多样的融资服务支持企业对外投资，联邦对外经济局管理的电子商务中心（E-Trade-Center）作为国内外企业对接互联网平台，与其姐妹网站 iXPOS（https://www.ixpos.de/）相互配合，促进海外并购企业获取前沿技术信息并与海外企业达成合作关系。

三是海外并购整合的产业技术溢出不充分。中国制造业产品多为低附加值中间环节产品，未形成差异化、个性化的产业链。配套产业低端化，基础工艺、材料、元器件研发和系统集成水平缺失或未形成统一技术标准，使并购获取的先进技术溢出不畅，技术无法顺利对接，制约了产业升级进程。相比而言，美国制造业具有系统化的顶层框架设计，构建相对统一、规范的标准体系，围绕龙头企业形成的成员网络化协作促进海外并购整合技术沿产业链溢出。德国启动"标准创新计划"（Inertial Navigation System，INS），明确标准化研究的重点技术领域，有利于海外并购整合技术与上下游产业环节顺利对接。

第二节　欧美发达国家制造业海外并购整合与产业技术创新的经验研究

一、海外并购整合推动企业技术创新的美国、德国经验

美国历经 5 次并购浪潮，德国地处跨国并购活动相当活跃的欧洲，两国企业在利用海外并购整合推动企业技术创新方面积累了以下值得借鉴的丰富经验。

一是尽职调查，注重核心资源的特征识别。普华永道美国发布的《2017 并购整合调查报告》指出，美国企业越来越早地引入整合团队，交易筛选、意向书发布、尽职调查阶段引入整合团队的比例分别为 32%、24%、21%。此外，美国与德国企业海外并购整合中，多聘用经验丰富的大型投行协助，对目标方的资源特征进行充分分析与客观判断，以便匹配科学的整合策略。例如，排在波士顿集团（Boston Consulting Group，BCG）世界年度创新能力前列的美国通用电气公司、陶氏化学公司与德国戴姆勒公司，都将技术并购作为创新战略的核心组成部分，通过配备专业顾问团队，搜寻拥有产业内分区与新兴技术的目标企业，把握整合策略实现协同创新。德国跨国企业单独成立投资部门，有利于有效地识别整合海外创新资源，如西门子成立独立业务部门"next47"，并在全球范围内设立办事处，专门负责在全球范围内投资创新科技性的高科技企业。

二是恰当整合，人力与文化整合工作优先。普华永道美国发布的《2017 并购整合调查报告》指出，72%的美国企业认为人力整合是并购后最具挑战性的工作，90%的高绩效并购交易注重整合中的沟通协调，减轻目标方员工焦虑感，增强对双方未来目标的共识。具有丰富海外并购整合经验的德国默克集团认为并购整合成功的关键是要有非常清晰的并购条理和逻辑，要注重人员、部门的协同与合作，完成人力整合的情感认同与生产理念统一。美国思科公司有着"并购发动机"与"并购之王"的美誉，在并购团队中设立"文化警察"专门负责评估双方文化兼容性与推动文化整合，其在总结并购整合

过程中遵循的经验法则中强调：并购对象要与思科的发展方向相同或互补，被并购公司员工需能成为思科文化的一部分，目标企业的文化和气质特征要与思科接近，只有这样才能尽可能实现文化融合与保留关键人才，促进企业可持续创新。

三是前沿追踪，借力海外并购整合促进技术对流。美国和德国企业拥有广阔的信息渠道和丰富的信息资源，注重整合利用企业网络和海外研发分支机构进行情报反馈，以及海外并购整合中双方的技术对流，从而汇聚全球资源进一步实现创新。例如，美国通用电气公司在世界各地布局多元化研发中心，并购整合瑞典 3D 打印公司 Arcam AB 后利用自身在德国慕尼黑设立的欧洲研发中心，与纽约研发中心的实验室团队合作，使共同研发的成果回流本土，从而促进企业创新。德国大众以海外并购为发展核心战略，成功并购整合下拥有奥迪、保时捷、西雅特、斯柯达、布加迪、斯堪尼亚等 12 个品牌，国内与国外研发机构跨区域协作，汇集全球创新资源，奠定德国汽车产业的世界龙头地位。德国 Bayer 公司收购美国迈尔斯实验室，共同开发抗生素环丙沙星（ciprofloxacin，Cipro），使 Bayer 公司在医疗诊断方面的创新水平迅速提升。

四是巩固优势，利用海外并购整合拓展创新网络。美国跨国企业有意识地利用网络的"专利组合战略"及"专利动向图"，搜寻具有关联专利的企业进行进一步的合作或并购，强化专利权。德国跨国企业注重对海外并购的子公司有选择地追加投资，以提升在东道国的创新网络嵌入水平。例如，并购整合全球大量技术企业的 IBM，建立统辖世界各地的知识产权网络系统（instant private network，IPN），追踪前沿技术动态，指导技术开发创新。作为世界最大的电气电子公司之一的德国西门子公司，先后在美国并购整合了美国专业工程软件与服务供应商 Vistagy 公司、制造执行系统（manufacturing execution system，MES）开发商 Camstar 公司、工程仿真软件开发商 CD-adapco 公司和电子设计自动化商 Mentor Graphics 公司，在美国工业数字化领域深耕发展，成为美国下一代创新和制造实验室顶级合作伙伴与独家软件供应商。结合在法国、比利时等其他国家的对先进技术的海外并购整合，西门子逐步完善其全球创新网络，最终形成数字化创新升级的宏大版图。

二、海外并购整合促进全球创新资源利用的美国、德国经验

美国与德国政府坚持对外投资的高标准保护,建立技术、服务和环境优势,为海外并购整合促进全球创新资源利用提供支持。

一是经济制度环境完善。首先,美国以《对外援助法》为中心,形成了多层次、多领域的对外投资保护体制。美国政府发挥政府信用附加作用,制定海外投资保证制度,设立海外私人投资公司(overseas private investment corporation,OPIC),以美国政府的名誉和信用做担保,促进和保护海外投资的安全与利益。发达国家的海外知识产权保护机制以美国最为典型,如制定"特殊 301 条款"提供法律依据,政府集中公布保护知识产权的资源信息,USPTO 设置专家热线免费咨询,为海外并购企业布局专利网络提供有力的经济制度保护。德国和 130 多个国家和地区签订双边促进投资与保护协定,从而将企业在境外的投资置于有效稳定的保护框架之中。特别地,德国联邦政府提供对外直接投资担保,并与无约束贷款担保等形成混合担保,为本国企业整合利用全球创新资源创造有利的国际投资环境。

二是财税政策支持。美国设立相关的进出口银行提供海外资源开发贷款与增加间接补贴,推动美国跨国公司进行海外业务的拓展、通过海外并购整合开发具有重要战略意义的资源。美国设立政府扶持性美国贸易发展署(Trade and Development Agency,TDA)基金,资助企业海外投资的可行性研究、定向考察、商业研讨和特许培训等,增强本国海外投资企业在国际市场的竞争力。德国对于本国海外投资企业境外所得免税,此外政府通过复兴信贷银行、德国投资发展公司为海外并购企业提供灵活、有效、多样的贷款、补贴和专项咨询。特别地,德国政府对海外并购前的调查给予资助,承担德国企业在海外部分地区建设子公司进行可行性研究的 50%以上的费用;对德国企业赴海外参加科技类展览会、研讨会、洽谈会等提供补贴,支持海外并购企业进一步寻求国际伙伴拓展创新网络。

三是人力资源支持。USPTO 在全球 12 个地区的驻外使馆派遣知识产权专员,负责与当地政府和企业进行知识产权事务的协调,通过提供知识产权维权,援助维护美国企业海外知识权益。德国经济合作与发展部下属的德国技术合作公司可依据德国海外投资企业需求,为其在当地培训所需要的专业

技术人才。德国政府在全国各地建立多所培训中心，免费为德国企业培训海外经营管理人员和工人，帮助企业改善海外经营人才匮乏这一束缚企业海外并购整合与全球创新资源利用的问题。

四是信息技术服务。美国政府通过创办全国性对外投资咨询中心、成立协调各机构合作网络的"倡导中心"、建立美国对外直接投资企业的数据库等方式，辅助企业进行国外的市场技术、资金及企业的发展状况的投资机会与可行性分析，为本国企业提供诸如准备法律文书、改进技术以适应东道国的特殊要求等方面的技术援助；定期发布美国国际市场环境和竞争力的统计分析，并通过海外投资代理企业等驻外使馆设立经济商业情报中心为国内企业扩展海外市场提供新闻通信、专题报道等信息支持；帮助企业进行海外直接投资经验的分享与交流，提供投资机会分析与咨询服务。德国联邦外贸信息局提供海外市场包括投资需求在内的综合信息，并接受企业委托，就某一外国市场或境外投资项目进行主题调研；德国每年举办汉诺威工业博览会，展出前沿产品、技术和解决方案，提供前沿技术信息；联邦外贸与投资署经营综合性服务平台（iXPOS），汇集了来自 70 多个机构和组织的海外投资信息，并为德国企业提供目标国经济形势、行业趋势等信息。德国工商总会与联邦宪法保卫局合作加强对德国在海外投资企业的技术保护工作，打造 DE international 服务平台并在 70 多国家和地区设立 110 多个德国商会和德国经济代表处，对所在国家或地区的德国企业提供咨询、指导性管理和各种中介服务。

三、海外并购整合带动产业技术创新的美国、德国经验

美国与德国制造业配套体系完善，在促进海外并购整合技术落地带动产业技术创新方面成效显著，其经验值得中国参考借鉴。

第一，规范产业标准体系，推动海外并购整合技术与上下游环节对接。美国于 2012 年发布《先进制造业国家战略计划》，工业互联网参考架构（Industrial Internet Reference Architecture，IIRA）完成了统一的顶层框架设计。为长期保持德国制造的领先地位，2006 年联邦经济和技术部启动"标准创新计划"（Inertial Navigation System，INS），确定德国未来标准化研究的重点技

术领域。以新能源汽车产业为例，德国大陆集团收购摩托罗拉汽车电子事业部，将并购整合的环保产品、电子系统等技术带入与奥迪、宝马、戴姆勒、保时捷等共同组成的汽车电子技术创业创新联盟中。德国宝马集团通过系列海外并购整合形成的国际研究网络覆盖了电池技术的整个产业价值链，同时联合本土材料制造商与电池制造商开发的模块化设计系统兼具标准化与灵活性优势，从而形成高效、高质的产业创新体系。集合福特、通用等企业力量，美国能源部发布《新能源汽车电机电控 2025 技术发展路线图》，以对技术成本和指标的严格的规划引领倒逼美国本土汽车企业技术升级，优化产业创新环境，以使上下游汽车厂商在对接特斯拉、福特等海外并购整合的新能源汽车技术时起到强有力的支撑作用。

第二，建立产业信息平台，推动海外并购整合技术在产业内转移溢出。美国商务部同哈佛大学、麻省理工学院等合作开展的"产业集群描绘计划"，构建企业间及企业与政府间的交流平台，建设数字制造公地（digital manufacturing commons，DMC）和智能制造领导联盟（smart manufacturing leadership coalition，SMLC），采用开源软件与技术集市，打造制造业数字互联与闭环结构。德国联邦教育与研究部和联邦经济事务与能源部共同打造信息平台，为产业内学习交流搭建良好渠道。以机器人产业为例，世界最大的自动化供应商西门子是德国制造和工业 4.0 的代表性企业，通过展开对美国产品生命周期管理（product lifecycle management，PLM）软件商 UGS（Unigraphics Solutions）公司、英国 3D 打印制作商 Materials Solutions 公司、比利时 VRcontext International S.A 公司等一系列海外并购，最终打造出 MindSphere 工业云平台，为本国产业引入与开发新一代机器人技术实现数字化升级扫除障碍；德国人工智能研究中心（German Research Center for Artificial Intelligence，DFKI）与行业上下游研发中心、顶尖企业软件供应商思爱普公司等大型公司进行密切的合作，提供关键的知识储备、试验环境与合作平台，加速海外并购整合的尖端制造技术在产业内溢出。

第三，强化产业链条合力，推动海外并购整合的先进技术与创新成果本土化。美国推出"国家制造业创新网络"（national network of manufacturing innovation，NNMI），政府牵头企业与高校建立创新机构，促进创新链和产业链紧密联结，并设立专门的产业创新基金，推进产业网络内专有技术、产业运作能力和专业化技能的共享平台构建。德国推出《德国工业 4.0 战略计划实施建议》，强调"官产学研"结合，政府自下而上地与产业进行深度合作。以增材制造业为例，美国著名的通用电气公司并购整合瑞典 3D 打印设备商 Arcam 公司和德国金属 3D 打印设备制造商 SLM Solutions 集团，将其融入"卓越工厂计划"，并与美国国内 Autodesk 公司等企业合作利用 3D 打印技术来开发各种超大型部件的设计及打印；美国在俄亥俄州扬斯敦成立了以大学、研究机构、公共机构和私营公司为主要成员的美国国家增材制造创新机构 America Makes，成功培训 7000 名 3D 打印领域的专业技术人员，拓展 3D 打印技术在各领域应用和商业推广，加速海外并购整合转移的先进技术被运用于生产实践，使美国增材制造产业创新能力在全球遥遥领先。

第三节 本章小结

本章对中国和以美国、德国为代表的欧美发达国家的制造业海外并购整合与产业技术创新进行经验比较研究，对进一步的政策提出形成参考。与美国和德国相比，中国制造业企业在海外并购整合促进产业技术创新的过程中存在核心资源识别不到位、支撑保障体系不完善与产业技术溢出不充分的问题，围绕以上问题，本章对美国与德国值得借鉴的发展经验进行了总结和归纳。针对海外并购整合推动企业技术创新，可借鉴的美国与德国经验包括基于尽职调查识别核心资源特征、恰当整合中优先文化与人力整合、借力海外并购整合促进技术对流、巩固优势拓展创新网络布局四个方面。针对海外并购整合促进全球创新资源利用，参考美国与德国经验，应注重完善经济制度环境保障、丰富财税政策工具、提供人力资源支持、加强信息技术援助。针对海外并购整合带动产业技术创新，收购方应参考学习美国与德国，通过构建规范标准体系、建立信息交流平台、强化产业链条，合力促进收购方技术有效溢出并带动产业技术创新。本章对美国、德国发展经验的分析对为针对中国制造业海外并购整合与产业技术创新提出对策建议形成良好的借鉴。

第十八章

中国与后发新兴国家制造业海外并购整合与产业技术创新的经验比较研究

第一节　中国与后发新兴国家制造业海外并购整合与产业技术创新的比较

先进制造技术与新一代信息技术深度融合，已成为新一轮科技革命的核心。新技术革命和工业革命给后发国家与地区提供了弯道超车的机遇，中国作为后发国家应如何把握机遇，通过海外并购整合促进制造业向高端智能化升级，由制造大国迈向制造强国值得研究与关注。日本在20世纪中后期通过海外投资、技术引进、逆向工程、再创新等快速提升了制造业竞争实力，是后发国家制造业崛起的代表，韩国也是典型的后发新兴工业化国家，其电子、半导体产业具有较强的竞争力。此外，日韩与中国在地理与文化上具有相通性，它们发展制造业的经验值得中国在转型升级的关键时期进行学习与借鉴。当前，随着全球制造业格局重构，日本推出"再兴战略"，韩国实行"新增动力战略"，通过优先发展制造业获取优势，随之而来的是日韩企业战略性海外并购增长，2018年日本共进行了1000多起海外并购，超越中国成为亚洲海外并购金额最多的国家，2017年韩国三星电子并购美国哈曼，创下海外并购金额之最。日本、韩国的海外并购以大规模财团型企业为主导，其开放程度与丰富的国际化经营经验为并购整合带来了便利。中国也提出"中国制造2025"计划，力图迈入制造强国行列，海外并购作为技术获取、资源整合的重要途径受到国家政策的支持与鼓励，已成为诸多中国制造业企业增强技术的战略选择。本节将进行中国与日本、韩国两个代表性后发国家的制造业海外并购整合与产业技术创新的比较研究，为中国制造企业海外并购整合实践与产业技术创新提供参考。

一、中国与日本、韩国制造业产业技术创新能力对比

中国制造业的发展仍处于大而不强的困境，创新能力不足是制约制造业发展的关键因素。根据世界知识产权组织公布的《2018 年全球创新指数报告》，中国首次进入 20 强排名第 17 位，韩国与日本则分别排在第 12 位与第 13 位，这反映了中国创新能力的不足。以专利产出为例，虽然自 2011 年以来，中国年专利申请量长期处于世界第一，但在专利质量上仍与发达国家存在距离。科睿唯安（Clarivate Analytics）以专利总量、专利授权成功率、专利组合全球覆盖率与基于引用的专利影响力为评定标准，评选出 2017 年全球百强创新机构榜单，中国仅华为技术有限公司 1 家企业入选，韩国共 3 家企业入选，日本则共有 39 家企业入选。

图 18-1 为 2009 年到 2017 年来自 OECD 数据库的中国、日本、韩国知识产权使用付费与收费情况对比。由图 18-1 可知，中国的知识产权使用付费量连年增长，自 2013 年超越日本且持续高于韩国；对于知识产权使用收费量，中国在 2017 年快速增长而接近韩国，但与日本相比仍存在较大的差距。这表明与日韩相比，中国对外技术依存度较高，处于核心技术受制于人的被动局面，许多关键技术仍未能拥有自主知识产权，每年需支付更多的专利使用费用。同时，中国专利总量虽处于世界第一，但知识产权收费总量仍处于较低水平，进一步说明中国专利质量不高、专利影响力不强，未能涉及前沿技术领域，研发能力仍有待提高。综合以上分析，中国产业创新能力弱于日本与韩国。

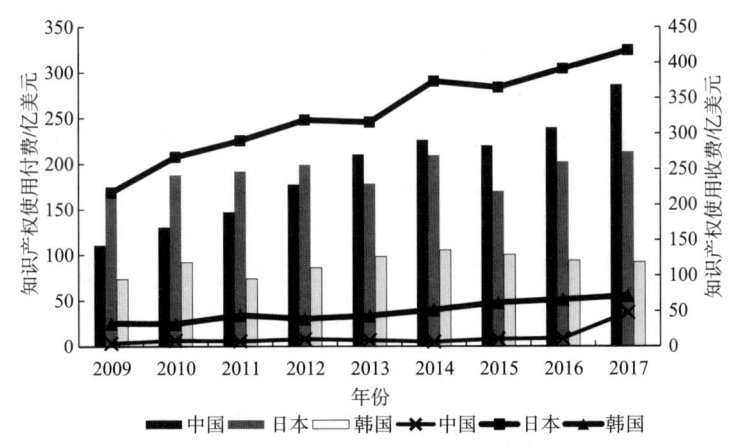

图 18-1 2009~2017 年日本、韩国与中国知识产权使用付费与收费情况

资料来源：OECD 数据库

柱状表示使用付费，折线表示使用收费

图 18-2 为 OECD 公布的 2012~2015 年中外新兴技术专利数量占比的对比图。中国与日本、韩国相比，在控制协议、光调制与控制、同步安排、多路传输、网络和访问限制、连接管理、传输协议、安全认证与支付协议方面

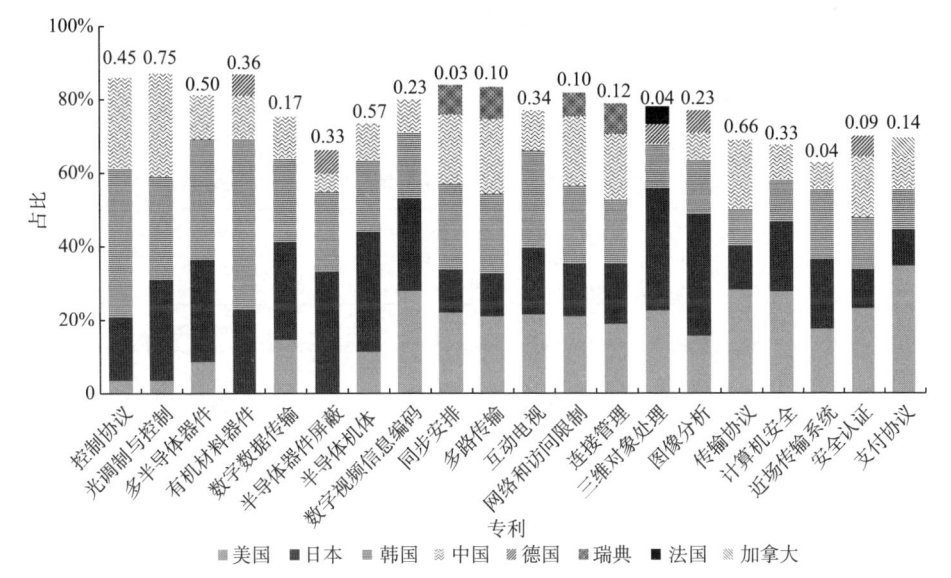

图 18-2 2012~2015 年中外新兴技术专利数量占比

资料来源：OECD 数据库

的技术水平相当，而在多半导体器件、有机材料器件、数字数据传输、半导体器件屏蔽、半导体机体、数字视频信号编码、三维对象处理、图像分析与近场传输系统方面尚有较大的技术差距。为加快制造业向智能化转型，中国制造企业需对这些尚存在短板的新兴技术领域加强关注。

中国在高科技领域仍处在追赶发达国家的阶段。斯坦福大学与哈佛大学利用美国商业专利数据库（IFI Claims），对 1970~2015 年全球十大高科技领域（软件、智能手机、无人机、云计算、半导体、机器学习、神经网络、无人驾驶、制药及内燃机）的专利数据进行统计分析的结果（图 17-3）表明，中国近年来涨势较猛，但与先进技术国家相比仍差距较大。截至 2015 年，美国的专利授权数量最高，其次是日本、韩国、德国、中国。

下面根据具体技术领域对十大高科技领域专利进行更详细的分析（表 18-1）。首先，美国在十大技术领域内的专利授权量均排名第一，特别是在机器学习、神经网络、云计算、无人驾驶与制药领域占据绝对领先地位。日本与美国差距较小的技术领域包括软件、智能手机、半导体和内燃机四个方面；韩国实力较强的包括智能手机、半导体和无人机行业；中国的一大亮点是在无人机领域近年来专利授权量增势迅猛，大疆公司在 2000~2015 年的无人机领域专利总量位列全球第一，但在无人驾驶、制药与内燃机三个领域，中国专利授权量排名未进入全球前 10。

表 18-1　中国与美国、日本、韩国十大高科技领域专利授权量排名对比

十大高科技领域	中国	日本	韩国	美国
总量	5	2	3	1
软件	4	2	8	1
智能手机	4	2	3	1
无人机	2	4	3	1
云计算	3	10	6	1
半导体	5	2	3	1
机器学习	6	3	10	1
神经网络	2	5	4	1

续表

十大高科技领域	中国	日本	韩国	美国
无人驾驶	—	3	6	1
制药	—	3	4	1
内燃机	—	2	4	1

资料来源：National Bureau of Economic Research (2018)

注："—"表示排名未进入前十强

在十大高科技领域，2000~2015年专利授权量前十的企业（表18-2）中有两家韩国企业［Samsung Electronics Co., Ltd（三星集团）与LG Electronics Inc（LG集团）］、四家日本企业（Canon Inc、Sony Corporation、Toshiba Coporation与Fujitsu Ltd），其余四家为美国企业（IBM、Intel Corporation、Microsoft Coporation与Gen Electric），其中无一中国企业，这说明中国龙头企业的技术创新能力与美国、日本、韩国相比仍有差距。

表18-2 2000~2015十大高科技领域专利授权量前十企业

排名	所属国家	公司名称	专利/个
1	美国	IBM	83 530
2	韩国	Samsung Electronics Co., Ltd	60 099
3	日本	Canon Inc	41 470
4	日本	Sony Corporation	30 561
5	日本	Toshiba Corporation	28 850
6	美国	Intel Corporation	26 569
7	美国	Microsoft Corporation	24 781
8	日本	Fujitsu Ltd	21 772
9	美国	Gen Electric	21 166
10	韩国	LG Electronics Inc	21 109

资料来源：Webb等（2018）*Some facts of high-tech patenting*

根据以上分析，美国的技术创新实力最为强劲，在多个领域处于绝对领先地位，而日本和韩国的创新实力虽弱于美国，但仍强于中国。中国虽然在专利申请的绝对数量上占据领先地位，且在部分高技术领域增势迅猛，但整体而言专利的质量与日本和韩国仍有差距,高端领域的技术创新有短板,且缺少在国际市场上技术拔群的龙头企业的带领,制造业大而不强的现状亟待改善。

二、中国与日本、韩国制造业海外并购整合特征对比

图18-3为2008～2018年上半年亚太地区境外并购交易统计情况。自2008年以来,中国境外并购数量与金额整体呈快速增长趋势,日本是亚太地区唯一在并购金额上能够与中国进行横向比较的对象,2015～2017年,中国占亚太地区境外并购交易金额的比例均超过40%。2017年,中国境外并购金额占GDP的0.6%,仅为日本的一半。2013～2017年,中国境外并购金额年复合增长率(compound annual growth rate,CAGR)为7%,日本为8%,韩国为0,亚太地区平均值为4%,日本与中国的增长率体现了其境外并购在亚太地区的主导地位。一个显著的特征是2017年中国与亚太地区整体的境外并购金额降低,这与投资者理性增强、政府资本管控及西方国家日益严格的反垄断规定有关,境外并购整合仍然是值得高度关注的重要议题,高科技领域的境外并购发生频率越来越高。

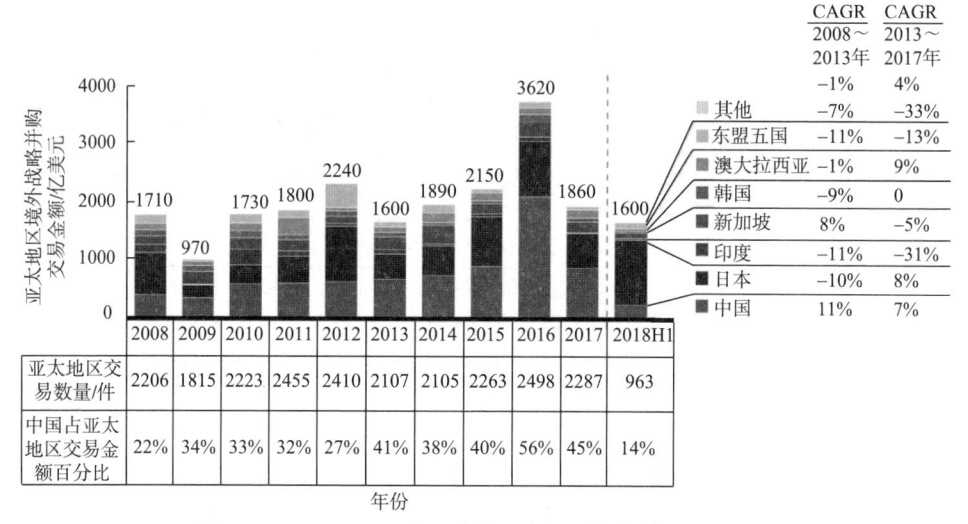

		CAGR 2008～2013年	CAGR 2013～2017年
	其他	−1%	4%
	东盟五国	−7%	−33%
	澳大拉西亚	−11%	−13%
	韩国	−1%	9%
	新加坡	−9%	0
	印度	8%	−5%
	日本	−11%	−31%
	中国	−10%	8%
		11%	7%

亚太地区境外战略并购交易金额/亿美元:
- 2008: 1710
- 2009: 970
- 2010: 1730
- 2011: 1800
- 2012: 2240
- 2013: 1600
- 2014: 1890
- 2015: 2150
- 2016: 3620
- 2017: 1860
- 2018H1: 1600

年份	2008	2009	2010	2011	2012	2013	2014	2015	2016	2017	2018H1
亚太地区交易数量/件	2206	1815	2223	2455	2410	2107	2105	2263	2498	2287	963
中国占亚太地区交易金额百分比	22%	34%	33%	32%	27%	41%	38%	40%	56%	45%	14%

图18-3　2008～2018年上半年亚太地区境外并购交易统计

资料来源:贝恩咨询《中国企业境外并购报告(2018年)》

东盟五国指印度尼西亚、马来西亚、菲律宾、越南和泰国;澳大拉西亚指澳大利亚、新西兰和巴布亚新几内亚

图 18-4 对比了 BvD-Zephyr 数据库中 2010~2017 年中国、日本与韩国的制造业海外并购数量与金额。日本在并购数量与金额上持续强于中韩两国，中国的海外并购数量呈上升趋势，并购数量与并购金额分别在 2017 年和 2016 年达到峰值。中国并购总金额显著高于韩国，韩国的制造业海外并购趋势则显得相对疲软。

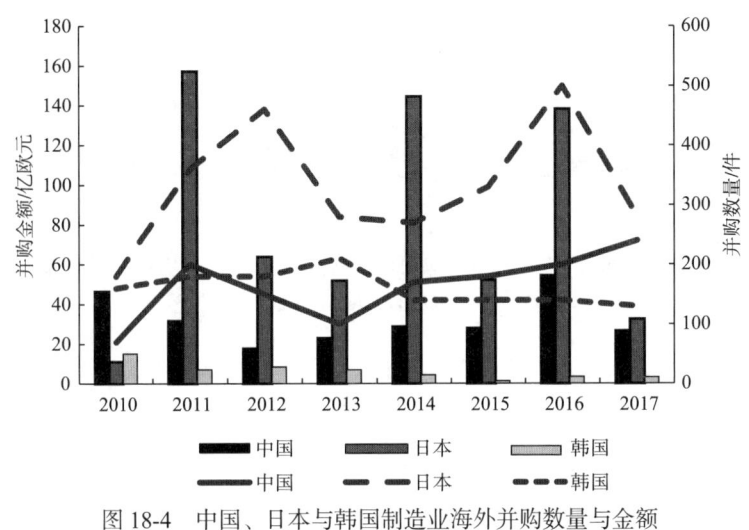

图 18-4　中国、日本与韩国制造业海外并购数量与金额
资料来源：BvD-Zephyr 数据库
柱状代表并购金额，折线代表并购数量

图 18-5 对比了 2010~2017 年中国、日本与韩国的制造业海外并购最活跃行业的分布情况。中国制造业海外并购最集中的行业是电子及电气设备、工商业机械及计算机设备、运输设备、化工，日本制造业海外并购最集中的行业是化工、工商业机械及计算机设备、电子及电气设备，韩国制造业海外并购最集中的行业是电子及电气设备、运输设备、食品制造、化工、仪表仪器。由以上分析可知中日韩三国并购活跃领域相似，且都较关注电子及电气设备的海外并购。除此之外，中国企业对工商业机械及计算机设备领域海外并购的关注度更高，日本化工业海外并购更为活跃，而对运输设备类海外并购关注度相对较低。

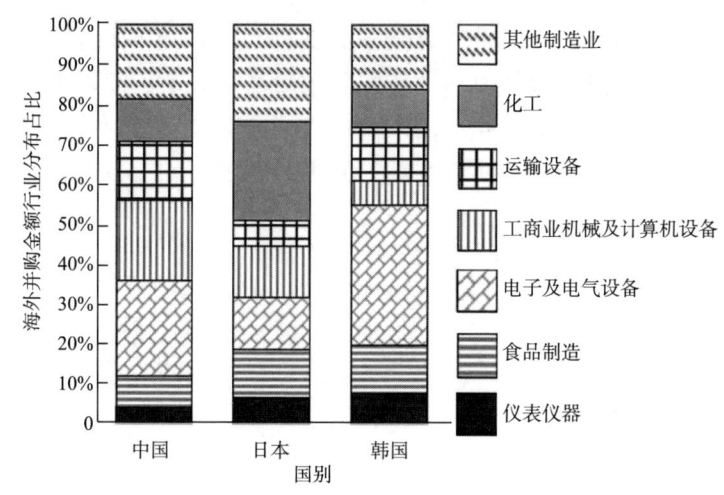

图 18-5　2010～2017 年中国、日本与韩国制造业海外并购行业分布

资料来源：BvD-Zephyr 数据库

图 18-6 对比了 2010～2017 年中国、日本与韩国的制造业海外并购最密集东道国的分布情况。分析可知，美国是中日韩三国制造业海外并购东道国分布较密集的国家。此外，与日韩相比，中国制造企业更倾向于寻求向技术发达国家进行海外并购，德国是中国海外并购分布最为密集的东道国，其后依次为美国、意大利、澳大利亚、英国、西班牙、荷兰等。日本与韩国则更关注在文化相似、地域临近的国家进行海外并购。

与日本和韩国相比，中国在海外并购整合促进产业技术创新的过程中仍存在以下几个方面的问题。

一是海外并购的资源识别整合策略不当。国务院国资委研究中心、商务部研究院等联合发布的《中国企业海外可持续发展报告 2015》显示中国海外并购盈利项目仅占 13%，中国企业存在盲目开展海外并购、资源识别不准、资源整合不善的问题。例如，四川长虹在日本索尼公司、日本 Toshiba 公司放弃等离子技术之时，并购韩国第三大等离子制造商 Orion PDP 公司，然而尽职调查缺失、技术研判不准确导致并购整合促进创新效果不佳。日韩企业重视基于尽职调查进行资源识别与整合，麦肯锡在《渴望全球增长：日本在跨境并购方面的经验》中指出，日本企业寻求由发达国家获取先进技术，其尽职调查清单是其他国家的 3 倍。韩国 90% 的海外并购围绕三星集团、LG

第十八章 中国与后发新兴国家制造业海外并购整合与产业技术创新的经验比较研究 537

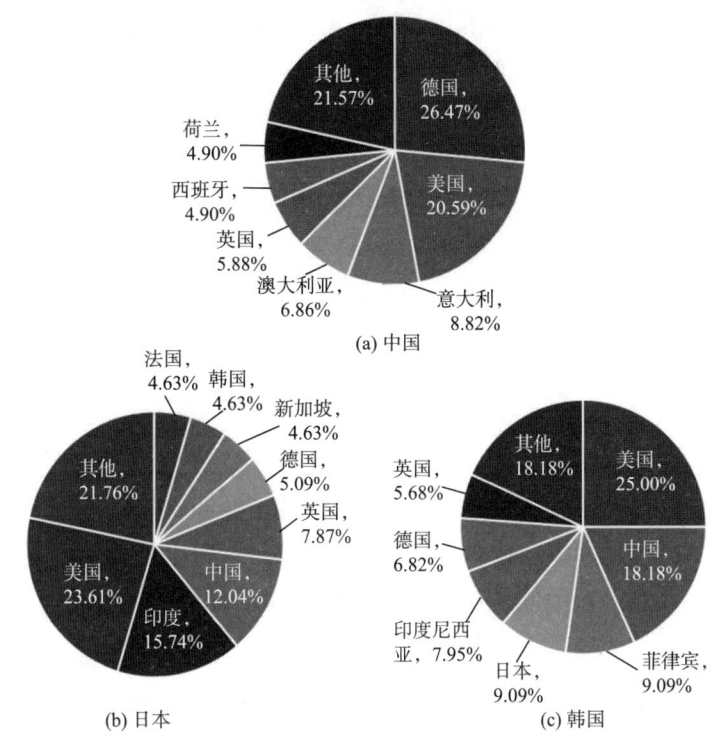

图 18-6 2010～2017年中国、日本与韩国海外并购东道国分布
资料来源：BvD-Zephyr数据库
本表数据未经修约，可能存在比例合计不等于100.00%的情况

(a) 中国：德国26.47%、美国20.59%、意大利8.82%、澳大利亚6.86%、英国5.88%、西班牙4.90%、荷兰4.90%、其他21.57%

(b) 日本：美国23.61%、印度15.74%、中国12.04%、英国7.87%、德国5.09%、新加坡4.63%、韩国4.63%、法国4.63%、其他21.76%

(c) 韩国：美国25.00%、中国18.18%、菲律宾9.09%、日本9.09%、印度尼西亚7.95%、德国6.82%、英国5.68%、其他18.18%

集团、现代集团等大规模财团型企业展开，海外并购整合资金充裕，国际经营人才供应充足，有利于精准识别目标方资源并制定与实施匹配的并购整合策略。

二是海外并购整合的资源创新利用效率不高。部分中国企业未意识到利用海外并购整合拓宽全球创新资源渠道的重要性，如东风汽车并购整合欧洲第二大汽车制造商法国 PSA 集团效率低下，国际技术合作推进缓慢。同时，中国企业海外并购整合所处的经济制度环境不完善，针对海外并购整合的信息服务滞后、人力资源不足、财税政策力度有限，无法支持海外并购整合顺利开展并有效利用全球创新资源。与之相比，日本和韩国的经济开放与市场完善水平更高，政府提供更全面的指导服务与更宽松的融资环境，企业海外并购整合利用全球创新资源的保障体系更完善。

三是海外并购整合的产业逆向溢出途径不畅。中国制造业普遍存在产业配套不足的问题,产业链碎片化、产业园区同质化导致产业协作"断链阻滞"不利于技术外溢,制约龙头企业通过海外并购整合获取创新资源与前沿技术带动本土产业技术创新。与之相比,日韩海外并购重点领域的产业配套体系更加完善,如日本拥有世界上最完整的机器人产业链,这为日本电产株式会社(以下简称日本电产)接连并购整合 5 家德国企业深耕机器人技术,同时联合本土产业链发展工厂自动化促进技术创新提供了保障。韩国海外并购最集中的半导体产业链发达,龙头企业海外并购引领产业创新成效显著。

第二节　后发新兴国家制造业海外并购整合与产业技术创新的经验研究

一、海外并购整合推动企业技术创新的日本、韩国经验

中国制造业企业通过海外并购整合推动技术创新的过程中应注重在前期做好尽职调查,并根据资源识别情况实施匹配的整合。中国企业可借鉴的日韩经验如下。

一是定位先进技术开展并购,基于精准识别实施整合。日本企业严格依据发展策略选择目标方企业,常聘用国际知名中介机构协助尽职调查和并购整合,如日本电产以并购先进技术企业为重点发展战略,在 2012～2018 年共开展 29 起海外并购,其特色的整合方式是循序渐进地对目标方进行匹配的整合,充分利用目标方资源。韩国斗山集团在充分研判双方在技术与市场上的战略契合性的基础上,顺利整合美国建筑设备制造商山猫公司,借此提升自身技术实力并跻身全球十大建筑设备制造商。

二是文化整合与人力资源整合并重。普华永道在《解锁日本的潜力:文化如何推动并购后整合的成功》中指出,日本企业越来越注意到海外并购整合要改善跨文化下的战略沟通与海外人力资源的合理部署。文化整合方面,

日本企业设立"首席日本官"（chief Japan officer）以明确跨国企业内不同职能的角色，有利于获取目标方关键创新资源实现协同价值。人力资源整合方面，日本企业注重保留目标方管理层与研发人员，并导入"海外实习生制度"向子公司研发部门派驻员工。

三是通过海外并购整合汇集创新资源。海外并购企业应注重并购整合目标方作为汇集海外创新资源的桥头堡，积极参与国际分工，布局前沿技术并反馈本土产业创新。日本企业注重以收购方为核心，并购整合子公司并设置"母工厂"，借此利用海外创新要素，同时为东道国工厂提供技术指导，参与国际分工。例如，日本小松集团并购整合美国矿业设备巨头 Joy Global 公司后，利用美国母工厂开拓欧美创新资源反哺母国发展地下设备技术。韩国企业擅长通过海外并购整合获取海外创新资源与自身形成互补，如三星集团并购整合英国芯片制造商 Cambridge Silicon Radio 公司的技术专利后，利用其在蓝牙、无线保真与全球定位系统芯片领域的优势补齐自身在无线领域的短板，联合英国研发中心使模块方案成本降低 50%。

四是通过海外并购整合布局创新网络。日韩企业往往在海外并购后围绕并购整合技术促成产业链合作或专利授权，旨在巩固技术优势促进联合创新。例如，日本东丽集团并购整合世界碳纤维排名第三的美国卓尔泰克（Zoltek）公司，提高碳纤维技术后，与美国贝尔直升机开展战略合作，发展 Torayca 碳纤维预浸料技术并拓展直升机领域应用，与三菱集团、西格里集团和宝马集团紧密合作，降低碳纤维增强复合材料（carbon fiber reinforced polymer，CFRP）成型时间与生产成本。韩国 LG 集团并购整合美国伊士曼柯达公司的 OLED 技术后，与日本出光兴产株式会社、美国显示器技术公司 IGNIS Innovation Inc、美国苹果公司等产业链上下游企业达成专利授权、形成专利网络，加快技术发展与应用，韩国 OLED 技术快速赶超美国与日本。

二、海外并购整合促进全球创新资源利用的日本、韩国经验

制造业企业海外并购整合是中国企业嵌入全球创新网络利用创新资源，获得持续技术创新源动力的良机。政府应为企业提供全方位的海外并购整合支持与援助，为企业海外并购整合利用全球创新资源提供保障。具体可借鉴

日韩的以下发展经验。

（1）构建海外并购整合的综合经济制度保障体系。日本对外投资的国内法和国际法共同构成较完备的对外直接投资法律体系，涉及国际条约、双边投资协定、外汇制度、对外投资政策等的多个部门法构成的综合法律体系，特别地，日本实施海外投资调查制度，基于统计法把握日本企业海外经营活动现状，并据此制定与调整对外投资政策，指导海外并购企业整合与拓展新技术、新市场，在经济制度层面形成基本保障。韩国建立了完备的知识产权管理体系，重点建立专利运营和保护机制，促进海外并购企业有效聚合知识产权资源，完善专利全球布局。

（2）增强海外并购整合咨询服务与援助支持。截至 2011 年 5 月，日本贸易振兴机构在 55 个国家拥有 73 个办公室和 36 个区域办事处，利用它们收集东道国信息并无偿提供海外并购整合咨询服务，并在世界各地联合日本跨国企业建立互帮互助、资源分享平台。日本经济产业省提供东道国经济环境信息服务，同时鼓励企业参加和开展国际技术交流及研讨会，从而增强收购方对全球创新资源的利用。韩国通过提供配套性资源服务和风险预警报告，与全球 300 多个咨询机构建立业务联系，协助海外并购项目评估。韩国机构大韩贸易投资振兴公社（Korea Trade & Investment Promotion Agency，KOTRA）在全球范围内搭建网络，通过开展信息传递、市场调研服务、跨国投资、技术合作和商务联系等进行海外并购整合援助，促进收购方获取海外创新资源。

（3）提供海外并购整合专业培训与专家支持。日本通过设立"海外技术者研修制度"，支持海外员工学习专业技能；韩国政府建立 KIPOnet 系统，实现国际专利电子申请的高效在线处理，还派遣专利合作条约专家到世界知识产权组织等国际机构学习，并向美国、日本和中国等派常驻官，加强知识产权国际多边合作，这有利于收购方基于并购整合目标方进行全球专利布局。

（4）设立专项基金支持海外并购整合。日本金融机构鼓励海外并购并提供并购整合指导，设立日本海外经济协力基金，缓解日本企业海外并购与开展大型制造业项目的资金压力；为促进重点产业技术创新，韩国设立专项基金对特殊行业海外并购给予资金支持，推动"韩国—全球创新网络计划"进行重点领域技术布局，此外还对海外并购企业实施技术开发准备金制度与免税政策，便于收购方吸收利用全球创新资源。

三、海外并购整合带动产业技术创新的日本、韩国经验

收购方作为产业龙头,应通过海外并购整合嵌入全球创新网络,利用其对国际前沿创新的信息敏感度,承担起引领产业创新的使命,率领产业抱团突围。例如,日本东丽集团并购整合美国卓尔泰克公司提高碳纤维技术后,在本国建立集中研发平台、成立基本技术联络讨论会,联合丰田集团、三菱集团等加快飞机、汽车领域的研发与应用,促进产业创新。韩国 LG 集团并购整合美国伊士曼柯达公司后,与韩国三星集团联手推进大尺寸 OLED 研发,利用本土发达的产业技术配套优势,快速在技术上超越日本,奠定了韩国在 OLED 产业领域的技术领军地位。龙头企业通过海外并购整合带动产业技术创新需要产业层面的有力支持,产业配套集群建设与产业技术标准体系完善有利于海外并购整合技术与本土产业高效对接以实现技术转化,提高海外并购整合技术逆向溢出效率,具体可借鉴日韩以下发展经验。

在产业配套集群建设方面,日本围绕综合科学技术创新会议(Council for Science,Technology and Innovation,CSTI)发挥总体把控与横向连接功能,积极开展科学技术外交,构筑全球互动开放网络,设立 ImPACT 项目有力推进尖端研究开发;实施中小企业创新制度(small business innovation research,SBIR),通过资金补贴、信用保险优惠、特别借款等方法引导围绕大型跨国企业的产业链完善;实施新兴领域产业集群计划,以骨干企业为核心,建设产学官创新网络,分启动期、成长期、发展期逐步完善产业链。以机器人产业为例,日本政府在《机器人白皮书》与《机器人新战略》的战略指导下,致力于打造完整的机器人产业链,支持日本电产接连并购整合 5 家德国企业,深耕机器人技术,联合本土产业链快速发展工厂自动化。韩国围绕国家科学技术咨询会议,将其作为科技领域咨询规划的指导,在重点领域进行突破创新,以局部技术优势带动国家整体科技进步,企业研发强度排名全球第一,发布《产业技术研究组合培养法》等法规及优惠政策,引导产业链完善。以半导体产业为例,韩国半导体产业具有健全的配套产业系统,韩国三星集团、LG 集团、SK 集团等通过海外并购整合获取的技术与本土企业能够以较高的效率对接,形成有效的分工体系与商业模式,快速带动产业升级。

在产业技术标准体系完善方面,日本于 2018 年 5 月进行《工业标准化法》

修订，拓宽标准覆盖的技术范围，鼓励民间主导标准制定，提升标准制定效率。为加快工业互联网建设，日本工业价值链促进会（Industrial Value Chain Initiative，IVI）公开工业互联网的工业价值链参考架构，日本软银集团积极参与工业互联网建设，并购美国谷歌公司旗下的波士顿动力公司（Boston Dynamics）与 Schaft 公司两家机器人公司，并与美国通用电气公司签署 Predix 软件平台许可协议，推进日本的工业互联网进程。韩国《国家标准基本法》规定韩国政府应每 5 年制定一次"国家标准基本计划"，明确国家标准化工作制度，及时在前沿技术领域出台技术标准，以方便企业海外并购整合对本土产业技术创新形成溢出效应。例如，韩国率先建立 5G 网络技术标准，三星集团并购整合西班牙网络分析公司 Zhilabs，在芯片研发方面，三星集团对外联合美国高通公司、美国威瑞森电信公司（Verizon）、美国电话电报公司（AT&T），对内联合韩国电信公司（KT）、韩国 SK 电信等主要移动运营商和手机及设备供应商，完成 5G 第一阶段标准制定，增强 5G 技术实力。

第三节　本 章 小 结

本章首先进行中国与日本、韩国的海外并购整合与产业技术创新的国际比较分析，中国近年来技术水平提升，创新实力接近韩国，但与日本相比仍有一定差距。寻求先进技术成为中国、日本与韩国海外并购的主要动机，相较而言中国制造业企业国际化经营经验较少，在海外并购整合促进产业技术创新的过程中存在资源识别整合策略不当、资源创新利用效率不高与整合技术逆向溢出途径不畅的问题。基于中国与日本、韩国的国际比较，本章归纳了中国制造业海外并购整合促进产业技术创新过程中值得借鉴的发展经验。为通过海外并购整合促进企业技术创新，收购方应聚焦前沿技术开展海外并购，基于资源识别实施恰当的整合，注重通过海外并购整合汇集创新资源、利用海外并购整合布局创新网络。为保证企业通过海外并购整合充分利用全球创新资源，中国政府应着重构建综合的经济制度环境保障体系、增强海外并购整合咨询服务与援助支持、提供海外并购整合专业培训与专家支持、设立专项海外并购整合基金，通过以上途径建立全方位的支撑体系，为海外并购整合促进产业技术创新提供便利。为提高海外并购整合技术的逆向溢出效率，应围绕海外并购企业提供配套产业集群的支持，同时技术标准化体系的完善有利于海外并购技术的本土化转化应用。以上日韩发展经验有利于中国制造业海外并购整合与产业技术创新保障体系的构建，为企业、产业与政府下一步的实践提供有益的参考。

第十九章

中国制造业海外并购整合与产业技术创新的多层次保障体系

第一节 企业层面的海外并购整合与产业技术创新途径建议

一、并购前期尽职调查，识别整合核心技术

随着中国制造业企业海外并购升温，很多并购方企业寻找专业的投资银行或会计师事务所对目标方标的进行并购前的尽职调查，降低并购后的商业或技术隐患。在尽职调查的基础上，适宜的并购机会出现时，收购方应果断行动，聘请技术、法律、财会、金融等专业人员成立专项小组进行调研分析，降低信息不确定性导致的企业对收购双方资源基础的判断偏误。具体而言，中国制造业技术获取型海外并购应重视从以下两点对核心技术与并购双方资源特征进行研判。

第一，应研判行业技术的发展趋势。以TCL收购法国汤姆逊的CRT显像管技术为例，并购的第二年电视机主流技术已导向液晶电视，此时TCL完全无法跟上世界前沿的技术趋势。究其原因，是引进先进技术的海外并购在知识产权识别、获取、技术消化吸收等方面存在不足，并购方的吸收能力不

足。中国制造业企业海外并购整合应专注自身主业强化，瞄准前沿高端技术，这有助于企业在海外市场获得更大的发展空间，实现技术与利润规模的跨越。以新能源汽车产业为例，《中国制造 2025》同时将发展节能与新能源汽车和智能网联汽车列为发展重点。在此背景下，中国汽车产业以并购整合海外先进技术和专利为首要目标，这契合中国汽车企业跻身产业链高端的发展趋势。对于有实力的大型企业来说，其可以考虑沿产业链拓展型海外并购，增强智能信息与传统模式的融合，趋势性技术的开发对驱动汽车行业整体创新具有重要意义。例如汽车领域，德国大陆集团收购芬兰 Elektrobit Automotive 公司，提高自动驾驶技术的开发能力。美国特斯拉公司收购德国 Grohman Engineering 公司（以下简称 Grohman），获取新能源汽车自动化技术。

第二，应对目标方的标的资产进行相似性与互补性判断，考虑与自身技术获取的战略目标是否契合。如果并购方的战略目标是获得互补性的技术创新，但实际上与目标方技术资产的相似性过强，那么就存在大量赘余资产，不利于提高创新的质量。相反地，如果并购方想要获得规模经济，提升研发和经营效率，但是收购的却是互补性的资产，导致并购方对目标方资产不熟悉，无法获得目标方企业的管理权，更无法整合双方资产实现规模经济效应，这都将导致协同收益无法实现。中国企业可借鉴全球领先的美国思科公司的海外并购整合经验。美国思科公司前 CEO 钱伯斯为其并购活动总结的经验法则中特别强调，并购的目标对象必须与美国思科公司发展方向相同或角色互补。美国思科公司采取"分步骤控制"的并购策略，首先投入少量资金参与目标公司运作，观察和了解目标公司的人才、技术、产品等，掌握关键资源信息；在整合过程中始终注意细节，匹配恰当的整合策略，尽可能平稳过渡与留住更多员工，尽快地融合不同的企业文化。

二、恰当海外并购整合，提升创新网络地位

中国企业已积累了一定的国际化经验，日趋成熟并充分利用市场化的交易和融资安排，但中国技术获取型海外并购的高失败率值得警醒。整合难题主要表现为：一方面，中国企业在整合过程中摩擦成本较高。由于中国企业的经营管理和技术能力普遍劣于发达国家，技术获取型海外并购双方往往存

在很大的文化差异，整合过度带来较大的摩擦成本，导致目标方技术人员流失比较严重，破坏了目标方的技术创新能力，而整合缺失则降低了并购方接触和学习目标方技术的机会，无法实现协同收益。另一方面，中国企业制定并购后整合策略经验不足。中国跨国企业往往将并购后整合策略作为单一的问题孤立考量，而实际上，并购后整合决策与并购前资源相似性、互补性的研判密不可分，只有当资源相似性、互补性与整合策略能合理匹配时，技术创新收益才能得以实现。

海外投资整合是一套复杂的系统工程，要求投资企业拥有相应的整合经验、一套合理有效的整合机制和积极的整合环境。首先，加大对技术获取型海外并购的并购后整合管理策略的研究。积极寻求海外研发咨询服务，为企业提供法律、信息、财务、知识产权和认证方面的服务，同时对并购后整合管理提出建议，探索中国技术获取型海外并购的整合管理策略。其次，根据并购双方资源特征构建技术并购整合模式。技术转移需要各方面的整体配合，在企业已有的技术平台基础上，整合全球的技术资源，进行以我为主的消化吸收再创新，因此并购后整合环节至关重要。技术获取型海外并购商业模式应该建立在企业清晰的战略目标之上，对目标方企业的资源相似性与互补性有明确的甄别判断：当并购双方资源相似性强、互补性弱时，应采取较高的整合程度；当并购双方资源相似性弱、互补性强时，应采取较低的整合程度；当并购双方资源相似性、互补性均强时，应采取中度整合。

创新网络位置提升是收购方企业开展海外并购的重要组织目标之一，恰当的海外并购整合有利于收购方嵌入全球创新网络，使收购方汇集全球创新资源、增强信息控制优势，在国际竞争中获取长期的核心竞争力。对此，海外并购企业应强化网络治理能力，整合策略的制定实施应将技术合作、市场渠道、东道国优势资源等网络关系纳入考虑范围，避免因信息不对称、文化差异等可控因素错失提升创新网络位置的良机。收购方海外并购整合过程中应注重利用目标方创新网络资源，可通过设立海外研发中心、积极参与产业链国际分工、主动寻求与海外企业达成技术合作、展开前沿技术的专利全球布局等方式获取全球创新要素，协调配置国内与国外创新资源加速技术水平提升。如2010年，通过对沃尔沃的成功整合，吉利跻身进入世界500强，成功嵌入沃尔沃的全球研发与营销网络，同时吉利出租车返销英国抢占欧洲市场。吉利和沃尔沃联合建立上海研发中心，在大庆和成都建立生产线，带动当地汽车产业的发展，促使中国的民族汽车自主研发能力上一个台阶。

三、并购整合技术反馈，带动产业技术创新

并购方通过对海外目标方的恰当整合，与目标方及目标方原有网络关系建立联系，在全球创新网络中获得更多创新合作关系，提升并购方在全球创新网络中的中心性位置，进而推动中国制造业产业技术创新。并购方恰当的整合策略，能够触及目标方创新网络中差异化的信息领域，与具有异质性资源的合作伙伴进行连接，提升并购方在全球创新网络中的结构洞地位，成功地搭建起全球创新网络与本土产业网络信息传递与知识传播的枢纽，将全球创新资源与中国本土创新实践相衔接，进而推动产业技术创新。

以美国新能源汽车行业为例，近几年美国汽车零部件企业加速优化资产配置，投资高利润、高增长前景的细分行业，在高效内燃机、替代能源、新材料和传感器等技术的研发投入比例大幅提升，同时，美国新能源汽车产业注重并购整合世界先进的新能源技术，并购整合同行业高度专业化、细分领域市场占比高的企业是美国新能源汽车企业不断提升自身竞争优势的关键途径。2016 年，美国电动车及能源品牌特斯拉并购德国自动化企业 Grohman。通过并购整合 Grohman，特斯拉可掌握新能源汽车自动化生产线及获得世界一流工程人才，有效弥补特斯拉在规模化技术上的短板，同时，Grohman 与许多其他汽车制造商、半导体及生命科学公司合作，并购整合后，特斯拉将继续与外部客户合作，包括原汽车行业的客户，并计划在欧洲建立一个整合电池和汽车生产的第二座"超级电池工厂"，有效提升特斯拉全球市场布局，以及其在全球新能源汽车企业中的研发核心地位。对于美国新能源汽车产业而言，德国整车厂和零部件企业拥有全球领先的专利申请量，中小型德国高技术企业是美国新能源汽车企业扩充产能和产业链的最佳收购标的，能助力美国动力汽车弥补自身短板、完善自动化生产系统，从而使美国新能源汽车产业国际竞争力进一步提升。

第二节　产业层面的海外并购整合与产业技术创新途径建议

一、建设高端产业园区，推动海外并购整合技术落地

海外并购整合技术的本土化溢出需要产业配套体系的有力支持，为提高先进技术的对接与转化效率，应鼓励海外并购企业在特色高新区、产业园内设立研发机构，或申请新建产业园区，发挥先进技术的辐射效应，吸引本土配套企业形成完善的产业链。应支持龙头企业搭建平台，集聚、整合、共享全球创新资源，以举办技术研讨会、为客户提供高质量产品等方式，打造高端产业集群。例如，浙江日发精密机械股份有限公司建立日发航空产业园，浙江万丰科技开发股份有限公司建立万丰锦源高端装备园，便于收购方发挥协作引领、技术示范、知识输出、产品延伸作用。

政府应发挥引导作用，补充产业链缺失环节，强化产业链主导环节，优化产业布局。可借鉴的国际经验有：美国政府设立先进制造产业集群发展基金，制订区域创新集群计划，为促进产业完善提供多方位支持；开展产业集群测绘计划，构建信息平台，推动产业集群发展。日本实施新兴领域产业集群计划，以骨干企业为核心，分启动期、成长期、发展期逐步完善产业链，形成产业集群，提高产业合力。德国鼓励外资整车企业研发机构进入本土集群，从而提高本土零部件企业参与关键部件研发制造环节的可能。例如，福特在德国设立研发中心，其中出产的车型如蒙迪欧、福克斯完全德国化，通过技术、人才、管理实现本土转化，为德国汽车产业做出贡献。中国可通过推进产业园、行业联盟构建，建设一批国际合作创新中心，发展一批高水平国际化中介服务机构，打造配套产业集群。

二、完善技术标准体系，强化海外并购整合技术溢出

首先，为提高海外先进技术的溢出效率，应加快构建高层次技术标准体系。江苏省质量和标准化研究院的《标准化对制造业转型升级的作用研究》

指出，在 2004~2014 年，标准化对制造业转型升级的年均贡献率为 7.13%。海外并购企业应以模块化方式整合吸收技术，提高共性技术的通用性。利用海外并购企业国际化优势瞄准国际先进技术标准，中国制造企业应积极主导或参与制定国际标准，推进建立行业标准化规定，提升技术模块间互通性，推进模块化发展以促进并购整合技术沿产业链的扩散，提高先进技术在本土转化的效率。为促进技术逆向溢出，应营造良好的市场环境，促进各项资源向优势企业集中，推动重点领域突破创新，加快构建高层次技术标准体系，积极参与各类国际标准化组织活动，主导或参与制定国际标准，组织培育试点企业和技术标准创新基地，保证技术对接与输出效率。

其次，为提高海外先进技术对本土产业的溢出效率，拉动产业升级，应鼓励并购获取关键技术与共性技术，破除专利壁垒打通产业链，针对产业技术短板开通海外并购整合绿色通道，组建专业部门简化审查流程，积极提供"一对一"精准信息服务，引导商业银行量身定制"内保外贷"等配套金融产品。以汽车产业为例，政府应主导科技专项鼓励零部件企业海外并购，针对新能源、节能环保、智能互联汽车等热点领域，在共性技术开发、材料研究和装备研制等方面给予审批、财税、信息等多个方面的政策扶持。

三、鼓励产业抱团突围，组团出海并购整合促进创新

首先，收购方作为龙头企业，应利用其对国际前沿创新的信息敏感度，承担起协调配置产业集群的使命，率领产业抱团突围，整合带动产业升级。在并购整合获取先进技术的基础上，收购方可牵引搭建双创平台，发布需求，提早思考和布局新一代技术，使配套企业创新更有针对性，快速形成有效的商业模式。可借鉴的国际经验有：有丰富海外并购整合经验的通信设备商美国思科公司及早布局 5G 技术，与英特尔公司、爱立信公司合作开发业内首个 5G 路由器，与 Verizon 合作发布 5G 移动组件，与 20 多家移动运营商开展 5G 行动计划。类似地，日本电产接连并购整合 5 家德国企业，深耕机器人技术，联合产业链发展工厂自动化。此外，应成立海外并购企业联合会，为海外并购企业提供良好的交流平台，沟通企业与政府的联系，定期组织高端交流会等进行海外投资整合经验分享，推广中国制造业海外并购整合推动

产业技术创新的成功经验。

其次,抱团出海是优势互补、分散投资风险的新模式。目前中国制造业海外并购仍多处于单打独斗的局面,需承担较高的信息搜寻成本、资金压力与整合风险。本土产业网络是信息传递、信誉背书、创新资源获取、产业链整合的重要载体,以产业链抱团方式出海,能加快整体技术水平升级。政府可为组团出海提供财税支持。政府应发挥财政资金杠杆作用,以"多家企业抱团+产业海外并购基金"形式,推动组团出海形成蜂群效应,支持产业链"走出去"。目前浙江菲达环保科技股份有限公司与浙江水晶光电科技股份有限公司、浙江双环传动机械股份有限公司、浙江晶盛机电股份有限公司等浙企,已在美国组建投资基金"联利资本"为海外并购谋篇布局,其经验值得借鉴。

第三节 政府层面的海外并购整合与产业技术创新政策建议

一、增强海外并购整合相关风险管控

在增强海外并购整合相关风险管控的经济制度环境方面,应注重以下三点。

一是完善海外并购整合相关的法制建设,监督与规范海外并购非理性行为。目前中国仍未出台《对外投资法》,相关的制度建设相对滞后。中国政府可借鉴经济制度建设的国际经验:美国以《对外援助法》为中心,专门制定了《经济合作法》《共同安全法》等有关境外投资的法律法规,形成了多层次、多领域的对外投资管理体制。德国颁布《对外投资担保条例》,建立境外投资保险制度,政府为本国企业进行海外投资提供政策性担保工具。除了完善的对外投资法律体系外,日本还实施海外投资调查制度,基于统计法把握日本企业海外经营活动现状,并据此制定与调整对外投资政策,指导海外并购企

业整合与拓展新技术、新市场，在经济制度环境层面形成基本保障。韩国建立了完备的知识产权管理体系，重点建立专利运营和保护机制，促进海外并购企业有效聚合知识产权资源，为企业创造有利的国际投资环境。

二是丰富风险管理工具，推行海外投资保险制度、准备金制度。在风险管理工具完善方面可借鉴以下国际经验：美国设 OPIC、日本设海外投资保险部，提供风险承保服务；日本通过税收减免推行海外投资亏损准备金制度。在提供海外并购整合援助方面，美国政府设立 TDA 基金，日本设立海外投资调查补助制度，资助可行性研究、尽职调查；美国协调各机构合作网络成立倡导中心提供信息与资助服务，日本政府、银行联合指导海外并购整合，并将项目可行性、技术关联性作为批贷与否的标准；德国政府通过复兴信贷银行、德国投资发展公司为海外并购企业提供灵活、有效、多样的贷款、补贴和专项咨询。

三是发挥政府援助职能，引导制造业企业进行充分的尽职调查并根据资源识别制定恰当的海外并购整合策略。政府应推广中国企业成功的并购后整合模式，树立整合模式的成功典范。如"吉利模式"，在资源互补性强、相似性弱的并购中，并购方企业应选择低程度整合，同时给予目标方高程度的自主性，这有利于技术创新。在政府引导海外并购整合方面，可参考日本经验，日本贸易振兴机构利用全球分布的海外机构收集东道国信息，无偿提供海外并购整合咨询服务，并在世界各地联合日本跨国企业建立互帮互助、资源分享平台。日本经济产业省提供东道国经济环境信息服务，同时鼓励参加和开展国际技术交流及研讨会。德国聘请专家为企业海外经营提供咨询服务，为企业参加投资洽谈会、研讨会等提供补贴，辅助企业充分收集相关信息，减少整合策略不当的风险。

二、完善海外并购整合信息服务系统

政府应发挥引导服务职能，成立海外并购的促进机构为企业提供战略决策信息。例如，美国商务部成立了海外投资的促进机构，主要为企业拓展海外投资提供各类信息、咨询、培训、同行性研究、举办研讨会等相关服务。新加坡经济发展局为促进本国企业海外投资，每年都会组织十余次新加坡厂商和外国厂商的圆桌会议,以及几十次考察团赴国外考察。德国联邦对外经济信息局提供海外市场包括投资需求在内的综合信息,并接受企业委托,就某一外国市场或境外投资项目进行主题调研。英国政府在本国和海外组织举办展览会,同时设立投资促进局(Investment Promotion Agencies,IPA),利用一站式服务帮助企业获得信息。对此我国应予以借鉴。

政府应及时发布国别指导、环境评估及产业导向目录,引进有丰富国际投资经验的咨询机构,构建全方位的信息和咨询服务平台。可参考国际先进经验,如韩国提供配套资源服务与风险预警报告,设置"海外投资企业支援团"提供咨询服务;德国每年举办汉诺威工业博览会,展出前沿产品、技术和解决方案,提供技术前沿信息;法国企业国际化发展署提供国外市场动态、产业信息、法律规定、税收规定、融资条件、国外企业需求等信息服务,政府通过官方机构出版物、组织研讨会和投资洽谈会等为本国对外投资企业提供服务,组建海外投资考察团,进行牵线搭桥,或者直接帮助跨国公司寻找投资机会。中国应当加快完善海外并购信息服务系统,加强与国外机构在信息咨询、技术法规和认证方面的沟通,提供优质咨询服务。

政府还应提供全球网络的信息支持,提升企业的全球网络治理能力。政府应加强海外投资公共信息服务,以美国为例,美国驻外使领馆所设的经济商业情报中心、政府特设机构等都为本国海外投资企业提供最新和最可靠的企业技术信息和市场信息。德国构建以联邦对外经济信息局、驻外使领馆、海外商会为支撑的对外投资促进机制,建立起完整的境外投资信息服务网络,提供的信息和服务包括:政策信息、东道国信息、外国投资市场信息和项目配对服务。中国也应对不同国别进行相关的产业和企业技术信息的研究,加深并购企业对海外目标方企业的文化与管理方式的理解,帮助中国企业在并购整合后,增加与全球网络中企业的研发合作与技术交流,提升对全球资源的集聚与扩散能力,提升在全球创新网络中的核心地位。

三、建立海外并购整合专业分析智库

第一,建立专业的并购整合分析指导智库。聘请技术分析及并购整合领域的专家建设智库,为中国企业海外并购整合提供专业咨询。组建针对中国技术获取型海外并购的专业智库,对海外并购项目及相关数据进行动态分析,提供权威的研究报告。例如借鉴韩国、法国经验,韩国政府提供配套性资源服务和风险预警报告,与全球300多个咨询机构建立业务联系,整合资料并协助项目评估。法国投资咨询公司、投资担保公司、律师事务所、审计会计事务所、专业投资银行专业人士组成的服务网络与政府的政策措施相互补充,为法国企业境外投资提供项目配对便利,协助指导海外并购整合的调研分析工作。

第二,建立并购整合案例库,树立整合模式的成功典范。全面收录海外并购整合案例关键信息,组织设立论坛、高端交流会推广整合经验,提高海外并购成功率。例如参考美国、德国与韩国经验,美国建立对外直接投资企业数据库,帮助企业进行海外直接投资经验的分享与交流,并创办全国性对外投资咨询中心提供分析服务。德国联邦外贸与投资署经营综合性服务平台(iXPOS),汇集了来自70多个机构和组织的海外投资信息供本国企业借鉴。韩国政府建立有机互联网生态系统(Organic Internet System,OIS),汇总海外投资信息与成功失败案例形成专业智库,为企业免费提供海外投资信息支持及与专家在线沟通的服务。

四、发挥政府资源优势与信用附加作用

政府应积极发挥资源优势和信用附加作用,一是政府提供人才保障,可派遣具有国际谈判经验的人员或接洽有并购整合经验的专家加入海外并购小组,提供专业指导。二是搭建海外并购交流平台。可考虑由商务部投资促进事务局或者全联并购公会牵头,定期组织国内近年已经成功实施海外并购整合的企业与即将实施海外并购的企业以圆桌会议等形式进行研讨,同时为后续并购企业提供与同一产业内已成功实施并购的企业的"搭桥"服务。不仅如此,企业实施海外并购面临母国与东道国经济制度环境与文化等多方面的差异,且海外并购已不单单是企业层面的相互协商,更需要政府部门的扶持。德国在全球设置的超过200多个驻外使馆为本国企业"走出去"提供驻在国经济、税收、投资法律法规等政策方面的信息。我国也可充分利用驻外使馆的驻外优势,为国内企业提供真实可靠的国外投资市场信息。并在此基础上

由商务部统计有海外投资意向的国内企业信息，与驻外使馆接洽，帮助国内企业进行海外调研。

五、引导企业抱团并购整合，提升产业的全球价值链

政府应引导企业抱团并购整合，提升产业的全球价值链。一是政府牵头进行拼盘海外投资，通过"多家企业抱团+产业海外并购基金"的形式，引导企业并购整合处于产业链上游具有核心技术优势的海外企业。设立中国制造业产业海外并购基金推动产业链抱团并购整合，形成蜂群效应，降低单一企业海外并购谈判和整合的成本，支持产业链"走出去"，形成具有竞争力的新专利组合，提升我国企业在全球创新网络中的话语权。二是鼓励协同出海整合突破关键技术和共性技术，与本土产业链企业组成新的专利架构，在全球市场取得竞争优势。例如可借鉴日本经验，日本机器人产业以财团型、产业型企业间相互持股建立强连接关系纽带，提升在海外并购投融资及整合中的谈判实力。

第四节　本　章　小　结

本章从企业、产业与政府三个层次提出途径与政策建议，旨在构建中国制造业海外并购整合与产业技术创新的多层次保障体系。企业层次，从资源识别阶段、资源整合阶段、资源创新利用阶段提出政策建议，为企业海外并购整合获取先进技术与创新资源，以及通过海外并购整合嵌入提升网络位置引领产业技术创新提供实践指导。产业层次，从本土产业集群建设、产业标准体系完善、产业联动创新等方面提出途径建议，促进海外并购企业把握海外并购整合机遇，汇集全球创新资源促进技术溢出带动本土产业技术创新。政府层次，为避免海外并购失败引发多重风险，中国政府应丰富海外投资风险管理工具与发挥援助职能。为提高海外并购整合的成功率，中国政府应加强完善海外并购整合信息服务系统、建立海外并购整合专业分析智库，为中国制造业企业的海外并购整合实践提供行动依据与参照典范。政府还应积极

发挥资源优势和信用附加作用，引导企业抱团并购整合，提升产业的全球价值链，促进收购方通过海外并购整合成功嵌入全球创新网络并带动产业技术创新。本章的分析为基于创新网络的中国制造业海外并购整合与产业技术创新构建了全面的保障体系，对推动创新驱动高质量发展，加快中国制造向中国创造转型具有重要意义。

参 考 文 献

杜德斌，赵剑波. 2014. 中国企业跨国并购全流程整合研究——以金风科技并购德国 VENSYS 公司为例. 学术研究，(8)：86-90，160.

李杰,李捷瑜,黄先海. 2011. 海外市场需求与跨国垂直并购——基于低端下游企业的视角. 经济研究，(5)：99-110.

李坤，于渤，李清均. 2014. "躯干国家"制造向"头脑国家"制造转型的路径选择——基于高端装备制造产业成长路径选择的视角. 管理世界，(7)：1-11.

钱锡红，杨永福，徐万里. 2010. 企业网络位置、吸收能力与创新绩效——一个交互效应模型. 管理世界，(5)：118-129.

阮建青，张晓波，卫龙宝. 2010. 危机与制造业产业集群的质量升级——基于浙江产业集群的研究. 管理世界，(2)：69-79.

宋凌云，王贤彬. 2013. 重点产业政策、资源重置与产业生产率. 管理世界，(12)：63-77.

王伟光，冯荣凯，尹博. 2015. 产业创新网络中核心企业控制力能够促进知识溢出吗？. 管理世界，(6)：99-109.

王寅. 2013. 中国技术获取型海外并购整合研究——基于资源相似性与互补性的视角. 杭州：浙江大学.

巫景飞，芮明杰. 2007. 产业模块化的微观动力机制研究——基于计算机产业演化史的考察. 管理世界，(10)：75-83.

许晖，许守任，王睿智. 2013. 网络嵌入、组织学习与资源承诺的协同演进——基于3家外贸企业转型的案例研究. 管理世界，(10)：142-155，169，188.

张建红，周朝鸿. 2010. 中国企业走出去的制度障碍研究——以海外收购为例. 经济研究，(6)：80-91，119.

钟芳芳. 2015. 技术获取型海外并购整合与技术创新研究. 杭州：浙江大学.

庄卫民，龚仰军. 2005. 产业技术创新. 上海：东方出版中心.

Abramovsky L, Simpson H. 2011. Geographic proximity and firm-university innovation linkages: evidence from Great Britain. Journal of Economic Geography, 11: 949-977.

Acemoglu D, Johnson S. 2005. Unbundling institutions. Journal of Political Economy, 113: 949-995.

Aghasi K, Colombo M G, Rossi-Lamastra C. 2017. Acquisitions of small high-tech firms as a mechanism for external knowledge sourcing: the integration-autonomy dilemma. Technological Forecasting and Social Change, 120: 334-346.

Ahuja G. 2000. Collaboration networks, structural holes, and innovation: a longitudinal study. Administrative Science Quarterly, 45: 425-455.

Ahuja G, Katila R. 2001. Technological acquisitions and the innovation performance of acquiring firms: a longitudinal study. Strategic Management Journal, 22: 197-220.

Ahuja G, Soda G, Zaheer A. 2012. The genesis and dynamics of organizational networks. Organization Science, 23: 434-448.

Aiken L S, West S G. 1991. Multiple Regression: Testing and Interpreting Interactions. London: Sage.

Alcacer J, Oxley J. 2014. Learning by supplying. Strategic Management Journal, 35: 204-223.

Anderson H, Havila V, Salmi A. 2001. Can you buy a business relationship?: On the importance of customer and supplier relationships in acquisitions. Industrial Marketing Management, 30: 575-586.

Andersson U, Holm D B, Johanson M. 2007. Moving or doing? Knowledge flow, problem solving, and change in industrial networks. Journal of Business Research, 60: 32-40.

Angwin D. 2004. Speed in M&A integration: the first 100 days. European Management Journal, 22: 418-430.

Angwin D N, Meadows M. 2015. New integration strategies for post-acquisition management. Long Range Planning, 48: 235-251.

Ansoff H I. 1965. Corporate Strategy: An Analytic Approach to Business Policy for Growth and Expansion. New York: McGraw-Hill Companies.

Antonelli C, Ferraris G. 2011. Innovation as an emerging system property: an agent based simulation model. Journal of Artificial Societies and Social Simulation, 14: 1-47.

Appleyard M M. 1996. How does knowledge flow? Interfirm patterns in the semiconductor industry. Strategic Management Journal, 17: 137-154.

Bagozzi R P, Yi Y. 1988. On the evaluation of structural equation models. Journal of the Academy of Marketing Science, 16: 74-94.

Bala V, Goyal S. 2000. A noncooperative model of network formation. Econometrica, 68: 1181-1229.

Ballester C, Calvó-Armengol A, Zenou Y. 2006. Who's who in networks. Wanted: the key player. Econometrica, 74: 1403-1417.

Banal-Estañol A, Seldeslachts J. 2011. Merger failures. Journal of Economics & Management Strategy, 20: 589-624.

Bannert V, Tschirky H. 2004. Integration planning for technology intensive acquisitions. R&D Management, 34: 481-494.

Barabási A L, Albert R. 1999. Emergence of scaling in random networks. Science, 286: 509-512.

Baraldi E, Gressetvold E, Harrison D. 2012. Resource interaction in inter-organizational networks: foundations, comparison, and a research agenda. Journal of Business Research, 65: 266-276.

Barney J B. 1986. Strategic factor markets: Expectations, luck, and business strategy. Management Science, 32: 1231-1241.

Bartlett C A, Ghoshal S. 1989. Managing Across Borders: The Transnational Solution. Boston: Harvard Business School Press.

Bauer F, Degischer D, Matzler K. 2013. Is Speed of Integration in M&A Learnable? The Moderating Role of Organizational Learning on the Path of Speed of Integration on Performance. Zadar: ToKnow Press.

Bauer F, Matzler K. 2014. Antecedents of M&A success: the role of strategic complementarity, cultural fit, and degree and speed of integration. Strategic Management Journal, 35: 269-291.

Baum J A C, Cowan R, Jonard N. 2010. Network-independent partner selection and the evolution of innovation networks. Management Science, 56: 2094-2110.

Bena J, Li K. 2014. Corporate innovations and mergers and acquisitions. The Journal of Finance, 69: 1923-1960.

Bercovitz J, Feldman M. 2011. The mechanisms of collaboration in inventive teams: Composition, social networks, and geography. Research Policy, 40: 81-93.

Birkinshaw J, Bresman H, Håkanson L. 2000. Managing the post-acquisition integration process: how the human integration and task integration processes interact to foster value creation. Journal of Management Studies, 37: 395-425.

Blanchard O J, Leigh D. 2013. Growth forecast errors and fiscal multipliers. American Economic Review, 103: 117-120.

Bonacich P. 1987. Power and centrality: a family of measures. American Journal of Sociology, 92: 1170-1182.

Borgatti S P. 2005. Centrality and network flow. Social Networks, 27: 55-71.

Borgatti S P, Halgin D S. 2011. On network theory. Organization Science, 22: 1168-1181.

Bragado J F. 1992. Setting the correct speed for post-merger integration. M&A Europe, 5: 24-31.

Brakman S, Inklaar R, Van Marrewijk C. 2013. Structural change in OECD comparative advantage. The Journal of International Trade & Economic Development, 22: 817-838.

Brennecke J, Rank O. 2017. The firm's knowledge network and the transfer of advice among corporate inventors—a multilevel network study. Research Policy, 46: 768-783.

Bresman H, Birkinshaw J, Nobel R. 1999. Knowledge transfer in international acquisitions. Journal of International Business Studies, 30: 439-462.

Brouthers K D. 2013. Institutional, cultural and transaction cost influences on entry mode choice and performance. Journal of International Business Studies, 44: 1-13.

Brown J S, Duguid P. 2001. Knowledge and organization: a social-practice perspective. Organization Science, 12: 198-213.

Brown T A. 2006. Confirmatory Factor Analysis for Applied Research. New York: Guilford Press.
Burt R S. 1992. Structural Holes: the Social Structure of Competition. Cambridge: Harvard University Press.
Buskens V, van de Rijt A. 2008. Dynamics of networks if everyone strives for structural holes. American Journal of Sociology, 114: 371-407.
Cannella Jr A A, Hambrick D C. 1993. Effects of executive departures on the performance of acquired firms. Strategic Management Journal, 14: 137-152.
Capaldo A. 2007. Network structure and innovation: the leveraging of a dual network as a distinctive relational capability. Strategic Management Journal, 28: 585-608.
Capron L. 1999. The long-term performance of horizontal acquisitions. Strategic Management Journal, 20: 987-1018.
Capron L, Dussauge P, Mitchell W. 1998. Resource redeployment following horizontal acquisitions in Europe and North America, 1988–1992. Strategic Management Journal, 19: 631-661.
Capron L, Guillén M. 2009. National corporate governance institutions and post-acquisition target reorganization. Strategic Management Journal, 30: 803-833.
Capron L, Hulland J. 1999. Redeployment of brands, sales forces, and general marketing management expertise following horizontal acquisitions: a resource-based view. Journal of Marketing, 63: 41-54.
Capron L, Mitchell W, Swaminathan A. 2001. Asset divestiture following horizontal acquisitions: a dynamic view. Strategic Management Journal, 22: 817-844.
Capron L, Pistre N. 2002. When do acquirers earn abnormal returns?. Strategic Management Journal, 23: 781-794.
Carlin W, Soskice D. 2006. Macroeconomics: Imperfections, Institutions, and Policies. Oxford: Oxford University Press.
Carmines E G, Zeller R A. 1979. Reliability and Validity Assessment. Newbury Park: Sage Publications.
Carte T A, Russell C J. 2003. In pursuit of moderation: nine common errors and their solutions. MIS Quarterly, 27: 479-501.
Cartwright S, Cooper C L. 1993. The role of culture compatibility in successful organizational marriage. Academy of Management Perspectives, 7: 57-70.
Cassiman B, Colombo M G, Garrone P, et al. 2005. The impact of M&A on the R&D process: an empirical analysis of the role of technological-and market-relatedness. Research Policy, 34: 195-220.
Castañer X, Karim S. 2011. Acquirers' goals' influence on acquirer-target bilateral interactions. Boston University School of Management Research Paper No. 2012-2.
Certo S T, Covin J G, Daily C M, et al. 2001. Wealth and the effects of founder management among IPO-stage new ventures. Strategic Management Journal, 22: 641-658.
Chadwick C, Super J F, Kwon K. 2015. Resource orchestration in practice: CEO emphasis on

SHRM, commitment-based HR systems, and firm performance. Strategic Management Journal, 36: 360-376.

Chakkol M, Finne M, Raja J Z, et al. 2018. Social capital is not for sale: a supply network perspective on mergers and acquisitions. Supply Chain Management: An International Journal, 23: 377-395.

Chakrabarti R, Gupta-Mukherjee S, Jayaraman N. 2009. Mars-Venus marriages: culture and cross-border M&A. Journal of International Business Studies, 40: 216-236.

Chao M C H, Kumar V. 2010. The impact of institutional distance on the international diversity-performance relationship. Journal of World Business, 45: 93-103.

Chatterjee S. 1986. Types of synergy and economic value: the impact of acquisitions on merging and rival firms. Strategic Management Journal, 7: 119-139.

Chatterjee S. 2009. The keys to successful acquisition programmes. Long Range Planning, 42: 137-163.

Chatterjee S, Lubatkin M H, Schweiger D M, et al. 1992. Cultural differences and shareholder value in related mergers: linking equity and human capital. Strategic Management Journal, 13: 319-334.

Chatterjee S, Wernerfelt B. 1991. The link between resources and type of diversification: theory and evidence. Strategic Management Journal, 12: 33-48.

Chen C H, Chang Y Y, Lin M J J. 2010. The performance impact of post-M&A interdepartmental integration: an empirical analysis. Industrial Marketing Management, 39: 1150-1161.

Chen F Q, Chen Y, Zhong F. 2017a. Integration decision-making in technology-sourcing cross-border M&As: a mathematical model. Computational and Mathematical Organization Theory, 23: 524-545.

Chen F Q, Li F, Meng Q S. 2017b. Integration and autonomy in Chinese technology-sourcing cross-border M&As: from the perspective of resource similarity and resource complementarity. Technology Analysis & Strategic Management, 29: 1002-1014.

Chen F Q, Meng Q S, Li F. 2016. Simulation of technology sourcing overseas post-merger behaviors in a global game model. Journal of Artificial Societies and Social Simulation, 19: 1-13.

Chen F Q, Meng Q S, Li F. 2017c. How resource information backgrounds trigger post-merger integration and technology innovation? A dynamic analysis of resource similarity and complementarity. Computational and Mathematical Organization Theory, 23: 167-198.

Chen F Q, Wang Y. 2014. Integration risk in cross-border M&A based on internal and external resource: empirical evidence from China. Quality & Quantity, 48: 281-295.

Chen S F S, Hennart J F. 2004. A hostage theory of joint ventures: why do Japanese investors choose partial over full acquisitions to enter the United States?. Journal of Business Research, 57: 1126-1134.

Chen T J. 2003. Network resources for internationalization: the case of Taiwan's electronics firms. Journal of Management Studies, 40: 1107-1130.

Chen Y S, Chang C H, Yeh S L, et al. 2015. Green shared vision and green creativity: the mediation roles of green mindfulness and green self-efficacy. Quality & Quantity, 49: 1169-1184.

Chi T L, Seth A. 2009. A dynamic model of the choice of mode for exploiting complementary capabilities. Journal of International Business Studies, 40: 365-387.

Child J, Chung L, Davies H. 2003. The performance of cross-border units in China: a test of natural selection, strategic choice and contingency theories. Journal of International Business Studies, 34: 242-254.

Child J, Faulkner D, Pitkethly R. 2001. The Management of International Acquisitions.New York: Oxford University Press.

Child J, Rodrigues S B. 2005. The internationalization of Chinese firms: a case for theoretical extension?. Management and Organization Review, 1: 381-410.

Cho Y, Hwang J, Lee D. 2012. Identification of effective opinion leaders in the diffusion of technological innovation: a social network approach. Technological Forecasting and Social Change, 79: 97-106.

Chow G C. 1960. Tests of equality between sets of coefficients in two linear regressions. Econometrica, 28: 591-605.

Cloodt M, Hagedoorn J, van Kranenburg H. 2006. Mergers and acquisitions: their effect on the innovative performance of companies in high-tech industries. Research Policy, 35: 642-654.

Cohen R, Erez K, ben-Avraham D, et al. 2000. Resilience of the Internet to random breakdowns. Physical Review Letters, 85: 4626-4628.

Cohen W M, Levinthal D A. 1990. Absorptive capacity: a new perspective on learning and innovation. Administrative Science Quarterly, 35: 128-152.

Colombo M G, Rabbiosi L. 2014. Technological similarity, post-acquisition R&D reorganization, and innovation performance in horizontal acquisitions. Research Policy, 43: 1039-1054.

Colombo M G, Rabbiosi L, Reichstein T. 2010. Special issue on: designing internal organization for external knowledge sourcing. European Management Review, 7: 74-76.

Colombo M G, Zrilic O, 2010. Acquisition integration and leadership continuity of high-technology acquisitions. DIME Conference Organizing for Networked Innovation.

Contractor F J, Lahiri S, Elango B, et al. 2014. Institutional, cultural and industry related determinants of ownership choices in emerging market FDI acquisitions. International Business Review, 23: 931-941.

Cording M, Christmann P, King D R. 2008. Reducing causal ambiguity in acquisition integration: intermediate goals as mediators of integration decisions and acquisition performance. Academy of Management Journal, 51: 744-767.

Cui L, Jiang F M. 2012. State ownership effect on firms' FDI ownership decisions under institutional pressure: a study of Chinese outward-investing firms. Journal of International Business Studies, 43: 264-284.

Dacin M T, Oliver C, Roy J P. 2007. The legitimacy of strategic alliances: an institutional perspective. Strategic Management Journal, 28: 169-187.

Das T K, Teng B S. 2000. A resource-based theory of strategic alliances. Journal of Management, 26: 31-61.

Datta D K. 1991. Organizational fit and acquisition performance: effects of post-acquisition integration. Strategic Management Journal, 12: 281-297.

Datta D K, Grant J H. 1990. Relationships between type of acquisition, the autonomy given to the acquired firm, and acquisition success: an empirical analysis. Journal of Management, 16: 29-44.

Datta D K, Pinches G E, Narayanan V K. 1992. Factors influencing wealth creation from mergers and acquisitions: a meta-analysis. Strategic Management Journal, 13: 67-84.

Datta D K, Puia G. 1995. Cross-border acquisitions: an examination of the influence of relatedness and cultural fit on shareholder value creation in U.S. acquiring firms. Management International Review, 35: 337-359.

Davis P S, Desai A B, Francis J D. 2000. Mode of international entry: an isomorphism perspective. Journal of International Business Studies, 31: 239-258.

de Prato G, Nepelski D. 2014. Global technological collaboration network: network analysis of international co-inventions. The Journal of Technology Transfer, 39: 358-375.

DeCarolis D M, Deeds D L. 1999. The impact of stocks and flows of organizational knowledge on firm performance: an empirical investigation of the biotechnology industry. Strategic Management Journal, 20: 953-968.

Degbey W, Pelto E. 2013. Cross-border M&A as a trigger for network change in the Russian bakery industry. Journal of Business & Industrial Marketing, 28: 178-189.

Delios A, Beamish P W. 1999. Ownership strategy of Japanese firms: transactional, institutional, and experience influences. Strategic Management Journal, 20: 915-933.

Demirbag M, Glaister K W, Tatoglu E. 2007. Institutional and transaction cost influences on MNEs' ownership strategies of their affiliates: Evidence from an emerging market. Journal of World Business, 42: 418-434.

Demirbag M, Weir D. 2006. Resources and equity ownership in IJVs in Turkey. Thunderbird International Business Review, 48: 55-76.

Denison D R, Adkins B, Guidroz A M. 2011. Managing cultural integration in cross-border mergers and acquisitions. Advances in Global Leadership, 6: 95-115.

DeVellis R F. 2016. Scale Development: Theory and Applications. Thousand Oaks: Sage.

Dhanaraj C, Beamish P W. 2004. Effect of equity ownership on the survival of international joint ventures. Strategic Management Journal, 25: 295-305.

Dhanaraj C, Parkhe A. 2006. Orchestrating innovation networks. Academy of Management Review, 31: 659-669.

Dikova D. 2009. Performance of foreign subsidiaries: does psychic distance matter?. International Business Review, 18: 38-49.

Dikova D, Sahib P R, van Witteloostuijn A. 2010. Cross-border acquisition abandonment and completion: the effect of institutional differences and organizational learning in the international business service industry, 1981-2001. Journal of International Business Studies, 41: 223-245.

Dikova D, van Witteloostuijn A. 2007. Foreign direct investment mode choice: entry and establishment modes in transition economies. Journal of International Business Studies, 38: 1013-1033.

Dixit A K, Stiglitz J E. 1977. Monopolistic competition and optimum product diversity. American Economic Review, 67: 297-308.

Dunning J H. 1993. Internationalizing porter's diamond. Management International Review, 33: 7-15.

Dyer J H, Nobeoka K. 2000. Creating and managing a high-performance knowledge-sharing network: the Toyota case. Strategic Management Journal, 21: 345-367.

Eden L, Miller S R. 2004. Distance matters: liability of foreignness, institutional distance and ownership strategy. Advances in International Management, 16: 187-221.

Eeckhout J, Jovanovic B. 2002. Knowledge spillovers and inequality. American Economic Review, 92: 1290-1307.

Eggers J P, Song L. 2015. Dealing with failure: serial entrepreneurs and the costs of changing industries between ventures. Academy of Management Journal, 58: 1785-1803.

Eisenhardt K M. 1989. Building theories from case study research. Academy of Management Review, 14: 532-550.

Eisenhardt K M, Graebner M E. 2007. Theory building from cases: opportunities and challenges. Academy of Management Journal, 50: 25-32.

Elango B, Lahiri S, Kundu S K. 2013. How does firm experience and institutional distance impact ownership choice in high-technology acquisitions?. R&D Management, 43: 501-516.

Elango B, Sethi S P. 2007. An exploration of the relationship between country of origin (COE) and the internationalization-performance paradigm. Management International Review, 47: 369-392.

Ellis K M, Reus T H, Lamont B T. 2009. The effects of procedural and informational justice in the integration of related acquisitions. Strategic Management Journal, 30: 137-161.

Ernst H, Vitt J. 2000. The influence of corporate acquisitions on the behaviour of key inventors. R&D Management, 30: 105-120.

Eschen E, Bresser R K F. 2005. Closing resource gaps: toward a resource-based theory of advantageous mergers and acquisitions. European Management Review, 2: 167-178.

Farrell J, Shapiro C. 1990. Horizontal mergers: an equilibrium analysis. The American Economic Association, 80: 107-126.

Farrell J, Shapiro C. 2000. Scale economies and synergies in horizontal merger analysis. Antitrust Law Journal, 68: 1-28.

Ferner A, Almond P, Clark I, et al. 2004. The dynamics of central control and subsidiary autonomy in the management of human resources: case-study evidence from US MNCs in the UK. Organization Studies, 25: 363-391.

Fleming L, Mingo S, Chen D. 2007. Collaborative brokerage, generative creativity, and creative success. Administrative Science Quarterly, 52: 443-475.

Fornell C, Larcker D F. 1981. Evaluating structural equation models with unobservable variables and measurement error. Journal of Marketing Research, 18: 39-50.

Frank R H. 1985. Choosing the Right Pond: Human Behavior and the Quest for Status. New York: Oxford University Press.

Frantz T L. 2012. A social network view of post-merger integration. Advances in Mergers and Acquisitions, 10: 161-176.

Freeman C. 1991. Networks of innovators: a synthesis of research issues. Research Policy, 20: 499-514.

Freeman C, Soete L. 1997. The Economics of Industrial Innovation. Cambridge: Psychology Press.

Freeman L C. 1978. Centrality in social networks conceptual clarification. Social Networks, 1: 215-239.

Gadiesh O, Buchanan R, Daniell M, et al. 2002. A CEO's guide to the new challenges of M&A leadership. Strategy & Leadership, 30: 13-18.

Galeotti A, Goyal S, Jackson M O, et al. 2010. Network games. The Review of Economic Studies, 77: 218-244.

Geleilate J M G, Magnusson P, Parente R C, et al. 2016. Home country institutional effects on the multinationality-performance relationship: a comparison between emerging and developed market multinationals. Journal of International Management, 22: 380-402.

Georgopoulos A, Preusse H G. 2009. Cross-border acquisitions vs. greenfield investment: a comparative performance analysis in Greece. International Business Review, 18: 592-605.

Geppert M, Matten D, Walgenbach P. 2006. Transnational institution building and the multinational corporation: an emerging field of research. Human Relations, 59: 1451-1465.

Gerpott T J. 1995. Successful integration of R&D functions after acquisitions: an exploratory empirical study. R&D Management, 25: 161-178.

Ghoshal S. 1987. Global strategy: an organizing framework. Strategic Management Journal, 8: 425-440.

Glaser B G, Strauss A L, Strutzel E. 1968. The discovery of grounded theory: strategies for qualitative research. Nursing Research, 17: 364.

Goyal S, Joshi S. 2003. Networks of collaboration in oligopoly. Games and Economic Behavior, 43: 57-85.

Goyal S, Moraga-González J L. 2001. R&D networks. RAND Journal of Economics, 32(4): 686-707.

Goyal S, Vega-Redondo F. 2005. Network formation and social coordination. Games and Economic Behavior, 50: 178-207.

Graebner M E. 2004. Momentum and serendipity: how acquired leaders create value in the integration of technology firms. Strategic Management Journal, 25: 751-777.

Graebner M E, Heimeriks K H, Huy Q N, et al. 2017. The process of postmerger integration: a review and agenda for future research. Academy of Management Annals, 11: 1-32.

Grant R M. 1991. The resource-based theory of competitive advantage: implications for strategy formulation. California Management Review, 33: 114-135.

Grant R M. 1996. Toward a knowledge-based theory of the firm. Strategic Management Journal, 17: 109-122.

Greene W H. 2003. Econometric Analysis. 5th ed. Delhi: Pearson Education.

Griliches Z. 1991. The search for R&D spillovers. National Bureau of Economic Research.

Guadalupe M, Kuzmina O, Thomas C. 2012. Innovation and foreign ownership. American Economic Review, 102: 3594-3627.

Guan J C, Chen Z F. 2012. Patent collaboration and international knowledge flow. Information Processing & Management, 48: 170-181.

Guan J C, Liu N. 2016. Exploitative and exploratory innovations in knowledge network and collaboration network: a patent analysis in the technological field of nano-energy. Research Policy, 45: 97-112.

Guan J C, Zuo K R, Chen K H, et al. 2016. Does country-level R&D efficiency benefit from the collaboration network structure?. Research Policy, 45: 770-784.

Gulati R, Sytch M. 2007. Dependence asymmetry and joint dependence in interorganizational relationships: effects of embeddedness on a manufacturer's performance in procurement relationships. Administrative Science Quarterly, 52: 32-69.

Guo B, Gao J, Chen X L. 2013. Technology strategy, technological context and technological catch-up in emerging economies: industry-level findings from Chinese manufacturing. Technology Analysis & Strategic Management, 25: 219-234.

Guo B, Wang Y Q, Xie X Y, et al. 2015. Search more deeply or search more broadly? An empirical study of external knowledge search strategy in manufacturing SMEs. Asian Journal of Technology Innovation, 23: 87-106.

Hagedoorn J, Cloodt M. 2003. Measuring innovative performance: is there an advantage in using multiple indicators?. Research Policy, 32: 1365-1379.

Hagedoorn J, Duysters G. 2002. The effect of mergers and acquisitions on the technological performance of companies in a high-tech environment. Technology Analysis & Strategic Management, 14: 67-85.

Hair J F, Ringle C M, Sarstedt M. 2011. PLS-SEM: indeed a silver bullet. Journal of Marketing Theory and Practice, 19: 139-152.

Halkos G E, Tzeremes N G. 2011. Modelling the effect of national culture on multinational banks' performance: a conditional robust nonparametric frontier analysis. Economic Modelling, 28: 515-525.

Hall B H. 1989. The impact of corporate restructuring on industrial research and development. National Bureau of Economic Research.

Hall B H, Jaffe A B, Trajtenberg M. 2001. The NBER patent citation data file: lessons, insights and methodological tools. National Bureau of Economic Research.

Hambrick D C, Cannella A A. 1993. Relative standing: a framework for understanding departures of acquired executives. Academy of Management Journal, 36: 733-762.

Hanaki N, Nakajima R, Ogura Y. 2010. The dynamics of R&D network in the IT industry. Research Policy, 39: 386-399.

Hao B, Feng Y N, Ye J F. 2017. Building interfirm leadership: a relational identity perspective. European Management Journal, 35: 651-662.

Hardy M A. 1993. Regression with Dummy Variables.Newbury Park: Sage.

Harrison J S, Hitt M A, Hoskisson R E, et al. 1991. Synergies and post-acquisition performance: differences versus similarities in resource allocations. Journal of Management, 17: 173-190.

Haspeslagh P C, Jemison D B. 1991. Managing Acquisitions: Creating Value Through Corporate Renewal. New York: Free Press.

Hayward M L A. 2002. When do firms learn from their acquisition experience? Evidence from 1990 to 1995. Strategic Management Journal, 23: 21-39.

Helfat C E, Peteraf M A. 2003. The dynamic resource-based view: capability lifecycles. Strategic Management Journal, 24: 997-1010.

Helpman E, Krugman P R. 1985. Market Structure and Foreign Trade: Increasing Returns, Imperfect Competition, and the International Economy. Cambridge: MIT Press.

Henderson R, Cockburn I. 1996. Scale, scope and spillovers: the determinants of research productivity in drug discovery. RAND Journal of Economics, 27(1): 32-59.

Herbig P, Dunphy S. 1998. Culture and innovation. Cross Cultural Management: An International Journal, 5: 13-21.

Hernandez E, Menon A. 2018. Acquisitions, node collapse, and network revolution. Management Science, 64: 1652-1671.

Hernandez E, Shaver J M. 2019. Network synergy. Administrative Science Quarterly, 64: 171-202.

Herrigel G, Wittke V, Voskamp U. 2013. The process of Chinese manufacturing upgrading: transitioning from unilateral to recursive mutual learning relations. Global Strategy Journal, 3: 109-125.

Heywood J S, McGinty M. 2011. Cross-border mergers in a mixed oligopoly. Economic Modelling, 28: 382-389.

Hitt M A, Ahlstrom D, Dacin M T, et al. 2004. The institutional effects on strategic alliance partner selection in transition economies: China vs. Russia. Organization Science, 15: 173-185.

Hitt M A, Harrison J S, Ireland R D. 2001. Mergers & Acquisitions: A Guide to Creating Value for Stakeholders. Now York: Oxford University Press.

Hitt M A, Hoskisson R E, Johnson R A, et al. 1996. The market for corporate control and firm innovation. Academy of Management Journal, 39: 1084-1119.

Hitt M A, Ireland R D. 1985. Corporate distinctive competence, strategy, industry and performance.

Strategic Management Journal, 6: 273-293.

Hoffman J J, Cullen J B, Carter N M, et al. 1992. Alternative methods for measuring organization fit: technology, structure, and performance. Journal of Management, 18: 45-57.

Hofstede G. 1980. Culture and organizations. International Studies of Management & Organization, 10: 15-41.

Hofstede G. 2001. Culture's Consequences: Comparing Values, Behaviors, Institutions and Organizations Across Nations. Thousand Oaks: Sage.

Holmes Jr R M, Miller T, Hitt M A, et al. 2013. The interrelationships among informal institutions, formal institutions, and inward foreign direct investment. Journal of Management, 39: 531-566.

Homburg C, Bucerius M. 2005. A marketing perspective on mergers and acquisitions: how marketing integration affects postmerger performance. Journal of Marketing, 69: 95-113.

Homburg C, Bucerius M. 2006. Is speed of integration really a success factor of mergers and acquisitions? An analysis of the role of internal and external relatedness. Strategic Management Journal, 27: 347-367.

Hoskisson R E, Hitt M A. 1990. Antecedents and performance outcomes of diversification: a review and critique of theoretical perspectives. Journal of Management, 16: 461-509.

House R J, Hanges P J, Javidan M, Dorfman P W, et al. 2004. Culture, Leadership, and Organizations: the Globe Study of 62 Societies. Newbury Park: Sage.

Huang Z, Zhu H, Brass D J. 2017. Cross-border acquisitions and the asymmetric effect of power distance value difference on long-term post-acquisition performance. Strategic Management Journal, 38: 972-991.

Inkpen A C, Sundaram A K, Rockwood K. 2000. Cross-border acquisitions of US technology assets. California Management Review, 42: 50-71.

Jaccard J, Turrisi R. 2003. Interaction Effects in Multiple Regression. Newbury Park: Sage.

Jackson M O. 2008. Social and Economic Networks. Princeton: Princeton University Press.

Jackson M O, Rogers B W. 2007. Meeting strangers and friends of friends: how random are social networks?. American Economic Review, 97: 890-915.

Jackson M O, Wolinsky A. 1996. A strategic model of social and economic networks. Journal of Economic Theory, 71: 44-74.

Jean R J B, Sinkovics R R, Hiebaum T P. 2014. The effects of supplier involvement and knowledge protection on product innovation in customer-supplier relationships: a study of global automotive suppliers in China. Journal of Product Innovation Management, 31: 98-113.

Jemison D B. 1988. Value creation and acquisition integration: the role of strategic capability transfer. Advances in the Study of Entrepreneurship, Innovation, and Economic Growth. Supplement, 1: 191-218.

Jemison D B, Sitkin S B. 1986. Corporate acquisitions: a process perspective. Academy of Management Review, 11: 145-163.

Jensen R, Szulanski G. 2004. Stickiness and the adaptation of organizational practices in cross-border knowledge transfers. Journal of International Business Studies, 35: 508-523.

Kafouros M I, Buckley P J. 2008. Under what conditions do firms benefit from the research efforts of other organizations?. Research Policy, 37: 225-239.

Kale P, Puranam P. 2004. Choosing equity stakes in technology-sourcing relationships: an integrative framework. California Management Review, 46: 77-99.

Kapoor R, Lim K. 2007. The impact of acquisitions on the productivity of inventors at semiconductor firms: a synthesis of knowledge-based and incentive-based perspectives. Academy of Management Journal, 50: 1133-1155.

Karim S. 2006. Modularity in organizational structure: the reconfiguration of internally developed and acquired business units. Strategic Management Journal, 27: 799-823.

Karim S, Kaul A. 2015. Structural recombination and innovation: unlocking intraorganizational knowledge synergy through structural change. Organization Science, 26: 439-455.

Katila R, Chen E L. 2008. Effects of search timing on innovation: the value of not being in sync with rivals. Administrative Science Quarterly, 53: 593-625.

Kaufmann D, Kraay A, Mastruzzi M. 2009. Governance mattersⅧ: aggregate and individual governance indicators, 1996-2008. Social Science Electronic Publishing, 23: 1-30.

Khanna T, Rivkin J W. 2001. Estimating the performance effects of business groups in emerging markets. Strategic Management Journal, 22: 45-74.

Kim H, Park Y. 2009. Structural effects of R&D collaboration network on knowledge diffusion performance. Expert Systems With Applications, 36: 8986-8992.

Kim J Y, Finkelstein S. 2009. The effects of strategic and market complementarity on acquisition performance: evidence from the U.S. commercial banking industry, 1989-2001. Strategic Management Journal, 30: 617-646.

King D R, Dalton D R, Daily C M, et al. 2004. Meta-analyses of post-acquisition performance: indications of unidentified moderators. Strategic Management Journal, 25: 187-200.

King D R, Slotegraaf R J, Kesner I. 2008. Performance implications of firm resource interactions in the acquisition of R&D-intensive firms. Organization Science, 19: 327-340.

Kirca A H, Hult G T M, Deligonul S, et al. 2012. A multilevel examination of the drivers of firm multinationality: a meta-analysis. Journal of Management, 38: 502-530.

Kitching J. 1967. Why do mergers miscarry. Harvard Business Review, 45: 84-101.

Koenker R, Bassett Jr G. 1978. Regression quantiles. Econometrica, 46(1): 33-50.

Kogut B, Singh H. 1988. The effect of national culture on the choice of entry mode. Journal of International Business Studies, 19: 411-432.

Kogut B, Zander U. 1992. Knowledge of the firm, combinative capabilities, and the replication of technology. Organization Science, (3): 383-397.

Kohpaiboon A, Jongwanich J. 2014. Global production sharing and wage premiums: evidence from the Thai manufacturing sector. Asian Development Review, 31: 141-164.

Koka B R, Prescott J E. 2008. Designing alliance networks: the influence of network position, environmental change, and strategy on firm performance. Strategic Management Journal, 29: 639-661.

Kostova T. 1999. Transnational transfer of strategic organizational practices: a contextual perspective. Academy of Management Review, 24: 308-324.

Kostova T, Roth K. 2002. Adoption of an organizational practice by subsidiaries of multinational corporations: institutional and relational effects. Academy of Management Journal, 45: 215-233.

Kozin M D, Young K C. 1994. Using acquisitions to buy and hone core competencies. Mergers Acquisions, 29: 21-26.

Krishnan H A, Miller A, Judge W Q. 1997. Diversification and top management team complementarity: is performance improved by merging similar or dissimilar teams?. Strategic Management Journal, 18: 361-374.

Krug J A, Aguilera R V. 2005. Top management team turnover in mergers and acquisitions. Advances in Mergers and Acquisitions, 4: 123-151.

Kuemmerle W. 1999. The drivers of foreign direct investment into research and development: an empirical investigation. Journal of International Business Studies, 30: 1-24.

Kwon C W, Chun B G. 2015. The effect of strategic technology adoptions by local firms on technology spillover. Economic Modelling, 51: 13-20.

Lam A. 2007. Multinationals and transnational social space for learning: knowledge creation and transfer through global R&D networks//Polenske K R. The Economic Geography of Innovation. Cambridge: Cambridge University Press: 157-189.

Landry R, Amara N, Lamari M. 2002. Does social capital determine innovation? To what extent?. Technological Forecasting and Social Change, 69: 681-701.

Lane P J, Lubatkin M. 1998. Relative absorptive capacity and interorganizational learning. Strategic Management Journal, 19: 461-477.

Larsson R, Finkelstein S. 1999. Integrating strategic, organizational, and human resource perspectives on mergers and acquisitions: a case survey of synergy realization. Organization Science, 10: 1-26.

Lavie D. 2006. The competitive advantage of interconnected firms: an extension of the resource-based view. Academy of Management Review, 31: 638-658.

Li H L, Tang M J. 2010. Vertical integration and innovative performance: the effects of external knowledge sourcing modes. Technovation, 30: 401-410.

Li H Y, Atuahene-Gima K. 2002. The adoption of agency business activity, product innovation, and performance in Chinese technology ventures. Strategic Management Journal, 23: 469-490.

Lin Z A, Peng M W, Yang H, et al. 2009. How do networks and learning drive M&As? An institutional comparison between China and the United States. Strategic Management Journal, 30: 1113-1132.

Lin Z J, Yang H B, Demirkan I. 2007. The performance consequences of ambidexterity in strategic alliance formations: empirical investigation and computational theorizing. Management Science,

53: 1645-1658.

Lipparini A, Lorenzoni G, Ferriani S. 2014. From core to periphery and back: a study on the deliberate shaping of knowledge flows in interfirm dyads and networks. Strategic Management Journal, 35: 578-595.

López-Pueyo C, Barcenilla-Visús S, Sanaú J. 2008. International R&D spillovers and manufacturing productivity: a panel data analysis. Structural Change and Economic Dynamics, 19: 152-172.

Lubatkin M. 1987. Merger strategies and stockholder value. Strategic Management Journal, 8: 39-53.

Lubatkin M, Florin J, Lane P. 2001. Learning together and apart: a model of reciprocal interfirm learning. Human Relations, 54: 1353-1382.

Makino S, Lau C M, Yeh R S. 2002. Asset-exploitation versus asset-seeking: implications for location choice of foreign direct investment from newly industrialized economies. Journal of International Business Studies, 33: 403-421.

Makri M, Hitt M A, Lane P J. 2010. Complementary technologies, knowledge relatedness, and invention outcomes in high technology mergers and acquisitions. Strategic Management Journal, 31: 602-628.

Malerba F, Orsenigo L. 1999. Technological entry, exit and survival: an empirical analysis of patent data. Research Policy, 28: 643-660.

Malerba F, Vonortas N S. 2009. Innovation Networks in Industries. Cheltenham: Edward Elgar Publishing.

Mangematin V. 1996. The simultaneous shaping of organization and technology within co-operative agreements//Coombs R, Richards A, Saviotti P P, et al. Technological Collaboration: The Dynamics of Cooperation in Industrial Innovation. Brookfield: Edward Elgar: 119-141.

Marano V, Arregle J L, Hitt M A, et al. 2016. Home country institutions and the internationalization-performance relationship: a meta-analytic review. Journal of Management, 42: 1075-1110.

Marano V, Kostova T. 2016. Unpacking the institutional complexity in adoption of CSR practices in multinational enterprises. Journal of Management Studies, 53: 28-54.

Marks M L, Mirvis P H. 2001. Making mergers and acquisitions work: strategic and psychological preparation. Academy of Management Perspectives, 15: 80-92.

Marsh H W, Wen Z L, Hau K T, et al. 2007. Unconstrained structural equation models of latent interactions: contrasting residual- and mean-centered approaches. Structural Equation Modeling: A Multidisciplinary Journal, 14: 570-580.

Maskin E, Tirole J. 2001. Markov perfect equilibrium: I. observable actions. Journal of Economic Theory, 100: 191-219.

Mawdsley J K, Somaya D. 2016. Employee mobility and organizational outcomes: an integrative conceptual framework and research agenda. Journal of Management, 42: 85-113.

McEvily B, Zaheer A. 1999. Bridging ties: a source of firm heterogeneity in competitive capabilities.

Strategic Management Journal, 20: 1133-1156.

Melitz M J. 2003. The impact of trade on intra-industry reallocations and aggregate industry productivity. Econometrica, 71: 1695-1725.

Mesquita L F, Lazzarini S G. 2008. Horizontal and vertical relationships in developing economies: implications for SMEs' access to global markets. Academy of Management Journal, 51: 359-380.

Meyer C B, Altenborg E. 2008. Incompatible strategies in international mergers: the failed merger between Telia and Telenor. Journal of International Business Studies, 39: 508-525.

Meyer K E. 2001. Institutions, transaction costs, and entry mode choice in eastern Europe. Journal of International Business Studies, 32: 357-367.

Meyer K E, Peng M W. 2005. Probing theoretically into central and eastern Europe: transactions, resources, and institutions. Journal of International Business Studies, 36: 600-621.

Milgrom P, Roberts J. 1995. Complementarities and fit strategy, structure, and organizational change in manufacturing. Journal of Accounting and Economics, 19: 179-208.

Mirc N. 2012. Connecting the micro- and macro-level: proposition of a research design to study post-acquisition synergies through a social network approach. Scandinavian Journal of Management, 28: 121-135.

Mirvis P, Marks M L. 1992. The human side of merger planning: assessing and analyzing "Fit". Human Resource Planning, 15: 69-92.

Mitze T, Naveed A, Ahmad N. 2016. International, intersectoral, or unobservable? Measuring R&D spillovers under weak and strong cross-sectional dependence. Journal of Macroeconomics, 50: 259-272.

Monge P R, Contractor N S. 2003. Theories of Communication Networks. New York: Oxford University Press.

Morck R, Shleifer A, Vishny R W. 1990. Do managerial objectives drive bad acquisitions?. The Journal of Finance, 45: 31-48.

Morosini P, Shane S, Singh H. 1998. National cultural distance and cross-border acquisition performance. Journal of International Business Studies, 29: 137-158.

Morris S, Shin H S. 2001. Global games: theory and applications//Dewatripont M, Hansen L P, Turnovsky S J. Advances in Economics and Econometrics. Cambridge: Cambridge University Press: 56-114.

Mowery D C, Oxley J E, Silverman B S. 1998. Technological overlap and interfirm cooperation: implications for the resource-based view of the firm. Research Policy, 27: 507-523.

Nahavandi A, Malekzadeh A R. 1988. Acculturation in mergers and acquisitions. Academy of Management Review, 13: 79-90.

Ndofor H A, Sirmon D G, He X M. 2015. Utilizing the firm's resources: how TMT heterogeneity and resulting faultlines affect TMT tasks. Strategic Management Journal, 36: 1656-1674.

North D C. 1990. Institutions, Institutional Change, and Economic Performance. Cambridge: Cambridge University Press.

Öberg C, Henneberg S C, Mouzas S. 2007. Changing network pictures: evidence from mergers and acquisitions. Industrial Marketing Management, 36: 926-940.

Olie R. 1994. Shades of culture and institutions-in international mergers. Organization Studies, 15: 381-405.

Operti E, Carnabuci G. 2014. Public knowledge, private gain: the effect of spillover networks on firms' innovative performance. Journal of Management, 40: 1042-1074.

Owen-Smith J, Powell W W. 2004. Knowledge networks as channels and conduits: the effects of spillovers in the Boston biotechnology community. Organization Science, 15: 5-21.

Ozman M. 2011. Modularity, industry life cycle and open innovation. Journal of Technology. Management & Innovation, 6: 26-37.

Pablo A L. 1994. Determinants of acquisition integration level: a decision-making perspective. Academy of Management Journal, 37: 803-836.

Pablo A L, Sitkin S B, Jemison D B. 1996. Acquisition decision-making processes: the central role of risk. Journal of Management, 22: 723-746.

Palich L E, Cardinal L B, Miller C C. 2000. Curvilinearity in the diversification-performance linkage: an examination of over three decades of research. Strategic Management Journal, 21: 155-174.

Panzar J C, Willig R D. 1977. Economies of scale in multi-output production. The Quarterly Journal of Economics, 91: 481-493.

Paruchuri S, Nerkar A, Hambrick D C. 2006. Acquisition integration and productivity losses in the technical core: disruption of inventors in acquired companies. Organization Science, 17: 545-562.

Peng M W, Luo Y. 2000. Managerial ties and firm performance in a transition economy: the nature of a micro-macro link. Academy of Management Journal, 43: 486-501.

Peng M W, Wang D Y L, Jiang Y. 2008. An institution-based view of international business strategy: a focus on emerging economies. Journal of International Business Studies, 39: 920-936.

Peng M W. 2000. Business Strategies in Transition Economies. Thousand Oaks: Sage.

Peng M W. 2002. Towards an institution-based view of business strategy. Asia Pacific Journal of Management, 19: 251-267.

Penrose R. 1959. The apparent shape of a relativistically moving sphere. Mathematical Proceedings of the Cambridge Philosophical Society, 55: 137-139.

Perks H, Jeffery R. 2006. Global network configuration for innovation: a study of international fibre innovation. R&D Management, 36: 67-83.

Perrons R K. 2009. The open kimono: how Intel balances trust and power to maintain platform leadership. Research Policy, 38: 1300-1312.

Pfeffer J, Salancik G R. 1978. The External Control of Organizations: A Resource Dependence Perspective. New York: The Maple Press Company.

Pietrobelli C, Rabellotti R. 2011. Global value chains meet innovation systems: are there learning opportunities for developing countries?. World Development, 39: 1261-1269.

Pisano G P. 1994. Knowledge, integration, and the locus of learning: an empirical analysis of process development. Strategic Management Journal, 15: 85-100.

Postrel S. 2002. Islands of shared knowledge: specialization and mutual understanding in problem-solving teams. Organization Science, 13: 303-320.

Powell W W, Koput K W, Smith-Doerr L. 1996. Interorganizational collaboration and the locus of innovation: networks of learning in biotechnology. Administrative Science Quarterly, 41: 116-145.

Prabhu J C, Chandy R K, Ellis M E. 2005. The impact of acquisitions on innovation: poison pill, placebo, or tonic?. Journal of Marketing, 69: 114-130.

Pratt M G. 2008. Fitting oval pegs into round holes: tensions in evaluating and publishing qualitative research in top-tier North American journals. Organizational Research Methods, 11: 481-509.

Puck J F, Holtbrügge D, Mohr A T. 2009. Beyond entry mode choice: explaining the conversion of joint ventures into wholly owned subsidiaries in the People's Republic of China. Journal of International Business Studies, 40: 388-404.

Puranam P, Singh H, Chaudhuri S. 2009. Integrating acquired capabilities: when structural integration is (un)necessary. Organization Science, 20: 313-328.

Puranam P, Singh H, Zollo M. 2006. Organizing for innovation: managing the coordination-autonomy dilemma in technology acquisitions. Academy of Management Journal, 49: 263-280.

Puranam P, Srikanth K. 2007. What they know vs. what they do: how acquirers leverage technology acquisitions. Strategic Management Journal, 28: 805-825.

Ranft A L, Lord M D. 2000. Acquiring new knowledge: the role of retaining human capital in acquisitions of high-tech firms. The Journal of High Technology Management Research, 11: 295-319.

Ranft A L, Lord M D. 2002. Acquiring new technologies and capabilities: a grounded model of acquisition implementation. Organization Science, 13: 420-441.

Ribeiro L C, Kruss G, Britto G, et al. 2014. A methodology for unveiling global innovation networks: patent citations as clues to cross border knowledge flows. Scientometrics, 101: 61-83.

Robins J, Wiersema M F. 1995. A resource-based approach to the multibusiness firm: empirical analysis of portfolio interrelationships and corporate financial performance. Strategic Management Journal, 16: 277-299.

Rosenbusch N, Gusenbauer M, Hatak I, et al. 2019. Innovation offshoring, institutional context and innovation performance: a meta-analysis. Journal of Management Studies, 56: 203-233.

Rowley T J, Baum J A C. 2008. The dynamics of network strategies and positions. Advances in Strategic Management, 25: 641-671.

Rumelt R P. 1984. Towards a strategic theory of the firm//Lamb B. Competitive Strategic Management. Englewood Cliffs: Prentice-Hall: 556-570.

Rycroft R W, Kash D E. 2004. Self-organizing innovation networks: implications for globalization. Technovation, 24: 187-197.

Sakhartov A V, Folta T B. 2014. Resource relatedness, redeployability, and firm value. Strategic

Management Journal, 35: 1781-1797.

Salman N, Saives A L. 2005. Indirect networks: an intangible resource for biotechnology innovation. R&D Management, 35: 203-215.

Salter M S, Weinhold W A. 1978. Diversification via acquisition: creating value. Harvard Business Review, 56: 166-176.

Sarkar M, Echambadi R, Cavusgil S T, et al. 2001. The influence of complementarity, compatibility, and relationship capital on alliance performance. Journal of the Academy of Marketing Science, 29: 358-373.

Schilling M A, Fang C. 2014. When hubs forget, lie, and play favorites: interpersonal network structure, information distortion, and organizational learning. Strategic Management Journal, 35: 974-994.

Schumpeter J A.1934. The Theory of Economic Development. Cambridge: Harvard University Press.

Schweiger D M, Denisi A S. 1991. Communication with employees following a merger: a longitudinal field experiment. Academy of Management Journal, 34: 110-135.

Schweizer L. 2005. Organizational integration of acquired biotechnology companies into pharmaceutical companies: the need for a hybrid approach. Academy of Management Journal, 48: 1051-1074.

Schwens C, Eiche J, Kabst R. 2011. The moderating impact of informal institutional distance and formal institutional risk on SME entry mode choice. Journal of Management Studies, 48: 330-351.

Scott W R. 2001. Institutions and Organizations. Thousand Oaks: Sage.

Sears J, Hoetker G. 2014. Technological overlap, technological capabilities, and resource recombination in technological acquisitions. Strategic Management Journal, 35: 48-67.

Seth A. 1990. Sources of value creation in acquisitions: an empirical investigation. Strategic Management Journal, 11: 431-446.

Sgourev S V. 2015. Brokerage as catalysis: how Diaghilev's ballets Russes escalated modernism. Organization Studies, 36: 343-361.

Shimizu K, Hitt M A, Vaidyanath D, et al. 2004. Theoretical foundations of cross-border mergers and acquisitions: a review of current research and recommendations for the future. Journal of International Management, 10: 307-353.

Si S X, Bruton G D. 2005. Knowledge acquisition, cost savings, and strategic positioning: effects on Sino-American IJV performance. Journal of Business Research, 58: 1465-1473.

Simons A. 2014. How does technology transfer affect backward linkages? A motivating example theoretical analysis. Economic Modelling, 42: 94-105.

Singh H, Kryscynski D, Li X X, et al. 2016. Pipes, pools, and filters: how collaboration networks affect innovative performance. Strategic Management Journal, 37: 1649-1666.

Sinha U B. 2013. On R&D information sharing and merger. Economic Modelling, 32: 369-376.

Sirmon D G, Hitt M A, Ireland R D. 2007. Managing firm resources in dynamic environments to create value: looking inside the black box. Academy of Management Review, 32: 273-292.

Sirmon D G, Hitt M A, Ireland R D, et al. 2011. Resource orchestration to create competitive advantage: breadth, depth, and life cycle effects. Journal of Management, 37: 1390-1412.

Slangen A H L. 2006. National cultural distance and initial foreign acquisition performance: the moderating effect of integration. Journal of World Business, 41: 161-170.

Sochirca E, Afonso Ó, Gil P M. 2013. Technological-knowledge bias and the industrial structure under costly investment and complementarities. Economic Modelling, 32: 440-451.

Spencer J W, Murtha T P, Lenway S A. 2005. How governments matter to new industry creation. Academy of Management Review, 30: 321-337.

Stahl G K, Voigt A. 2008. Do cultural differences matter in mergers and acquisitions? A tentative model and examination. Organization Science, 19: 160-176.

Stock G N, Tatikonda M V. 2008. The joint influence of technology uncertainty and interorganizational interaction on external technology integration success. Journal of Operations Management, 26: 65-80.

Sun Y, Du D. 2010. Determinants of industrial innovation in China: evidence from its recent economic census. Technovation, 30: 540-550.

Swaminathan V, Murshed F, Hulland J. 2008. Value creation following merger and acquisition announcements: the role of strategic emphasis alignment. Journal of Marketing Research, 45: 33-47.

Tanriverdi H, Venkatraman N. 2005. Knowledge relatedness and the performance of multibusiness firms. Strategic Management Journal, 26: 97-119.

Tatoglu E, Glaister K W, Erdal F. 2003. Determinants of foreign ownership in Turkish manufacturing. Eastern European Economics, 41: 5-41.

Teece D J, Pisano G, Shuen A. 1997. Dynamic capabilities and strategic management. Strategic Management Journal, 18: 509-533.

Teerikangas S, Very P. 2006. The culture-performance relationship in M&A: from yes/no to how. British Journal of Management, 17: S31-S48.

Tihanyi L, Griffith D A, Russell C J. 2005. The effect of cultural distance on entry mode choice, international diversification, and MNE performance: a meta-analysis. Journal of International Business Studies, 36: 270-283.

Tsai W. 2001. Knowledge transfer in intraorganizational networks: effects of network position and absorptive capacity on business unit innovation and performance. Academy of Management Journal, 44: 996-1004.

Uhlenbruck K. 2004. Developing acquired foreign subsidiaries: the experience of MNEs in transition economies. Journal of International Business Studies, 35: 109-123.

Ullrich J, Wieseke J, van Dick R. 2005. Continuity and change in mergers and acquisitions: a social identity case study of a German industrial merger. Journal of Management Studies, 42:

1549-1569.

van Oudenhoven J P. 2001. Do organizations reflect national cultures? A 10-nation study. International Journal of Intercultural Relations, 25: 89-107.

Vasudeva G, Spencer J W, Teegen H J. 2013a. Bringing the institutional context back in: a cross-national comparison of alliance partner selection and knowledge acquisition. Organization Science, 24: 319-338.

Vasudeva G, Zaheer A, Hernandez E. 2013b. The embeddedness of networks: institutions, structural holes, and innovativeness in the fuel cell industry. Organization Science, 24: 645-663.

Vega-Redondo F. 2006. Building up social capital in a changing world. Journal of Economic Dynamics and Control, 30: 2305-2338.

Venkatraman N. 1989. The concept of fit in strategy research: toward verbal and statistical correspondence. Academy of Management Review, 14: 423-444.

Very P, Lubatkin M, Calori R, et al. 1997. Relative standing and the performance of recently acquired European firms. Strategic Management Journal, 18: 593-614.

Virany B, Tushman M L, Romanelli E. 1992. Executive succession and organization outcomes in turbulent environments: an organization learning approach. Organization Science, 3: 72-91.

Walsh J P. 1989. Doing a deal: merger and acquisition negotiations and their impact upon target company top management turnover. Strategic Management Journal, 10: 307-322.

Wang C L, Rodan S, Fruin M, et al. 2014. Knowledge networks, collaboration networks, and exploratory innovation. Academy of Management Journal, 57: 484-514.

Wang L H, Zajac E J. 2007. Alliance or acquisition? A dyadic perspective on interfirm resource combinations. Strategic Management Journal, 28: 1291-1317.

Wassmer U, Dussauge P. 2011. Value creation in alliance portfolios: the benefits and costs of network resource interdependencies. European Management Review, 8: 47-64.

Webb M, Short N, Bloom N, et al. 2018. Some facts of high-tech patenting. National Bureau of Economic Research.

Weber Y, Shenkar O, Raveh A. 1996. National and corporate cultural fit in mergers/acquisitions: an exploratory study. Management Science, 42: 1215-1227.

Wernerfelt B. 1984. A resource-based view of the firm. Strategic Management Journal, 5: 171-180.

Whitley R. 1999. Divergent Capitalisms: the Social Structuring and Change of Business Systems. New York: Oxford University Press.

Xu D A, Shenkar O. 2002. Institutional distance and the multinational enterprise. The Academy of Management Review, 27: 608-618.

Yamanoi J, Sayama H. 2013. Post-merger cultural integration from a social network perspective: a computational modeling approach. Computational and Mathematical Organization Theory, 19: 516-537.

Yaprak A, Yosun T, Cetindamar D. 2018. The influence of firm-specific and country-specific advantages in the internationalization of emerging market firms: evidence from Turkey.

International Business Review, 27: 198-207.

Yayavaram S, Ahuja G. 2008. Decomposability in knowledge structures and its impact on the usefulness of inventions and knowledge-base malleability. Administrative Science Quarterly, 53: 333-362.

Yin R K. 2018. Case Study Research and Applications: Design and Methods. 6th ed. Thousand Oaks: Sage.

Yoon H, Lee J J. 2016. Technology-acquiring cross-border M&As by emerging market firms: role of bilateral trade openness. Technology Analysis & Strategic Management, 28: 251-265.

Zaheer A, Bell G G. 2005. Benefiting from network position: firm capabilities, structural holes, and performance. Strategic Management Journal, 26: 809-825.

Zaheer A, Castañer X, Souder D. 2005. Complementarity, similarity, and value creation in mergers and acquisitions. Paris: Cahier de Recherche du Groupe HEC.

Zaheer A, Castañer X, Souder D. 2013. Synergy sources, target autonomy, and integration in acquisitions. Journal of Management, 39: 604-632.

Zahra S A, George G. 2002. Absorptive capacity: a review, reconceptualization, and extension. Academy of Management Review, 27: 185-203.

Zhang Y, Li H Y. 2010. Innovation search of new ventures in a technology cluster: the role of ties with service intermediaries. Strategic Management Journal, 31: 88-109.

Zhao X S, Lynch J G, Chen Q M. 2010. Reconsidering Baron and Kenny: myths and truths about mediation analysis. Journal of Consumer Research, 37: 197-206.

Zhou J J, Chen Y J. 2016. Targeted information release in social networks. Operations Research, 64: 721-735.

Zhu H M, Duan L J, Guo Y W, et al. 2016. The effects of FDI, economic growth and energy consumption on carbon emissions in ASEAN-5: evidence from panel quantile regression. Economic Modelling, 58: 237-248.

Zirulia L. 2012. The role of spillovers in R&D network formation. Economics of innovation and New Technology, 21: 83-105.

Zollo M, Singh H. 2004. Deliberate learning in corporate acquisitions: post-acquisition strategies and integration capability in US bank mergers. Strategic Management Journal, 25: 1233-1256.

Zou H, Ghauri P N. 2008. Learning through international acquisitions: the process of knowledge acquisition in China. Management International Review, 48: 207-226.

附　录

附录 A　中国制造业海外并购整合与产业技术创新的数理模型研究

A1　第七章第三节命题与引理证明

一、命题 7-1 的证明

构建函数：

$$h(\tilde{\theta}_A) = \tilde{\theta}_A - C - K - \pi^{sA} R^A + \pi^{sA} R^B$$

$$-\pi^{sA} R^B \Phi \left\{ a\sqrt{\frac{1}{b}}(\tilde{\theta}_A - y) - \sqrt{1+\frac{a}{b}} \Phi^{-1} \left[1 - \frac{V}{d(V+kr-dt)} \right] \right\}$$

等式对 $\tilde{\theta}_A$ 求偏导数，得到：

$$\frac{\partial h(\tilde{\theta}_A)}{\partial \tilde{\theta}_A} = 1 - \pi^{sA} R^B \frac{a}{\sqrt{b}} \phi(z1) \quad \text{（A1-1）}$$

其中，$z1 = a\sqrt{\frac{1}{b}}(\tilde{\theta}_A - y) - \sqrt{1+\frac{a}{b}} \Phi^{-1} \left[1 - \frac{V}{d(V+kr-dt)} \right]$；$\phi$ 为正态分布密度函数。

由于 $\phi(z1) \leqslant \frac{1}{\sqrt{2\pi}}$ 恒成立，所以当 $\pi^{sA} R^B < \frac{\sqrt{2b\pi}}{a}$，$\frac{\partial h(\tilde{\theta}_A)}{\partial \tilde{\theta}_A} > 0$ 恒成立时，

即存在唯一解。

同理，构造关于 $\tilde{\theta}_B$ 的函数：

$$g(\tilde{\theta}_B) = \tilde{\theta}_B + K - \pi^{sB}R^B\Phi\left\{a\sqrt{\frac{1}{b}}(\tilde{\theta}_B - y)\right.$$

$$\left. - \sqrt{1+\frac{a}{b}}\Phi^{-1}\left[1-\frac{V}{d(V-ke-dt+Mt)}\right]\right\}$$

$$z11 = a\sqrt{\frac{1}{b}}(\tilde{\theta}_B - y) - \sqrt{1+\frac{a}{b}}\Phi^{-1}\left[1-\frac{V}{d(V-ke-dt+Mt)}\right]$$

$$\frac{\partial g(\tilde{\theta}_B)}{\partial \tilde{\theta}_B} = 1 - \pi^{sB}R^B\frac{a}{\sqrt{b}}\phi(z11) \quad （A1\text{-}2）$$

由于 $\pi^{sB}R^B < \frac{\sqrt{2b\pi}}{a}$，$\frac{\partial g(\tilde{\theta}_B)}{\partial \tilde{\theta}_B} > 0$ 恒成立。因为海外并购中，企业 A 的生产力水平低于企业 B，故 $\pi^{sB} > \pi^{sA}$，所以当 $\pi^{sB}R^B < \frac{\sqrt{2b\pi}}{a}$ 时，一定有 $\pi^{sA}R^B < \frac{\sqrt{2b\pi}}{a}$。综上，当 $\pi^{sB}R^B < \frac{\sqrt{2b\pi}}{a}$ 时，企业 A、B 的相关均衡存在唯一解。

将式（7-45）、式（7-52）分别对 k 和 d 求偏导数，经整理可得

$$\frac{\partial \tilde{\theta}_A}{\partial k} = -\frac{\pi^{sA}R^B\phi(z1)\sqrt{1+\frac{a}{b}}\cdot\frac{1}{\phi[\Phi^{-1}(z2)]}\cdot\frac{Vdr}{[d(V+kr-dt)]^2}}{1-\pi^{sA}R^B\frac{a}{\sqrt{b}}\phi(z1)} \quad （A1\text{-}3）$$

其中，$z2 = 1 - \frac{V}{d(V+kr-dt)}$，当 $\pi^{sA}R^B < \frac{\sqrt{2b\pi}}{a}$ 时，$\frac{\partial \tilde{\theta}_A}{\partial k} < 0$。

$$\frac{\partial \tilde{\theta}_A}{\partial d} = -\frac{\pi^{sA} R^B \phi(z1) \sqrt{1+\frac{a}{b}} \cdot \frac{1}{\phi\left[\Phi^{-1}(z2)\right]} \cdot \frac{V(V+kr-2dt)}{\left[d(V+kr-dt)\right]^2}}{1-\pi^{sA} R^B \frac{a}{\sqrt{b}} \phi(z1)} \quad (A1-4)$$

因为 $V+kr-2dt<0$，当 $\pi^{sA} R^B < \frac{\sqrt{2b\pi}}{a}$ 时，$\frac{\partial \tilde{\theta}_A}{\partial d} > 0$。

$$\tilde{\theta}_B = -K + \pi^{sB} R^B \Phi \left\{ a\sqrt{\frac{1}{b}}(\tilde{\theta}_B - y) - \sqrt{1+\frac{a}{b}} \Phi^{-1}\left[1 - \frac{V}{d(V-ke-dt+Mt)}\right] \right\}$$

$$\frac{\partial \tilde{\theta}_B}{\partial k} = -\frac{\pi^{sB} R^B \phi(z11) \sqrt{1+\frac{a}{b}} \cdot \frac{1}{\phi\left[\Phi^{-1}(z22)\right]} \cdot \frac{-Vde}{\left[d(V-ke-dt+Mt)\right]^2}}{1-\pi^{sB} R^B \frac{a}{\sqrt{b}} \phi(z11)}$$

$$(A1-5)$$

此处，$z11 = a\sqrt{\frac{1}{b}}(\tilde{\theta}_B - y) - \sqrt{1+\frac{a}{b}} \Phi^{-1}\left[1 - \frac{V}{d(V-ke-dt+Mt)}\right]$，

$z22 = 1 - \frac{V}{d(V-ke-dt+Mt)}$。

$$\frac{\partial \tilde{\theta}_B}{\partial d} = -\frac{\pi^{sB} R^B \phi(z11) \sqrt{1+\frac{a}{b}} \cdot \frac{1}{\phi\left[\Phi^{-1}(z22)\right]} \cdot \frac{V[V-ke+2(M-d)t]}{\left[d(V-ke-dt+Mt)\right]^2}}{1-\pi^{sB} R^B \frac{a}{\sqrt{b}} \phi(z11)}$$

$$(A1-6)$$

因此 $\frac{\partial \tilde{\theta}_B}{\partial k} > 0$。因为采用整合努力的整合收益 $V-ke-dt+Mt > \frac{V}{d} > 0$，$M > d$，故 $V-ke+2(M-d)t > 0$。所以 $\frac{\partial \tilde{\theta}_B}{\partial d} < 0$。

二、引理 7-1 的证明

由式（7-41）和式（7-40）可得

$$\frac{\partial \lambda(\theta_A)}{\partial k} = -\phi(z1)\left\{\frac{a+b}{\sqrt{b}}\frac{\partial \tilde{\theta}_A}{\partial k} - \sqrt{1+\frac{a}{b}}\frac{1}{\phi[\Phi^{-1}(z2)]}\frac{Vdr}{[d(V+kr-dt)]^2}\right\} \quad (A1-7)$$

大括号内第一项为负，第二项为正，所以 $\frac{\partial \lambda(\theta_A)}{\partial k} > 0$。

$$\frac{\partial \lambda(\theta_A)}{\partial d} = -\phi(z1)\left\{\frac{a+b}{\sqrt{b}}\frac{\partial \tilde{\theta}_A}{\partial d} - \sqrt{1+\frac{a}{b}}\frac{1}{\phi[\Phi^{-1}(z2)]}\frac{V(V+kr-2dt)}{[d(V+kr-dt)]^2}\right\} \quad (A1-8)$$

中括号内第一项为正，第二项为负，所以 $\frac{\partial \lambda(\theta_A)}{\partial d} < 0$。

三、命题 7-2 的证明

整合程度 I 为关于 θ 和资源基础的复合函数。

$$\frac{\partial I}{\partial \theta} = \frac{\partial\left(\int_0^{\theta_A} \lambda(\theta_A)\mathrm{d}\theta_A\right)}{\partial \theta_A} = \lambda(\theta_A) \quad (A1-9)$$

因此，$\frac{\partial I}{\partial k} = \frac{\partial\left(\frac{\partial I}{\partial \theta}\right)}{\partial k} = \frac{\partial \lambda(\theta_A)}{\partial k} > 0$，$\frac{\partial I}{\partial d} = \frac{\partial\left(\frac{\partial I}{\partial \theta}\right)}{\partial d} = \frac{\partial \lambda(\theta_A)}{\partial d} < 0$。

四、命题 7-3 的证明

$$\frac{\partial w(\theta_B)}{\partial k} = -\phi(z11)\left\{\frac{a+b}{\sqrt{b}}\frac{\partial \tilde{\theta}_B}{\partial k} - \sqrt{1+\frac{a}{b}}\frac{1}{\phi[\Phi^{-1}(z22)]}\frac{-Vde}{[d(V-ke-dt+Mt)]^2}\right\}$$

$$(A1-10)$$

由前文分析，得到 $\dfrac{\partial w(\theta_B)}{\partial k} < 0$。由于 $\dfrac{\partial \tilde{\theta}_B}{\partial k} > 0$，因此：

$$\frac{\partial w(\theta_B)}{\partial d} = -\phi(z11)\left\{ \frac{a+b}{\sqrt{b}} \frac{\partial \tilde{\theta}_B}{\partial d} - \sqrt{1+\frac{a}{b}} \frac{1}{\phi[\Phi^{-1}(z22)]} \frac{V(V-ke-2dt+2Mt)}{[d(V-ke-dt+Mt)]^2} \right\}$$

（A1-11）

由于 $V - ke + 2(M-d)t > 0$，$\dfrac{\partial \tilde{\theta}_B}{\partial d} < 0$，所以 $\dfrac{\partial w(\theta_B)}{\partial d} > 0$。

五、命题 7-4 的证明

由于 $\dfrac{\partial \tilde{\theta}_A}{\partial k} = -\dfrac{\pi^{sA} R^B \phi(z1)\sqrt{1+\dfrac{a}{b}} \cdot \dfrac{1}{\phi[\Phi^{-1}(z2)]} \cdot \dfrac{Vdr}{[d(V+kr-dt)]^2}}{1 - \pi^{sA} R^B \dfrac{a}{\sqrt{b}} \phi(z1)}$，再将此式对 d 求偏导，为了简便，记分子为 u，分母为 v。

由前面的设定可知，$\dfrac{\partial z2}{\partial k} = \dfrac{Vr}{d(V+kr-dt)^2} > 0$，$\dfrac{\partial z2}{\partial d} = \dfrac{V(V+kr-2dt)}{[d(V+kr-dt)]^2} < 0$，$\dfrac{\partial z1}{\partial d} = a\sqrt{\dfrac{1}{b}} \dfrac{\partial \tilde{\theta}_A}{\partial d} - \sqrt{1+\dfrac{a}{b}} \dfrac{1}{\phi[\Phi^{-1}(z2)]} \dfrac{\partial z2}{\partial d} > 0$。

$$\frac{\partial^2 \tilde{\theta}_A}{\partial k \partial d} = -\left\{ \pi^{sA} R^B \phi'(z1) \frac{\partial z1}{\partial d} \sqrt{1+\frac{a}{b}} \frac{1}{\phi[\Phi^{-1}(z2)]} \frac{\partial z2}{\partial k} + \pi^{sA} R^B \phi(z1) \right.$$
$$\left. \times \sqrt{1+\frac{a}{b}} \left[-\frac{1}{\{\phi[\Phi^{-1}(z2)]\}^2} \right] \phi'[\Phi^{-1}(z2)] \right.$$
$$\left. \times \frac{1}{\phi[\Phi^{-1}(z2)]} \frac{\partial z2}{\partial d} \frac{\partial z2}{\partial k} + \pi^{sA} R^B \phi(z1) \right.$$

（A1-12）

$$\times \sqrt{1+\frac{a}{b}} \frac{1}{\phi\left[\Phi^{-1}(z2)\right]} \frac{\partial\left(\frac{\partial z2}{\partial k}\right)}{\partial d} \Bigg\} v$$

$$-u\left(-\pi^{sA} R^B \phi'(z1) \frac{\partial z1}{\partial d} \sqrt{1+\frac{a}{b}}\right) \Bigg\} \Bigg/ v^2$$

当 y 足够大时（即对并购未来产生技术创新具有较乐观的预测），$z1<0$，$\phi'(z1)>0$，由前文设定可知，$z2\in(0,0.5)$，$\Phi^{-1}(z2)<0$，$\phi'\left[\Phi^{-1}(z2)\right]>0$。$\dfrac{\partial\left(\dfrac{\partial z2}{\partial k}\right)}{\partial d}=-\dfrac{Vr\left[(V+kr-dt)^2-2dt(V+kr-dt)\right]}{\left[d(V+kr-dt)\right]^2}=-\dfrac{Vr\left[(V+kr-3dt)\right]}{d^2(V+kr-dt)^3}>0$，因此，式(A1-12)第 1、2、3 项为正，减负的第 4 项最终得到 $\dfrac{\partial^2 \tilde{\theta}_A}{\partial k \partial d}<0$。

对 $\tilde{\theta}_B$ 同理，首先根据设定得到，$\dfrac{\partial z22}{\partial k}=\dfrac{-Ve}{d(V-ke-dt+Mt)^2}<0$，$\dfrac{\partial z22}{\partial d}>0$，$\dfrac{\partial z11}{\partial d}=a\sqrt{\dfrac{1}{b}}\dfrac{\partial \tilde{\theta}_B}{\partial d}-\sqrt{1+\dfrac{a}{b}}\dfrac{1}{\phi\left[\Phi^{-1}(z22)\right]}\dfrac{\partial z22}{\partial d}<0$。以上三个偏导与 $\tilde{\theta}_A$ 的情况相比符号均发生了改变。

$$\frac{\partial^2 \tilde{\theta}_B}{\partial k \partial d}=-\Bigg\{\Bigg\{\pi^{sA} R^B \phi'(z11) \frac{\partial z11}{\partial d} \sqrt{1+\frac{a}{b}} \frac{1}{\phi\left[\Phi^{-1}(z22)\right]} \frac{\partial z22}{\partial k}$$

$$+\pi^{sA} R^B \phi(z11) \sqrt{1+\frac{a}{b}} \left[-\frac{1}{\left\{\phi\left[\Phi^{-1}(z22)\right]\right\}^2}\right] \cdot \phi\left[\Phi^{-1}(z22)\right] \frac{1}{\phi\left[\Phi^{-1}(z22)\right]} \frac{\partial z22}{\partial d}$$

$$\times \frac{\partial z22}{\partial k}+\pi^{sA} R^B \phi(z11) \sqrt{1+\frac{a}{b}} \frac{1}{\phi\left[\Phi^{-1}(z22)\right]} \frac{\partial\left(\frac{\partial z22}{\partial k}\right)}{\partial d}\Bigg\} v$$

$$-u\left(-\pi^{sA}R^{B}\cdot\phi(z11)\frac{\partial z11}{\partial d}\sqrt{1+\frac{a}{b}}\right)\right\}\bigg/v^{2} \tag{A1-13}$$

同理,当 y 足够大时,$z11<0$,$\phi'(z11)>0$,由前文设定可知,$z22\in(0,0.5)$,

$$\Phi^{-1}(z22)<0, \quad \phi'\left[\Phi^{-1}(z22)\right]>0 \circ \frac{\partial\left(\frac{\partial z22}{\partial k}\right)}{\partial d}=-\frac{Ve\left[(V-kr-3dt+3Mt)\right]}{d^{2}(V-ke-dt+Mt)^{3}}>0 \circ$$

通过判断和计算式（A1-13）的各项的正负号,得到 $\frac{\partial^{2}\tilde{\theta}_{B}}{\partial k\partial d}<0$。

六、命题 7-5 的证明

$$\frac{\partial^{2}\lambda(\theta_{A})}{\partial k\partial d}=-\phi'(z1)\frac{\partial z1}{\partial d}\left\{\frac{a+b}{\sqrt{b}}\frac{\partial\tilde{\theta}_{A}}{\partial k}-\sqrt{1+\frac{a}{b}}\frac{1}{\phi\left[\Phi^{-1}(z2)\right]}\frac{\partial z2}{\partial k}\right\}$$

$$-\phi(z1)\left\{\frac{a+b}{\sqrt{b}}\frac{\partial^{2}\tilde{\theta}_{A}}{\partial k\partial d}-\sqrt{1+\frac{a}{b}}\cdot\left[-\frac{1}{\left\{\phi\left[\Phi^{-1}(z2)\right]\right\}^{2}}\right]\phi'\left[\Phi^{-1}(z2)\right]\right.$$

$$\left.\times\frac{1}{\phi\left[\Phi^{-1}(z2)\right]}\frac{\partial z2}{\partial d}\frac{\partial z2}{\partial k}-\sqrt{1+\frac{a}{b}}\frac{1}{\phi\left[\Phi^{-1}(z2)\right]}\frac{\partial\left(\frac{\partial z2}{\partial k}\right)}{\partial d}\right\}$$

$$\tag{A1-14}$$

通过分析发现式(A1-14)第一项为正,第二个大括号内第一项为负,后两项均为正,经过计算 $\frac{\partial^{2}\lambda(\theta_{A})}{\partial k\partial d}>0$。

$$\frac{\partial^{2}w(\theta_{B})}{\partial k\partial d}=-\phi'(z11)\frac{\partial z11}{\partial d}\left\{\frac{a+b}{\sqrt{b}}\frac{\partial\tilde{\theta}_{B}}{\partial k}-\sqrt{1+\frac{a}{b}}\frac{1}{\phi\left[\Phi^{-1}(z22)\right]}\frac{\partial z22}{\partial k}\right\}-\phi(z11)$$

$$\times \left\{ \frac{a+b}{\sqrt{b}} \frac{\partial^2 \tilde{\theta}_B}{\partial k \partial d} - \sqrt{1+\frac{a}{b}} \cdot \left[-\frac{1}{\left\{\phi\left[\Phi^{-1}(z22)\right]\right\}^2} \right] \phi'\left[\Phi^{-1}(z22)\right] \frac{1}{\phi\left[\Phi^{-1}(z22)\right]} \right.$$

$$\left. \times \frac{\partial z22}{\partial d} \frac{\partial z22}{\partial k} - \sqrt{1+\frac{a}{b}} \frac{1}{\phi\left[\Phi^{-1}(z22)\right]} \frac{\partial \left(\frac{\partial z22}{\partial k}\right)}{\partial d} \right\}$$

(A1-15)

同理，可得 $\dfrac{\partial^2 w(\theta_B)}{\partial k \partial d} > 0$。

A2 第八章第一节定义、命题与引理证明

定义 8-1 证明：首先，根据假设 8-1，对于 $\forall i \in M$，$\theta^i(N)=0$ 并且 $\theta^i(D)=0$ 不是均衡解。因此，$\exists i' \in M, \theta^{i'}(N)>0$ 或者 $\exists i'' \in M$，$\theta^{i''}(D)>0$。

一定存在一些 $i \in M$ 使得式（8-9）和式（8-10）以等式形式成立。反证：则假设 $\exists i'$, $i'' \in M$，式（8-9）和式（8-10）不同时成立。

情况一：令式（8-9）以等式成立，式（8-10）以不等式成立。

$$1 = \phi df \left(d\phi \left(\sum_{j \in M, j \neq i} \theta^j(N) + \theta^i \right) \right) \left(\Delta R_1 + \beta \Delta V^i \left(\theta^{-i}(N), \theta^{-i}(D) \right) \right)$$

$$1 > d\phi f \left(d\phi \left(\sum_{j \in M, j \neq i} \theta^j(D) + \theta^i \right) - n \right) \left(\Delta R_2 + \beta \Delta V^i \left(\theta^{-i}(N), \theta^{-i}(D) \right) \right)$$

(A2-1)

即

$$f\left(d\phi \left(\sum_{j \in M, j \neq i} \theta^j(N) + \theta^i \right) \right) = f\left(d\phi \sum_{j \in M} \theta^j(N) \right) > f\left(d\phi \sum_{j \in M} \theta^j(D) - n \right)$$

$$= f\left(d\phi \left(\sum_{j \in M, j \neq i} \theta^j(D) + \theta^i \right) - n \right) \quad \text{(A2-2)}$$

情况二：令式（8-9）不等式成立，式（8-10）等式成立。

$$f\left(d\phi\left(\sum_{j\in M,\ j\neq i}\theta^j(N)+\theta^i\right)\right)=f\left(d\phi\left(\sum_{j\in M}\theta^j(N)\right)\right)<f\left(d\phi\sum_{j\in M}\theta^j(D)-n\right)$$

$$=f\left(d\phi\left(\sum_{j\in M,\ j\neq i}\theta^j(D)+\theta^i\right)-n\right) \quad (A2-3)$$

情况一和情况二不等式矛盾，故需要式（8-9）、式（8-10）均以等式形式才能成立。

因此，一定存在一些 $i\in M$ 使得式（8-9）、式（8-10）同时取等成立，联立式（8-9）、式（8-10）得到：

$$\sum_{j\in M}\theta^j(D)-\sum_{j\in M}\theta^j(N)=\frac{n}{d\phi} \quad (A2-4)$$

引理 8-1 证明：$\forall i\neq i'$，$i=H\in M$，$\theta^i(D)=\theta^i(N)=0$。$\Delta V^i(\theta^{-i}(N),\theta^{-i}(D))=0$。

式(8-9)和式(8-10)取等时，存在 $i'=B\in M$，$\Delta V^{i'}(\theta^{-i'}(N),\theta^{-i'}(D))=\dfrac{n}{d\phi}$。

$$\phi f\left(d\phi\left(\theta^{i'}(N)\right)\right)=\phi f\left(d\phi\theta^{i'}(D)-n\right)=\left(\Delta R_1+\beta\Delta V^{i'}\left(\theta^{-i'}(N),\theta^{-i'}(D)\right)\right)^{-1}$$

$$(A2-5)$$

$$\Delta V^{i'}\left(\theta^{-i'}(N),\theta^{-i'}(D)\right)>\Delta V^i\left(\theta^{-i}(N),\theta^{-i}(D)\right)\phi f\left(d\phi\left(\theta^{i'}(N)\right)\right)$$

$$=\phi f\left(d\phi\theta^{i'}(D)-n\right)<\left(\Delta R_2+\beta\Delta V^i\left(\theta^{-i}(N),\theta^{-i}(D)\right)\right)^{-1} \quad (A2-6)$$

所以，对于 $\forall i\neq i'$ 均衡中均不会进行创新合作的构建。

命题 8-1 证明：即证明 $\dfrac{\partial\theta^i(D)}{\partial n}>0,\dfrac{\partial\theta^i(N)}{\partial n}<0$。

记 $d\phi\theta^{*i}(D)-n=M$；$\Delta R_2+\beta^i\dfrac{n}{d\phi}=N$；$\dfrac{\eta_A}{\eta_B}\phi(\theta^{*i}(N))=G$；$\Delta R_1+\beta\dfrac{n}{d\phi}=Q$。

利用隐函数求导法则：

$$\frac{\partial \theta^{*i}(D)}{\partial n} = -\frac{\phi d(N)f(M)-(N)\phi df'(M)}{(\phi d)^2 f'(M)(N)} > 0 \quad (A2-7)$$

有 $f'(M)<0$；$\frac{\partial \Delta R_2}{\partial n}>0$；分子为正项减一个负项，分母为负项，外部为负号，整体为正。

$$\frac{\partial \theta^{*i}(N)}{\partial n} = -\frac{\phi df(G)\left(\frac{\partial \Delta R_1}{\partial n}+\frac{\beta}{d\phi}\right)}{(\phi d)^2 f'(G)(Q)} < 0 \quad (A2-8)$$

$\frac{\partial \Delta R_1}{\partial n}=-\frac{1}{\phi}$，$\frac{\partial \Delta R_1}{\partial n}+\frac{\beta}{d\phi}<0$；分子为负项，分母为负项，外部为负号，整体为负。

证明命题 8-2，即证明 $\frac{\partial \theta^i(N)}{\partial \phi}>0, \frac{\partial \theta^i(D)}{\partial \phi}<0$；利用隐函数求导法则：

$$\frac{\partial \theta^{*i}(N)}{\partial \phi} = -\frac{df(G)Q+\phi Qdf'^{(G)d\theta^{*i}(N)}+\phi df(G)\left(\frac{\partial \Delta R_1}{\partial \phi}-\beta \frac{n}{d\phi^2}\right)}{(\phi d)^2 f'^{(G)(Q)}} > 0 \quad (A2-9)$$

公式（A2-9）成立，需分子大于零，结合前文 $F(w)$ 设定，分子前两项为正，即只需

$$\phi f(G)\left(\frac{\partial \Delta R_1}{\partial \phi}-\beta \frac{n}{d\phi^2}\right)>0 \quad (A2-10)$$

即证 $\frac{\partial \Delta R_1}{\partial \phi}=\frac{n}{\phi^2}$，所以 $\frac{\partial \Delta R_1}{\partial \phi}-\beta \frac{n}{d\phi^2}>0$，$\beta<d$ 时式（A2-10）成立。

$$\frac{\partial \theta^{*i}(D)}{\partial \phi} = -\frac{df(M)N + \phi(N)(d)^2 f'^{(M)\theta^{*i}(D)} + \phi df(M)\left(\frac{\partial \Delta R_2}{\partial \phi} - \beta \frac{n}{d\phi^2}\right)}{(\phi d)^2 f'^{(M)(N)}} < 0$$

（A2-11）

分母为负，即证分子小于 0；目前分子中第二项为负，可证第一项和第三项加总为负。

A3　第八章第二节命题证明

第八章第二节海外并购整合与产业技术创新模型的贝叶斯纳什均衡求解如下。

并购方整合后向母国产业内企业 k 进行技术溢出，k 采用新技术的技术收益为

$$u_k(x) = \omega_k \left[\varphi(\beta) \cdot (e_1 + Ie_2) + \gamma(d_h + \theta)\right] x_k - \frac{1}{2} x_k^2 + \delta \sum_{l=1}^{n} g_{kl} x_k x_l \quad \text{（A3-1）}$$

并购方行为人 m 根据整合后新技术价值 T 的线性公式做出最优的技术应用投入决策，即假定 T 与 $x_m(T)$ 是一一对应的。在观测到并购企业的新技术应用投入决策后，产业其他跟随企业对新技术价值 T 进行推测 $\hat{T}(x_m)$，接着做出对新技术采用的决策 x_k。这是一个完全分离均衡，我们将母国子网络 G_1 写成分块矩阵。M 为序贯博弈第一阶段行动的企业，F 为序贯博弈第二阶段行动的企业。$G_1 = \begin{pmatrix} G_{MM} & G_{MF} \\ G_{FM} & G_{FF} \end{pmatrix}$，由于第一阶段仅并购方企业 m 实施行动，我们将 G_1 简化为 $G_1 = \begin{pmatrix} 0 & \eta'_m \\ \eta_m & G_{-m} \end{pmatrix}$，接下来计算博弈的贝叶斯纳什均衡。

在观察到并购企业策略 x_m 之后，产业内其他企业推测到新技术价值为 $\hat{T}(x_m) = x^{*-1}_m(x_m)$，在序贯博弈的第二阶段的均衡策略为

$$x^*_{-m}(x_m) = (I - \delta G_{-m})^{-1} \left[\hat{T}(x_m)\omega_{-m} + \delta x_m \eta_m\right]$$

序贯博弈的第二阶段的最优策略为

$$x^*_{-m}(x_m) = (I - \delta G_{-m})^{-1}\left[x^{*-1}_m(x_m)\omega_{-m} + \delta x_m \eta_m\right] \quad \text{(A3-2)}$$

我们进一步可推导出

$$\frac{\partial x^*_{-m}(x_m)}{\partial x_m} = (I - \delta G_{-m})^{-1}\left[\frac{1}{x^{*\prime}_m\left(x^{*-1}_m(x_m)\right)}\omega_{-m} + \delta \eta_m\right] \quad \text{(A3-3)}$$

预测到第二阶段产业内其他企业的策略，并购企业在第一阶段选择投入 x_m 以最大化 $\left[\varphi(\beta)\cdot(e_1 + Ie_2) + \gamma(d_h + \theta)\right]\omega_m x_m - \frac{1}{2}x_m^2 + \delta x_m \sum_{j=1}^{n} g_{mj} x^*_j(x_m) = \left[\varphi(\beta)\cdot(e_1 + Ie_2) + \gamma(d_h + \theta)\right]\omega_m x_m - \frac{1}{2}x_m^2 + \delta x_m \langle \eta_m, x^*_{-m}(x_m)\rangle$。

对应的最大化一阶条件为

$$\left[\varphi(\beta)\cdot(e_1 + Ie_2) + \gamma(d_h + \theta)\right]\omega_m - x_m + \delta\langle \eta_m, x^*_{-m}(x_m)\rangle$$
$$+ \delta x_m \left\langle \eta_m, \frac{\partial x^*_{-m}(x_m)}{\partial x_m}\right\rangle = 0$$
$$x_m = x^*_m(T)$$

通过式（A3-2）、式（A3-3）及 $T = x^{*-1}_m\left(x^*_m(T)\right)$，我们可以将上式写为

$$\left[\varphi(\beta)\cdot(e_1 + Ie_2) + \gamma(d_h + \theta)\right]\omega_m - x^*_m(T)$$
$$+ \delta\left\langle \eta_m, (I - \delta G_{-m})^{-1}\left[T\omega_{-m} + \delta x^*_m(T)\eta_m\right]\right\rangle$$
$$+ \delta x^*_m(T)\left\langle \eta_m, (I - \delta G_{-m})^{-1}\left(\frac{1}{x^{*\prime}_m(T)}\omega_{-m} + \delta \eta_m\right)\right\rangle = 0 \quad \text{(A3-4)}$$

因此，并购企业的策略 $x^*_m(T)$ 将满足公式（A3-4）所刻画的常微分方程，初始条件如下：

$$x^*_m(0) = 0 \quad \text{(A3-5)}$$

求解常微分方程（A3-5）可得

$$x_m^*(T) = \frac{\omega_m + 2\delta\langle\eta_m, (I-\delta G_{-m})^{-1}\omega_{-m}\rangle}{1-2\delta^2\langle\eta_m, (I-\delta G_{-m})^{-1}\eta_m\rangle} \cdot [\varphi(\beta)\cdot(e_1+Ie_2)+\gamma(d_h+\theta)] \quad \text{(A3-6)}$$

即存在完全分离的贝叶斯纳什均衡,并购企业的策略为 $x_m^*(T)$。

基于创新网络的并购整合与产业技术创新回报的最优化问题:借鉴 Ballester 等、Zhou 和 Chen 的研究,求解对产业技术创新带动作用最大的创新网络位置,产业技术创新收益为

$$W(x) = \left\{\omega_m[\varphi(\beta)\cdot(e_1+Ie_2)+\gamma(d_h+\theta)]x_m(T) - \frac{1}{2}x_m^2 + \delta\sum_{l=1}^n g_{ml}x_m x_l\right\}$$
$$+ \sum_{k\in N, k\neq m}\left\{\omega_k\hat{T}[\varphi(\beta)\cdot(e_1+Ie_2)+\gamma(d_h+\theta)]x_k - \frac{1}{2}x_k^2 + \delta\sum_{j=1}^n g_{k,l}x_k x_l\right\}$$
$$\text{(A3-7)}$$

为求解最大化产业技术创新函数(A3-7),首先计算在同步博弈中所有企业的纳什均衡:

$$x^N = [\varphi(\beta)\cdot(e_1+Ie_2)+\gamma(d_h+\theta)]\omega + \delta G_1 x^N \Leftrightarrow x^N$$
$$= (I-\delta G_1)^{-1}[\varphi(\beta)\cdot(e_1+Ie_2)+\gamma(d_h+\theta)]\omega$$
$$= b(G_1,\delta,T\omega)$$

令 $Y = (I-\delta G_1)^{-1}$,可展开为

$$Y = \sum_{k=0}^{\infty}\delta^k G_1^k = I + \delta G_1 + \delta^2 G_1^2 + \cdots$$

其中,元素 $y_{kl} = \sum_{\sigma=0}^{\infty}\delta^\sigma g_{kl}^\sigma = 1 + \delta g_{kl} + \delta^2 g_{kl}^2 + \cdots$。

因此,

$$x_k^N = b_k(G_1,\delta,T\omega) = \sum_{l=1}^n y_{kl}\omega_l T \quad \text{(A3-8)}$$

展开式(A3-8)中的分块矩阵 $I-\delta G_1$ 的逆矩阵得出

$$Y = (I - \delta G_1)^{-1}$$

$$= \begin{pmatrix} \dfrac{1}{1-\delta^2 \langle \eta_k, (I-\delta G_{-k})^{-1} \eta_k \rangle} & \dfrac{\delta \eta_k (I-\delta G_{-k})^{-1}}{1-\delta^2 \langle \eta_k, (I-\delta G_{-k})^{-1} \eta_k \rangle} \\ \dfrac{\delta (I-\delta G_{-i})^{-1} \eta_i}{1-\delta^2 \langle \eta_k, (I-\delta G_{-k})^{-1} \eta_k \rangle} & (I-\delta G_{-k})^{-1} + \dfrac{(I-\delta G_{-k})^{-1} \eta_k \eta_k' (I-\delta G_{-k})^{-1}}{1-\delta^2 \langle \eta_k, (I-\delta G_{-k})^{-1} \eta_k \rangle} \end{pmatrix}$$

（A3-9）

因此，可将公式（A3-9）写作

$$x_k^N = \left[\varphi(\beta) \cdot (e_1 + Ie_2) + \gamma(d_h + \theta)\right] \sum_{l=1}^n y_{kl} \omega_k$$

$$= \left[\varphi(\beta) \cdot (e_1 + Ie_2) + \gamma(d_h + \theta)\right] \cdot \frac{\omega_k + \delta \langle \eta_k, (I-\delta G_{-k})^{-1} \omega_{-k} \rangle}{1-\delta^2 \langle \eta_k, (I-\delta G_{-k})^{-1} \eta_k \rangle} \quad (A3\text{-}10)$$

比较等式两边 ω 的系数，可得

$$y_{kk} = \frac{1}{1-\delta^2 \langle \eta_k, (I-\delta G_{-k})^{-1} \eta_k \rangle} \quad (A3\text{-}11)$$

$$\frac{y_{kl}}{y_{kk}} = (I-\delta G_{-k})^{-1} \delta \eta_k, \quad l \neq k$$

将公式（A3-11）代入公式（A3-10），我们得到

$$x_k(T) = \frac{2\big(\omega_k + \delta \langle \eta_k, (I-\delta G_{-k})^{-1} \omega_{-k} \rangle\big) - \omega_k}{1 - 2\delta^2 \langle \eta_k, (I-\delta G_{-k})^{-1} \eta_k \rangle}$$

$$\times \left[\varphi(\beta) \cdot (e_1 + Ie_2) + \gamma(d_h + \theta)\right]$$

$$= \frac{2b_k(G_1, \delta, \omega) - \omega_k y_{kk}}{2 - y_{kk}} \cdot \left[\varphi(\beta) \cdot (e_1 + Ie_2) + \gamma(d_h + \theta)\right] \quad (A3\text{-}12)$$

接下来我们考虑 k 对产业内其他企业技术创新的影响，已知其他企业的

最优反馈为

$$x^*_{-k}(x_k) = b_k\left(G_{-k}, \delta, \omega_{-k}T + \delta x_k \eta_k\right) = \left(I - \delta G_{-k}\right)^{-1}\left[T\omega_{-k} + \delta x_k \eta_k\right] \quad (A3\text{-}13)$$

假设行为人 k 的技术创新投入改变了 Δx_k，对产业内其他企业的技术创新的影响增量为

$$\Delta x^*_{-k}(x_k) = \left(I - \delta G_{-k}\right)^{-1}\delta \Delta x_k \eta_k = \frac{y_{kl}}{y_{kk}}\Delta x_k \quad (A3\text{-}14)$$

因此，Δx_k 对产业技术创新的总影响为

$$\left(1 + \sum_{l \neq k}\frac{y_{kl}}{y_{kk}}\right)\Delta x_k = \frac{\sum_{r=1}^{n} y_{ir}}{y_{kk}}\Delta x_i = \frac{b_k(G_1, \delta, 1)}{y_{kk}}\Delta x_k \quad (A3\text{-}15)$$

由于行为人 k 的技术创新投入由 $x_k^N = b_k(G_1, \delta, \omega)\left[\varphi(\beta)\cdot(e_1 + Ie_2) + \gamma(d_h + \theta)\right]$ 改变为 $x_k^m = \frac{2b_k(G_1, \delta, \omega) - \omega_k y_{kk}}{2 - y_{kk}} \cdot \left[\varphi(\beta)\cdot(e_1 + Ie_2) + \gamma(d_h + \theta)\right]$。因此，如果 k 是并购企业 m，那么它对产业技术创新的带动作用为

$$S = \frac{b_m(G_1, \delta, 1)(b_m(G_1, \delta, \omega) - \omega_m)}{2 - y_{mm}} \cdot \left[\varphi(\beta)\cdot(e_1 + Ie_2) + \gamma(d_h + \theta)\right] \quad (A3\text{-}16)$$

因此，最大化式（A3-16）即为最优化问题式（A3-7）的解。

附录 B　中国制造业海外并购整合与产业技术创新的动态演化研究仿真程序代码

B1　第九章第一节动态仿真程序代码

globals [V step　seff　speff　B T]

turtles-own [eff]

patches-own[peff gain]

to setup

    ca

    set V 0

    set B 0

    set T 0

    setup-patches

    setup-turtles

    set step 1

    set speff 0

    set seff 0

    do-plots

end

to setup-patches

    ask   n-of 100 patches [set pcolor green]

    ask   patches [set peff 0]

end

to setup-turtles

  ask n-of 100 patches

  [sprout 1[set eff 0

           set color yellow]]

end

to go

     move-turtles

    set B random-float 1

    set T 1 + random-float 4

    set speff 0

    set seff 0

    integration

do-plots
   set step step + 1
 if step >= 100[stop]
end
to move-turtles
   ask turtles[rt random 360
         fd 1]
end
to integration
   ask turtles[set gain 0
   if pcolor = green [set pcolor black
            if T <= 3 and B >= 0.5 [set gain ((1- 0.2 * (1- B ^ 2)) * (1 + 0.8 * (1- B ^ 2)+ 0.2 * (B ^ (1 / 2)))* 2 * T- (1- 0.8 + 0.2 + 0.2) / 2 * T ^ 2)
      set peff ((1- 0.2 * (1- B ^ 2)) * (1 + 0.8 * (1- B ^ 2)+ 0.2 * (B ^ (1 / 2)))* 2 * T- (1- 0.8 + 0.2 + 0.2) / 2 * T ^ 2)
               set pcolor green
            ]
         ]
    set V sum [peff] of patches
   ]
end
to do-plots
   set-current-plot "all"
   set-current-plot-pen "peff"
   plot V
end

B2　第九章第二节系统动力学仿真模型的系统方程设置

（01） FINAL TIME　 = 24
Units: Month

The final time for the simulation.

（02） INITIAL TIME　＝0

Units: Month

The initial time for the simulation.

（03） SAVEPER　＝
　　　　TIME STEP

Units: Month [0，?]

The frequency with which output is stored.

（04） TIME STEP　＝1

Units: Month [0，?]

The time step for the simulation.

（05） 互补协同=互补协同因子*资源互补性*目标方整合资源*
　　　　目标方自主性*并购方技术基础

Units: **undefined**

（06） 互补协同因子=0.01

Units: **undefined**

（07） 吸收能力因子=0.01

Units: **undefined**

（08） 并购方吸收能力=吸收能力因子*资源相似性*并购方技术基础

Units: **undefined**

（09） 并购方技术基础=INTEG(并购方技术增量，10)

Units: **undefined**

（10） 并购方技术增量=整合收益-整合成本

Units: **undefined**

（11） 资源互补性=0.8

Units: **undefined**

（12） 技术创新能力=并购方技术基础+目标方技术基础

Units: **undefined**

（13） 技术吸收=技术转移*并购方吸收能力

Units: **undefined**

（14） 资源相似性=0.2

Units: **undefined**

（15） 技术转移=目标方整合资源*技术转移意愿

Units: **undefined**

（16） 技术转移意愿=1-目标方自主性

Units: **undefined**

（17） 整合成本=路径冲突*目标方整合资源^2*文化差异

Units: **undefined**

（18） 整合收益=互补协同+技术吸收

Units: **undefined**

（19） 整合程度=0.5

Units: **undefined**

（20） 文化差异=1

Units: **undefined**

（21） 目标方技术增量=目标方保留资源*目标方研发生产率

Units: **undefined**

（22） 目标方保留资源=(1-整合程度)*目标方技术基础

Units: **undefined**

（23） 目标方技术基础=INTEG(目标技术增量，10)

Units: **undefined**

（24） 目标方整合资源=整合程度*目标方技术基础

Units: **undefined**

（25） 目标方研发生产率=0.05

Units: **undefined**

（26） 目标方自主性=0.5

Units: **undefined**

（27） 路径冲突=0.5*路径冲突因子*资源互补性^2/资源相似性

Units: **undefined**

（28） 路径冲突因子=0.001

B3 第十章第一节相关附录

B3.1 资源识别与重新定位示意图

图 B1 展示了对于(SIM, COM)=(2,8)的重新定位,并以平均度 2 生成初始网络重新定位前后的主体分布情况。

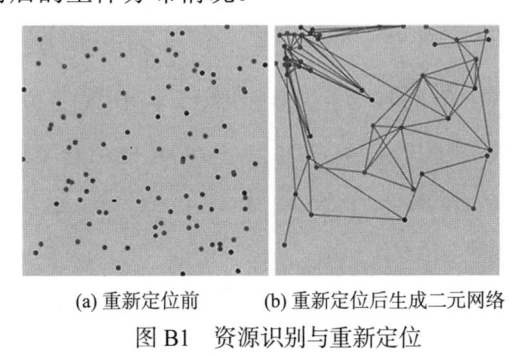

(a) 重新定位前　　(b) 重新定位后生成二元网络

图 B1　资源识别与重新定位

B3.2 马尔可夫博弈证明

利用隐函数求导法则,即证: $\dfrac{\partial S}{\partial n}=-\dfrac{Fn}{FS}>0$; $\dfrac{\partial S}{\partial \phi}=-\dfrac{F\phi}{FS}<0$; $\dfrac{\partial \theta(S)}{\partial S}=-\dfrac{FS}{F\theta(S)}>0$。记 $x=\phi\theta(S)+\delta n-nS(1+\delta)$,有 $F\theta(S)=\phi^2 f'(x)\left[\Delta R+\beta\dfrac{nS(1+\delta)}{\phi}\right]<0$, $FS=\phi f'(x)\left[-n(1+\delta)\right]\left[\Delta R+\beta\dfrac{nS(1+\delta)}{\phi}\right]+f(x)\phi\left[\beta\dfrac{n(1+\delta)}{\phi}\right]>0$,因此有 $\dfrac{\partial \theta(S)}{\partial S}>0$。记 $Fn=\phi\left\{f'(x)\left[\delta-S(1+\delta)\right]\left[\Delta R+\beta\dfrac{nS(1+\delta)}{\phi}\right]+f(x)\beta\dfrac{S(1+\delta)}{\phi}\right\}$, $F\phi=f(x)\left[\Delta R+\beta\dfrac{nS(1+\delta)}{\phi}\right]+\phi f'(x)\theta\left[\Delta R+\beta\dfrac{nS(1+\delta)}{\phi}\right]+f(x)\phi\left[-\beta\dfrac{nS(1+\delta)}{\phi^2}\right]$,需证明 $Fn<0$ 且 $F\phi>0$;由于均衡时 $f'(x)$ 为接近于 0 的负数,若 $f'(x)\delta\left[\Delta R+\beta\dfrac{nS(1+\delta)}{\phi}\right]+f(x)\left[\beta\dfrac{S(1+\delta)}{\phi}\right]<0$,则满足 $Fn<0$,因此需证明 $f'(x)\delta\Delta R+f(x)\left[\beta\dfrac{S(1+\delta)}{\phi}\right]<0$;经 Z 变化后的标准正态分布可得

$f'(x)=(-x)f(x)$，即证 $(-x)\delta\Delta R+\beta\dfrac{S(1+\delta)}{\phi}<0$；给定 $\Delta R=1$，将 $x=\phi\theta(S)+\delta n-nS(1+\delta)$ 代入 $(-x)\delta\Delta R+\beta\dfrac{S(1+\delta)}{\phi}<0$，即满足：$\theta>\dfrac{nS(1+\delta)+\dfrac{\beta}{\phi}-\delta n}{\phi}$。为证明 $F\phi>0$，只需要 $f(x)\Delta R+\phi f'(x)\theta\left[\Delta R+\beta\dfrac{nS(1+\delta)}{\phi}\right]>0$，则满足 $F\phi>0$，即证 $(-x)\Delta R+\phi\theta\Delta R+\beta nS(1+\delta)\theta<0$；将 $x=\phi\theta(S)+\delta n-nS(1+\delta)$ 代入 $(-x)\Delta R+\phi\theta\Delta R+\beta nS(1+\delta)\theta<0$，即证：$-\delta n\Delta R+nS(1+\delta)(\Delta R+\beta\theta)<0$。证 $S(1+\delta)(1+\beta\theta)<\delta$，求一个充分条件，$\theta_{\min}$ 满足不等式，则根据 $\theta>\dfrac{nS(1+\delta)+\dfrac{\beta}{\phi}-\delta n}{\phi}$，将 $\dfrac{nS(1+\delta)+\dfrac{\beta}{\phi}-\delta n}{\phi}$ 替换 θ，求解 $S(1+\delta)\cdot\left(1+\beta\dfrac{nS(1+\delta)+\dfrac{\beta}{\phi}-\delta n}{\phi}\right)<\delta$，得到 $S<\dfrac{\delta}{1+\delta}-\dfrac{\beta}{\phi n(1+\delta)}$ 时 $Fn<0$，且 $F\phi>0$，得证。

B4 第十章第二节相关附录

B4.1 第十章第二节仿真程序源代码

```
globals [sum_p temp_j theta tech-innovation industry-spillover n_infected industry_tech]
turtles-own
[
  infected?            ;; if true, the turtle is infectious
  resistant?           ;; if true, the turtle can't be infected
  virus-check-timer    ;; number of ticks since this turtle's last virus-check
  tech
  tech_links
  p
```

    count-link-neighbors-0
]

to setup
    clear-all
    setup-nodes
    setup-spatially-clustered-network
    ask n-of initial-outbreak-size turtles with [xcor < max-pxcor * 0.85 and ycor < max-pxcor * 0.85 and xcor > max-pxcor * 0.5 and ycor > max-pxcor * 0.5]
        [become-thefirstpoint]
    ask links [set color white]
    reset-ticks
end

to setup-zero-point
  create-turtles 1
    [setxy (0) (0)
        set shape "x"
        set color white
    ]
end

to setup-nodes
    set-default-shape turtles "circle"
    create-turtles number-of-nodes
    [
        ; for visual reasons, we don't put any nodes *too* close to the edges
        setxy (random-xcor * 0.95) (random-ycor * 0.95)
        become-susceptible
        set virus-check-timer random virus-check-frequency

]
end

to setup-spatially-clustered-network
   let num-links (average-node-degree * number-of-nodes) / 2
   while [count links < num-links]
   [
     ask one-of turtles
     [
       let choice (min-one-of (other turtles with [not link-neighbor? myself])
              [distance myself])
       if choice != nobody [create-link-with choice]
     ]
   ]
   ; make the network look a little prettier
   repeat 10
   [
     layout-spring turtles links 0.3 (world-width / (sqrt number-of-nodes)) 1
   ]
end

to go
   if n_infected < 20
     [
   ask turtles
   [
     set virus-check-timer virus-check-timer + 1
     if virus-check-timer >= virus-check-frequency
       [set virus-check-timer 0
            ]

]
spread-virus
set n_infected count turtles with [infected?]
do-virus-checks
tick

    ]
end
to become-thefirstpoint   ;; turtle procedure
   set infected? true
   set resistant? true
   set color red
     set theta (count link-neighbors)
end
to become-infected   ;; turtle procedure
   set infected? true
   set resistant? false
   set color green
end

to become-susceptible   ;; turtle procedure
   set infected? false
   set resistant? false
   set color blue
end

to become-resistant   ;; turtle procedure
   set infected? false
   set resistant? true
   set color gray

```
    ask my-links [ set color gray- 2 ]
end

to spread-virus
    ask turtles with [infected?]
      [ ask link-neighbors with [not resistant?]
          [ if random-float 100 < virus-spread-chance
              [ become-infected ] ] ]
end

to do-virus-checks
    ask turtles with [infected? and virus-check-timer = 0]
    [
        if random 100 < recovery-chance
        [
            ifelse random 100 < gain-resistance-chance
              [ become-resistant ]
              [ become-susceptible ]
        ]
    ]
end
to create-new-link-1
    target-tech-assignment
    acquirer-tech-assignment
    create-link-0
;   ask turtles [set size sqrt (count link-neighbors) / 1.5]
end

to target-tech-assignment
```

ask turtles with [infected?]
    [set shape "circle"
        set tech ((random-float 1.0) / 2) ; set firm's initial technological knowledge level
    ]
end
to acquirer-tech-assignment
  ask turtles with [not infected?]
    [set shape "circle"
        set tech ((random-float 1.0) / 2 + 0.5) ; set firm's initial technological knowledge level
    ]
end
to create-link-0
  let choice-1 max-one-of turtles   with [not infected?] [count link-neighbors]
  ask choice-1 [set color yellow]
  let choice-2 one-of turtles with [infected? and resistant?]
  ask choice-2
  [set shape "person"
  set size size * 2]

;   repeat 30 [layout-spring turtles links 0.2 5 1] ;; lays the nodes in a triangle
;   repeat 10
;   [
;   layout-spring turtles links 0.3 (world-width / (sqrt number-of-nodes)) 1
;   ]
  reset-ticks
     ask choice-2

```
    [set theta (count link-neighbors)
      set tech-innovation tech_links
    ]
end


to create-link-1
   let choice-1 one-of turtles   with [color = red]
   let choice-2 one-of turtles with [color = yellow]

   ask choice-1 [create-link-with choice-2
     set theta (count link-neighbors)]

   repeat 30 [ layout-spring turtles links 0.2 5 1 ] ;; lays the nodes in a triangle
     repeat 10
   [
     layout-spring turtles links 0.3 (world-width / (sqrt number-of-nodes)) 1
   ]
   reset-ticks
     ask choice-2
   [set theta (count link-neighbors)
     set tech-innovation tech_links
   ]

end

to create-lines
   let z 0
   ask turtles
   [set count-link-neighbors-0 count link-neighbors]
```

```
    while [z < loop-number]
    [
       set z z + 1
       create-new-link-2]
;      ask links
;      [set color 9.9]
    ask turtles with [color = green]
    [
    set xcor xcor * 0.95 ^ ( count link-neighbors- count-link-neighbors-0 )
      set ycor ycor * 0.95 ^ ( count link-neighbors- count-link-neighbors-0 )
    ]
       ask turtles with [color = red]
    [
    set xcor   xcor * 0.75 ^ ( count link-neighbors- count-link-neighbors-0 )
      set ycor   ycor * 0.75 ^ ( count link-neighbors- count-link-neighbors-0 )
    ]

;      repeat 10
;   [
;      layout-spring turtles links 0.3 (world-width / (sqrt number-of-nodes)) 1
;   ]
end

to create-new-link-2

    let choice-1 one-of turtles with [color = yellow]
    let temp 0

    ask choice-1 [set temp tech]
    let choice-2 one-of turtles with [infected? and resistant?]
```

ask choice-2 [set tech_links (count link-neighbors) * ((1 + beta) * (tech + I * temp) + 0.5 * (count link-neighbors)- (1.2- alpha + beta) * I* I * (temp- tech))]

ask choice-2 [set industry_tech ((1 + beta) * (tech + I * temp) + 0.5 * (count link-neighbors)) * 2]

ask turtles with[not infected? or not resistant?]
[
   set tech_links (count link-neighbors) * (tech + 0.5 * (count link-neighbors))
]
create-link-2

ask choice-2
[set theta (count link-neighbors)
  set tech-innovation tech_links
]
ask turtles
[
   set industry-spillover (sum [tech_links] of turtles with [infected?])
]
   tick
end

to create-link-2
    let choice-3 one-of turtles
   set sum_p 0

;give every turtle a probability number named p
   let k 0
   while [k < number-of-nodes]
   [

```
    ask turtle k
    [
    set sum_p sum_p + tech_links
    set p sum_p
    ]
    set k k + 1
  ]

  let j 0
  while [j < number-of-nodes]
  [
    ask turtle j
    [
    ifelse (random sum_p) < p   [set j j + 1]   [set temp_j j
      stop]

    ]
  ]
  let choice-4 turtle temp_j
  let choice-43 [who] of choice-4
  let choice-34 [who] of choice-3
  let choice-343 link choice-43 choice-34
  ask choice-3 [ create-link-with choice-4 ]
end

to pretty1

    repeat 5
  [
    layout-spring turtles links 0.075 (world-width * 1.5 / (sqrt number-of-nodes)) 1
```

]

end

to link-yellow-neighbour

  let choice-5 one-of turtles with [color = yellow]

  let choice-6 one-of turtles with [link-neighbor? choice-5]

  let choice-7 one-of turtles with [color = red]

  let choice-67 [who] of choice-6

  let choice-76 [who] of choice-7

  let random_0 random-float 1.0

  ask choice-7

  [set count-link-neighbors-0 count link-neighbors]

  ask choice-6　　[if random_0 < (alpha * I) [create-link-with one-of turtles with [color = red and (not link-neighbor? myself)]]]

  if　random_0 < (alpha * I)　　[ask link choice-67 choice-76 [set color yellow]]

   ask choice-7

  [set theta (count link-neighbors)

  set tech-innovation tech_links]

   ask choice-7

  [set xcor　xcor * 0.75 ^ (count link-neighbors- count-link-neighbors-0)

  set ycor　ycor * 0.75 ^ (count link-neighbors- count-link-neighbors-0)

  ]

  tick

end

to link-high-tech-blue

  let choice-8 one-of turtles with[not infected? and (color != yellow)] with-max

[tech]
 let choice-9 one-of turtles with [infected? and resistant?]

 let choice-89 [who] of choice-8

 let choice-98 [who] of choice-9

 let random_1 random-float 1.0

 ask choice-9

 [set count-link-neighbors-0 count link-neighbors]

 ask choice-8 [if random_1 < ((1- I) * beta) [create-link-with one-of turtles with [color = red and (not link-neighbor? myself)]]

 if random_1 < ((1- I) * beta) [ask link choice-89 choice-98 [set color pink]]

 become-infected
  set color blue

 ]

 ask choice-9

 [set theta (count link-neighbors)

  set tech-innovation tech_links]

  ask choice-9

 [set xcor xcor * 0.75 ^ (count link-neighbors- count-link-neighbors-0)

  set ycor ycor * 0.75 ^ (count link-neighbors- count-link-neighbors-0)

 ]

end

B4.2 第十章第二节仿真初始网络世界数据

网络节点（软件中节点，被默认命名为 **Turtles**）

对象（who）	颜色（color）	前进（heading）	X 轴（x_{cor}）	Y 轴（y_{cor}）
0	55	329	17.057 915 67	6.941 034 95
1	55	133	14.578 842 81	11.921 249 26

续表

对象（who）	颜色（color）	前进（heading）	X轴（x_{cor}）	Y轴（y_{cor}）
2	105	229	−14.181 174 62	−19.036 991 86
3	105	90	8.737 921 21	−13.800 433 28
4	105	233	−18.610 144 69	−8.330 925 61
5	105	58	16.040 643 31	−15.928 405 93
6	105	29	18.821 038 56	−11.068 783 92
7	105	263	−14.282 079 67	−5.635 453 70
8	105	319	1.428 065 01	7.737 373 61
9	105	206	−8.599 560 04	4.850 757 94
10	105	331	−1.352 630 29	13.998 037 78
11	105	82	4.851 822 23	−7.678 374 85
12	55	260	19.810 587 17	10.625 188 58
13	55	207	17.154 916 63	12.742 170 07
14	55	245	19.149 631 44	20
15	105	331	−13.259 536 76	−13.151 428 99
16	105	3	−17.682 011 53	5.410 134 85
17	55	163	14.470 002 33	19.053 707 69
18	105	231	0.209 440 10	0.885 146 75
19	105	2	−6.414 206 05	−4.755 121 64
20	55	272	18.047 316 38	2.946 005 79
21	55	253	6.097 196 20	16.250 450 72
22	105	233	−7.307 455 01	15.758 815 54
23	105	123	−11.219 586 56	−11.580 701 87
24	105	236	−12.244 919 77	18.423 659 35
25	105	189	12.459 206 36	−4.633 346 25
26	105	293	2.542 696 09	−11.616 029 92
27	105	355	11.281 890 82	−14.257 572 60
28	105	160	−10.924 535 54	−3.846 863 34
29	105	219	−16.855 123 52	19.080 815 14
30	105	118	−7.213 706 05	−14.796 060 00
31	55	141	14.182 011 38	8.722 636 18
32	55	211	8.903 694 05	20

续表

对象(who)	颜色(color)	前进(heading)	X 轴(x_{cor})	Y 轴(y_{cor})
33	105	25	−20	−12.430 772 52
34	105	302	−2.282 535 34	−1.438 656 22
35	105	287	16.650 031 40	−3.817 341 78
36	105	206	−16.195 977 17	−1.754 344 12
37	45	304	2.184 250 81	0.296 638 33
38	105	38	10.752 711 61	−17.513 085 69
39	105	52	−5.166 895 44	−2.755 689 87
40	105	55	6.544 653 38	−11.390 126 89
41	105	218	−8.371 442 69	−0.263 613 86
42	55	268	7.319 587 74	12.036 627 04
43	105	314	−18.244 336 42	−16.951 553 87
44	105	14	−14.563 890 01	−8.339 046 44
45	105	201	16.000 813 74	−7.478 018 32
46	105	23	−10.504 773 89	15.086 640 94
47	105	252	−13.000 388 58	−1.921 368 87
48	55	328	19.423 815 45	15.842 082 11
49	105	118	−15.431 309 66	7.211 485 40
50	105	357	14.826 062 08	−12.377 835 31
51	105	109	−11.171 924 75	−8.343 537 85
52	105	1	5.916 985 38	−16.663 310 39
53	105	177	−16.035 960 46	−16.187 814 53
54	55	347	11.562 338 24	15.157 616 42
55	105	16	−12.680 601 95	5.709 696 07
56	15	104	11.103 543 07	10.829 086 58
57	105	263	−5.701 771 75	0.662 630 65
58	105	161	2.357 137 05	−19.156 332 38
59	105	183	−3.763 637 27	9.653 045 70
60	55	88	17.061 964 58	17.573 218 64
61	105	110	−14.986 678 23	1.459 160 32
62	105	197	−14.548 266 72	15.570 887 74
63	105	205	12.692 146 61	3.020 765 93

续表

对象（who）	颜色（color）	前进（heading）	X轴（x_{cor}）	Y轴（y_{cor}）
64	105	286	−5.743 202 73	3.371 153 53
65	105	170	6.255 901 26	−14.736 432 86
66	105	277	7.649 548 19	−1.481 520 78
67	105	334	−11.386 759 73	1.430 217 44
68	105	34	6.484 380 08	−19.192 929 95
69	55	76	17.790 689 43	9.384 156 24
70	55	254	9.119 297 92	16.368 350 12
71	105	334	8.954 480 49	3.758 354 10
72	105	237	−11.629 829 88	−16.398 500 01
73	105	40	5.254 407 43	3.754 278 45
74	105	212	1.558 682 59	−15.915 657 86
75	105	17	−16.504 719 25	−11.925 131 36
76	105	356	−0.899 430 77	11.413 406 88
77	105	95	−9.006 887 73	11.253 339 36
78	105	280	−5.603 901 95	12.162 662 51
79	105	297	−3.596 719 72	14.605 759 68
80	105	159	2.648 508 07	1.907 130 52
81	105	143	1.138 421 15	−2.469 679 37
82	105	152	4.247 432 30	−3.453 211 39
83	55	312	14.338 271 49	4.750 227 61
84	105	134	−1.177 374 72	4.160 769 74
85	105	97	12.400 886 35	−8.875 299 21
86	105	195	−8.832 353 20	20
87	105	264	11.342 779 38	−0.467 680 77
88	55	151	17.807 885 26	−0.960 892 99
89	105	314	−14.468 046 30	10.249 059 49
90	55	245	14.980 618 75	15.557 309 21
91	105	151	−11.494 834 20	12.277 612 04
92	105	255	8.204 121 71	−5.310 242 15
93	105	256	−14.644 741 86	−15.188 519 14
94	105	356	5.446 418 28	0.200 809 92

续表

对象（who）	颜色（color）	前进（heading）	X 轴（x_{cor}）	Y 轴（y_{cor}）
95	105	283	−1.475 498 91	8.992 348 82
96	105	201	4.009 569 63	−15.153 897 86
97	105	42	−2.152 837 61	1.676 860 50
98	105	203	19.581 687 64	−5.952 528 47
99	105	17	3.821 459 03	5.446 546 87

索　引

B

并购绩效　20, 21, 24, 25, 26, 29, 35, 36, 39, 47, 84, 162, 164, 294

并购协同绩效　40, 78, 79, 80, 82, 86, 87, 88, 294

并购整合策略　12, 21, 33, 40, 41, 43, 56, 57, 58, 59, 61, 66, 67, 68, 70, 71, 73, 74, 77, 78, 82, 83, 84, 86, 87, 88, 89, 126, 128, 147, 151, 160, 165, 166, 207, 208, 221, 222, 223, 241, 311, 334, 405, 407, 410, 411, 412, 415, 416, 417, 418, 419, 422, 424, 425, 429, 431, 435, 438, 465, 537, 551

并购整合程度　19, 20, 21, 22, 23, 27, 28, 62, 68, 69, 71, 74, 78, 79, 81, 88, 105, 114, 119, 124, 133, 135, 136, 138, 141, 151, 161, 163, 179, 185, 199, 215, 217, 218, 220, 221, 222, 223, 224, 225, 232, 237, 238, 239, 244, 259, 263, 264, 277, 278, 285, 301, 359, 360, 365, 366, 370, 372, 405, 406, 425, 431, 435, 438, 510

并购整合模式　25, 26, 27, 28, 221, 222, 223, 224, 225, 412, 418, 434, 435, 438, 546

博弈　49, 54, 77, 89, 145, 147, 157, 160, 161, 162, 163, 165, 180, 191, 192, 193, 194, 203, 229, 231, 232, 241, 247, 264

C

产权保护　85, 102, 103, 291, 337, 356, 357, 358, 359, 361, 363, 364, 367, 374, 377, 387, 388, 391, 394, 396, 400, 401, 444, 464, 525

产业技术创新　1, 2, 3, 9, 11, 13, 15, 16, 17, 41, 42, 43, 45, 48, 50, 51, 52, 53, 55, 56, 57, 58, 89, 90, 92, 94, 95, 96, 97, 98, 99, 100, 101, 102, 103, 104, 105, 106, 107, 109, 110, 162, 181, 184, 188, 191, 192, 193, 195, 196, 197, 200, 201, 202, 203, 204, 227, 231, 235, 238, 239, 240, 241, 242, 247, 248, 250, 251, 252, 253, 254, 257, 260, 264, 265, 267, 268, 312, 314, 315, 316, 318, 321, 322, 323, 326, 327, 328, 329, 330, 332, 333, 334, 335, 336, 337, 340, 341, 343, 345, 346, 347, 348, 349, 350, 351, 355, 359, 360, 361, 363, 365, 366, 367, 368, 369, 370, 371, 372, 374, 375, 376, 377, 379, 380, 384, 385, 386, 388, 389, 390, 391, 392, 393, 394, 395, 396, 397, 398, 399, 400, 401,

索　引

403, 404, 471, 478, 479, 480, 485, 486, 492, 493, 496, 498, 499, 501, 502, 506, 508, 509, 510, 511, 512, 513, 515, 523, 526, 528, 529, 530, 536, 538, 540, 541, 542, 543, 544, 547, 548, 550, 554, 555

产业链　10, 11, 15, 16, 45, 53, 90, 91, 93, 95, 97, 98, 245, 419, 455, 471, 478, 479, 481, 485, 486, 490, 491, 492, 494, 495, 507, 508, 522, 527, 528, 538, 539, 541, 545, 546, 547, 548, 549, 550, 554

产业升级　6, 8, 44, 97, 495, 514, 522, 541, 549

传导机制　2, 45, 56, 57, 58, 66, 89, 101, 102, 103, 106, 144, 196, 203, 206, 264, 267, 268, 269, 286, 312, 334, 403, 405, 440, 479, 485, 493, 499

创新网络　2, 13, 16, 42, 43, 44, 45, 48, 49, 50, 51, 53, 55, 56, 57, 58, 89, 90, 91, 92, 93, 94, 95, 96, 97, 98, 99, 100, 103, 104, 105, 106, 107, 109, 110, 162, 181, 182, 184, 185, 186, 188, 189, 190, 191, 196, 197, 199, 200, 201, 202, 203, 204, 227, 228, 229, 230, 231, 232, 233, 235, 237, 238, 239, 240, 241, 242, 243, 244, 245, 246, 247, 248, 249, 250, 252, 253, 254, 255, 256, 257, 258, 259, 260, 262, 263, 264, 265, 268, 312, 317, 318, 319, 320, 321, 322, 323, 326, 327, 328, 329, 330, 331, 333, 334, 335, 354, 355, 359, 360, 363, 364, 372, 373, 375, 376, 380, 385, 387, 399, 400, 401, 403, 404, 471, 475, 476, 477, 483, 484, 485, 490, 491, 492, 495, 496, 497, 498, 499, 501, 502, 504, 505, 506, 508, 509, 510, 515, 524, 525, 527, 528, 539, 540, 541, 542, 545, 546, 547, 552, 554, 555

创新资源　6, 13, 14, 15, 17, 42, 43, 44, 46, 48, 51, 53, 57, 64, 65, 68, 89, 90, 91, 92, 93, 95, 96, 97, 98, 99, 100, 106, 131, 134, 185, 259, 401, 420, 426, 432, 475, 498, 510, 522, 523, 524, 525, 526, 528, 537, 538, 539, 540, 542, 546, 547, 548, 550, 554

D

动态演化　49, 50, 57, 58, 109, 110, 205, 216, 217, 225, 227, 241, 246, 264

G

国际比较　55, 57, 58, 267, 268, 335, 350, 351, 372, 385, 397, 400, 542

国际经验　511, 512, 548, 549, 550, 551

H

海外并购整合　1, 2, 3, 8, 10, 11, 12, 13, 15, 16, 17, 18, 19, 21, 24, 25, 27, 28, 30, 31, 32, 33, 34, 35, 36, 38, 39, 40, 41, 42, 44, 46, 47, 48, 50, 51, 53, 54, 55, 56, 57, 58, 59, 60, 63, 65, 66, 68, 69, 70, 71, 72, 73, 74, 75, 76, 77, 78, 79, 81, 83, 84, 85, 86, 87, 88, 89, 90, 91, 92, 94, 95, 96, 97, 99, 100, 104, 105, 106, 107, 109, 110, 111, 112, 114, 115, 116, 126, 128, 129, 130, 131, 132, 136, 139, 144, 145, 151, 154, 158, 160, 161, 162, 163, 164, 165, 168, 169, 176, 180, 181, 184, 191, 192, 196, 200, 203, 204, 205, 206, 208, 215, 216, 217, 218, 219, 220, 225, 226, 227, 229, 230, 231, 241, 242, 244, 247, 264, 265, 267, 268, 269, 286, 310, 311, 312, 323, 334, 335, 350, 351, 359, 360, 372, 385, 400, 401, 403, 404, 405, 406, 434, 435, 437, 438, 440, 445, 471, 475, 489, 496, 497, 498, 499, 502, 509, 510, 511, 512, 513, 514, 515, 519, 520, 522, 523, 524, 525, 526, 527, 528, 529, 530, 534,

536, 537, 538, 539, 540, 541, 542, 543, 544, 545, 546, 548, 549, 550, 551, 552, 553, 554, 555

合法性　54, 55, 85, 102, 104

J

技术获取型海外并购　13, 18, 19, 24, 25, 30, 31, 32, 34, 35, 36, 42, 44, 46, 47, 57, 66, 68, 69, 70, 72, 73, 86, 87, 88, 97, 98, 99, 100, 129, 133, 144, 164, 173, 184, 185, 187, 197, 199, 200, 202, 203, 216, 217, 218, 219, 220, 225, 241, 242, 244, 247, 253, 267, 269, 271, 285, 286, 287, 288, 289, 290, 293, 294, 295, 296, 301, 302, 303, 304, 305, 306, 308, 309, 310, 312, 313, 314, 315, 316, 323, 329, 330, 334, 335, 336, 350, 351, 352, 353, 359, 385, 403, 404, 405, 406, 434, 435, 436, 437, 438, 439, 443, 450, 456, 463, 467, 468, 470, 471, 473, 497, 499, 510, 544, 545, 546, 553

技术学习　2, 63, 68, 70, 72, 73, 79, 129, 130, 131, 217, 218, 219, 220, 412, 418, 466

技术溢出　16, 44, 53, 54, 91, 93, 164, 170, 186, 192, 193, 234, 235, 243, 244, 247, 250, 252, 256, 259, 260, 263, 317, 318, 475, 476, 510, 522, 528, 548, 554

价值链　11, 32, 44, 45, 52, 53, 89, 90, 91, 93, 95, 96, 106, 422, 465, 478, 507, 527, 542, 554, 555

结构洞　2, 44, 50, 51, 56, 89, 91, 94, 95, 97, 98, 99, 100, 101, 102, 103, 104, 105, 106, 107, 188, 189, 190, 191, 200, 201, 202, 203, 246, 247, 250, 252, 253, 256, 259, 260, 263, 318, 319, 320, 321, 322, 323, 326, 327, 328, 329, 330, 331, 332,

333, 334, 337, 339, 342, 343, 344, 345, 346, 347, 348, 349, 354, 355, 358, 359, 360, 361, 363, 365, 366, 368, 369, 370, 371, 372, 373, 374, 376, 379, 380, 383, 384, 387, 388, 389, 391, 393, 396, 398, 399, 497, 498, 501, 505, 506, 508, 510, 547

结构方程模型　50, 267, 277, 278, 279, 280, 285, 312, 314, 315, 323, 324, 325, 334, 343, 344, 345, 347, 348, 360, 362, 365, 368, 380, 385, 389, 390, 391, 392, 393, 395, 396, 397, 398

经济制度环境　2, 38, 54, 55, 56, 57, 83, 84, 85, 86, 87, 90, 100, 101, 102, 103, 104, 105, 106, 107, 113, 114, 230, 268, 337, 339, 341, 343, 344, 345, 346, 347, 348, 356, 359, 360, 361, 363, 364, 365, 366, 367, 370, 372, 374, 375, 376, 377, 379, 380, 383, 385, 387, 389, 391, 392, 393, 394, 396, 397, 399, 400, 443, 465, 467, 525, 528, 537, 542, 550, 551, 553

经济制度距离　2, 36, 38, 39, 40, 41, 55, 83, 84, 85, 86, 87, 88, 109, 113, 114, 115, 116, 117, 119, 120, 121, 122, 123, 124, 125, 126, 127, 128, 161, 206, 207, 208, 209, 210, 211, 212, 213, 214, 215, 216, 225, 267, 286, 291, 292, 295, 296, 297, 298, 300, 301, 302, 303, 304, 305, 306, 307, 308, 309, 310, 311, 404, 440, 443, 444, 447, 450, 453, 456, 457, 460, 463, 467, 468, 469, 470

K

跨层次传导　2, 57, 57, 58, 58, 58, 92, 94, 95, 96, 105, 109, 110, 264, 264, 268, 268, 312, 403

M

摩擦成本　28, 32, 47, 62, 66, 67, 69, 76, 96, 98, 99, 101, 103, 131, 132, 138, 184, 186, 217, 218, 219, 220, 225, 244, 304, 438, 545, 546

摩擦效应　2, 65, 72, 73, 82, 92, 113, 114, 129, 134, 186, 187, 217, 218, 219, 244, 472

目标方自主性　18, 19, 22, 23, 24, 25, 26, 27, 28, 32, 34, 39, 40, 41, 43, 60, 62, 64, 67, 68, 69, 70, 71, 72, 73, 74, 86, 87, 88, 114, 117, 120, 123, 124, 125, 133, 134, 135, 136, 137, 138, 145, 149, 151, 152, 153, 158, 159, 161, 164, 206, 207, 208, 209, 210, 211, 212, 213, 214, 215, 216, 217, 218, 220, 221, 222, 223, 224, 225, 273, 274, 275, 276, 277, 278, 279, 280, 281, 282, 283, 284, 285, 286, 292, 295, 296, 297, 298, 300, 301, 302, 303, 304, 305, 306, 307, 308, 309, 310, 311, 405, 406, 410, 412, 416, 418, 424, 431, 434, 435, 438, 439, 444, 447, 451, 453, 460, 464, 469, 470

N

内部网络　63, 100, 101, 102, 103, 104, 106, 337, 338, 339, 342, 343, 344, 345, 346, 347, 348, 349

Q

企业技术创新　1, 2, 18, 20, 23, 33, 34, 35, 41, 45, 52, 59, 60, 63, 64, 66, 67, 68, 69, 70, 71, 72, 73, 105, 109, 110, 129, 144, 160, 161, 163, 180, 203, 205, 216, 217, 218, 219, 220, 221, 222, 223, 224, 225, 226, 241, 264, 267, 268, 269, 274, 293, 311, 403, 405, 413, 435, 439, 523, 528, 538, 542

全球创新资源　6, 13, 14, 53, 90, 91, 100, 401, 475, 522, 524, 525, 526, 528, 537, 539, 540, 542, 546, 547, 548, 554

S

社会网络分析　50

W

外部网络　100, 101, 102, 103, 104, 106, 337, 338, 339, 342, 343, 344, 345, 346, 347, 348, 349, 350, 497, 498, 509

网络动力学　49, 58

网络结构　44, 48, 49, 50, 51, 89, 92, 94, 95, 97, 99, 100, 101, 102, 105, 185, 186, 189, 192, 200, 201, 202, 242, 243, 254, 255, 256, 257, 258, 259, 260, 262, 263, 317, 319, 320, 322, 323, 326, 327, 328, 329, 330, 331, 333, 334, 337, 339, 342, 343, 344, 345, 346, 347, 348, 349, 350, 476, 477, 484, 485, 491, 492, 508, 509

网络凝聚力　100, 101, 102, 103, 104, 106, 337, 339, 342, 343, 344, 345, 346, 347, 348, 349

网络嵌入　44, 48, 58, 110, 162, 229, 231, 238, 241, 264, 350, 404, 497, 498, 499, 502, 524

网络位置　43, 44, 49, 50, 53, 58, 89, 91, 92, 93, 96, 99, 100, 101, 102, 103, 104, 105, 106, 110, 181, 185, 188, 191, 195, 196, 203, 242, 246, 252, 264, 265, 318, 330, 350, 360, 375, 376, 378, 399, 400, 401, 471, 475, 476, 483, 484, 490, 491, 496, 497, 498, 501, 504, 505, 506, 507, 508, 509, 510, 546, 554

网络演化　48, 49, 244, 246, 248, 249, 255, 257, 259, 262

261, 262, 263, 264, 267, 268, 271, 277, 278, 279, 280, 282, 283, 284, 285, 286, 289, 295, 296, 298, 299, 300, 301, 302, 303, 304, 305, 306, 307, 308, 309, 310, 311, 314, 315, 325, 329, 330, 331, 332, 334, 336, 338, 343, 344, 345, 346, 347, 348, 349, 350, 353, 354, 359, 373, 378, 381, 386, 387, 389, 392, 394, 400, 404, 405, 406, 407, 409, 412, 415, 416, 418, 422, 424, 425, 429, 434, 435, 436, 438, 439, 445, 460, 467, 468, 472, 482, 487, 489, 495, 496, 497, 500, 501, 502, 503, 508, 510, 546